新型现代交际礼仪

实用教程(第2版)

张岩松 祁玉红 主 编

清华大学出版社

北京

内 容 简 介

本书作为高校的新型实用教材，其内容是根据企事业单位日常交际活动所涉及的各方面礼仪而设定的，分为个人形象礼仪、日常交际礼仪、语言沟通礼仪、商务活动礼仪和涉外民俗礼仪五个大项目，每个项目下设若干项工作任务。每项任务作为一个礼仪活动训练单元，由"礼仪规范""拓展阅读"和"实训练习"三部分构成。全书体例新颖，内容翔实，信息量大。教师可以通过"实训练习"中的案例讲座和角色模拟训练，让学生在做中学、学中练，提高其现代交际礼仪规范的应用能力。

本书可作为应用型本科院校、职业教育本科、高职高专院校各专业学生礼仪课程的教材，还可作为各界人士提高礼仪素养和交际能力的优秀读物及自我训练手册，本书也是各企事业单位进行礼仪岗位培训的创新型教材。

图书在版编目（CIP）数据

新型现代交际礼仪实用教程/张岩松，祁玉红主编.--2版.--北京：清华大学出版社，2015（2022.1重印）
 ISBN 978-7-302-40155-1

Ⅰ.①新… Ⅱ.①张…②祁… Ⅲ.①人际关系－礼仪－高等学校－教材 Ⅳ.①C912.1

中国版本图书馆 CIP 数据核字（2015）第 089591 号

责任编辑：张龙卿
封面设计：徐日强
责任校对：李　梅
责任印制：刘海龙

出版发行：清华大学出版社
　　　　网　　　址：http://www.tup.com.cn，http://www.wqbook.com
　　　　地　　　址：北京清华大学学研大厦 A 座　　　　邮　　编：100084
　　　　社 总 机：010-62770175　　　　　　　　　　邮　　购：010-62786544
　　　　投稿与读者服务：010-62776969，c-service@tup.tsinghua.edu.cn
　　　　质量反馈：010-62772015，zhiliang@tup.tsinghua.edu.cn
　　　　课件下载：http://www.tup.com.cn，010-62795764
印 装 者：涿州市京南印刷厂
经　　销：全国新华书店
开　　本：185mm×260mm　　印　张：27　　　　　字　　数：617 千字
版　　次：2008 年 9 月第 1 版　　2015 年 11 月第 2 版　　印　　次：2022 年 1 月第 5 次印刷
定　　价：69.00 元

产品编号：062012-02

前　言

古人云：国尚礼则国昌，家尚礼则家大，身尚礼则身正，心尚礼则心泰。现代交际礼仪的重要性更是日益显现，它是衡量人类文明程度的准绳，是个人交际技巧和应变能力的反映，也是现代人际交往的润滑剂。基于此，我们不揣浅薄编写了本书，本书是"现代交际礼仪"国家精品课程（2007年）教学成果的结晶。该教材自2008年第1版出版以来，受到兄弟院校的普遍欢迎，先后9次印刷，发行近30000册。此次在第1版的基础上对全书进行了全面修订，补充了最新内容，使之特色更加鲜明，更加符合高等学校礼仪教学的需要。

本书是新型实用教材，其内容是根据企事业单位日常交际活动的"实际工作"所涉及的各方面礼仪而设定的，分为个人形象礼仪、日常交际礼仪、语言沟通礼仪、商务活动礼仪和涉外与民俗礼仪五大项目，每个项目下分为若干项工作任务。每项任务就是一个礼仪活动训练单元，由"礼仪规范""拓展阅读"和"实训练习"三个部分构成。"礼仪规范"内容翔实，信息量大，便于学生自学和参考，也便于相关人士系统全面地掌握现代交际礼仪的知识和规范；"拓展阅读"精选相关礼仪美文，开阔眼界，拓展思考，提高礼仪文化素养；"实训练习"由"案例讨论""模拟训练"组成，教师可以通过案例讨论和角色模拟训练，让学生在做中学、学中练，提高其实践操作能力，将礼仪规范不断内化为行为习惯，塑造出全新的自我。课后都附有练习题，以便让学生能及时地巩固所学知识。

本书克服了传统礼仪教材重理论轻实践、重普及轻实训的缺点，是具有工学结合、任务导向特色教材的一次有益尝试和创新。

本书由张岩松、祁玉红担任主编，田麒新、赵静担任副主编。具体分工如下：张岩松编写绪论、任务1、任务3和任务11；祁玉红编写任务2、任务4、任务8、任务9、任务10、任务15和任务16；田麒新编写任务7、任务12和任务13；赵静编写任务5、任务6和任务14；路振平、车秀英、李晓明、唐成人、房红怡、杨帆、白冰、李文强、王芳、徐东闻、刘桂华、王允、刘思坚、潘丽、王艳洁、刘志敏、刘世鹏、包红军、刘晶、马乐编写了全部课后练习题。李健完成了教学辅助资源的编辑制作工作，屈健、赵祖迪、张楠同学参与了礼仪图片的拍摄工作，刘晓燕进行了摄影和图片的后期制作工作。全书由祁玉红统稿。

本书可作为应用型本科院校、职业教育本科、高职高专院校各专业学生礼仪课程的教材，还可作为各界人士提高礼仪素养和交际能力的优秀读物及自我训练手册，也是各企事业单位进行礼仪岗位培训的创新型教材。

本书在编写过程中参考了大量报刊文献,吸收了国内学者最新的研究成果,在此向各位专家、学者表示衷心的感谢。本书的出版也得到了清华大学出版社的大力支持,在此一并致谢。本书是尝试之作,对书中的疏漏之处,敬请读者批评指正。

"礼节乃是一封通行四方的推荐书"([英]培根),愿本书的第2版一如既往地受到大家的欢迎。祝朋友们事业兴旺发达,有"礼"纵横天下!

作 者

2015 年 8 月

目　录

项目二 日常交际礼仪

项目三　语言沟通礼仪

项目四　商务活动礼仪

项目五 涉外民俗礼仪

绪　　论

美国的成人教育家卡耐基认为，一个人事业上的成功，只有 15％是靠他的专业技术，另外的 85％要靠人际关系、处世技巧。卡耐基对人际交往的重视程度基于他对人生的深刻理解和领悟。今天尽管我们无法测定卡耐基的量化数值的精确程度，但是，几乎没有人否定交际在人生、家庭、事业中的重要性。

1. 交际礼仪的含义

古希腊哲学家亚里士多德曾说过：一个生活在社会之外的人，一个与他人不发生关系的人，不是动物就是神。如果人完全脱离了人际交往，脱离了社会，人就不再是人，而成为动物。美国心理学家沙赫特曾做过这样的实验：他以每小时 15 美元的酬金先后聘请了 5 位志愿者进入一个与外界完全隔绝的小屋，小屋里除了提供必要的物质生活条件外，无法接收任何社会信息，以观察人在与世隔绝时的反应。结果，其中 1 个人在小屋里只待了两小时就出来了，3 个人待了两天，最长的一个人待了 8 天。这位待了 8 天的人出来说："如果让我再在里面待 1 分钟，我就要疯了。"实验证明，没有一个人愿意与其他人隔绝，人们都害怕孤独。国外有的学者估计，人们在日常生活中除 8 小时的睡眠时间以外，其余 16 小时中约 70％(10 小时左右)都在进行着交际。那么，究竟什么是交际呢？

交际是标志人类活动的特殊领域的概念。交际在英语中使用 communication 一词表达，其含义有通信、传达、交流、意见的交换等。交际在汉语中又称为交往。"交"有接合、通气、赋予的意思；"际"有接受、接纳、交合、会合、彼此之间等意思。朱熹对"交际"的注释是："交际谓人以礼仪币帛相交接也。"这里"礼仪"的"相交接"，即日常所说的"礼尚往来"，主要指人与人之间的精神性的交换；而"币帛"的"相交接"，是指人与人之间的物质性的交换。朱熹把人与人之间精神和物质的交换称为交际，这种诠释是很有见地的。由此可见，交际是人在共同的社会活动中，通过人与人之间相互接触、互通信息、交流情感，或达到相互了解，彼此吸取对方的长处和积极因素，从而增进友情，和谐合作，促进事业成功；或彼此满足相互间的精神慰藉，实现自我价值，增加社会群体的聚合力。

交际是人得以生存、人类社会得以存在和发展的基础和保证。纷繁复杂的人类社会是人际关系耦合的网络系统，而交际是将个人与个人、个人与群体、群体与群体联结成社会网络必不可少的手段，是促进人际关系和谐、保持社会有机体稳定发展的强有力的纽带。交际根植于人类的合群性，发展升华于人的劳动过程。人要生存，就要生产，而生产必然有人与人之间的各种联系和交往，从而使交际成为社会生产的必要条件。马克思说，人的本质是一切社会关系的总和。人的一切社会关系正是在交际中得以暴露和展示的。每个人在交际中实现其社会属性，肯定其价值。总而言之，没有了交际，便没有了社会的人和人的社会。

交际是人类生活不可或缺的重要组成部分。在现代社会，人们所从事的劳动和工作越来越复杂,社会化程度越来越高,既有严密科学的分工,又有严格的整体配合,需要越来越多的人合作才能成功。同样,随着物质生活水平的提高,各种信息纷至沓来,人们比以往更渴望理解,更渴望沟通,更多地渴望文化生活和精神交往,而交际恰似劳动、语言和闲暇一样,是人类生活不可或缺的重要组成部分。

交际活动是非常复杂的,存在着各种各样的形式和内容,但在人际关系的一般结构中,包括以下 6 种要素。

一是具有两个或两个以上的人。两个人构成交际的最基本单位。单个人所进行的活动尽管可能涉及另外的人,但也不能称为交际;同时,交际中的个人都具有自己的个性心理特征,每个人的个性心理特征都会影响交际过程。

二是具有特定的交际动机。人的任何交际活动都是由特定的动机推动的,是为了满足某种需要。动机所指向的目标可能是物质的,也可能是精神的。

三是具有相互的认知。交际中的人与人之间存在相互的觉察、了解以及彼此基础上的相互理解。同时,伴随相互认识,每个人都会有感情的移入,产生或喜欢或厌恶的情感倾向。

四是具有相互的沟通。交际中的双方存在着信息的交换。沟通既包括认识上的沟通,也包括情感上的沟通。沟通可能以语言为媒介,也可能以非语言的体态表情为媒介。信息沟通是产生相互认知、达到交际目的、建立人际关系的基础。

五是具有心理和行为上的互动。在交际中,一方发出的信息刺激会引起另一方心理和行为上的反应,这种反应又会作为新的信息刺激作用于前者,由此产生双方的相互作用与相互影响。

六是具有一定的交往情景。人和人之间的任何交往都是在一定的社会背景和现实的社会环境中进行的,特别是交往时所处的现实微观环境会给交往带来直接的影响。

为了使交际双方能够愉快地相识相知、理解合作,交际双方都希望寻找达到交际的目的,实现各自需要。这种交际规则可以说就是交际礼仪。所谓交际礼仪是指人们在交往活动中约定俗成的各种行为规范及其实施程序。交际礼仪无论从内容还是形式都纷然杂陈。从见面时的握手礼、鞠躬礼、拥抱礼、亲吻礼、合十礼、脱帽礼、作揖礼、介绍礼、称呼礼,到交谈告辞时的礼貌用语;从仪容仪表到举止谈吐;从成年仪式、结婚仪式到丧葬仪式;从家庭礼仪到社会礼仪;从官方规定的礼宾程序到形形色色的风俗礼仪,可以说,交际礼仪无处不在。人们在交际中稍不注意,就容易进入交际的误区,从而导致交际障碍,处于交际困境。

有人对交际礼仪不以为然,认为无非是摆摆样子,其实不然。一个人在交际中是否懂礼仪、能否自然而然地运用交际礼仪,绝不仅仅是个表象问题,而是一个人内在素养的体现。交际礼仪的自觉运用,涉及人的性格特征、知识程度、价值观念、心理因素等诸多要素,它体现着一个人的文化修养和内在气质。同时,讲究礼仪既是尊重别人,也是尊重自己,有利于形成良好的社会道德观、伦理观和社会风气,对社会的物质文明建设和精神文明建设,尤其是对于提高人的素养起着积极的作用。

2. 交际礼仪的含义与内容

随着时代的变迁、社会的进步和人类文明程度的提高,人们的文明程度也在不断地提高,交际礼仪在对我国古代礼仪扬弃的基础上,不断推陈出新,内容更完善、更合理、更加丰富多彩。

(1) 礼节。礼节是人们在交际过程中逐渐形成的约定俗成的和惯用的各种行为规范之总和。礼节是社会外在文明的组成部分,具有严格的礼仪性质。它反映着一定的道德原则的内容,反映着对人对己的尊重,是人们心灵美的外化。在阶级社会,由于不同阶级的人在利益上的根本冲突,礼节多流于形式。在现代社会中,由于人与人之间地位平等,其礼节从形式到内容都体现出人与人之间的相互平等、相互尊重和相互关心。现代礼节主要包括:介绍的礼节、握手的礼节、打招呼的礼节、鞠躬的礼节、拥抱的礼节、亲吻的礼节、举手的礼节、脱帽的礼节、致意的礼节、作揖的礼节、使用名片的礼节、使用电话的礼节、约会的礼节、聚会的礼节、舞会的礼节、宴会的礼节等。

当今世界是个多元化世界。不同国家、不同民族、不同地区的人们在各自生存的环境中形成了各自不同的价值观、世界观和风俗习惯,其礼节从形式到内容都不尽相同。

(2) 礼貌。礼貌是指人们在社会交往过程中良好的言谈和行为。它主要包括口头语言的礼貌、书面语言的礼貌、态度和行为举止的礼貌。礼貌是人的道德品质修养最简单、最直接的体现,也是人类文明行为的最基本的要求。在现代社会,使用礼貌用语,对他人态度和蔼、举止适度、彬彬有礼、尊重他人,已成为日常的行为规范。

(3) 仪表。仪表指人的外表,包括仪容、服饰、体态等。仪表属于美的外在因素,反映人的精神状态。仪表美是一个人心灵美与外在美的和谐统一,美好纯正的仪表来自于高尚的道德品质,它和人的精神境界融为一体。端庄的仪表既是对他人的一种尊重,也是自尊、自重、自爱的一种表现。

(4) 仪式。仪式指行礼的具体过程或程序。它是交际礼仪的具体表现形式。仪式是一种比较正规、隆重的礼仪形式。人们在社会交往过程中或是组织在开展各项专题活动过程中,常常要举办各种仪式,以体现出对某人或某事的重视,或是为了纪念等。常见的仪式包括成人仪式、结婚仪式、安葬仪式、凭吊仪式、告别仪式、开业或开幕仪式、闭幕仪式、欢迎仪式、升旗仪式、入场仪式、签字仪式、剪彩仪式、揭匾挂牌仪式、颁奖授勋仪式、宣誓就职仪式、交接仪式、奠基仪式、洗礼仪式、捐赠仪式等。仪式往往具有程序化的特点,这种程序有些是人为地约定俗成的。在现代礼仪中,仪式中有些程序是必要的,有些则可以简化。因此,仪式也大有越来越简化的趋势。但是,有些仪式的程序是不可省略的,否则就不符合礼仪规范。

(5) 礼俗。礼俗即民俗礼仪,它是指各种风俗习惯,是交际礼仪的一种特殊形式。礼俗是由历史形成的,普及于社会和群体之中并根植于人们的心里,在一定的环境经常重复出现的行为方式。不同国家、不同民族、不同地区在长期的社会实践中形成了各具特色的风俗习惯。"十里不同风,百里不同俗",每一个民族、地区,甚至一个小小的村落都可能形成自己的风俗习惯。

3. 交际礼仪的特性

交际礼仪是人们在漫长的社会实践中逐步形成、演变和发展的。现代交际礼仪是在经历一番"脱胎换骨"之后形成的,它具有文明性、共通性、多样性、变化性和规范性等特性。

(1) 文明性。交际礼仪是人类文明的结晶,是现代文明的重要组成部分。人类从降世那天起就开始了对文明的追求,亚当、夏娃用树叶遮身便是文明之举。人类从茹毛饮血到共享狩猎成果,从盲目迷信、敬畏鬼神到崇尚科学、论证无神,从战争到和平,尤其是文字的发明,人类运用语言文字来表达文明、宣传文明、建设文明。文明的体现宗旨是尊重,既是对他人也是对自己的尊重,这种尊重总是同人们的生活方式有机、自然、和谐地融合在一起,成为人们日常生活、工作中的行为规范。这种行为规范包含着个人的文明素养,比如待人接物热情周到、彬彬有礼;人们彼此间互帮互助、彼此尊重、和睦相处,体现出人们日常生活中的文明、友好;注重个人卫生,穿着适时得体,见人总是微笑着问候致意、礼貌交谈,这也体现出人们的品行修养。总之,交际礼仪是人们内心文明与外在文明的综合体现。

(2) 共通性。交际礼仪是人们在社会交往过程中形成并得到共同认可的行为规范。我们今天生活的世界可谓千姿百态。人们尽管分散居住于五大洲、四大洋的不同角落,但是,许多礼仪都是世界通用的。虽然由于各国家、各地区、各民族形成了许多特有的风俗习惯,但就交际礼仪本身的内涵和作用来说,仍具有共通性。正是由于交际礼仪拥有共通性,才形成了涉外交往礼仪。

(3) 多样性。世界各地的民俗礼仪可谓多种多样,纷繁复杂,几乎没有人能说清楚世界上到底有多少种礼仪形式。从语言的表达礼仪到文字的使用礼仪,从举止礼仪到规范化礼仪,从服饰礼仪到仪表礼仪,从风俗礼仪到宗教礼仪等,在不同的国家、不同的场合,礼仪的表达方式也有所不同。比如在常见的国际交往礼仪中,仅见面礼节就有握手礼、点头礼、亲吻礼、鞠躬礼、合十礼、拱手礼、脱帽礼、问候礼等。有些礼仪所表达的方式和内容,在甲国家或地区与乙国家或地区可能截然相反。

(4) 变化性。礼仪并不存在僵死不变的永恒模式,随着时间的推移,交际礼仪会发生巨大的变化。可以说,每一种礼仪都有其产生、形成、演变、发展的过程。礼仪在运用时也具有灵活性。一般来说,在非正式场合,有些礼仪可不必拘于约定俗成的规范,可增可减,随意性较大。在正式场合,讲究礼仪规范是十分必要的。但如果双方已非常熟悉,即使是较正式的场合,有时也不必过于讲究礼仪规范。

(5) 规范性。礼仪,指的就是人们在交际场合待人接物时必须遵守的行为规范。这种规范性,不仅约束着人们在一切交际场合的言谈话语、行为举止,使之合乎礼仪,而且也是人们在一切交际场合必须采用的一种"通用语言",是衡量他人、判断自己是否自律、敬人的一种尺度。中国WTO首席谈判代表龙永图曾讲了一个耐人寻味的故事:

一次在瑞士,龙永图与几个朋友去公园散步,上厕所时,听到隔壁的卫生间里"砰砰"地响,他有点纳闷。出来之后,一个女士很着急地问他有没有看到她的孩子,她的小孩进厕所十多分钟了,还没有出来,她又不能进去找。龙永图想起了隔壁厕所间里的响声,便进去打开厕所门,看到一个七八岁的小孩正在修抽水马桶,怎么弄都抽不出水来,急得满头大汗,因为他觉得上厕所不冲水是违背礼仪规范的。

这位儿童自觉遵守礼仪规范的精神很值得我们学习。礼仪是约定俗成的一种自尊、敬人的惯用形式,任何人要想在交际场合表现得合乎礼仪,彬彬有礼,都必须对交际礼仪无条件地加以遵守。如果自认为是,或是只遵守个人适应的部分,而不遵守不适应自己的部分,都难以被交往对象所接受和理解。

4. 交际礼仪的原则

人们的各种交际活动自始至终都有一些具有普遍性、共同性、指导性的规律可循,这就是交际礼仪的原则。探讨这些原则,有助于交际礼仪的规范化,增强人们对交际礼仪的认识,进而加强礼仪在社会活动中的指导作用。

(1) 遵守原则。礼仪规范是为维护社会生活稳定而形成和存在的,实际上反映了人们的共同利益要求。社会上的每个成员不论身份高低、职位大小、财富多寡,都有自觉遵守、应用礼仪的义务,都要以礼仪去规范自己的一言一行、一举一动。如果违背了礼仪规范,会受到社会舆论的谴责,自然交际就难以成功。例如苏联领导人赫鲁晓夫在这方面就有前车之鉴,他在一次联合国会议上为了让人们安静下来,竟然脱下鞋子,并用鞋子敲打会议桌子,他的不雅举止显然违背了礼仪规范,更有损其本人及苏联的国际形象,在这次会议上联合国做出决定,对苏联代表团罚款一万美元,可见违背交际礼仪的遵守原则是不行的。有这样一个实例:

某省会城市一家三星级饭店的女总经理,衣着得体大方,语言热情适宜,正在宴请北京来的专家。席间,秘书突然过来说有急事,请她暂时离席去送外宾,可惜这位女经理迟迟未起身,原来她的双脚不堪忍受高跟鞋的束缚,出来"解放"了一会儿,突然遇到情况,一时竟找不到"归宿",令女经理好不难堪。

造成这种情况的原因恐怕不是不懂礼仪知识,主要还是由于没有养成良好的习惯,对礼仪规则遵守得不够而造成的。

(2) 敬人原则。孔子说:"礼者,敬人也",敬人是礼仪的一个基本原则,它要求人们在交际活动中互尊互敬,友好相待,对交往对象要重视、恭敬。尊敬是"礼"的本义,是交际礼仪的重点和核心。在对待他人的诸多做法中最重要的一条,就是要敬人之心长存,处处不可失敬于人,不可伤害他人的个人尊严,更不能侮辱对方的人格。可以说,掌握了敬人的原则就等于掌握了礼仪的灵魂。尊敬的作用是十分巨大的,有这样一个实例:

日本东芝电器公司曾一度陷入困境,员工士气低落。当士光敏夫出任董事长时,他经常不带秘书,一个人来到各工厂与工人聊天,听工人的意见,更有意思的是,士光还经常提着一瓶酒去慰劳员工,和他们共饮。他终于赢得了公司上下的支持,员工的士气也高涨了起来。在三年内,士光敏夫终于重振了日暮途穷的东芝公司。

士光敏夫的诀窍就是关心、重视、尊重每一个员工,"敬人者,人恒敬之",他同时也赢得了员工的信服与支持。

(3) 宽容原则。一般来说,交往双方的心理总存在一定的距离,存在不相容的心理状态,这种差异会在交往者之间产生思想隔膜,甚至会使关系僵化,要想缩小这种心理上的差异,求得人与人之间能多一分和谐、多一份信赖,就必须抱着宽容之心。宽容就是要求人们既要严于律己,又要宽以待人,要多容忍他人、多体谅他人、多理解他人,而不能求全责备、斤斤计较、过分苛求、咄咄逼人。唯有宽容才能排除人际交往中的各种障碍,不能宽容他人的人,往往会得理不饶人,使人际间关系恶化。共性是寓于个性之中的,人们应该维护和发展共性,以理解和宽容来增强人们之间的凝聚力。

(4) 真诚原则。交际礼仪的运用基于交际主体对他人的态度,如果能抱着诚意与对方交往,那么交际主体的行为自然而然地便显示出对对方的关切与爱心。因为无论用何种语言表达,行为则是最好的证明。在通常情况下人们可以用假话来掩饰自己的企图,但却无法用行为来掩饰自己的空虚,因为体态语是无法掩饰虚假的。因此唯有真诚,才能使你的行为举止自然得体;与此相反,倘若仅把运用礼仪作为一种道具和伪装,在具体操作礼仪规范时口是心非、言行不一、弄虚作假、投机取巧,或是当面一个样、背后一个样,有求于人时一个样,被人所求时又一个样,将礼仪等同于"厚黑学",是违背交际礼仪基本原则的。

(5)适度原则。俗话说:"礼多人不怪"。人们讲究礼仪是基于对对方的尊重,这是无可厚非的,但是,凡事过犹不及,人际交往要因人而异,要考虑时间、地点、环境等条件。如果施礼过度或不足,都是失礼的表现。比如见面时握手时间过长,或是见谁都主动伸手,不讲究主次、长幼、性别;告别时一次次地握手,或是不住地感谢,会让人觉得厌烦。礼仪的施行是内心情感的表露,只要表达出内心的情感即可。如果反复重复,似乎有别人不理解、不领情之嫌,就会画蛇添足,实无必要。

5. 交际礼仪的功能

对于个人来说,交际礼仪是一个人的思想修养、道德水平、文化素质、交际能力的外在表现;对于社会来说,交际礼仪是整个社会的文明习惯、道德风尚和生活习俗的反映。交际礼仪的功能主要体现在以下四个方面。

(1)有助于我们提高修养,塑造形象。塑造形象是交际礼仪的第一职能,包括塑造个人形象和组织形象两方面。在社会生活的大部分时间里,人们总是以个体形象出现在生活中。就生命个体而言,交际礼仪的学习与运用,能够有效地提高我们的自身修养,塑造良好的自我形象,这对我们更好地融入社会,被社会所接纳,在社会实践中奠定生存与发展的基础,有着十分重要的作用。就一个组织、一个团体而言,在与其他社会集团发生联系时,其交际礼仪的运用同样与其形象塑造有着直接的联系。

(2)有助于我们美化生命,美化生活。就人类社会生活而言,如果社会的所有成员都能恪守交际礼仪,遵循交往规范,在交际活动中有理有节,那么,随着每一个生命个体在社会群体交往活动中焕发出真善美的光彩的同时,整个人类的社会生活也将变得更加美好。

(3)有助于我们沟通信息,促进人际交往。就交际活动本身而言,交际礼仪在沟通信息、促进人际交往方面起着决定性的作用。交际礼仪是一种信息性很强的行为,每一种礼仪行为均可以表达一种甚至多种信息。因此,交际礼仪既是人们沟通思想的桥梁,也是交际个体与其他交际个体、交际群体之间的协调器。良好公共关系的建立,需要个体与个体、个体与群体、群体与群体之间的沟通协调,使每一个社会成员和组织融合在一起,形成一个社交整体,从而在各自的位置上推动社会前进。

(4)有助于我们联络感情,改善人际关系。礼仪是交际者必须严格遵守的一种礼貌行为规范和法则,表现为一些礼节与仪式等。在交际活动中,我们不能将这些礼节与仪式看成机械的、僵化的程序和手段,礼节与仪式的运用,其最终目的是为了联络双方的感情,加深双方的了解和信任,改善双方的关系,增进双方的友谊,为今后双方关系的友好发展铺平道路,为个人或组织的生存与发展营造一个和谐的、理想的人际环境。

6. 交际礼仪的习得

礼敬得人,轻慢失人。完美周到的礼仪似熏风醇酒,怡人心脾,不仅能使已有的关系得以维系和发展,还会结交更多的合作伙伴。诸种礼节礼仪,似乎尽是些烦琐且微不足道的小节,不足挂齿。而事实上,由于不遵守礼仪,以致在不知不觉中影响人际情绪,导致交往出现不愉快、不和谐,甚至中断合作的事并不少见,真可谓因小失大。在一些特定的交际场合,是否行礼如仪还会反映出人格和国格的文明水准。可见,小节也不可不拘。

习礼而后谙熟此道,注意这些微小之处,会有意想不到的成效。它能唤起交际对象心理上的愉悦,赢得友谊和尊重,有助于我们更好地驾驭事理和情理,取得交际的成功。礼仪就像是进行交往的通行证,懂得不同民族、不同场合、不同对象交际应酬的各种礼仪,无异于得到了这张通行证。

礼仪的习得,不仅指对礼仪的学习、习练,还包括将所习之礼培养成一种习性或者说是品性的过程,非一朝一夕可完成。一般来说,应着重于知、情、意、行的统一。

(1) 树立学习礼仪的意识。在明确礼仪重要性的基础上,最要紧的就是必须树立长久的"习礼意识",处处留心,时时经意。

礼仪是一个社会文化沉淀的外显方式。经历了传承、变异的过程,掌握相关礼仪首先便是个体的"社会化""文化化"过程。也就是说,大量的是靠传统,靠有意无意地模仿,靠周围环境的影响,靠在交际实践中不断地学习、摸索,逐渐地总结经验教训而习得的。又因为礼仪具有变异性的特点,在完成了社会化以后,人们还有一个继续"社会化"的问题。所以,习礼可谓是一个伴随终生的过程,除此之外,对于一些跨文化交往所涉及的不同民族、不同文化的礼仪,其习得则是靠着诚心和细心去了解和熟悉,并以此调控自己的言行。

同时,就社会方面而言,为适应现代商品经济发展的需要,尤其是我国加入了世贸组织以后,开办一些礼仪的学校或短期培训,也可通过电视、广播等传播媒介开办专题系列讲座,发挥大众传媒的示范作用,甚至可以搞得活泼些,这些都是增强人们学习礼仪仪式的良好方法。这样做,无疑也是有助于整个社会文明程度和组织道德水平的提高。

(2) 陶冶尊重他人的情感。在礼仪教育过程中,情感是由知到行的一个桥梁。陶冶情感就是要使受教育者产生一种尊重他人的真挚感情,能够时时处处替他人着想,对人始终抱有一种热情友好的态度。我们大约都有这样的体验,在交际活动中如果遇到一个对人热情诚恳的人,那么就能与其建立起一种良好的关系;相反,如果碰到的是一个冷漠无情或虚情假意的人,则难以产生一种融洽交流的气氛。一个人可以很快就了解一些礼仪方面的知识,但若缺少对人的情感,那么他就无法使这些礼仪形式完满地体现出来,这些形式也就成了没有灵魂的僵死的躯壳。因此也可看出,情感比认识具有更大的保守性,改变情感比改变认识要困难得多,陶冶情感是礼仪教育中更为艰巨的一项任务。

(3) 锻炼履行礼仪的意志。要使礼仪规范变成自觉的行为,没有坚韧不拔的意志是办不到的。意志坚强的人,能有效地控制自己的言行,特别是在不顺利的情况下,也能不畏困难而始终不渝地按照自己的信念待人处世。

所习之礼要培养成习惯,要有意识地摈弃不合礼仪的旧习惯,养成遵从礼仪的新习性。习性是一个人行为方式的自动化,是不需要多加思考和意志努力的行为方式,它受人的性格核心层和中介层的支配与制约。一个人的行为习惯是其观念、态度的下意识表现。习性一旦形成后,就具有一定的稳固性,但通过意志努力可以使之改变。因此,不该以"习惯成自然"为由,姑息迁就那些不合礼仪的坏习惯,而应从思想观念上重视、加强"礼仪意识",牢记坚强的意志是保证实现礼仪规范的精神力量。

(4)养成遵从礼仪的行为。礼仪教育的综合结果就在于使人们养成良好的礼仪行为,也就是使人们在交际活动中对于礼仪原则和规范的遵从变成一种习惯的行为。衡量礼仪教育的效果如何,主要不是看受教育者了解了多少有关礼仪的书本知识,而是看他在交际活动中的行为是否符合礼仪规范的要求,是否能够促进交际活动顺利地进行。因此,在礼仪教育中,要认真组织和指导受教育者的行为演练,通过严格的训练掌握调节行为的能力,养成良好的行为习惯。从一件件具体、琐碎的小事做起,点滴养成;大处着眼,小处着手,寓礼仪于细微之中,逐渐成习惯。

在礼仪教育过程中,知、情、意、行是相互联系、相互渗透、相互促进、缺一不可的。没有知,情失去了理性指导,意和行就会是盲目的;没有情,就难以形成意,知就无法转化为行;没有意,行即缺乏巨大的力量,知和情也就无法落到实处;没有行,知、情、意都没有具体的表现,也就都变成了空谈。因此,在礼仪教育过程中,要坚持晓之以理、动之以情、炼之以意、守之以行。

项目一

个人形象礼仪

任务1 仪　容

人以美的规律去创造世界、创造美,即使对他自己的自然形态,他也不是听其自然,而是有意识地加以改变。

——【德国】黑格尔

任务目标

- 结合自身特点修饰、美化自己的仪容。
- 结合自身特点选择适合的发型。
- 熟练地进行得体的化妆。
- 科学地护肤。

案例导入

尼克松为何竞选败北

1960 年 9 月,尼克松和肯尼迪在全美的电视观众面前举行他们竞选总统的第一次辩论。当时,这两个人的名望和才能大体相当,可谓棋逢对手。但大多数评论员预测,尼克松素以经验丰富的"电视演员"著称,可以击败比他缺乏电视讲演经验的肯尼迪。但事实并非如此。为什么呢?肯尼迪事先进行了练习和彩排,还专门跑到海滩晒太阳,养精蓄锐。结果,他在屏幕上出现时,精神焕发,满面红光,挥洒自如。而尼克松没听从电视导演的规劝,加之那一阵十分劳累,更失策的是面部化妆用了深色的粉,因而在屏幕上显得精神疲惫,表情痛苦,声嘶力竭。正如一位历史学家所形容:"他让全世界看来,好像是一个不爱刮胡子和出汗过多的人带着忧郁感等待着电视广告告诉他不要失礼。"正是仪容仪表上的差异和对比,才导致尼克松竞选败北,竞选的结果确实出人意料。

资料来源:http://sz.szpxe.com/course/view/366505.

1.1　礼　仪　规　范

仪容是指讲究容貌上的美化和修饰,包括美容与美发。对于社交中的女性来说,化妆则是一项主要的内容。也许有人认为化妆是一种人工美,不够自然,或者认为在上班时不用化妆。其实就如同有客人来家中拜访时,你一定会把家里打扫干净一样,在与人交往或工作时间,你也应以和悦的面容来接待客人。美好的仪容,既反映了个人爱美的意识,又体现了对他人的一种礼貌;既振奋了自己的精神,又表现了个人的敬业。因此,社交中不可忽视仪容。

1.1.1 仪容基本要求

1. 美观

漂亮、美丽、端庄的外观仪容是形成优美良好的社交形象的基本要素之一。人们都希望自己在社交场合中变得更美丽,这是无疑的,但事实上,有些人认为把发胶、摩丝喷在头上,把各种色彩涂抹在脸的相应部位就美了。因此,我们经常可以看到"横眉冷对""血盆大口""油头粉面",这不是美,而是丑了。美观是指从效果来说,要使仪容达到美观。首先必须了解自己的脸形及脸的各部位特点;其次要清楚怎样化妆、美发才能扬长避短,使容貌更迷人。这些,要在把握脸部个性特征和正确的审美观的前提下进行的。

2. 自然

自然是美化仪容的最高境界,它使人看起来真实而生动,不是一张呆板生硬的面具。失去自然的效果就是假,假的东西就无生命力和美了。有位化妆师说过:"最高明的化妆术,是经过非常考究的化妆,让人家看起来好像没有化过妆一样,并且这化出来的妆与主人的身份匹配,能自然表现那个人的个性与气质。次级的化妆是把人凸显出来,让她醒目,引起众人的注意。拙劣的化妆是一站出来别人就发现她化了很浓的妆,而这层妆是为了掩盖自己的缺点或年龄的。最坏的一种化妆,是化妆后扭曲了自己的个性,又失去了五官的协调,例如小眼睛的人竟化了浓眉,大脸蛋的人竟化了白脸,阔嘴的人竟化了红唇……"可见化妆的最高境界是无妆,是自然。因此,美好仪容要依赖正确的技巧、合适的化妆品;要一丝不苟、井井有条;要讲究过渡、体现层次;要点面到位、浓淡相宜,这样才能使人感到自然、真实的美。

3. 协调

美化仪容的协调包括:第一,妆面协调,指化妆部位色彩搭配、浓淡协调,所化的妆针对脸部个性特点,整体设计协调。第二,全身协调,指脸部化妆、发型与服饰协调,力求取得完美的整体效果。第三,角色协调,指针对自己在社交中扮演的不同角色,采用不同的化妆手法和化妆品。如作为职业人员,应注意化妆后体现端庄稳重的气质;作为专门从事公关、礼仪、接待、服务等的人员,出头露面的机会多,要表现出一定的人际吸引力,就应浓淡相宜,青春妩媚,适合人们共同的爱美之心。第四,场合协调,指化妆、发型要与交际的场合气氛要求一致。日常办公,略施淡妆;出入舞会、宴会,可浓妆扮之;参加追悼会,素衣淡妆。不同场合的不同化妆、发型,不仅会使化妆者内心保持平衡,也会使周围的人心理舒服。

1.1.2 化妆

1. 妆前准备

(1) 束发。用宽发带、毛巾等将头发束起或包起,最好再在肩上披块围巾,防止化妆时弄脏头发和衣服，也可避免散发妨碍化妆。这样会便脸部轮廓更加清晰明净，以便有针对性地化妆。

（2）洁肤。用清洁霜、洗面奶或洗面皂清洁面部的污垢及油脂，有条件的还可用洁肤水清除枯死细胞皮屑，然后结合按摩涂上有营养的化妆水。

（3）护肤。选择膏霜类，如日霜、晚霜、润肤霜、乳液等涂在脸上，令肌肤柔滑，并可防止化妆品与皮肤直接接触，起到保护皮肤的作用。

（4）修眉。用眉钳、小剪修整眉形并拔除多余的眉毛，使之更加清秀。

2. 施妆过程

（1）抹粉底。选择与肤色较接近的粉底，用海绵块或手指从鼻子处向外均匀涂抹，尤其不要忽视细小的部位，在头与脖子衔接处要渐淡下去。粉底不要太厚，以免像戴上一个面具。粉底抹完后要达到调整肤色、掩盖瑕疵、使皮肤细腻光洁的目的，如图1-1所示（选自：www.imagewa.com）。

（2）画眉毛。首先用眉刷自下而上将眉毛梳理整齐。然后用眉笔顺眉毛生长的方向一道道描画，眉毛从眉头起至2/3处为眉峰，描至眉峰处应以自然弧度描至眉尾，眉尾处渐淡。最后用眉刷顺眉毛生长的方向刷几遍，使眉道自然、圆滑。

（3）画眼影。眼影用什么颜色，用多少种颜色，如何画，是因人、因事而异的。一般深色眼影刷在最贴近上睫毛处，中间色刷在稍高处向眼尾处晕染，浅色刷在眉骨下。

（4）画眼线。眼线要贴着睫毛根画，浓妆时可稍宽一些，淡妆时可稍细一些。上眼线内眼角方向应淡而细，外眼角方向则应加重，至外眼角时要向上挑一点，把眼角向上提，显得眼角上翘，如图1-2所示（选自：www.lady361.cn）。

（5）刷睫毛。先将睫毛用睫毛夹子夹得由内向外翻卷，然后用睫毛刷从睫毛根到睫毛尖刷上睫毛液。为了使睫毛显得长些浓些，可在睫毛液干后再刷第二遍、第三遍，最后再用眉刷上的小梳子将粘在一起的睫毛梳开。

（6）抹腮红。腮红应抹在微笑时面部形成的最高点，然后向耳朵上缘方向抹一条，将边缘晕开。可用腮红和阴影粉做脸形的矫正。如在宽鼻梁两侧抹浅咖啡色，鼻梁正中抹上白色，使鼻子立体感增强，如图1-3所示（选自：www.imagewa.com）。

图1-1　抹粉底图　　　　　图1-2　画眼线图　　　　　图1-3　抹腮红图

（7）定妆。用粉扑蘸上干粉轻轻地、均匀地扑到妆面上，只需薄薄一层，以起到定妆作用，使妆面柔和，吸收粉底过多的光泽。扑好粉后，用大粉刷将妆面上的浮粉扫掉。

（8）画口红。先用唇线笔画好唇廓，再用唇膏涂在唇廓内，可用唇刷涂，也可用棒式唇膏直接涂。口红的颜色应与服装及妆面相协调。为了使口红色彩持久，可用纸巾轻抿一下口红，然后扑上透明粉饼，再抹一次唇膏，如图 1-4 所示（选自：www.imagewa.com）。

3. 妆后检查

（1）检查左右是否对称。眼、眉、腮、唇、鼻侧等，两边形状、长短、大小、弧度是否对称，色彩浓淡是否一致。

（2）检查过渡得是否自然。脸与脖子、鼻梁与鼻侧、腮红与脸色、眼影、阴影层次等过渡得是否自然。

（3）检查整体与局部是否协调。各局部是否缺漏、碰坏，要符合整体要求，该浓该淡是否达到应有的效果，整个妆面是否协调统一。

图 1-4 画口红

（4）检查整体是否完美。化妆要忌"手镜效果"，即把镜子贴近脸部检查。虽然这样会看清细小的部分，但一般人只是在一米之外的距离与你面谈或招呼，所以要在镜前五米处审视自己，对脸部整体的平衡做出正确的判断。

4. 化妆的禁忌

（1）切忌在公共场合化妆。在众目睽睽之下化妆是非常失礼的，这样做有碍于别人，也不尊重自己。

（2）女士不能当着男士化妆。如何让自己更加妩媚，应是每位女性的私人问题，即便是丈夫或男朋友，这点"距离"也是要有的，从某种意义上来说"距离"就是美。

（3）不能非议他人的化妆。由于个人文化修养、皮肤及种族的差异，每个人对化妆的要求及审美观是不一样的。不要总认为只有自己的化妆才是最好的。在和他人交往的过程中，即便是好朋友，也不要主动去为别人化妆、改妆及修饰，这样做就是强人所难和热情过度。

（4）不要借用别人的化妆品。如确实忘了带化妆盒而又需要化妆，在这种情况下除非别人主动给你提供方便，否则千万不要用别人的化妆品，因为这是极不卫生的，也是很不礼貌的。

（5）男士使用化妆品不宜过多。目前，男士化妆品也越来越多，但男女有别。男士不能使用过多的化妆品，否则会给人带来不良的印象，不要让人感到你化妆后有"男扮女装"的感觉。

5. 正确使用香水

使用香水应注意两方面的问题。首先是选择香型问题。一般来说应选择香味淡雅清香的香水。如果香味浓烈刺鼻，四周的人会很难忍受；在探望病人时，香水的味道更不能刺鼻，否则会造成病人的不适。其次是按正确部位喷洒或搽香水。搽香水的正确部位一般是：耳后根、胸前、手肘、手腕内侧及膝盖关节后面；也可将香水直接喷洒在空中，让香水粒子自然掉落在身上。千万不能全身各部位都搽上香水，这样不仅不能有助于塑造你的整体形象，反而会使人对你敬而远之。

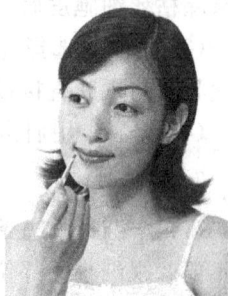

1.1.3 饰发

美的发型,使人在社交中增强自我的自信心,陶冶人们的情操,领略自己对生活的爱。不同的发型,能带给人整洁、庄重、洒脱、文雅、活泼的不同感觉,因而不同的气质、爱好、脸型、发质、年龄的人要针对自身情况,扬长避短,选择和修饰适合自己的发型,如图1-5所示(选自 http://www.chdia.net.cn)。

图1-5 影星赫本的经典发型

饰发主要注意以下几点。

1. 保持头发的清洁和健康

中国人一般认为头发健康的标准就是具有光泽、发色乌黑、清洁滋润、无头皮屑。当然这离不开平日均衡的营养、适当的运动、充分的休息与头发的护理,另外也离不开定期清洁与修剪。至于洗头的次数可以因人而异,如发质较油腻的人,或是运动量多且易流汗的人,还是天天洗较理想。而活动量少或头皮较干燥的人,可两三天洗一次头。清洁是保持美丽头发最重要的一项。其次要勤梳理修剪,如头发像堆稻草,毫不修整,就会给人邋遢之感。

2. 注意发型与脸形的配合

饰发的目的也是为了仪容的美观,因而要与脸形相配合才能产生整体美。

(1) 三角形脸。其特点是前额宽而颧骨高,两颚修削至尖小的下颚。适合的发型是:配上长长肩位松起的发型,使前额看起来较修长。

(2) 长方形脸。其特点是前额如颧骨和腮边一样宽。适合的发型是:斜角的刘海或两旁较浓密的发型,都可产生阔度上的错觉。

(3) 正方形脸。其特点是具有方形的前额,同颧骨和腮边一样宽,而方形有腮骨是显著的特征。适合的发型是:一排横过眼眉的小束形刘海会弱化方角感,卷曲和波纹会转移别人的视线。

(4) 圆形脸。其特点是脸面的长与宽几乎均等,而两颧之间是最宽的部分。适合的发型:将头发向后直梳只会强调出你想遮藏的圆度。若是短发,就配上在头顶上头发浓密的发型;若是长发,则将颈部的头发浓密起来,以转移别人注意圆度的视线。

(5) 椭圆形脸。其特点是前额宽于下颚,颧骨是最惹目的重点,而脸庞则从颧位开始适度地修削至微尖的卵形下颌。适合的发型:许多发型都能衬托这样的脸形,关键就在于简单,而不应选蓬松的发型以破坏完美的脸形。

3. 兼顾发型的美观与方便

美丽的发型千姿百态,而且随着时代的发展,发型的流行趋势也在变化,昨天还流行飘逸的长发,今天又流行翻翘式的短发。在选择发型时既要追求美观与时尚,又要兼顾方便易梳。例如,在美容院可以梳理出许多漂亮的发型,但若是自己无法整理出此发型,那么最好还是放弃,因为很少有人能天天去美容院。尤其是职业女性,每天又要工作又要照顾家庭,最好选择洗发后不必太费时整理的发型。发型的整理既然每天都必须做,所以以力求简单方便而易于整理的发型为佳,这样可避免增加不必要的额外负担。如果想使头发长久保持发型,简单易行的方法就是早上吹头发时预先喷些胶水或啫喱水,然后用热风吹干,这样发型就可长久不变,保持一天的美丽与清爽。

1.1.4 护手

社交中要经常与人握手,要做各种手势,所以健康美观的双手和手上的指甲都是不可忽视的一部分。

1. 护理指甲

和保持身体其他部位的健康一样,指甲也必须从护理和营养着手,才可保持其健康。指甲是身体最先表露紧张、疾病或不良饮食习惯症状的部位。如果它们的健康被忽视,便会出现干燥、起薄片和脆裂的现象,因此必须注意日常的营养和定期护理。定期修剪指甲,将其修剪成椭圆形,不仅使之变得美观,而且可保持指甲的健康。手指简单的按摩运动,可促进指尖血液循环,有利于营养和氧气输至指甲。另外,女性可根据不同情况的需要,涂上不同颜色的指甲油,可美化指甲。涂指甲油的步骤如下。

(1) 先用沾满洗甲水的棉花,彻底抹去原来所有的指甲油。

(2) 将指尖浸在肥皂水中几分钟,会有舒缓作用。

(3) 抹开双手,涂点表层去除剂在每只指甲根部,两分钟后,用指甲签轻轻将指甲根部的表皮向后推,直至显现指甲根部的半弯月位。

(4) 涂上底层护甲油,以使指甲油更加持久,而且防止深色指甲油渗到指甲的缝隙中。

(5) 搽指甲油时,每只指甲只需涂三下便足够,先是指甲中央,接着是两旁;待第一层指甲油干透后,可再涂第二层。

(6) 涂上表层护甲油,可在甲尖底部也涂护甲油,有助于防止折断崩裂。

2. 滋润双手

拥有一双美丽的纤纤玉手对女性来说是非常重要的。当端茶招待客人时,在签字仪式上进行签字时,如果有一双漂亮的手,不但可以展现自己的魅力,也会让他人觉得非常舒服。因此,平时就要多多注意手部的保养。

手部肌肤的油脂腺较少,较身体其他部位更易变得干燥,但又经常需要暴露于空气中。因此细心呵护双手要注意:①每晚用滋润的润手霜按摩双手;②经常除去手上的死皮;③做家务或粗活时戴上手套;④经常运动,使之保持柔软;⑤偶尔可敷上一些现成或自制的护手膜。

1.2 拓展阅读

1.2.1 不同职业角色的妆容技巧

每个人都有自己特定的社会角色。由于在不同的交际场所"扮演"的角色不同,因此,装扮或表现也要相应有所区别。

1. 高级主管的妆容技巧

当一位新的部门主管走马上任,人们在观察他时,通常会较多地注意其较明显的特点,如个人形象、人际沟通能力、人品及性格等。因此,身为部门主管注意自己的妆容,不断强化自己的妆容技巧是必要的。

(1)女性主管。女性主管在工作中要真正做到与男性并驾齐驱,必须在妆容上提升自己作为一个独立人格存在的水准。要尽可能打扮得端庄得体,发型、妆容、首饰和衣服应该和谐统一。装扮要尽可能优雅、完美。

(2)男性主管。女士们通常羡慕男士不用花多少精力去装扮,以为他们只要穿上一套得体的西装就可以了,但在当今的市场竞争社会里,已有越来越多的男士开始意识到仅仅做到这些是远远不够的。男性主管也必须努力注意自己的妆容。

① 内衣不仅要干净,也要合身。

② 第一次与重要人物见面时,着装要尽可能含蓄,以免咄咄逼人。色彩和款式较含蓄的高级丝质领带比色彩艳丽的领带更好。

③ 眉毛间杂乱的毛发看上去不整洁,要设法修整。

④ 参加重要会议,首先要考虑清楚自己到底应以什么样的形象出现,然后,再考虑相应的服饰。

⑤ 如果发型长期不变,肯定会显得落伍,甚至会显得比实际年龄老气。去设计一个更好的发型,改变原有的习以为常的形象。

⑥ 如果总是等鞋子脏了才去擦,那么皮革就很容易老化,一般穿三次就应该擦一次。

⑦ 一次性水性笔只适合学生或临时工用,优质钢笔更能反映出你的成功和个性。

⑧ 手指甲应每两个星期就修剪一次。

⑨ 有趣的塑料手表只是少年的玩物,包括潜水式的手表都会有损职业人士的形象。

⑩ 对于有机会单独与客户接触的职业男士来说,个人卫生是非常重要的。每天都应更换衬衣,早晨要洗淋浴,每天都要刷牙 3 次。此外,应选择能与裤装和鞋子相匹配的素色或黑色袜子。

2. 接待人员的妆容技巧

每个公司都应该注意公司形象与员工形象之间的协调。因为公司通过宣传等其他方式建立起来的形象,最终要由员工来体现和强化。公司应制定出一整套员工形象标准,以帮助他们维护公司的形象。

公司的接待人员通常为女性,公司主管应该让她们了解,作为接待员是代表公司接待宾客的,给来访者的第一印象非常重要。一个最佳的接待人员通常就是公司形象的代言人。因此,人事部门在招聘接待人员时必须严格筛选,并制定出严格的用人规范。

(1)女性应淡妆上岗,化妆与发式应整齐、清洁、端庄。不宜在接待宾客时整理卷发或补妆。

(2)珠宝首饰佩戴不宜超过三件,应选用无声响、不夸张、不招摇的饰品。

(3)手和指甲必须随时保持整洁。特别值得注意的是,不要把流行的"酷妆"带到工作岗位上来。因为在职场工作的每一位员工,都应按照职场的妆容礼仪规则要求自己,到公司接受服务的可能都是有业务关系的朋友或服务对象,因此,绝不能将私人化的妆容形象带到职场上来。一个人的形象应随着环境的变化而变化,在休闲环境下是良好的形象,到了职场环境下可能就不合时宜了。

3. 求职人员的妆容技巧

不论是已经有工作经验者还是刚毕业的学生,任何想获得一份工作的人都需经过面试。所以,专门探讨一下有关面试时的妆容技巧是有必要的。

面试最初三分钟的印象非常重要,在这三分钟里主考官会对求职者形成初步的感性认识。印象好可能会给求职者更多的时间以便其深入了解,印象不好可能就会匆匆结束面试,或缩短面试过程。在相互不认识的人之间,以貌取人并没有错。因为在最初的印象中,形象是对方能够获取你的相关信息的最直观、最快捷、最有效的途径。因为,对方不可能在很短的时间里准确得知一个人的全方位信息。比如,关于一个人的为人处世、人品才能等信息,均需要经过较长时间的了解才能获取。所以,应聘时的外在形象对一个应聘者来说非常重要。在准备面试前要做到以下几点。

(1)面试前一晚必须睡眠充足,使皮肤保持光洁。

(2)女性要用浅色调彩妆化自然一些的淡妆。脸上有斑点的女性要用遮瑕膏将其遮盖。不化妆的女性以及蓄须的男性,在求职过程中容易遭遇偏见,从而会失去许多本应属于自己的机会。女性若浓妆艳抹,比没有化妆的应聘者更糟糕。化一点淡妆,让面部显得清新自然,是最受考官欢迎的。

(3)头发要保持干净,不要用油滑的定型液,否则会给人湿漉漉的感觉。留长发的女性,要把头发扎起来,束带应简单而自然,不要使人觉得稚气未脱。

(4)要洗净、修整指甲,因为在与人握手或做记录时,指甲不清洁总是一件让人感到尴尬的事情。女性应用无色自然的指甲油,这样看上去会显得更健康。

(5)不要用香水,否则会分散考官的注意力。

个人良好的妆容形象对获得一份理想的工作起着重要作用,尤其是当你还没有这方面的经验时,需要依靠自身良好的外在形象,把内在的潜质更好地表现出来,以便于他人能愉快地接受。

4. 舞台演讲时的妆容技巧

站在舞台上发表演讲是表现自己能力的一次机会,此时千万不要忽视妆容形象,它与演讲内容同样需要重视。演讲者与台下的观众有一定的距离,为了使自己的肤色看上去更健康,可以使用较厚的粉底及散粉。眉毛、眼线、眼影、睫毛、口红都可以画得比平时明显突出些。在灯光的作用下,远距离观看就会显得非常自然。

(1)妆色可以比平时浓一些,庄重一些。在脸上打下一层薄而稳固的粉底。注意凸显眼睛(用眼线笔、睫毛膏和眉梳处理),还要强调嘴唇。在涂口红前先使用唇笔将唇形清楚地勾勒出来。用半透明粉在脸上均匀地扑一层,使脸部看上去不油亮。上粉不宜过厚,否则会显得不自然。

(2)在舞台内侧等待出场时,要轻松自如。调匀呼吸,做几次张大嘴巴的动作,这样可以松弛颚部并使下颚变得柔韧舒适,放松紧张的情绪。

(3)开始说话时要微笑着环视听众,然后做一次深呼吸。沉稳自如的微笑不仅会给人一种亲切宜人的印象,同时也会让听众感觉到,接下来的演讲将会是生动有趣的。

(4)倘若戴着眼镜进行演讲,那么,演讲的过程中注意不要摆弄眼镜。因为,这样的习惯性动作往往会使听众误以为演讲者是位易冲动、敏感、焦虑不安、故作姿态的人。

(5)有些演讲者在紧张的时候,常有下意识地摆弄头发或摆弄物品的习惯。这种下意识的反复的习惯性动作会干扰听众,使听众产生不舒适的感觉。

(6)保持和善的微笑能缓解交流的气氛,在一定程度上也会舒缓自己的紧张情绪。自然而真诚的微笑就像和煦的春风,让人身心愉悦。

5. 女大学生的妆容技巧

女性到了大学阶段的年龄,是最漂亮也是最爱漂亮的年龄。适当地化妆,不但可以显得更漂亮,在有些场合也是必要的礼节。比如,实习、假期打工时,要接触社会人士,就必须把自己装扮得漂亮、得体,办事效率会更高,也会给自己带来诸多方便。恰当的化妆能使人显得成熟,更容易取得别人的信任。

女大学生化妆应以自身面部客观条件为基础,适当加以强化或美化,切不可失真。要妆而不露,化而不觉,从而达到"清水出芙蓉,天然去雕饰"的境界。特别应该注意的是,女大学生在日常学习、生活中,以不化妆为宜;在社交娱乐活动中,化妆应以自然清新为主。切忌人工痕迹太重,那样会有损青年女性自然的美感。

总之,女大学生的仪容既要符合个性,又要讲究团队精神,要反映出当今时代大学生朝气蓬勃、奋发进取的精神风貌。

资料来源:吴雨潼.职业形象设计与训练.大连:大连理工大学出版社,2008.

1.2.2 面部局部矫正化妆

1. 眉部的矫正化妆

画眉首先要了解标准眉形的比例结构及在脸部的标准位置。

标准的眉形为:眉与眼的距离大约有一眼之隔;眉头在鼻翼与内眼角的垂直延长线上;眉峰在眉头至眉梢的2/3处;眉梢在鼻翼与外眼角连线的延长线上;眉与眉梢基本保持在同一水平线上。

几种常见眉形的修正方法如下。

（1）吊眉

特征：眉头位置较低，眉梢上扬。吊眉使人显得有精神，但也会使人显得不够和蔼可亲。

修正：将眉头下方和眉梢上方多余的眉毛除去。描画时，要加宽眉头上方和眉梢下方的线条，这样才可以使眉头和眉尾基本在同一水平线上。

（2）八字眉

特征：眉尾和眉头不在同一水平线。这种眉形使人显得亲切，但过于下垂会使面容显得忧郁。

修正：去除眉头上面和眉梢下面的眉毛。在眉头下面和眉尾上面的部分要适当补画，尽量使眉头和眉尾能在同一水平线上，或使眉尾略高于眉头。

（3）短粗眉

特征：眉形短而粗。这样的眉形显得粗犷有余，细腻不足，有些男性化。

修正：根据标准眉形的要求将多余的眉毛修掉，然后用眉笔补画出缺少部分，可适当加长眉形。

（4）眉形散乱

特征：眉毛生长杂乱，缺乏轮廓感，使得面部五官不够清晰、干净。

修正：先按标准眉形的要求将多余眉毛去掉，在眉毛杂乱的部位涂少量的专用胶水，然后用眉梳梳顺，再用眉笔加重眉毛的色调，画出相应的眉形。

2. 眼睛的矫正化妆

对眼睛的修饰主要是画眼影、眼线和对睫毛的美化。例如，利用不同颜色的眼影晕染，可以增加眼部神采，调整眼部结构；粗细不同、长短不一的眼线，可以改变眼睛的形状；不同假睫毛的配合，又可以加强眼睛的神韵。

（1）大眼睛

特征：大眼睛给人以可爱、美丽的印象，但过大的眼睛又令人觉得呆板。

修正：对于这种眼形在画眼影时可采用浅亮色的眼影平涂的手法，并在靠近睫毛根处选用眼影以增强眼部神韵。眼线不可画得太粗。

（2）小眼睛

特征：小眼睛的人在化妆时总想要达到双目生辉的效果，以弥补小眼睛在视觉上缺乏个性的一面。

修正：在眼影色的选择上有两种方法。一是画出上深下浅的假双眼皮，例如以深咖啡色与浅白色的配色，这种修饰多用于舞台妆，日常生活中不宜；二是用上浅下深的手法来晕染，不刻意强调上眼睑的褶皱。但小眼睛在化妆时尽量不要选用太刺目或另类的色彩，宜选择接近东方人肤色的暖色系色彩。

（3）上斜眼

特征：上斜眼形内眼角低垂，但外眼角向上飞起，此种眼形给人以十分凌厉精明的印象。

修正：在修饰时，可在内眼角的上眼睑处涂以耀目的色彩；外眼角处不强调，以柔和的色调轻轻带过即可；内眼角的下侧可选用浅亮色提亮；外眼角下侧同样可以用点缀色来进行强调，并在画眼线时，加宽上眼线内眼角处及下眼线外眼角处，以此来达到视觉上的平衡。

（4）下斜眼

特征：下斜眼的形状与上斜眼形恰好相反，此种眼形给人以和蔼可亲的印象，但易让人有衰老和忧郁的感觉。

修正：下斜眼在化妆前可用美目贴或深色纱布贴于上眼睑的外眼角处，令眼部弧度向上提升。在选择眼影时，与上斜眼的画法恰好相反，外眼角的眼影位置可略向上提升，色彩可以鲜亮一些，也可加宽上眼线外眼角处的眼影宽度。

（5）肿眼睛

特征：上眼皮脂肪较厚，使得眼睑的厚度很突出，造成肿眼泡的视觉印象。

修正：肿眼睛在东方人群中十分常见，因此在选择眼影色时要十分谨慎。例如一些蓝、绿等冷色调的色彩，肿眼睛的人应尽量少尝试，因为它们会造成眼部更加突出的印象。可选择一些与东方人肤色相近的暖色系色彩，如咖啡色系即是肿眼睛的安全色系之一。此外可选用亮色提亮眉骨，选择较长的假睫毛等也可以削弱眼皮的厚重感。

（6）凹陷眼

特征：凹陷眼的眼形与肿眼睛恰好相反，它具有欧洲的风格。眼眶凹陷，较具现代感，但又易给人留下成熟、憔悴的印象。

修正：在选择眼影色时，可使用一些浅白色系使上眼睑突出，增加柔和的感觉；眉骨处的色彩不可太刺目，否则在强烈的对比之下，会使眼部的凹陷感加强。眼线的描绘也应采用自然的线条。

（7）圆眼睛

特征：圆眼睛给人留下机灵聪慧的印象，但同时又会有精明、厉害的感觉。

修正：圆眼睛的眼影画法可取几色横向并列的方法，尤其是外眼角处的色彩要鲜明、突出，整个眼影的位置不可过高。眼线的画法可细长一些，以增加眼部的视觉长度。

（8）长眼睛

特征：长眼睛常会给人以妩媚、女性化的感觉，但又会有缺乏神采的印象。

修正：画眼影时可采取上下几色并列的画法，眼影的位置可略高，但不可太长，可强调下眼睑处眼影色。眼线的画法可采取中间粗、两头细的方法，以加强眼睛的视觉宽度。

3. 鼻部的矫正化妆

对于鼻子的修正方法主要是画侧影和涂抹亮色，对于不同鼻形，鼻侧影和亮色的使用也有所不同。

（1）塌鼻梁

特征：鼻梁低平，使面部显得呆板，缺乏立体感和层次感。

修正：在鼻梁两侧涂抹暗影，上端与眉毛衔接；在眼窝处颜色要深一些，往下逐渐淡化；鼻梁上较凹陷的部位及鼻尖处涂亮色。

（2）短鼻子

特征：鼻子的长度小于面部长度的1/3，即常说的"三庭"中的中庭过短。鼻子较短会使五官显得集中，同时使鼻子显得较宽。

修正：鼻侧影的上端与眉毛衔接，下端直到鼻尖。亮色从鼻根处一直涂抹到鼻尖处，要细而长。

（3）鼻子较长

特征：鼻子的长度大于面部长度的 1/3，也就是中庭过长，鼻子过长使鼻形显细，并使脸形显得更长。

修正：鼻侧影从内眼角旁的鼻梁两侧开始，到鼻翼的上方结束，鼻尖涂阴影色。鼻梁上的亮色要宽一些，但不要在整个鼻梁上涂抹，只需涂抹鼻中部。

（4）鹰钩鼻

特征：整个鼻梁弯曲呈钩状，并且鼻头较尖，鼻中隔后缩，面部缺乏柔和感，显得较为冷酷。

修正：鼻侧影从内眼角旁的鼻梁两侧开始到鼻中部结束。鼻尖部涂阴影色，鼻根部及鼻尖上侧涂亮色，鼻中部凸起处不涂亮色。

（5）宽鼻

特征：鼻翼的宽度超过面宽的 1/5，会使面部缺少秀气的感觉。

修正：鼻侧影涂抹的位置与短鼻相同，从鼻根至鼻翼处，并在鼻头处部位涂亮色。

4. 唇部的矫正化妆

唇形的修饰包括描画唇线和涂抹唇膏两个部分。唇形在矫正前，应选用与面部打底相同的遮盖力较强的粉底色，将原唇的轮廓进行遮盖，然后用蜜粉将其固定，再进行修饰，以便使矫正后的唇形效果自然。

（1）嘴唇过厚

特征：嘴唇过厚分上唇较厚、下唇较厚及上下唇均厚三种。嘴唇过厚使面容显得不够精致。

修正：保持唇形原有的长度，再用唇线笔沿较厚的唇部轮廓内侧画唇线。唇膏色宜选用深色或冷色以达到收敛效果，避免使用鲜红色、粉色和亮色。

（2）嘴唇过薄

特征：嘴唇过薄有上唇较薄、下唇较薄及上下唇均薄三种。嘴唇过薄，唇形缺乏丰润的曲线，使面容显得不够开朗或给人以刻薄的感觉。

修正：在唇周围涂浅色粉底，再用唇线笔沿原轮廓向外扩展。唇膏可选暖色、浅色或亮色，以增加唇的饱满感。

（3）嘴角下垂

特征：嘴角下垂容易给人留下愁苦的印象，且使人显得苍老。

修正：用粉底遮盖唇线和嘴角，将上唇线向上方提起，嘴角提高，上唇唇峰及唇谷基本不变，下唇线略向内移。下唇色要深于上唇色，不宜使用较多亮色唇膏。

（4）嘴唇凸起

特征：上、下唇凸出会产生外翻的感觉，影响唇形的美感。

修正：沿原唇形的嘴角外侧画轮廓，上下唇线应平直一些，以缩减唇的突出感。唇膏宜选择暗色。

（5）唇形平直

特征：唇峰、唇谷等曲线不明显，唇形的轮廓感不强。这样的唇形缺乏表现力，面部不生动。

修正：按标准唇形的要求勾画唇线，然后再涂抹唇膏。

资料来源：郑彦离.礼仪与形象设计［M］.北京：清华大学出版社，2009.

1.3　实训练习

1.3.1　案例讨论

案例 1

化妆风景线

阿美和阿娟是一所美容学校的学生，初学化妆非常感兴趣，走在大街上，总爱观察别人的妆容，因此发现了一道道奇特的风景线。

一位中年妇女没有做其他化妆，光涂了一个嘴唇，而且是那种很红很艳的唇膏，只突出了一张嘴；一位女士的妆容看起来真的很漂亮，只可惜脸上精彩纷呈，脖子却显得粗糙而马虎，在脸庞轮廓上有明显的分界线，像戴着面具一样；再看，还有的女士用粗的黑色眼线将眼睛轮廓包围起来，像个"大括号"，看上去是那么生硬、不自然。一位很漂亮的女士，身穿蓝色调的时装，却涂着橘红色的唇膏……

资料来源：http://www.worlduc.com/blog2012.aspx?bid=14166111.

讨论题

请帮助阿美和阿娟分析一下，针对以上几种情形，自己化妆时应注意哪些问题。

案例 2

美中不足

一天，黄先生与两位好友小聚，来到某知名酒店。接待他们的是一位五官清秀的服务员，接待服务工作做得很好，可是她面无血色，显得没精打采。黄先生一看到她就觉得心情欠佳，仔细留意才发现，这位服务员没有化工作淡妆，在餐厅昏黄的灯光下显得病态十足。上菜时，黄先生又突然看到传菜员涂的指甲油缺了一块，他的第一个反应就是"不知是不是掉我的菜里了"。但为了不惊扰其他客人用餐，黄先生没有将他的疑虑说出来。用餐结束后，黄先生唤柜台内服务员结账，而服务员却一直对着反光玻璃墙面修饰自己的妆容，丝毫没注意到客人的需要。自此以后，黄先生再也没有去过那家酒店。

资料来源：http://news.goodjobs.cn/module_news.php?action=Preview&storyID=18119.

讨论题

（1）请指出案例中服务员在仪容上存在的问题。

（2）本案例对你有哪些启示？

案例 3

松下与理发师

日本的著名企业家松下幸之助从前不修边幅，企业也不注重形象，因此企业发展缓慢。一天，理发时，理发师不客气地批评他不注重仪表，说："你是公司的代表，却这样不注重衣冠,别人会怎么想,连人都这样邋遢,他的公司会好吗?"从此松下幸之助一改过去的习惯,开始注意自己在公众面前的仪表仪态,生意也随之兴旺起来。现在,松下电器的种类产品享誉天下,与松下幸之助长期率先垂范,要求员工懂礼貌、讲礼节是分不开的。

资料来源:http://www.zxwh.com/Article/glwz/35640.shtml.

讨论题

(1) 注重仪表的意义何在?

(2) 为什么说当今社会企业的形象和员工的形象有重要的关系呢?

案例4

香水的使用

冯磊现在只有一个想法:见了同事吴云就躲开,因为吴云身上的味道实在让他忍受不了。你要问吴云身上有什么味儿,让冯磊这样排斥,冯磊会告诉你"怪味儿!"。我曾经用另一种方式问过她:"吴云,你怎么能让自己身上的味道这么持久呢?"她很兴奋地告诉我:"我用了香水呀。我现在越来越迷恋香水了,每天都在研究。有时候会一天换几种不同的香味试试,而且为了香味持久,我随身带着。你看!"然后我便看到她的包里有四个香水瓶子。我当时真是不知道该说什么了。

资料来源:王丽娟.员工礼仪[M].北京:中国言实出版社,2011.

讨论题

(1) 吴云在使用香水上存在什么问题?

(2) 你会使用香水吗?

1.3.2 模拟训练

项目1:发型的选择

实训目标:掌握选择发型的基本要领。

实训学时:1学时。

实训地点:教室。

实训方法:选择若干学员上台展示自己的发型,并说明其理由。台下的学员予以点评并提出具体的发型建议,评选出三位最佳发型。最后教师总结。

训练手记:通过训练,我的收获是_____。

项目2:皮肤护理

实训目标:了解皮肤类型的自我测试方法;掌握皮肤护理的操作要领。

实训学时:1学时。

实训地点:实训室。

实训准备:洗脸盆、毛巾、清洁纸巾、洗面奶等。

实训方法:分小组操作,每组针对一种皮肤类型进行护理,每组中一位同学重点操作,其他同学辅助操作。

训练手记:通过训练,我的收获是_____。

项目 3：女性面部化妆

实训目标：掌握化妆的基本操作规程。

实训学时：1 学时。

实训地点：实训室。

实训准备：化妆盒、棉球、粉底霜、胭脂、眼影、眉笔、唇彩、香水等。

实训方法：按照化妆的一般方法，教师为一名学员操作示范，然后学员分别操作，教师重点指导。针对若干化妆好的学员进行分析总结。

训练手记：通过训练，我的收获是_____。

课后练习题

1. 判断题

(1) 事实上，修饰与维护对于仪容的优劣而言往往起着一定的作用。　　　　（　　）

(2) 通常要三天左右洗一次头。　　　　（　　）

(3) 女士出席宴会、舞会的场合，妆可以化得浓一些。　　　　（　　）

(4) 女士工作时间可以化妆。　　　　（　　）

(5) 身材娇小者适宜留短发或盘发。　　　　（　　）

(6) 长发过肩的女性必须全部将其剪短才能上岗。　　　　（　　）

(7) 面容美化主要针对女性而言，男性无所谓。　　　　（　　）

(8) 选择发型可不考虑个人气质、职业、身份等因素。　　　　（　　）

(9) 在大众场合，不时用手整理头发，以确保仪容整齐。　　　　（　　）

(10) 每天都要梳理头发。　　　　（　　）

(11) 可以当众化妆。　　　　（　　）

(12) 女士在工作岗位上处理超长头发应盘起来、束起来或编起来。　　　　（　　）

(13) 男士的头发应该前发不覆额，侧发不掩耳。　　　　（　　）

(14) 可以在全身各部位都搽上香水。　　　　（　　）

(15) 每晚应用润手霜按摩双手。　　　　（　　）

(16) 端庄的淑女不涂指甲油。　　　　（　　）

2. 简答题

(1) 仪容干净整洁应体现在哪些方面？

(2) 发型美化的要点是什么？

(3) 化妆的步骤和要领是什么？

(4) 化妆应注意哪些礼仪？怎样使用香水？

(5) 如何护手？

3. 思考与操作

(1) 你的皮肤属于哪种类型？有什么特点？在保养方面要注意哪些要点？

(2) 请每日按照科学的化妆和护肤方法进行仪容修饰与保养。

(3) 你的脸形、发质和职业最适合哪种发型？

（4）作为女士，你能用5分钟时间给自己化一个漂亮的工作妆吗？请实际操作，如果结果不令你满意，要继续实践，反复练习，直到取得满意效果为止。

（5）男士如何保持仪容整洁？

（6）请对着镜子检查一下，此刻的你，在个人卫生方面还有哪些地方需要改进？

（7）请思考一下自己在哪些场合可使用香水，使用哪种类型香水比较得体。

任务 2 服 饰

服装打造一个人,不修边幅的人在社会上是没有影响力的。

——【美国】马克·吐温

任务目标

- 根据自身特点以及交际场合等的不同,有针对性地选择合适的服饰。
- 男士能够正确地穿西装,并能够熟练地打领带。
- 女士能够正确地穿套裙。
- 服装穿着注重和谐、色彩搭配合理。
- 得体地佩戴各类饰物。
- 养成习惯进行仪容仪表自我检测。

案例导入

王军的着装问题

王军是一名刚刚进入某公司销售部的员工,这家公司对职工的个人形象要求很高。对此,王军也深深地明白,作为一名销售人员,个人形象有着举足轻重的作用。因此,当他第一次外出推销产品的时候,特意穿上了刚买的深色西装、搭配上合理的领带、一双黑色的皮鞋。王军穿戴完毕之后,得意地照了照镜子,为自己的形象感到满意。之后,王军将手机和钥匙等东西放进了西装的口袋中,就匆匆地出发了。

王军原本以为自己的形象能为业务的畅通提供铺垫,但是结果恰恰相反,他跑了整整一天,很多接待他的人往往只是打量他几眼,然后就叫他走了。

王军对此非常疑惑。于是,就去请教他的朋友,经过朋友的点拨,王军才发现自己被拒之门外的原因:虽然王军穿的西装非常得体,里面的衬衣、领带也搭配得不错,但是他忽视了一个细节,那就是在西装的口袋里装了手机、钥匙,在如此正式的场合,违背了着装的基本要求。

资料来源:王丽娟.员工礼仪[M].北京:中国言实出版社,2011.

2.1 礼 仪 规 范

2.1.1 正装的穿着

服饰是指一个人的衣着穿戴。许多人认为"穿衣戴帽各有所好",不赞同"人靠衣装"这句话,然而现实生活中"以貌取人"的现象却很普遍。心理学家曾做过一个有趣的实验,把10张姑娘的照片给被试者看,其中8人容貌服饰好,另两位姑娘长相稍差,衣服也较破旧,心理学家告诉被试者,其中1人是小偷,结果,有80%的被试者认为后两者中有一人是小偷。可见,优雅得体、和谐的服饰有着不可忽视的作用。

服饰美能增强一个人的自信与自尊,能树立良好形象。服饰穿着整洁大方、自然得体,不仅是对别人的尊重,也反映了自身形象、尊严与素养。

服装根据适用的场合不同,一般可分为功能与特点都不相同的两大类别。即在正式场合中穿着的礼服、职业装等正式服装和在非正式场合穿着的家居服、休闲服等便装。便装较注重自我感觉,方便、舒适、轻松,而正式服装较注重社会评价,严谨、规范、时宜。在社交活动中,人们更多穿着的是正式服装,正式服装主要有以下几类。

1. 男士的西装

西装是男士通用的职业服装,也是现代社交活动中最得体的服装。许多涉外机构,包括国内一些大企业,明文规定职员不能穿短裤、休闲装上班,要求男士必须穿西服打领带。一些剧院也规定了观看者须西服革履。男士服装的流行式样变化较小,因而应准备几套做工考究的西装以应付各种社交场合。

男士西服一般分为美式、欧式变形、英式和欧式四类,如图2-1所示。男士西装也分西服套装和西服便装。西服套装有两件套和三件套(外套、马夹、裤子);有双排扣和单排扣;有三个扣眼和两个扣眼之分。

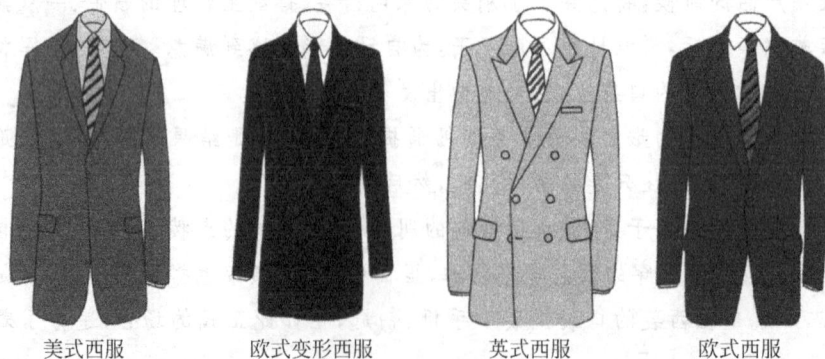

| 美式西服 | 欧式变形西服 | 英式西服 | 欧式西服 |

图 2-1 西服的式样

一般男士的正式西装最好备三件套,选用较好的毛织品或毛涤混纺织物,采用不鲜艳、没有明显图案的单色。做工要精细,裁剪要合体,式样可趋于保守。为了提高每套西装的利用率,可选偏暗的色彩,适用于办公室、会议、宴会等多种场合。平时上班或参加不太正式的社交活动,可以不穿马夹,只穿套装。有条件的,西装不妨多备一两套,暗色、中性色均有,以分别用于不同场合。

西装的上衣如果是双排扣,不管在什么场合都应把纽扣全部扣上;单排扣西装则可因场合而定,一般两个扣眼的只扣上面一个;三个扣眼的,可扣第二个。如全部扣上显得拘谨。扣第一个显得土气,只扣第三个显得流气,在非正式场合全部敞开却既潇洒自由,又不失礼,但参加宴会、婚礼等正式场合必须扣上扣子。

西服套装要与领带、衬衫配套穿。在社交场合,穿西服套装一定要系领带,穿衬衫。在正式场合穿西服套装不仅要配领带与衬衫,而且衬衫领子要挺括、合体,颜色一般为浅色,白色衬衫能适应多种色彩的西装。西装衬衫领子的式样分为标准领、立领、宽角领等,如图 2-2 所示。

与西装配套穿的毛衣、毛背心应是 V 形领,领带应放在 V 形领毛衣里面。一身得体的西装,配上一条精致的领带,会使男士尽显风度,领带对西装有烘日托月的妙处,如图 2-3 所示。

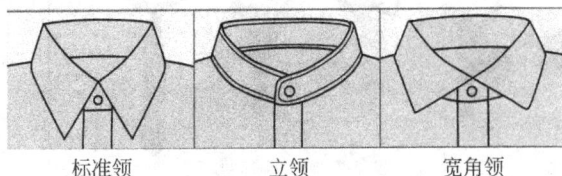

图 2-2　衬衫领子式样　　　　　　　　图 2-3　领带

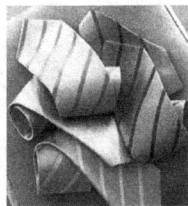

正式场合的领带以深色为宜;非正式场合的领带以浅色、艳丽为好。领带的颜色一般不宜与服装颜色完全一样(参加凭吊活动穿黑西装系黑领带除外),以免给人以呆板的感觉。具体做法一是领带底色可与西装同色系或邻近色,但二者色彩的深浅明暗不同,如米色西装配咖啡色领带;二是领带与西装同是暗色,但色彩形成对比,如黑西装配暗红色领带;三是一色的西装配花领带,并且花领带上的一种颜色尽可能与西装的颜色相呼应。

领带的打法,主要有五种(选自 http://www.newstartmba.com)。

(1)平结(如图 2-4 所示)。平结为男士最多选用的领结打法之一,几乎适用于各种材质的领带。要诀:领结下方所形成的凹洞需让两边均匀且对称。

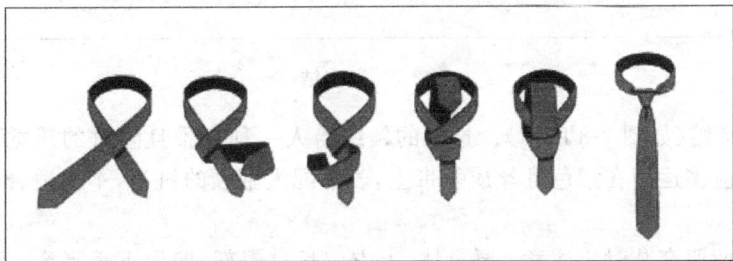

图 2-4　平结

（2）交叉结(如图 2-5 所示)。这是单色素雅质料且较薄领带适合选用的领结。对于喜欢展现流行感的男士不妨多加使用。

图 2-5　交叉结

（3）双环结(如图 2-6 所示)。双环结能营造时尚感,年轻的上班族适合选用该领结。完成的特色就是第一圈会稍露出于第二圈之外,但别刻意给盖住了。

图 2-6　双环结

（4）温莎结(如图 2-7 所示)。温莎结适用于宽领型的衬衫,该领结应多往横向发展,应避免材质过厚的领带,领结也勿打得过大。

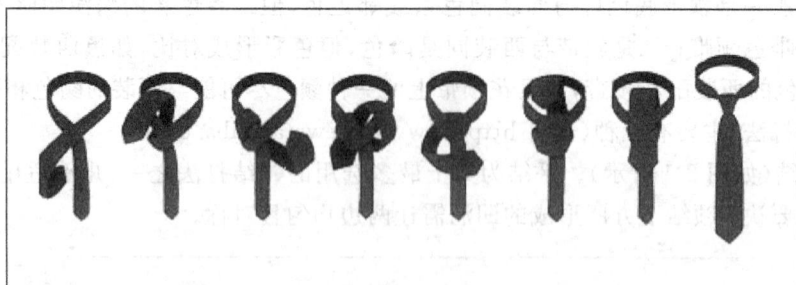

图 2-7　温莎结

（5）双交叉结(如图 2-8 所示)。这样的领结给人一种高雅且隆重的感觉,适合正式活动场合选用。应多运用在素色且丝质领带上,若搭配大翻领的衬衫,不但适合,且有一种尊贵感。

男士穿着西服套装时应注意:要合体,上衣应长过臀部,四周下垂平衡,手臂伸直时上衣的袖子恰好过腕部,领子应紧贴后颈部,衬衫领子稍露出外衣领,衬衫的袖口也应长出外衣袖口 1～2 厘米。领带结需靠在衣领上,但不能勒住脖子,也不能太往下,显得松松垮垮,

图 2-8 双交叉结

不精神。领带系好后,垂下的长度应触及腰带上,超过腰带或不及腰带都不符合要求。领带用领带夹固定,西装上衣左胸部的装饰袋,有时用来插放绢饰,不可用来放钢笔之类的其他东西,钢笔应放在衣服内袋中。西装的裤子要合体,要有裤线,裤长要及脚面 1～2 厘米。西服套装要配穿皮鞋,式样要稍保守,颜色与衣服相协调。在日常工作中及非正式场合的社交活动,男士可穿西服便装。西服便装上下装不要求严格配套一致,颜色可上浅下深,面料也可以上柔下挺。可以穿衬衫、领带配西裤,也可以不扎领带,不穿衬衫,穿套头衫或毛衣。

标准的男士西装穿着如图 2-9 所示(选自 http://male.ruilitang.com)。

此外,男士参加社交活动也可穿中山装、民族服装或夹克衫。尤其是在国内参加活动时,如出席庆典仪式(包括吊唁活动)、正式宴会、领导人会见国宾等隆重活动,可穿中山装或民族服装,在一些非正式场合也可以穿夹克衫。

男士在社交中穿中山装应选择上下同色同质的深色毛料中山装,一般配以黑色皮鞋。中山装衣服要平整、挺括,裤子要有裤线。穿着时要扣好领扣、领钩、裤扣。在非正式社交场合中,男士也可穿夹克衫等便装,但同样应注意服装的清洁与整齐。

男士外出还可准备一件大衣或风衣,在正式场合一般不宜穿风衣或大衣。在需要室外活动的场合,大衣或风衣既可保暖挡风,又可增添不少潇洒的风采。

2. 女士的西装

图 2-9 标准的西装穿着

女士西装式样较多,它的领型就有西装 V 形领、青果领、披肩领等;款式有单排扣、双排扣;衣长也有变化,或短至齐腰处,或长至大腿;造型上有宽松的、束腰的,还可有各种图案的镶拼组合。女士西装有衣、裤相配的套装,也有衣、裙相配的套裙。在社交场合无论西服套装或西服套裙款式都宜简洁大方,避免过分花哨与夸张。

女式西服套装给人以精明干练、富有权威的感觉,但显得比较呆板严肃,更适合成熟的女士或具有较高职位的女领导工作时穿。而西服套裙则成为社交中女士普遍适用的服装。

西服套裙的上装是西装,下装是腰裙,如西装裙、喇叭裙、折裥裙、百褶裙等。社交中西服套裙的面料应是高档面料,如夏季用丝绸,华贵柔美;春秋用各类毛料,考究挺括;冬季用羊绒或毛呢织物,高贵典雅。西服套裙的色彩应呈中性,也可偏暗,一色的面料适宜,各种条子、格子、点子面料也常用。西服套裙上下一色,显得庄重,有成熟感;色彩上浅下深或上深下浅,式样上简下繁或上繁下简,花色或上清下杂或上杂下清,可以搭配出动感和活力,适合女士在不同场合穿出不同的风貌。

3. 女士连衣裙

连衣裙是上衣和裙子的结合体,它不但能尽显女士特有的恬静与妩媚,而且穿着便捷、舒适。连衣裙也可与西装外套等组合搭配,提高服装的使用率。连衣裙的造型丰富多彩,有前开襟、后开襟、全开襟和半开襟的;有紧身的、宽松的、喇叭形、三角形、倒三角形的;有无领的,有领的;有方领的、尖领的、圆角领的;有超短的、过膝的、拖地的等,它们为各种身材的女士在不同场合提供了大量的选材。

穿着连衣裙时虽以个人爱好、流行时尚而定,但社交场合的连衣裙还应以大方典雅为宜。单色连衣裙在大多数场合效果都很好,点、条、格等面料的连衣裙图案也要力求简洁。穿连衣裙要注意避免:一是受时髦潮流的影响,太流行或趋于怪异,变得俗不可耐或荒诞不经;二是不顾及环境,穿着过低的领口、过紧的衣裙、过透的面料,使人感到极不雅观。

4. 女士旗袍

旗袍被公认为是最能体现女性曲线美的一种服装。源自满族旗袍,如图 2-10 所示(选自刘长凤的《实用服务礼仪培训教程》,化学工业出版社,2007)。我国是有着 300 年旗袍历史的国度,近年来旗袍以其前所未有的魅力影响着世界各地女性的穿着,它像一种特殊的世界语,迅速被各种族的人们接受,打破了只有东方女性才适合穿着的传统论断,因而旗袍也可作为社交中的礼服,现代旗袍如图 2-11 所示(选自 www.nvfang.com.cn)。旗袍作为礼服,一般采用紧扣的高领、贴身、身长过膝,两旁开衩、斜式开襟、袖口至手腕上方或肘关节上端的款式,面料以高级呢绒绸缎为主,配以高跟鞋或半高跟鞋。

图 2-10　满族旗袍　　　　　　　图 2-11　现代旗袍

2.1.2　服装的色彩组合

根据礼仪的需要和自己的特点,选择适当的服装色进行合理搭配,是穿好服装的第一需要。我们常说:"没有不美的色彩,只有不美的搭配。"人们往往会看到同一套衣服,不同人的不同搭配,产生的效果是截然不同的,不乱用颜色,才是善于穿戴的。

1. 色彩搭配的基本法

(1)统一法:使用同一色系,根据其明暗深浅的不同来搭配,形成一种和谐美,注意不能衔接得太生硬,应尽量过渡自然。

(2)对比法:用对比色搭配,如黑与白、红与黑、黄与蓝等。

(3)调合法:用相近的颜色搭配,如红与橙、绿与蓝,配上明度、纯度应该有所差别,可以一种色深一些,一种色浅一些。

2. 色彩的主要搭配

(1)"万能色":色彩中的"黑、白、灰"是"万能色",它与任何颜色搭配,尤其是永恒的黑色与白色年年都不落伍,许多世界著名时装大师都以黑、白为主题创造了时装的理想世界。

(2)其他色:有些色彩的组合对大多数人来说都是非常实用而且别致的。如红色与黑、白、深蓝的搭配;黄与黑、绿的搭配;蓝与白、黄的搭配等。还有粉红配浅蓝,黄褐配白色,黑色配浅绿等。

(3)色彩组合基本原则:①应根据肤色、身材、体型来确定颜色。如中国人是黄种人,应避免穿暗黄色、土黄色、紫色等颜色,因为这些颜色会使黄皮肤看上去衰老、不健康。再如身材肥大的人应尽量避免穿浅色、花色,而深颜色会给人以收缩感。②要善于调节主色、补色、突出色三者的关系。比如穿西服套装,以西服套装的颜色为主色,以衬衫颜色为补色,用同系统的颜色搭配,而领带则可用对比色为突出色。这样的配色,就能使服装显示出和谐而有层次的美。③应根据人的性格特征来选择颜色。色彩会带给人不同的感觉,如蓝色可以说是男性"永恒的颜色",它有高雅、理性、稳重的意义,能让人产生信服感、权威感;灰色象征着信心十足,由于其色彩属性比较中庸、平和,所以不宜表现出威严感,但会显得很庄重;红色似火,会使人感到热情奔放。因而性格活泼的人宜选择暖色、花色面料,性格沉着的人宜选深色、素色面料。④应根据不同场合选择颜色。英国女王伊丽莎白二世访问中国期间,走出机舱门第一个亮相,穿的是正黄色西服套裙,戴正黄色的帽子。这位女王本人喜欢红色和天蓝色,很少穿黄衣服。但在中国几千年的历史长河中,黄色是皇帝的专用色。女王来中国访问穿正黄色,既表示尊重中国的传统习俗,又显示了她作为一国君主的高贵身份。⑤要善于简化全身的色彩。色彩的组合适用于减法,全身的色彩种类不宜过多,一般情况下不应超过三种,否则让人感到繁乱、花哨。即便是一些饰品,如丝巾、手套、皮包等,也要尽量与服装配套或一致,以免零乱繁杂。对于男士尤其要避免花哨,应严格控制鲜艳明亮的色彩。用于男士服饰上的色彩只能放在令人感到活泼、爽快的一两点上,起到画龙点睛的作用。

总之,色彩的组合对服装的穿着效果十分重要,要巧用色彩,善于配色,才能用不同色彩主调形成多姿多彩的你。

2.1.3　服装的和谐

1. 衣着与自身形象相和谐

这里的自身形象有两种意义,一是指所从事的工作的职业形象,二是指自身的身材长相。如果作为一名公关人员,经常要出入各种重要的社交场合:新闻发布会、揭幕揭牌仪式、宴会舞会等,接触许多重要公众,上至国家、国际要人,下至平民百姓,应酬活动频繁,工作主题均围绕"形象"二字,所以自身的穿着形象理应重视。一般来说,选择的衣料要考究,做工要精细,裁剪式样要美观,以表现出稳重、大方、干练、富有涵养的公关人员礼仪形象。另外,着装与人的身材关系密切,因而应根据自己的特点来选择适宜的服装。俗话说:"三分长相、七分打扮",把握自己的身材特点,扬长避短,会让服饰弥补缺憾。具体应注意以下几点。

(1) 体型较胖的人,应该用冷色调的、小花型的,质地较软的面料。因为粗呢、厚毛料、宽条绒等会造成增加面积的效果。使胖人看起来更胖,给人一种笨重感。大花型面料有扩张效果,暖色、明亮的颜色也有扩张感,这都是体型较胖者不宜选取的。

(2) 身材矮小的人,宜穿一色服装,最好鞋袜也同色。如爱穿花布,可选择清雅小型花纹为宜,衣领式样可取方领、V字形领。裤子宜选用式样简单的传统式西裤,可显得腿长。女士穿高跟鞋与颜色略深的丝袜,也能使双腿看上去较长,但不宜穿下摆有花纹的裙子。

(3) 腰粗的人,可选择剪裁自然、曲线不明显的款式,或选肩部较宽的衣服。不宜穿紧腰式的裤子,或是把上衣掖在里面,避免使人特别注意你的腰部。不要穿松紧带裙子,以免看起来更胖。

(4) 腿型不佳的人,可选择裙装与宽松的裤子。腿胖的女士可选有蓬松感的裙子和宽大的裤子,不宜穿对摺裙,以免更显腿粗;腿短的女士,穿裙装时选高腰设计加宽腰带,长裤则与上装同色。O形腿的人,应避免紧身裤,可穿质地优良的长裤或八分裤。裙长保持在膝盖以下。

2. 衣着应与出入的场所相和谐

国际上盛行着装的TPO原则。T是时间(Time),P是场所(Place),O是情况(Occasion)。就是要求所穿服饰与当时的时间、地点、环境因素相一致,让人感到恰如其分,易被人接受,甚至受到欢迎。人们在从事社会交往时要对服装的质地、面料、款式、色彩等方面的文化含义有所了解,并内化为自我的审美修养,在决定去某种场合时,要用深度文化审美观去选择、搭配服装,对去不同场合穿什么服装做较为细致的划分,从而使人与服装环境达到较为完美和谐的统一。一般服装的TPO原则如下。

(1) 喜庆欢乐场合。包括庆祝会、联欢会、生日、结婚日纪念活动、婚礼、聚会等。喜庆欢乐场合的穿着应与人们高兴、快乐、兴奋的情绪协调,女士可以穿得色彩鲜艳、丰富一些,流行一些,以烘托活跃欢快的气氛;男士可穿浅色西装,搭配花色漂亮醒目的领带,以展示轻松愉快的心情。

(2) 隆重庄严的场合。诸如开幕式、签字仪式、剪彩仪式、出席重要的高层会议,新闻发布会等。这种场合比较正式,应特别注意个人的公众形象和媒介形象,因此男士穿西装要正规、配套、整齐、一丝不苟；女士应穿上套装、套裙或端庄的连衣裙，从而衬托隆重庄严的气氛。

（3）华丽高雅的场合。一般为晚间举办的正式社交活动，如正式宴会、酒会、招待会、舞会、音乐会等。这种场合，女士着装应显得华丽高贵，因而面料要华丽，质地要优良，色彩应单纯，并最好有饰物点缀。男士可穿着深色西装，从头到脚都应修饰一新。

（4）悲伤肃穆的场合。诸如吊唁活动和葬礼。这时服装色彩不能太刺眼，款式不能太引人注目。男士可穿黑色西装或深色中山装，西装配白衬衣、黑领带；女士全身衣装宜深色或素色、淡妆。

3. 衣着整体要和谐

服饰的穿着与搭配要考虑整体协调性。具体要注意以下几点。

（1）切忌撞色，配色时要么用柔性搭配，运用同色系或类似色表现稳重；要么用暗性配色，以对比组合表现个性，如在正式服装中选用了撞击的颜色，如蓝西服、黄衬衫、红领带，会显得滑稽可笑。

（2）切忌服装线条不配衬。例如，穿有条的外衣配搭有条的衬衫再配斜条的领带，形象就不佳。

（3）切忌质感冲突。如厚重质料的上衣配厚重质料的衬衣，或毛呢上衣配一条轻柔的裙子则不协调。

（4）忌款式配合不当。例如，外衣是传统的，领带却很新潮，会让人觉得不伦不类。

可见，服饰只有把握自我特点，适应不同环境，并且保持整体的协调一致，才能穿出风采与神韵，显示出个性与风格。

2.1.4 饰物佩戴

1. 饰物的分类

（1）服饰。服饰是指服装上的装饰。服饰种类繁多，主要包括刺绣、系带、金属装饰品、珠宝等。不同时期、不同民族、不同国家的服饰既相似又不同。例如，我国唐代袍衫的纹样一般以暗花为多，武则天当朝后规定，在不同职别官员的袍服上，绣上各种不同的禽兽纹样，以区别等级；又如，我国少数民族中的白族，妇女的头饰上有一缕长长的穗，随着妇女年龄的增长或已婚否，这缕长穗慢慢地被剪短，直至完全没有；再如，我国布依族已婚妇女要用竹皮或笋壳与青布做成"假壳"戴在头上，向后横翘尺余。

（2）挂件。项链、玉佩、包挂、腰带等都属于挂件。在众多品种的挂件中，最流行和被人们广泛佩戴的是用贵金属、玉石、玛瑙、水晶、象牙、木雕、石雕等材料制成的各种吉祥物挂件，如保佑平安、祈祷发财、保佑健康的吉祥物。挂件制品在制作原料、工艺及饰物造型上，男女有别。除项链外，其余挂件一般不用贵金属材料制作。

（3）佩件。戒指、耳环、手镯、臂镯、丝巾扣等都属于配件。传说戒指源于3000年前的古埃及，戒指是环形的，它没有开始，也没有结束，象征着爱情的浪漫与永恒。佩件一般用贵金属和珠宝制成。现代社会出现了很多能取代贵金属和珠宝的人造贵金属和人造珠宝材质,用这些材料制作出的戒指、耳环、手镯、臂镯、丝巾扣等也同样非常漂亮,光彩照人。

(4) 手袋。手袋,特别是女士用的小型手袋是女士出席各种社交活动的重要饰物。手袋的面料很多,可用皮革、金属、塑料、串珠、刺绣等材料制成。

(5) 帽子。帽子是现代女士的主要饰物。无论是质料、色彩还是款式都是多种多样的。

(6) 腰带及眼镜。腰带及眼镜是男女皆用的最常见的饰物,属于应用及装饰为一体的饰物。特别是眼镜,随着现代人装饰意识和审美情趣的变化,眼镜已成为一种修饰五官脸部的饰物了。

(7) 香水。香水是一种无形的服饰。香水在个人形象的塑造上扮演着重要的角色,能否正确地使用香水,体现着一个人的审美情趣。

(8) 发饰。我国历代衣冠服饰制中对“冠”(即发饰)都有严格规定。在奴隶制度和封建制度时期,发饰是用来区分等级的一种饰品。例如,商代对冠巾、发簪等发饰的佩戴就有明确的要求。不同民族、不同地区的发饰在样式、佩戴方式等方面是有区别的,在某种意义上说发饰具有民族和区域特性。例如,傣族、白族等一些民族的妇女是已婚还是未婚,可通过其发式及发饰来辨别。随着社会的发展,发饰等级制度已经消亡;随着民族、地区之间交往的日益紧密,不同民族、不同地区的发饰在逐步融合,使现代发饰呈现出丰富、多彩、繁荣的局面。

2. 饰物的佩戴原则

(1) 锦上添花。在选择饰物的种类及选择佩戴方法时,首先要做到恰到好处,然后再考虑锦上添花,绝不可画蛇添足。例如,在黑色羊毛衫上面佩戴一枚闪光的彩色胸花,是很别致的。但如果再配上一条项链,就显得烦琐。

(2) 与全身保持一致。饰物的佩戴要与自身的体形、发型、脸形、肤色及所穿服装的款式、面料、颜色保持协调一致。例如,夏天穿一身飘逸的连衣裙,背一个精巧的浅色双肩小包的女孩看上去就很协调,如果挎一个黑色皮包就不搭调。

(3) 饰物质地与身份及环境相称。现代饰物品种繁多,各种质地的饰品琳琅满目,在选择时首先要考虑自身所处的环境及身份,绝不可乱戴。例如,上班时闪闪发光的手链、奇形怪状的戒指与身处的工作环境会很不相配。有一定身份的人,绝不可只图好看而选戴劣质饰品。

(4) 饰物色彩、款式与季节相应。饰物的色彩、款式要与季节相配,这一点多用于在皮包、眼镜、领带的选择上。例如,夏季和春季,女士应选择色彩亮、体积小的皮包。男士应选戴以浅色为主的领带;冬季,着装比较厚,皮包相应要大一点才能与穿着协调。

3. 常见饰物的选择与佩戴

(1) 帽子。帽子是由头巾演变来的。中国古代人成年时要行“冠礼”,“冠”就是帽子。在当代生活中,帽子不仅有御寒遮阳的作用,还具有装饰功能。在男女衣着中,帽子也占据着举足轻重的地位。戴帽子时,一定要注意帽子的式样、颜色与自身装束、年龄、工作、脸形、肤色相和谐。一般来说,圆脸适合戴宽边顶高的帽子,窄脸适合戴窄边的帽子。女士的帽子种类繁多，不同季节其造型和花色也不同。例如，在冬天，女士可戴手工制的绒线帽；地位较高的女士可选择小呢帽；年轻姑娘可选择小运动帽。戴帽子的方法也很多，例如，帽子戴得端端正正显得很正派，稍往前倾一些显得很时髦。另外，戴眼镜的女士不适宜戴有花饰的帽子；身材矮小者，应戴顶稍高的帽子。

戴帽子应注意的一般礼仪是戴法要规范，该正的不能歪，该偏前的不能偏后；男性在社交场合可以采用脱帽方式向对方表示致意；在庄重和悲伤的场合，除军人行注目礼外，其余的人应一律脱帽。

（2）围巾。围巾的花色品种很多，与帽子一样，起御寒保暖和美观的作用。巧妙地选戴围巾，效果远远超过不断地更新衣服。围巾的面料有纯毛、纯棉、人造毛织物、真丝绸、涤丝绸等。围巾的色彩及图案也名目繁多。男士一般应选用纯毛、人造毛织物制作的围巾，色彩应选用灰色、棕色、深酱色或海军蓝，不能选用丝绸类的围巾。女士对围巾的选择范围极大，可选用丝绸类及色彩多样的三角巾、长巾及方巾等。除可用来围在脖子上取暖外，还可以将围巾扎在头发上、围在腰上做装饰品。如果配上丝巾扣、围巾围、戴，变化就更多了。对女士来说，不论怎样选戴围巾，都要与年龄、身份和环境相协调，与所穿衣服的面料、款式、颜色及使用者的肤色相配。丝巾的常用系法如图 2-12～2-14 所示（选自 http://www.hand-diy.cn；http://www.15921212008.cn；http://www.shw365.com）。

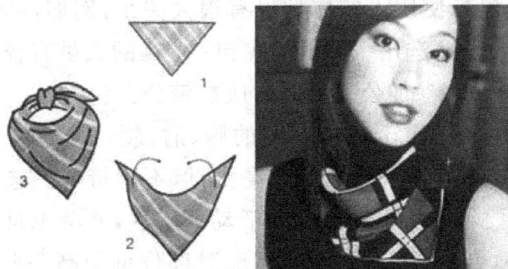

图 2-12　丝巾的系法 1　　　　　　图 2-13　丝巾的系法 2

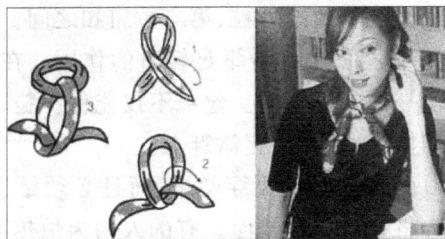

图 2-14　丝巾的系法 3

（3）眼镜。对于现代人来说，眼镜常被用来作饰品或时装的搭配物，但在眼镜的选择上要多加注意。首先，眼镜的款式要与体形相和谐，同时要考虑自身的发型；镜框的颜色要与肤色相协调，要与自己的脸形相协调；佩戴装饰性眼镜时要考虑与自己的身份相符。无论是在室内还是室外，只要是正式场合都应将装饰性的眼镜摘下。用来作装饰的深色变色镜或墨镜，戴前一定要先将商标摘下。

（4）戒指。在西方一些国家,戒指是无声的语言。一般来说,将戒指戴左手各手指上有不同含义；在食指上表示未婚或求婚；戴在中指上表示正在热恋中；戴在无名指上,表示已订婚或结婚；戴在小指上则表明"我是独身者"。右手戴戒指纯粹是一种装饰,没什么特别的意义。中国人也戴戒指,但一定不能乱戴。一般情况下,一只手上只戴一枚戒指,戴两枚或两枚以上的戒指是不适宜的。参加较正规的外事活动,最好佩戴古典式样的戒指。

（5）项链。项链的粗细应与脖子的粗细成正比,与脖子的长短成反比。从长度上分,项链可分为四种：短项链约40厘米,适合搭配低领上衣；中长项链约50厘米,可广泛使用；长项链约60厘米,适合在社交场合使用；特长项链约70厘米,适合用于隆重的社交场合。

（6）耳环。耳环可分为耳环、耳坠、耳链,在一般情况下为女性所用,并且讲究成对使用。戴耳环时应兼顾脸形,不要选择与脸形相似的形状,使脸形的缺陷更加突出。

（7）皮包。皮包具有实用及装饰两种作用,在现代服饰中起着画龙点睛的作用。皮包的种类千变万化,种类也不断更新,有肩挂式、手提式、手拿式及双肩背式等。在选购时要考虑它的适用范围。正式场合应选用质地较好、做工精细、外观华丽、体积不大、横长形的皮包；平时上班和日常外出使用的皮包不必太华丽,以实用性和耐用性为主；使用皮包要考虑其颜色与季节和着装是否相一致。皮包与使用人的体型也有很大关系,例如,体型小巧的人不能选用太大的皮包；体型矮胖的人不要选用太秀气的皮包；瘦高的人虽有较大的选择余地,但也不能选用太大或太小的皮包。在参加公务活动时应携带公文包。

（8）胸花。胸花是为女性特别设计的,专门用于装饰女性的胸、肩、腰、头、领口等部位。胸花有鲜花和人造花两种。相比之下,鲜花佩戴起来更显高雅,但不能持久。选择胸花时,一定要考虑服装的类型、颜色、面料,要考虑所出席的社交活动的层次,要考虑自身的体型和脸形条件。例如,个子矮小的女士适合小一点的胸花,佩戴时部位可稍高一些；个子高大的女士可选择大一点的胸花,佩戴时位置可低一些。胸花要注意别的部位,穿西服应别在左侧领上,穿无领上衣时应别在左侧胸前。发型偏左时胸针应当居右,发型偏右时胸针应当偏左,其高度应在从上往下数第一粒、第二粒纽扣之间。

（9）丝袜。丝袜在服装整体搭配中起着举足轻重的作用。在国外,正式场合中女性如果不穿丝袜,就如同不穿内衣一样十分不雅。丝袜不仅能保护腿、足部的皮肤,而且能掩盖皮肤上的瑕疵,还能与衣服相搭配,使女性更添魅力。

在商务场合穿着裙装及皮鞋时,一定要穿丝袜,而且必须是连裤丝袜。这样可以避免丝袜因质量问题掉落,也不会将袜口露在外面。有的人因为怕热而穿中长袜或短丝袜是不职业的做法。而平时在穿连衣裙及凉鞋时,就不要再穿丝袜了。因为凉鞋本来就是为了凉快的,再穿袜子就显得多此一举。不过现在有一种前后包脚的凉鞋,是属于较为正式的款式,穿这种凉鞋就必须穿袜子。穿凉鞋时,要注意脚趾和脚后跟的洁净,不要把黑乎乎的指甲缝和老茧丛生的脚后跟露在外面,平时应注意保养。

丝袜的选穿不能敷衍了事,要根据自身特点和着装风格做到合理选穿,以下是选穿袜子的一些窍门。对于日常忙于上班的职业女性,不妨选一些净色的丝袜,只要记住深色服装配深色丝袜,浅色服装配浅色丝袜这一基本原则就可以了。丝袜和鞋的颜色一定要相衬，而且丝袜的颜色应略浅于皮鞋的颜色（白皮鞋除外）。颜色或款式很出位的袜子对腿型要求很高，对自己腿型没有自信的女孩不可轻易尝试。品质良好的裤袜要比长筒丝袜令你更有安全感，能够避免袜头松落。白丝袜很容易令人看上去又胖又矮，应该避免。上班族更不要穿着彩色丝袜，它会令人感到轻浮，缺乏稳重感。参加盛会穿晚装时，配一双背部起骨的丝袜会使高雅大方的格调分外突出。但穿此类丝袜时，切记注意别将背骨线扭歪，否则极其失仪。

2.1.5 仪容仪表自我检测

无论男士还是女士可以每天参照仪容仪表自我检测项目，督促自己保持良好的仪容、仪表。坚持一段时间，养成习惯以后就不用再如此细细检查了，但在别人眼中，一定会时刻拥有一种良好的职业化外表。

1. 男士形象自检项目

（1）发型款式大方，不怪异，头发干净整洁，长短适宜。无浓重气味、无头屑、无过多的发胶、发乳。

（2）鬓角及胡须已剃净，鼻毛不外露。

（3）脸部清洁滋润。

（4）衬衣领口整洁，纽扣已扣好。

（5）耳部清洁干净，耳毛不外露。

（6）领带平整、端正。

（7）衣、裤袋口平整伏贴。衬衣袖口清洁，长短适宜。

（8）手部清洁，指甲干净整洁。

（9）衣服上没有脱落的头发和头皮屑。

（10）裤子熨烫平整，裤缝折痕清晰。裤腿长及鞋面。拉链已拉好。

（11）鞋底与鞋面都很干净，鞋跟无破损，鞋面已擦亮。

2. 女士形象自检项目

（1）头发保持干净整洁，有自然光泽，不要过多使用发胶；发型大方、高雅、得体、干练，前发以不要遮眼、遮脸为好。

（2）化淡妆：眼亮、粉薄、眉轻、唇浅红。

（3）服饰端庄：不太薄、不太透、不太露。

（4）领口干净、脖子修长，衬衣领口不能过于复杂和花哨。

（5）饰品不能过于夸张和突出，款式精致、材质优良，耳环小巧、项链精细，走动时安静无声。

（6）公司标志佩戴在要求的位置，私人饰品不与之争夺别人的注意力。

（7）衣袋中只放小而薄的物品，衣装轮廓不走样。

（8）指甲精心修理过、不太长、不太怪，不太艳。

（9）裙子长短、松紧适宜。拉链拉好，裙缝位正。

（10）衣裤或裙子以及上衣的表面无明显的内衣轮廓痕迹。

(11) 鞋洁净,款式大方简洁,没有过多装饰与色彩,鞋跟不太高,不太尖。

(12) 衣服上没有脱落的头发和头皮屑。

(13) 丝袜无勾丝、无破洞、无修补痕迹,包里有一双备用丝袜。

2.2 拓展阅读

2.2.1 镜头中的形象

在电视事业蓬勃发展的今天,以前只有资格当观众的人,现在会有很多机会在电视上"露脸"。假如你下个星期要以本公司工作人员的身份去电视台录制一个节目,那么在形象方面应该注意哪些事情呢?

1. 摄像机会让你的重量"增加"

有位女士看到自己在电视中的形象以后,惊呼"天哪,我怎么这么胖!"其实,如果不参加模特大赛,这位女士绝对是我们普通人中的"标准身材"。那么,为什么在电视中显得胖了5公斤呢? 原因是:图像背景是浅色的,这位女士穿的浅色衣服又恰好与背景融为一体,根本看不清楚轮廓线在哪里,造成了"肥胖"的错觉,实在遗憾。

正确的方法是:事先了解场地背景,选择与背景反差较大的外衣色彩,使你看上去轮廓分明。录制节目之前如果先向该节目的摄影师请教,他们通常会非常高兴地给你一大堆"忠告"。另外,男士的外衣与衬衫、领带或女士的外衣与丝巾、胸针等配件之间也应有较大的反差,这样才能在屏幕上产生悦目的效果。

2. 穿得体的衣服

拍摄电视节目并不意味着你必须穿最好的衣服,你也不一定非要为上电视而购置新衣。重要的是:你的着装风格必须与节目的风格保持一致。如果你要讨论商业、企业、金融、法律、质量、售后服务等方面比较严肃的主题,严谨的职业套装是最好的选择。如果你在"东芝动物乐园"节目中谈论动物园里新来的非洲大象和斑马,或者是在"欢乐总动员"中与竞争对手进行友谊比赛,那么休闲装则是最好的选择。不管你选择哪种衣服,一定要选择合适的领口,否则,不舒适的衣领会让你难受,从而分散你的注意力,影响你的思维。

3. 慎重使用白色

白色在生活中很讨人喜欢。但是,在拍摄电视节目时,需要慎重使用白色。这是因为:其一,白色的图像给人以"膨胀"感,除非你非常苗条,否则不宜使用。其二,白色织物会强烈地反射光线。想一想,当你站在白茫茫的雪地里时,你的瞳孔会怎样反映? 它会自动收缩以减少射入眼底的光线。摄像机也是一样,当它遇到大面积的白色时,它会自动调节曝光数据,减少画面亮度,如此一来,你看到的画面效果是:你的脸在大面积的白色映衬下显得很黑,毫无光彩可言。

假如你的脸色不是那种像白种人一样的白颜色,而你又非常喜欢白色上镜,那么你应当把白色的面积控制在整体面积的 1/2 以下；或者用其他颜色的外衣或围巾、颜色反差较大的胸针、轮廓明显的项链来打破单一的白色,这样,既保留了白色的清纯与现代感,又弥补了白色在镜头中产生的缺陷。

4. 不要穿格子花呢

普通电视机画面的清晰度无法分辨出格子花呢中微小的颜色差异。如果参加者在讲话时喜欢使用手势,或者这个节目要拍摄一些活动的画面,那么,一定要避免穿格子花呢(例如颜色反差较大的犬牙花纹)。这是因为格子花呢会使画面看上去模糊不清,那些线条仿佛变成了流动的光影,细条纹或小点状花纹的衣服也会使画面看上去不稳定。

5. 现场的温度

拍摄现场很可能让你感叹"这里好热!"大家在拍照片时常常需要用闪光灯来补充照明,摄像时也是一样。在正规的演播室里通常有威力强大的照明系统,它们除了会产生明亮的光线以外,还会产生大量的热能。虽然演播室里有中央空调来控制温度,但是,由于你是被拍摄的主体,因此你将会得到比观众更多的来自照明灯的热量。假如你处于压力之下感到紧张,或是对不熟悉的环境心怀恐惧,你很可能会出汗。因此,不要穿得太厚,也不要穿不透气的衣服,否则你在拍摄过程中会感到"备受煎熬"。别忘了带一块手帕备用。

6. 你需要特别化妆

如果你的脸不是非常光洁细腻,摄像机会把这一切夸张地显现出来。因此,女士的上镜妆要比日常妆画得更仔细一些,粉底、眼影、腮红、睫毛膏、眼线、唇膏一样也不能少,最后还要扑一些透明散粉。男士在上镜之前同样需要修面,并扑一些散粉遮盖脸上过多的油光。很多节目剧组都配备有专业的化妆师,他们会帮助你解决化妆问题。事先询问是否有化妆师,假如没有,你就应当自己解决这个问题。如果你实在不会自己化妆,可以事先到美容院预约专业化妆师(对于女士来说尤为重要),花费也不会太大。为了自己以及公司的形象,这点投资是值得的。

7. 佩戴简单大方、不会叮当作响的配件及首饰

避免佩戴那些总是发出声响的首饰,除非你是在给这些产品做宣传。录制节目时,工作人员通常会在你的衣领附近别上一个微型麦克风,它会把那些噪声完全展示出来,让观众以为你的口袋里装了很多零钱。

8. 上镜之前仔细检查

如果镜头主要拍摄你的脸,那么你就需要对着镜子仔细检查你的脸,确保"万无一失"。除了化妆和头发之外,还要注意眉毛是不是乱了,牙齿是不是清洁。请别人从其他角度看看你的头发,不要有影响整体效果的凌乱发丝。尽量不要戴眼镜,因为镜片容易反光,影响画面效果。

如果镜头可以专门拍摄你的手(比如详细介绍产品使用方法的节目),千万不要忘记修剪指甲。

资料来源:徐克茹.商务礼仪标准培训[M].北京:中国纺织出版社,2007.

2.2.2　特殊体型女性的服饰选择

有些职业女性身体的某一部位达不到理想的比例,可以通过服饰错觉效应来制造新的效果。

1. 肩宽的女性

肩宽的女性宜选择大 V 领或 U 领的服装款式,这是因为穿着大 V 领服装,借由 V 领的视线延伸,可巧妙地隐藏住肩宽的缺点,而同样,深 U 领的服装也能"缩肩",由于 U 领使颈部露出一片"开阔地带",颈部修长了,肩部自然也就变窄了;深色系上衣同样具有神奇的"缩肩"效果,因此在上衣色彩的选择上,最好考虑深色系;还有一种就是选用下垂性比较好的面料做衣服,这样肩膀看起来也会窄一些。

2. 胸部较小的女性

胸部较小的女性可以尝试下面的选择。

(1) 穿一件胸前带有口袋或特别花样的上衣,这样可以增加发散的效果。或者穿一件胸前有荷叶边、波浪边或绑带的上衣会让胸部看起来比较丰满。

(2) 对于上衣的面料而言,选择有纹路的布料会让胸部看起来更加丰腴些。还有一点就是,布料亮度比较高的衣服,也能使胸部看起来更丰满些。

(3) 泳装的款式不妨选择胸线有折边或褶皱的。

(4) 对于衣服的款式而言,有垫肩设计的外套会使胸部看起来比较挺。

(5) 较宽版的连身长裙,里面搭配衬衫或针织衫也是不错的选择。

(6) 人们在宽松的造型以及层叠的效果中,会忽略对胸部的关注,这样也可以掩饰胸部过小的缺陷。

(7) 二件式和多层次的穿法可造成视觉上的错觉,制造出胸部丰满的效果。

(8) 舒适而贴身的衣服会显露胸型,在外面搭配背心或小外套,胸部看起来就会显得比较丰满。

3. 胸围过大的女性

胸围过大的女性可以选择背心式或围裙式的长洋装,这是因为可以搭配不同颜色的上衣而适时造成前胸围的视觉切割,使得胸围看起来顺畅。但有一点要注意:选择此类洋装时,布料尽可能以平织布为主。此外,一套双排纽扣中长套装同样也可以掩饰过于丰满的胸部。

4. 背肥的女性

背肥的女性忌露背装,其次就是背心了,因为会给人虎背熊腰的感觉,可以穿深色短袖上衣,会起到一定效果。款式以简单为主,如果觉得单调可以把细节留在下身发挥,以转移别人的注意力,看上去就会瘦一些。

5. 腰粗的女性

腰粗的女性忌在腰间放太多细节,这样会更引人注目。有一个改善的办法就是穿质地柔软的连身裙。因为连身裙通常在胸部以下就开始散开,它会令人看不见腰的真正位置,可以掩饰腰粗的缺陷;也可以穿 A 字裙,使腰部细点,同时增加肩部装饰,使视线移到上身。

6. 臀部过大的女性

臀部过大的女性不宜穿紧身裤,可以选择略为宽松些的深色布料的裤子,不会引人注目,起到转移视线的作用。首先,女性服装可以在上衣的腰背部加上腰带,通过腰带同裤子的调整,使臀部得到一定的掩盖;其次,还可以将细节放在颈项上(如佩戴耳环、项链、胸花等),从而把别人视觉的注意力集中到身体上部;另外,有这类缺陷的女性,其身体重心往往过低,并且还会有运动不太灵便之感,这种现象势必加剧形象上的缺陷,为此,适当加高皮鞋鞋跟的高度和培养良好的举止,也是改变形象所不能忽视的。

7. 腿粗的女性

腿粗的女性不太适合穿紧身的裤子,而且穿短裤时,不要在膝盖位置翻边;上身避免穿双排扣,可以穿单排扣;同样不可以穿太短的裙子,为了掩饰缺陷,最好穿筒裙、长裙或是喇叭裤;可以穿粗高跟鞋使腿看起来细长些。

8. 腿细的女性

腿细的女性不太适合穿紧身裙,却比较适合造型修长、挺拔的裤子。因为这样看起来会比较漂亮,比如用全毛面料制作的长裤。另外,腿细的女性在色彩的选择上以偏向明亮、淡雅的色调为宜。

9. 腿短的女性

腿短还可以分好几种。腿短并且腰比较细、臀围比较宽的人最适合穿裙子或者穿可盖住臀围线,稍微长些的上衣,而且是不收腰身的,这样可以扬长避短。但是这类人不适合穿直筒裤,如果能顺其自然地穿萝卜裤,不失为因势利导的一种穿着。专家建议:如果想让腿部变得修长一点,最好穿一些窄身的直脚裤或者及膝裙,还要加一双尖头凉鞋或高跟鞋。

10. 脸大且圆的女性

脸大且圆的女性要注意把握以下六点。

(1)样式简单、大方的领型是最好的选择,她们不适宜着花边衣领或过于复杂的衣服。

(2)下身最好着紧身裤或是紧身裙。

(3)肩膀设计需稍宽阔,有垫肩更佳。

(4)妆容的色彩以明亮的单色或浓色为宜,如桃红等。

(5)耳环可选用三角形的。

(6)胸针宜选用大型的,项链以选择长形的为最佳。

11. 脸部瘦小的女性

脸部过于瘦小的女性与身体其他部位比例不协调,无疑是不漂亮的。不过没关系,可以运用如下方法,通过服饰来掩饰这个缺陷。

(1)大衣领或领口宽大的衣服是这些女性的首选。

(2)肩膀部分不宜安垫肩,不能宽大,顺其自然为好。

(3)在色调选择方面,不宜采用淡色系列,应巧妙地配合浓淡部分,否则,会使脸部更加显小。

(4) 宜佩戴中等大小的耳环。

(5) 项链不宜过长,至胸口即可。

12. **颈部粗短的女性**

颈部粗短者可简单地利用某些领型和发型来改变颈部的外观。具体包括如下几项。

(1) 在领型上,一般比较适合 U 字形或 V 字形的低领型服装。

(2) 衬衫领的领口扣不要扣,要打开。

(3) 在衣服前面部分设计纵方向的条纹,这样就会给人一种纵向上的直观感觉,从而掩饰颈部粗短的缺陷。

(4) 避免用围巾、短项链等饰物来突出脖子。

(5) 避免穿高领毛衣或把脖子包围的领型,冬天穿浅色轻薄高领毛衣。

(6) 在发型上,一般比较适合选用长至双肩的发型,使其自然地遮盖住颈部,减少颈部的宽度。

13. **小腹突出的女性**

凸出的小腹,永远是一个美丽女性的缺陷,也是穿衣时的一大难题。如果处理不当,便会破坏了一件漂亮服装的所有美感。对于这样的情况,就必须学会选择服装来掩盖。可以运用如下方法。

(1) 上身佩戴美丽的首饰,以转移视线。

(2) 适合穿比较长的上衣,遮住微突的小腹。不过,穿着此类上衣时,要注意将露在裙或裤外的衣服下摆均匀整理好。

(3) 最好选择有伸缩效果的面料。

(4) 复古的花衬衫或 T 恤,配上背心或外套,用服装的这种花纹来转移别人的视线。

(5) A 字形的窄裙也有很好的修饰效果。但有一点要尽量避免:把衬衫扎到裙或裤腰内,或是穿腹部剪接的打褶时装,这样会使腹部显得更加醒目。

(6) 避免系腰带,这样只会使腹部更突出。

(7) 避免穿发亮的面料。

14. **手臂太粗或太细的女性**

手臂太粗或太细就会显得比例不协调,因此,在穿衣服的时候要特别注意,用美丽的服装来掩饰这个缺陷。具体包括如下几条。

(1) 手臂太细的人在选择服装的时候应该选用长袖衣衫,而袖长以盖住腕关节为好,或可选用打皱褶的袖子以及喇叭袖,通过这种皱褶的装饰来转移别人的注意力。

(2) 手臂细的人如果不得不穿那种无袖的衣服,则衣服必须能盖住肩膀。

(3) 手臂太粗的人在选择服装的时候最好选用那种面料略微贴身的、穿起来不太紧的衣服。

(4) 手臂粗的人应选择宽袖口的衣服。如果是短袖,长度应为上臂的 3/4。

(5) 以织花或绵绸的长披肩遮住肩膀和手臂,通过这种方式来掩饰手臂太粗的缺陷。

资料来源:贾孟喜,陈开梅.职业女性形象设计教程[M].武汉:华中师范大学出版社,2009.

2.3 实训练习

2.3.1 案例讨论

案例1

请另谋高位

一次某公司招聘文秘人员,由于待遇优厚,应者如云。中文系毕业的小王同学前往面试,她的背景材料可能是最棒的。大学四年中,在各类刊物上发表了3万字的作品,内容有小说、诗歌、散文、评论、政论等,还为六家公司策划过周年庆典,英语表达极为流利,书法也堪称佳作。小王五官端正,身材高挑、匀称。面试时,招聘者拿着她的材料等她进来。小王穿着迷你裙,露出藕段似的大腿,上身是露脐装,涂着鲜红的唇膏,轻盈地走到一位考官面前,不请自坐,随后跷起了二郎腿,笑眯眯地等着问话,孰料,三位招聘者互相交换了一下眼色,主考官说:"李小姐,请下去等通知吧。"她喜形于色:"好!"挎起小包飞跑出门。

资料来源:http://www.szly530.com/library_showmore.php?serial=364.

讨论题

(1) 小王的应聘为什么会失败?

(2) 服装美的最高境界是外在美和内在美的统一,你对这个问题是怎样理解的?

案例2

穿衣服别怪异

王云是一个崇尚自由的人,上学的时候就以花哨的打扮一直为同学们津津乐道,有时候穿着凉拖就去了教室,有时候心血来潮剃个光头还戴着耳钉,有时候上课时还是好好的长裤,下了课就变成七分裤了,老师们也拿他没有什么办法。王云不以为然,认为这才是自己想要的真实的生活、标新立异,随性而为。

王云毕业后靠父母的资助开了一家广告公司,靠朋友们的帮助做了几笔单子,也算是打开了一些局面。这次接了一个客户的电话,也是第一次有客户找上门来,王云也没有多做考虑就约好第二天在公司见面。见面的那天,王云还是习惯了上学时的懒散怪异打扮,虽然也穿上了西服,打上了领带,但是却戴了一顶运动帽,领带也是随意地系上了事。这样的装扮给客户一种很雷人的感觉,客户表面上没有说什么,在大概地了解了一下公司的业务范围之后就借故有事先行离开了,后来王云多次打电话预约客户都没能成功,朋友们知道了之后就数落王云的不是、平时在家你怎么都行,可是这是跟客户见面,是生意,怎能如此按自己的性子来,人家还以为公司是挂羊头卖狗肉呢。王云为此也是懊悔不已。

资料来源:王丽娟.员工礼仪[M].北京:中国言实出版社,2011.

讨论题

(1) 读了这个案例你有何感想?

(2) 你对着装的 TPO 原则是怎样理解的?

案例3

利用服饰巧妙地修饰形体缺陷

沈秋月是一家公司的经理助理,因为工作关系,她非常注重自己的穿着。可她有一点烦恼,那就是她的胸部过于丰满。如果穿职业装,势必将胸部衬托得鼓鼓囊囊,不但有失美观,还时不时会惹来男性异样的目光。很快她就对自己的服装进行了调整,她改穿背心式的长洋装,这样里面不但可以搭配不同颜色的上衣,而且能造成前胸的视觉分割,使得胸部看起来更自然;同时,她极力修饰自己修长的美腿,选择深色调的长筒袜。这样搭配之后,无论她走到哪里,都会引来欣赏和赞美的目光,瞬间提升了自己的职场气质指数。

张明朗是客服经理,每天要跟形形色色的顾客打交道,除了能说会道外,她也不忘让自己的衣服替自己说话。用她自己的话来说,她长得哪儿都不对,比如大腿胖、小腿粗、有小肚子、臀部还宽,那些具有修身效果的紧身衣服她连试都不敢试。后来经高人指点,她开始关注时髦的宽长裙,这样不但可以对她的粗腿和小肚子加以修饰,还可以将臀部巧妙地隐藏起来。当她和客户沟通时,不但显得气质优雅,还体现出非凡的身份。

陈菊英是一位中学教师,为人师表自然要格外注意穿衣。学校规定老师必须穿西装,可她又矮又胖,腰还比较粗,穿上西装整个成了一个滚筒,这身打扮背地里不知道引来同事和学生多少笑话。自从她升任教导主任后,第一件事情就是换衣服。她听从服装店店员的建议,给自己选择了伞状上衣,腰部以下有蓬松的下摆,恰到好处地遮挡了粗壮的腰部,并且使得她的个子显得不那么矮小了。

资料来源:付桂萍.做派:在商务活动中合乎情境地展示自己[M].长沙:湖南人民出版社,2013.

讨论题

(1)本案例对你选择服饰有何启示?

(2)你存在形体缺陷吗?你准备怎样利用服饰巧妙地修饰形体缺陷?

2.3.2 模拟训练

项目1:男士西装礼仪

实训目标:掌握西装的穿着要求和搭配方法。

实训学时:2学时。

实训地点:大屏幕教室。

实训准备:领带、衬衫、西装、数码摄像机或照相机等。

实训方法:每5个男士一组,分别上台展示西装、衬衫、裤子、鞋袜的搭配,说明这些搭配的理由。然后,表演系领带。用数码摄像机(或数码照相机)记录整个过程,然后大屏幕回放,学生自我评价,授课教师总结点评学生存在的个性和共性问题。最后评选出若干名"最佳服饰先生"。

训练手记:通过训练,我的收获是_____。

项目2:女士套裙礼仪

实训目标:掌握女士套裙的穿着要点和搭配方法。

实训学时:2学时。

实训地点:大屏幕教室。

实训准备：套裙、衬衫、鞋袜、饰物、数码摄像机或照相机等。

实训方法：每5个女士一组，分别上台展示其套裙、衬衫、鞋袜、饰物的搭配，说明搭配的理由，用数码摄像机（或数码照相机）记录整个过程，然后大屏幕回放，学生自我评价，授课教师总结点评学生存在的个性和共性问题。最后，评选出若干名"最佳服饰女士"。

训练手记：通过训练，我的收获是＿＿＿＿＿＿＿＿＿＿＿＿＿＿＿＿＿＿＿＿。

项目3：不同场合的服饰展示会

实训目标：掌握不同场合服饰的穿戴与搭配。

实训学时：2学时。

实训地点：礼仪实训室。

实训准备：半正式场合、休闲场合、运动场合、商务酒会等场合男士、女士的服饰，数码摄像机、投影设备等。

实训方法：学生分组设计不同场合，每组学生进行角色扮演，演示各场合服饰的穿戴与搭配，用数码摄像机记录整个过程，然后投影回放，学生自我评价，找出不合规范之处，授课教师总结点评学生存在的个性和共性问题。最后，评选出"最佳表现组"。

训练手记：通过训练，我的收获是＿＿＿＿＿＿＿＿＿＿＿＿＿＿＿＿＿＿＿＿。

课后练习题

1. 判断题

(1) 穿西装时一定要加穿背心。 （ ）

(2) 穿着要与年龄、职业、场合等相协调。 （ ）

(3) 穿冷色、深色服装使人感觉更苗条，这是因为冷色、深色属于收缩色的缘故。 （ ）

(4) 穿的是两个扣子的西装，一般只扣下面一个。 （ ）

(5) 领子被称为西装的"灵魂"。 （ ）

(6) 世界服装所公认的着装原则是TPO原则。 （ ）

(7) 女士一套套裙的全部色彩不要超过两种。 （ ）

(8) 戒指戴在食指上表示自己还没有男朋友。 （ ）

(9) 领带夹的合适位置一般在衬衣的第四与第五个纽扣间。 （ ）

(10) 穿西装而又不打领带时，领扣应打开。 （ ）

(11) 胸花一般佩戴在左胸部。 （ ）

(12) 西服上衣两侧的衣袋以及裤袋不可装物。 （ ）

(13) 西服上衣胸部的衣袋可以装折叠好花式的手帕。 （ ）

(14) 西服裤袋后兜可装手帕。 （ ）

(15) 穿迷你裙时，以手提袋或书本稍微遮掩无妨。 （ ）

(16) 穿双排扣西装不必加穿背心。 （ ）

(17) 打领带时，衬衫的第一颗纽扣一定要扣上。 （ ）

(18) 年轻人穿西装可以搭配白袜子和休闲鞋。 （ ）

(19) 当有人赞美你的服饰时，可告知其价钱。 （ ）

2. 简答题

(1) 日常生活中违反服装礼仪规范的常见现象有哪些?

(2) 如何进行服装色彩的搭配?

(3) 男士如何选择适合自己的西装?穿西装有哪些要求?

(4) 女士服装应如何穿着?

(5) 不同场合应如何着装?

(6) 如何做到服饰的和谐美?

(7) 服装色彩如何搭配?

(8) 如何进行饰物佩戴?

3. 思考与操作

(1) 不论男士、女士,请每天出门前对照"仪容仪表自我检测"仔细审视自己,看看自己哪些方面需要改进,并请养成习惯。

(2) 哪些颜色搭配最容易产生权威感?

(3) 作为商务人员在选择衣着款式时应考虑哪些因素?

(4) 你适合金色的饰品还是银色的饰品?

(5) 假设下周你被邀请去电视台参加录制一个财经类访谈节目,你觉得自己穿什么衣服比较合适?

任务3 仪　　态

心灵性的基本意蕴是通过外在现象的一切个别方面而完全体现出来的,例如仪表、姿势、运动、面貌、四肢的形状等。

——【德国】黑格尔

你永远没有第二次机会给人留下美好的第一印象。

——《福州市民文明礼仪手册》

任务目标

- 表现出良好的仪态,符合站姿、坐姿、走姿、蹲姿标准要求。
- 具备良好的优美的站姿、坐姿、走姿、蹲姿。
- 在交际中能够恰当有效地使用眼神。
- 具备亲和符合标准的微笑。
- 熟练运用各种规范的手势。
- 举止文明,表现出良好的气质风度。

案例导入

我的财都被他抖掉了

有一位华侨,到国内洽谈合资业务,洽谈了好几次,最后一次去之前,他曾对朋友说:"这是我最后一次洽谈了,我要跟他们的最高领导谈,谈得好,就可以拍板。"过了两个星期,他和朋友相遇,朋友问:"谈成了吗?"他说:"没谈成。"朋友问其原因,他回答:"对方很有诚意,进行得也很好,就是跟我谈判的这个领导坐在我的对面,当他跟我谈判时,不时地抖着他的双腿,我觉得还没有跟他合作,我的财都被他抖掉了。"

资料来源:http://www.canyin168.com/glyy/yg/ygpx/fwal/200707/7350_7.html.

3.1　礼仪规范

3.1.1　姿态

1. 站姿

站姿是人类的一种象征,男子的站姿应有"劲松"之美,要具有男子汉刚毅英武、稳重有力的阳刚之美;女子的站姿应有"静松"之美,要具有女性轻盈典雅、亭亭玉立的阴柔之美。正确的站姿是自信心的表现,会给人留下美好的印象。

1)标准的站姿

标准的站姿,从正面看,应全身笔直,精神饱满,两眼正视(而不是斜视),两肩平齐,两臂自然下垂,两脚跟并拢,两脚尖张开 60°,身体中心落于两腿正中;从侧面看,应两眼平视,下颌微收,挺胸收腹,腰背挺直,手中指贴裤缝,整个身体庄重挺拔。

站姿的要领是:一要平,即头平正、双肩平、两眼平视。二是直,即腰直、腿直,后脑勺、背、臀、脚后跟成一条直线。三是高,即重心上拔,看起来显得高。

2)站姿的种类

以一个人的脚位为依据,男士、女士的站姿可以做如下分类。

(1)正步站姿。这是男士、女士均适用的站姿,通常在升国旗、奏国歌、接受奖品、接受接见、致悼词等庄严的仪式场合使用。要领是:两脚并拢,两膝侧向贴紧,两手自然下垂,如图 3-1 所示。

(2)分腿站姿。这是男士采用的站姿,门迎、侍应人员可采用此种站姿。要领是:两脚左右分开,与肩同宽,脚尖朝前并且两脚平行,手或交叉于前腹,或交叉于后背。如图 3-2 所示。

图 3-1　正步站姿　　　　　　　　　图 3-2　分腿站姿

(3)丁字步站姿。这一般是女子采用的站姿,礼仪小姐、节目主持人多采用此种站姿。要领是:两脚尖展开,一脚向前将脚后跟靠于另一只脚内侧中间位置,腰肌和颈肌略有"拧"的感觉。女子可以双手交叉于腹前,身体重心可在两脚上,也可以在一只脚上,通过两脚的重心转移来减轻疲劳,如图 3-3 所示。

(4)扇形站姿。这是男士、女士均适用的站姿。要领:两脚跟靠拢,脚尖呈 45°～60°,身体重心在两脚上,如图 3-4 所示。

图 3-3　丁字步站姿　　　　　　　　图 3-4　扇形站姿

3）不良的站姿

（1）身躯歪斜。古人对站姿曾经提出过"立如松"的基本要求，它说明站立姿势以身躯直正为美。在站立时，若是身躯出现明显的歪斜，将直接破坏人体的线条美，而且还会给人颓废消沉、萎靡不振、自由放纵的直观感觉。

（2）弯腰驼背。其实是身躯歪斜的一种特殊表现。除腰部弯曲、背部弓起之外，它大都会伴有颈部弯缩、胸部凹陷、腹部挺出、臀部翘起等其他不雅体态。凡此种种，都会显得一个人健康欠佳，没精打采。

（3）趴伏倚靠。在工作岗位上，要确保自己"站有站相"。站立时，随随便便地趴在一个地方，伏在某处左顾右盼，倚着墙壁、货架而立，靠在台桌边，或者前趴后靠，自由散漫，都是极不雅观的。

（4）腿位不雅，即双腿大叉。应切记：自己双腿在站立时分开的幅度，在一般情况下越小越好，在可能之时，双腿并拢最好，即使是分开，也要注意不可使两者之间的距离超过本人的肩宽。另外，还有双腿扭在一起、双腿弯曲等姿势也应避免。

（5）脚位欠妥。在正常情况下，双脚站立时呈现出 V 字式、Y 字式（丁字形）、平行式等脚位。但是，采用"人"字式、蹬踏式和独脚式，则是不允许的。所谓"人"字式脚位，指的是站立时两脚脚尖靠在一起，而脚后跟却大幅度地分开，这一脚位又叫"内八字"。所谓蹬踏式，是指站立时为了舒服，在一只脚站在地上的同时，将另一只脚踩在鞋帮上，或踏在椅面上，或蹬在窗台上，或跨在桌面上等。独脚式即把一脚抬起，只一只脚落地。

（6）手位失当。站立时不当的手位主要有：一是将手插在衣服的口袋内，二是将双手抱在胸前，三是将两手抱在脑后，四是将双手支于某处，五是将两手托住下巴，六是手持私人物品。

（7）半坐半立。在工作岗位上，必须严守岗位规范，该站就站，该坐就坐，绝对不允许在需要站立时，为了贪图安逸而擅自采取半坐半立之姿。当一个人半坐半立时，既不像站，也不像坐，只能让别人觉得过分随便且缺乏教养。

（8）全身乱动。站立乃是一种相对静止的体态，因此不宜在站立时频繁地变动体位，甚至浑身不住地上下乱动。手臂挥来挥去，身躯扭曲，腿脚抖来抖去，都会使站姿变得十分难看。

（9）摆弄物件。站立时，不要下意识地做些小动作，如摆弄打火机、香烟盒，玩弄衣带、发辫，咬手指甲等，这些动作不但显得拘谨，给人以缺乏自信和教养的感觉，也有失仪表的庄重。

2. 坐姿

坐姿是人际交往中人们采用最多的一种姿势，它是一种静态姿势。优雅的坐姿给人一种端庄、稳重、威严的美。

1）标准的坐姿

落座时，要坚持尊者为先的原则入座，不要争抢，通常侧身走近座椅，从椅子的左侧就座。如果背对座椅，要首先站好，全身保持站立的标准姿态，右腿后退一点，用小腿确定椅子的位置，上身正直，目视前方就座。用小腿落座时声音要轻，动作要缓。落座过程中，腰、腿肌肉要稍有紧张感。女士着裙装落座时，要从身后双手拢裙，不可落座后整理衣裙。

坐立时,上身正直而稍向前倾,头、肩平正,腰部内收,通常只坐椅子的1/2~2/3处,两臂贴身下垂,两手可以搭放在椅子扶手上。无扶手时,女士右手搭在左手上,放于腹部或者轻放于双腿之上;男子双手掌心向下,自然放于膝盖上。男士膝盖可以自然分开,但不可超过肩宽;女士膝盖不可以分开。女士要注意使膝盖与脚尖的距离尽量拉远,以使小腿部分看起来显得修长些,只有脚背用力挺直时,脚尖与膝盖的距离才最远,在视觉上产生延伸的效果,会使小腿部分看起来修长,腿部线条优美。当与他人进行交谈时,要注意不能只是转头,而应将整个上身朝向对方,以视对其重视和尊敬。

离座时要先以语言或动作向周围的人示意,方可站起,突然一跃而起会使周围的人受到惊扰;同落座时一样要注意按次序进行,尊者为先;起身时不要弄出响声,站好后才可离开,同样要从左侧离座。

人在坐着时,由臀部支撑上身,减少了两腿的承受力。由于身体重心下降,上身适当放松,可减轻心脏的负担。因此坐姿是一种可以维持较长时间的姿势。它既是一种主要的白昼休息姿势,也是一般的工作、劳动、学习姿势,还是社交、娱乐的常见姿势。正因为这个缘故,坐姿要求端正、大方、舒展。

2) 坐姿的分类

以一个人的脚位为依据,男士、女士的坐姿可以做如下分类。

(1) 垂直式坐姿。这一坐姿就是通常说的"正襟危坐",在最正规的场合使用,男士、女士均适用。要领是:上身与大腿、大腿与小腿、小腿与脚部都呈直角,小腿垂直于地面,双膝、双腿完全并拢,如图 3-5 所示。

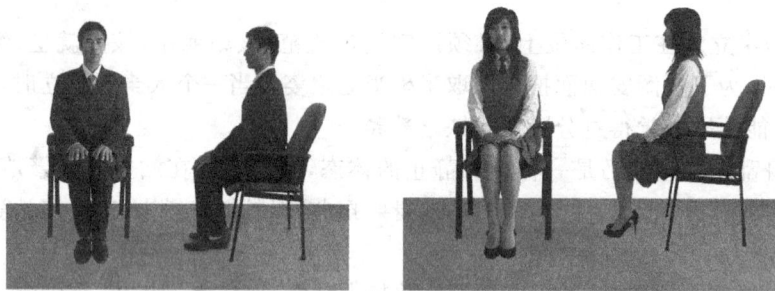

图 3-5　垂直式坐姿

(2) 标准式坐姿。这一坐姿适用于各种场合。要领是:在垂直式坐姿的基础上,女士两脚保持小丁字步,男士两脚自然分开45°,如图 3-6 所示。

(3) 曲直式坐姿。尤其是坐在稍微低矮一些的椅子上更为适用,是女士非常优雅的一种坐姿。要领是:大腿与膝盖靠紧,一脚伸向前,另一脚屈回,两脚前脚掌着地并在一条直线上,如图 3-7 所示。

(4) 前伸式坐姿。这一坐姿适用于各种场合,一般为女士所采用。要领是:双腿与双脚并在一起,向

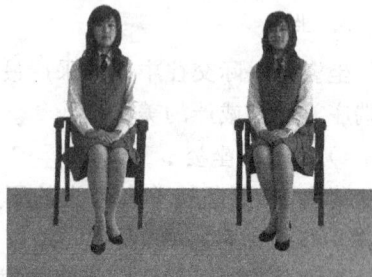

图 3-6　标准式坐姿

前伸出一脚左右的距离,按方向共有正前伸、左前伸和右前伸三种。脚的位置可以是双脚完全并拢,也可以脚踝交叉,脚尖不可跷起,如图3-8所示。

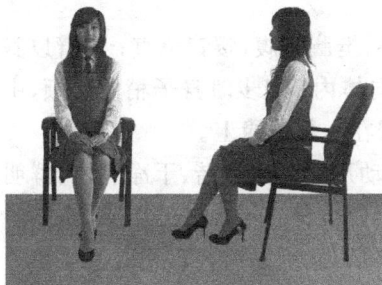

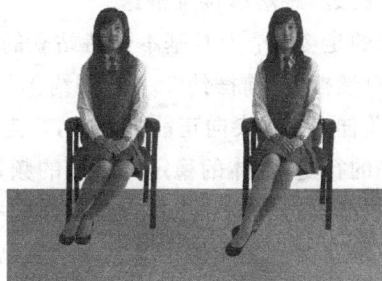

图3-7　曲直式坐姿　　　　　　　　　图3-8　前伸式坐姿之右前伸

（5）后屈式坐姿。这一坐姿适用于各种场合,以女士为主。要点是:两腿和膝盖并紧,两小腿向后屈回,脚尖着地,脚尖不可翘起,如图3-9所示。

（6）分膝式坐姿。这一坐姿适用于一般场合,为男士坐姿。要领是:两膝左右分开,但不超过肩宽,小腿与地面垂直,两脚脚尖朝向正前方,两手自然放于大腿上,如图3-10所示。

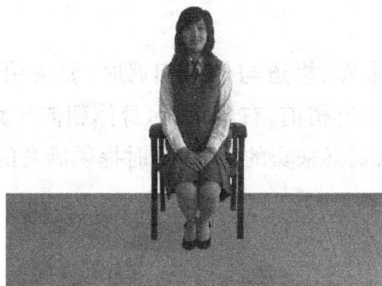

图3-9　后屈式坐姿　　　　　　　　　图3-10　分膝式坐姿

3）不雅的坐姿

（1）不雅的腿姿。主要有:①双腿叉开过大。面对外人时,双腿如果叉开过大,不论是大腿还是小腿叉开,都极其不雅。②架腿方式欠妥。将一条小腿架在另一条大腿上,在两者之间还留出大大的空隙,成为所谓的"架二郎腿"或架"4"字形腿,甚至将腿搁在桌上,就显得更放肆了。③双腿过分伸张。坐下后,将双腿直挺挺地伸向前方,这样不仅可能会妨碍他人,而且也有碍观瞻。因此,身前若无桌子,双腿尽量不要伸到外面来。④腿部抖动摇晃。力求放松,坐下后抖动摇晃双腿。

（2）不安分的脚姿。坐下后脚后跟接触地面,而且将脚尖翘起来,脚尖指向别人,使鞋底在别人眼前"一览无余"。另外,以脚蹬踏其他物体,以脚自脱鞋袜,都是不文明的。

3. 走姿

走姿始终处于动态之中,体现了人类的运动之美和精神风貌。男士的走姿要刚健有力,豪迈稳重,有阳刚之气;女士的走姿要轻盈自如,含蓄飘逸,有窈窕之美。

1) 标准的走姿

有人编了走路的动作口诀,体现了走姿的要领:双眼平视臂放松,以胸领动肩轴摆,提髋提膝小腿迈,跟落掌接趾推送。

标准的走姿为:上身基本保持站立的标准姿势,挺胸收腹,腰背笔直;两臂以身体为中心,前后自然摆动,前摆约35°,后摆约15°,手掌朝向体内;起步时身子稍向前倾,中心落前脚掌,膝盖伸直;脚尖向正前方伸出,行走时双脚踩在一条线缘上。

正确的行走,上体的稳定与下肢的频繁规律运动形成对比和谐、干净利落、鲜明均匀的脚步、形成节奏感、前后、左右行走动作的平衡对称,都会呈现行走时的形式美。

男子走路两步之间的距离要大于自己的一个脚长,女子穿裙装走路时要小于自己的一个脚长。正常的情况下步速要自然舒缓,显得成熟自信,男子行走的速度标准为每分钟步速108~110步,女子每分钟步速118~120步为宜。

2) 走姿的种类

(1) 前行式走姿。身体保持起立挺拔,行进中若与人问候时,要同时伴随头部和上身的左右转动,微笑点头致意。禁止只转动头部,用眼睛斜视他人的举止。

(2) 后退式走姿。当与他人告别时,扭头就走是不礼貌的。应该是先后退两三步,再转身离去。退步时不能轻擦地面,不高抬小腿,后退的步幅要小些,两腿之间距离不能太大,要先转身再转头。

(3) 侧行式走姿,当引导他人前行或在较窄的走廊、楼道与他人相遇时,要采用侧行式走姿。引导时要走在来宾的左侧,身体稍向右转体,左肩稍前,右肩稍后,身体朝向来宾,保持两步左右的距离。介绍环境时要辅以手势,这样可以观察来宾的意愿,及时提供满意的服务。

3) 不良的走姿

(1) 方向不定、忽左忽右。

(2) 横冲直撞。行进中,专爱拣人多的地方行走,在人群之中乱冲乱闯,甚至碰撞到他人的身体,这是极其失礼的。

(3) 抢道先行。行进时,要注意方便和照顾他人,通过人多路窄之处务必要讲究"先来后到",对他人"礼让三分",让人先行。

(4) 阻挡道路。在道路狭窄之处,悠然自得地缓慢而行,甚至走走停停,或者多人并排而行,显然都是不妥的。还要切记,一旦发现自己阻挡了他人的道路,务必要闪身让开,请对方先行。

(5) 蹦蹦跳跳。务必要注意保持自己的风度,不宜使自己的情绪过分地表面化,例如激动起来,走路便会变成了上蹿下跳,甚至连蹦带跳的失常情况。

(6) 奔来跑去。有急事要办时,可以在行进中适当加快步伐。但若非碰上了紧急情况,则最好不要在工作时跑动,尤其是不要当着客户或服务对象的面突如其来地狂奔而去,那样通常会令其他人感到莫名其妙,产生猜测,甚至还有可能造成过度紧张气氛。

(7) 制造噪声。应有意识地使行走悄然无声。其做法是:①走路时要轻手轻脚,不要在落脚时过分用力;②上班时不要穿带金属鞋跟或钉有金属鞋掌的鞋子;③上班时所穿的鞋子一定要合脚,否则走动时会发出吧塔吧塔的令人厌烦的噪声。

(8) 身体过分摇摆,步幅忽大忽小——轻佻、浅薄、故意矫揉造作。

（9）身体僵硬，步履缓慢沉重——心境不佳，内心保守顽固，思想陈旧僵化。

（10）双手插于衣裤口袋内而行——偏狭小气，或狂妄自傲，缺乏教养。

（11）双手反剪于身后而行——自恃优越，高于或长于他人。

（12）膝盖僵直，双脚在地面上擦，腿伸不直，脚尖首先着地——拖沓、迟钝，缺乏朝气和活力。

（13）"外八字步"或"内八字步"（鸭子步），趿拉着鞋走出嚓嚓声响或重心后坐或前移。步履蹒跚等不雅步态，要么使行进者显得老态龙钟，有气无力，要么给人以嚣张放肆、矫揉造作之感。

4．蹲姿

蹲姿是人的身体在低处取物、拾物、整理物品、整理鞋袜时所呈现的姿势，它是人体静态美与动态美的综合。蹲姿要动作美观，姿势优雅。

1）标准的蹲姿

标准的蹲姿有如下要求：首先要讲究方位，当需要拣拾低处或地面物品的时候，可走到其物品的左侧；当面对他人下蹲时，要侧身相向；当需要整理鞋袜或于低处整理物品时可面朝前方，两脚一前一后，一般情况是左脚在前，右脚在后，目视物品，直腰下蹲。直腰下蹲后，方可弯腰捡低处或地面的物品，及整理鞋袜或低处工作。取物或工作完毕后，先直起腰部，使头部、上身、腰部在一条直线上，再稳稳站起。

2）蹲姿的种类

（1）高低式。这是常用的一种蹲姿，基本特征是双膝一高一低。此蹲姿男士、女士均可适用。要领是：下蹲后，左脚在前，右脚在后；左脚完全着地，小腿基本垂直地面；右脚要脚掌着地，脚跟提起；右膝要低于左膝，右膝内侧可靠于左上腿的内侧，形成左膝高右膝低的姿态。臀部向下，基本上以右腿支撑身体。女士应注意紧靠双腿，男士两腿之间可有适当的距离，如图3-11所示。

（2）单膝点地式。这种蹲姿，适用于男士，其特征是双腿一蹲一跪。它是一种非正式的蹲姿，多用于下蹲时间较长或为了用力方便时采用。下蹲后，右膝点地，臀部坐在其脚跟之上，以其脚尖着地。另一条腿全脚掌着地，小腿垂直于地面。双膝同时向外，双腿尽力靠拢，如图3-12所示。

图 3-11　高低式蹲姿　　　　　图 3-12　单膝点地式蹲姿

（3）交叉式。这种蹲姿优美典雅，其基本特征是双腿交叉在一起，此蹲姿适用于女士。要领是：下蹲后，左脚在前，右脚在后，左小腿垂直于地面，全脚着地；左腿在上，右腿在下，二者交叉重叠；右膝从后下方伸向左前侧，右脚跟抬起，脚掌着地；两腿前后靠近，全力支撑身体；上身略向前倾，臀部朝下，如图 3-13 所示。

3.1.2 表情

美国心理学家登布在其《推销员如何了解顾客心理》一文中说："假如顾客的眼睛朝下看，脸转向一边，表示你被拒绝了；假如他的嘴唇放松，笑容自然，下颚向前，则可能会考虑你的提议；假如他对你的眼睛注视几秒钟，嘴角以至鼻翼部位都显出微笑，笑得很轻松，而且很热情，这项买卖就做成了。"由此可见面部表

图 3-13　交叉式蹲姿

情在传情达意方面有着重要的作用。面部表情语言，就是通过面部器官(包括眼、嘴、舌、鼻、脸等)的动作势态所表示的信息。美国学者巴克经过研究发现，人脸能够做出大约 25 万种不同的表情。所以人的面部表情是十分丰富的，如图 3-14 所示(选自 http://www.ezd.cn)。

图 3-14　丰富的表情

在交际过程中，交际双方最易被观察的"区域"莫过于面部。由于脸上的神色是心灵的反映，面部表情是人的心理状态的体现，因此，人的基本情感及各种复杂的内心世界都能够从面部真实地表现出来。我们在日常生活中时时都在使用面部表情这一身体语言。无论是求人办事，还是请人帮忙，都必须注意对方的"晴雨表"——脸色，可见面部表情对于礼仪交往的重要。

我们这里重点介绍一下眼神和微笑。

1. 眼神

俗话说："眼睛是心灵的窗户"，它是人体传递信息最有效的器官，而且能表达最细微、最精妙的差异，显示出人类最明显、最准确的交际信号。正如著名印度诗人泰戈尔所说，在眼睛里，思想敞开或是关闭，放出光芒或是没入黑暗，静悬着如同落月，或者像忽闪的电光照亮了广阔的天空。那些自有生以来除了嘴唇的颤动之外没有语言的人，学会了眼睛的语言，这在表情上是无穷无尽的，像海一般的深沉，天空一般的清澈，黎明和黄昏，光明与阴影，都在自由嬉戏。据研究，在人的视觉、听觉、味觉、嗅觉和触觉感受中，唯独视觉感受最为敏感，人由视觉感受的信息占总信息的 83%。在汉语中用来描述眉目表情的成语就有几十个，如"眉飞色舞""眉目传情""愁眉不展""暗送秋波""眉开眼笑""瞠目结舌""怒目而视"……这些成语都是通过眼睛来反映人们的喜、怒、哀、乐等情感的，人的七情六欲都能通过眼睛这个神秘的器官显现出来。我们不会忘记图 3-15 所示照片中的小姑娘的眼神，这是摄影家解海龙拍摄的，这幅作品的名字叫《希望工程——大眼睛》，照片中小姑娘(苏明

娟)的眼神,曾打动了许多人。她成为"希望工程"的形象代言人。

眼神主要由注视的时间、视线的位置和瞳孔的变化三个方面组成。

图 3-15　大眼睛

（1）注视的时间。据有人调查研究,人们在交谈时,视线接触对方脸部的时间约占全部谈话时间的 30％～60％,超过这一平均值,可认为对谈话者本人比谈话内容更感兴趣;低于平均值,则表示对谈话内容和谈话者本人都不怎么感兴趣。不难想象,如果谈话时心不在焉、东张西望,或只是由于紧张、羞怯不敢正视对方,目光注视的时间不到谈话的 1/3,这样的谈话,必然难以被人接受和信任。当然,必须考虑到文化背景,如南欧人注视对方可能会造成冒犯。

（2）视线的位置。人们在社会交往中,不同的场合和对象,目光所及之处也是有差别的。有的人在与比较陌生的人打交道时,往往因为不知把目光怎样安置而窘迫不安;已被人注视而将视线移开的人,大多怀有相形见绌之感;频繁而又急速地转眼,是一种反常的举动,常被用作掩饰的一种手段。当然,如果死死地盯着对方或者东张西望,不仅极不礼貌,而且也显得漫不经心。一般地,视线向下表现权威感和优越感(如图 3-16 所示,选自 http:www.wmgmw.cn);视线向上表现服从与任人摆布(如图 3-17 所示,选自 http:www.wmgmw.cn);视线水平表现客观和理智(如图 3-18 所示,选自 http:www.wmgmw.cn)。

图 3-16　视线向下

图 3-17　视线向上

图 3-18　视线水平

（3）瞳孔的变化。瞳孔的变化即视觉接触时瞳孔的放大或缩小。心理学家往往根据瞳孔大小的变化规律,来测定一个人对不同的事物的兴趣、爱好、动机等。兴奋时,人的瞳孔会扩张到平常的 4 倍大;相反,生气或悲哀时,消极的心情会使瞳孔收缩到很小,眼神必然无光。所谓"脉脉含情""怒目而视"等都多与瞳孔的变化有关。据说,古时候的珠宝商人已注意到这种现象,他们能窥视顾客的瞳孔变化而猜测对方是否对珠宝感兴趣,从而决定是抬高价钱还是跌价。

在社交过程中,与朋友会面或被介绍认识时,可凝视对方稍久一些,这既表示自信,也表示对对方的尊重。双方交谈时,应注视对方的眼鼻之间,表示重视对方及对其发言感兴趣。当双方缄默不语时,就不要再看着对方,以免加剧因无话题本来就显得冷漠、不安的尴尬局面。当别人说了错话或显拘谨时,务请马上转移视线,以免对方把自己的眼光误认为是对其的嘲笑和讽刺。如果你希望在争辩中获胜,那就千万不要移开目光,直到对方眼神转移为止。送客时,要等客人走出一段路,不再回头张望时,才能转移目送客人的视线,以示尊重。

在谈判中也很讲究眼神的运用。一方让眼镜滑落到鼻尖上,眼睛从眼镜上面的缝隙中窥探,就是对对方鄙视和不敬的情感表露。一方在不停地转眼珠,就要提防其在打什么新主意。双目生辉、炯炯有神,是心情愉快、充满信心的反映,在谈判中持这种眼神有助于取得对方的信任和合作。相反,双眉紧锁、目光无神或不敢正视对方,都会被对方认为无能,可能导致对自己不利的结果。

眼神还可传递其他信息,已被人注视而将视线移开的人,大多怀着相形见绌之感,有很强的自卑感。无法将视线集中在对方身上或很快收回视线的人。多半属于内向型性格。仰视对方,表示怀有尊敬、信任之意;俯视对方表示有意保持自己的尊严。频繁而急速地转眼,是一种反常的举动,常被用做掩饰的一种手段,或内疚,或恐惧,或撒谎,需根据情作出判断。视线活动多且有规则,表明其在用心思考。听别人讲话,一面点头,一面却不将视线集中在谈话人身上,表明其对此话题不感兴趣。说话时对方将视线集中在你身上的人,表明他渴望得到你的理解和支持。游离不定的目光传递出来的信息是心神不宁或心不在焉。

眼神表达出异常丰富的信息,但微妙的眼神有时只可意会,难以言传,只能靠我们在社会实践中用心体察、积累经验、努力把握,方能在社交中灵活运用眼神。

2. 微笑

著名画家达·芬奇的杰作《蒙娜丽莎》是欧洲文艺复兴时期最出色的肖像作品之一。画中女士的微笑给人以美的享受,使人们充满对真善美的渴望,至今让人回味无穷,如图 3-19 所示(选自 http://www.yh100.com.cn)。其实孩子的表情是最丰富的,他(她)们的微笑也是最打动人的,如图 3-20 所示(选自 http://www.ezd.cn)。

图 3-19 蒙娜丽莎的微笑

图 3-20 孩子的微笑

微笑,是一种特殊的语言——"情绪语言"。它可以和有声语言及行动相配合,起"互补"作用,沟通人们的心灵,架起友谊的桥梁,给人以美好的享受。工作、生活中离不开微笑,社交中更需要微笑。

微笑是世界通用的体态语,它超越了各种民族和文化的差异。微笑是人人都喜爱的体态语,正因为如此,无论是个人和组织,都充分重视微笑及其作用。

美国有一个城市被称为"微笑之都",它就是爱达荷州的波卡特洛市,该市通过一项法令,该法令规定全体市民不得愁眉苦脸或拉长面孔,否则违者将被送到"欢容遣送站"去学习微笑,直到学会微笑为止。波卡特洛市每年都举办一次"微笑节",可以想象,"微笑之都"的市民的微笑绝不比"蒙娜丽莎"逊色。

微笑是人人皆会的礼貌表情,它不仅可以为日常生活和社交活动增光添彩,在经济生活中也有无限的潜在价值。当希尔顿饭店创始人康纳·希尔顿的资产从 1.5 万美元增值到 5100 万美元的时候,他得意扬扬地向母亲报喜。老太太却对儿子的成绩不以为然,而是语重心长地说:"你必须把握住比 5100 万美元更值钱的东西。除了对顾客诚实以外,还要想办法使每一个住进饭店的人住过了还想再来。你要想出一种简单、容易、不花本钱而且能行之久远的办法去吸引顾客,这样你的饭店才有前途。"希尔顿最终悟出了母亲所说的那种办法就是微笑。从此以后,即便是在经济大萧条时期,"希尔顿饭店服务员脸上的微笑永远是属于旅客的阳光"。希尔顿在视察世界各地的希尔顿旅馆时,问员工们最多的一句话就是:今天你对客人微笑了吗?

确实,微笑犹如无价之宝,它既是一种情感,也是一种品格,还是一种技巧。微笑礼仪已成为社会竞争的有效手段,这既是社会文明进步的体现,又反映了在当今社会竞争加剧、生活节奏加快的状况下,人类更加需要用美的笑容来点缀生活。

微笑是有规范的,一般要注意四个结合:一是口眼结合。要口到、眼到、神色到,笑眼传神,微笑才能扣人心弦。二是笑与神、情、气质相结合。这里讲的"神",就是要笑得有情入神,笑出自己的神情、神色、神态,做到情绪饱满,神采奕奕;"情",就是要笑出感情,笑得亲切、甜美,反映美好的心灵;"气质"就是要笑出谦逊、稳重、大方、得体的良好气质。三是笑与语言相结合。语言和微笑都是传播信息的重要符号,只有注意微笑与美好语言相结合,声情并茂,相得益彰,微笑方能发挥出它应有的特殊功能。四是笑与仪表、举止相结合。以笑助姿、以笑促姿,形成完整、统一、和谐的美。标准的微笑如图 3-21 所示(选自 http.//www.cqexpressway.com)。

图 3-21 标准的微笑

尽管微笑有其独特的魅力和作用,但若不是发自内心的真诚的微笑,那将是对微笑语的亵渎。有礼貌的微笑应是自然的坦诚,内心真实情感的表露,否则强颜欢笑、假意奉承,那样的"微笑"则可能演变为"皮笑肉不笑""苦笑"。比如,拉起嘴角一端微笑,使人感到虚伪;吸着鼻子冷笑,使人感到阴沉;捂着嘴笑,给人以不自然之感。这些都是失礼之举。

3.1.3 手势

手是人体上最富灵性的器官,如果说"眼睛是心灵的窗户",那么手就是心灵的触角,是人的"第二双眼睛"。手势在传递信息,表达意图和情感方面发挥着重要作用。

手的"词汇"量是十分丰富的。据语言专家统计,表示手势的动词有近200个。"双手紧绞在一起",显示的意义是精神紧张。用手指或笔敲打桌面,或在纸上涂画,显示不耐烦、无兴趣。搓手,如图3-22所示(选自http://www.ezd.cn),常表示人们对某事结局的急切期待心理。在经济谈判中这种手势可以告诉对手或对手告诉你在期待着什么。伸出并敞开双掌,如图3-23所示(选自http://www.ezd.cn),给人以言行一致、诚恳的感觉。掌心向下的手势,如图3-24所示(选自http://www.ezd.cn),表示控制、压制,带有强制性,易产生抵触情绪。谈话时掌心向上的手势,如图3-25所示(选自http://www.ezd.cn),表示谦虚、诚实,不带有任何威胁性。双臂交叉胸前,如图3-26所示(选自http://www.ezd.cn),这种姿态暗示一种敌意和防御的态度。塔尖式手势,把十指端相触,撑起呈塔尖式,如图3-27所示(选自http://www.ezd.cn),这种手势若再伴之以身体后仰,则显得高傲。用手支着头,显示的意义是不耐烦、厌倦。用手托摸下巴,说明老练、机智。用手不停地磕烟灰,表明内心有冲突和不安。突然用手把没吸完的烟掐灭,表明紧张地思考问题等。又如招手致意、挥手告别、握手友好、摆手回绝、合手祈祷、拍手称快、拱手答谢(相让)、抚手示爱、指手示怒、颤手示怕、捧手示敬、举手赞同、垂手听命等。可见,丰富的手势语在人们交往间是不可缺少的。在社会交往中,手势有着不可低估的作用,生动形象的有声语言再配合准确、精彩的手势动作,必然能使交往更富有感染力、说服力和影响力。

图 3-22 搓手

图 3-23 伸出并敞开双掌

图 3-24 掌心向下

图 3-25 掌心向上

图 3-26 双臂交叉胸前

图 3-27 塔尖式手势

手势活动的范围有上、中、下三个区域。此外，还有内区和外区之分。肩部以上称为上区，多用来表示理想、希望、宏大、激昂等情感，表达积极肯定的意思；肩部至腰部称为中区，多表示比较平静的思想，一般不带有浓厚的感情色彩；腰部以下称为下区，多表示不屑、厌烦、反对、失望等，表达消极否定的意思。

1. 手势的类型

（1）情意性手势。主要用于带有强烈感情色彩的内容，其表现方式极为丰富，感染力极强。比如说"我非常爱她"时，用双手捧胸，以表示真诚之情。

（2）象征性手势。主要用来表示一些比较复杂的感情和抽象的概念，从而引起对方的思考和联想。例如把大军乘胜追击的场面，用右手五指并齐，并用手臂前伸这个手势来形容，象征着奋勇进发的大军，就能引起听众的联想。

（3）指示性手势。主要用于指示具体事物或数量，其特点是动作简单，表达专一，一般不带感情色彩。如当讲到自己时，用手指向自己；谈到对方时，用手指向对方。

（4）形象性手势。其主要作用是模拟事物的形状，以引起对方的联想，给人一种具体明确的印象。如说到高山，手向上伸；讲到大海，手平伸外展。

2. 手势的原则

手势语能反映出复杂的内心世界，但运用不当，便会适得其反，因此在运用手势时要注意几个原则。首先要简约明快，不可过于繁多，以免喧宾夺主；其次要文雅自然。因为拘束低劣的手势，会有损交际者的形象；再次要协调一致，即手势与全身协调，手势与情感协调，手势与口语协调；最后要因人而异，不可能千篇一律地要求每个人都做几个统一的手势动作。

3. 常见的手势

（1）引领的手势。在各种交往场合都离不开引领动作，例如请客人进门，客人坐下，为客人开门等，都需要运用手与臂的协调动作。同时，由于这是一种礼仪，还必须注入真情实感，调动全身活力，使心与形体形成高度统一，才能做出色彩和美感。引领动作主要有以下几种表现形式。

第一，横摆式。以右手为例：将五指伸直并拢，手心不要凹陷，手与地面呈 45°角，手心向斜上方。腕关节微屈，并且要低于肘关节。动作时，手从腹前抬起，至横膈膜处，然后，以肘关节为轴向右摆动，到身体右侧稍前的地方停住。同时，双脚形成右丁字步，左手下垂，目视来宾，面带微笑。这是在门的入口处常用的谦让礼的姿势，如图 3-28 所示。

第二，曲臂式。当一只手拿着东西，扶着电梯门或房门，同时要做出"请"的手势时，可采用曲臂手势。以右手为例：五指伸直并拢，从身体的侧前方向上抬起，至上臂离开身体的高度，然后以肘关节为轴，手臂由体侧向体前摆动，摆到手与身体相距 20 厘米处停止，面向右侧，目视来宾，如图 3-29 所示。

第三，斜下式。请来宾入座时，手势要斜向下方。

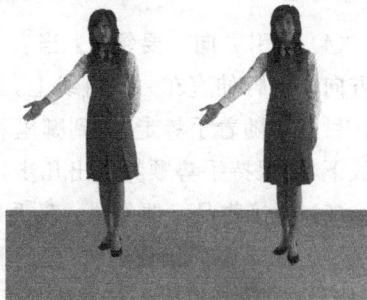

图 3-28 横摆式引领手势

首先用双手将椅子向后拉开,然后一只手曲臂由前抬起,再以肘关节为轴,前臂由上向下摆动,使手臂向下成一斜线,并微笑点头示意来宾,如图 3-30 所示。

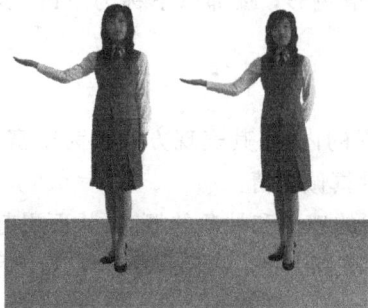

图 3-29　曲臂式引领手势　　　　　　　　　图 3-30　斜下式引领手势

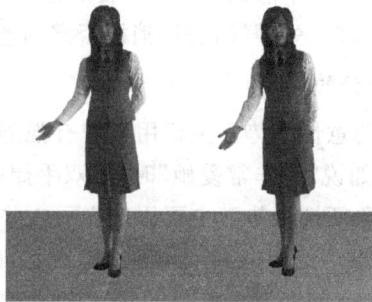

(2)招呼他人。手放于体侧,手臂伸直在一条直线上,向前向上抬起,手掌向下,屈伸手指作搔痒状或晃动手腕,如图 3-31 所示。这种手势在中国、欧洲的大部分地区以及拉丁美洲的许多国家都比较适用,但在美国、日本等国却与此相反,他们用掌心向上,向内屈伸手指作搔痒状或晃动手腕招呼别人,而在中国、南斯拉夫和马来西亚等国这种手势却是用来召唤动物的。

(3)挥手道别。要领是:身体要站直,不晃动,目视对方。手臂伸直,呈一条直线,手放在体侧,向前向上抬至与肩同高或略高于肩;手臂不可弯曲,掌心朝向对方,指尖朝向上方,五指并拢,手腕晃动,如图 3-32 所示。

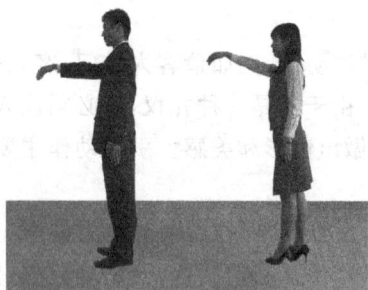

图 3-31　招呼他人手势　　　　　　　　　图 3-32　挥手道别手势

(4)指引方向。要领是:当有人询问去处时,要先行站直,不可尚未站稳或在行走中指引方向。手臂伸直在一条直线上,五指并拢,手掌翻转到掌心朝上,与肩平齐,直指准确方向。目光要随着手势走,指到哪里看到哪里,否则易使对方迷惑。指引方向后,手臂不可马上放下,要保持手势顺势送出几步,体现对他人的关怀和尊敬,如图 3-33 所示。

(5)递接物品。要领是:双手递送、接取物品,不方便双手时,也可用右手,但绝不可单用左手。双方距离比较远时,应起身站立,主动走近对方递送或接取物品。递送时最好直接递至对方手中并且要方便对方接取。递送有文字、图案、正反面的物品时,要正面向上且朝向对方;接取物品时,要缓而且稳,不要急欲抢取,如图 3-34 所示。递送带尖、带刃或其他易于伤人的物品时,应使其朝向自己或朝向他处,切不可朝向对方,如图 3-35 所示。

图 3-33　指引方向手势　　　　　　　　　图 3-34　递物品

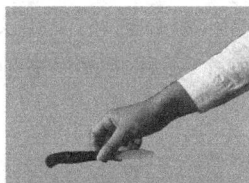

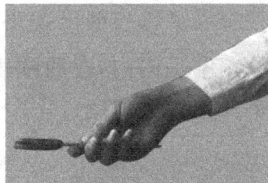

图 3-35　递笔、刀、剪子

（6）展示物品。要领是：应使物品在身体的一侧展示,不要挡住本人头部。展示的位置不同表明物品的意义不同：当手持物品高于双眼之处时,适用于被人围观时采用；当手持物品位于眼睛下方、胸部上方,双臂横伸时,自肩至肘部以内时,给人以放心、稳定感；当手持物品位于眼睛下方、胸部上方,双臂伸直时在肘部以外时,给人以清楚感,通常在这个位置展示想让对方看清楚的物品；当手持物品位于胸部以下,给人以漠视感,通常展示不太重要或不太明显的物品时采用,如图 3-36 所示。

（7）鼓掌。鼓掌是在观看文体表演、参加会议、迎候嘉宾时表示赞赏、鼓励、祝贺、欢迎等情感的一种手势。要领是；以右手掌心向下有节奏地拍击左掌,不可左掌向上拍击右掌；不可右掌向左,左掌向右,两掌互相拍击,鼓掌时间要长短相宜,大约 5～8 秒钟为宜。如图 3-37 所示（选自 http://www.360doc.com/content/14/1001/00/16273306_413587879.shtml）。

图 3-36　展示物品　　　　　　　　　　图 3-37　鼓掌

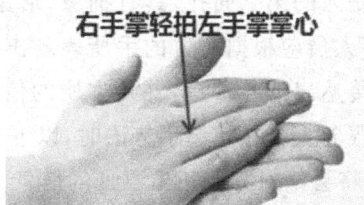

4. 常见手势语

(1) OK 的手势。拇指和食指合成一个圆圈,其余三指自然伸张,如图 3-38 所示。这种手势在西方某些国家比较常见,但应注意在不同国家其语义有所不同。如:美国表示"赞扬""允许""了不起""顺利""好";在法国表示"零"或"无";在印度表示"正确";在中国表示"零"或"三"两个数字;在日本、缅甸、韩国则表示"金钱";在巴西则是"引诱女人"或"侮辱男人"之意;在地中海的一些国家则是"孔"或"洞"的意思,常用此来暗示、影射同性恋。

(2) 伸大拇指手势。大拇指向上,在说英语的国家多表示 OK 之意或是打车之意;若用力挺直,则含有骂人之意;若大拇指向下,多表示坏、下等人之意。在我国,伸出大拇指这一动作基本上是向上伸表示赞同、一流、好等,向下伸表示蔑视、不好等之意。伸大拇指手势如图 3-39 所示。

(3) V 字形手势。伸出食指或中指,掌心向外,其语义主要表示胜利(英文 Victory 的第一个字母),掌心向内,在西欧表示侮辱、下贱之意。这种手势还时常表示"二"这个数字。V 字形手势如图 3-40 所示。

图 3-38 OK 的手势　　　　图 3-39 伸大拇指手势　　　　图 3-40 V 字形手势

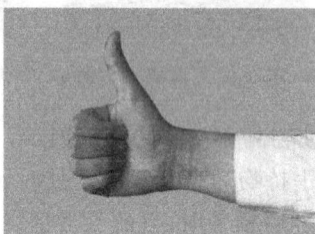

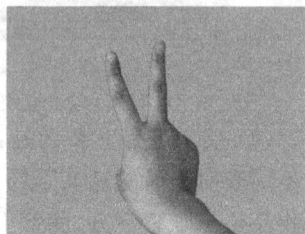

(4) 伸出食指手势。在我国以及亚洲一些国家表示"一""一个""一次"等;在法国、缅甸等国家则表示"请求""拜托"之意。在使用这一手势时,一定要注意不要用手指指人,更不能在面对面时用手指着对方的面部和鼻子,这是一种不礼貌的动作,且容易激怒对方。

(5) 捻指作响手势。就是用手的拇指和食指弹出声响,其语义或表示高兴,或表示赞同,或是无聊之举,有轻浮之感。应尽量少用或不用这一手势,因为其声响有时会令他人反感或觉得没有教养,尤其是不能对异性运用此手势,这是带有挑衅、轻浮之举。

5. 不良的手势

手势是人的第二面孔,具有抽象、形象、情意、指示等多种表达功能,服务人员应根据对方的手所表现出的各种仪态,准确判读各种手势所传达出的各种真实的、本质的信息,以更好地完成服务工作任务。服务人员在使用手势语时,以下几种手势是值得特别重视的;否则,将会给对方传达出不良的信息。

图 3-41 指指点点

(1) 指指点点。工作中绝不可随意用手指对服务对象指指点点,与人交谈更不可这样做。指点着别人说话,往往引起他人较大的反感,如图 3-41 所示(选自 http://www.ezd.cn)。

（2）随意摆手。在接待服务对象时，不可将一只手臂伸在胸前，指尖向上，掌心向外，左右摆动。这些动作的一般含义是拒绝别人，有时还有极不耐烦之意。

（3）端起双臂。双臂抱起，然后端在胸前这一姿势，往往暗含孤芳自赏、自我放松或置身度外、袖手旁观、看他人笑话之意。

（4）双手抱头。这一体态的本意是自我放松，但在服务时这么做，则会给人以目中无人之感。

（5）摆弄手指。工作中无聊时反复摆弄自己的手指，活动关节或将其捻响，打响指，要么莫名其妙地攥松拳，或是手指动来动去，在桌面或柜台不断敲扣，这些往往会给人不严肃、很散漫之感，使人望而生厌。

（6）手插口袋。这种表现会使客人觉得服务人员忙里偷闲，在工作方面并未尽心尽力。

（7）搔首弄姿。这种手势会给人以矫揉造作、当众表演之感。

（8）不良习惯。在工作之时，有人有一些不雅的习惯，如摸脸、擦眼、搔头、剜鼻、剔牙、抓痒、搓泥，这会给别人缺乏公德意识，不讲究卫生，个人素质极其低下的印象。

（9）勾指手势。请他人向自己这边过来时，用一支食指或中指竖起并向自己怀里勾，其他四指弯曲，示意他人过来。这种手势有唤狗之嫌，对人极不礼貌。

3.1.4 举止

一个人的举止端庄、行为文明、动作规范，是良好素养的表现，它能帮助个人树立美好形象，也能为组织赢得美誉；反之，则会损害组织形象。《人民日报》有过这样一则报道：中国长江医疗机械厂经过艰难的谈判，即将与美国客商约瑟先生签订"输液管"生产线的合同。然而在参观车间时，厂长陋习难改，在地上吐了一口痰。约瑟看后一言不发，掉头就走，只留给厂长一封信："我十分钦佩您的才智和精明，但您吐痰的一幕使我彻夜难眠。一个厂长的卫生习惯可以反映一个工厂的管理素质。况且我们合作的产品是用来治病的，人命关天，请原谅我的不辞而别，否则上帝都会惩罚我的。"

一口痰毁了一项合同，可见，日常举止是优美仪态的一个重要组成部分，端庄的举止，文明的行为体现在日常生活中的方方面面，社交中也要求人们的举止有一定的约束。例如，以下不受欢迎的坏习惯和不良举止就应在交际中努力戒除。

1. 打哈欠

当你在与人谈话的时候，尤其是当对方在滔滔不绝地发表意见时，那时你也许感到疲倦了，这时要按捺住性子让自己不打哈欠，因为这会引起交际对象的不快。打哈欠在社交场合中给人的印象是：表现出你不耐烦了，而不是你疲倦。

2. 掏耳和挖鼻

有的人有掏耳的习惯，大家正在喝茶、吃东西的时候，这样的小动作往往令旁观者感到恶心，这个小动作实在不雅，而且失礼。即使你想"洗耳恭听"，此时此地也不是时候。同样，用手指挖鼻也是非常失礼的动作。

3. 剔牙

宴会上，谁也免不了有剔牙的小动作，既然这小动作不能避免，就得注意剔牙时不要露出牙齿,而且不要把碎屑乱吐一番,最好用左手掩嘴,头略向侧偏,吐出碎屑时用纸巾接住。

4. 搔头皮

有些头皮屑多的人,在社交的场合也忍耐不住头皮屑刺激的瘙痒,而搔起头皮来。搔头皮必然使头皮屑随风纷飞,这不仅难看,而且令旁人大感不快。搔头皮这种现象在社交场合是非常失礼的。特别是在宴会上,或者较为严肃、庄重的场合,这种情况下此动作是很难让人谅解的。

5. 双腿抖动

双腿抖动多发生在坐着的时候,站立时较为少见。这种小动作虽然无伤大雅,但双腿颤动不停,会令对方觉得不舒服,而且也给人情绪不安定的感觉,这也是失礼的。同样,让跷起的腿钟摆似地打秋千也是相当难看的姿态。

6. 频频看表

在与人交谈时,如果无其他重要约会,最好少看自己的手表。这样的小动作会使对方认为你还有什么重要的事情,不想使谈话继续下去;同时,你的这种小动作可能引起对方的误会,认为你没有耐心再谈下去。如果你确实有事在身,不妨婉转地告诉对方改日再谈,并表示歉意。

3.1.5 风度

风度是社交活动中给人印象深刻的内在潜质的综合反映,风度不但是人的一种性格特征的表现,还是一种内在涵养的表现。风度是一个人的姿态举止、言谈、作风等表现出来的美。这种美既是一种外在美,又是一个人内心美的自然流露,也就是内在美和外在美的和谐统一。所以屈原说:"给吾既此内在美兮,又重之以修能。"因此,我们既要重视化妆、服饰与姿态的美,更要看重内在的修养,何况外在仪表本身就渗透着个人内在的修养。要想在社交场合风度翩翩,应从根本做起。

1. 风度的培养是人内在气质的展现

气质不佳者,难有好的风度。内在气质的优化是靠平时修养、陶冶而成。因而它会不经意地显露出风度。《世说新语》记载:曹操个子较矮,一次匈奴来使,应由曹操接见,可是曹操怕使者见自己矮而看不起,于是请大臣崔琰冒充自己,曹操则持刀扮成卫士站在崔琰的旁边观察使者。崔琰"眉目疏朗,须长四尺,甚有威重"。接见后,曹操派人去探听使者的反应,使者说:"魏王雅望非常,然床头提刀者,此乃英雄也。"曹操具有高度的政治、军事、文化素养,养成了封建时代的政治家特有的气质,因此他的风度并不因他身材矮小而受到影响,也不因他扮成地位低下的卫士而被掩盖。

2. 风度的培养离不开良好的德、才、学、识

良好的文化素养,脱俗的思想境界,渊博的学识,精深独到的思辨能力,是构成风度美的重要内在因素。宽宏的气度与气量是自古以来的君子之风,知识丰富且善于辞令,时而妙语连珠,时而幽默风趣,这些风度也可通过语言举止、服饰和作风等转换为外在的形式。如毛泽东有运筹帷幄的政治家风度;周恩来有才思敏捷、风姿潇洒的外交家风度;鲁迅有

"横眉冷对"的铮铮铁骨；宋庆龄则留下端庄自然的慈母风度等,高尚的道德修养与高超的学识造就了卓然的风度。

3. 风度的培养应注意经常地训练

培养风度要先对自己的气质、性格、经历、知识和文化程度,乃至身材、面容等条件有个自知之明。既不能听之任之,对自己毫无要求,以"本色""自然"自夸;也不能乞求过高,操之过急,以至矫揉造作,生硬别扭,或东施效颦,欲美反丑。而审度自己,科学地进行自我设计,持久地实践、训练,自然能水到渠成。例如,根据自身特点坚持训练站姿、坐姿、走姿、言谈举止的技术,在各种场合、环境下都能运用自如,心理从容自信,则风度也随之而来。正如一位艺术家所言:"只有你自己才能识别自己的长处和魅力。它们也许是你的低回浅笑,也许是你的开怀畅谈,也许是你的亲切和蔼。它可能是你对生活乐趣的领悟,也可能是你的沉静安详。不管你那特有的吸引力是什么,它都会因为魅力的技术因素而得到加强。"

3.1.6 界域

从生物学的角度看,每一个生命都有自己的领空,人们叫它"生物圈"。一旦异物侵入这个范围,就会使其感到不安并处于防备状态。美国心理学家罗伯特·索默经过观察与实验认为,人人都具有一个把自己圈住的心理上的个体空间,它像生物的"安全圈"一样,是属于个人的空间。一般情况下每个人都不想侵犯他人空间,但也不愿意他人侵犯自己的空间。双方关系越亲密,人际距离就越短。美国人类学家和心理学家霍尔将人类的交往空间划分为以下四种区域,这就是所谓社交中的界域语。

(1) 亲密距离(0～45cm),又称亲密空间。其语义为亲切、热烈,只有关系亲密的人才可能进入这一空间,如夫妻、父母、子女、恋人、亲友等。亲密距离又可分为两个区间,其中(0～15cm)亲密状态距离,常用于爱情关系、亲友、父母、子女之间的关系;16～45cm为亲密疏远状态,身体虽不相接触,但可以用手相互触摸。

(2) 个人距离(46～120cm),其语义为"亲切、友好",其语言特点是语气和语调亲切、温和,谈话内容常为无拘束的、坦诚的。比如个人私事,在社交场合往往适合于简要会晤、促膝谈心或握手。这是个人在远距离接触所保持的距离,不能直接进行身体接触。个人距离的接近状态为 46～75cm,可与亲友亲切握手,友好交谈;个人距离的疏远状态为 76～120cm,在交际场所任何朋友、熟人都可自由进入这一区间。

(3) 社交空间(120～360cm),其语义为"严肃、庄重"。这个距离已超出了亲友和熟人的范畴,是一种理解性的社交关系距离。社交距离的接近状态为 120～210cm,其语言特点为声音高低一般、措辞温和,它适合于社交活动和办公环境中处理业务等;社交距离的疏远状态为 210～360cm,其语言特点为声音较高、措辞客气。它使用于比较正式、庄重、严肃的社交活动,如谈判、会见客人等。

(4) 公共距离(360cm 以上),这是人们在较大的公共场所保持的距离,其语义为"自由、开放"。它适用于大型报告会、演讲会、迎接旅客等场合。其语言特点为声音洪亮、措辞规范、讲究风格。

在现代交际中要讲究如下界域礼仪规范。

1. 保持距离

距离产生美感,在与人交谈的时候,要注重远近适当,太远了使人感到傲慢,架子大;太近了,又显得不够重视。

在行进中不但要保持距离,而且要适当地变换,比如不要以2米左右的距离尾随在陌生人的后面,以免引起误会,骑自行车或开车时,不要离前面的车太近,不要强行超车。看到别人围成一个圈形成封闭式的交谈,就要绕开行走,不要从中穿越。公园的长椅上,如果已经有人,就不要再去挤座位。

2. 变换体位

体位是指身体所处的位置,根据交际的目的和场合,我们还要经常改变自己身体所处的位置,如从前往后、从左到右、由坐而站等。

(1)移动位置。美国学者莫里斯把这种移动称为"不便的展示"。他说:"客人前来和主人去接的距离也是一种不便。不便越大,表示诚意越高。国家元首去机场迎接重要客人,兄弟驾车去机场迎接外国来的姊妹。这种移位的举动,是主人所能表现的最大的不便。由于各种不同层次相对缩减,要看主人的距离而定,因此,有的去当地车站,有的候在门前,有的等门铃响了再去,有的干脆就在他自己的房内等候,让仆人或小孩去开门……分别时,不便的展示再度重演。"

身体位置的移动变换主要包含横向移动和纵向移动两个方面。横向移动主要指前后或左右移动,纵向移动主要指向上或向下移动[1]。

由于位移距离与人的态度、情感成正比,与人的社会、家庭地位成反比,在交际时要谨慎使用。送别客人时,由于送行距离越远越能体现主人的好客与留恋,所以主人可根据具体情况做出最大限度的身体位移距离来表示对客人的尊重和热情,比如亲自送客人到机场、港口、码头等。在中国文化里就有"送君千里"之说。另外,人们也常用"不远万里""千里迢迢""远道而来"等来称赞客人来访的不易。1972年美国总统尼克松访华时,鉴于中美当时特殊的外交关系,周总理制定了"不冷不热、不卑不亢、以礼相待"的外交方针。以礼相待,就是要在机场悬挂两国国旗,党政要员到机场迎接,在机场检阅三军仪仗队,军乐队奏两国国歌。不卑不亢,就是要求所有接待人员既要表现出中华民族特有的尊严,不自卑,又要热情,不失礼节,充分显示我们从来都是礼仪之邦。不冷不热,就是不组织群众欢迎,但要加大仪仗队阵容。为了凸显中美两国政府首脑第一次握手这一历史性时刻,美国方面刻意安排尼克松的随行人员暂缓下飞机,并委派一名身材高大的保安人员把住舱门。美方保持随行人员与总统之间的距离、尼克松总统快步迎上前来与周总理握手等就是对位移距离的很好运用,凸显了对此次访问的重视;中方等到尼克松总统下到舷梯一半时才开始鼓掌欢迎,体现的是不失礼节、不卑不亢的接待原则,也是位移距离的良好运用。国际会谈常把地点定在与双方等距离(或等亲疏)的第三国,以便为会谈创造平等、融洽的气氛。

在交际中,如果有客人前来拜访,接待人员一定要迅速起身迎接;如果客人要握手或交换名片等,必须起身应对,这种由坐姿变为站姿的纵向位移就可以表达对客人的尊重之

---

[1] 张东.浅析秘书交际中空间语言的运用[J].秘书之友 2012(6).

意。球员们在比赛中取得胜利时喜欢高高地向上跳起挥动双手，表示欣喜；人们在犯错误时喜欢低下头，甚至"恨不得有个地缝钻进去""无地自容"。这些都说明向上的位移一般表示正面的意义，向下的位移则往往表示负面的情绪。

（2）改变高度。这是变换体位的另一种方式。比如降低身高，表示对对方的尊重，能获得好感。朱利叶斯·法斯特介绍说，我认识一个青年，他足有六英尺高，在做买卖时，他极其走运，原因是他有感化合伙人的本事。观察了一些他的成功的买卖动作后，我发现，我随时随地只要可能就偏向弯腰，或者半坐下来，以便让合伙人得到统治权，感到优越。

降低身高要看场合，有的时候降低了，反而显得不尊敬。比如晚辈在一起聊天，长辈到场，晚辈需站起来，如果仍旧保持低位，或坐、或躺，那么就说明他对来者的蔑视。礼仪专家是这样分析原因的："弯身表示服从动作，主要作用是要使行礼的人感到不便和不舒服，让居高位的人舒舒服服地坐着，不会因为降低高度就丧失他的威严。"从历史的发展变化来看，古代的皇位设于高处，君主坐在那里当然要比站在下面的臣子还要高。现在不设高位了，大家在一张桌子旁议事，地位低者站立的习惯却仍旧保留下来，或用于高位者到场的一种礼节性动作。

总之，无论是横向的移动，还是纵向的升降，我们都应根据不同的交际目的，以及当时的情景，随时变换我们的界域行为。一个始终坐着的人，会给人留下傲慢至少是懒惰的印象，进而影响交际的顺利进行。

3. 尊重他人的领域权

首先，不乱动他人物品。主人不在场时，不要私自动用其领域内的物品。未经许可，一般不要翻动亲友，甚至是子女的抽屉、书包、信件等，因为这种揭人隐私的行为会伤害对方的自尊。

其次，不随意进入他人领域。在进入他人领域之前，一定要征得对方同意，经过允许，比如到朋友家做客，进门先按铃或敲门，经主人允许后方可进入。不经主人邀请，或没有获得主人同意，不得要求参观主人卧室，即使是较熟悉的朋友，也不要去乱动他的个人物品和室内陈设，对家庭成员也应尊重。在公众场合，要尽量避免侵犯他人的空间。有一些人往往不注重自己的界域行为。在无意中伤害了他人，也损害了自己的形象。比如在公共汽车上横着站，两手抓两边的把手，使别人无法通过；坐着时跷起二郎腿，让路过的人给他擦皮鞋；在剧场里，或扒在前面的背椅上，或把脚蹬在前排的座椅上。

目光侵入也属于侵犯他人空间。孔子说："非礼勿视"。有些地方却无视这个问题，比如有这样的旅馆，每个客房门上都开着一个玻璃窗口，窗帘安在外边，管理人员可以随时监控，真让客人们哭笑不得。还有些人喜欢在地铁里看旁边人的报纸。主人看正面，他看反面，主人翻报纸时，他甚至干涉说先别翻，我还没看完呢。这种界域行为中国人还可以容忍，西方人是不可以接受的。

最后，不污染他人的界域。一是空气污染，比如当众抽烟、冲着人打喷嚏、张着嘴出气、在餐桌上端起碗来用嘴吹等。国家之间比如核电站泄漏事件，都属于污染别人的界域，因为别人的空气被污染了。二是噪声污染，比如在北京国际音乐节上，手机声此起彼伏，指挥大师忍无可忍，停下来以示抗议。又如在楼道里大声喧哗，影响邻居们休息。记得相声大师侯宝林有这样一个段子:有一个小伙子,下了夜班,上楼的脚步声特别重,吵得楼下的老先生神经衰弱,每天夜里都要等小伙子"噔噔噔噔"上楼,开门,脱下皮鞋,"噔、噔"两声一摔之后,心跳才能渐趋正常,再慢慢入睡。有一天,老先生给小伙子提了意见,小伙子满口答应。下班后,他已经忘记了这事,又"噔噔噔噔"上楼。进门之后,脱了一只鞋往地上一摔之后,突然想起来,于是第二只鞋就轻轻地放在了地上。第二天,他问老人:"昨天睡得好点吗?"老人说:"我昨天一夜都没有睡!""怎么了?""我等你那第二只鞋呢!心一直悬着!"

可见,讲究界域礼貌,不污染他人的界域是非常重要的。

此外,在空间距离的处理上还应注意交往对象的关系、性别、性格等方面的差异。俗话说"熟则远,亲则近",空间距离与交际对象陌生还是熟悉是有一定区别的。交往的双方,互相认识,又是亲朋好友,可以近些,以至拍肩碰肘、抚摩、拥抱、依偎等都能表示关系的密切。相反,如果交往双方是初次见面,做出上述举动,会引起对方的不快和反感。

交往对象的性别不同,交往时空间距离也是有明显区别的。心理学家做实验发现:男子挤在一间小屋子里,容易引起相互的怀疑,甚至发生斗争;女子在这种环境中,则更友善,更亲密,更容易找到共鸣。如果给一个女子换一个大些的房间,她会感到不太理想。正由于男女间的这种心理差别,男子与男子交谈的距离不宜太近,近则会有不和谐之感,女子与女子交谈的距离不易太远,远则会有不投机之嫌。

在交往中对不同性格的人,在空间距离上应有不同的区别。与内向型的人交往,空间距离可稍远些,因为距离太近,性格内向的人会感到不自在;与性格外向的人交往,距离可近些。若与性格外向的人相聚,可老远打招呼,以表示热情;与内向型的人相遇,倘若老远就打招呼,不一定会得到回应,往往是用微笑或点头来代替回答。

3.2 拓展阅读

3.2.1 人体形体美的标准

著名国画大师刘海粟曾说过:"人体美乃美中之至美。"确实,世间一切美好的东西太多,但创造万物的人体是最美的。爱美之心,人皆有之,社会需要美,人类更需要美。人体美是人们追求的目标之一,不朽的传世之作"维纳斯""大卫""掷铁饼者"等留给人们极深的印象,其根本原因是这些作品体现了人体美。我们认为:人体美是健、力、美三者的有机结合。它包含了肌肉、骨骼的发育情况,机体的完善程度和人体的外形美以及人的精神气质。形体美的标准包括如下几个方面。

1. 肌肉发达、健壮有力

在人类学家、艺术家和体育家的眼里,骨骼发育正常,身体各部分之间比例适宜匀称,肌肉发达,体魄健壮是人体美的重要因素。正常的脊柱弯曲度形成一个端庄的上体姿势,加上一个前后较扁、前壁短后壁长的圆锥形的胸廓,大小适中而扁平的骨盆以及长短比例适中的上下肢骨,就构成一副匀称而协调的身材雏形。但仅有一副匀称而协调的骨架还不能显示出形体的优美,还需要有发达、健壮的肌肉。肌肉是运动器官,它们在神经系统的支配下,在循环系统和其他系统的密切配合下,起着保护、支持和运动作用。人的全身肌肉 500 余块,重量约占体重的 40%。健美的形体、健壮的体魄和发达的肌肉密切相关。发达的颈肌及胸锁乳突肌能使人的颈部挺直,强壮有力;发达的胸大肌(含胸小肌)能使人的胸部变得坚实、健美;发达的肱二头肌和肱三头肌能使人的上肢线条鲜明、粗壮有力;发达的三角肌能使肩膀变得宽阔起来,再加上发达的背阔肌,就会使人体呈美丽的"V"字形。骶棘肌是脊柱两侧的最长肌肉,它的发达,能固定脊柱,使人的上体挺直;发达的腹肌有利于缩小人的腰围;发达的臀肌和有力的下肢肌(股四头肌、股二头肌、小腿三头肌)能固定人的下肢,支持全身,构成健美的曲线。总之,发达而有弹性的肌肉是力量的源泉,是美的象征。

2. 体型匀称、线条鲜明

体型有不同分类,我们一般把体型分成胖型、肌型(或运动型)和瘦型三类。

(1)胖型:其特点是上(肩宽、胸围)下(腰围、臀围)一般粗,躯干像个"圆水桶",腰围很大。腰两侧下垂,腹部松软脂肪很厚,肚脐很深,胸部的脂肪多而下坠,颈部短而粗,体重往往超过标准体重约 30%~50%。

(2)肌型(运动型):其特点是肩宽、背阔、腰细、臀小且上翘,上体呈"V"字形,腹壁肌肉垒块明显、四肢匀称、肌肉发达、无双下巴,颈部强壮有力,体重在标准体重±5%范围内。

(3)瘦型:其特点与胖型相反。上下都细、肩窄、平胸、腰细四肢细长、脂肪极少、肌肉消瘦,胸腹部可见肋骨,背部可见肩胛骨,体重小于标准体重 25%~35%。

女性和男性在体型分类上大体相同,但由于女性有其自身的特点,强调身体比例匀称,线条流畅,整个体型呈曲线形。如女性的骨盆通常比男性要大,所以,躯干一般呈上小、下大的正三角形。女性的脂肪普遍比男性多 5% 左右,而肌肉发达程度及肌力只能达到同级男性的 75%~80%。因此,女性肌型(运动型)体型的特点是躯干呈三角形(少数为倒三角形),四肢匀称、肌肉圆滑、胸部丰满、腰细臀圆、颈长腹平。从侧面看,运动型的女性的胸、腰、臀富于曲线美。

胖型的女性躯干多为上下一般粗(或上小下大)的水桶型,胸厚、腰粗、臀部大而宽、腹壁脂肪厚,即使仰卧在床上,腹部隆起高度仍超过胸高,颈部普遍短粗,四肢多为上粗下细。

瘦型的女性和胖型相反,胸部扁平、四肢干瘦、不丰满、无线条。

3. 精神饱满、坚韧不拔

精神饱满的外在表现是皮肤美、容貌美、姿态美、动作美,其内在表现则是朝气蓬勃、勇敢顽强、坚韧不拔。

(1)皮肤美。皮肤是健康状况的镜子,是人体美的重要表征。"红光满面"、气色好的人才有精神。

(2)容貌美。容貌美常常是人们见面时的第一感觉。它是指由面部骨架(脸形)、眼睛、眉毛、耳朵、鼻梁和口唇共同构成的一种美丽、丰富而生动的面部形象。根据人们对女性美的审美实践,眼大眸明,眼皮双褶,口唇红润,牙齿皓白整齐,鼻子竖直,颈脖颀长,耳郭分明等都是女性容貌美的特征。而男子的容貌美,有别于女性的秀美、妩媚的审美特征。

在现代女性眼中,以方圆脸形、五官端正、浓眉大眼、明亮有神、前额宽广、鼻梁端正、嘴型大小适度的男性为美。

(3) 姿态端正,动作洒脱。优美的姿态和洒脱的动作,既符合人体解剖学和生理学的规律,又给人以美的印象。我们中华民族有悠久的文明历史,很重视自己的一举一动,要求坐有坐相、走有走相、站有站相、卧有卧相、吃有吃相。总之,衣食住行均应有规矩,讲究文明礼貌。

(4) 勇敢顽强,坚韧不拔。古希腊人很崇尚力量和勇敢无畏的精神,把这种精神称为"奥林匹克精神"。我国优秀的体育运动员的形体普遍是健美的,他们身手矫健,成绩惊人,他们在赛场上的拼搏精神更是人们崇敬的,正如中国女垒姑娘们说的那样:"掉皮、掉肉、不掉队,顽强拼搏争胜利。"她们为了祖国的荣誉拼搏,这种美出自心灵深处。她们的健美英姿和勇敢无畏的精神在中国人民和世界人民心中留下了极深的印象。她们是形体美和内在美的代表。

4. 形体测量与衡量指数

形体健美在很大程度上取决于身体各部位体围的尺寸和相互间的比例。

身高主要反映人体骨骼的发育程度。体重是反映人体发育状况的重量指标。胸围反映胸廓的大小和胸部肌肉与乳房的发育情况,是人体厚度和宽度最有代表性的测量值,也是身体发育状况的重要指标。腰围反映一个人的腰背健壮程度和脂肪状况。上臂围反映一个人肱三头肌和肱二头肌的发达程度。大腿围反映一个人股四头肌及股后肌群的发育状况。臀围反映一个人髋部骨骼和肌肉的发育情况。

(1) 测量方法。准备一条软尺,把全身主要的地方正确地测量出来,加以记录,判断自己的形体。

① 身高、体重:身高和体重在一日之内就有微妙的变化,故要在早晨起床后,身体还没活动之前测量为宜,尤其是体重,饭前饭后差别很大。

② 胸围:测量时,身体直立,两臂自然下垂。皮尺前面放在乳头上缘,皮尺后面置于肩胛骨下角处。先测安静时的胸围,再测深吸气时的胸围,最后测深呼气时的胸围。一般成人呼吸差为6～8厘米,经常参加锻炼者的呼吸差可达10厘米以上。呼吸差可反映呼吸器官的功能。测量未成年女性胸围时,应将皮尺水平放在肩胛骨下角,前方放在乳峰上。测量时不要耸肩,呼气时不要弯腰。

③ 腰围:测量时,身体直立,呼吸保持平稳,两臂自然下垂,不要收腹,皮尺水平放在髋骨上、肋骨下最窄的部位(腰最细的部位)。

④ 臀围:测量时,两腿并拢直立,两臂自然下垂,皮尺水平放在前面的耻骨联合处。

⑤ 臂围:手臂与手腕是比较纤细的部分,基本上而言,上臂围是肘至肩部最粗的部位,比颈围下巴抬起颈部细长的状态细4.5厘米是最理想的。

⑥ 颈围:测量时,身体直立,测量颈的中部最细处。

(2) 形体美的衡量指数。女性形体美衡量指数与男性形体美衡量指数有所区别,它们分别如下。

① 女性形体美衡量指数如下。

标准体重计算公式为[身高(厘米)−100]×0.85(千克)

上下身比例：以肚脐为界，上下身比例应为 5∶8，符合"黄金分割"定律。

胸围应为身高的 1/2。

腰围的标准围度比胸围小 20 厘米。

臀围应较胸围大 4 厘米。

大腿围应较腰围小 10 厘米。

小腿围应较大腿围小 20 厘米。

足颈围应小于小腿围 10 厘米。

手腕围应较足颈围小 5 厘米。

颈围应等于小腿围。

肩宽即两肩峰之间的距离，应等于胸围的 1/2 减去 4 厘米。

② 男性形体美衡量指数如下。

标准体重计算公式为［身高（厘米）－100］×0.9（千克）

身体的中心点应在股骨大转子顶部。

向两侧平伸两臂，两手中指尖的距离应等于身高。

肩宽应等于身高的 1/4。

胸围应等于身高的 1/2 加 5 厘米。

腰围应较胸围小 15 厘米。

髋围应等于身高的 1/2。

大腿围应较腰围小 22.5 厘米。

小腿围应较大腿围小 18 厘米。

足颈围应较小腿围小 12 厘米。

手腕围应较足颈围小 5 厘米。

上臂围等于大腿围的 1/2。

颈围应等于小腿围。

资料来源：陈宝珠.形体训练与形象塑造［M］.北京：清华大学出版社，2008.

3.2.2 形体美的训练

现代人对美的形体已达成共识，即必须建立在健康基础之上的美才是真正的美。健美是身体健康与体形优美的总和，两者不可分割。

人体美是最自然、最基本的美。形体美由体型匀称、肌肉丰满、体态优美、举止稳健、肤色健康、精神饱满等方面组成，以形动人，以情感人。形体美是人类最崇高和热切追求的目标之一。优美的形体 50％靠锻炼，50％由营养和遗传基因构成。锻炼必须通过科学系统规范的形体训练，且营养要讲究科学的健康膳食。这里着重探讨通过形体训练来塑造优美的形体。

1. 形体训练的概念

形体训练是以人的心理和生理特征为基础，以塑造人的优美形态并具有鉴赏美、表现美的能力为目的，以舞蹈基本功训练的内容和方法为主要手段，借鉴舞蹈、艺术体操、健美操等动作，并辅以合适的音乐而进行的一种身体练习。通过形体训练能使学生改变动作的原始状态,提高肌体的柔韧性与灵活性,增强可塑性和形态美,形成良好的坐姿、站姿和走姿以及良好的综合素质。

2. 形体训练的途径与方法应用

形体训练对身体肌肉的控制能力与协调性有着一定的要求,必须科学合理地安排训练内容并通过有效的途径进行科学、系统规范的训练。塑造优美的形体应主要通过基本姿态训练、舞蹈训练、形体健美训练三条途径进行,在训练方法上主要采用低强度、长时间、不中断、有节奏,方便易行,容易坚持的训练方法,并配以合适的优雅动听的音乐,逐步培养学生规范的体态和动作。如图 3-42(选自 http://www.eminhang.com)所示。

(1)基本姿态训练。美的身体和体型需要通过优美的姿态来表现。姿态是指人在坐、立、行时的身体形态,要保持姿态美,脊柱是关键。

① 坐姿:上体正直,两肩自然下垂,两膝自然弯曲,大腿保持在水平部位,两脚掌均匀着地。良好的坐姿对学生发展健康优美的体型和保持视力有很好的作用。在坐姿的基础上可进行脚的勾、绷、开,腿的举、控、屈、伸、踢和压腿等动作。坐立时控制好上体姿势,可提高肌肉用力感觉和表现力。

图 3-42 形体训练

② 站姿:上体正直,挺胸收腹,两肩平行稍向后展开,两臂自然下垂,抬头,颈部保持正直微前倾,两膝伸直,两脚掌均匀着地。正确的站姿对增强身体重心的控制,提高平衡能力非常有效,能显示出人体的曲线美和高雅的气质。学生初学时,可练习把杆进行站位,起踵、压腿、压脚跟、下蹲、擦地、小踢腿、大踢腿、弹腿、小跳、划圆、压、搬、耗、控腿等练习。

③ 走姿:一腿自然弯曲向正前方抬起,膝盖正对前方,落脚要正,膝关节伸直,后腿绷直,前脚掌蹬地使重心前移,两脚交替前移的弯曲度不要太大,步伐稳健均匀,两臂自然协调地前后摆动。走姿的训练可进行柔软步、足尖步、变换步、弹簧步、华尔兹、波尔卡等步伐动作练习。强调行走时控制好重心位置,看上去有挺拔、轻盈感,增强身体控制能力,给人以美感。

(2)舞蹈训练。练习者有了肌肉用力的感觉及对音乐的感受,形成了较为优美的基本体姿、体态之后,安排一些简单易行、优美动人的舞蹈练习。如华尔兹、快步舞(四步)、探戈,拉丁舞等内容,使学生陶醉于优雅动听的旋律中,更有追求美的渴望,将形体美、动作美、姿态美、风度美高度结合,并用身体语言抒发自身情感,使人体的内在美与外在美有机地统一起来,同时提高练习者的灵活性、协调性,增强动作中的优美感,及自我表现力,树立充分的自信心,使练习者在优美的音乐中获得一种心理调节,从而形成良好的心态。在练习中要强调头、手、眼的神韵配合和双人的合作默契感,要注意将较难的动作做分解动作并及时给予鼓励,常用语言激励表扬,树立学生自信心,让他们大胆地完成动作并展示自我美。

(3)形体健美训练。在前两者训练的基础上,需要加大强度,进行增强体质、消除身体多余脂肪和增强肌肉力量的形体健美训练,来促进人体形态更加健美。在训练内容上主要采用力量练习、有氧操练习和形体基本素质练习等内容。力量练习的目的是为了发达肌肉,一般多采用健身健美器械进行锻炼。通过科学规范的力量训练,可使人体健壮、肌肉丰满、肢体匀称和谐、肌肉线条清晰而富有弹性,关节灵活。男生要特别加强这方面的训练。有氧练习的目的是为了消耗能量、增强体质,一般多采用长跑、健美操等形式进行锻炼。健美操作为一项很有特色的运动,我国全民健身活动中占有非常重要的地位,也是深受大学生们喜爱的一项体育运动。因为健美操是在音乐伴奏下进行的身体练习,学生们在欢乐的气氛中进行锻炼,不仅能强身健体、塑造优美的体型,而且能愉悦身心,改善学生的精神面貌。力量和柔韧性是形体素质中最主要的内容。它们的好坏涉及控制力和表现力的提高。通过力量和柔韧性的训练增强腰部、腿支撑身体站立和立腰、立背的力量及身体各部位的柔韧性。重点是发展形体基本素质,提高形态的控制能力。

健美训练是一个塑造自我、美化自我和完善自我的过程。健康与匀称美、曲线美、姿态美、弹性美和外部形态与内部情感统一的和谐美是健美训练的主要目标,要实现目标必须在训练时注重上肢与下肢、躯干等部位大小肌群的协同发展、注重力量与耐力和有氧与无氧训练能力的发展。以身体的全面发展为基础,才能有效地提高锻炼效果,有效地预防过度训练与伤害事故。通常肌肉练习从提高大肌群力量开始,再发展小肌群的力量,同时注意饮食营养的科学调节,使人体机能适应负荷、疲劳、恢复,提高这一循环过程。

在练习中,要加强意志锻炼,培养吃苦耐劳、进取向上的精神。经过科学系统规范的形体训练能改变基本姿态,有利于肌力的发展和多余脂肪的消除,使体形匀称健美。

当然,保持形态美要有合理的饮食习惯,持之以恒的形体锻炼,形体训练与内在气质培养结合起来,使形体训练成为提高自身综合素质的有效手段。在形体训练中,男女的训练内容和方法应适当有所区别。男子加强健美与气质训练,女子加强柔姿、曲线、气质美的训练。在训练过程中教师要给学生讲述一些形体训练的理论知识,要求学生根据自己的身体条件、个性特征制订课外训练计划,科学合理并有针对性地选择训练方法、动作与器械。每周进行 3~4 次形体训练,每次练习持续时间至少达到 30 分钟,必须安排好准备活动,时间长短以全身发热、四肢关节灵活、肌肉韧带不僵硬为准。饭前锻炼至少休息 45 分钟后再进食,饭后锻炼至少在饭后 2 小时进行。晚上锻炼最迟应在睡前 1.5~2.5 小时结束运动。

资料来源:毛有文.和田师范专科学校学报[J].汉文综合版,2006(7).

3.3 实训练习

3.3.1 案例讨论

案例 1

纳粹间谍现形了

第二次世界大战时期,著名反间谍专家奥莱斯特·平托上校使一名狡猾的纳粹间谍现形了。

当时盟军部队已经进入比利时,德军仓皇溃退。一天,两名士兵在驻地附近逮捕了一个叫艾米里约·布朗格尔的人。平托上校感觉到:这个人的穿着和谈吐虽然是典型的北方农民，口音也是地道的瓦隆地区（比利时某地区）的土音，但他粗壮的颈部和魁梧的运动员体型，与当地常见的惰性十足的人截然不同，于是决定对他进行审讯。

第一次审讯

问：你是农民吗？

答：过去是，现在不是。德国鬼子抢走了我的牲畜，杀死了我的家人。

问：会数数吗？

答：数数？

问：对，把桌上这盘豆子数一数吧。

答：一、二、三……（慢慢地用法语数）

在第一次审讯中，上校未发现任何破绽，但仍不气馁，决定进行第二次审讯。这次审讯采用了特殊的方式：他派人在布朗格尔的住处放了几捆草，一个士兵点着后，烟从门的下面进到了屋里，值勤的士兵用德语大喊："着火了！"布朗格尔惊醒，动了动，又睡了。接着平托上校用法语大声喊："着火了！"布朗格尔一下子跳了起来，绝望地敲打着门。这一次，上校仍未发现破绽。

第三次审讯，上校又用了新的方案。在布朗格尔被带来时，上校拿起一支从他身上搜出的铅笔。

问：你带这个干什么？

答：不就是支铅笔吗？

问：用他来写情报？

答：（流露出不屑回答的样子）

"可怜的家伙"上校用德语向身边的军官说，军官也用德语反问："为什么？"上校说："他还不知道明天上午就要被绞死，已经21点了。他肯定是个间谍，不会有别的下场。"平托上校一边说一边用眼睛斜视着布朗格尔，特别注意他的眼睛和喉头。但布朗格尔没有任何表示，他以神态证明自己不懂德语。很明显，第三次审讯没有结果，到此为止，上校几乎绝望了，开始怀疑自己以前的判断。但直觉让他进行最后一次审讯——第四次审讯。如果再没有突破，就决定立即释放了。

最后一次审讯是这样进行的：当布朗格尔像平时一样走进平托上校的办公室时，上校装作正在看一份文件，看完后拿起铅笔在上面签了字，然后抬起眼睛突然用德语对布朗格尔说："好啦，我满意了，你自由了，现在就可以走了。"布朗格尔长长地出了一口气，动了动肩膀，像是卸下了一个沉重的包袱，他仰起脸，眼睛放着光，愉快地呼吸着自由空气。当他发现平托上校嘲笑的眼光时，一切都已经晚了，身后的士兵已紧紧地抓住了他。

资料来源：http://www.worlduc.com/blog2012.aspx?bid=14166100.

讨论题

阅读了此案例，你有何感想？

案例 2

微笑的魅力

小艳是某通信企业的一名客服代表，从事的工作是通过电话来为用户提供服务。她所在的企业有一句信条是：把微笑融入声音，把满意带给客户。而小艳得到客户的满意指标却始终完不成。部门主管找其沟通原因,小艳的业务、服务态度等都没有问题,那究竟是什么原因影响她的满意指标呢?于是,主管决定和小艳一起上班,坐在她旁边来观察到底什么原因。经过两天的观察,主管发现一个问题,就是小艳在接电话时,虽然很主动地为用户服务,但是她始终都没有微笑过。不带感情的声音让客户选择了不满意。找到这个原因,主管开始训练小艳在接电话时微笑,主管先给了她一面镜子,让她接电话时随时能看到自己的表情。经过一段时间的训练,小艳在接电话时,时刻保持微笑。通过微笑,把她的真诚、热情带给客户,她的满意指标已达到要求。

资料来源:王丽娟.员工礼仪.北京:中国言实出版社,2011.

讨论题

(1) 微笑有何作用?

(2) 微笑应注意什么?

案例 3

最好的介绍信

一位先生要雇一个没带任何介绍信的小伙子到他的办公室做事,先生的朋友挺奇怪。先生说:"其实,他带来了不止一封介绍信。你看,他在进门前先蹭掉脚上的泥土,进门后又先脱帽,随手关上了门,这说明他很懂礼貌,做事很仔细;当看到那位残疾老人时,他立即起身让座,这表明他心地善良,知道体贴别人;那本书是我故意放在地上的,所有的应试者都不屑一顾,只有他俯身捡起,放在桌上;当我和他交谈时,我发现他衣着整洁,头发梳得整整齐齐,指甲修得干干净净,谈吐温文尔雅,思维十分敏捷。怎么,难道你不认为这些小节是极好的介绍信吗?"

资料来源:http://www.baby-edu.com/2010/0217/3577.html.

讨论题

(1) 本案例对你有哪些启示?

(2) 你已经拥有哪些"介绍信"了?

(3) 反省自身一天的言谈举止,看看有哪些忽略的细节,并请注意及时改进。

案例 4

一个喷嚏损失 500 万元

某公司王经理好不容易和一家外国企业就一项合作计划达成了协议。就在他兴高采烈地随同那家外国企业老板去顶楼会议室出席签约仪式步入电梯时,冷不丁地打了一个大喷嚏,而且打喷嚏时也没有用手或其他东西挡一下嘴巴,唾沫星溅到了站在他前面那名外商脖子上,他连句道歉的话都没有讲。电梯停下来以后,那名外商头也不回地又进了旁边正准备下降的电梯,随即宣布合作取消。

那名外商回国后,还特意给该公司王经理邮寄来一个包裹,王经理打开一看,发现是几打精致的手帕。王经理别提有多么懊悔了。

资料来源:夏志强.人生要懂的 100 个商务礼仪[M].北京:中国书店,2006.

讨论题

(1) 交际场合应杜绝哪些不良的行为举止?

(2) 本案例对你有何启示?

3.3.2　模拟训练

项目1：站姿

实训目标：掌握站姿的基本要领和不同场合下的站姿，纠正不良站姿。

实训学时：2学时。

实训地点：形体训练室。

实训准备：四面墙安装有长度及地镜子的形体训练室、书籍、音乐播放器材、音乐歌曲CD、磁带等。

实训方法：

(1) 面向镜子按着动作要领体会标准的站姿。

(2) 个人靠墙站立，要求后脚跟、小腿、臀、双肩、后脑勺都紧贴墙，进行整体的直立和挺拔训练。每次训练20分钟左右(应坚持每天一次)。

(3) 在头顶放一本书使其保持水平促使人把颈部挺直，下巴向内收，上身挺直，每次训练20分钟左右(应坚持每天一次)。

(4) 为了使双腿站直，可两腿之间夹一本书进行训练。如图3-43所示(选自 http://www.eminhang.com)。

(5) 训练时可以配上优美的音乐，放松心情，减轻单调、疲劳之感。女性穿半高跟鞋进行训练，以强化训练效果。

图 3-43　站姿训练

训练手记：通过训练，我的收获是＿＿＿＿＿＿＿＿＿＿＿＿＿＿＿＿＿＿。

项目2：坐姿

实训目标：掌握坐姿的基本要领和不同场合下的坐姿，纠正不良坐姿。

实训学时：2学时。

实训地点：形体训练室。

实训准备：四面墙安装有长度及地镜子的形体训练室、靠背椅子若干把、书籍、音乐播放器材、音乐歌曲CD、磁带以及训练器材等。

实训方法：

(1) 面对镜子，按坐姿基本要领，着重脚、腿、腹、胸、头、手部位的训练，体会不同坐姿，纠正不良习惯，尤其注意起座、落座练习。每次训练20分钟(应坚持每天一次)。

(2) 训练时可以配上优美的音乐，放松心情，减轻单调、疲劳之感。女性穿半高跟鞋进行训练，以强化训练效果。

(3) 利用器械训练，增强腰部、肩部力量和灵活性，进行舒肩展背动作练习。

训练手记：通过训练，我的收获是＿＿＿＿＿＿＿＿＿＿＿＿＿＿＿＿＿＿。

项目3：走姿

实训目标：掌握走姿的基本要领和特定场合下的走姿，纠正不良走姿。

实训学时：2学时。

实训地点：形体训练室。

实训准备：四面墙安装有长度及地镜子的形体训练室、书籍、音乐播放器材、音乐歌曲CD、磁带等。

实训方法：

（1）在地面上画一条直线，行走时双手叉腰，上身正直，双脚内侧踩在线上，按要求走出相应的步位与步幅。可以纠正行走时摆胯、送臀、扭腰以及"八字步态"、步幅过大过小的毛病。训练时配上行进音乐，音乐节奏为每分钟 60 拍。

（2）头顶书本行走，进行整体平衡练习。重点纠正行走时低头看脚、摇头晃脑、东张西望、脖颈不正、弯腰弓背的毛病。

（3）进行原地摆臂训练。站立，两脚不动，原地晃动双臂，前后自然摆动，手腕进行配合，掌心要朝内，以肩带臂，以臂带腕，以腕带手，纠正双臂横摆、同向摆动、单臂摆动、双臂摆幅不等的现象。

（4）对着镜子行走，进行面部表情等的整体协调性训练。

（5）训练时可以配上优美的音乐，放松心情，减轻单调、疲劳之感。女性穿半高跟鞋进行训练，以强化训练效果。

训练手记：通过训练，我的收获是＿＿＿＿＿＿＿＿＿＿＿＿＿＿＿＿＿＿＿＿。

项目 4：蹲姿

实训目标：掌握蹲姿的基本要领和特定场合下的蹲姿，纠正不良蹲姿。

实训学时：2 学时。

实训地点：形体训练室。

实训准备：四面墙安装有长度及地镜子的形体训练室、书籍、音乐播放器材、音乐歌曲 CD、磁带等。

实训方法：

（1）加强腿部膝关节踝关节的力量和柔韧性训练，具体方法是压腿、踢腿、活动关节。

图 3-44 蹲姿训练

（2）有意识地、主动经常地进行标准蹲姿训练，形成良好习惯。如图 3-44 所示（选自 http://www.eminhang.com）。

（3）训练时可以配上优美的音乐，放松心情，减轻单调、疲劳之感。

训练手记：通过训练，我的收获是＿＿＿＿＿＿＿＿＿＿＿＿＿＿＿＿＿＿＿。

项目 5：眼神

实训目标：掌握眼神的基本要领，正确使用眼神。

实训学时：2 学时。

实训地点：教室。

实训准备：每人一面小镜子、音乐播放器材、音乐歌曲 CD、磁带、优秀影视剧中的演员和节目主持人通过眼神表达内心情感的影像资料等。

实训方法：以下方法坚持天天训练，不要间断，必使目光明亮有神。

（1）睁大眼睛训练：有意识地练习睁大眼睛的次数，增强眼部周围肌肉的力量。

(2) 转动眼球训练:头部保持稳定,眼球尽最大的努力向四周做顺时针和逆时针360°转动,增强眼球的灵活性。

(3) 视点集中训练:点上一支蜡烛,视点集中在蜡烛火苗上,并随其摆动,坚持训练可使目光集中、有神、眼球转动灵活。

(4) 目光集中训练:眼睛盯住3米左右的某一物体,先看外形,逐步缩小范围到物体的某一部分,再到某一点,再到局部,再到整体。这样可以提高眼睛明亮度,使眼睛十分有神。

(5) 影视观察训练:观看录像资料,注意观察和体会优秀影视剧中的演员和节目主持人,是如何通过眼神表达内心情感的。

(6) 训练时可以配上优美的音乐,放松心情,减轻单调、疲劳之感。

训练手记:通过训练,我的收获是 _____。

项目6:微笑

实训目标:掌握微笑的基本要领,在交往中正确使用微笑,养成爱微笑的习惯。

实训学时:2学时。

实训地点:教室。

实训准备:每人一面小镜子、音乐播放器材、音乐歌曲CD、磁带、优秀影视剧中的演员和节目主持人微笑的影像资料等。

实训方法:

(1) 情绪记忆法,即将生活中令自己最高兴的事件中的情绪储存在记忆中,当需要微笑时,可以想起那件最使你兴奋的事件,脸上会流露出笑容。注意练习微笑时,要使双颊肌肉用力向上抬,嘴里念"一"音,用力抬高口角两端,注意下唇不要过分用力。普通话中的"茄子""田七""前"等的发音也可以辅助微笑口形的训练。

(2) 对着镜子,练习微笑,调整自己的嘴形,注意与面部其他部位和眼神的协调,做最使自己满意的微笑表情,到离开镜子时也不要改变它。

(3) 练习微笑之前要忘掉自我和一切的烦恼,让心中充满爱意。

(4) 训练时可以配上优美的音乐,放松心情,减轻单调、疲劳之感。

训练手记:通过训练,我的收获是 _____。

项目7:手势

实训目标:掌握手势的基本要领、常用手势的标准,纠正不正确的手势,养成良好习惯。

实训学时:2学时。

实训地点:形体训练室。

实训准备:四面墙安装有长度及地镜子的形体训练室、音乐播放器材、音乐歌曲CD、磁带、投影设备、毛泽东、周恩来等伟人的音像资料、剪刀、文件等。

实训方法:

(1) 先观看毛泽东、周恩来等伟人的音像资料,然后开始训练。

(2) 调整体态,保持良好的站姿。

(3) 每两人一组对镜练习常用手势,包括请、招呼他人、挥手道别、指引方向、递接物品(剪刀、文件)、鼓掌、展示物品等,并互相纠正。

(4) 教师最后点评、总结。

训练手记：通过训练，我的收获是 _____。

课后练习题

1. 判断题

(1) 交际场所最基本的姿势是站立。　　　　　　　　　　　　　　（　　）

(2) 标准走姿两臂前摆约 25°。　　　　　　　　　　　　　　　　（　　）

(3) 人由视觉感受的信息占总信息的 1/3。　　　　　　　　　　　（　　）

(4) 手势活动的范围，有上、中、下三个区域。　　　　　　　　　（　　）

(5) 降低身高，表示对对方的尊重，能获得好感。　　　　　　　　（　　）

(6) 可以对异性运用捻指作响手势。　　　　　　　　　　　　　　（　　）

(7) OK 手势在法国表示正确。　　　　　　　　　　　　　　　　（　　）

(8) 在与人交谈时，如果无其他重要约会，最好少看自己的手表。（　　）

(9) 人体表情最丰富的部位是面部。　　　　　　　　　　　　　　（　　）

(10) 坐在椅子上，一般坐满椅子的 1/2～2/3。　　　　　　　　　（　　）

(11) 在交际场合，双手叉腰属于不良姿势。　　　　　　　　　　（　　）

(12) 与人交谈时手势不宜过多，幅度不宜过大。　　　　　　　　（　　）

(13) 在交际场合，女士可双腿搭在沙发上就座。　　　　　　　　（　　）

(14) 在交际场合，女士可叠腿呈四字形就座。　　　　　　　　　（　　）

2. 简答题

(1) 标准的站姿是怎样的？

(2) 标准的走姿是怎样的？

(3) 标准的坐姿是怎样的？

(4) 标准的蹲姿是怎样的？

(5) 眼神包括哪几个方面？

(6) 微笑应注意什么？

(7) 常见的手势有哪些？

(8) 应该力戒哪些不良的举止？

(9) 怎样保持良好的风度？

3. 思考与操作

(1) 观察一下日常生活中各个微笑的脸，说说"微笑的脸"有哪些特征。

(2) 在遇到陌生人时，怎样用你的身体语言使对方精神放松，以博得对方的好感。

(3) 请每天拿出 10～20 分钟时间练习站姿等姿态。

(4) 你对自己的仪态满意吗？请观察一下你周围的人士站姿、坐姿、走姿等方面存在什么问题。提醒自己避免出现这些问题。

(5) 观察一下路人的走姿，看看什么样的走姿给你的感觉最好。

(6) 观察你周围的人，分析他们哪些言行、举止符合礼仪要求，哪些不符合礼仪要求。

举例列出表现,并分析形成的原因。

(7) 在课余时间进行科学的形体练习,使形体更富有时代的魅力。

(8) 健康的人不一定是美丽的,但美丽的人一定是健康的。你同意这种说法吗? 为什么?

(9) 你的眼神是否充满了自信和活力?

(10) 今天你微笑了吗? 试着每天清晨起床后,对着镜子整理仪容的同时,把甜美愉快的笑容留在脸上。

(11) 请大家猜猜看:图 3-45(选自 http://www.ezd.cn)中的几种手势都代表什么?

图 3-45　猜猜手势的含义

项目二

日常交际礼仪

任务4 会 面

生活里最重要的是礼貌,它比最高的智慧,比一切学识都重要。

——【俄国】赫尔岑

在人与人的交往中,礼仪越周到越保险。

——【美国】托·卡莱尔

任务目标

- 在交际中能够得体地称呼对方。
- 得体地进行自我介绍、介绍他人,更好地与人相识。
- 熟练运用标准的握手、鞠躬等见面礼节。
- 能够设计富有特色的名片,在交际中能够规范地使用名片。
- 能够恰当地选择礼品,互赠礼品。
- 正确地运用鲜花表达情意。
- 接待、拜访符合礼仪规范。

案例导入

如此会面

小李今年刚大学毕业,在大华公司总经理办公室做秘书工作。一天,公司王总经理派他到机场去接广州明光公司销售部的吴丽晶经理。小李准时来到机场,在出口处吴经理见到小李手中的字牌,走到小李面前说:"你好! 你是小李吧,我是吴丽晶!"小李连忙用不太标准的普通话说:"是的是的,我是小李,您好! 您就是广州过来的狐狸精(吴丽晶)吧? 我是王总派来接您的。我是东方大学行政管理专业毕业的研究生,现在是王总的秘书。"一边说一边伸手准备与吴经理握手。面对小李这样的称呼、这样的自我介绍、这样的握手方式,吴经理会是什么感觉呢?

资料来源:http://www.doc88.com/p-740821781186.html.

4.1 礼 仪 规 范

见面是交际的开始,了解与掌握见面时的礼节,可以帮助我们顺利地通往交际的殿堂。本节所介绍的称呼、打招呼、介绍、握手、名片、馈赠、拜访、接待等都是最常见的见面礼节。

4.1.1　称呼

在社会交往中,交际双方见面时,如何称呼对方,直接关系到双方之间的亲疏、了解程度、尊重与否及个人修养等。一个得体的称呼,会令彼此如沐春风,为以后的交往打下良好的基础,否则,不恰当或错误的称呼,可能会令对方心里不悦,影响到彼此的关系乃至交际的成功。

如著名传记作家叶永烈在着手写陈伯达传记时,必须采访陈伯达,采访时究竟怎样称呼陈伯达,叶永烈颇费了一番心思。采访的前一天晚上,叶永烈辗转反侧,明天见到了陈伯达到底该叫他什么呢?叫他陈伯达同志,不合适,因为陈伯达是在监狱服刑的犯人,叫他老陈,也不行,因为陈伯达已经是84岁的老人了,而自己才48岁,究竟应怎样称呼他呢?突然叶永烈灵机一动,称呼他陈老,这是再恰当不过的称呼了,果然,第二天采访时,叶永烈一声"陈老"的亲切得体的称呼,令陈伯达听了感动万分,眼里充满了泪花。由此可见,一个得体的称呼真可谓交际的"敲门砖"!

1. 称呼姓名

一般的同事、同学关系,平辈的朋友、熟人,均可彼此之间以姓名相称。例如,"王小平""赵大亮""刘军"。长辈对晚辈也可以如此称呼,但晚辈对长辈却不可这样做。为了表示亲切,可以在被称呼者的姓名前分别加上"老""大""小"字相称,而免称其名。例如,对年长于己者,可称"老张""大李";对年幼与己者,可称"小吴""小周"。但这种称呼在职业人士中较常见,不适合在校学生。对同性的朋友、熟人,若关系极为亲密,可以不称其姓,而直呼其名,如"春光""俊杰"。对于异性一般不可这样称呼,因为这仅限于其家人或配偶。

2. 称呼职务

在工作中,以交往对象的职务相称,以示身份有别、敬意有加,这是一种最常见的称呼方法。具体做法上可以仅称呼职务,如"局长""经理""主任"等;可以在职务前加上姓氏,例如:"王总经理""李市长""张主任"等;还可以在职务之前加上姓名,这仅适用于极其正式的场合。例如:"×××主席""×××省长""×××书记"等。

3. 称呼职称

对于有职称者,尤其是有高级、中级职称者,可以在工作中直接以其职称相称。可以只称职称,例如"教授""研究员""工程师"等;可以在职称前加上姓氏。例如"张教授""王研究员""刘工程师",当然有时可以简化,如将"刘工程师"简化为"刘工",但使用简称应以不发生误会、歧义为限;可以在职称前加上姓名,它适用于十分正式的场合。例如:"王久川教授""周蕾主任医师""孙小刚主任编辑"等。

4. 称呼学衔

在工作中,以学衔作为称呼,可增加被称呼者的权威性,有助于增强现场的学术氛围。可以在学衔前加上姓氏,例如"张博士";也可以在学衔前加上姓名,如"张明博士"。一般对学士、硕士不称呼学衔。

5. 称呼职业

称呼职业,即直接以被称呼者的职业作为称呼。例如将教员称为"老师",将教练员称为"教练"或"指导",将专业辩护人员称为"律师",将财务人员称为"会计",将医生称为"大夫"或"医生",等等。一般情况下在此类称呼前,均可加上姓氏或姓名。

6. 称呼亲属

亲属,即本人直接或间接拥有血缘关系者。在日常生活中,对亲属的称呼业已约定俗成,人所共知。面对外人,对亲属可根据不同情况采取谦称或敬称。对本人的亲属应采用谦称。称辈分或年龄高于自己的亲属,可以在其称呼前加"家"字,如"家父""家叔"。称辈分或年龄低于自己的亲属,可在其称呼前加"舍"字,如"舍弟""舍侄"。称自己的子女,则可在其称呼前加"小",如"小儿""小女""小婿"。对他人的亲属,应采用敬称。对其长辈,宜在称呼前加"尊"字,如"尊母""尊兄"。对其平辈或晚辈,宜在称呼之前加"贤"字,如"贤妹""贤侄"。若在其亲属的称呼前加"令"字,一般可不分辈分与长幼,如"令堂""令爱""令郎"。

7. 涉外称呼

在涉外交往中,一般对男子称先生,对女子称夫人、女士或小姐。已婚女子称夫人,未婚女子称小姐。对婚姻状况不明的女子称"小姐"或"女士"。在西方国家,凡是举行宗教结婚仪式的人,都习惯在无名指上戴一枚戒指,男子戴在左手,女子戴在右手。所以对外宾的称呼可以此而定。以上是根据性别和婚姻状况来称呼,使用起来具有普遍性。

4.1.2 打招呼

在人际交往中,当商界人士互相见面或被他人介绍时,应起身站立,热情认真地向对方打个招呼,这是最普通的礼节。打招呼时应注意如下问题。

1. 男士尊重女士

如果你在途中遇见相识的女士,倘若她没有和你打招呼,你就不要去打扰她,除非你和她非常熟悉。男士主动先向女士打招呼,有时会给女士带来不便或尴尬。

2. 不用莽撞的问候方式

如果你在公共场所遇见了久违的好朋友,请不要太激动。比如,在街上,突然冲向对方,甚至冲撞了行人;在会场上,猛然从座位上跳起来并穿过整个大厅;在人群里,冷不丁高呼朋友的名字,让旁人吓一跳,并为之行侧目礼等,都是很失礼的。

3. 不苛求"熟视无睹"的相识者

有时会碰见相识者对你"熟视无睹"而感到不高兴,其实这大可不必。请不要把不经心的视而不见与故意的轻蔑混为一谈。这很可能是对方正在沉思,或者眼睛近视,也可能因为你的外貌有了改变。例如,有位女士对自己所从事的专业很有研究和造诣,是行业中公认的专家。但她的同事对她一直很有意见,认为她骄傲,不理人、摆架子。其实她的"视而不见",是因为她习惯在行走和空闲时,独自一人沉思。

4. 适时、适地打招呼

如果参加一个国际性的，或者是跨省市、跨行业的会议，在一天内几次遇见同一个熟人，每次都说"您好"，似乎太单调了，可以根据时间、场合，适地、适时地用不同的方式打招呼。

5. 与相遇的人打招呼

有时因出差、开会、旅游等，在旅馆居住或在商店购物等，都应该同遇见的服务员或售货员打招呼。只要是经常同自己打交道的，不论地位高低、贫富不同，都要注意见面打招呼。

4.1.3 介绍

介绍是社交活动最常见、也是最重要的礼节之一，它是初次见面的陌生的双方开始交往的起点。介绍在人与人之间起桥梁与沟通作用，几句话就可以缩短人与人之间的距离，为进一步交往开个好头。

1. 介绍的基本规则

为他人做介绍时必须遵守"尊者优先了解情况"的规则，在为他人做介绍前，先要确定双方地位的尊卑，然后先介绍位卑者，后介绍尊者。具体如下。

（1）先将男士介绍给女士。例如，介绍王先生与李小姐认识，介绍人应当引导王先生到李小姐面前，然后说："李小姐，我来给你介绍一下，这位是王先生。"注意在介绍的过程中，被介绍者的名字总是后提。

（2）先将年轻者介绍给年长者。把年轻者引见给年长者，以示对前辈、长者的尊敬。如："王教授，让我来介绍一下，这位是我的同学张明。""张阿姨，这是我的表妹王丽。""刘伯伯，请您认识一下我的表弟李强。"在介绍中应注意有时虽然男士年龄较大，但仍然是将男士介绍给女士。

（3）先将未婚女子介绍给已婚女子。如："张太太，让我来介绍一下，这位是李小姐。"注意当被介绍者无法辨别其是已婚还是未婚时，则不存在先介绍谁的问题，可随意介绍，如，"张女士，我可以把我的女朋友李小姐介绍给你吗？"

（4）先将职位低的介绍给职位高的。在实业界或公司中，在商务场合要先将职位低的介绍给职位高的。如："王总，这位是××公司的总经理助理刘女士。"注意这里我们先提到的是王总经理，这是因为我们把王总经理的职位看作高于刘女士，尽管王总经理是一位男士，仍不先介绍他。

（5）先将家庭成员介绍给对方。在向别人介绍自己的家庭成员时，应谦虚地说出对方的名字。这不仅是出于礼貌，而且对介绍自己的家庭成员也比较方便。如："张先生，我想请你认识一下我的女儿晓芳。""张先生，请允许我介绍一下我的妻子。"

（6）集体介绍时的顺序。在被介绍者双方地位、身份大致相似，或者难以确定时，应当使人数较少的一方礼让人数较多的一方，一个人礼让多数人，先介绍人数较少的一方或个人，后介绍人数较多的一方或多数人。

若被介绍者在地位、身份之间存在明显差异，特别是当这些差异表现为年龄、性别、婚否、师生以及职务有别时,则地位、身份为尊的一方即使人数较少,甚至仅为一人,仍然应被置于尊贵的位置,最后加以介绍,而先介绍另一方人员。

若需要介绍的一方人数不止一人,可采取笼统的方法进行介绍,例如可以说:"这是我的家人""他们都是我的同事",等等。但最好还是要对其一一进行介绍。

若被介绍双方皆不止一人,则可依照礼规,先介绍位卑的一方,后介绍位尊的一方。在介绍各方人员时,均需由尊到卑依次进行。

2. 自我介绍

在不同场合,遇见对方不认识自己,而自己又有意与其认识,当场没有他人从中介绍,往往需要自我介绍。

(1) 自我介绍的方式。根据不同场合、环境的需要,自我介绍的方式有以下五种。

① 应酬式。这种自我介绍方式最简单,往往只包括姓名一项即可。如:"您好! 我叫王敏。"应酬式的自我介绍适合于一些公共场合和一般性的社交场合,如途中邂逅、宴会现场、舞会、通电话时等。它的对象,主要是一般接触的交往人士。

② 工作式。工作式的自我介绍的内容包括本人姓名、供职的单位及部门、担任的职务或从事的具体工作三项,又叫工作式自我介绍内容的三要素,通常缺一不可。姓名,应当一口报出,不可有姓无名,或有名无姓;单位即供职的单位及部门,如有可能最好全部报出。具体工作部门有时也可以暂不报出;职务即担任的职务或从事的具体工作,有职务最好报出职务,职务较低或者无职务,则可报出目前所从事的具体工作。

③ 交流式。交流式的自我介绍,也叫社交式自我介绍或沟通式自我介绍,是一种刻意寻求与交往对象进一步交流与沟通,希望对方认识自己、了解自己、与自己建立联系的自我介绍。适用于社交活动中,大体包括本人的姓名、工作、籍贯、学历、兴趣以及与交往对象的某些熟人的关系等。如:"我的名字叫王红,是××公司副总裁。6 年前,我和您先生是同事。"

④ 礼仪式。礼仪式的自我介绍是一种表示对交往对象友好、敬意的自我介绍。适用于讲座、报告演出、庆典、仪式等正规的场合。内容包括姓名、单位、职务等。自我介绍时,还应多加入一些适当的谦辞敬语,以示自己尊敬交往对象。如:"女士们、先生们,大家好! 我叫任仿,是××公司的总经理。值此之际,谨代表本公司热烈欢迎各位来宾莅临指导,谢谢大家的支持。"

⑤ 问答式。针对对方提出的问题做出自己的回答。这种方式适用于应试、应聘和公务交往,也用于普通的交际应酬场合。如对方问:"这位小姐贵姓?""免贵姓周,周恩来的周。"

(2) 自我介绍的时机。因业务关系需要相互认识,进行接洽时可自我介绍。

当遇到一位你知晓或久仰的人士,他不认识你,你可自我介绍:"×××(称呼),您好! 我是××××(单位)的×××(姓名),久仰大名,很荣幸与您相识。"

第一次登门造访,事先打电话约见,在电话里应自我介绍。

参加一个较多人的聚会,主人不可能一一介绍,与会者可以与同席或身边的人互相自我介绍。自我介绍前应有一句引言,以使对方或身边的人互相自我介绍,也使对方不感到突然,如:"我们认识一下吧。我叫×××,在×××公司公关部工作。"

在出差、旅行途中,与他人不期而遇,并且有必要与之建立临时接触时,可适当自我介绍,等等。

初次前往他人住所、办公室,进行登门拜访时要自我介绍。

应聘求职时需首先做自我介绍等。

(3) 自我介绍的要求。自我介绍时,要及时、清楚地报出自己的姓名和身份。大方自然地进行自我介绍,可以先面带微笑,温和地看着对方说声:"您好!"以引起对方的注意,然后报出自己的姓名身份,并简要表明结识对方的愿望或缘由。进行自我介绍要力求简洁,尽可能地节省时间,介绍时间以半分钟为佳。

进行自我介绍,态度务必自然、友善、亲切、随和,要充满信心和勇气,敢于正视对方的双眼,显得胸有成竹。介绍时语气要自然、语速要正常、语音要清晰,这对自我介绍的成功十分有好处。

进行自我介绍时所表述的各项内容一定要实事求是,真实可信。没有必要过分谦虚,或一味贬低自己而去讨好别人,但也不可自吹自擂,夸大其词,在自我介绍时掺水分,会得不偿失。

他人进行自我介绍时也要注意:①引发对方做自我介绍时应避免直白相问,缺乏礼貌,如:"你叫什么名字",而应该尽量客气一些,用词更敬重些:"请问尊姓大名""您贵姓""不知怎么称呼您""您是……"等。②他人做自我介绍时要仔细聆听,记住对方的姓名、职业等。如果没有听清楚,不妨在个别问题上仔细再问一遍,这比他人作过自我介绍,而你还是不明情况要好。③等一个人作了自我介绍后,另一个人也作相应的回报,作自我介绍,这才是礼貌的。

3. 他人介绍

(1) 为他人作介绍的方法。在交往中,在为他人作介绍时,由于实际需要的不同,介绍时所采取的方式也会有所不同。常见的介绍方法有如下几种。

① 一般式,也称标准式,以介绍双方的姓名、单位、职务等为主。这种介绍方式适合于正式场合。如:"请允许我来为两位引见一下,这位是××公司主任王刚先生,这位是××集团副总裁贺宏先生。"

② 引见式。介绍者所要做的是将被介绍者双方引到一起即可,适用于普通场合。如:"两位互相认识一下。大家其实都在同一个单位工作,只是平时没机会认识,那我先失陪了。"

③ 简单式。只介绍双方姓名一项,甚至只提到双方姓氏,适用一般的社交场合。如:"我来为大家介绍一下,这位是贺总,这位是许总。希望大家合作愉快。"

④ 附加式,也可以叫强调式,用于强调其中一位被介绍者与介绍者之间的特殊关系,以便引起另一位被介绍者的重视。如:"大家好! 这位是××公司的营销部主任汪洋先生,这是小儿王伟,请各位多多关照。"

⑤ 推荐式。介绍者经过精心准备再将某人举荐给他人,介绍时通常会对前者的优点加以重点介绍。通常,适用于比较正规的场合。如:"这位是李峰先生,这位是某公司的刘朋董事长。李峰刚从国外留学回来,他是经济学博士,管理学专家。刘总,我想您一定有兴趣和他聊一聊。"

⑥ 礼仪式。这是一种最为正规的他人介绍，适用于正式场合。介绍语气、表达称呼上都更为规范和谦恭。如："王女士，您好！请允许我把××公司的总经理王小东先生介绍给您。王先生，这位是××集团的生产部经理王玲女士。"

（2）他人介绍的时机。他人介绍即社交中的第三者介绍。在他人介绍中，为他人做介绍的人一般由社交活动中的东道主、社交场合中的长者、家庭中聚会的女主人、公务交往活动中的公关人员（礼宾人员、文秘人员、接待人员）等。他人介绍的时机包括：在家中接待彼此不相识的客人；在办公地点接待彼此不相识的来访者；与家人外出，路遇家人不相识的同事或朋友；陪同亲友，前去拜会亲友不相识者；本人的接待对象遇见了其不相识的人士，而对方又跟自己打了招呼；陪同上司、长者、来宾时，遇见了其不相识者，而对方又跟自己打了招呼；打算推介某人加入某一交际圈；受到为他人作介绍的邀请。

（3）他人介绍的注意事项。在为他人作介绍时，介绍者对介绍的内容应当字斟句酌，慎之又慎。为他人作介绍时的手势如图 4-1 所示。

图 4-1 他人介绍时的手势

在正式场合，内容以双方的姓名、单位、职务等为主。如："我来给两位介绍一下。这位是 A 公司的公关部主任李芳女士，这位是 B 公司的总经理汪洋先生。"

在一般的社交场合，其内容往往只有双方姓名一项，甚至可以只提到双方姓氏为止。接下来，则由被介绍者见机行事。如："我来介绍一下，这位是老张，这位是小王，你们认识一下吧。"

在比较正规的场合，介绍者有备而来，有意将某人举荐给他人，因此在内容方面，通常会对前者的优点加以重点介绍。如，"这位是李明先生，这位是我们公司的林楠总经理。李先生是一位管理方面的专业人士，他还是北大的 MBA。我想林总一定很想认识他吧！"

在进行他人介绍时，介绍者与被介绍者都要注意自己的表达、态度与反应。介绍者为被介绍者介绍之前，不仅要尽量征求一下被介绍双方的意见，而且在开始介绍时还应再打一下招呼，切勿上去开口即讲，显得突如其来，让被介绍者措手不及。

被介绍者在介绍者询问自己是否有意认识某人时，一般不应加以拒绝或扭扭捏捏，而应欣然接受。实在不愿意时，则应说明缘由。

当介绍者走上前来，开始为被介绍者进行介绍时，被介绍的双方应起身站立，面含微笑，大大方方地注视介绍者或者对方，神态庄重、专注。为他人作介绍时的场景如图 4-2 所示（选自张晓梅的《晓梅说礼仪》，中国青年出版社，2008）。

当介绍者介绍完毕后，被介绍双方应依照合乎礼仪的顺序进行握手，并且彼此问候对方。此时的常用语有："你好""很高兴认识你""久仰大名""认识你非常荣幸""幸会，幸会"，等等。必要时还可作进一步的自我介绍。

图 4-2 他人介绍的场景

介绍时要注意实事求是,掌握分寸,不能胡吹乱捧。介绍姓名时,一定要口齿清楚,发音准确。把易混的字咬准,如"王"和"黄""刘"和"牛"等;对同音字、近音字必要时要加以解释,如"邹"和"周""张"和"章""徐"和"许"等。

4.1.4 握手

相传在刀耕火种的年代,人们经常持有石头或棍棒等武器,陌生者相遇,双方为了表示没有敌意,便放下手中的武器,并伸出手掌,让对方抚摩掌心。久而久之,这种习惯便逐渐演变为今日的握手礼节。当今,握手已成为世界上最为普遍的一种礼节,其应用的范围远远超过了鞠躬、拥抱、接吻等。因此,在日常交际中,我们必须注意握手的基本礼节。

1. 握手的次序

根据礼仪规范,握手时双方伸手的先后次序,一般应当遵守"尊者先伸手"的原则,应由尊者首先伸出手来,位卑者只能在此后予以响应,而绝不可贸然抢先伸手,不然就是违反礼仪的举动。其基本规则如下。

(1)男女之间握手。男女之间握手,男士要等女士先伸出手后才握手。如果女士不伸手或无握手之意,男士向对方点头致意或微微鞠躬致意。男女初次见面,女方可以不和男士握手,只是点头致意即可。男女握手时,男士要摘帽和右手手套,如果来不及摘,要向对方道歉。女士除非对长辈,一般可不必摘手套。

(2)宾客之间握手。宾客之间握手,主人有向客人先伸出手的义务。在宴会、宾馆或机场接待宾客,当客人抵达时,不论对方是男士还是女士,女主人都应该主动先伸出手。男士因是主人,尽管对方是女宾,也可先伸出手,以表示对客人的热情欢迎。而在客人告辞时,则应由客人首先伸出手来与主人相握,在此表示的是"再见"之意。

(3)长幼之间握手。长幼之间握手,年幼的一般要等年长的先伸手,和长辈及年长的人握手,不论男女,都要起立趋前握手,并要摘下手套,以示尊敬。

(4)上下级之间握手。上下级之间握手,下级要等上级先伸出手。但涉及主宾关系时,可不考虑上下级关系,做主人的应先伸手。

(5)一个人与多人握手。若是一个人需要与多人握手,则握手时亦应讲究先后次序,由尊而卑,即先年长者后年幼者,先长辈后晚辈,先老师后学生,先女士后男士,先已婚者后未婚者,先上级后下级,先职位、身份高者后职位、身份低者。

值得注意的是:在公务场合,握手时伸手的先后次序主要取决于职位、身份。而在社交、休闲场合,主要取决于年龄、性别、婚否。

图 4-3 是 1972 年美国总统尼克松访华与周恩来总理会面时的历史性握手。

2. 握手的方式

握手的标准方式是行礼时行至距握手对象约1 米处,双腿立正,上身略向前倾,伸出右手,四指并拢,拇指张开与对方相握,握手时的手势如图 4-4 所

图 4-3 尼克松与周恩来握手

示。握手时应用力适度,上下稍许晃动三四次,随后松开手来,恢复原状,如图 4-5 所示。具体应注意如下几点。

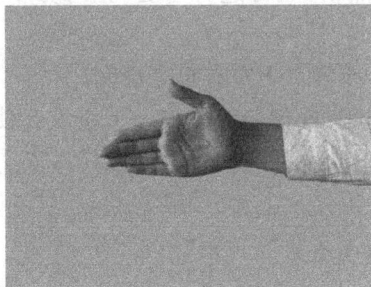

图 4-4　握手时的手势

图 4-5　握手

（1）神态。与人握手时神态应专注、热情、友好、自然。在通常情况下,与人握手时,应面含微笑,目视对方双眼,并且口道问候。在握手时切勿三心二意,敷衍了事。如果在此时迟迟不握他人早已伸出的手,或是一边握手,一边东张西望,目中无人,甚至忙于跟其他人打招呼,都是极不应该的。

（2）力度。握手时用力应适度,不轻不重,恰到好处。如果手指轻轻一碰,刚刚触及就离开,或是懒懒的、慢慢的相握,缺少应有的力度,会给人勉强应付、不得已而为之的感觉。一般来说,手握得紧是表示热情,男人之间可以握得较紧,甚至另一只手也加上,包住对方的手大幅度上下摆动,或者在手相握时,左手又握住对方胳膊肘、小臂甚至肩膀,以表示热烈。但是注意既不能握得太使劲,使人感到疼痛,也不能显得过于柔弱,不像个男子汉。对女性或陌生人,轻握是很不礼貌的,尤其是男性与女性握手应热情、大方、用力适度。

（3）时间。通常是握紧后打过招呼即松开。但如亲密朋友意外相遇,敬慕已久而初次见面,至爱亲朋依依惜别,衷心感谢难以表达等场合,握手时间就长一点,甚至紧握不放。在公共场合,如列队迎接外宾,握手的时间一般较短。握手的时间应根据与对方的亲密程度而定。

3. 握手的禁忌

在人际交往中,握手虽然司空见惯,看似寻常,但由于它可用来传递多种信息,因此在行握手礼时应努力做到合乎规范,并且注意下述几点。

（1）不要用左手与他人握手,尤其是在与阿拉伯人、印度人打交道时要牢记此点,因为在他们看来左手是不洁的。

（2）不要在握手时争先恐后,而应当遵守秩序,依次而行。特别要记住,与基督教信徒交往时,要避免两人握手时与另外两人相握的手形成交叉状,这类似十字架,在基督教信徒眼中是很不吉利的。

（3）不要戴着手套握手,在社交场合女士的晚礼服手套除外。

（4）不要在握手时戴着墨镜,只有患有眼疾或眼部有缺陷者才能例外。

（5）不要在握手时将另外一只手插在衣袋里。

（6）不要在握手时另外一只手依旧拿着香烟、报刊、公文包、行李等东西而不肯放下。

(7) 不要在握手时面无表情,不置一词,好似根本无视对方的存在,而纯粹是为了应付。

(8) 不要在握手时长篇大论,点头哈腰,滥用热情,显得过分客套,让对方不自在,不舒服。

(9) 不要在握手时把对方的手拉过来、推过去,或者上下左右抖个没完。

(10) 不要在与人握手之后,立即揩拭自己的手掌,好像与对方握一下手就会使自己受到感染似的。

4. 常见的其他见面礼

在国内外交往中,除握手之外,以下见面礼也颇为常见。

(1) 点头礼。点头礼适用于路遇熟人,在会场、剧院、歌厅、舞厅等不宜与人交谈之处,在同一场合碰上已多次见面者,遇上多人又无法一一问候之时。行礼的做法是:头部向下轻轻一点,同时面带笑容,不宜反复点头不止,也不必点头的幅度过大。

(2) 举手礼。行举手礼的场合与行点头礼的场合大致相似,它最适合向距离较远的熟人打招呼。其做法是右臂向前方伸直,右手掌心向着对方,其他四指并齐、拇指分开,轻轻向左右摆动一两下。不要将手上下摆动,也不要在手摆动时用手背朝向对方。

(3) 脱帽礼。戴着帽子的人,在进入他人居所,路遇熟人,与人交谈、握手或行其他见面礼时,进入娱乐场所,升挂国旗,演奏国歌等一些情况下,应自觉主动地摘下自己的帽子,并置于适当之处,这就是所谓脱帽礼。女士在社交场合可以不脱帽子。

(4) 注目礼。具体做法是:起身立正,抬头挺胸,双手自然下垂或贴放于身体两侧,笑容庄重严肃,双目正视于被行礼对象,或随之缓缓移动。一般在升国旗时、游行检阅、剪彩揭幕、开业挂牌等情况下,使用注目礼。

(5) 拱手礼。拱手礼是我国民间传统的会面礼,今天在过年时举行团拜活动,向长辈祝寿,向友人恭喜结婚、生子、晋升、乔迁,向亲朋好友表示无比感谢,以及与海外华人初次见面时表示久仰大名时,使用拱手礼。行礼时应起身站立,上身挺直,两臂前伸,双手在胸前高举抱拳,自上而下,或者自内向外,有节奏地晃动两三下。如图 4-6 所示(选自 http://www.cg3000.com)。

(6) 鞠躬礼。提到鞠躬礼,使我们想到温家宝总理在 2008 年年初发生的雨雪冰冻灾害中向湖南殉职的电力职工家属鞠躬的情景,如图 4-7 所示(选自 http://hi.baidu.com)。鞠躬礼在日本、韩国、朝鲜等国家十分普遍。目前在我国主要适用于向他人表示感谢、领奖或

图 4-6 拱手礼

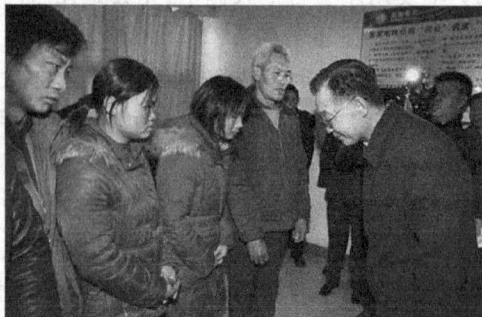

图 4-7 温家宝总理行鞠躬礼

讲演之后、演员谢幕、举行婚礼或参加追悼活动。行礼时应脱帽立正,双目凝视受礼者,然后上身弯腰前倾。男士双手应贴放于身体两侧裤线处,女士的双手则应下垂搭放于腹前,如图 4-8 所示。下弯的幅度越大,所表示的敬重程度就越大。

(7) 合十礼。在东南亚、南亚信奉佛教的地区以及我国傣族聚居区,合十礼最为普遍。行合十礼时双掌十指在胸前相合,五个手指并拢向上,掌尖和鼻尖基本持平,手掌向外侧倾斜,双腿立直站立,上身微欠低头,可以口颂祝词或问候对方,亦可面带微笑,但不准手舞足蹈,反复点头。一般而论,行此礼时,合十的双手举得越高,越体现出对对方的尊重,但原则上不可高于额头。如图 4-9 中的日本影星高仓健行的就是合十礼(选自 http://www.bt.acnow.net)。

图 4-8　鞠躬时的体态

图 4-9　合十礼

(8) 拥抱礼。在西方,特别是在欧美国家,拥抱礼是十分常见的见面礼与道别礼。在人们表示慰问、祝贺、欣喜时,拥抱礼也十分常用。胡锦涛访美时与美国波音公司工程师尼德尔行拥抱礼,如图 4-10 所示(选自 http://bbs.hbu.edu.cn)。正规的拥抱礼,讲究两人正面面对站立,各自举起右臂,将右手搭在对方左肩后面;左臂下垂,左手扶住对方右腰后侧。首先各向对方左侧拥抱,然后各向对方右侧拥抱,最后再一次各向对方左侧拥抱,一共拥抱 3 次。在普通场合行礼,不必如此讲究,次数也不必要求如此严格。

(9) 亲吻礼。亲吻礼也是西方国家常用的见面礼。有时它会与拥抱礼同时使用。行礼时,通常总讳发出亲吻的声音,而且不应将唾液弄到对方脸上。在行礼时,双方关系不同,亲吻的部位也有所不同。长辈

图 4-10　拥抱

吻晚辈,应当吻额头;晚辈吻长辈,应当吻下颌或吻面颊;同辈之间,通行应当贴面颊,异性应当吻面颊。接吻,即吻嘴唇,仅限于夫妻与恋人之间,而不宜滥用,不宜当众进行。

(10) 吻手礼。吻手礼主要流行于欧美国家。它的做法是:男士行至已婚妇女面前,首先垂手立正致意,然后以右手或双手捧起女士的右手,俯首以自己微闭的嘴唇,去象征性地轻吻一下其手背或是手指。行吻手礼的地点,应在室内为佳。吻手礼的受礼者,只能是妇女,而且应是已婚妇女。

4.1.5　名片

名片是现代社会必不可少的社交工具。两人初次见面,先互通姓名,再奉上名片,单位、姓名、职务、电话等历历在目,既回答了一些对方心中想问而有时又不便贸然说出口的问题,又使相互之间的距离一下子接近了许多,在交往中,熟悉和掌握名片的有关礼仪是十分重要的。

1. 名片的制作

名片一般为 10 厘米长、6 厘米宽的白色卡片。我们经常使用的规格略小,长 9 厘米,宽 5.5 厘米。值得说明的是:如无特殊需要,不应将名片制作得过大,甚至有意搞折叠式,免得给人以标新立异、虚张声势之感。

印制名片,最好选用纸张,并以耐折、耐磨、美观、大方的白卡纸、再生纸、合成纸、布纹纸、麻点纸、香片纸为佳。至于高贵典雅、纸制挺括的刚骨纸、皮纹纸,则可量力而行,酌情选用。必要时,还可覆膜。

印制名片的纸张,宜选庄重朴素的白色、米色、淡蓝色、淡黄色、淡灰色,并且一张名片使用一种颜色为好。

很多企业认为名片是宣传组织的一个极好的媒体,所有工作人员,特别是业务员的名片若设计得风格一致,个性鲜明,将会给人一种统一的视觉印象,而这种个性很大程度表现在名片的内容设计上。

一般地,名片上应该印上工作单位、姓名、身份、地址、邮政编码等。工作单位一般印在名片的上方,社会兼职紧接工作单位排列下来;姓名印在名片中央,右旁印有职务、职称;名片的下方为地址、邮政编码、电话号码、传真、E-mail 地址等,如图 4-11 所示。

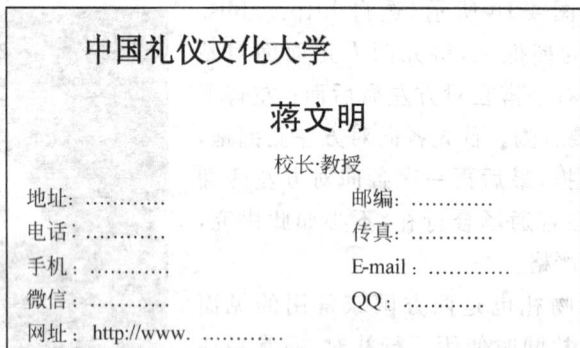

中国礼仪文化大学

蒋文明

校长·教授

地址:…………	邮编:…………
电话:…………	传真:…………
手机:…………	E-mail:…………
微信:…………	QQ:…………
网址:http://www.…………	

图 4-11　名片范例

名片的背面,一般都印上相应的英文,作为对外交往时使用。但也有些名片在背面印上企业或公司的简介、经营范围、产品及服务范围以方便客户和作为宣传。

很多企业有标准的员工名片格式,有的要加印公司的标识、甚至企业经营理念,并且规定名片统一规格、格式等。

2. 名片的用途

对现代人来讲,名片是一种物有所值的实用型交际工具,其用途是多方面的。

（1）介绍自身。名片最主要的用途是介绍自身。会客交友，取出一张名片，自我的基本情况跃然纸上，让他人一目了然。它在介绍中的好处是简明扼要，介绍方便。在当着一两个人私人口头自我介绍时，总是很简短，几乎就是姓名、单位。有时候职务都不便开口说出，因为介绍自己的一官半职总有自我炫耀之嫌，当身兼数职时更不好——启齿，但有了名片，一切都写得清清楚楚，不用为难和啰唆，他人就能较多地了解你。

（2）维持联系。名片犹如"袖珍通讯录"，利用它所提供的资料，即可与名片的提供者保持联系。正因为有了名片上所提供的各种联络方式，人们的"常来常往"才变得更加现实和方便。

（3）显示个性。通过名片展示个性，获得他人对自我多方面和多层次的了解。可以在名片上印上代表自己个性的爱好和特点，如"酷爱足球，性喜笔耕，嗜辣如命，钟情绿色，崇尚真诚"，这样的名片很快就让别人读懂了自己，也赢得了友善。也有的人在名片上印上自己的座右铭或喜爱的格言及与对方相识的真诚的话语等，如"一握你的手，永远是朋友""不握你的手，照样是朋友"这样的名片很容易给对方留下好感，加深交往。

（4）拜会他人。初次前往他人居所或工作单位进行拜会时，可将本人名片交由对方门卫、秘书或家人，转交给被拜访者，以便对方确认，并决定见与不见。这种做法比较正规，可以避免冒昧造访。

此外，名片在交往中有多种用途，如馈赠附名、代替请柬、喜庆告友、祝贺升迁等。

3. 名片的交换

要使名片在人际交往中正常地发挥作用，还须在交换名片时做法得体。遇到以下几种情况时需与对方交换名片：一是希望认识对方时；二是被介绍给对方时；三是对方提议交换名片时；四是对方向自己索要名片时；五是初次登门拜访对方时；六是通知对方自己的变更情况时；七是打算获得对方的名片时。

（1）递交名片。名片的持有者在递交名片时动作要洒脱、大方，态度要从容、自然，表情要亲切、谦恭。应当事先将名片放在身上易于掏出的位置，取出名片后先郑重地握在手里，然后再在适当的时机得体地交给对方。

递交名片的姿势是：要双手递过去，以示尊重对方。将名片放置手掌中，用拇指夹住名片（如图 4-12），其余四指托住名片反面，名片的文字要正向对方，以便对方观看，若对方是外宾，则最好将名片上印有对方认得的文字的那一面面对对方，同时讲些"请多联系""请多关照""我们认识一下吧""有事可以找我"之类友好客气的话。递交名片的姿势如图 4-13所示（选自 http://www.qianlijob.com）。

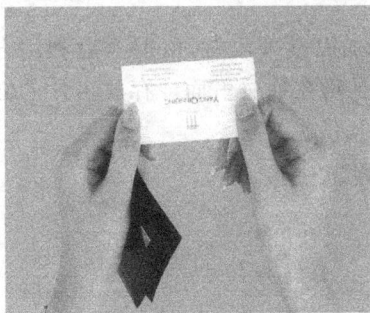

图 4-12　握名片

谢谢！

图 4-13　名片的递接

递交名片的时间,应当根据具体情况而定。如果名片持有者与人事先有约,一般可在告辞时再递上名片。如果双方只是偶然相遇,则可在相互问候,得知对方有与你交往的意向时,再递交名片。

与多人交换名片时,要注意讲究先后次序,或由近而远,或由尊而卑。一定要依次进行,切勿采取"跳跃式"。

(2) 接受名片。接受他人名片时,应恭恭敬敬,双手捧接,并道感谢。接受名片者应当首先认真地看看名片上所显示的内容,必要时可以从上到下,从正面到反面重复看一遍,也可把名片上的姓名、职务(较重要或较高的职务)读出声来,如"您就是张总啊!"以表示对赠送名片者的尊重,同时也加深了对名片的印象。然后把名片细心地放进名片夹或笔记本、工作证里夹好。

在别人给了名片后,如有不认识或读不准的字要虚心请教。请教他人的姓名,丝毫不会降低你的身份,反而会使人觉得你是一个对待事情很认真的人,增加对你的信任。

接受名片时应避免:马马虎虎地用眼睛瞄一下,然后顺手不经意地塞进衣袋;随意往裤子口袋一塞、往桌上一扔;名片上压东西、滴到了菜汤油渍;离开时把名片忘在桌子上。名片是一个人人格的象征,这些行为是对其人格的不尊重,这样都会使人感到不快。

当然在收到了别人的名片后,也要记住给别人自己的名片,因为只收别人的名片,而不拿出自己的名片,是无礼拒绝的意思。

此外,还要注意索取名片的礼仪。

如果没有必要最好不要强索他人名片。若索取他人名片,则不宜直言相告,而应委婉表达此层意思:可向对方提议交换名片、主动递上本人的名片;询问对方:"今后如何向您指教?"(向尊长者索要名片时多用此法);询问对方:"以后怎么与您联系?"(向平辈或晚辈索要名片时多用此法)。

反过来,当他人向自己索取名片时,自己不想给对方时,不宜直截了当,也应以委婉方式表达此意。可以说:"对不起,我忘带名片了"或"抱歉,我的名片用完了"。

4. 名片的存放

(1) 名片的放置。在参加交际活动之前,要提前准备好名片,并进行必要的检查。随身所带的名片最好放在专用的名片夹里,也可放在上衣口袋里。不要把名片放在裤袋、裙兜、提包、钱包等里面,那样既不正式,又显得杂乱无章。在自己的公文包以及办公桌抽屉里,也应经常备有名片,以便随时使用。在交际场合,如感到要用名片,则应将其预备好,不要在使用时再去瞎翻乱找。

参加交际活动后,应立即对所收到的他人名片加以整理收藏,以便今后利用方便。不要将它随意夹在书刊、材料里,压在玻璃板底下,或是扔在抽屉里面。存放名片的方法上大体有四种,他们还可以交叉使用。

① 按姓名的外文字母或汉语拼音字母顺序分类。

② 按姓名的汉字笔画的多少分类。

③ 按专业或部门分类。

④ 按国别或地区分类。

若收藏的名片甚多,还可以编一个索引,用起来就更方便了。

（2）名片的利用。随着人际交往的不断深入，还可在收藏的他人名片上随手记下可供本人参考的资料，使其充当社交的记事簿。在收藏的他人名片上可记下有利于人际交往的资料，包括以下几点。

收到名片时的具体情况。包括收到名片的地点、时间，以及是否与对方亲自交换，等等。在国外有一种做法，即把名片的右上角向下折，然后再使其恢复原状，它表示该名片是对方亲自与自己交换的。

交换名片者个人的资料，例如性别、年龄、籍贯、学历、专长、嗜好等，这既可备忘，也可充作资料。

交换名片者在交换名片后变化的情况，例如单位、部门的变化，职业的变动调任，职务、学衔的升降，联络方式的改变等。

5. 使用名片的忌讳

（1）不要把名片当作传单随便散发。有一位来自美国德克萨斯州半导体公司的总裁，去日本参加一个商务会议，尽管她是商务代表团的团长，但其他日本代表团的成员根本不正眼看她，也不和她说话。原来，她递名片的动作就像打扑克牌，把名片随意地扔到桌子对面，落在对方的座位前。

（2）不要随意地将他人给你的名片塞在口袋里；如果暂时放在桌上，切忌在名片上放其他物品，也不要漫不经心地放置一边，更不要忘记带走。

（3）不要随意拨弄他人的名片。美国的《纽约时报》曾有一则生动的报道："午餐后的商务会议顺利开始了。西服革履的美国公关公司人员坐在谈判桌的一边，有可能成为他们客户的日本人则坐在另一边。会议中，在译员进行冗长的翻译时，美方首席代表思想开小差了。他开始拨弄起日方首席代表的名片，几乎是下意识地把名片拿到嘴边，用名片的尖角上上下下仔细地剔着牙，因为午饭后，他的牙缝中间塞进了饭渣。会谈的结果可想而知，合同泡汤了。"

（4）在对方的名片上作一些简单的记录和提示，是帮助我们记忆的好办法。但是，不要在他人的名片上乱写一些有关名片主人特征的词，如"小个子""戴眼镜"等。靳羽西女士为了记住对方的名字，习惯在对方的名片上注一些词，以便下次交往时记住对方，但有一次却使她很尴尬。她回忆说："北京有一个有名的记者，她注意到我在每一个人的名片上都写了一些字，忍不住要看看我在她的名片上写了什么——我写了 short（很矮）。当时，我真的很不好意思。"

4.1.6　馈赠

中华民族素来重交情，古代就有"礼尚往来"之说。亲友和商务伙伴之间的正当馈赠是礼仪的体现，感情的物化。在正常的交际活动中，用以增进友情的合理、适度的赠礼与受礼是必要的。

1. 馈赠礼品的标准

（1）情感性。馈赠礼品要重视其情感意义。礼品作为友好的象征物，其意义并不在礼品本身，而在于通过礼品所传达的友好情意，这是馈赠礼品的基本思想，所谓"千里送鹅毛，礼轻情义重。"情义是无价的,情义是无法用金钱来衡量的。"烽火连三月,家书抵万金。"同样说明"情"的价值,丝毫也不夸张。著名作家萧乾当年访问一位美籍华人朋友,特意捎去几颗生枣核。他深深知道:朋友身在异国他乡,年纪越大,思乡越切。送去几颗故乡故土的生枣核,让它在异国他乡生根、开花、结果。果然那位美籍朋友一见到那几颗生枣核,勾起了缕缕乡情,他把枣核托在手掌,仿佛它比珍珠玛瑙还贵重。因此选择礼品时,勿忘一个"情"字,应挑选价廉物美、具有一定纪念意义,或具有某些艺术价值,或为受礼人所喜爱的小艺术品,如纪念品、书籍、画册等。

选择礼品的价值要"得体"。并非是价值越昂贵的礼品所表达送礼者的情意越深厚。送礼要与受礼者的经济状况相适合,中国人历来有"礼尚往来"的习俗,若受礼者的经济能力有限,当接到一份过于贵重的礼品时,其心理负担一定会大于受礼时的喜悦,尤其当你有求于对方的时候,昂贵的厚礼会让人有以礼代贿的嫌疑,不但加重了对方接受这份礼品的心理压力,也失去了平衡交流的意义。

(2)独创性。送人礼品,与做其他许多事情一样,是最忌讳"老生常谈""千人一面"的。选择礼品,应当精心构思,匠心独运,富于创意,力求使之新、奇、特,这就是礼品的独创性。赠送具有独创性的礼品给人,往往可以令其耳目一新,既兴奋又感动,因为这等于是"特别的爱献给特别的你"。真是这样的话,赠送者在对方心目中往往也会因此"升值"。

(3)时尚性。赠送礼品应折射时代风尚。当今人们追求生活的高尚品位,什么样的礼品够档次,多半取决于礼品是否符合时代风尚。改革开放以来,随着人们生活水准的提高和思想观念的转变,人们相互馈赠礼品也发生了质的变化和飞跃,从经济实用的物质型礼品向高雅、新潮的精神型礼品转化。"精神礼品"受青睐已成为当今人际交往中的一道亮丽的风景线。它包括:智力型,如报纸、杂志、图书、各种教学录音带、计算机软件等;娱乐型,如唱片、激光影碟、体育比赛门票、晚会展览会入场券等;祝贺型,如鲜花、节日贺卡、各种礼仪电报等。

(4)适俗性。挑选礼品时,特别是为交往不深或外地区人士和外国人挑选礼品时,应当有意识地使赠品与对方所在地的风俗习惯一致,在任何情况下,都要坚决避免把对方认为属于伤风败俗的物品作为礼品相赠,这样才表明尊重交往对象。如在我国大部分地区,老年人忌讳发音为"终"的钟,恋人们反感于发音为"散"的伞。阿拉伯地区严禁饮酒。在西方药品不宜送人。因此在涉外交往中,要根据不同国家、地区的习惯与个人的爱好做些必要的选择,赠礼问俗是我们不能忽视的,这也是一个重要标准。1972年,尼克松总统准备访华,急于寻求能代表国家的礼物。美国保业姆公司闻讯后,趁此良机,向尼克松总统献上公司生产的一尊精致的天鹅群瓷器珍品,因为瓷器的英文 china,也具有"中国"的意思,尼克松一见,大喜过望,于是把这尊具有双重意义而且具有很高艺术价值的瓷器珍品带到了中国。

2. 馈赠礼品的场合

在交往中,人们在不同的场合下选送不同的礼品。

(1)表示谢意敬意。当我们接受他人或某个组织的帮助之后应当表示感谢。如某位医生妙手回春治愈你多年的顽症;某个组织为你排忧解难,等等。此时为表示感谢和敬意,可考虑送锦旗,并将称颂之语书写在锦旗上。

（2）祝贺庆典活动。当友人和其他组织适逢庆典纪念之时，如某公司成立二十周年纪念，为表示祝贺，可送贺匾、书画或题词，既高雅别致又具有欣赏保存价值。

（3）公共关系礼品。开展公共关系活动中所送的礼品要与公共关系活动的目标一致，并且送礼的内容与送礼的组织形象是相符的。例如，上海大众汽车公司赠给客人的桑塔纳车模型，上海大中华橡胶厂精心设计研制的轮胎外形的钢皮卷尺等。

（4）祝贺开张开业。社会组织开张开业之际，都是宣传自身、扩大影响的好机会，一般来讲，都是要借机大肆宣传一番的。因而适逢有关组织开张、开业之际，应送上一份贺礼，以示助兴和祝愿。一般选送鲜花贺篮为多，在花篮的绸带上写上祝贺之语和赠送单位或个人的名称。

（5）适逢重大节日。春节、元旦等节庆日都是送礼的旺季，组织可向公众、组织内部的员工等，适时地送上一份小小的礼物，对他们给予组织工作的关心和支持表示感谢，并希望继续得到他们的帮助。亲朋好友之间也可通过节日联络感情。此时也可选择适宜的礼品相赠。

（6）探视住院病人。公司的客人、员工生病或亲友患病住院，均应前去探视，并带上礼品。目前探视病人的礼品也不断地从"讲实惠"到"重情调"。以往送营养品、保健品，如今变为用多种水果包装起来的果篮、一束束鲜花。有一位教授住院，学生送他一束鲜花，夹在鲜花中的一张犹如名片大小的礼卡上，写着这样的话语，"尊敬的导师：花香带来温馨的祝福，愿您静心养病，早日康复。您的弟子赠。"字里行间，充满了关切之情和师生之意。

（7）应邀家中做客。我们经常会应邀到别人家中做客或者出席私人家宴。为了礼尚往来，出于礼貌，应带些小礼品。如土特产、小艺术品、纪念品、水果以及鲜花等。有小孩的可送糖果、玩具之类的。

（8）遭受不测事件。世上难有一帆风顺之事，一个家庭或组织遭遇不测事件时，及时地送上一份礼物表示关心，更能体现送礼者的情谊。比如：对方遇上火灾、地震等灾难，马上去函或去电表示慰问，也可送上钱款相助。

3. 馈赠礼品的礼仪

（1）精心包装。送给他人礼品，尤其是在正式场合赠送于人的礼品，在相赠之前，一般都应当认真进行包装。可用专门的纸张包裹礼品或把礼品放入特制的盒子、瓶子里等。礼品包装就像穿了一件外衣，这样才能显得正式、高档，而且还会使受赠者感到自己倍受重视。如图 4-14 所示（选自 http://article.pchome.net）。

（2）表现大方。现场赠送礼品时，要神态自然，举止大方，表达适当。如图 4-15 所示（选自 http://www.dabaoku.com）。千万不要像做了"亏心事"一样，小里小气，手足无措。一般在与对方会面之后，将礼品赠送给对方，届时应起身站立，走近受赠者，双手将礼品递给对方。礼品通常应当递到对方手中，不宜放下后由对方自取。如礼品过大，可由他人帮助递交，但赠送者本人最好还是要亲自参与，并援之以手。若同时向多人赠送礼品，最好先长辈后晚辈、先女士后男士、先上级后下级，按照次序，依次有条不紊地进行。

（3）认真说明。当面亲自赠送礼品时要辅以适当的、认真的说明。一是可以说明因何送礼，如果是生日礼物，可说"祝你生日快乐"；二是说明自己的态度，送礼时不要自我贬低，说什么"没有准备，临时才买来的""没有什么好东西，凑合着用吧"，而应当实事求是地说明自己的态度,比如"这是我为你精心挑选的""相信你一定会喜欢"等;三是说明礼品的寓意,在送礼时,介绍礼品的寓意,多讲几句吉祥话,是必不可少的;四是说明礼品的用途,对较为新颖的礼品可以说明礼品的用途、用法。

图 4-14 礼品的包装

图 4-15 礼品的馈赠

4. 接受馈赠的礼仪

(1)受礼坦然。一般情况下,对于对方真心赠送的礼物不能拒收,因此没完没了地说"受之有愧""我不能收下这样贵重的礼物"这类话是多余的,有时还会使人产生不愉快的感觉。即使礼物不称你心,也不能表露在脸上。接受礼物时要用双手,并说上几句感谢的话语。千万不要虚情假意,推推躲躲,反复推辞,硬逼对方留下自用;或是心口不一,嘴上说"不要,不要",手却早早伸了过去。

(2)当面拆封。如果条件许可,在接受他人相赠的礼品后,应当尽可能地当着对方的面,将礼品包装当场拆封。这种做法在国际社会是非常普遍的。在启封时,动作要井然有序,舒缓得当,不要乱扯、乱撕。拆封后还不要忘记用适当的动作和语言,显示自己对礼品的欣赏之意,如将他人所送鲜花捧在身前闻闻花香,然后再插入花瓶,并置放在醒目之处。

(3)拒礼有方。有时候,出于种种原因,不能接受他人相赠的礼品。在拒绝时,要讲究方式、方法,处处依礼而行,要给对方留有退路,使其有台阶可下,切忌令人难堪。可以使用委婉的、不失礼貌的语言,向赠送者暗示自己难以接受对方的好意,如当对方向自己赠送一部手机时,可以告之:"我已经有一台了。"可以直截了当向赠送者说明自己之所以难以接受礼品的原因。在公务交往中,拒绝礼品时此法最为适用,如拒绝他人所赠的大额贵重礼品时,可以说:"依照有关规定,你送我的这件东西,必须登记上缴。"

5. 赠花的礼仪

鲜花是美好、吉祥、友谊和幸福的象征。我国早在汉代就有"折柳送别话依依"的诗句,可见在当时已有交际赠花之习俗。当今社交中无论是欢迎、送别、婚寿庆祝,还是节庆、开业、慰问、吊唁及国际交往中,人们经常赠之以鲜花,言志明心。但由于各地风俗习惯不同,花的含义也不同,送花时必须注意得体,要做到以下几点。

(1)了解"花卉语"。当我们用花为媒来传递友谊时,要注意运用正确的"花卉语",以免出现尴尬。如图 4-16 所示是常见的花卉。

| 月季 | 红玫瑰 | 白菊花 |

| 百合花 | 红蔷薇 | 杜鹃花 |

| 康乃馨 | 山茶花 | 兰花 |

| 剑兰 | 梅花 | 水仙花 |

图 4-16　各种花卉

牡丹花　　　　　　　　　紫丁香　　　　　　　　　郁金香

樱花　　　　　　　　　并蒂莲　　　　　　　　　美人蕉

图　4-16(续)

以下是常见的花卉的寓意。

荷花——纯洁、淡泊和无邪　　　　　　常春藤——结婚、白头偕老

月季——幸福、光荣,美艳常新　　　　水仙——尊敬、自尊

红玫瑰——爱情　　　　　　　　　　　橄榄枝——和平

白菊——真实　　　　　　　　　　　　牡丹——拘谨、害羞

百合——圣洁、幸福、百年好合　　　　牵牛花——爱情

野百合——幸福即将来临　　　　　　　紫丁香——初恋

红罂粟——安慰、慰藉　　　　　　　　野丁香——谦逊、美好

红蔷薇——求爱、爱情　　　　　　　　黄郁金香——爱的绝望

杜鹃——节制、盼望　　　　　　　　　红郁金香——宣布爱恋

康乃馨——健康长寿　　　　　　　　　蓝色郁金香——诚实

红茶花——天生丽质　　　　　　　　　樱花——心灵的美

山茶花——美好的品德　　　　　　　　并蒂莲——夫妻恩爱

勿忘草——永志不忘、真挚和贞操　　　万年青——长寿、友谊长存

剑兰——步步高升　　　　　　　　　　红豆——相思

松柏——坚强　　　　　　　　　　　　兰花——热情

梅花——刚毅、坚贞不屈　　　　　　　仙人掌——热心

竹子——正直、虚心　　　　　　　　　美人蕉——坚实

文竹——祝贺长寿

在不同的国家和地区,同一种花也许会有不同的寓意,如在一些国家,菊花和康乃馨被认为是厄运的象征。垂柳在美国表示"悲哀",但在法国,垂柳则是"仁勇"的象征。实际上,同一种类型的花卉,因其不同的颜色,也有不同甚至截然相反的意思。如红色的郁金香是"爱的表示",蓝色的郁金香象征"诚实",而黄色的郁金香则象征"无望的恋爱"。因此要恰当运用好"花卉语"。

(2) 不同场合的赠花。向恋人赠玫瑰花的花语是"我真心爱你",蔷薇花象征"我向你求爱,小天使",桂花表示"我挚意爱你",这类花卉赠之恋人,可收心有灵犀一点通之功。若将这类花卉赠之其他对象,则会交际不成,反而引来麻烦。

婚礼赠花可以送一束美丽鲜艳的由红玫瑰、吉祥草、文竹灯花组成的花束。红玫瑰象征爱情美好;吉祥草祝朋友吉祥如意、生活美满;文竹绿叶葱葱,祝朋友爱情永葆青春。此外并蒂莲表示"恩爱如初,幸福长存",百合花象征"百年好合",它们及红色郁金香等花都是婚礼的理想花卉。

慰问病人,送一束黄月季,表示"早日康复";送一束芝兰,象征"正气清运,贵体早康";送一束松、柏、梅花,以鼓励他与病魔做斗争"坚贞不屈""胜利属于你"。

庆贺生日赠花,年轻一点的可送其火红的石榴花、鲜红的月季花、美丽的象牙花,祝其前程如火样红烈,青春如红花般鲜艳等。对年老者,赠之以万年青、寿星草、龟背竹等,以示祝福老人健康长寿,快乐幸福。

(3) 赠花的注意事项。正式场合,如组织开张、纪念、庆典等,大多可送花篮;迎宾、欢送、演出中送给演员,大多送花环、花束;宴请、招待会等送胸花;参加追悼会时送花圈以示哀悼。

送花一般不能送单一的白色花,因为会被人认为不吉利;送玫瑰花时应送单数,不要送双数,但 12 除外;不要将红玫瑰送给未成年的小姑娘;不要将浓香型的鲜花送给病人。

送一束花时最好用彩色透明纸将花包装好,再系一根与鲜花颜色相匹配的彩带,这样既便于携带,又使花显得更漂亮。

4.1.7 拜访

拜访是公务、商务等社会活动中一件经常性的工作,是最常见的社交形式,同时也是联络感情、增进友谊的一种有效方法。要使拜访做得更得体、更有效,更好地实现拜访的目的,就要重视和学习拜访的礼仪。

1. 约好时间

拜访前,应事先联络妥当,尽可能事先告知,最好是和对方约定一个时间,以免扑空或打乱对方的日程安排,即使是电话拜访也不例外,不告而访是非常失礼的。

如果双方有约,应准时赴约,不能轻易失约或迟到。但如果因故不得不迟到或取消访问,一定要设法在事前立即通知对方,并表示歉意。

拜访应选择适当的时间,选择一个对方方便的时间。做客拜访一般可在平时晚饭后或假日的下午,要避免在吃饭和休息的时间登门造访。

2. 做好准备

(1) 明确拜访目的。无论是初次拜访还是再次拜访,都要事先明确拜访的主要目的。

（2）准备有关资料。商务拜访，比如客户拜访，要准备的资料就包括公司及业界的资料、相关产品资料、客户的相关信息资料、销售资料及方案、针对可能出现的情况事先拟订的解决方案或应对方案、一些小礼品等。此外，名片、电话号码簿等也要事先准备好。

（3）设计拜访流程。要针对拜访环节准备好最稳妥、最得体的称呼和开场白，选择好话题材料，确定话题范围等。

（4）电话预约确认。出发前应致电被拜访者，再次确认本次拜访人员、时间和地点等事宜。

（5）注意礼仪细节。到达前，最好先稍事整理服装仪容。如果是重要的拜访对象，要事先关掉手机，这体现了对拜访对象的尊敬，对访问事宜的重视。

3．上门有礼

到达拜访地点后，如果对方因故不能马上接待，可以在对方接待人员的安排下在会客厅、会议室或在前台，安静地等候。如果等待时间过久，可以向有关人员说明，并另定时间，不要显出不耐烦的样子。有抽烟习惯的人，要注意观察该场所是否有禁止吸烟的警示。即使没有，也要问问工作人员是否介意抽烟。如果接待人员没有说"请随便看看"之类的话，就不要随便东张西望，到处窥探，那是非常不礼貌的。

到达被访人所在地时，一定要事先轻轻敲门，进屋后等主人安排后坐下。后来的客人到达时，先到的客人应站起来，等待介绍或点头示意。对室内的人，无论认识与否，都应主动打招呼。

如果与对方是第一次见面，应主动递上名片，或做自我介绍。对熟人可握手问候。如果你还带了其他人来，要介绍给主人。

进门后，应把随身带来的外套、雨具等物品搁放到对方接待人员指定的地方，不可任意乱放。

接茶水时，应从座位上欠身，双手捧接，并表示感谢。

吸烟者应在主人敬烟或征得主人同意后，方可吸烟。和主人交谈时，应注意掌握时间。有要事必须要与主人商量或向对方请教时，应尽快表明来意，不要不着边际，浪费时间。

4．礼貌告辞

拜访结束时彬彬有礼地告辞，可给对方留下良好的印象，同时也给下次的拜访创造良好氛围和机会。所以，及时告辞、礼貌告辞这一环节相当重要。

拜访时间长短应根据拜访目的和主人意愿而定，通常宜短不宜长，适可而止。当接待者有结束会见的表示时，应立即起身告辞。

告辞时要同主人和其他客人一一告别。如果主人出门相送，应请主人留步并道谢，热情说声再见。

中途因特殊情况不得不离开时，无论主人在场与否，都要主动告别，不能不辞而别。

5．拜访过程应注意的礼仪

（1）准时到达。让被拜访者无故等候，无论因何原因都是严重失礼的事情。如果是对方要晚点到，要安静等待。可充分利用剩余的时间，检查准备工作。

（2）控制时间。谈话时开门见山，不要海阔天空，浪费时间。最好在约定时间内完成访谈,如果客户表现出有其他要事的样子,千万不要再拖延,如为完成工作,可约定下次拜访时间。

(3)注意言谈举止。要以优雅得体的言谈举止体现素质、涵养和职业精神,赢得对方的好感和敬重。即便与接待者的意见相左,也不要争论不休。要注意观察接待者的举止神情,当有不耐烦或有为难的表现时,应转换话题或口气。总之,要避免出现不愉快的场面。

(4)处理好"握手"与"拥抱"的关系。必须事先搞清对方人员的真实身份,根据主次或亲疏的关系,处理好见面时的礼仪关系。

(5)尊重对方的习惯。由于被拜访者的国别、民族、年龄、性别以及爱好、兴趣、习惯各有不同,事先要了解清楚,并给予充分的尊重。

(6)讲究服饰。服饰事关拜访者自身的职业形象和所代表的机构形象,也体现了对被拜访者的尊重。所以,拜访前对服饰的选择和斟酌马虎不得。

(7)及时致谢。对拜访过程中接待者提供的帮助要及时适当地致以谢意。

(8)事后致谢。若是重要约会,拜访之后给对方寄一封感谢函或留一条短信,会加深对方的好感。

4.1.8 接待

迎来送往是社交接待活动的最基本形式,是表达主人情谊、体现礼仪素养的重要环节。在整个接待过程中,应遵循如下礼仪规范。

1. 准备礼仪

迎接,是给客人以良好第一印象的最重要工作。在接待工作中,把迎宾工作做好,对来宾表示尊敬、友好与重视,来宾就会对东道主产生良好印象,从而为下一步深入接触打下基础。在迎宾工作中,要注意做好以下前期准备工作。

(1)掌握基本状况。秘书一定要充分掌握来宾的基本状况,尤其是主宾的个人情况,如姓名、性别、年龄、籍贯、民族、单位、职务、专业、偏好等,必要时还需了解其婚姻、健康状况、政治倾向与宗教信仰等。如果来宾尤其是主宾曾经来访过,则在接待规格上要注意前后一致,无特殊原因不宜随意升格或降格。来宾如报出自己一方的计划,比如来访的目的、来访的行程、来访的要求等,应在力所能及的前提下满足其特殊要求,尽可能对对方给予照顾。

(2)制订具体计划。为了避免疏漏,一定要制订详尽的接待计划,以便按部就班地做好接待工作。根据常规,接待计划至少应包括迎送方式、迎送规格、交通工具、膳宿安排、工作日程、文娱活动、游览、会谈、会见、礼品准备、经费开支以及接待、陪同人员等基本内容。

(3)确认抵达时间。有时候,来宾到访时间或因其健康状况,或因紧急事务缠身,或因天气变化、交通状况等的影响,难免会有较大变动。因此,接待方务必要在对方正式启程前与对方再次确认一下抵达的具体时间,以便安排迎宾事宜。

2. 迎宾礼仪

(1)迎宾人员。一般来说,迎送人员与来宾的身份要相当,但如果己方当事人因临时身体不适或不在当地等原因不能前来迎送也可灵活变通,由职位相当的人士或由副职出面。遇到这种情况,应礼貌地向对方做出解释。另外,迎宾人员最好与来宾专业对口。

(2) 迎宾地点。来宾的地位身份不同,迎宾地点往往有所不同。一般情况下,迎宾的常规地点有:交通工具停靠站(机场、码头、火车站等),来宾临时住所(宾馆),东道主的办公地点门外等。在确定迎宾地点时,还要考虑以下因素:双方的身份、关系及自身的条件。

(3) 迎宾时间。到车站、机场去迎接客人,应提前到达,决不能迟到让客人久等。客人刚下飞机或下车就能看见有人等候,一定会感激万分;如果是第一次到这个城市,还能因此获得一种安全感。若迎接来迟,会使客人感到失望和焦虑不安,还会因等待而产生不快,事后无论怎样解释都无法消除这种失职和不守信誉造成的印象。

(4) 迎宾标识。如果迎接人员与客人素未见面,一定要事先了解一下客人的外貌特征,最好举个小牌子去迎接。小牌子上尽量不要用白纸写黑字,这样会给人晦气的感觉;也不要写"××先生到此来",而应写"××先生,欢迎您!""热烈欢迎××先生"之类的字样;字迹力求端正、大方、清晰,不要用草书书写。一个好的迎宾标识,既便于找到客人又能给客人留下美好印象——当客人迎面向你走来时会产生自豪感。在单位门口,不要千篇一律地写上 Welcome 一词,而应根据来宾的国籍随时更换语种,这样会给来宾一种亲切感。

(5) 问候与介绍。接到客人后,切勿一言不发、漠然视之,而要先与之略作寒暄,比如说一些"一路辛苦了""欢迎您来到我们这个美丽的城市""欢迎您来到我们公司"之类的话。然后要向客人介绍自己的姓名和职务,如有名片更好;客人知道你的姓名后,如一时还不知如何称呼你,你可以主动表示:"就叫我小×或××好了。"其他接待人员也要一一向客人作自我介绍,有时可由领导介绍,但更多的时候是由秘书承担这一职责。在作介绍时,态度要热情,要端庄有礼,要正视对方并略带微笑,可以先说"请允许我介绍一下",然后按职务高低将本单位的人员依次介绍给来宾。对于远道而来、旅途劳顿的来宾,一般不宜多谈。

(6) 握手。握手是见面时最常见的礼节,双方相互介绍之后应握手致意。握手时,要注视对方,微笑致意,并使用"欢迎您"等礼貌用语。迎接来宾时,迎宾人员一定要主动与对方握手。

(7) 献花。有时迎接重要宾客还要向其献花,一般以献鲜花为宜,并要保持花束的整洁、鲜艳。在社交场合,献什么花、怎么献花,常因民族、地域、风情、习俗、目的的不同而有所区别。一般情况下,应注意从鲜花的颜色、数目和品种三个方面加以考虑。

(8) 为客代劳。接到来宾后,在走出迎宾地点时应主动为来宾拎拿行李,但对来宾手上的外套、坤包或是密码箱等则不必"代劳"。客人如有托运的物件,应主动代为办理领取手续。

(9) 休息室接待。在迎送身份特殊的客人(VIP)时,可事先在机场、车站、码头安排贵宾休息室并准备一些饮料、播放一些高雅的音乐,以消除客人旅途的劳顿。如对方是外宾,休息室内还可挂上其所在国的国旗、摆放一些报刊,以增加酒店与客人之间的感情。

3. 陪同礼仪

(1) 话题。在接待客人时,客人一般会对将要参加活动的有关背景资料、筹备情况、有关的建议、当地风土人情、气候、物产、富有特色的旅游点、近期本市发生的大事、本市知名人士的情况,当地的物价等感兴趣。

(2)陪车。客人抵达后从机场到住地以及访问结束后由住地到机场,有时需要主人陪同乘车。主人在陪车时,应请客人坐在自己的右侧。有司机的时候,后排右位最佳,应留给客人。上车时,应主动打开车门,以手示意请客人先上车,自己后上。一般最好让客人从右侧门上车,主人从左侧门上车,以免从客人座前穿过。如客人先上车坐到了主人的位置上,则不必请客人挪动位置。

(3)宾馆接待。将来宾送至宾馆,要主动代为办理登记手续,并将其送入房间。进入客人房间后,应告知客人餐厅何时营业,有何娱乐设施,有无洗衣服务等,以便客人心中有数。客人一到当地,最关心的就是日程安排,所以应事先制订活动计划。客人到宾馆后,应马上将日程表送上,以便客人据此安排私人活动。根据活动安排,客人将与哪些人会面与会谈,也应向客人作简略介绍。为了帮助客人尽快熟悉访问地的情况,还可以准备一些有关这方面的出版物给客人阅读,如本地报纸、杂志、旅游指南等。考虑到客人旅途劳累,主人不宜久留,应让客人早些休息,分手前要说好下一次见面的时间和地点,并留下自己的地址和电话号码,以便客人有事时联系。

(4)奉茶。我国人民习惯以茶水招待客人。在招待尊贵客人时,选择什么茶具、怎样倒茶和递茶都有许多讲究。在给客人送茶时,茶具不能有破损和污垢,要洗干净、擦亮,杯内的茶水倒至八分满即可,不可倒满,免得溢出来溅洒到客人身上。茶水冷热也要控制好,千万别烫着客人。端送茶水最好使用托盘,既雅观又卫生;托盘内放一块抹布更好,以便茶水溢出时擦拭。端茶时,有杯柄的茶杯可一手执杯柄一手托在杯底或单手执杯柄;若茶杯没有杯柄,注意不要用手握住茶杯,以减少手指和杯沿部分的接触,更不可把拇指伸入杯内。敬茶时可以按由右往左的顺序逐个奉上,也可按主要宾客或年长者——其他客人、上级领导——其他客人这个顺序敬奉。

(5)引导。宾主双方并排行进时,引导者应主动走在外侧,而请来宾走在内侧。三人并行时,通常中间的位次最高,内侧的位次居次,外侧的位次最低,宾主的位置可依此酌定。在单行行进时,循例引导者应走在来宾前二三步;走到拐角处时,引导者一定要先停下来,转过头说"请向这边来";引导客人上楼时,应该让客人走在前面,引导者走在后面;引导途中,引导者切勿与客人高谈阔论,更不许与客人玩笑打闹,以免客人走神当众摔跤出丑;下楼时,引导者应走在前面靠墙壁一侧,而让客人走在后面靠楼梯栏杆一侧。

(6)乘电梯。引导客人乘坐电梯时,接待人员应先进入电梯,按住电梯"开"钮,等客人进入后关闭电梯门;到达相应楼层后,接待人员应按住"开"钮,让客人先出电梯。如果电梯由专人控制,接待人员则应后入先出。在电梯内,接待人员切忌两眼直盯客人,可视与客人的熟识程度与客人交谈,以示友好。

(7)开门。引导客人至会客厅,应先敲门、再开门。如果门是向外开的,应用手按住门,让客人先进;如果门往内开,则自己先进,按住门后再请客人进入。一般应右手开门,再转到左手扶住门,面对客人,请客人进入后再关门。无论房门是推开式还是拉开式,都必须将其完全敞开。为了不让客人看到自己的背部,应用单手开闭房门。

(8)会客室接待。进入会客室后,客人如有外套、帽子、雨伞等物,可接过挂放于衣帽架或明显处,并向客人说明:"××先生,您的外套挂在这里。"应将来客让至上座入座,以示尊重和欢迎。一般来说,室内离门口最远的座位就是上座。如果上司还没到,在与客人聊天时,注意不要谈论本公司的长短及涉密事项,可聊一些轻松的无关紧要的话题。如图 4-17 所示(选自:王毅《秘书实用英语》配套课件,高等教育出版社,2008)。

4. 送别礼仪

送别,是留给客人良好印象的最后一项重要工作。不管你前面的接待工作做得多么周到,如果最后的送别让客人备受冷落,整个接待工作就会功亏一篑。做好送别工作,关键在于一个"情"字。具体而言,送别时应注意以下礼仪。

(1) 提出道别。在日常接待活动中,宾主双方由谁提出道别是有讲究的。按照常规,道别应当由客人先提出来,假如主人首先与来客道别,难免会给人以厌客、逐客的感觉。

图 4-17 接待

(2) 送别用语。宾主道别,彼此都会使用一些礼貌用语表达对对方的惜别之情,最简单、常用的莫过于一声亲切的"再见!",除此之外,"您走好!""有空多联系!""多多保重!"等也是得体的送别用语。

(3) 送别的表现。一般客人告辞离去,秘书只需起身将其送至门口,说声"再见"即可。如果上司要求你代其送客,则应视需要将客人送至相应地点;如果对方是常客,通常应将其送至门口、电梯门口或楼梯旁、大楼底下、大院门外;如果是初次来访的贵客,则要陪伴对方走得更远些。如果只将客人送至会议室或办公室门口、服务台边,则要说声"对不起,失陪",目送客人走远;如果将客人送至电梯门口,则宜点头致意,目送客人至电梯门关合为止;若将客人送至大门口或汽车旁,则应帮客人携带行李或稍重物品,并帮客人拉开车门,开车门时右手置于车门顶端,按先主宾后随员、先女宾后男宾的顺序或客人的习惯引导客人上车,同时向客人挥手道别,祝福旅途愉快,目送客人离去。在送别的过程中,切忌流露出不耐烦、急于脱身的神态,以免给客人匆忙打发他走的感觉。

4.2　拓　展　阅　读

4.2.1　古人的见面礼仪

旧识新朋,再见面时,总要表示一定的礼节。古人的主要见面礼包括如下方面。

揖:拱手行礼即为揖。这是古代宾主相见的最常见的礼节。揖让之礼分为三种:一专用于没有婚姻关系的异性,行礼时推手微向下;二专用于有婚姻关系的异性,行礼时推手平而至于前;三专用于同性宾客,行礼时推手微向上。

长揖:这是古代不分尊卑的相见礼,拱手高举,自上而下。

拱:古代的一种相见礼,两手在胸前相合表示敬意。如"子路拱而立"(《论语》)。

拜:古代表示恭敬的一种礼节。古之拜,只是拱手弯腰而已,两手在胸前合抱,头向前俯,额触双手,如同揖。如《孔雀东南飞》中的"上堂拜阿母,阿母怒不止",这里的"拜"就是焦仲卿对母亲行的这种礼节。后来亦指将屈膝顿首、两手着地或叩头及地称为"拜"。如《鸿门宴》中的"哙拜谢,起,立而饮之",这里的"拜"应是这种跪拜礼。

拜手:古代的一种跪拜礼。行礼时,跪下,两手拱合到地,头靠在手上。《周礼》中作"空首",也作"拜首"。如"光明呀,我景仰你,我景仰你,我要向你拜手,我要向你稽首"(《屈原(节选)》)。

再拜:拜两次为再拜,表示礼节之隆重。如"谨使臣良奉白璧一双,再拜献大王足下"(《鸿门宴》)。过去书信末尾也常用"再拜"以表示敬意。

顿首:跪而头叩地为顿首。"顿"是稍停的意思。行礼时,头碰地即起,因其头接触地面时间短暂,故称顿首。通常用于下对上及平辈间的敬礼。如官僚间的拜迎、拜送,民间的拜贺、拜望、拜别等。也常用于书信的开头或末尾。如"……丘迟顿首"(《与陈伯之书》)。

稽首:古代的一种跪拜礼。跪而头触地作较长时间停留为稽首。"稽"是停留拖延的意思。行礼时,施礼者屈膝跪地,左手按右手,拱手于地,头也缓缓至于地,手在膝前,头在手后。头在地必须停留一段时间。稽首是最重的礼节,常为臣子拜见君王时所用。如"孟明稽首曰:'君之惠,不以累臣衅鼓,使归就戮于秦。'"(《崤之战》)。

资料来源:印文权,古传琴.古人的见面礼仪[J].语文世界(高中版),2003(11).

4.2.2 礼仪楷模——周恩来

周恩来这个名字,叫了一百多年,周总理这个称呼,呼唤了半个多世纪。中华民族一百多年的风风雨雨、共和国半个多世纪的艰辛探索,和这个名字相伴,和这个称呼相随……1955年,当时的联合国秘书长哈马舍尔德在会见过周总理后,说了这样一句话:"与周恩来相比,我们简直就是野蛮人。"周总理之所以具有如此非凡的魅力,当然首先源于他高尚的品德、卓越的思想和才华,以及他对于自己的人民和国际社会所做的杰出贡献。美国前国务卿基辛格博士称周总理"智慧超群、学识渊博、道德高尚,无论对哪个国家来说,他都是一位非常杰出的政治家"。此外,周总理的风度、气质,以及他的仪表和言谈举止,也无不给世人留下难以忘怀的记忆。

周总理是礼貌待人的楷模,他虽贵为一个国家的总理,却总是谦虚恭敬、彬彬有礼,处处以礼待人。每到一处视察工作,他总是和服务员、厨师、警卫员一一握手,亲切道谢;当他迈着刚劲的步伐向你走来,同你紧紧握手的时候,总会使你感到一股亲切友好的暖流涌入心间;每次服务员给他端茶,他常常是站起来用双手接过去,并微笑点头致谢;当他举杯时,总是目视对方,表现出对人的尊重;每次在深夜回家的途中,他总是再三嘱咐司机要礼貌行车,让外宾先走。

周恩来总理堪称仪态美的典范,早在南开中学求学时,他就注重自身修养的修炼,努力做到仪态美。在半个多世纪的革命生涯中,形成了独特的"周恩来风格体态语",在举手投足间,他都向世人展现出一个彬彬有礼、温文尔雅、和蔼可亲的东方美男子形象。一位欧洲女作家这样评论周总理:他的眼睛是他身上最惊人的特点,总是闪着光并迅速移动,人人都发现它是不可抗拒的。周在演讲时,步履矫健,昂首挺胸,神色自然,仪态万方,周身洋溢着自信与激情。他时而平静,时而激动,时而温和,时而愤怒。而这一切都是那样得体和恰如其分。独具魅力的体态语,帮助周恩来把自己塑造成一位受到普遍欢迎的交谈伙伴、一位杰出的演说家、一位老练的谈判高手、一位劝说行家。

"恭敬之心,礼之端也",尊重与敬意是礼仪的情感基础。周总理非常注重尊重他人。1963年12月,周恩来总理出访非洲十国。在访问加纳前夕,发生了暗杀总统恩克鲁玛未遂的事件,加纳国内局势动荡不安。有人建议周总理改变访问计划,遭到了拒绝。周总理说:"人家越是有困难我们越应该去。"他还请恩克鲁玛打破礼宾常规,不要到机场迎送,也不必参加一些在总统府外举行的活动。恩克鲁玛总统为此感动得流下了眼泪。

在人际交往中,宽容的思想是创造和谐人际关系的法宝,周总理总是宽容他人、理解他人、体谅他人。有一次,理发师为周恩来总理刮脸时,周总理咳嗽了一声,刀子不小心把他的脸刮破了。理发师十分紧张,不知所措。周总理和蔼地说:"不用着急,这不能怪你,我咳嗽前没有向你打招呼,你怎么知道我要动呢?"熟悉尼克松访华这一历史事件的人都会发现,尼克松总统及夫人身边总是跟随着一位漂亮的中国女翻译,她就是章含之。在周总理与尼克松的一次会谈中,章含之在翻译中犯过一个错误,把中美之间距离的单位"公里"翻译成了"米"。当时,周总理听了出来,他没有责备章含之,而是和蔼地说:"好像太近了吧。"周总理的宽容不仅仅对自己的同志,对待"敌人",总理依然宽容。20世纪60年代,中苏论战开始以后,双方在各自举行的国宴上发表的正式讲话中常有批评对方的言论。在我国国宴上,曾多次发生苏联和一些东欧国家使节离席以示抗议的情景。当时,我国习惯做法是把讲话安排在上热菜以前。总理注意到,每当有"离席事件"发生,这些使节几乎都是饿着肚子走的。于是,他指示礼宾司,以后讲话放在上第三道热菜之后,"让他们吃饱了再走"。礼仪是细节,礼仪无小事,小中见大。

礼仪是细心、是关心、是体贴。周总理对人的关怀无微不至。20世纪60年代,著名影星秦怡被关起来后,家里的孩子没有人管。一天,总理从她家门前经过,偶然看到秦怡的孩子,一问才知道这回事。他马上指示手下办事人员与相关部门联系,给孩子安排个地方。秦怡知道后,感动不已,她没有想到一个国家的总理居然关心这样的小事。有一次,周总理到一个照相馆拍工作照。摄影师正在给几名解放军战士拍照。战士们认出了他,赶紧说:"总理工作忙,您先照吧,我们等一等。"周总理却摆摆手,笑着说:"不,大家都一样忙,轮到谁就谁照吧。"在他的坚持下,大家仍按原来的顺序照相。1973年,时任日本田中内阁通产大臣的中曾根先生访问中国,受到了周总理的连续三次接见,会谈时间长达8小时。当最后一次会谈结束时,周总理执意送客到人民大会堂东门外的台阶下面,并亲自为中曾根披上了外套。

外交无小事,礼仪必先行。曾经有非洲国家的两个部长级代表团同时来我国访问,由于接待单位不同,一个部长住在国宾馆,另一个住在旅馆,被周总理发现了。总理严肃批评这是"搞上下铺"的做法。1962年的一天,周总理到西郊机场为西哈努克亲王和夫人送行。亲王的飞机刚刚起飞,我国参加欢送的人群便自行散开,而周总理这时却依然笔直地站在原地未动,并要工作人员立即把那些登车的同志请回来。这次周总理发了脾气,狠狠地批评:"你们怎么搞的,没有一点礼貌!各国外交使节还在那里,飞机还没有飞远,客人还没有走,你们倒先走了。大国这样对小国客人,不是搞大国主义吗?"当天,周总理就把外交部礼宾司和国务院机关事务管理局的负责同志找去,要他们立即在《礼宾工作条例》上加上一条,即今后到机场为贵宾送行,须等到飞机起飞,绕场一周,双翼摆动三次表示谢意后,送行者方可离开。

周恩来那优雅的充满独特魅力的翩翩风度,倾倒了多少不同国度不同民族甚至不同信仰的人,令多少人为之惊叹与折服!周恩来不愧为"礼仪楷模"。

周恩来的礼仪风度如图 4-18 所示。

图 4-18 周恩来的风度

资料来源:张建宏.礼仪楷模——周恩来[J].兰台世界,2011(5).

4.3 实训练习

4.3.1 案例讨论

案例 1

斯诺讲的故事

斯诺在其《西行漫记》中曾经记述了这样一个耐人寻味的生动故事:

我坐下来和驻扎在这里的交通处的一部分人员一起吃饭……像平常一样,除了热开水以外,没有别的喝的,而开水又烫得不能进口,因此我口渴得要命。

饭是由两个态度冷淡的孩子侍候的,确切地说是由他们端来的。他们最初不高兴地看着我,可是在几分钟后,我就想法引起了其中一个孩子的友善的微笑。这使我胆子大了一些,他从我身边走过时,我就招呼他:"喂,给我们拿点冷水来。"

那个孩子压根儿不理我,几分钟后,我又招呼另外一个孩子,结果也是一样。

这时我发现戴着厚厚玻璃眼镜的交通处长李克农在笑我。他扯扯我的袖子,对我说:"你可以叫他'小鬼',或者可以叫他'同志',可是,你不能叫他'喂'。这里什么人都是同志。这些孩子是少年先锋队员,他们是革命者,所以志愿到这里来帮忙,他们不是佣人。他们是未来的红军战士。"

正好这个时候,冷水来了。

"谢谢你——同志!"我道歉说。

那个少先队员大胆地看着我。"不要紧,"他说,"你不用为了这样一件事情感谢一个同志!"

我想,这些孩子真了不起,我从来没有在中国儿童中间看到这样高度的个人自尊。

讨论题

(1) 对斯诺1936年6月刚刚进入陕北抗日根据地采访时碰到的这件小事,你有何感想?

(2) 这段记述说明了什么?

案例2

"喂!"

一位年轻人去风景区旅游。那天天气炎热,他口干舌燥,筋疲力尽,不知距目的地还有多远,举目四望,不见一人。正失望时,远处走来一位老者,年轻人大喜,张口就问,"喂,离青海湖还有多远呀?"老者目不斜视地回了两个字:"五里。"年轻人精神倍增,快速向前走去。他走呀走,走了好几个五里,青海湖还不见踪迹,他恼怒地骂起了老者。

资料来源:http://www.chinadmd.com/file/3axu3wewuptoveriteaaeaaz_1.html.

讨论题

这位年轻人的问题出在哪里?

案例3

我不愿意在礼貌上不如任何人

《林肯传》中有这样一件事:一天,林肯总统与一位南方的绅士乘坐马车外出,途遇一老年黑人深深地向他鞠躬,林肯点头微笑并也摘帽还礼。同行的绅士问道:"为什么你要向黑鬼摘帽?"林肯回答说:"因为我不愿意在礼貌上不如任何人。"可见林肯深受美国人民的热爱是有其原因的。1982年美国举行民意测验,要求人们在美国历届的40位总统中挑选一位"最佳总统"时,名列前茅的就是林肯。

讨论题

林肯向老年黑人脱帽致礼说明了什么?

案例4

赵总脸色怎么转"阴"了

刘兵和新同事小李来集团公司开会的时候,遇到了集团的赵总。刘兵赶紧远远地和赵总打了个招呼,赵总也和他点点头。赵总正要转身离去的时候,刘兵赶紧向前紧走两步向赵总伸出了手,赵总表现出一丝犹豫,但还是勉强地伸出了手。刘兵和赵总握手后,又赶紧给小李做介绍："小李，这是咱们集团的赵总"。然后又转向赵总："赵总，这是咱集团二公司人力资源部的小李"。敏感的小李明显感觉赵总的脸色转"阴"了。

资料来源：未来之舟.职场际礼仪[M].北京：中国经济出版社，2009.

讨论题

(1) 本案例中刘兵不符合礼仪的地方有哪些？

(2) 本案例对你有哪些启示？

案例5

名片的礼仪

某公司王经理约见一个重要的客户方经理。见面之后，客户就将名片递上。王经理看完名片就将名片放到了桌子上，两人继续谈事。过了一会儿，服务人员将咖啡端上桌，请两位经理慢用。王经理喝了一口，将咖啡杯子放在了名片上，自己没有感觉，客方经理皱了皱眉头，没有说什么。

讨论题

(1) 请分析王经理的失礼之处。

(2) 接过对方的名片后应如何放置？

案例6

一堂礼仪课

迪安又叫乔纳森·斯威夫特，是英国著名的讽刺作家，小说《格列佛游记》是他的代表作。一天清晨，迪安家的门咚咚地响了起来，女佣打开了门。一个人把一只宰杀过的野鸭交给女佣，说："这是博伊尔先生送给迪安的礼物。"说完，这个人转身就走了。

几天后，这个人又来了。这回他带来了一只山鹑："博伊尔先生再次给迪安送东西了。"博伊尔先生是迪安的朋友，喜欢打猎，常常给迪安送些他猎取到的野味。

不久后的一天，还是这个人来，这次他带来了一只鹌鹑。"这东西也是给迪安的。"他语气粗鲁，将鹌鹑扔到女佣怀里，女佣很生气，"这个人太不礼貌了。"她向迪安抱怨道。

"他如果再来，"迪安说，"你告诉我，让我去会一会他。"

没隔多久，那个人带着另一种野味来了，迪安亲自去开了门。

"这是博伊尔先生送的野兔。"那人说。

"听我说，小伙子，"迪安正色道，"替人送礼物可不应该是你这个样子。现在，让我们换一下位置吧，你进屋，我出门，假设你是我，我是你，请你看一看替人送礼应该是什么样子。"

"好吧。"那人同意了，走进了屋内。

迪安接过野兔，来到了屋外。他先在街上走了一会儿，然后折回头，来到家门口，不轻不重地敲了敲门。

门被那人打开了。迪安鞠躬施礼，然后说："您好，先生，博伊尔先生让我送来这只野兔，望您能够收下。"

"哦，谢谢。"那人礼貌地说，接着从口袋里掏出一个钱包，从里面拿出一个先令。"您辛苦了，这是给您的。"

这堂礼仪课非常生动，从此以后，那个人再来送野味时总是显得彬彬有礼，而迪安也总是记得给他一点小费作为酬劳。

资料来源：http://www.people.com.cn/GB/paper68/16848/1480280.html.

讨论题

(1) 看了这个关于迪安的案例,你有何感想?

(2) 赠送礼物应该注意什么?

案例 7

雪 中 送 炭

奥黛丽·赫本的儿子肖恩说,母亲并非一个"堕入尘间的精灵形象",生活中的她是一个喜欢烹调、画画和养狗的普通人。

有一篇《影星与狗》的文章记载了这一件感人的事情:国际著名影星奥黛丽·赫本十分爱狗,多年来一直养着一只叫杰西的长耳小猎犬。

白天,杰西那无忧无虑的品性,令奥黛丽·赫本感到平和亲切,夜晚杰西暖融融地依偎在赫本的脚边,伴她入睡。

然而,有一天,杰西误吃了毒药,很快就死了,赫本爱犬心切,竟无法控制自己,一连数日,终因为悲伤过度而一病不起。这时,她的朋友托人给她送来一只小狗,小巧玲珑,毛色白亮,十分可爱。它给赫本无限的慰藉,赫本说:"它不仅使我恢复了健康,也赐予了我无限的幸福,它真是来自天堂的宝贝。"

资料来源：http://life.icxo.com/htmlnews/2003/12/22/52914.htm.

讨论题

奥黛丽·赫本为什么说朋友赠送的小狗是"来自天堂的宝贝"?

案例 8

送 花

王艳和文军在同一家公司工作,两人是好朋友。王艳邀请文军参加自己的婚礼,为了表达心意,文军考虑要送给王艳一份特别的礼物。思来想去,文军觉得鲜花既时尚又浪漫,最合适,而且要送红玫瑰,以表示对新婚夫妇甜蜜爱情的祝福。这天,文军捧了一大束红玫瑰参加婚礼,可当他将花束送给王艳时,王艳面部表情发生了急剧的变化,迟疑地不肯去接鲜花,王艳的新婚丈夫则脸色难看,令文军十分难堪。这件事引起了王艳丈夫的误解,破坏了他们新婚甜蜜的气氛,王艳做了多番的解释,才消除了丈夫的误会。

资料来源：http://www.docin.com/p-17873933.html.

讨论题

请分析王艳夫妇不悦的原因。

案例 9

修养是第一课

有一批应届毕业生22个人,实习时被导师带到北京的国家某部委实验室里参观。全体学生坐在会议室里等待部长的到来,这时有秘书给大家倒水,同学们表情木然地看着她忙活,其中一个还问了句:"有绿茶吗? 天太热了。"秘书回答说:"抱歉,刚刚用完了。"林晖看着有点别扭,心里嘀咕:"人家给你倒水,你还挑三拣四。"轮到他时,他轻声说:"谢谢,大热天的,辛苦了。"秘书抬头看了他一眼,一脸的惊奇,因为这是她今天听到的唯一的一句客气话。

门开了,部长走进来和大家打招呼,不知怎么回事,静悄悄的,没有一个人回应。林晖左右看了看,犹犹豫豫地鼓了几下掌,同学们这才稀稀落落地跟着拍手,由于不齐,越发显得零乱起来。部长挥了挥手:"欢迎同学们到这里来参观。平时这些事一般都是由办公室负责接待,因为我和你们的导师是老同学,非常要好,所以这次我亲自来给大家讲一些有关情况。我看同学们好像都没有带笔记本,这样吧,王秘书,请你去拿一些我们部里印的纪念手册,送给同学们作纪念。"接下来,更尴尬的事情发生了,大家都坐在那里,很随意地用一只手接过部长双手递过来的手册。部长脸色越来越难看,来到林晖面前时,部长已经快要没有耐心了。就在这时,林晖礼貌地站起来,身体微倾,双手握住手册,恭敬地说了一声:"谢谢您!"部长闻听此言,不觉眼前一亮,伸手拍了拍林晖的肩膀:"你叫什么名字?"林晖照实作答,部长微笑点头,回到自己的座位上。早已汗颜的导师看到此景,才微微松了一口气。

两个月后,毕业分配表上,林晖的去向栏里赫然写着国家某部委实验室。有几位颇感不满的同学找到导师:"林晖的学习成绩最多算是中等,凭什么选他而没选我们?"导师看了看这几张尚属稚嫩的脸,笑道:"是人家点名来要的。其实你们的机会是完全一样的,你们的成绩甚至比林晖还要好,但是除了学习之外,你们需要学的东西太多了,修养是第一课。"

资料来源:http://bbs.jhnews.com.cn/forum.php?mod=viewthread&tid=1410396.

讨论题

(1) 为什么说"修养是第一课"?

(2) 应该怎样提高自己的修养?

(3) 礼仪在个人修养中处于怎样的地位?

案例10

"小姐"称呼的中国特色

《现代汉语词典》中,"小姐"解释为:旧时对未婚女子的称呼;母家的人对已出嫁的人也称为小姐。"小姐"这一称谓在我国可谓冷热几十年,宠辱一口间,颇体现出了中国特色。

五十多年前,一个女性如能被人称为小姐,那么她不是大家闺秀也是文化丽人。小姐这两个字,一般人是配不上的。要不然怎么会有"小姐的身子丫鬟的命"一说呢?

二十多年前,"小姐"一词臭了,你叫人一声小姐,不但被叫者不高兴,叫人者也要倒霉。那时男女老少流行统称同志,小姐是被批判的"封资修"的东西。

十几年前,面对年轻的女子,你再称一声"小姐",对方不仅沾沾自喜,还会感到受宠若惊,"小姐"一词被《国家公务员条例》列为国家公务员的指定礼貌用语。

然而在今天,"小姐"一词又贬值了。北京一男士携妻购物,女店员笑容可掬:"先生,您给小姐买点什么?"这位妻子当即相斥:"你才是小姐呢。"小姐沾了"三陪"的光,成了"黄"称。而在国外,"小姐"这个称呼不知叫了多少年没有什么变化,就是对未婚女子的称呼,而且你如果对年龄偏大的女士叫一声小姐,对方不但不会责怪你,还会心里暗暗高兴呢!因为这样有夸她年轻之意,她往往愿意接受。

资料来源:http://3y.uu456.com/bp-b4e77411168884868662d662-1.html.

讨论题

(1)"小姐"称呼的中国特色说明了什么?

(2)"小姐"称呼究竟应该怎样使用?

案例 11

"一灯"礼仪公司的接待秘诀

以下是大连一灯礼仪公司接待客户和准客户时制定的独到的礼仪规范。

前台接待流程

一、电话用语。

"您好,一灯婚庆,××为您服务。"

二、接待客人。

前台所有人始终微笑服务,接待时,时常看新人,看新人眉心位置,不允许自顾自低头讲单。不允许只盯着新郎讲或者只盯着新娘讲,话语的最终落脚点在新娘身上。

(1)分组:1组2个人,A主要负责迎宾、接待客人;B主要负责接单。

(2)客人进门后:

① 问询。A:"您好,欢迎光临一灯,您是咨询婚庆还是有预约?"同时前台其他婚礼顾问(没谈单的顾问)必须在位置上站好,客人目光看到谁,谁要说:"您好。"客人落座后,其他人才可落座。

② 请客人落座。A说:"请这边坐",同时伴随着手势(一般情况下伸朝向座位方向的手,大臂微弯)。

③ 饮品。A问客人:"您想喝点什么? 我们这里有果汁和咖啡。"如果客人选择其中一种,A再问:"我们这里有××果汁/咖啡,您想喝哪种?"如果客人说来点水就可以了,绝不能给客人倒水,也要说,要不然建议您来点果汁(清凉润喉)/咖啡(提神醒脑)吧。

④ 介绍搭档B。A说:"给您介绍一下,这是我们首席高级策划师××,由她为您服务。"介绍完后,A去为客人倒水。

⑤ B自我介绍。B说:"您好,我是一灯婚庆的婚礼策划师,我叫××,您也可以叫我××。"同时双手把名片递上。在坐下的同时,坐垫要高起来,位置要比客人高,目的是增加心理优势。B在谈单时,不要一开始就讲单,首先要了解客人的自然情况,想办什么样的婚礼。A倒完水,为B拿笔、咨询表等。

⑥ A坐在B旁边旁听,辅助B。

⑦ 送客。讲完单后,客人不起身,接待人员不能起身。要先客人一步到达门口,为客人开门,然后寒暄之后,说"感谢您的光临",送客人要送到楼梯下边,客人走了之后再回来。

资料来源:大连市一灯集团公司提供。

讨论题

(1)你对大连一灯礼仪公司的礼貌接待服务有何评价?

(2)你所在的公司或你实习所在的公司有哪些接待的礼仪规范?

案例 12

接　待

一天上午,惠利公司前台接待秘书小张匆匆走进办公室,像往常一样进行上班前的准备工作。她先打开窗户,接着,打开饮水机开关,然后,翻看昨天的工作日志。这时,一位事先有约的客人要求会见销售部李经理,小张一看时间,他提前了 30 分钟到达。小张立刻通知了销售部李经理,李经理说正在接待一位重要的客人,请对方稍等。小张就如实转告客人说:"李经理正在接待一位重要的客人,请您等一会儿。"话音未落,电话铃响了,小张用手指了指一旁的沙发,没顾上对客人说什么,就赶快接电话去了。客人尴尬地坐下⋯⋯待小张接完电话后,发现客人已经离开了办公室。

资料来源:http://jgxy.ncgxy.com/jingpinkecheng/xnews.asp?id=118.

讨论题

请指出本案例中小张的不足之处。

4.3.2　模拟训练

项目 1:见面场景模拟训练

实训目标:熟练、规范地运用见面的各种礼节进行交际。

实训学时:2 学时。

实训地点:实训室。

实训准备:见面场景、名片若干张。

实训方法:3～5 人一个小组,每组设计一个见面场景,将称呼、介绍、握手等见面礼、问候、递接名片等交际礼仪,连贯地演示下来,学生对各组的表演进行评价,最后教师总结。表演之前,每组应就设计的场景和成员的角色进行说明,如图 4-19 所示(选自 http://www.eminhang.com)。

图 4-19　见面场景训练

训练手记:通过训练,我的收获是_____。

项目 2:"我是谁"

实训目标:通过个人选择代表自己的某一件物件达到相互认识的目的。

实训学时:2 学时。

实训地点:教室。

实训准备:每个人的代表自己的某一物件。

实训方法:每位学员课前找一个能够代表自己个性特征或表达自己身份的物件(必须是可以拿得到的),并把它带到课堂上。让每一位成员展示自己所选的物件并解释其表达的含义(例如:"我选择了一块石头,因为它坚硬、光滑、色彩丰富等")。如果人数较多,可以在小组内进行,然后再挑选代表上台展示。

实训思考:

(1)你从其他成员身上学到了什么?

(2) 通过这个游戏,你对其他参加者的了解达到了何种程度?

训练手记:通过训练,我的收获是＿＿＿＿＿＿＿＿＿＿＿＿＿＿＿＿＿＿。

项目3:见面会游戏

实训目标:训练学生与陌生人见面、交往的技巧。

实训学时:2学时。

实训地点:大学生活动中心。

实训准备:简单布置见面会会场。

实训方法:

(1) 教师预先设计一些社会角色,确保每个角色都有一个人扮演。活动开始前,给大家一点时间对自己的角色进行熟悉。

(2) 活动开始后,大家可以随意走动、聊天。言行一定要符合他所扮演的人的身份。每位同学要不断地相互交流,尽可能多地让对方知道自己的角色,同时获知对方的角色。

(3) 活动过程中要正确运用所学的交际礼仪。

(4) 15分钟以后,游戏结束,让大家描述一下他(她)所扮演的角色以及他(她)所用的表达方式。选出最佳演员。

(5) 教师可以根据人数分组。

训练手记:通过训练,我的收获是＿＿＿＿＿＿＿＿＿＿＿＿＿＿＿＿＿＿＿。

项目4:特色名片设计

实训目标:掌握名片的设计要素,设计出体现个人或公司特点的富有特色的名片,并能规范地使用名片。

实训学时:1学时。

实训地点:教室。

实训准备:彩笔、名片纸等。

实训方法:设计出富有个性的名片,然后相互之间练习名片的递接。选出最具特色的名片,进行一次名片展览。

训练手记:通过训练,我的收获是＿＿＿＿＿＿＿＿＿＿＿＿＿＿＿＿＿＿＿。

项目5:馈赠礼品模拟训练

背景介绍:假设A公司和B公司拟进行技术合作,共同开发新型汽车发动机。A公司位于湖北武汉,B公司为辽宁大连的一家公司。双方在大连合作会谈非常顺利。临近本次合作会谈尾声,B公司公共关系部的王经理特地为远道而来的A公司李总经理一行5人每人准备了一袋海产品,作为礼物赠送给对方。

实训学时:1学时。

实训地点:实训室。

实训准备:5份包装精美的礼品。

实训方法:每6名学生为一组,将全班同学分成若干组,然后安排学生分别扮演B公司的王经理和A公司的李总经理等6人,模拟进行礼物馈赠练习。演示礼品的馈赠时应注意礼品馈赠时的口头语言与体态语言的演示。

学生之间互相点评,教师指导纠正。

训练手记：通过训练，我的收获是 _____ 。

项目6：接待探访模拟训练

实训目标：熟悉接待、探访的有关礼节，能够正确运用其礼仪规范。

实训学时：2学时。

实训地点：实训楼前、电梯间、会议室。

实训准备：办公家具、茶具、茶叶、热水瓶或饮水机、企业宣传资料等。

实训方法：一部分学生扮演来访团体成员，一部分学生扮演接待方成员，模拟演示以下情景：

(1) 在门口迎接客人。

(2) 引导客人前往接待室。

(3) 与客人搭乘电梯。

(4) 引见介绍。

(5) 招呼客人。

(6) 为客人奉送热茶。

(7) 送别客人。

演示完毕后，两组人员可对调角色，再演示一遍，充分体会探访、接待的不同礼仪要求。

训练手记：通过训练，我的收获是 _____ 。

课后练习题

1. 判断题

(1) 上下级握手，下级要先伸手，以示尊重。　　　　　　　　　　　　　　　(　　)

(2) 初次见面更要注意称呼。　　　　　　　　　　　　　　　　　　　　　(　　)

(3) 应先将未婚女子介绍给已婚女子。　　　　　　　　　　　　　　　　　(　　)

(4) 在社交场合女士可以戴晚礼服手套握手。　　　　　　　　　　　　　　(　　)

(5) 我国民间传统的见面礼是拱手礼。　　　　　　　　　　　　　　　　　(　　)

(6) 递名片时，名片的文字正面要朝向自己。　　　　　　　　　　　　　　(　　)

(7) 接受他人名片时，应恭恭敬敬，双手捧接，并道感谢。　　　　　　　　(　　)

(8) 当你介绍别人的时候，突然想不起来对方的名字，最好实事求是地告诉对方。

　　　　　　　　　　　　　　　　　　　　　　　　　　　　　　　　　(　　)

(9) 当别人介绍你的时候说错了你的名字，不要去纠正，免得对方难堪。　　(　　)

(10) 为他人作介绍时，应该先把身份高的一方介绍给身份低的一方。　　　(　　)

(11) 越昂贵的礼品所表达送礼者的情意越深厚。　　　　　　　　　　　　(　　)

(12) 赠送具有独创性的礼品给人，往往可以令其耳目一新，既兴奋又感动。(　　)

(13) "精神礼品"受青睐已成为当今人际交往中的一道亮丽的风景线。　　(　　)

(14) 阿拉伯地区严禁送酒；在西方药品可以送人。　　　　　　　　　　　(　　)

(15) 送礼时不要自我贬低，说什么"没有准备，临时才买来的""没有什么好东西，凑合着用吧"。　　　　　　　　　　　　　　　　　　　　　　　　　　　　(　　)

(16) 在接受他人相赠的礼品后,应当尽可能地当着对方的面将礼品包装拆封。
（　　）

(17) 到住宅探访,如果门户是敞开的,可直接进去。（　　）

(18) 到车站迎接客人,见到客人后应主动帮助客人提取行李,帮客人拿公文包或手提包。（　　）

(19) 在握手场合中,男士与女士见面时,男士先伸手。（　　）

(20) 握手时可以戴墨镜。（　　）

(21) "张教授"属于称呼中的职称称呼。（　　）

(22) 在我国大部分地区,给老年人送礼物时忌讳送钟。（　　）

(23) 表示"健康长寿"的花卉是康乃馨。（　　）

(24) 送礼时应"谦虚",可贬低自己的礼品。（　　）

(25) 在接待客人时看到客人来,要立即从座位上站起来,礼貌地招呼。（　　）

(26) 在接待中,对于来访者的伞、帽、包等物,要指明挂放处,有时可以帮助放置。
（　　）

(27) 客人告别时,接待人员应婉言相留。（　　）

(28) 送客时,不论是送至电梯口、门口或车站,都要挥手道别,而且要等客人走远时再回接待室。（　　）

(29) 送客时也不能频频看表。（　　）

(30) 和客人握手道别后,马上转身就可以走了。（　　）

(31) 路上相逢,寒暄:"上哪儿去?"。（　　）

(32) 主人招呼客人:"随便坐。"（　　）

(33) 收到名片立刻放入皮夹。（　　）

(34) 客人来访时用卫生纸杯盛水招待。（　　）

(35) 想拜访朋友时,大可利用假日。（　　）

(36) 收到礼物便客气地说:"这很贵吧。"（　　）

(37) 探病时可将话题一直围绕着病情。（　　）

(38) 当我们遇到任何人时,都应当主动握手。（　　）

(39) 男士握女士的手时只需握住女士四个手指即可。（　　）

(40) 要想表示诚意,就需要延长握手时间。（　　）

(41) 面对众人演讲,开始前或者结束以后,可以对大家行鞠躬礼。（　　）

(42) 约定好了拜访客户的时间,不能迟到,而且到得越早越好。（　　）

2. 简答题

(1) 交际中对交际对象应如何称呼?

(2) 如何与人打招呼?

(3) 为他人作介绍的次序是什么?应注意哪些问题?

(4) 握手的次序是什么?握手时应注意哪些问题?

(5) 除握手外,常见的见面礼还有哪些?

(6) 简述名片的制作、递接、保管等有关礼仪要求。

（7）怎样选择馈赠的礼品？

（8）哪些交际场合需要馈赠礼品？

（9）赠花的基本礼仪是什么？

（10）拜访的基本礼节有哪些？

（11）接待应注意哪些礼仪？

3．思考与操作

（1）找几个伙伴练习握手的礼仪。

（2）如何牢固、快速地记住别人的名字？

（3）请分别用一句话、用一分钟时间、用 5 分钟时间介绍你自己。

（4）假如你明天要拜访一位重要客户，列出你需要做哪些形象准备和资料准备。

（5）利用课后或者周末时间逛逛花店，面对绚丽多彩的鲜花，进一步熟悉花的语言。

（6）如果你的好友生病住院了，你去探视时应该怎么做才恰当？

任务5 通   信

谁掌握了信息,控制了风格,谁就能拥有整个世界。

——【美国】阿尔文·托夫勒

任务目标

- 礼貌地使用电话进行沟通。
- 熟练使用传真,并注意其中的礼仪规范。
- 礼貌地使用手机进行沟通。
- 运用短信沟通,符合礼仪要求。
- 礼貌地使用电子邮件、BBS新闻组等网络沟通手段。

案例导入

电话中的"女高音"

某市歌舞团计划赴日本演出,团长李阳就此事向市文化局请示,于是他拨通局长办公室的电话。可是,电话响了足足半分多钟没有人接听。李阳正纳闷着,突然电话那端传来一个不耐烦的女高音:"什么事啊?"李阳一愣,以为自己拨错了电话,于是问道:"请问是文化局吗?""废话,你不知道自己往哪儿打的电话啊?""哦,您好,我是市歌舞团的,请问张局长在吗?""你是谁啊?"对方没好气地盘问。李阳心里直犯嘀咕:"我叫李阳,歌舞团团长。""李阳?你跟我们局长是什么关系?"李阳更是丈二和尚摸不着头脑,他说道:"我和张局长没有私人关系,我只想请示一下我们团出国演出的事。""出国演出?张局长不在,你改天再来电话吧。"没等李阳搭话,对方"啪"的一声挂断了电话。

李阳感觉像是被人戏弄了一番,拿着电话半天没回过神来。

资料来源:http://www.docin.com/p-702741275.html。

5.1 礼 仪 规 范

5.1.1 电话礼仪

电话是人们开展社交活动不可缺少的工具,在日常生活社交和工作交往中,都要利用电话与别人取得联系和交谈。据美国《电话综述》(*Telephone Review*)说,一个人一生平均有 8760 小时在打电话。在录像电话还没普及之前,人们通过电话给人的印象完全靠声音和使用电话时的习惯,要想有"带着微笑的声音"或者通过电话赢得信任,就必须掌握使用电话的礼节与技巧。

1. 电话语言要求

目前大部分电话能传输的信号是声音,但这一信号载体却包含着许多信息。说话人想做什么,要做什么,是高兴还是悲伤,还有对另一方的信任感、尊重感,彼此都可以清晰地得知,这些都取决于电话的语言与声调。因此,电话语言要求礼貌、简洁和明了,以准确地传递信息。

(1)态度礼貌友善。当我们使用电话交谈时,我们不能简单地将对方视做一个"声音",而应看作是面对一个正在交谈的人。尤其是对办公人员来说,我们面对的是组织的一名公众,如果你们是初次交往,那么,这样一次电话接触便是你给公众的第一次"亮相",应十分慎重。因此,在使用电话时,多用肯定语,少用否定语,酌情使用模糊用语,多用些致歉语和请托语,少用些傲慢语、生硬语。礼貌的语言、柔和的声音,往往会给对方留下亲切之感。正如日本一位研究传播的权威所说:"不管是在公司还是在家庭里,凭这个人在电话里的讲话方式,就可以基本判断出其'教养'的水准。"

(2)传递信息简洁。电话用语要言简意赅,将自己所要讲的事用最简洁、明了的语言表达出来。因为通话的一方尽管有诸如紧张、失望而表情异常的体态语言,但通话的另一方不知道,他所能得到的判断只能是来自他听到的声音。在通话时最忌讳发话人吞吞吐吐,含混不清,东拉西扯,正确的做法是:问候完毕对方,即开宗明义,直言主题,少讲空话,不说废话。

(3)控制语速语调。通话时语调温和,语气、语速适中,这种有魅力的声音容易使对方产生愉悦感。如果说话过程语速太快,则对方会听不清楚,显得应付了事;太慢,则对方会不耐烦,显得懒散拖沓;语调太高,则对方听得刺耳,感到刚而不柔;太低,则对方会听得不清楚,感到有气无力。一般说话的语速、语调和平时一样就可以了,即使是长途电话,也无须大喊大叫,把受话器放在离嘴两三寸的地方,正对着它讲就可以了。另外通电话时,周围有种种异样的声音,会使对方觉得自己未受尊重而变得恼怒,这时应向对方解释,以保证双方心情舒畅地传递信息。

(4)使用礼貌用语。在电话交际中应使用礼貌用语,尤其是"你好""请""谢谢""对不起""再见"等礼貌用语,十个字应该常用不懈。

2. 接电话

如何接电话,正是国际上许多大公司作为培训其员工职业化程度的一项内容。比如微软公司的员工拿起电话,第一句话肯定是"你好,微软公司!"有一次公司举行庆祝会,员工们集体在一家宾馆住宿。深夜,某项活动日程临时变动,前台小姐只得一个个打电话通知。第二天她面露惊奇:"你知道吧?我给 145 个房间打电话,起码有 50 个电话的第一句话是'你好,微软公司!'"在深夜里迷迷糊糊地接电话,第一句话依然是"你好,微软公司!",可见微软文化的力量,同时也显示了微软人的职业水准。接电话如图 5-1 所示(选自:王毅的《秘书实用英语》,高等教育出版社,2008)。其礼仪包括如下几个方面。

图 5-1　接电话

（1）迅速接听。接电话首先应做到迅速接，力争在铃响 2～4 声就拿起话筒，这是避免让打电话的人产生不良印象的一种礼貌。电话铃响过三遍后才做出反应，会使对方焦急不安或不愉快。正如日本著名社会心理学家铃木健二所说："打电话本身就是一种业务，这种业务的最大特点是无时无刻不在体现每个人的特性。""在现代化大生产的公司里，职员的使命之一，是一听到电话铃声就立即去接。"接电话时，也应首先自报单位、姓名，然后确认对方，如："您好！这是××公司营销部。"如果对方没有马上进入正题，可以主动请教："请问您找哪位通话？"

（2）积极反馈。作为受话人，通话过程中，要仔细聆听对方的讲话，并及时作答，给对方以积极的反馈。通话中听不清楚或意思不明白时，要马上告诉对方。在电话中接到对方邀请或会议通知时，应热情致谢。

（3）热情代转。如果对方请你代转电话，应弄明白对方是谁，要找什么人，以便与接电话人联系。此时，请告知对方"稍等片刻"，并迅速招认。如果不放下话筒喊距离较远的人，可用手轻捂话筒或按保留按钮，然后再呼喊接话人。如果你因别的原因决定将电话转到别的部门，应客气地告知对方，你将电话转到处理此事的部门或适当的职员。如："真对不起，这件事是由财务部处理，如果您愿意，我帮您转过去好吗？"

（4）做好记录。如果要接电话的人不在，应为其做好电话记录，记录完毕，最好向对方复述一遍，以免遗漏或记错。可利用电话记录卡片做好电话记录。

3．打电话

（1）时间适宜。打电话（如图 5-2）的时间应尽量避开上午 7 时前、晚上 10 时以后的时间，还应避开晚饭时间。有午休习惯的人，也请不要用电话打扰他。电话交谈所持续的时间也不宜过长，事情说清楚了就可以了，一般以 3～5 分钟为宜。因为在办公室打电话，要照顾到其他电话的进出，不可过久占线，更不可将办公室的电话或公用电话做聊天的工具，这是惹人讨厌的行为。著名相声表演艺术家马季曾说过一段相声，名叫《打电话》，就是讽刺这种人的。

（2）有所准备。通话之前应该核对对方公司或单位的电话号码、公司或单位的名称及接话人姓名。写出谈话要点及询问要点，准备好在应答中使用的备忘纸和笔，以及必要的资料和文件。估计一下对方情况，决定通话时间。

（3）注意礼节。接通电话后，应主动友好，自报一下家门和证实一下对方的身份。应先说明自己是谁，除非通话的对方与你很熟悉，否则就该同时报出你的公司及部门名称，然后再提一下对方的名称。打电话要坚持用"您好"开头、"请"字在

图 5-2　打电话

中，"谢谢"收尾，态度温文尔雅。你找的人不在，可以请接电话的人转告，如："对不起，麻烦您转告×××……"，然后将你所要转告的话告诉对方。最后别忘了向对方道一声谢，并且问清对方的姓名。切不可"咔嚓"一声就把电话挂了，这样做是不礼貌的，即使你不要求对方转告，你也应该说一声："谢谢，打扰了。"打电话结束时，要道谢和说声再见，这是通话结束的信号，也是对对方的尊重。注意声音要愉快，听筒要轻放。一般来说，应是打电话的人先搁下电话，接电话的人再放下电话。但是，假如是与上级、长辈、客户等通话，无论你是通话人还是发话人，都最好让对方先挂断。

5.1.2 传真礼仪

1. 发传真的礼仪

1）书写

（1）传真文件的写作应当简明扼要。在电信局发传真，按页计价。在本单位的传真机上发传真，则按占用线路时间的长短计价。因此，传真文件的写作尽管不必像拟写电报稿那样尽量节省文字，但也要注意压缩篇幅，尽可能缩小所发传真文件的图文区，以缩短传输时间，降低费用。如果传真机具有自动跳行和速度选择功能，那么，可在不妨碍清晰度的前提下，根据传递的要求适当选择较快的传递速度。

（2）书写传真文件应当用深色墨水，字迹清楚端正，不要小于4号字，以确保传送的清晰度。

（3）传真文件应当书写在A4型（297mm×210mm）纸上。

（4）格式要规范。机关和企事业单位用传真机传送的文件有两种情况：一种是传送国家标准格式或按有关单位要求的格式制作的文件，这种情况就按原文件的格式传送；另一种是传送事务性文件，应当使用传真件格式。

传真文件参考格式包括下列项目：①标题。单位名称＋"传真文件"（"传真件"），如"上海××××有限公司传真文件"；②传真编号。年份＋流水号，可用阿拉伯数字标注；③收件单位、收件人及传真和电话号码；④发送单位、发送人、传真和电话号码、地址和邮编；⑤发送日期和时间；⑥事由；⑦页数和页码。

另外还可设密级和紧急程度等项目。具体格式参见表5-1。

表5-1 传真文件参考格式表

××××（单位名称）传真文件

编号：

收件人姓名		传真		电话	
收件单位					
发送人姓名		传真		电话	
发送单位					
地址				邮编	
发送日期		时间		页数	
事由					
（以下书写传真件的内容）					

注：该表格尺寸不要超出版心，其大小尺寸可依情况而定。

2) 登记

所有传真文件在发送之前,都应当严格登记。登记的方法有两种:一种是按常规公文进行登记,但应增加一项"传送方式"的登记项目,并注明"传真";另一种是在专门的"传真文件登记簿"上进行登记,以便日后查找。

传真文件登记的具体项目如下。

(1) 发文顺序号。一般按发出的时间顺序按年度编流水号。

(2) 标题。如发送无标题的一般信函,可标写事由。

(3) 发送日期和时间。要注明具体的时和分。

(4) 签发人。以单位名义发出的传真件,应当在登记时注明签发人。

(5) 发送人姓名。以个人名义发出的传真件应当登记发送人姓名。

(6) 密级。

(7) 紧急程度。

(8) 收件单位。

(9) 收件人。

(10) 存档号。

3) 设置

先将所发送的原稿正确放入传真机的进纸口,然后根据原稿质量和传输的要求选择参数(分辨率、亮度、对比度、色调、色彩饱和度等)。

4) 传送

先用电话拨通对方,确认对方传真机是否处于自动待机状态。如果对方的传真机是专线(即并联其他的终端)或已处于自动待机状态,则听筒中会传来对方传真机的信号声。这时按下启动键(Start),放下话筒,传真机开始传送。如果对方传真机未处于自动待机状态,则应在电话中通知对方立即切换,听到信号后,再按下启动键。

传真机的显示屏显示 OK,说明传送完毕,对方已经正常接收,此时传真机自动恢复到待机状态。

5) 保存原稿

如果原稿未采用上述传真件格式,而是一般的信函和图表,则取出原稿后,标上传真编号,注明发送日期、时间、收件人单位名称和姓名(应当与传真登记簿相一致),妥善保管。有保存价值的,应当立卷归档。

2. 接传真的礼仪

(1) 接收。接收传真有自动和人工两种方法。一是自动接收。当传真机处于自动待机状态时,会自动接收并输出传真件,然后又自动恢复到待机状态。二是人工接收。如果在一条电话线路上连接电话机和传真机两个终端设备,而且必须经常使用电话机,则必须采用人工接收方式。接收方接到发送方的电话,通话后便可放下话筒,按下启动键。传真机正常开启后,即刻便能收到一份与原稿一样的复制品。

(2) 登记。收到传真件后,应当进行登记,其项目如下:①收文顺序号,一般接收到的时间顺序按年度编流水号;②收到日期和时间,要注明具体的时和分;③标题,如发送无标题一般信函,可标写事由;④来文编号;⑤来文单位和发送人姓名;⑥密级;⑦紧急程度;

⑧承办单位;⑨承办人;⑩复文编号和存档号。

（3）处理。传真件收到后,按文书处理程序进行处理。

3. 注意事项

工作人员在利用传真对外通信联络时,必须注意下述三个方面的礼仪问题。

（1）必须合法使用。国家规定:任何单位或个人在使用自备的传真设备时,均须严格按照电信部门的有关要求,认真履行必要的使用手续,否则即为非法之举。具体而言,安装、使用传真设备前,须经电信部门许可,并办理相关的一切手续,不准私自安装、使用传真设备。安装、使用的传真设备,必须配有电信部门正式颁发的批文和进网许可证。如欲安装、使用来自国外直接带入的传真设备,必须首先前往国家所指定的部门进行登记和检测,然后方可到电信部门办理使用手续。使用自备的传真设备期间,按照规定,每个月都必须到电信部门交纳费用。

（2）必须得法使用。使用传真设备,必须在具体的操作上力求标准而规范。不然,也会令其效果受到一定程度的影响。

本人或本单位所使用的传真机号码,应正确无误地告知自己重要的工作伙伴。一般而言,在商用名片上,传真号码是必不可少的一项重要内容。对于主要交往对象的传真号码,必须认真地记好。为了保证万无一失,在有必要向对方发送传真前,最好先向对方通报一下。这样做既提醒了对方,又不致发错传真。

发送传真时,必须按规定操作,并以提高清晰度为要旨。单位所使用的传真设备,应当安排专人负责。无人在场而又有必要时,应使之自动处于接收状态。为了不影响工作,单位的传真机尽量不要同办公电话采用同一条线路。

（3）必须依礼使用。工作人员在使用传真时,必须牢记维护个人和所在单位的形象问题,必须处处不失礼数。在发送传真时,一般不可缺少必要的问候语与致谢语。发送文件、书信、资料时,更是要谨记这一点。人们在使用传真设备时,最为看重的是它的时效性。因此在收到他人的传真后,应当在第一时间内即刻采用适当的方式告知对方,以免对方惦念不已。需要办理转交、转送他人发来的传真时,千万不可拖延时间,以免耽误对方的要事。

5.1.3 手机礼仪

当今,手机沟通(如图5-3所示,选自http://www.d500.com.cn)已经变得十分普及。但无论是在社交场所还是工作场合,放肆地使用手机,已经成为礼仪的最大威胁之一,手机礼仪也越来越受到关注。在国外,如澳大利亚电信的各营业厅就采取了向顾客提供"手机礼节"宣传册的方式,宣传手机礼仪。在使用手机的时候应该注意以下礼仪。

1. 遵守秩序

使用手机时不允许有意、无意之间破坏了公共秩序,具体来说,此项要求主要是指:

在会议中,和别人洽谈的时候,最好的方式是把手机关掉或调到震动状态。这样既显示出对别人的尊重,又不会打断发言者的思路。而那种在会场上铃声不断,像是业务很忙,使大家的目光都转向他的人,给人的印象只能是缺少教养。

注意手机使用礼仪的人,不会在公共场合或座机电话接听中、开车中、飞机上、剧场里、

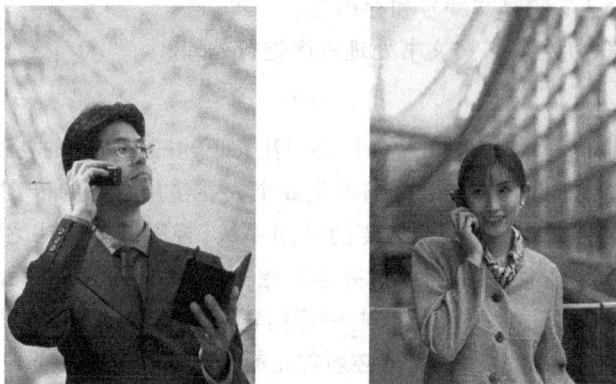

图 5-3　手机沟通

图书馆和医院里接打手机,就是在公交车上大声地接打电话也是有失礼仪的。

公共场合特别是楼梯、电梯、路口、人行道等地方,不可以旁若无人地使用手机,应该把自己的声音尽可能地压低一下,而绝不能大声说话,同时不要妨碍他人通行。

在一些场合,比如在看电影时或在剧院打手机是极其不合适的,如果一定要回话,可以采用静音的方式发送手机短信。

在餐桌上,关掉手机或是把手机调到震动状态还是必要的。避免正吃到兴头上的时候,被一阵烦人的铃声打断。

在体育比赛场馆,观看射击等比赛项目,运动员需要安静的环境,这时也应注意关掉手机或处于静音状态。

2. 考虑对方

给对方打手机时,尤其当知道对方是身居要职的忙人时,首先想到的是,这个时间他(她)方便接听吗?并且要有对方不方便接听的准备。在给对方打手机时,注意从听筒里听到的回音来鉴别对方所处的环境。如果很静,应想到对方在会议上,有时大的会场能感到一种空阔的回声,当听到噪声时对方就很可能在室外,开车时的隆隆声也是可以听出来的。有了初步的鉴别,对能否顺利通话就有了准备。但不论在什么情况下,是否通话还是由对方来定为好,所以"现在通话方便吗?"通常是拨打手机的第一句问话。其实,在没有事先约定和不熟悉对方的前提下,我们很难知道对方什么时候方便接听电话。所以,在有其他联络方式时,还是尽量不打对方手机好些。

不要在别人能注视到你的时候查看短信。一边和别人说话,一边查看手机短信,是对别人的不尊重。

当与朋友面对面聊天时,不要正对着朋友拨打手机,避免发射时高频大电流对他产生辐射,让对方心中不愉快。

3. 注意安全

使用手机时必须牢记"安全至上",否则不但害人,还会害己。要注意以下几点:不要在驾驶汽车时使用手机,以防止发生车祸。不要在病房、油库等地方使用手机,免得手机所发出的信号有碍治疗,或引发火灾、爆炸。不要在飞机飞行期间使用手机,否则极可能使飞机"迷失方向",造成严重后果。

4. 置放到位

在一切公共场合,手机在没有使用时,都要放在合乎礼仪的常规位置。不要在并没使用的时候放在手里或是挂在上衣口袋外。放手机的常规位置有:一是随身携带的公文包里,这种位置最正规;二是上衣的内袋里;有时候,可以将手机暂放腰带上,也可以放在不起眼的地方,如手边、背后、手袋里,但不要放在桌子上,特别是不要对着对面正在聊天的客户。

5. 彩铃文明

另外现在有不少人,特别是年轻人喜欢使用彩铃。有些彩铃很搞笑,或很怪异,与千篇一律的铃声比较起来,确实有独特之处。但是彩铃是给打电话的人听的,如果你需要经常用手机联系业务,最好不要用怪异或格调低下的彩铃,以免影响你的形象和公司的形象。

5.1.4 短信礼仪

1. 发送手机短信礼仪

手机短信也成为我们从事商务活动和为人处世的一种重要方式。书写发送短信有以下几点需要特别注意。

(1) 内容要简单明了。大多数人在看短信时,都不太有耐心,而且也没有太多的时间,因此短信内容要尽量简单扼要、条理分明,避免长篇大论。有的手机因为内容容量大,一条短信可以写很长的内容,分段发出,但是电信运营商是根据规定的字数容量按条数收费的,你的字数多,就相当于几条短信。

(2) 语意要清楚。有的短信使用标点符号,有的不使用标点符号,但短信要语意清楚连贯,字句段落尽可能分明,以免对方产生误解或摸不着头绪。

(3) 检查文法和错别字。在短信发出前,最好自己从头到尾先检查一遍,看有没有文法错误、语意不通之处或是错别字。尤其是写给上司和重要客户的短信,更要特别注意。

(4) 短信拜年,记得署名。短信已经成为拜年和节日祝贺的一种非常重要的方式,据统计,仅北京移动 2006 年除夕全天拜年短信总量达到了 3.38 亿条,较 2005 年除夕增加了 58%。短信拜年最好要自己动手写,更有针对性,也更亲切;在短信最后或前面要署名,要让对方知道是谁发的短信。

2. 接收手机短信礼仪

(1) 接收短信及时回复。接到短信,如果有必要回复的,要及时回复短信,短信说不清的,可以回电询问。有些时候是电话打不通,就发个短信简单告知一下。

(2) 重要短信及时移至收藏夹。手机短信收藏夹有储存重要短信功能,不易被误删除,因此重要短信要及时移至收藏夹,妥善保存起来。如果收藏夹短信过多,也要及时清理,因为短信的接收容量是收信箱和收藏夹之和,收藏夹也在短信接收容量之中。

(3) 垃圾短信处理。手机短信多,牟利的人也随之钻空子,因此垃圾短信也就产生了。经常有手机短信通知中奖的,最好别上当,天上不会掉馅饼。行骗的、推销的、做广告的经常不期而至,防不胜防,只有及时删除。一些订制的短信,稍不注意也是垃圾短信,既收你的钱,又浪费你的精力,有时甚至破坏你的情绪,千万别上当,一旦上当,要及时取消不需要的订制业务。

5.1.5 网络礼仪

1. 收发电子邮件礼仪

电子邮件,即通常说的 E-mail。它是一种重要的通信方式,因其方便快捷、费用低廉,深受人们喜爱,使用者越来越多,尤其是国际通信交流和大量信息交流更是优势明显。对待电子邮件,应像对待其他通联工具一样讲究礼仪。

(1) 书写规范。虽然是电子邮件,但是写信的内容与格式应与平常书信一样,称呼、敬语不可少,签名则仅以打字代替即可。写电子邮件语言要简略、不要重复、不要闲聊,写完后要检查一下有无错误。因为发出去的邮件很可能被对方打印出来研读或是贴在公告牌上。写完后还要核定所用字体和字号大小,太小的字号不仅收件人读起来费力,也显得粗心和不够礼貌。写邮件时最好在主题栏写明主题、以便让收件人一看就知道来信的主旨。

(2) 发送讲究。电子邮件的发送有如下讲究:最好不要将正文栏空白只发送附件,除非是因为各种原因出错后重发的邮件,否则不仅不礼貌,还容易被收件人当作垃圾邮件处理掉。重要的电子邮件可以发送两次,以确保能发送成功。发送完毕后,可通过电话等询问是否收到邮件,通知收件人及时阅读。应尽快回复来信,如果暂时没有时间,就先简短回复,告诉对方自己已经收到其邮件,有时间会详细说明。

(3) 注意安全。电子邮件是计算机病毒重要的传染源和感染病毒的主要渠道。收发电子邮件都要注意远离计算机病毒。发送电子邮件时要注意尽可能不使邮件携带计算机病毒。因此如果没有反病毒软件适时监控,发送邮件前务必要用杀毒程序杀毒,以免不小心把有毒信寄给对方。要是没有把握不妨用贴文的方式代替附加文档。

接收电子邮件时的安全问题更为重要,来历不明的信件必须谨慎处理,若不确定则最好删除。目前一般计算机都安装有监控邮件病毒的反病毒软件,如金山毒霸的金山网镖、KV-3000 的病毒王等进行适时监控。由于监控软件考虑安全性较多,因此,许多正常邮件也会给出可能有病毒的提醒,需要及时判断处理,有时宁可损失信息也要果断删除一些可能含有病毒的不明邮件,以免计算机感染病毒。对于没有正文仅有附件的不明邮件,除非与发件人熟悉或事先约定好了,原则上都不应该打开邮件,对正文中提示的邮件地址不熟悉一般不要轻易打开,因为这往往是陷阱,许多国际电话费骗子就把诱饵放在这里。在删除了怀疑的病毒邮件后,要及时清空邮件回收箱,否则,病毒会还在计算机硬盘中,没有从物理硬盘上将其删除掉。

此外,要注意定期及时清理邮件收件箱、发件箱、回收箱,空出有限的邮箱容量空间。及时将一些有用的电子邮件地址记下来并存入通讯簿也是很必要的。

2. 微信礼仪

微信这种即时聊天工具,相比 QQ 更特别,增加了不少新功能,而且有便捷的语音聊天功能及其他新功能,且没有通信费等,一经推出就受到很多人的喜欢,相对来说似乎给交流增加了便利和感情色彩。微信礼仪我们需要注意以下几点。

（1）注意联系的时间。微信联系一般以私人目的为主，但也有因公联系的。不管是使用语音功能还是文字或图片，都要注意时间，避免对方在不方便的时候，特别是在休息的时候。除非你们有约定，否则不应该在早七点前、晚十点后再联系。如果是因公联系，晚上七八点后就应避免再联系。

（2）注意内容。文字内容现在基本都是手写，所以更要慎重处理，避免手指不小心碰错了地方，发错了造成误会的内容。输入数字时，手写功能更易出错，所以输好后应审查一遍再发出。发送前最好再确认一下联系人，有时同时聊天的人有好几位时，容易将内容发错对象，引起尴尬。听别人语音内容的时候，最好戴上耳机，除非你周围没人，否则不要让你和朋友间的私密语音和大家"分享"。

（3）注意刷屏。刷屏已经变成了大部分手机用户的习惯性动作，有事没事刷两下，看看谁有什么动态，同时该关心的关心，该点赞的点赞，该调侃的调侃，每个人都忙得不亦乐乎。但最忌讳的就是在别人伤口上撒盐。同时，也要注意发心情和分享的内容不要太过频繁，你不停地发，浪费人家的流量，让人反感。这是不符合微信礼仪要求的。

（4）关注"朋友圈"。微信上尽可能不要每天上传大量的共享内容。要知道，别人可能不仅仅只有你一位好友，他不能一直看"朋友圈"的信息，当然有时"朋友圈"的内容是写给自己的，那就要及时将可见范围设置为私密。也最好不要在里面发布自己的身份信息，如身份证号码、驾驶证号码等重要的个人信息，以防不法分子窃取。同时转发也应转发健康有用的朋友圈内容，朋友圈内容每天每时每刻都在不停地更新着，看到了就想转，转前最后自己稍微看几眼，不要转发有错误、影响自身形象的内容。

（5）公众微信注意形象。公众微信越开越多，建议开公众微信的要讲究公众形象，讲究公众应遵守的基本道德。另外关注者也应注意分辨，那里不乏很多打广告的或不法的公众微信，最好分辨清楚了再去关注或转发其内容，不然每天会不停地发送来很多信息，反而浪费流量。

5.2 拓展阅读

5.2.1 QQ聊天礼仪细则

1. 遵时守信

孔子曰：民无信不立，与朋友交，言而有信。当你与别人约定时间在 QQ 上聊天或商谈某项事情时，一定要严格遵守事先约定的时间上线，如果因为网络或其他原因拖延了时间或者不能如期上线，要通过电话或短信的方式告知对方，或者待能上线后说明理由并真诚地向对方道歉。

2. 热情有礼

热情的人总会获得良好的人缘，建立良好的人际关系。与面对面的交流相比，QQ 聊天看不到对方的表情、动作，感受对方是否热情主要是凭借文字信息的获取。因此，要非常注意措辞及说话的口吻。热情的态度会使人产生受重视、受尊重的感觉。相反，对人冷若冰霜,则会伤害到别人的情感。比如,当别人用问候语"您好"向你打招呼时,同样要用"您好""上午好""下午好""晚上好"等不同时段的问候语予以及时回复,千万不能置之不理或隔了很长的时间才给予回应。

3. 忙而有礼

当你有工作要处理而又开着 QQ 时,应该把登录状态设置为"忙碌""请勿打扰"模式。假定设置成了以上模式,仍然有好友和你打招呼时,此时应当见缝插针地回复对方;如果你确实非常忙,无暇顾及别人的消息,那就告诉对方并表示歉意,并将自己的模式设置为"隐身",或者干脆下线专心工作。

对于另一方,如果登录后看到对方处于"忙碌""请勿打扰"状态,最好不要与之闲聊。如果确有重要的事情,尽快用言简意赅的话陈述完毕是上策。

4. 善于寻找合适的话题

平时与人交流时,如果不会寻找话题,就有可能出现冷场的局面,这个时候就会影响到交谈的气氛。QQ 交流时,如果不善于寻找话题或者话题寻找不合适,也会出现这样的状况。聊天时寻找到了合适的话题,或者话题丰富多彩,气氛就会轻松愉快。聊天在于创造一种愉悦和谐的谈话气氛,要使交谈双方都感到这次谈话是令人愉快的,而不致使对方落入尴尬、窘迫之境,所以尽量避免谈论容易引起争执的题目,不要涉及令人不愉快的内容,如疾病,死亡;不要涉及他人的隐私,尤其是面对陌生人时,千万不能出口就问"你叫什么名字""你家是哪里的""你多大""你漂亮吗"等类似的问题。

5. 注意语言表达礼仪

若想在交际中获得良好的效果,掌握一定的语言表达艺术是非常重要的,因为它是表达思想及情感的重要工具,是人际交往的主要手段。面对面交流时的主要载体要通过口头表达语言进行,谈话的得体与否,常常决定着办事是否顺利,甚至成败。在 QQ 中进行交流时,它的主要载体是通过文字语言进行。这种文字语言在网络交际中的重要性是不容忽视的,懂得文字语言的表达礼仪,就可以使你的谈吐风趣、高雅、富有感染力。

(1)使用礼貌用语,杜绝非礼貌用语。在使用文字交谈时,以下几类语言与语气是应当避免的:第一,不雅的粗话;第二,不洁的脏话;第三,匪气十足的黑话;第四,命令的语气;第五,冷漠的语气。

(2)经常使用礼貌用语。在交谈时多使用谦辞和敬语,这是容易博取别人好感、赢得别人体谅的一种简单易行的方法。在与别人进行网络交谈时,尤其有必要对"五声十字"礼貌用语(您好;请;谢谢;对不起;再见)要经常加以运用,这既是对对方的尊重,也是自身修养的体现。

(3)注意双方的互动。交谈是双向互相动的过程,所以不要始终使自己处在讲话的位置,如果只顾自己发表意见,而不愿听别人说话,甚至不容别人插话,交谈就变成了"一言堂",这样的谈话方式,或许可以显示文采,但结果往往事与愿违;反之,也不能一直处于沉默状态,要时不时地给对方一定的回应。

(4)正确使用表情符号。在网络里,人们会用标点符号或者一些表情符号表情达意,以增强表达效果。比如表示调皮,表示再见,表示OK。在发出一个表情之前,应先在心里掂量是否与当时的语境相适应,还需要检查一下是否用鼠标错点了表情,以免误发成另一种不合时宜的表情引起不必要的误会。

(5)"好友资料"谨记在心。卡耐基曾强调记住别人名字的重要性,记住对方的名字,并把它叫出来,等于给对方一个很巧妙的赞美,会让对方感觉到你在重视他,关心他;而若是把他的名字忘了,或写错了,就会处于非常不利的地位,也是一种无礼的表现。QQ 聊天时,记住别人的名字也是一种尊重。有时候好友太多,加之网名千姿百态,很容易记混淆,当叫错别人名字时,是一件非常尴尬的事情。面对这种情况,建议可以修改昵称或备注来记住网友的姓名等资料信息,方便自己记忆。

资料来源:程燕.塑造良好的网络礼仪形象——以 QQ 聊天即时通信工具为例进行分析[J].安徽文学,2011(12).

5.2.2 网络戒律一览

1. 美国计算机伦理协会为计算机伦理学所制定的十条戒律

(1)你不能用计算机去伤害别人;

(2)你不能干扰别人的计算机工作;

(3)你不能窥探别人的文件;

(4)你不能用计算机进行偷窃;

(5)你不能用计算机作伪证;

(6)你不能使用或拷贝你没有付钱的软件;

(7)你不能未经许可而使用别人的计算机资源;

(8)你不能盗用别人的智力成果;

(9)你应该考虑你所编的社会后果;

(10)你应该以深思熟虑和慎重的方式来使用计算机。

2. 美国的计算机协会的伦理道德和职业行为规范

(1)为社会和人类做出贡献;

(2)避免伤害他人;

(3)要诚实可靠;

(4)要公正并且不采取歧视性行为;

(5)尊重包括版权和专利在内的财产权;

(6)尊重知识产权;

(7)尊重他人的隐私;

(8)保守秘密。

3. 南加利福尼亚大学网络伦理声明

(1)有意地造成网络交通混乱或擅自闯入网络及其相联的系统;

(2)商业性地或欺骗性地利用大学计算机资源;

(3)偷窃资料、设备或智力成果;

(4)未经许可而接近他人的文件;

(5) 在公共用户场合做出引起混乱或造成破坏的行动；

(6) 伪造电子函件电子邮件信息。

4.《全国青少年网络文明公约》

为增强青少年自觉抵御网上不良信息的意识,团中央、教育部、文化部、国务院新闻办、全国青联、全国学联、全国少工委、中国青少年网络协会向全社会发布了《全国青少年网络文明公约》。公约内容如下:

要善于网上学习,不浏览不良信息；

要诚实友好交流,不侮辱欺诈他人；

要增强自护意识,不随意约会网友；

要维护网络安全,不破坏网络秩序；

要有益身心健康,不沉溺虚拟时空。

资料来源：田长军.有礼任走天下[M].广州：中山大学出版社,2006.

5.3 实训练习

5.3.1 案例讨论

案例 1

特殊电话的应对

一日,××公司总裁秘书王小姐刚到办公室坐下不久,电话就响了起来。她像往常一样接听电话,并礼貌地送上一句:"您好,这里是××公司总裁办公室。"

这时,电话那端传来一个陌生男子的声音:"你好! 你好!"之后就再没有声音了。

王小姐又礼貌地问道:"先生,请问您有什么事情吗?"

听筒里传来那名男子不紧不慢的声音:"小姐,你们公司肯定需要打印纸吧?"

王小姐一愣:"啊? 先生,您说什么?"

"我这里有一批打印纸质量很好,价格又低廉,如果贵公司需要,我们可以商量商量。"

直到此时,王小姐才知道对方是推销打印纸的业务员,心情有些不悦。不过她还是礼貌地说道:"对不起,我们公司暂时不需要。您可以留下电话号码,如有需要,我们会联系您的,好吗?"

但是对方似乎并不死心:"哎呀,现在哪家公司不用打印纸啊? 你们这么大的公司需求量一定很大,只要你肯进我的货,其他一切都好商量啦!"

无奈之下,王小姐只好说了句:"对不起,我们公司暂时不需要",然后就挂断了电话。

不一会儿,电话铃再次响起,王小姐接起电话,对方依然是刚才推销打印纸的人,王小姐觉得此人实在无礼,甚至有些胡搅蛮缠。

"对不起,刚才碰巧有人来找我,我这里的来电都会显示号码,我们这里需要打印纸我再打电话找您好吗?"王小姐对着话筒说。

"哦,那好吧,请您记下我的电话号码,有需要可以随时找我。"对方说完挂断了电话。

王小姐长长地吁了口气。

资料来源：夏志强. 人一生要懂得的 100 个商务礼仪. 北京：中国书店，2006.

讨论题

请为王小姐想一个两全其美的办法，既能委婉地拒绝这名销售员，又能尽快结束通话。

案例 2

<h2 style="text-align:center">电　　话</h2>

A：请问王老师在吗？

王老师：我是王老师，请问您是哪位？

A：王老师，您猜呢？

王老师：是李华吗？

A：不是！

王老师：是刘霞吗？

A：不是！老师您都忘了我的声音了。

讨论题

打电话者采用的方式是否合适？存在什么问题？

案例 3

<h3 style="text-align:center">对方会看到你打电话的表情</h3>

日本有一个特别有名的销售员，有人结合他的经历写了一本书，叫《史上最伟大的推销员》。这个推销员的伟大之处在哪儿呢？他的工作中又有哪些有趣的故事呢？

有一天晚上，他回到家后，比较累了，决定先睡一觉。他定了一个闹钟，同时告诉他妻子，晚上十点的时候，一定要把他叫起来，因为他跟一个很重要的客户约好在十点半的时候打电话。

到十点的时候，不等妻子叫他，他听到闹钟就醒了，然后去洗手间洗漱，接着又是刮胡子，又是穿衬衫、打领带的，还穿上了西装和皮鞋。最后拿了个本子，在电话机旁正襟危坐，一到十点半就准时给对方打电话。

业务倒是谈得很顺利，十几分钟就搞定了。但是他这番怪举动让妻子感到很奇怪：不就一个电话吗？有必要搞得跟个神经病似的吗？大半夜的还要起来精心打扮一通，好像现在不是晚上，而是星期一一大早。

你猜他是怎么解释的？他跟妻子说，如果我很邋遢、很懒散，对方虽然看不到我的样子，但是我的精神面貌不好，而这会通过我的语气变化传达到对方那里。经过这么一番打扮，我看起来正式多了，人也精神多了。虽然看不见对方，我也要尊重对方，我相信，对方一定能感受得到！

一个人的成功与伟大，从来都不是无缘无故的。他凭借着这样的好心态赢得了众多的客户，很多客户觉得，不管什么时候和这个推销员打电话，都会感觉他精神百倍，好像全心全意地在做这件事。客户如果感觉到你是全心全意的，哪怕只是对待一通电话，他也会觉得受到了极大的尊重。

资料来源：陈乾文. 别说你懂职场礼仪［M］. 北京：龙门书局，2010.

讨论题

(1) 与客户进行电话沟通时,怎样让客户觉得你是尊重他(她)的?

(2) 本案例对你有什么启示?

案例4

一毛钱的作用

几个刚毕业的大学生到一家公司参加面试。这家公司很特别,把面试的地点放在了远离公司的地方。

到了面试的时间,工作人员提出了一个奇怪的要求:"现在你们都用手机发一条署名的短信给经理,向经理询问公司的地址,经理会告诉你们是否被录取。"

尽管大家都觉得很奇怪,但还是照做了。他们都用毕恭毕敬的语气给经理发了短信,没过多久大家就收到了经理的回复,上面显示的正是那家公司的地址。有人举起手机问那个工作人员:"就是这样吗?"

工作人员微笑着说:"就是这样,请你们再等会儿,十分钟后经理就会宣布录取结果。"

十分钟以后,工作人员收到了一条手机短信,她抬头念出了一个名字,告诉他被录取了。剩下的几个人感到很奇怪,纷纷询问自己到底哪里做得不好。工作人员告诉他们:"如果你们收到回复后,能像他一样,肯多花一毛钱,再给经理发一条感谢的短信,或许你们就会被录取。"

有时,微不足道的一毛钱,正代表了你对他人的态度。

资料来源:吴欣琪.一毛钱的作用[J].故事会,2009(2).

讨论题

(1) 使用短信有哪些礼仪规范?

(2) 本案例对你有哪些启示?

5.3.2 模拟训练

项目1:电话(手机)使用模拟训练

实训目标:掌握使用电话(手机)的礼仪。

实训学时:1学时。

实训地点:教室。

实训准备:固定电话或手机。

实训方法:2人一组,用固定电话或手机现场表演各类情形的通话,其他同学观摩,表演结束后,由同学们点评,最后老师总结。以下情形供参考。

(1) 双方第一次进行业务联系;

(2) 下级向上级通过电话汇报工作;

(3) 正在与客户交谈时电话震动提示有来电;

(4) 在电影院看电影时必须接听一个十分重要的来电。

也可发挥想象,设计其他情形。

训练手记:通过训练,我的收获是＿＿＿＿＿＿＿＿＿＿＿＿＿＿＿＿＿＿＿＿＿。

项目 2：自编小品"打电话"

实训目标：强化电话礼仪规范。

实训学时：2 学时。

实训地点：实训室。

实训准备：场地、电话等。

实训方法：学生 3～5 人分为一组，自编小品表演打电话（手机），可以将打电话（手机）中不规范的礼仪表现演示出来，师生点评。

训练手记：通过训练，我的收获是＿＿＿＿＿＿＿＿＿＿＿＿＿＿＿＿＿＿＿＿。

项目 3：手机短信的使用

实训目标：掌握手机短信的礼仪。

实训学时：1 学时。

实训地点：教室。

实训准备：手机。

实训方法：每 2 人一组，模拟各种情形进行手机短信的发送和回复，然后相互评论对方发送短信的做法有无不符合礼仪之处，最后老师总结。以下情形供参考。

训练手记：通过训练，我的收获是＿＿＿＿＿＿＿＿＿＿＿＿＿＿＿＿＿＿＿＿。

课后练习题

1. 判断题

(1) 电话语言要求礼貌、简洁和明了，以准确地传递信息。　　　　　　　（　　）

(2) 早晨 7 点前，晚上 10 点后一般不宜给人打电话。　　　　　　　　（　　）

(3) 打电话时，一般说话的语速、语调和平常的一样就可以了，长途电话，可以大喊。

　　　　　　　　　　　　　　　　　　　　　　　　　　　　　　（　　）

(4) 接电话首先应做到迅速接，力争在铃响三次之前就拿起话筒。　　　（　　）

(5) 假如是与上级、长辈、客户等通话，无论你是通话人还是发话人，都最好让对方先挂断。　　　　　　　　　　　　　　　　　　　　　　　　　　　（　　）

(6) 书写传真件时，在语气和行文风格上，应做到清楚、简洁，且有礼貌。　（　　）

(7) 发送电子邮件时可将正文栏空白只发送附件。　　　　　　　　　　（　　）

(8) 发手机短信可以不署名。　　　　　　　　　　　　　　　　　　　（　　）

(9) 在与人谈话时不停地查看或编发短信。　　　　　　　　　　　　　（　　）

(10) 使用手机短信要尽量使用清楚明白的语言，不随意简化省略。　　（　　）

(11) 开车中不适宜接打手机。　　　　　　　　　　　　　　　　　　　（　　）

(12) 应尽快对收到的邮件进行回复。　　　　　　　　　　　　　　　　（　　）

(13) 第一次进入 BBS 或新闻组时先阅读 FAQ，即常见问题解答。　　　（　　）

(14) 边走路边打手机很有派头。　　　　　　　　　　　　　　　　　　（　　）

(15) 接电话时应当在铃响 2～4 声之间接听。　　　　　　　　　　　　（　　）

(16) 会见特别重要的客人时，只要把手机调到震动就可以。　　　　　　（　　）

(17) 每天都应查看自己的电子邮箱。　　　　　　　　　　　　　　　(　　)

2. 简答题

(1) 电话的语言要求是什么?

(2) 怎样接打电话才符合礼仪规范?

(3) 收发传真应注意哪些礼仪?

(4) 收发电子邮件应注意哪些礼仪?

(5) 手机使用应注意哪些礼仪?

(6) 怎样发短信才符合礼仪规范?

(7) 使用 BBS 新闻组应注意哪些礼仪?

3. 思考与操作

(1) 请制订一份接打电话的礼仪守则。

(2) 使用电子邮件发送信息。在收件人一栏输入自己的电子信箱地址,给自己发一封公务信件。然后作为信件接收方,感受一下信件格式、所用文字、预期是否恰当。

(3)"人心隔肚皮",更何况是在虚拟世界。你可能是一位网络常客,你认为应该重视网络礼仪吗?

(4) 你是怎样处理虚拟世界中人与人之间的礼仪关系的?

(5) 或许你在网上对人有不礼貌的行为,或许别人对你有不礼貌的行为。请试举一例,并根据所学的知识和技术,提出解决问题的方案。

(6) 结合日常生活实际,说明人们在使用电话过程中经常出现的失礼行为以及纠正途径。

(7) 小刘在几分钟之内连续几次接到同一个错打的电话,可是每一次对方都是什么也不说就把电话挂了。小刘非常恼火,他于是特意按照来电显示屏上的那个号码拨通电话,狠狠地把对方臭骂了一顿。你谈谈小刘做得对吗?

(8) 有人给办公室打来电话,声称有紧急重要的事情向领导报告,请求领导亲自接电话。假如你是接电话的秘书,将如何处理此事?

(9) 为什么说"从电话礼仪就可基本看出对方的教养如何"?

(10) 请谈谈讲究网络礼仪有哪些现实意义。

任务 6　宴　　请

在宴席上最让人开胃的就是主人的礼节。

——【英国】莎士比亚

使风度的魅力在餐桌上展示出神气的力量。

——【加拿大】亚马尼

任务目标

- 根据宴会种类、形式的不同，选择合适的赴宴方式。
- 熟悉宴请的程序和规范，熟练、得体地遵守中、西宴会礼节。
- 根据中餐和西餐的特点和区别，有针对性地选择参加宴会的礼仪。
- 养成习惯进行宴会礼仪的自我训练和检测。

案例导入

清朝官员出洋相

有个笑话，说的是在大清年间，李鸿章大人请外国人吃饭。中午吃的是饺子。老外没用过筷子，不知道这两根小棍子怎么就能把饺子给夹起来。李鸿章心想，"这可怎么办呀？这外国人要是不高兴了，老佛爷一定会怪我办事不力的！唉！算了，丢下我的老脸，用手抓吧！"老外一看，哦，原来用手也可以吃的。于是一个个赶忙用手抓了起来！到了下午，改吃面条了！老外这回学得精了，都不急着吃，先看看李鸿章怎么办。李鸿章大人一看见老外现在的样子就想起了中午吃饺子时的情景，忍不住笑了起来。这一笑不好了，面条从鼻子里喷出了半根……老外全部惊呆了，这怎么学呀？这长长的东西是怎么从嘴里吃进去再从鼻子里出来半根的呀？

无独有偶。相传清朝时期有位官员出访外国。某日，该官员应该国首相之邀前往赴宴，餐桌上双方的交谈甚为融洽。中国官员学着外国人的样子使用刀叉，虽然既费劲又辛苦，但他觉自己挺得体的，总算没丢脸。临近晚宴尾声时，习惯喝汤的中国官员盛了几勺精致小盆里的"汤"放到自己碗里，然后喝下。当时该国首相还不了解中国虚实，为不使中国官员出丑，他也盛了精致小盆里的"汤"一饮而尽，见此情形，其他文武百官只得忍笑奉陪。

资料来源：http://www.bitauto.com/chunwan/xiaohua/zhengzhi/20310.shtml；http://www.worldduc.com/blog2012.aspx?bid=20241696.

6.1 礼仪规范

6.1.1 宴请概述

宴请是一种常见的社交活动,有严格的礼仪要求。参加宴请活动更要讲究礼节、注重礼仪。宴请的形式较多,主要有宴会、冷餐会、酒会、自助餐等。

宴会是一种比较正式的宴请活动,一般规模较小,多在晚间举行,往往有负责人出席。正式的宴请多用请柬邀请。宴会对服装、座次有严格要求。

当被邀请参加宴会,通常只有两种:一种是正式的,一种是非正式的(随意的)。正式宴会:它是为宴请专人在比较高档的饭店或其他特定的地点,精心安排隆重举行的大型聚餐活动。正式宴会对于到场人数、穿着打扮、席位排列、菜肴数目、音乐演奏、宾主致辞等,往往都有十分严格的要求和讲究。

西方的习惯,隆重的晚宴酒会也就是正式宴会,基本上都安排在晚上8点以后举行,中国一般在晚上6~7点开始。举行这种宴会,说明主人对宴会的主题很重视。正式晚宴一般要排好座次,并在请柬上注明对着装的要求。

非正式宴会,又称作便宴,多见于日常交往。一般来说,便宴是一种简便的宴请形式。这种宴会气氛亲切友好,适用于亲朋好友之间,它只安排相关人员参加,对穿着服装、席位、餐具、布置等不必太讲究,而且不安排音乐演奏和宾主致辞。但仍然有别于一般家庭晚餐。

西方的习惯,便宴一般邀请夫妇同时出席。如果你受到邀请,要仔细阅读你的邀请函,上面会说明是一个人还是先生或夫人陪同,或者携带伴侣。在回复邀请时,你最好能告诉主人他们的名字。

家宴,也是非正式宴会中一种常用的形式,其重要的是要营造一种亲切、友好、自然的气氛,使赴宴的宾主双方轻松、自然、随意,彼此增进友谊、加深了解。通常,家宴在礼仪上往往不作特殊要求,为了使来宾感受到主人的重视和友好,基本上要有女主人充当服务员来共同招待客人,使客人产生宾至如归的感觉。

6.1.2 宴请的组织安排

宴请宾客是一种较高规格的礼遇,所以主办单位、主人和被宴请宾客都要认真、周到地做好各项准备工作。包括制订宴请计划、拟订宴会日程、落实宴会事宜等。

1. 制订宴请计划

首先要确定宴请的目的。宴请的目的多种多样,可以是表示欢迎、欢送、答谢,也可以是庆贺、纪念等。目的清楚了,就可以根据需要安排宴请的对象、范围和形式。

其次要确定宴请的对象和范围。请什么人,请多少人参加;要根据主宾的身份、国籍、习俗、爱好等确定宴会的规格、主陪人、餐式等。

最后敲定宴会的形式。根据规格、对象、目的来确定是举办中式宴会、西式宴会,还是冷餐会、酒会。一般正规的、规格高的、人数少的,以宴会形式为宜,人数较多时则以冷餐会或酒会的形式更为合适。

2．拟订宴会日程

（1）时间。确定正式宴请的具体时间，要讲究主随客便；主人不要只从自己客观能力出发，更要优先考虑被邀请者，特别是主宾的实际情况。如果可能，应该先和主宾协商一下，力求两相方便。最好能提供几种时间上的选择，以显示自己的诚意。

（2）地点。用餐地点的选择非常重要。选择地点的三大要素，第一是环境：宴请不仅仅是为了"吃东西"，也要"吃文化"，要尽量选择清静、优雅的地点用餐。第二是卫生：选择卫生条件良好，否则会破坏用餐者的食欲。第三是交通：要考虑到用餐者的交通状况是否方便，有没有公交线路通过，有没有停车场，是不是要为聚餐者预备交通工具等一系列的具体问题。

（3）宴请活动的主题：欢迎、庆贺、纪念、答谢等。这样做主要是让来宾了解宴请的大概内容，便于安排赴宴。

3．落实宴会事宜

（1）发出邀请函或请柬

宴会一般都要用请柬正式发出邀请。这样做一方面出于礼节，另一方面也是供客人备忘。宴请内容应包括：活动的主题、形式、时间、地点、主人姓名等。请柬应书写清晰、设计精美；通常提前一周左右将请柬发出，太晚则不够礼貌，也不便于被宴请者提早安排。

（2）确定菜单

根据宾客的饮食习惯，在宴请前，主人需要事先对菜单进行再三斟酌。一般情况下，优先考虑的菜肴有"三特一拿手"。

① 有中餐特色的菜肴。在宴请外宾的时候，这一条更为重要。像日常生活中的家常菜炸春卷、煮元宵、蒸饺子、狮子头等，虽不是佳肴美味，但因为具有鲜明的中国特色，所以受到很多外国人的喜爱。

② 有本地特色的菜肴。例如，山东名菜：曲阜孔府三大宴（家宴、喜宴、寿宴）；广东名吃：脆皮乳猪、荔浦扣肉；江南名菜：西湖醋鱼、南京板鸭、无锡脆鳝；浙江名菜：龙井虾仁、绍式小扣、西湖莼菜；安徽名吃：黄山炖鸡、芙蓉蹄筋、符离烧鸡；还有北京烤鸭、天津包子、西安饺子等，在这些地方宴请外地客人时，上这些特色菜，恐怕要比千篇一律的生猛海鲜会更受到好评。

③ 本餐馆的特色菜肴。很多餐馆都有自己的特色菜。上一份本餐馆的特色菜，能说明主人的细心和对被邀请者的诚意和尊重。

④ 主人最拿手的菜肴。举办家宴时，主人一定要当众露一手，多做几个自己的拿手菜。其实，所谓的拿手菜不一定十全十美。只要主人亲自动手，单凭这一条足以让对方感觉到你对他的尊重和友好。

在安排菜单时，还必须考虑到来宾的禁忌。要注意不要勉强客人吃自己不喜欢吃的东西。虽然有人主张"舍命吃名品"，但要记住英国谚语："你的佳肴，他人的毒药"。

（3）席位安排

宴会一般要事先安排好桌次和座位，以便使参加宴会的人各就各位，入席井然有序。

座位的安排体现了对客人的尊重。一般而言,中国习惯于按照职位高低排列,以面对庭院,背向墙壁为上座;西方按男女参差排列,以背向壁炉,正中间的座位为女主人,女主人面对的正中座位为男主人,离入口最近的地方为末席。

6.1.3 中餐宴会礼仪

中餐宴会礼仪,是中华饮食文化的重要组成部分,无论是在国内交往还是涉外交往中,举办中餐宴会都是经常的。学习中餐宴会礼仪,须注意掌握席位排列,上菜顺序和用餐方式、餐具使用、用餐要求等方面的规则和技巧。

1. 中餐宴会组织安排

(1)中餐宴会的席位排列。这是关系到来宾的身份和主人给予对方的礼遇,所以是一项重要的内容。可以分为桌次和位次排列两方面。

① 桌次排列。在中餐宴请活动中,往往采用圆桌布置菜肴、酒水。排列圆桌的尊卑次序,有以下两种情况。

第一种情况是有两桌组成的小型宴请。这种情况,又可以分为两桌横排和两桌竖排的形式。两桌横排,桌次以右为尊,以左为卑。这里说的左和右,是由面对正门的位置来确定的。两桌竖排,座次讲究以远为上,以近为下。这里说的远近,是以距离正门的远近而言。

第二种情况是有三桌或三桌以上的桌数所组成的宴请。在安排多桌以上的桌次时,除了要注意"面门定位""以右为尊""以远为上"等规则外,还应兼顾其他各桌离主桌的远近。通常,距离主桌越近,桌次越高;距离主桌越远,桌次越低。中餐宴会三桌、六桌、八桌桌次排列分别如图 6-1～图 6-3 所示。

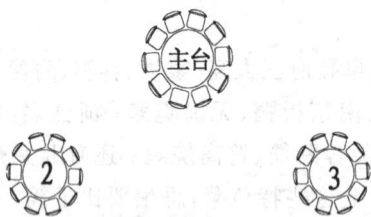

图 6-1 中餐宴会三桌桌次排列

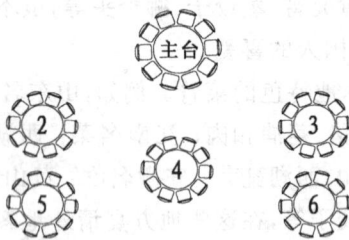

图 6-2 中餐宴会六桌桌次排列

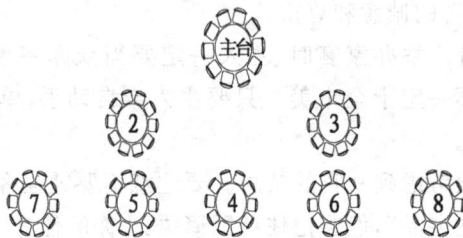

图 6-3 中餐宴会八桌桌次排列

在安排桌次时，所用的餐桌的大小、形状要基本一致。除主桌可以略大外，其他餐桌都不要过大或过小。

为了确保在宴请使赴宴者及时、准确地找到自己所在的桌次，可以在请柬上注明对方所在的桌次、在宴会厅入口悬挂宴会桌次排列示意图、安排引位员引导来宾就座，或者在每张餐桌上排放桌次牌（用阿拉伯数字书写）。

② 位次排列。举办中餐宴会一般用圆桌。宴请时，每张餐桌上的具体位次也有主次尊卑的分别。排列位次的基本方法有四条，它们往往会同时发挥作用。

方法一：主人大都应面对正门而坐，并在主桌就座。

方法二：举行多桌宴请时，每桌都要有一位主桌主人的代表在座。位置一般和主桌主人同向，有时也可以面向主桌主人。

方法三：各桌位次的尊卑，应根据距离该桌主人的远近而定，以近为上，以远为下。

方法四：各桌距离该桌主人相同的位次，讲究以右为尊，即以该桌主人面向为准，右为尊，左为卑。

另外，每张餐桌上所安排的用餐人数应限在 10 人以内，最好是双数。比如，六人、八人、十人。人数如果过多，不仅不容易照顾，而且也可能坐不下。

根据上面四个位次的排列方法，圆桌位次的具体排列可以分为两种具体情况。它们都是和主位有关。

第一种情况是在每张桌上一个主位的排列方法。每张餐桌上只有一个主人，主宾在起右首就座，形成一个谈话中心（见图 6-4）。

第二种情况是每张桌上有两个主位的排列方法。如主人夫妇坐在同一桌，以男主人为第一主人，女主人为第二主人，主宾和主宾夫人分别就坐在女主人右侧，桌上形成了两个谈话中心（见图 6-5）。

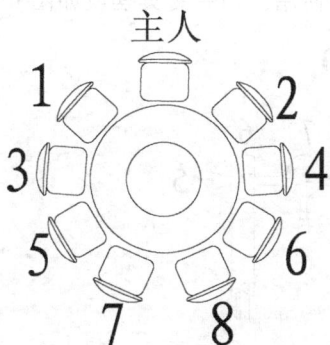

图 6-4　中餐宴会次位排列

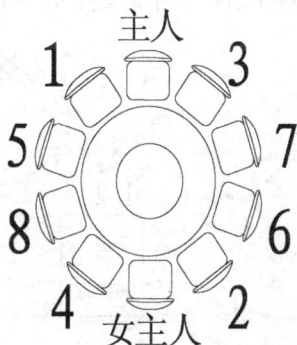

图 6-5　中餐宴会次位排列

如遇主宾的身份高于主人时，为表示对他的尊重，可安排主宾在主人位次上就座，而主人则坐在主宾位次上，第二主人坐在主宾的左侧。

如果是本单位出席人员中有身份高于主人者，可请其在主位就座，主人坐在身份高者的左侧。以上两种情况，也可以不作变动，按常规予以安排。

为便于宾客及时、准确地找到自己的位次，除安排服务人员引导外，还要在桌子上事先放置座位卡。举办涉外宴会时，座位卡应以中外文两种文字书写，中文写在上面，外文写在下面,必要时,座位卡的面均应书写就餐者姓名。

(2) 排列便餐的席位时,位次的排列遵循四个原则。一是右高左低原则。两人一同并排就座,通常以右为上座,以左为下座。这是因为中餐上菜时多以顺时针方向为上菜方向,居右坐的因此要比居左坐的优先受到照顾;二是中座为尊原则。三人一同就座用餐,坐在中间的人在位次上高于两侧的人;三是面门为上原则。用餐的时候,按照礼仪惯例,面对正门者是上座,背对正门者是下座;四是特殊原则。高档餐厅里,室内外往往有优美的景致或高雅的演出,供用餐者欣赏。这时候,观赏角度最好的座位是上座。在某些中低档餐馆用餐时,通常以靠墙的位置为上座,靠过道的位置为下座。

(3) 宴请的程序。在席位和位次均安排好的情况下,迎接宾客(主人一般站在门口)→引宾入座(按先女宾后男宾,先主宾后一般来宾的顺序,从椅子左边进入)→上菜服务→致辞祝酒→散席送客。

2. 中餐上菜顺序与用餐方式

(1) 上菜顺序。标准的中餐,不论是何种风味,其上菜顺序大体相同。通常是:冷盘→热炒→主菜→点心和汤→水果拼盘。当冷盘吃剩 1/3 时,开始上第一道热菜,一般每桌要安排 10 个热菜。宴会上无论桌数有多少,各桌上菜也要同时上。

上菜时,如果由服务员给每个人上菜,要按照先主宾后主人,先女士后男士或按顺时针方向依次进行。如果由个人取菜,每道热菜应放在主宾面前,由主宾开始按顺时针方向依次取食,切不可迫不及待地越位取菜。

(2) 用餐方式。中餐方式可以分为多种。具体有分餐式、布菜式和公筷式等。

3. 中餐注意事项

(1) 中餐餐具使用注意事项。与西餐相比较,中餐的一大特色就是就餐餐具有所不同。我们主要介绍一下平时经常出现问题的餐具的使用。中餐餐具摆放如图 6-6 所示。

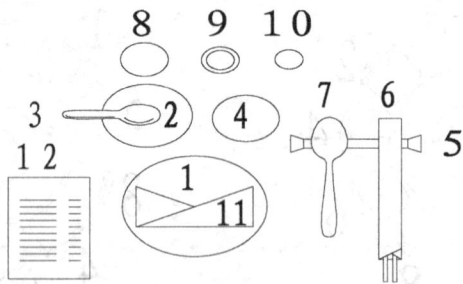

图 6-6 中餐餐具的摆放

① 筷子。上菜后不要先拿筷,应等主人邀请,主宾动筷时再拿筷。筷子是中餐最主要的餐具。使用筷子,通常必须成双使用。用筷子取菜、用餐的时候,要注意下面几个"小问题":一是不论筷子上是否残留着食物,都不要去舔。用舔过的筷子去夹菜,是不是有点倒人胃口呢? 二是和人交谈时,要暂时放下筷子,不能一边说话,一边像指挥棒似的挥舞着筷子;三是不要把筷子竖插放在食物上面。因为这种插法,只在祭奠死者的时候才用;四是严格筷子的职能。筷子只是用来夹取食物的。用来剔牙、挠痒等都是失礼的。

② 勺子。尽量不要只用勺子去取菜。用勺子取食物时，不要过满，免得溢出来弄脏餐桌或自己的衣服。在舀取食物后，可以在原处"暂停"片刻，汤汁不会再往下流时，再移回来享用。

暂时不用勺子时，应放在自己的碟子上，不要把它直接放在餐桌上，或是让它在食物中"立正"。用勺子取食物后，要立即食用或放在自己碟子里，不要再把它倒回原处。而如果取用的食物太烫，不可用勺子舀来舀去，也不要用嘴对着吹，可以先放到自己的碗里等凉了再吃。不要把勺子塞到嘴里，或者反复吮吸、舔食。

③ 盘子。盘子在餐桌上一般要保持原位，而且不要堆放在一起。

需要着重强调的是，一种用途比较特殊的被称为食碟的盘子。食碟的主要作用是用来暂放从公用的菜盘里取来享用的菜肴的。用食碟时，一次不要取放过多的菜肴，看起来既繁乱不堪，又像是饿鬼投胎。不要把多种菜肴堆放在一起，弄不好它们会相互"窜味"，不好看，也不好吃。不吃的残渣、骨、刺不要吐在地上、桌上，而应轻轻放在食碟前端，放的时候不能直接从嘴里吐在食碟上，要用筷子夹放到碟子旁边。如果食碟放满了，可以让服务员换。

④ 水杯。主要用来盛放清水、汽水、果汁、可乐等软饮料时使用。不要用它来盛酒，也不要倒扣水杯。另外，喝进嘴里的东西不能再吐回水杯。

⑤ 湿毛巾。中餐用餐前，比较讲究的话，会为每位用餐者上一块湿毛巾。它只能用来擦手。擦手后，应该放回盘子里，由服务员拿走。有时候，在正式宴会结束前，会再上一块湿毛巾。与前者不同的是，它只能用来擦嘴，却不能擦脸、抹汗。

⑥ 牙签。尽量不要当众剔牙，非剔牙不可时，应以一只手掩住口部。剔出的东西切勿当众观赏或再次入口，也不要随手乱弹、随口乱吐。剔牙之后，不要长时间用嘴叼着牙签，更不要用来扎取食物。

中餐摆台如图 6-7 所示（选自 http://www.weihaicollege.com）。

图 6-7 中餐摆台实景

（2）中餐过程注意事项。这主要包括如下几方面。

① 入席时按主人的安排就座，若旁边有女宾或长者，先帮助他（她）就座，然后自己坐下。

② 任何国家的餐饮，都有自己的传统习惯和寓意，中餐也不例外。比方说，过年少不了鱼，表示"年年有余"；和渔家、海员吃鱼的时候，忌讳把鱼翻身，因为那有"翻船"的意思。

需要翻转时,两人合作,共同用筷子"滑过来"。

③ 主人祝酒、致辞时不要吃东西,也不要取食物,应停止交谈,注意倾听。

④ 为了表示友好、热情,彼此之间可以让菜,劝对方品尝,但不要为他人布菜,不要擅自做主,不论对方是否喜欢,主动为其夹菜、添饭,让人为难。

⑤ 正式宴会由侍者布菜,不要拒绝送来的菜,实在不爱吃的菜尝一两口后可将其留在盘中;最好各样菜都取一点,让主人高兴;主人送上的菜,即使不喜欢,也不要拒绝。不要挑菜,不要在公用的菜盘里挑挑拣拣,拨来翻去。取菜时,要看准后立即取走,不能夹起来又放下,或取回来后又放回去。

⑥ 用餐时坐姿要端正,肘部不要放在桌沿;餐巾可用来擦嘴但不能用来擦汗或鼻涕。

⑦ 用餐时不要摇头晃脑、宽衣解带、声响大作。这样不但失态欠雅,而且还会影响别人的食欲。

⑧ 席间碰翻酒水、打碎或掉落餐具时,不要手忙脚乱,也不要自己处理而应让服务员收拾,调换餐具,但要对邻座说声"对不起"。

⑨ 用餐期间,不要敲敲打打,比比画画。还要自觉做到不吸烟。用餐时,如果需要有清嗓子、擤鼻涕、吐痰等举动,尽早去洗手间解决。

⑩ 用餐的时候,不要当众修饰。比如,不要梳理头发,化妆补妆。如有必要可以去化妆间或洗手间。用餐的时候不要离开座位,四处走动。如果有事要离开,也要先和旁边的人打个招呼,可以说声"失陪了""我有事先行一步"等。

6.1.4　西餐宴会礼仪

随着我们对外交往越来越频繁,西餐也离我们越来越近。不论是否喜欢,很多人都经常遇到吃西餐的机会。西方用餐,人们一是讲究吃饱,二是享受用餐的情趣和氛围。只有掌握一些西餐礼仪,在必要的场合,才不致"出意外"。

西餐,是西式饭菜的一种约定俗成的统称,大致可分为欧美式和俄式两种。西餐菜肴主料突出、营养丰富、讲究色彩、味道鲜香。其烹饪和食用同中餐都有很大的不同,体现了一种西方文化。学习、了解西餐知识十分必要。

1. 西餐宴会的席位和排列

与中餐相比,西餐的席位排列既有许多相同之处,也有不少区别。由于人们对席位的排列十分关注,因此,排列时应多加注意。

(1) 席位排列的规则。在绝大多数情况下,西餐宴会席位排列主要是位次的问题。除了极其盛大的宴会,一般不涉及桌次。了解西餐席位排列的常规及同中餐席位排列的差别,就能够较好地处理具体的席位排列问题。

① 女士优先。在西餐礼仪里,也往往体现女士优先的原则。排定用餐席位时,一般女主人为第一主人,在主位就座。而男主人为第二主人,坐在第二主人的位置上。

② 距离定位。西餐桌上席位的尊卑,是根据其距离主位的远近决定的。居主位近的位置要高于居主位远的位置。

③ 以右为尊。排定席位时,以右为尊是基本原则。就某一具体位置而言,按礼仪规范右侧要高于左侧之位。在西餐排席时,男主宾要排在女主人的右侧,女主宾排在男主人的

右侧,按此原则依次排列。

④ 面向门为上。在餐厅内,以餐厅门作为参照物时,按礼仪的要求,面对餐厅门正门的座位要高于背对餐厅门的座位。

⑤ 交叉排列。西餐排列席位时,讲究交叉排列的原则,即男女应当交叉排列,熟人和生人也应当交叉排列。一个就餐者的对面和两侧往往是异性或不熟悉的人,这样可以广交朋友。

(2) 席位的排列

① 男女主人在长桌的中央相对而坐,餐桌的两端可以坐人,也可以不坐人,如图 6-8 所示。

② 男女主人分别坐在长桌的两端,如图 6-9 所示。

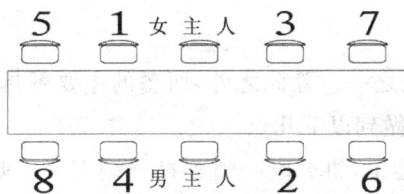

图 6-8　西餐席位排列(1)

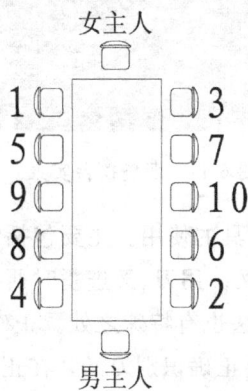

图 6-9　西餐席位排列(2)

③ 用餐人数较多时,可以把长桌拼成其他图案,以使大家能一道用餐。要注意的是,长桌两端尽可能安排举办方的男子就座,如图 6-10 所示。

图 6-10　西餐席位排列(3)

西餐摆台实景如图 6-11 所示(选自 http://www.WeihaiCollege.com)。

2. 西餐上菜顺序

一般情况下,比较简单的西餐菜单可以是:开胃菜→面包→汤→主菜→点心甜品→咖啡。

3．西餐餐具的使用

(1) 餐具的摆放。西餐的餐具主要有刀、叉、匙、盘、碟、杯等,讲究吃不同的菜肴用不同的刀叉,饮不同的酒要用不同的酒杯。其摆法为:正面方着汤盘,左手位放叉,右手位放刀,汤盘前方放着匙,右前方放着酒杯。餐巾放在汤盘上或插在水杯里,面包、奶油盘摆放在左前方,见图 6-12。

图 6-11　西餐摆台实景　　　　　　　图 6-12　西餐餐具的摆放

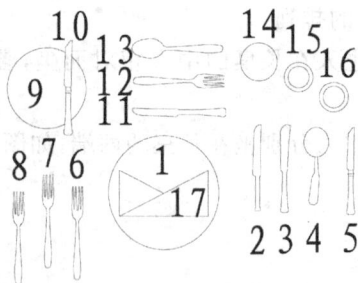

(2) 餐具的使用。主要包括以下几方面。

① 刀叉。用刀、叉进餐时西餐的重要特征之一。除此之外,西餐的主要餐具还有餐匙和餐巾,用法也有特殊之处。正确使用刀叉要做到以下几点。

一是要正确识别刀叉。在正规的西餐宴会上,讲究吃一道菜换一副刀叉。吃每道菜,都要使用专门的刀叉,既不能乱用,也不能从头到尾仅使用一副刀叉。

吃正餐的时候,摆在每位就餐者面前的刀叉,有吃黄油的刀叉,吃鱼的刀叉,吃肉的刀叉,吃甜点、水果的刀叉,要注意识别。

二是正确使用刀叉。刀叉的使用方法有两种:一种是英国式的,要求在进餐时,始终是右手持刀,左手持叉,一边切割,以便用叉食用,叉背朝着嘴的方向进餐。这种方式比较文雅。另一种是美国式是的,先右手刀左手叉,把餐盘的食物全部切割好,然后把右手的餐刀斜放在餐盘的前方,将左手的餐叉换到右手,再品尝。这种方式比较省事。

三是正确用手取食。西餐桌上的食物一般都是用刀叉进食,但小萝卜、青果、水果、点心、炸土豆片、田鸡腿及面包等可用手取。

吃有骨头的肉时,可以用手拿着吃。若想吃得更优雅,还是用刀较好。用叉子将整片肉固定(可将叉子朝上,用叉子背部压住肉),再用刀沿骨头插入,把肉切开。最好是边切边吃。

必须用手吃时,会附上洗手水。当洗手水和带骨头的肉一起端上来时,意味着"请用手吃"。用手指拿东西吃后,将手指放在装洗手水的碗里洗净。吃一般的菜时,如果把手指弄脏,也可请侍者端洗手水来,注意洗手时要轻轻地洗。

四是要知道刀叉的暗示。如果就餐过程中,需要暂时离开一下,或与人攀谈,应放下手中的刀叉,刀右、叉左,刀口向内、叉齿向下,刀刃朝向自身,呈"八"字形摆放在餐盘之上。它表示此菜尚未用毕,还要继续吃。如果吃完了,或者不想再吃了,可以刀口向内,叉齿向上,刀右、叉左并排放在餐盘上。它表示不再吃了,可以连盘一起收走。如图 6-13 所示。

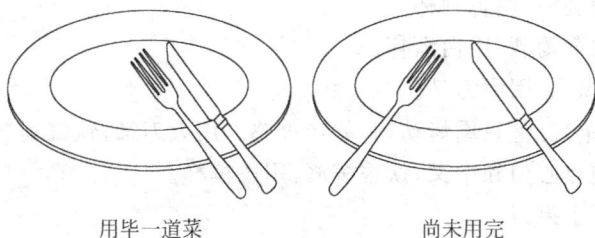

用毕一道菜　　　　　　　　　尚未用完

图 6-13　西餐餐具的摆放

不用刀时,也可以用右手持叉,但若需要做手势时,就应放下刀叉,千万不可手执刀叉在空中挥舞摇晃,也不要一手拿刀或叉,而另一只手拿餐巾擦嘴,也不可一手拿酒杯,另一只手拿叉取菜。要记住,任何时候,都不可将刀叉的一端放在盘上,另一端放在桌上。

注意,不要将刀叉交叉放成十字形。这在西方人看来,是令人晦气的图案。

② 餐匙。一是要区分不同餐匙。汤匙也放在食盘右边。食盘上方放吃甜食用的匙和叉、咖啡匙。二是要正确使用餐匙。

③ 餐巾。一是餐巾的铺放。在正规的晚餐,要等女宾将餐巾对折轻轻放在膝上后,男士再放餐巾。最好用双手打开餐巾,切忌来回抖动地打开餐巾。不要将餐巾别在领口上、皮带上或夹在衬衣的领口。二是餐巾的用途。在西餐宴会中,餐巾是一个重要的道具,有很多信号的作用。西方讲究女士优先,西餐宴会上女主人是第一顺序,女主人不坐,别人是不能坐的,女主人把餐巾铺在腿上是宴会开始的标志。反过来说,女主人把餐巾放在桌子上,是宴会结束的标志。

此外,一定要注意,餐巾只能铺在腿上,不能放在别的地方。一般把餐巾叠成长条形或者叠成三角形铺在腿上,避免吃饭时菜肴、汤汁弄脏裙子或裤子。高档的餐厅餐巾往往叠得很漂亮,有的还系上小缎带。注意,别拿餐巾擦鼻子或擦脸。弄脏嘴巴时,一定要用餐巾擦拭,避免用自己的手帕。用餐巾内侧擦拭,而不是弄脏其正面,这是应有的礼貌。手指洗过后也是用餐巾擦的。若餐巾脏了,可以请侍者重新换一条。餐巾还有暗示作用。就餐期间,如果暂时离开座位,可以把餐巾放在椅子上。千万不要把餐巾放在桌上,否则就意味着你不想再吃,让服务员不再给你上菜。

中途不得已要离席时,最好在上菜的空档,向同桌的人打声招呼,把餐巾放在椅子上再走,别打乱了整个吃饭的程序和气氛。吃完饭后,只要将餐巾随意放在餐桌上即可,不必特意叠整齐。

4. 西餐用餐的方法

(1) 西餐上菜顺序。吃西餐在很大程度上是在吃情调:大理石的壁炉、熠熠闪光的水晶灯、银色的烛台、缤纷的美酒,再加上人们优雅迷人的举止,这本身就是一幅动人的油画。为了在初尝西餐时举止更加娴熟,熟悉一下这些进餐礼仪,还是非常有必要的。

例如:正式的西餐宴会,一般有九至十道菜点,按上菜的顺序,吃什么菜用什么餐具,喝什么酒用什么酒杯,否则就是"外行"。

第一道面包,黄油。面包撕成小块,抹黄油,吃一块抹一块。

第二道冷小吃。用中刀叉。

第三道汤。饮舍利酒,用舍利杯。

第四道鱼。饮白葡萄酒,用白酒杯。

第五道副菜(小盘)。用中刀叉。

第六道主菜(大菜)。整只熏烤动物,如烤火鸡。用大刀叉,饮红葡萄酒,用红酒杯。

第七道甜点。用点心勺和中叉,饮香槟酒,用香槟杯。

第八道水果。用水果刀。

第九道咖啡。如加牛奶,用咖啡勺搅拌后饮用。

第十道立口酒(蜜酒)。用立口杯。但在一般西餐中,餐具比较简单,菜点也比较简单。

西餐食物如图 6-14 所示(选自 http://blog.sina.com.cn; http://www.bszzw.com; http://www.hdjsgltd.com; http://www.ywxinlong.com)。

| 西餐面包 | 西餐番茄浓汤 | 西餐主菜 |

西餐沙拉　　　　　西餐甜点　　　　西餐饮品　　　　西餐水果

图 6-14　西餐食物

(2) 西餐用餐的具体方法。在西餐就座时,身体要端正,手肘不要放在桌面上,不可跷足,与餐桌的距离以便于使用餐具为佳。餐台上已摆好的餐具不要随意摆弄。将餐巾对折轻轻放在膝上。

① 开胃菜。一般有冷盘和热头盘之分,既可以是沙拉,也可以有海鲜、蔬菜组成的拼盘。也有常见的鱼子酱、鹅肝酱、熏鲑鱼、奶油鸡酥盒、焗蜗牛等。

② 面包。面包一般放在自己的左前方,在吃第一道菜时开始食用。正确的做法是:用左手撕下一块大小合适,用黄油刀涂上黄油或果酱,送入口中。不要拿着整块面包,全部涂上黄油,双手托着吃;不能用叉子叉着面包吃,不能用刀叉切开吃。如盘内剩余少量菜肴时,不要用叉子刮盘底,更不要用手指相助食用,应以小块面包或叉子相助食用。如果是烤面包就不要撕开。甜食上来后,最好就不要再吃面包了。

吃面包可蘸调味汁,吃到连调味汁都不剩,是对厨师的礼貌。注意,不要把面包盘子"舔"得很干净,而要用叉子叉住已撕成小片的面包,再蘸一点调味汁来吃,是雅观的做法。

③ 汤:大致可分为清汤、奶油汤、蔬菜汤和冷汤4类。喝汤时不要啜,要用右手拇指和食指持汤匙,从汤盘靠近自己的一侧伸入汤中,向外侧将汤舀起。喝汤时不要端起盘子来喝;不要用嘴唇或咂嘴发出声音,吃东西时要闭嘴咀嚼;如汤菜过热,可待稍凉后再吃,不要用嘴吹,或用匙搅拌降温。汤盘中的汤快喝完时,用左手将汤盘的外侧稍稍翘起,用汤勺舀净即可。吃完汤菜时,将汤匙留在汤盘(碗)中,匙把指向自己。

④ 主菜:西餐的主菜花样品种繁多。肉、禽类菜肴是主菜。其中最有代表性的是牛肉或牛排;切肉时左手拿叉按住食物,右手执刀将其锯切成小块,然后用叉子送入口中。

吃鱼、肉等带刺或骨的菜肴时,不要直接外吐,可用餐巾捂嘴轻轻吐在叉上放入盘内。吃鸡时,欧美人多以鸡胸脯肉为贵。吃鸡腿时应先用力将骨去掉,不要用手拿着吃。吃鱼时不要将鱼翻身,要吃完上层后用刀叉将鱼骨剔掉后再吃下层。吃肉时,要切一块吃一块,块不能切得过大,或一次将肉都切成块。

用餐时打嗝是最大的禁忌,万一发生此种情况,应立即向周围的人道歉。取食时不要站立起来,坐着拿不到的食物应请别人传递。

就餐时不可狼吞虎咽。对自己不愿吃的食物也应要一点放在盘中,以示礼貌。每次送入口中的食物不宜过多,在咀嚼时不要说话,更不可主动与人谈话。

有时主人劝客人添菜,如有胃口,添菜不算失礼,相反主人也许会引以为荣。

肉类菜肴配用的调味汁主要有西班牙汁、浓烧汁精、蘑菇汁、白尼丝汁等。禽类菜肴的原料取自鸡、鸭、鹅;主要的调味汁有咖喱汁、奶油汁等。其中,蔬菜类菜肴,可以安排在肉类菜肴之后,也可以与肉类菜肴同时上桌,蔬菜类菜肴在西餐中称为沙拉。

⑤ 点心甜品。西餐的甜品是主菜后食用的,它包括所有主菜后的食物,如布丁、冰激凌、奶酪、水果等。

吃水果,不要拿着水果整个去咬,应先用水果刀切成四五瓣,再用刀去掉皮、核、用叉子叉着吃。

⑥ 热饮。招待客人时不要把热水放在玻璃杯里,这样既不科学,又不安全,因为玻璃杯容易烫手。所以,热水、热茶等,应该放在瓷杯里,玻璃杯是用来装冰块或是冷水的。

西方喝茶的方式和中国也不一样。中国喝茶方法一般都是把茶叶直接放在茶杯里用开水冲着喝,茶叶仍在杯子里。西方是用袋泡茶或把茶叶先放在茶壶里泡,然后把茶水倒出来喝,茶杯里不留茶叶。

饮咖啡一般要加糖和淡奶油。咖啡杯的正确拿法,应是用拇指和食指拿住杯把而将杯子端起。给咖啡加糖时,如果是砂糖,可用汤匙舀取,直接加入杯内;如是方糖,则应先用糖夹子把方糖夹在咖啡碟的近身一侧,再用汤匙把方糖加在杯子里。如果直接用糖夹子或手把方糖放入杯内,有时可能会使咖啡溅出,从而弄脏衣服或台布。添加后要用小勺搅拌均匀,之后,应把汤匙放在碟子外边或左边。喝时应右手拿杯把,直接用嘴喝,不能让汤匙留在杯子里就端起杯子喝,切不可用小勺一勺一勺地舀着喝。因为汤匙只是用来加糖和起搅和作用。一般来说,喝咖啡时仅仅只需端起杯子,将碟子一起端起来或用手托住杯底喝咖啡的做法都是失礼的。但参加鸡尾酒会,或在宾馆、饭店的大厅里,如果没有餐桌可以依托，则可以用左手端碟子，右手持咖啡杯耳慢慢品尝，如果坐在沙发上，也可照此做。

（3）就餐时注意事项，主要包括以下几点

① 不可在进餐时中途退席。如有事确需离开应向左右的客人小声打招呼。饮酒干杯时，即使不喝，也应该将杯口在唇上碰一碰，以示敬意。当别人为你斟酒时，如不要，可简单地说一声"不，谢谢！"或以手稍盖酒杯，表示谢绝。

② 进餐时应与左右客人交谈，但应避免高声谈笑。不要只同几个熟人交谈，左右客人如不认识，可先自我介绍。别人讲话不可搭嘴插话。

③ 进餐过程中，不要解开纽扣或当众脱衣。如主人请客人宽衣，男客人可将外衣脱下搭在椅背上，不要将外衣或随身携带的物品放在餐台上。

④ 凡事由侍者代劳。在一流餐厅里，客人除了吃以外，诸如倒酒、整理餐具、捡起掉在地上的刀叉等，都应让侍者去做。在国外，进餐时侍者会来问："How is everything?"如果没有问题，可用 Good 来表达满意。

侍者会经常注意客人的需要。若需要服务，可用眼神向他示意或微微把手抬高，侍者会马上过来。如果对服务满意，想付小费时，可用签账卡支付，即在账单上写下含小费在内的总额再签名。最后别忘记口头致谢。

⑤ 聊天切忌大声喧哗。在餐厅吃饭时就要享受美食和社交的乐趣，沉默地各吃各的会很奇怪。但旁若无人地大声喧哗，也是极失礼的行为。音量要小到保持对方能听见的程度，别影响到邻桌。

⑥ 任意选择乳酪。高级餐厅上甜点之前，会送上一个大托盘，摆满数种乳酪、饼干和水果，挑多少种都可以，但以吃得下为准。

⑦ 叉子和汤匙吃甜点。上甜点时大都会附上汤匙和叉子。冰激凌之类的甜点容易滑动，可用叉子固定并集中，再放到汤匙里吃。大块的水果可以切成一口的大小，再用叉子叉来吃。

⑧ 当晚餐准备就绪，在没有助手的时候，第一道菜（如果不是热菜）应当提前摆在桌上，这样女主人就可以和客人一起入座。如果人不多，女主人可以高声宣布开始用餐，人比较多的时候，可以让来宾相互通告入座。

⑨ 安排客人入座是很有学问的，男主人应引着最尊贵的女士走进餐厅，并让她坐在自己的右侧。特别尊贵的客人，也可以是最年长的女士，或久未造访的朋友。次重要的女客人应该被安排在男主人的左侧。女主人通常坐在桌尾，重要的男客人应该坐在她的左侧。必须注意的是，男女客人要均匀地安排，并且尽量让夫妇分开坐。

⑩ 左撇子的客人，应安排在角落，这样，当他和旁边的人一起举筷夹菜的时候，不会碰到对方的手臂。

6.1.5　冷餐会礼仪

冷餐宴是一种比较自由的宴请形式，一般不设座，食品集中放在餐厅中央或两侧桌上，由客人按顺序自动取食，不要抢先；取食后可找适当位置坐下慢慢进食，也可站着与人边交谈边进食；所取食物最好吃完；第一次取食不必太多，若需添食，可再次或多次去取。冷餐会客招待较多的客人，客人到场或退场比较自由。如图 6-15 所示（选自 http://

图 6-15　冷餐会现场

客人一面做好就餐的准备,一面可以和同席的人随意进行交谈,以创造一个和谐融洽的用餐气氛。不要旁若无人,兀然独坐;更不要眼睛盯着餐桌上的冷盘等,或者下意识地摸弄餐具,显出一副迫不及待的样子。当开始用餐时,特别要注意以下几点:一是主人举杯示意开始时,客人才能开始;客人不能抢在主人前面。二是要细嚼慢咽,这不仅有利于消化,也是餐桌上的礼仪要求。决不能大块往嘴里塞,狼吞虎咽,这样会给人留下贪婪的印象。三是不要挑食,不要只盯着自己喜欢的菜吃。或者急忙把喜欢的菜堆在自己的盘子里。四是用餐的动作要文雅,夹菜时不要碰到邻座,不要把盘里的菜拨到桌上,不要把汤碰翻。五是不要发出不必要的声音,如喝汤时"咕噜咕噜",吃菜时嘴里"叭叭"作响,这都是粗俗的表现。用餐结束后,可以用餐巾、餐巾纸或服务员送来的小毛巾擦嘴,但不宜擦头颈或胸脯;餐后不要不加控制地打饱嗝或嗳气。

6.1.6　鸡尾酒会礼仪

鸡尾酒会,也称酒会,是一种自由的社交活动,备有多种饮料和少量小食品,一般在下午或晚上举行,不设座,时间短,客人到场或退场自由。中途离开的客人,应向主人道别,但出席酒会不能太迟或到达不久就离去。

鸡尾酒会的形式活泼、简便,便于人们交谈,如图 6-16 所示(选自 http://www. dkv. cn)。招待品以酒水为重,略备一些小食品,如点心、面包、香肠等,放在桌子、茶几上或者由服务生拿着托盘,把饮料和点心端给客人,客人可以随意走动。举办的时间一般是下午 5 点到晚上 7 点。近年来,国际上各种大型活动前后往往都要举办鸡尾酒会。

图 6-16　鸡尾酒会上交谈

这种场合下,最好手里拿一张餐巾,以便随时擦手。用左手拿着杯子,以便随时准备伸出右手和别人握手。吃完后不要忘了用纸巾擦嘴、擦手。用完的纸巾丢到指定位置。

6.2　拓展阅读

6.2.1　怎样品葡萄酒

1. 品葡萄酒的程序

某位酿酒商说:"品酒与喝酒的区别在于思考。"在西方,品酒被视为一种高雅而细致的情趣，鉴赏葡萄酒更是有钱阶层的风雅之举。

为了讲究温度，喝葡萄酒的杯子一定要选用有脚的高脚杯，以避免握到杯身，手的温度不致影响到酒温；为保留凝聚淡淡的酒香，杯肚要大，杯口却要缩窄，整个杯身最好像一朵郁金香，透露一股美妙；为欣赏美丽的酒色，杯器需要光亮透明并且无折射，这样酒色可以毫无遮瑕地透视出来，好让醇醇的美酒借着杯器之雅映入呷客微熏的眼眸，这时不饮它也自醉了！此乃喝葡萄酒之乐趣！

说到品尝酒葡萄酒的程序，可分为三个步骤。

第一步，观色。

观察葡萄酒的外观，包括下列几个部分。

清澈度：将酒杯倾斜45°，置于有白色背景的光源下即可观察到清澈度，不要有浑浊或雾状的迹象。有时候在白酒中会发现一些白色结晶状的沉淀物，这是酒石酸盐，不过对品质不会有影响。

浓稠度：经过摇晃酒杯之后，在杯壁上留下一条酒痕，有"葡萄酒眼泪"之称。出现这种现象表示酒的浓稠度较浓，也就是酒精浓度和含糖量都较高，但与酒的品质并没有绝对的关系。

颜色：从葡萄酒的颜色来分，可分为红、白及玫瑰红三大类，每一类葡萄酒的颜色都可从它的深度与色调来形容葡萄酒的特性。一般红酒的颜色，会随着酒龄的增加，逐渐变淡；而白葡萄酒则相反，年限越短越呈淡黄绿色，经过多年的橡木桶储存，颜色会加深，变成金黄色。

气泡：大部分红、白、玫瑰红的佐餐酒中，都不太容易发现气泡，只有在气泡酒或香槟酒中可察觉，而气泡的大小及持续冒泡的时间与葡萄酒的品质有关，气泡越小，越细致且持续较久，其品质越好。

第二步，嗅味。

手握酒杯底托，不停地摇晃杯中酒，使氧气与葡萄酒充分融合，最大限度释放出葡萄酒的独特香气，然后品闻葡萄酒的香味。这个步骤在整个品尝葡萄酒的过程中扮演着相当重要的角色，可试着不同的吸气方式与时间长短，来判别对葡萄酒香的认知，如深呼吸或短呼吸等配合鼻孔与杯子的距离长短而感受不同。一般来说，描述葡萄酒的香味是件困难且相当主观的一件事。

第三步，品尝。

品尝葡萄酒的味道比闻酒香简单，将酒液啜入一小口放于口腔前部，让舌头把酒液温热，使各种香味缓缓逸出，渐入佳境。通常会感到下列味道相互糅合。

甜味（不甜的称为"干"）：大部分红葡萄酒和某些白葡萄酒属于干性。提前终止发酵的酒会留下一些天然糖分。舌尖若明显感觉到糖分，便属于微甜至十分甜的葡萄酒。

酸味：可被舌头两侧和颚部位感觉到。白葡萄酒呈现出酸度非常普遍。

涩味：葡萄的皮和籽皆含有丹宁。丹宁是一种存在于茶、菠菜等植物中的带苦涩味的化合物。红葡萄酒丹宁含量最高，白葡萄酒最低。

酒精：酒液流进喉咙时，会弥漫一股暖气。酒精越多，温暖感越强。

另外，葡萄酒与食物的搭配很微妙，怎样才能做到珠联璧合呢？

（1）红酒要配红肉，白酒要配白肉。

（2）简单的酒配复杂的菜，复杂的酒配简单的菜。

（3）干白口感清爽，酸度高，以清淡的蒸、烤鱼类或水煮海鲜最对味，浓一点的酒可以配简单的鸡肉或猪肉，也可试试高酸度的羊奶乳酪。

（4）干红葡萄酒适合配牛排等肉类，若是经过陈年的，四溢的酒香和丰满的口感，便可以配长时间煨煮的丰盛菜肴，如野禽加野菇等。

2. 品葡萄酒须知

葡萄酒杯通常选用的是无色玻璃高脚杯。这有利于鉴定酒色，还可以避免手温传给酒，影响酒液的温度。酒杯的容量最好不少于20毫升。大一点，盛的酒就多一点，酒在杯中就有足够的空间凝聚芳香。酒杯应该上窄下阔，这有利于凝聚酒香。杯形除美观外，为能观察酒的颜色，以没有花纹为宜，酒杯应该清洁，无破损。

大部分的葡萄酒适合于在较低的室温下饮用，16℃～18℃饮用为最佳。如果温度过低，可以手捧着杯身利用体温来给酒加热。传统上与葡萄酒相搭配的菜是牛肉、某些奶酪食品、拌着红色沙司的空心粉以及禽肉。当然，与白酒类似，葡萄酒的饮用规则也并非那样死板苛刻。很多人并不管主菜是什么，仅仅因为个人喜好而一直选择某种葡萄酒。这时，所喝的葡萄酒更倾向于口味清淡的波尔多干红。而勃艮第所产的葡萄酒，口味浓郁，一般不太喜欢。

不起泡的粉色葡萄酒也是葡萄酒家族的一员。它们适合于冰镇后饮用。与其搭配的主菜口味清淡，例如，鱼类、小牛肉、鸡肉和水果。对于一瓶好年份的葡萄酒，如果要尽情欣赏它的美妙，就一定要仔细遵循它稍嫌复杂的上酒程序：饮用前1～2天，将酒从酒窖或酒橱中取出，以最轻柔的方式把它转移至稻草编织的篮子里，并保持酒瓶比藏酒时多倾斜15°～20°，瓶口在上，然后静置至少一天的时间，以便于酒中的沉淀物沉至瓶底。

假如没有专门的酒窖，酒就必须在一两天之前购买，然后遵循同样的程序准备。饮用之前一小时左右是开启瓶塞的最佳时间。当然，瓶塞上的金属箔也应同时削去，以免它在倒酒时接触到酒浆而影响其品质。基于同样的考虑，瓶嘴应用一块潮湿的布擦拭干净以除去上面积攒的残渣。拔软木塞的时候要十分仔细，而拔出的瓶塞应放在酒瓶的旁边，让有心之人能注意到它的完好无损。开启瓶塞后的一个小时是酒瓶内琼浆呼吸期，它可以趁此时间将在酒窖保存时中所吸收的霉味儿或其他的奇怪气味散发干净。

为了使客人知道酒的情况，酒瓶一定要放在篮中，上面的标签也不能撕走。斟酒时要格外小心，否则酒液可能因"后冲"而从瓶嘴向瓶底回流甚至起泡，激起瓶底的沉淀。斟酒时还应注意：一是不要太满，大约是酒杯容量的一半至2/3即可；二要留意酒的标签，酒瓶贴有标签的一面应向着客人。这样做的目的是要让每一位客人知道，主人为他们准备的佳酿是什么牌子的。主人应该把第一小口酒倒在自己的杯子里，这不仅仅是为了尝酒，确保酒质未变，也是为了不把可能漂浮在酒表面上的一层瓶塞碎末倒进客人的酒杯里。瓶中的酒显然不能倒空，要留下约2.54cm深的酒液，因为这些酒液早已因沉淀而混浊。

在餐厅里，当服务员送上我们所点的葡萄酒时，主人应在开瓶前仔细地查看瓶签上的酒名、年份及酒厂是否无误，然后示意服务员先开瓶透气。开瓶后，主人应该检查瓶塞是否湿润，也就是说检查这瓶酒是否是平躺着存放的，如果是干的可要求更换。接着便可安排倒酒的顺序。

服务员在倒酒时会先请主人品尝一小口,在主人确定了该酒的颜色、香气、味道皆正常后,服务员应该依年龄顺序先倒给女士,再倒给男士,最后才倒给主人。主人在尝酒时不能因酒味不合心意而要求换酒,只有在酒变质(如味道变酸等)的情况下,或因为服务员未在主人视线范围内开酒,才可要求退换。

服务员应该在客人的右侧倒酒,右手握住酒瓶,左手拿着一块白餐巾背在身后。倒酒的时候,动作应该轻,绝不能像倒啤酒时那么鲁莽。另外,葡萄酒的高脚杯不可以倒满,否则会显得很失礼。当差不多倒满酒杯的1/3时,服务员应该开始微微转动手腕,同时将瓶口抬起,这个动作应该非常果断,不让任何一滴酒落在台布上,然后用左手的白餐巾擦拭可能挂在瓶口的酒滴。

资料来源:张建宏.现代商务礼仪教程[M].北京:国防工业出版社.2011.

6.2.2　中西宴会礼仪上的差异

中国和西方都讲究宴会的礼仪,由于文化差异产生了各自不同的宴会礼仪。重视宴会礼仪的差异,有助于更好地进行跨文化交际。

1. 餐具的差异:"筷子"及"刀叉"

中西宴会上最为明显的差异是餐具的使用。中国人用筷子夹食物,西方人用刀叉切割食物。不同的食用方式显然不是偶然现象,而是在不同文化引导下形成的。

中国人自古以来大部分以农耕为主;所谓"面朝黄土背朝天",正是这一文化现象的真实写照。在这种文化环境中,通常以谷类为主食,倾向于安居乐业、和平与安定,强调以"和"为贵,反对侵略和攻击。而西方很多国家其祖先为狩猎民族,饮食以肉类为主,为了能在残酷恶劣的环境下生存,必须善于捕猎,富于进攻性,形成了争强好胜和乐于冒险的性格特征。这两种近乎相反的文化倾向反映到饮食中就很自然地体现在餐具的选择以及食用方式上。中国人使用筷子时温文尔雅,很少出现戳、扎等不雅动作,在餐桌上对待食物的态度是亲和的、温柔的。相反,西方人使用刀叉时又切又割,让人感到一种残酷和暴虐,是毫不掩饰地蹂躏食物。尽管中国人和西方人一样性喜吃肉,但表现得非常含蓄、婉转,丝毫感觉不到那种血淋淋的"厮杀"和"搏斗"。法国著名的文学思想家、批评家罗兰·巴尔特(Roland Barthes)在谈到筷子时认为,筷子不像刀叉那样用于切、扎、戳,因而"食物不再成为人们暴力之下的猎物,而是成为和谐传送的物质"。

2. 出席时间的差异:"迟到"及"准时"

"准时"似乎是一个普遍适用的概念,然而在不同的国家和不同的文化中对这一概念的理解也不尽相同,且这一概念也因活动内容的不同而有所变化。

跨文化交际学的奠基人之一,美国著名的人类学家爱德华·霍尔提出人类时间观念有两种文化模式,即"时间的单一性"和"时间的多样化"。单一性时间要求做任何事都要严格遵守日程安排,该干什么的时候就干什么;持多样化时间观念的人却没有安排日程的习惯,该干什么的时候没有按时去干。前者注意严格遵守约会时间,不能失约;而后者不注意遵守时间,不重视预约。霍尔还认为单一性时间是欧美等西方国家的时间模式,多样化时间是亚非拉地区的模式。在他看来,时间犹如商品,可以买卖、节省、花费、浪费、丢失、弥补和测算。因此,在参加宴请时,由于身处不同的文化模式,中西方的差异显得较为突出。在中国,一般来说,时间的多样化模式使人更倾向于"迟到",在规定的时间半小时之后,甚至更晚才"姗姗来迟"。对此,主人似乎也早有思想准备,往往会在这段"等待"时间里安排一些其他节目,如打打牌、喝喝茶、聊聊天等,让一些"先到"的客人们消磨时间。对于这种"迟到"现象主客双方都习以为常,并不将之视为对主人邀请的一种轻视或是一种不礼貌的行为。有时主人甚至故意将宴会时间定得"早"一些,以便为客人们的"迟到"提供更加充裕的时间。而西方国家中,正式的宴会要求准时到达,一般不超过 10 分钟;否则将被视为不合礼仪,是对主人以及其他客人的不尊重。

3. 座位安排的差异

(1)"南北"及"左右"。座位的安排是利用空间位置表示各人地位和人际关系的一种重要形式。人们对空间的观念是经过后天种种因素的影响而习得的,其中文化的因素尤为突出。因此,文化不同,人们对空间的需求、与空间有关的交际规则以及有关空间的价值观念也有所不同。霍尔用 space speaks 来形容空间的作用。

在中国,宴会中座位通常是以面向南为上,以面向北为下,形成了"南尊""北卑"的传统观念。这与中国传统文化是密不可分的。中国古代社会历史悠久,朝代众多,但不论哪一朝、哪一代,皇帝登基、议政一律都是面南而坐,故有"面南称孤""南州冠冕"一说;而臣子拜见君王则面向北,故也有"北面称臣"一说。由此可见,"南"在中国人心目中已逐渐演变成一种至高无上的象征,代表了权力、地位和身份;与此相对的"北"的地位就自然低了许多。这一现象在汉语的成语中也有很好的体现。若成语中同时出现"南""北"两字,往往"南"字在前而"北"字在后,如"南腔北调""南辕北辙""南征北战""南来北往"等。因此,在宴会上当然是以朝南的座位为上座,而朝北的座位为下座。

在古代西方社会,最尊贵的客人的座位是在主人的左边,这是因为人们习惯于用右手握匕首,刺杀坐在左边的人。如果将最尊贵的客人安排在主人的左手位置上,不仅他刺杀不方便,主人还有制服他的优势地位。随着社会的进步,在宴会上刺杀这一古老现象近乎绝迹。今天,西方人在安排座位时已不再着眼于安全保护,而是出于心理保护的需求,将主宾席放在主人的右侧,形成了餐桌座位以右为上、左为下的规矩。

(2)"男尊女卑"及"女士优先、男女平等"。中西方在男女宾客位置的安排上也有较大的差异。在中国,尤其是在古代,正式的宴席上根本看不到女性的身影,从而也就无须考虑女性位置的安排,这与中国传统文化的"男尊女卑"的思想是一致的。林语堂在《中国人》一书中甚至说:"始自原始时代,中国人的血液中,妇女就没有占据过应有的地位。"随着后来儒家思想的"一统天下",女性一直被束缚在封建礼教中,处于从属地位。今天,中国女性地位得到了显著提高,早已摆脱了以往的从属地位,女性的身影出现在宴请中也早为中国人所接受,但女性却往往坐在一起。当"尊老"和"女士优先"原则发生矛盾时,中国人选择的是"尊老"而不是"女士优先"。

在西方"女士优先"是他们的传统文化观念,是社交活动中的重要礼仪规范。这是因为基督教是西方国家普遍信奉的宗教,该宗教尊崇玛利亚为圣母,以仰慕女性为高尚的情操。另外,12、13 世纪,随着十字军的东征,形成了"骑士团"这一独特的阶层。由于"骑士团"的巨大影响和显赫地位,逐渐形成了他们自己的一套礼仪规范并流传到民间,其中一个最具有特色的便是尊重女士、后来被称为优礼女士的"骑士风度",一时间便成了贵族乃至平民阶层的文明准则,并沿袭至今。因此,在西方的宴席中,女性很早就占据了重要的位置,且男女宾客必须交叉而坐,这也从另一个方面体现了男女平等的思想。

资料来源:卞浩宇,高永晨.论中西方饮食文化的差异[J].南京林业大学学报(人文社会科学版),2004(6).

6.3 实训练习

6.3.1 案例讨论

案例1

用餐礼仪

网上曾有一篇帖子,记述了唐山一所学校的老师带队去日本上田市立武石小学校进行交流访问时的经历,用大量图片真实展示了日本小学生如何帮厨、分餐具、文明用餐、分类收拾垃圾、打扫餐厅的全过程。

该校每天都抽一个班,不管哪个年级的学生,都要参加帮厨,主要负责帮助厨房做饭、准备餐具等工作。就餐的时候,帮厨的学生会穿着白大褂,戴着白口罩白帽子,把餐具、饭菜等抬到餐厅。在中国学生进餐厅前,日本学生已经安静地坐好等待,没有人先开始吃饭,直到中国学生都坐下来,他们才动筷子。开启牛奶瓶的时候,会有日本小学生主动帮助,并把纸质瓶盖和塑料绳分类放入垃圾桶。不论味道如何,几乎所有的武石小学校的学生都会把牛奶喝完,饭菜吃光。而中国学生,剩菜剩饭随处可见。就餐完毕,很多日本小学生开始自觉地收拾碗筷、擦桌子,没有老师指挥,大家各自找能干的活。整个用餐过程秩序井然,有条不紊。

资料来源:http://bbs.gxsky.com/thread-9910207-1-1.html.

讨论题

(1) 用餐礼仪包括哪些内容?

(2) 本案例对我国礼仪教育有何启示?

案例2

应文明做客

小王为答谢好友李先生一家,夫妻两人在家设宴招待他们。女主人的手艺不错,清蒸鱼、炖排骨、烧鸡翅……李先生一家吃得津津有味。这时,有肉丝钻进了李先生的牙缝。于是,李先生拿起桌上的牙签,当众剔出滞留在牙缝中的肉,还将剔出来的肉丝吐在烟灰缸里。看着烟灰缸里的肉丝,小王夫妇一点胃口也没有。

资料来源:http://www.meishij.net/wenhua/liyi/35799.html.

讨论题

(1) 李先生不文明行为表现在哪儿?

(2) 假如是你,如何处理?

案例3

别对着餐桌打电话

某公司发明制造的专利产品在北京市场上很受欢迎，经过一年多的竞争之后，在同类产品中站稳了脚跟。现在这家公司欲将产品投放全国而在很多城市确立代理权，由于产品的销售前景很不错，所以，代理权的竞争非常激烈。

到 A 城考察并办理代理权的是公司销售部吴经理，A 城是中国经济大市，竞争更激烈。吴经理通过申报代理权的材料和对几个准备做代理公司的了解，最后决定约甲乙两家公司进行商务谈判。

上午约见甲公司代表孙先生，到了就餐时间，孙先生请吴经理用午餐，吴经理也没有推辞。于是，他们就到一家不错的酒店进行商务用餐。整个过程宾客都相处得很愉快。此时，孙先生的手机响了，孙先生对吴经理说："对不起，我接个电话。"孙先生没有动就开始接电话，面对着餐桌，还一边把玩放在桌上的酒杯一边说："你叫司机小王去一趟，我回来再补上相关手续。什么？小王没有外出的批条不去？你叫小王接电话……小王，你先去，我回来给你补上，快去，不要啰唆了。"

孙先生的电话打了近 10 分钟，吴经理在旁边一直等着，脸上不动声色。就餐完毕后，吴经理回到宾馆，准备下午与乙公司的商务代表约见。

乙公司的代表姓刘，是该公司的销售部总经理，整个会谈花了近 3 个小时，从该公司对某公司这个专利产品的了解，到对市场的走向，人们的需求导向，与甲公司谈得近乎一样，傍晚了，又到了就餐时间，刘经理请吴经理一起用餐，吴经理也没有推辞。

就餐过程也相当愉快，宾客相谈甚欢。同样，后来刘经理的手机响了，刘经理看了一眼来电号码，立即对吴经理说"对不起"。于是刘经理就按了停止键，把手机调整成振动，请吴经理继续就餐。不一会儿，手机又"响"了，刘经理先对吴经理歉意一笑，再看来电号码，对吴经理说"对不起，这个电话需要接一下，两分钟就好"。

吴经理说："请便。"

刘经理再次歉意地向吴经理微微一笑，拿着手机起身离开餐桌，到宾馆门外接听电话。两分钟后果然就回来了。

最后，A 城的代理权给了乙公司。

一个电话丢失了很有前途的代理资格。如果孙先生知道了其中的原因，肯定会后悔莫及。真是小礼仪关乎大商机啊！

资料来源：夏志强.人生要懂的 100 个商务礼仪［M］.北京：中国书店，2006.

讨论题

(1)"小礼仪关乎大商机"，对此你怎么理解？

(2)本案例对你有何启示？

案例4

小张错在哪里？

刘小姐和一位姓张的男士在一家西餐厅就餐，男士小张点了海鲜大餐，刘小姐则点了烤羊排，主菜上桌，两人的话匣子也打开了，小张边听刘小姐聊起童年往事，一边吃着海鲜，心情愉快极了，正在陶醉的当口，他发现有根鱼骨头塞在牙缝中，让他极不舒服。小张心想,用手去掏太不雅了,所以就用舌头舔,舔也舔不出来,还发出喷喷喳喳的声音,好不容易将鱼骨头舔吐出来,小张就随手放在餐巾上。之后他在吃虾时又在餐巾上吐了几口虾壳。刘小姐对这些不太计较,可这时小张突然用力打了一个喷嚏,餐巾上的鱼刺、虾壳随着风势飞出去,其中的一些正好飞落在刘小姐的烤羊排上,这下刘小姐有些不高兴了。接下来,刘小姐话也少了许多,饭也没怎么吃。

资料来源:http://www.worlduc.com/blog2012.aspx?bid=23918983.

讨论题

请指出本例中小张的失礼之处。

案例 5

自助餐风波

周小姐有一次代表公司出席一家外国商社的周年庆典活动。正式的庆典活动结束后,那家外国商社为全体来宾安排了丰盛的自助餐。尽管在此之前周小姐并未用过正式的自助餐,但是她在用餐开始之后发现其他用餐者的表现非常随意,便也就"照葫芦画瓢",像别人一样放松自己。

让周小姐开心的是,她在餐台上排队取菜时,竟然见到自己平时最爱吃的北极甜虾,于是,她毫不客气地替自己满满地盛了一大盘。当时她的主要想法是:这东西虽然好吃,可也不便再三再四地来取,否则旁人就会嘲笑自己没见过什么世面了。再说,它这么好吃,这会儿不多盛一些,保不准一会儿就没有了。

然而令周小姐脸红的是,当她端着盛满了北极甜虾的盘子从餐台边上离去时,周围的人居然个个都用异样的眼神盯着她。有一位同伴还用鄙夷的语气小声说道:"真给中国人丢脸呀!"事后一经打听,周小姐才知道,自己当时的行为是有违自助餐礼仪的。

资料来源:http://www.6eat.com/Baike/InfoShow/2009/2/6/142308.htm.

讨论题

请问周小姐错在哪儿?

6.3.2 模拟训练

项目 1:参加中餐宴会活动

实训目标:掌握中餐宴会的桌位和座次要求。

实训学时:2学时。

实训地点:多功能餐厅。

实训准备:会场背景资料、材料(气球、彩带、花束)、餐桌、餐具、数码摄像机或照相机等。

实训方法:以寝室6个人为单位,团体分工合作,分别展示餐会会场布置、餐桌摆放、座次牌摆放,说明这些设计摆放的理由。

然后,用数码摄像机(或数码照相机)记录整个过程,然后大屏幕回放,学生自我评价,授课教师总结点评学生存在的个性和共性问题。最后评选"最佳设计团队"。

训练手记:通过训练,我的收获是_____。

项目 2：参加西餐宴会活动

实训目标：掌握西餐宴会的礼仪要求。

实训学时：2 学时。

实训地点：多功能餐厅。

实训准备：西餐餐具，宴会桌、椅子、桌布、酒杯等。

（背景资料：2008 年新年前夕，海外旅游服务有限公司要答谢客户宴会。企划部门负责人召开部门会议，会上将宴会的时间初步定在 12 月下旬，地点初步定在某五星级酒店，确定宴请的对象为 20 多家单位的负责人和重要客户。如果你是被邀请的一个成员，参加宴会活动应注意什么？）

实训方法：将学生分成不同小组，12～15 个人为一个团体，分别扮演男女主人、宾客等不同角色参加宴会，并坐在一张餐桌上、使用不同的餐具。说明这些餐具摆放、使用的程序和理由。然后，用数码摄像机（或数码照相机）记录整个过程，然后大屏幕回放，学生自我评价，授课教师总结点评学生存在的个性和共性问题。最后评选"最佳服务先生"和"最佳服务小姐"。

训练手记：通过训练，我的收获是＿＿＿＿＿＿＿＿＿＿＿＿＿＿＿＿＿＿＿＿＿＿。

课后练习题

1. 判断题

（1）正式宴会的席位常规，一般是桌次高低以离主桌位置远近而定，原则是右高左低。
（　　）

（2）西餐排定用餐席位时，一般男主人为第一主人，在主位就座。而女主人为第二主人，坐在第二主人的位置上。
（　　）

（3）上甜品前先准备干净的甜品餐具，主动均匀地把甜品分派给客人。（　　）

（4）上水果前，把水果端到客人桌上，介绍说："××先生/小姐，这是我们酒楼经理送的，请慢用。"
（　　）

（5）西餐吃水果，可以拿着水果整个去咬，也可用水果刀切成四或六瓣再用刀去掉皮、核、用叉子叉着吃。
（　　）

（6）上完最后一道菜时，告诉客人"先生/小姐，您点的菜已经上齐了"并询问客人是否要增加水果或甜品。
（　　）

（7）西餐菜单可以是：汤—开胃菜—主菜—面包—点心甜品—咖啡。（　　）

（8）招待客人时要把热水放在瓷杯里，玻璃杯是用来装冰块或是冷水的。（　　）

（9）鸡尾酒会，是一种自由的社交活动，备有多种名酒、饮料和讲究的名菜，一般在盛大场合举行。
（　　）

（10）自助餐是招待会上常见的一种，可以是早餐、中餐、晚餐。（　　）

2. 简答题

（1）正式宴会，对客人的服装和礼仪有什么要求？

（2）中餐宴会的席位排列是怎样要求的？

（3）西餐宴会的座次安排有哪些要求？

（4）西餐宴会的餐具摆放和实用程序是什么？

（5）便宴的形式有哪些？适合于哪些场合？

3. 思考与操作

（1）以寝室为单位，按照宴会的程序，分别组织一场中西式的宴会。

（2）请分别设计西餐宴会、中餐宴会、冷餐会、自助餐会的方案。

（3）如果你是一位宴请者，根据当地的风俗习惯，你会在宴会的前前后后注意哪些礼仪规范？请详细列表。

（4）有条件的话，用 DV 在食堂拍摄同学们吃饭的情景，并与正确的餐饮礼仪对比。

任务7 出　　行

凡行路巷,少避长,轻避重,去避来……

——《大唐开元礼》

礼节乃是一封通行四方的推荐书。

——【英国】弗·培根

终身让路,不枉百步;终身让畔,不失一段。

——《新唐书·朱敬则传》

任务目标

- 按照娱乐、体育运动等公共场所的礼仪规范自己的行为。
- 精心装备自己,使旅行愉快。
- 遵循礼仪规范步行、乘公共汽车、乘火车、乘小轿车、自驾车、乘飞机、乘客轮、乘电梯。
- 住店符合礼仪要求。

案例导入

这究竟是为什么呢

在一个秋高气爽的日子里,迎宾员小贺,穿着一身剪裁得体的新装,第一次独立地走上了迎宾员的岗位。一辆黑色高级轿车向饭店驶来,稳稳当当地将车停靠在饭店豪华大转门的雨棚下。小贺看到后排坐着两位男士、前排副驾驶座上坐着一位身材较高的外国女宾,小贺一步上前,以优雅的姿态和职业性动作,先为后排客人打开了车门,做好护顶关好车门后,小贺迅速走向前门,准备以同样的礼仪迎接那位女宾下车,但那位女宾满脸不悦,使小贺茫然不知所措。通常后排座为上座,一般有身份的人在此就座。优先为重要客人提供服务是饭店服务程序的常规,这究竟是为什么呢?

资料来源:http://www.canyin168.com/glyy/yg/ygpx/fwal/200707/7350.html.

7.1　礼　仪　规　范

7.1.1　公共场所礼仪

1. 娱乐场所礼仪

(1) 剧院的礼仪。歌剧、芭蕾舞剧院的礼仪要求:首先,开演后迟到者要等到幕间休息时才能进场,这期间只能在场外的闭路电视中看演出。其次,鼓掌应等歌声结束时,精彩唱段结束或舞蹈结束时鼓掌。在一些国家,还伴有喝彩声,有时激动得站起来,但这要看当时情况,如大家都不站起来,也不要一人站起来。演出片段后的鼓掌,也应视情况而定,应尽快止息,以免打断或影响后面的演出。20世纪90年代前,意大利著名歌唱家帕瓦罗蒂来京演出,歌迷为之倾倒。在演出大厅里,掌声和欢呼声甚至压倒了艺术家雄厚的嗓音。演出从始至终,观众无不站立,挥动手中节目单,这虽表示了观众的热情,但这种观赏方式也显得有些过火。在观赏传统的歌剧、芭蕾节目时,应考虑到这些传统艺术需要典雅环境。这与看现代爵士乐、摇滚乐队的表演,可以吹口哨、发怪声,演员激动的情绪与疯狂观众配合的环境是截然不同的。图7-1是著名的澳大利亚悉尼歌剧院(选自 http://www.qq5t.com)。

图7-1 悉尼歌剧院

(2) 音乐会礼仪。维也纳新年音乐会是著名的音乐会,如图7-2所示(选自 http://www.ycwm.gov.cn)。西方人士把出席音乐会视为一件高雅而庄重的事,因而出席音乐会的服饰很讲究,男士西装革履、打领带,女士则要穿上礼服并化妆。衣冠不整进入音乐会,必定会令人侧目。

图7-2 维也纳新年音乐会

听众均应于音乐会开始前入座。一旦演奏开始,听众就将被禁止入内,而只能在门外静听,等候中场休息时方可入内。音乐会上不允许中途退场。

音乐会上要保持肃静。观众来到音乐厅入口处应停止说话,脚步放轻,任何惊动场内观众的言行都是失礼的。因而在音乐会上不许交谈、大声打哈欠,甚至是咳嗽和翻动节目说明书。

每支乐曲演奏完毕,听众应以掌声向演奏者致谢。但一曲未了或乐章之间不应鼓掌,否则就如同中途打断别人的讲话一样,只会显示自己的无知。如果某人或某组器乐演奏特别精彩,观众经久不息的掌声要求他再来一个是可以的,但不宜连续多次。

演出结束后可向演奏者献花,但在音乐会演出中途登台献花是不适宜的。演出结束后,听众应在座位上停留片刻,不要急于退场,待演奏者谢幕时,全场应起立鼓掌,以示尊敬,然后方可有秩序地退场。

(3)电影院的礼仪。在电影院看电影较在剧院、音乐会上的礼仪要求相对松一些,但仍要求言行举止文明。具体做到:一是在售票处购票时要排队;二是进入电影院时,主动出示票,并对号入座;三是影院中不允许穿背心、短裤、拖鞋;五是不要随地扔瓜果皮核,不要吸烟;六是情侣们不要过分亲热,既不雅又挡他人视线;七是看电影过程中不要喧哗、交谈和叫好;八是应等影片结束,影院亮灯时才起身离开。

(4)歌舞厅的礼仪。改革开放后,中国的歌舞厅出现在大街小巷。如今,商业界晚上开展业务性应酬活动的地点多选择轻松自在的歌舞厅。在歌舞厅应注意的礼仪:一是服饰上可更艳丽,化妆可采用浓妆;二是男士应尽可能多邀请同去的女士跳舞;三是对于客人的邀请,不管是否会跳,应表现出乐于陪同,礼貌迎合;四是执行客人点歌曲目,应征求客人的喜好,五是对演员和服务员要用语文明、举止得体;六是在客人尽兴时,提出结束玩乐。

2. 体育运动场所礼仪

(1)观看体育比赛的礼仪。观看体育比赛要注意以下礼仪:①衣着。体育场所中的衣着一般是非正式的,以穿着适时、舒适为主,尤其是秋冬季的室外赛场,优先考虑的应是保暖。在室内体育馆里,坐在包厢里的观众通常比坐在看台上的观众要穿得正式,如果着运动装,也要求整洁大方。场内观众着装更随意。②入座。应准时到场,以免入座时打扰别人。观看比赛时,不能因情绪激动而用脚踩着座位看。③遵守秩序。观看体育比赛时要注意讲文明。你可以在比赛中为你所喜爱、支持的运动员和运动队欢呼呐喊,但不要辱骂对抗的一队,以免和另一队的支持观众发生争执,或被警察"保护"出场,更不要因不满赛况而向比赛场中投掷杂物,攻击裁判等。④照顾他人。与在其他公共场所一样,体育比赛中若想吸烟,要注意场内是否允许并要征得周围人同意。比赛期间不要频繁进进出出地买饮料、如厕等,以免影响其他观众。啦啦队、球迷队的欢呼助威也要照顾他人的观看。⑤退场。如果赛后有要事,可在终场前几分钟悄悄离去。若等到赛完才离去,就要按顺序退场,不要互相拥挤,以免人多发生意外。

(2)观赏体育表演赛的礼仪。体育明星的表演赛类型较多,如田径赛、竞技、球类、武术等。比赛由于云集国内、国际高手,技艺超群,因而比赛颇为精彩,更容易调动人的情绪。观赏表演赛应注意四个环节:①着装。观看体育表演赛同样是非正式的服饰要求,但在看一些国际性的表演赛时,应比看一般比赛注意打扮,工作装、沙滩装和奇装异服一般是不适宜的。②入场。注意车辆要在指定地点存放,按时入场,不要在人群拥挤的入场处逗留,进场后尽快找到座位坐下。由于体育明星的表演赛入场券比较难买,如果想在入场口等退票,注意不要妨碍他人入场,不可纠缠他人。③文明观赏。观看表演赛要支持、鼓励运动员的表演,随着比赛高潮的出现,看台上的气氛也会热烈起来,可以鼓掌和文雅地加以赞扬,有时运动员表现反常,没有发挥应有水平,也要予以热情鼓励,不能吹口哨、怪叫,甚至喊带侮辱性的话。在观看国际性表演赛时,要注意表现出大国的胸襟,坚持"友谊第一,比赛第二。"④退场。表演赛结束同看比赛一样要按秩序退场。但要注意退场时不要尾追、堵截体育明星和名人,不要拦住明星的汽车或纠缠明星签留念。

(3)参加群众性体育活动的礼仪。目前我国群众性体育活动项目繁多,许多正式比赛项目和非正式比赛项目都成为体育爱好者参加的项目。参加体育活动中应注意如下方面:①遵守比赛规则。虽然体育活动不同于正式比赛,但大家仍应遵守种种比赛的规则要求,才能使活动有秩序。运动比赛瞬息万变,比赛中裁判员难免失误,对这种情况,应支持裁判员工作,不要起哄。②讲求运动道德。在以健身、娱乐、陶冶性情、社交等为目的的体育活动中,如板球、网球、高尔夫球、台球、保龄球等,这类活动多以增进友谊为目的,所以讲求运动道德更重要。进行活动时行为不可粗鲁,不可与对手冲突,不可嘲笑、挖苦对方的技艺。赛前、赛后都要与对手握手、拥抱致意。③保证安全。以猎奇、惊险和一定程序的冒险为乐趣的活动,一定要事先准备充分,措施得当,以保证活动时的人身安全。例如在打猎活动中,要正确地使用枪支,保证参加者不受伤害。打猎的枪支管理要严格,打猎时要按组织者的计划与说明行动,只能向规定的方位射击,切记不能向其他猎手方向射击。另外对野生保护动物不能猎取。

3. 其他公共场所礼仪

(1)参观博物馆和美术礼仪。博物馆和美术馆是高雅的场所,人们前去参观可以增长知识和提高艺术修养,因而在这种场所更要讲礼仪。图7-3为参观法国凡尔赛宫镜厅(张岩松摄于2002年1月4日),图7-4为参观美国纽约大都会艺术博物馆(张岩松摄于2007年9月16日)。

图7-3　凡尔赛宫镜厅

图7-4　纽约大都会艺术博物馆

进博物馆和美术馆要将大衣、帽子及旅游携带的杂物存放在衣帽间。不要戴着帽子或食品杂物进入展览厅,一边参观一边吃零食是不文明的举止。要吸烟、喝饮料、吃东西可到休息室去。

展览厅内要保持安静的环境和良好的学术气氛,对讲解员的解说要专心倾听,遇到有不懂的地方或问题,可向其请教,当然也不要问个没完没了,惹人生厌。参观时不要对展品妄加评论。如果你很欣赏某件作品,在不妨碍他人的情况下可以多观赏一会儿;如果别人停住欣赏某件展品,而你不得不从他前面越过时,一定要说声"对不起"。

参观时要爱护展品,不要用手抚摩,以免损坏展品;注意不要让孩子不小心碰坏展品或展厅内的设施。博物馆和美术馆为了保护展品及维护自身的权益,一般都禁止参观者摄影;允许照相的,也禁止使用闪光灯。因此,参观时要注意遵守有关规定。

(2) 参加学术报告会礼仪。参加学术报告会应衣着整洁、美观大方,准时入场、进出有序,依照会议安排落座。具体来说,要注意以下几点要求。

① 遵守纪律,准时有序。参加集会,每个人都要有较强的时间观念,应提前几分钟到达集会地点,保证集会准时开始。不能拖拖拉拉,延误集会的时间和影响集会的气氛。入场时,不要勾肩搭背、大声谈笑、东张西望或寻人打招呼。必要时要在最短的时间内整好队列,并以较快的速度进入会场。入场后要听从会议组织者的安排,迅速就座,秩序井然。不要挤占位置好的座位,更不要坐贵宾席。集会结束后,应让贵宾及师长先离开会场,然后再按次序退场,切忌一哄而散。

② 尊重报告人,表示敬意。报告人未入场前,与会者应端正恭候报告人。当报告人出现在主席台上时,全场应立即安静下来,并报以热烈的掌声,这是一种基本的礼貌。这种礼貌是对报告人的尊重和鼓励。报告人做报告时,要端坐静听,不要交头接耳,窃窃私语,不要看报纸杂志、吃零食、打瞌睡、东张西望或左顾右盼,否则会影响报告人的情绪,也会干扰其他同学听报告。在一般情况下,不要随意离开会场,如有特殊原因需出场,也应悄悄出场,以减少对报告人和听众的干扰。借故离场、扬长而去都是对报告人的不恭,是一种极不礼貌的行为。对报告中的精彩部分,学生可以鼓掌,以表示赞同和钦佩。报告结束时,为表谢意应报以热烈鼓掌。如果报告人离席先走,则应再一次鼓掌表示欢送。此外,对报告中的某些观点不同意,或由于报告中的引例和数据不够准确而有不同看法时,与会者应采取正确而礼貌的方式予以处理,或通过向报告人递条子的办法指出报告中的某些欠妥之处,或会议结束后,向会议组织者提出意见。当场在下面议论、喊叫或当面责问,都是极不礼貌的行为。

③ 自由发言,注意礼貌。要求发言先举手。集会是有组织、有领导的,如果发言要先举手,得到主持人的同意后,方可发言。要认真听别人的发言,在别的同学发言时,不要做出无所谓或不耐烦的样子,不要随便插话,更不能强行打断别人的讲话,假如不同意发言人的观点,在他没有讲完之前,既不要立即反驳,也不要和周围的同学议论,扰乱会场纪律,更不能公然露出鄙夷的神色或拂袖而去。发言要有观点,以理服人。发言不管是阐述自己的看法,还是反驳别人的论点,都应该注意观点明确,论据充分,以理服人。对不同的意见,不要乱扣帽子、乱打棍子,切忌出言不逊、恶语伤人。别人批评自己的观点或对自己的观点提出不同看法时,应虚心听取,要让别人把话说完,不要急躁,不要说出有损别人人格的话,而应互相切磋,求同存异。

(3) 图书馆礼仪。图书馆是知识的殿堂,是人们追求精神文化生活的地方,要求每位读者在求知的同时，爱护图书，遵守图书馆的规章制度，显示出良好的修养。进入图书馆要遵守特别的行为规范和礼仪要求。

由于环境条件的要求，进入图书馆，要保持安静，说话要轻，不可高声谈笑。

借阅图书时，要按次序凭借书证借书。阅毕或者借阅期已到，应及时归还，以便别人借阅，充分发挥图书馆的利用价值。不要在图书馆里吃东西，也不能吸烟；不能一个人占几个人的位置；在电子阅览室要爱护仪器设备，服从管理人员的管理，不能利用图书馆计算机进行网上非法及不道德活动。爱护图书和其他公物，切勿在书上乱涂乱画。发现有用的资料可以用本子抄下来，或者复印。撕坏或在书中"开天窗"，甚至将书窃为己有，都是不道德的可耻行为。开架的图书杂志，阅毕要放回原处，不要使下一位读者找不到要找的书刊，同时又增加工作人员的工作量。

（4）使用洗手间的礼仪。洗手间是我们日常使用极为频繁的地方，由于公共场所的洗手间也是众人共用的，所以在使用时就必须遵守规则，以免影响了下一位使用者的情绪，而且洗手间的使用礼仪最能体现出文明程度的高低。

不论男女，在洗手间都有人使用的情况下，后来者必须排队等待，应该是在洗手间最靠外处排队，一般是在入口处排队，按先来后到依序排成一排，一旦有其中某一间空出来时，排在第一的自然拥有优先使用权，这是国际通常的惯例，而不是每个人分别排在某一间门外，以有点赌运气的方式等待。如果不按国际通用习惯排队，必定会得到其他人的怒目相视，甚至指责。

洗手间最忌讳肮脏，所以在使用时应尽量小心，如果有污染也应尽可能加以清洁。有些人有不良习惯，不愿意去善后，就会殃及下一位使用者。女性卫生用品千万不要顺手扔入马桶中，以免马桶堵塞。其他如踩在马桶上使用、大量浪费卫生纸导致后来者无纸可用等，都是相当不妥的行为。只要心中为后来的使用者想一想，很多事情自然而然你就知道如何做合适了。有些地方的冲水把手位置与平常所见的有所不同，但一般都是在水箱旁，有的在顶部用拉绳来拉，或在马桶后方用手拉，也有一些设置在地上用脚踩的。实际上，用脚踩的方式应该是最符合卫生标准的。若是怕冲水时手被污染，则可用卫生纸包住冲水把再按冲水，在无人排队的情况下，用完洗手间也不必把门关好。应该故意留下明显缝隙，让后来者不需猜测就知道里面是空的。

在飞机、轮船、游览车、火车等交通工具上，洗手间是不分男女的，大家共用，此时也无须讲究"女士优先"。

每个地方的标记各不相同，一般除各国不同的文字注明外，也有不少地方是用图案来标识的，男厕多是：烟斗、胡子、帽子、拐杖、男士头像等。女士则多以高跟鞋、裙子、洋伞、嘴唇、女士头像等来表示。

儿童一般是可以和父亲或母亲一起使用洗手间的，但是不成文的规定是，母亲可以带着小男孩一起上女厕，没有人会介意，而父亲则不可以带女孩上男厕。

在欧洲的一些国家，上洗手间是须付小费的，客气一点是在出口处的桌子上摆着一个浅碟子，使用完毕可以随意放一些硬币等当作清洁费。严格一点的，则在入门处清楚标识使用卫生间的费用，有些要事先付费，你若不付费，看守者就不替你打开锁着的厕门。还有一些用机械投币式，即在入口设有一自动投币机门，投下一个硬币，旋转栅门就可以开一次。

原则上,使用完洗手间必须洗手,洗手台也会有擦手纸与干手机。一般习惯是先用擦手纸巾擦干手,把用完的纸扔入垃圾桶后,再用干手机把手吹干。干手机多为自动感应方式并有自动定时装置,所以不用考虑如何关闭电源的问题。清洁工人会不断巡视各洗手间并进行清洁。在清洁时有时会拖地板,此时就可能会停止使用洗手间,此时会放上 Wet Floor 等黄色的明显告示牌。如果遇到此情形,不可坚持使用,以免影响正常工作,但可以询问最近的洗手间在何处。

7.1.2　旅行礼仪

随着人们生活水平的提高,平时和假日的旅行增多了,改革开放以来,特别是加入世界贸易组织以后,因公因私在国内或海外旅行的机会也增多了,所以掌握旅行的相关礼仪知识,不断培养自觉遵守旅行礼仪的习惯是十分重要的。

1. 旅行的准备

(1) 旅行装备的原则。这包括:①精简原则。合理选择旅行服装是旅行轻松愉快的前提。外出旅行不需要太多的衣饰,即使你要保持一贯的风格和形象,也应只准备用得着的衣饰。否则,去时一大箱行李,回来时又添几件行李,好不辛苦。②美观原则。注重组合系列化、多样化及时装化,体现前所未有的服饰审美要求和消费观念,注重美观及情趣是旅行服饰的新特色。有了这种全新观念,你就可以在衣橱中找出相对漂亮方便的衣饰作为旅行装束了。③舒适方便原则。旅行服饰要注意面料的舒适性。一般来说,丝棉麻这些天然纤维,透气滑爽,适于在夏天及长途旅行中贴身穿着。外衣面料则应以混纺人造纤维及合成布等不易皱、弹性佳、牢度强且洗涤方便的面料为主。

(2) 不同旅行目的装备。通常旅行可分为两种:结合工作目的的旅行和纯粹的度假旅游。旅行目的不同,装备也不一样。

工作性质的旅行,要多带正式感强的衣服。如果有很多应酬场合,就必须带足应付各种场合的服装,同时又不杂乱和累赘。比如两件职业女装对于商务谈判和业务沟通很必要。你可以给这次旅行定一个主色调,如蓝色系列,再稍带点粉红和黑色的服饰,这样就可以搭配出统一风格的形象来。

如果你每天要见的是不同的人,就可以放心大胆地穿同一套你最得意的衣服,而不必每天都换装,这样就相当轻松和简单了。

必须带一套正式的酒会服装,因为现在相当多的生意或公事是在酒会、晚宴等场合敲定的。所以,晚礼服及相应的首饰、内衣、鞋、包应备齐。

专为度假休息的旅行装相对比较随意。一般应根据地形、气候、时间长短、行程特点来挑选服饰。度假是为了解除平时的疲劳而舒展身心的,行李越轻越好。要选那些可叠得很小的轻软的衣物,如 T 恤、休闲裤、丝衬衣等。

春秋两季出游可带些天然质料的内衣、短风衣、毛衣、夹克和 T 恤衫及运动装的外衣;夏季旅行,丝麻衬衫、方便搭配的 T 恤、裙子、长短裤等宽爽适合体,可帮你度过一个湿热多汗的旅程;冬天旅行可带组合配套的羽绒装或皮衣裤,保暖又方便。

行李箱也是旅行中的重要配件,传统的硬面皮箱虽然笨重些,但固定性好,衣物及其他重要物品不易受损,如果是短时间的公事旅行,可选择这类行李箱。现时流行一种容量大而软的行囊,以鲜艳夺目的尼龙防水面料拼接而成,有圆角的长方形、圆筒形等,轻捷方便,不同的隔层可有多种用途,亮丽的色彩平添旅行情趣,特别适合休闲旅行时使用。

(3)化妆品及其他细节。千万别指望飞机或旅馆中提供化妆品。出门旅行,依旧保持在你所熟悉的化妆品环境中,会使你更从容舒适,尤其对于有工作目的的旅行。旅行前把头发修剪到方便梳洗的长度,再把所有要用的化妆品清点进小包里,如夏天的防晒品,冬季的护肤霜以及化妆盒。还可带上方便的洁面巾,以便在旅行中及时净面。在飞机上多喝些淡盐水,会令皮肤保湿、眼神清澈,如果你是出差,会令来接机的同行感到你精力充沛、神采飞扬。另外,下了飞机可立即去做一次面膜,帮助脸上肌肤恢复光泽。

2. 步行礼仪

无论外出到什么地方,借助何种交通工具,都离不开步行。在公共场所无处不在的步行,更能体现一个人的礼貌修养程度。

(1)注意安全。遵守交通规则是步行安全的重要保障。城市的交通法规对行人和各种车辆的行驶均有严格的规定,人人都应自觉遵守。穿越马路时,一定要从人行横线处走过去,并注意红灯停、绿灯行,不可随意穿越,不可低头猛跑,更不可翻越栏杆,要注意避让来往车辆,确保安全。在有信号指示或交通警察指挥的地方,一定要遵守信号和听从指挥。

(2)行路文明。在行走之时,走路的姿势要端庄,不要弓腰、低头,不要东张西望,不要摇头晃膀,也不要哼着小调或吹着口哨。两人走路时不要勾肩搭背。多人走路时不要依仗人多而无所顾忌,高声说笑或横占半个马路,以致影响他人行走,应自觉排成单队或双队。男女同行时,通常男子应走在女子的左侧,需要调换位置时,男子应从女士背后绕过,不要胳膊相挽而行,不要亲热得拥在一起行走。当一个男子与两个以上的女子结伴而行时,男子不应走在女士的中间,而应走在女士们的外侧。在街上遇到熟人不可话说个没完,交谈时不要站在马路中央,影响他人通行。如果遇到的是异性,更不要长时间交谈,如确需长谈,应另约地点。在拥挤狭窄的路上行走,应自觉礼让,特别对年长者、妇女、患病体弱者一定要主动让路。

行走时以中速为宜,正常情况下不要猛跑。如果不小心碰到别人或踩了别人的脚,要主动向对方道声"对不起",即使对方态度不好,也不要与对方发生口角。别人撞了自己或踩了自己的脚,应大度宽容,对主动道歉者说声"没关系",不可以口出怨言,斥责对方。如果遇到残疾人不仅要主动让路,必要时还要主动上前搀扶一把,绝不可与其抢道,更不能以强欺弱,无视公德。行路时要维护马路卫生,不要边走边吃东西,更不要把瓜果皮核往马路上扔,应自觉地扔到马路边上的果皮箱里。

(3)问路礼貌。需要问路时,首先,应选择合适的对象,最好不要去问正在急于行走的人或正在与人交谈的人以及正忙碌的人。如果民警正在指挥车辆,也应尽量不去打扰。可以另找那些不很忙,或比较悠闲的人进行打听。其次,问路时要礼貌地称呼对方,可根据对方年龄、性别和当地的习惯来称呼,绝不能用"喂""哎"等一些不礼貌的语气呼叫对方。最后当别人给予回答后,要诚恳地表示感谢,若对方一时答不上你的提问,也应礼貌地说声"再见"。

3. 乘车礼仪

以步代车讲究效率,是现代社会的一个显著特点。由于乘坐车辆类型不同,其注意事项也有差异。

1) 乘坐公共汽车礼仪

公共汽车是城乡主要交通工具,同时又是公共场所之一。大多数市民,尤其是朝九晚五的上班族及学生,几乎天天都需要搭乘公共汽车等大众运输工具,别小看这小小的车厢,方寸之间应对进退的礼貌却大有学问,有的人可能因为一早搭公共汽车就惹了一肚子的气,使得一整天的情绪低落,实在没有必要。其实,只要掌握礼让、无我的原则,做一个快乐的乘车族是不难的,主要从以下三方面做起。

(1) 按顺序上下车。车到站时,要先下后上,自觉排队,不要拥挤。一般情况下,"男女有别,长幼有序"应是一种公众准则。遇有残疾及行动不便者,应主动给予帮助。绝不可凭借自己身强力壮,车尚未停稳便推开众人往上挤,这样不仅显得十分野蛮而且极不道德。

(2) 注意文明细节。上车后应主动买票、打卡、投币或出示月票。上车后应尽量往里走,不要堵在车门口。一般情况下,一上公共汽车,如果车上仍有很多座位,应该避免坐老弱妇孺专座,如果大家都就座,只剩下老弱妇孺专座,那么暂且坐下无妨,但在下一站若有老弱妇孺上车,第一个必须起立让座的是这个座位上的乘客,这是毋庸置疑的。因为搭乘公共汽车几乎是大部分市民生活的一部分,所以,即使是小小的礼貌细节,都可能会影响他人,引起不悦。诸如,在车上大声聊天、谈论别人的隐私;放任幼儿在车上啼哭、嬉戏,妨碍同车者的情绪,甚至影响司机开车的注意力;在车厢内吸烟、随地吐痰、乱扔废弃物等。人人应该争做净化乘车环境的使者。

(3) 提前做下车准备。车到站以前,应提前做好下车准备。如果自己不靠近车门,应先礼貌地询问前面的乘客是否下车,如前面的乘客不下车,要设法与其调换一下位置。

2) 乘坐火车礼仪

火车是重要的交通工具之一。良好的乘车环境需要大家共同努力,因此在乘车过程中,要讲文明、懂礼貌,多一分宽容,多一分礼让,这样,不仅能减少许多不必要的麻烦,还能保持良好的心情,减轻旅途疲劳。要注意以下三点。

(1) 讲究候车规则。乘客在候车时,要爱护候车室的公共设施,不大声喧哗,携带的物品要放在座位下方或前部,不抢占座位或多占座位,更不要躺在座位上使别人无法休息。要保持候车室的卫生,瓜果皮核等废弃物要主动扔到果皮箱里,不要随手乱扔,不随地吐痰。检票时自觉排队,不乱拥乱挤,有秩序上下车。

(2) 维护车厢秩序。要有秩序进入车厢并按要求放好行李,行李应放在行李架上,不应放在过道上或小桌子上。放、取行李时应先脱掉鞋子后站到座位上,以免踩脏别人的座位。自己的行李要摆放整齐,尽量不压在别人的行李上,如果实在不行,也应征得别人的同意。不在车厢内吸烟,不随地吐痰,乱扔废弃物。不在车厢内大声说话。到达目的地后,拿好自己的物品有礼貌地与邻座旅客道别,有序下车,不要抢道拥挤。

(3) 注意礼貌交谈。长途旅行,与邻座的旅客有较长的时间相处,有兴趣时可以共同探讨一些彼此都乐于交谈的话题。但应注意交谈礼貌:交谈前应看清对象,与不喜欢交谈的人谈话是不明智的,和正在思考问题的人谈话也是失礼的。即使与旅伴谈得很投机,也不要没完没了,看到对方有倦意就应立刻停止谈话。注意谈话中不要问对方的姓名、住址及家庭情况,这些不适宜在火车上交谈。

3) 乘坐轿车礼仪

在交际中,乘坐轿车已成为大家日常生活的一个组成部分。在乘坐轿车时应注意如下礼仪。

(1) 讲究上下车顺序。同女士、长者、上司或嘉宾乘双排座轿车时,应先主动打开车后排的右侧车门,请女士、长者、上司或嘉宾在右座上就座,然后把车门关上,自己再从车后绕到左侧打开车门,在左座坐下。到达目的地后,若无专人负责开启车门,则自己应先从左侧门下车后绕到右侧门,把车门打开,请女士、长者、上司或嘉宾下车。

(2) 注意车上谈吐举止。在轿车行驶过程中,乘车人之间可以适当交谈,但不宜过多与司机交谈,以免司机分神。话题一般不要谈及车祸、劫车、凶杀、死亡等使人晦气的事情,也不要谈论隐私性内容以及一些敏感且有争议的话题,可以讲一些沿途景观、风土人情或畅叙友情等能够使大家高兴的事,使大家的旅行轻松愉快。举止要文明,不要在车内吸烟,因为车内相对封闭容易使空气混浊。不要在车内脱鞋赤脚,女士不要在车内化妆。不要在车内乱吃东西、喝饮料,不要在车内吐痰或向车外吐痰,更不要通过车窗向车外扔东西,这是有损个人形象和社会公德的。

(3) 注意进出车的举止。尤其是女士更要注意进出小轿车时举止优雅得体。进车时,首先开门后手自然下垂,可半蹲捋整裙摆顺势坐下,依靠手臂作支点腿脚并拢抬高,继续保持腿脚并拢姿势,脚平移至车内,略调整身体位置,坐端正后,关上车门。如图7-5所示(选自:杨青青.杨青青教你学礼仪[M].长沙:湖南科学技术出版社,1999.)。出车时双脚膝盖并拢抬起,同时移出车门外,身体可以随转,着裙装时小腿膝盖都要并拢并同时移出车门。身体保持端坐状态,侧头,伸出靠近车门的手,打开车门,然后略斜身体把车门推开。双脚膝盖并拢着地,一手撑座位,一手轻靠门框,身体移进车门。当身体从容从车身内移出,双脚可分开些,但保持膝盖并拢,起身直立身体后,转身关车门,关车门时不要东张西望,而是面向车门,好像关注的样子。如图7-6所示(选自:杨青青.杨青青教你学礼仪.长沙:湖南科学技术出版社,1999.)。

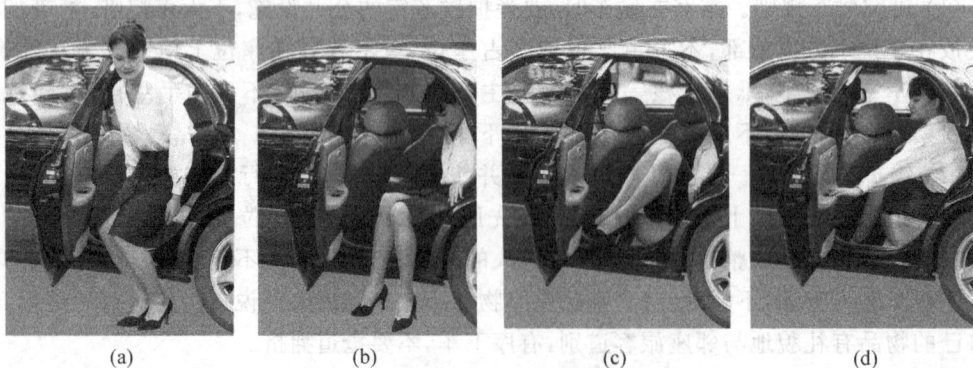

(a)　　　　　　　(b)　　　　　　　(c)　　　　　　　(d)

图 7-5　进车时的举止

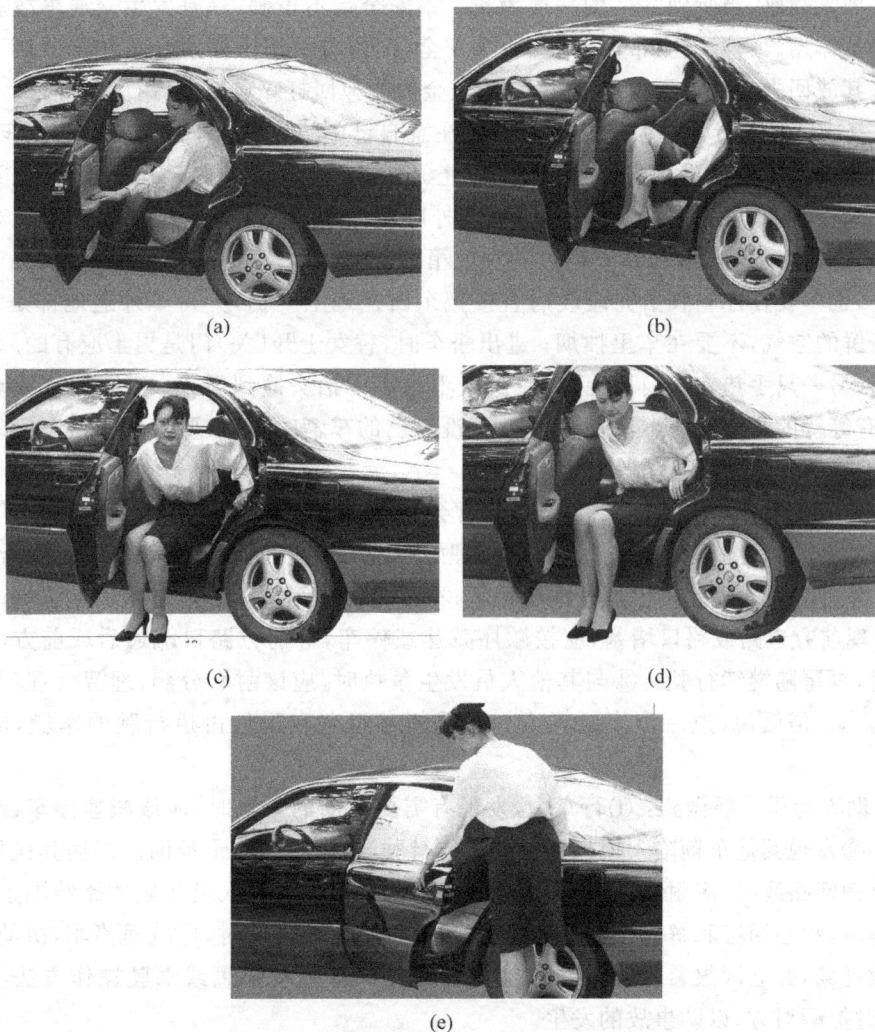

(a)　　　　　　　　　　　　　(b)

(c)　　　　　　　　　　　　　(d)

(e)

图 7-6　出车时的举止

4. 自驾车礼仪

随着社会经济的发展和人民生活水平的提高,购置车辆的人越来越多,自备车已成为一种重要的交通工具。作为驾驶人员,在遵守交通规则的同时,还应该注意提高自身的素质,从礼仪的角度来完善自己,尽量赢得人们的欢迎。

(1) 严格遵守交通规则。驾驶车辆须严格遵守交通规则,你的方向盘就是你的形象。驾驶人员应该树立正确的驾驶观念,把遵守交通规则当作保护自己和他人生命财产的一种方式。

上车后,行驶之前,务必系好安全带,这是出于对自身安全的考虑。安全带在发生碰撞或紧急刹车时会迅速收紧,能有效防止身体撞到前面坚硬的物体(如转向盘等)。带有安全气囊的车辆,乘员必须系好安全带;否则,气囊起爆时,气囊弹出就会带来致命的伤害。系安全带时,将安全带慢慢平顺拉出,使安全带位于肩与颈根部之间,通过胸部适当位置,将搭口插头插入插座,当听到"喀"的一声为止。系安全带不正确,一旦发生交通事故就不能充分发挥其作用。解除安全带时,用左手拿安全带,用右手按下安全带纽扣将其摘下。左手慢慢将其放回去。注意不要马上松手,防止金属扣弹回打碎玻璃或者打伤自己。

(2) 养成良好的行为习惯。驾驶人员要注意自己的道德修养,养成良好的行车习惯,在一些细小的做法上都要注意自己的行为举止。如驾驶人员在驾驶过程中,将痰吐到随身携带的废纸中,停车后扔进垃圾箱中,不往车外吐痰;把废纸和其他废弃物扔到随车携带的垃圾箱或等车辆停止后扔到道路边的垃圾箱内,不要开着车突然把包装纸、烟头等从车窗扔出去,也不要在停车收拾完垃圾后直接把东西往地上一扔,弄得车外遍地都是;为保持车内新鲜的空气,不要在车里抽烟;进出轿车时,替女士开(关)门是男士应有的风度,一只手开门,另一只手垫在车门顶上,以免女士不小心一抬头撞到门顶;道路拥挤或车辆堵塞时,要有等待的耐心,这也是一种涵养;清洗自己的车辆时,不仅要考虑保持车辆外观整洁,还要保持周围的环境整洁等。

(3) 安全礼让。驾驶人员在行车中,经常会遇到违章行驶、占道抢行、强行超车等不讲文明礼貌的行为。此时,驾驶人员应正确处理好有理与无理的关系,要宽容、大度和注意礼让;经常保持冷静的心态,"宁可有理让无理,不可无理对无理",尽量避免引起事端。要做到:①发现前方道路或路口堵塞,应按顺序减速或停车,等前方路口疏通后或前方车辆开始行驶时,再尾随继续行驶。②与其他人员发生争执时,应该耐心分辨,理智处理,不要带着情绪驾车。俗话说,退一步海阔天空。③遇违章超车和强行占道行驶的车辆,应注意避让。

(4) 助人为乐。要做到:①行车中,发现有需要援助的车辆时,应该减速停车,给对方以帮助。②发现其他车辆陷入损坏路段而不能行驶时,应尽力给予帮助。③遇其他驾驶人员向自己询问路线时,应耐心回答,实事求是。④发现其他驾驶人员行驶的路线不正确时,应及时提醒,耐心回答和解释。⑤前方遇有交通事故,需要帮助时,应减速停车,协助对方,保护事故现场,并立即报警。⑥发现其他驾驶人员的车辆有隐患或驾驶操作方法不正确时,应及时提醒对方,以防事故的发生。

(5) 文明行车。驾驶人员在行车中,必须严格遵守法律、法规和规章,始终坚持文明驾驶,礼让行车;做到不开英雄车、冒险车、赌气车和带病车。要做到:①直行车辆,发现前方是红灯时,在本车道减速停车,等待放行信号。②车辆行驶时,发现本车道前方的车辆行驶速度比较慢,应开启左转向灯,在不妨碍其他车道车辆行驶的情况下,变更车道超越;也可减速慢行,保持安全的距离尾随其后。③车辆行驶时,发现后车示意超车,应减速慢行,靠边行驶,给对方让出超车空间。④超车时,前方车辆不减速,应停止超车,与前方车辆保持安全的距离,或减速慢行,或变更车道。⑤超车时,发现前方车辆正在超车,应减速慢行,让前方车辆先超车。⑥当汽车经过积水路面时,应特别注意减速慢行,以免泥水飞溅到道路两侧行人身上。⑦驾车行经人行横道或繁华街道,要减慢车速,礼让行人。驾驶车辆通过有老人或儿童的路段,应减速慢行,确认安全后方可通过,以免行人受到惊吓,发生意外。⑧夜晚开车时要适时交换远近灯光,避免干扰对方司机。⑨经过不允许鸣喇叭的路段,应注意安全,禁止鸣喇叭;行经没有禁止鸣喇叭的路段时,驾驶人员应尽可能地少鸣喇叭,以免影响其他人群的正常工作。⑩开车去接人可事先打电话告诉对方,不要在楼下狂按喇叭。如果是休息时间停在居民楼附近等人,不要把音响声音开得太大。如果需要等一会儿,要停好车,乱停车会给别人造成不便。

（6）规范停车。停车时,要清楚前后左右的情况,不要堵住别的车,也不要堵住行人和自行车的习惯通道,不要堵别人的门口,不仅招人讨厌,还容易被蹭到。建议不要占用绿地停车,不要堵在小区出入口,不要停在垃圾站门前。不管车位拥挤与否,都应该按车位线或按大家停车的方向停车,不管技术好不好,都请尽量与别的车靠近,给后来的车留出车位。如果实在没车位,又一定要短暂停留,可在车上贴个字条写上自己的电话,告知需要挪车时打电话联系你。不要不管不顾地停,因为后果很难预料,特别注意不要随便停车。

此外,要保持车容的整洁,这也是为都市增色。同时,为了你和他人的安全,千万别酒后开车。

5. 乘飞机礼仪

飞机是目前世界上最快捷的交通工具,具有速度快、时间短、乘坐舒适等特点,很适合人们的旅行。由于空中旅行与地面旅行有很多差异,必须注意以下礼仪。

（1）登机前的礼仪。乘坐飞机要求提前一段时间去机场。国内航班要求提前半小时到达,而国际航班需要提前一小时到达,以便留出托运行李,检查机票、身份证和其他旅行证件的时间。大多数机场的登记行李和检查制度效率很高,等待时间很短。但有时飞机起飞时间快到了,而你却排在长长的人龙后面,这会使你心生焦虑。一方面这时要注意礼节,耐心等候。另一方面也是提醒你以后要提前去机场。

乘飞机应尽可能轻便。手提行李一般不超过 5 千克,其他能托运的行李要随机托运。在国际航班上,对行李重量有严格限制。经济舱的旅客可携带 50 磅左右,头等舱的旅客可携带 66 磅。如果多带行李,则超重的部分每磅按一定的比价收钱。随机托运行李时尽可能将几个小件行李集中放在一个大袋中,这样可以节省时间,又避免遗失。为了避免在安全检查中耽搁时间或出现不快,应将带有金属的物品装在托运的行李中。为了在国外开会时有一套整洁、挺括的衣服,大多数大型飞机上,还可以携带装衣服的挂袋,如西装挂袋,你可请空中乘务员将挂袋挂在专门的柜子里。随机托运行李的件数、样式要记清,以便抵达时认领。

乘坐飞机前要取到登机卡。有的航班在你买机票时就为你预留了座位,同时发给你登机卡。大多数航班都是在登记行李时由工作人员为你选择座位卡。登机卡应在候机室和登机时出示。如果你没有提前买机票或未订到座位,需在大厅的机票柜台买票登记,等候空余座位时必须耐心等待,直到持票旅客全部登记后,再按到达柜台的先后得到照顾。

领取登机卡后,乘客要通过安全检查门。乘客应先将有效证件(如身份证、军官证、警官证、护照、台胞回乡证等)、机票、登记卡交安检人员查验,放行后通过安检门时需将电话、传呼机、钥匙和小刀等金属物品放入指定位置,手提行李放入传送带。乘客通过安检门后,注意将有效证件、机票收好以免遗失,只持登机卡进入候机室等待。

上下飞机时,均有空中小姐站立在机舱门口迎送乘客。她们会向每一位通过舱门的乘客热情地问候。此时,作为乘客应有礼貌地点头致意或问好。

（2）登机后的礼仪。登机后,乘客要根据飞机上座位的标号按秩序对号入座。飞机座位分为两个主要等级,也就是头等舱和经济舱。经济舱的座位设在靠中间到机尾的地方,占机身的 3/4 空间或更多一些,座位安排较紧;头等舱的座位设在靠机头部分,服务较经济舱好,但票价较高。所以登机后购买经济舱票的人不要因头等舱人员稀少就抢坐头等舱的空位。找到自己的座位后,要将随身携带的物品放在座位头顶的行李箱内,较贵重的东西放在座位下面,自己管好,注意不要在过道上停留太久以影响其他人。

飞机起飞前,乘务员通常会给旅客示范如何使用降落伞和氧气面具等,以防意外。当飞机起飞和降落时要系好安全带。在飞机上要遵守"请勿吸烟"的信号,同时禁止使用移动电话、AM/FM 收音机、便携式电脑、游戏机等。

飞机起飞后,乘客可看书报或与同座交谈。如你愿意交谈,可以"今天飞行的天气真好"等开场白来试探同座是否愿意交谈,在谈话中不必互通姓名,只是一般谈谈而已。如你不愿交谈,对开话头的人只需"嗯、哼"表示,或解释"我很疲倦"。飞机上的座椅可调整,但应考虑前后座位的人,不要突然放下座椅靠背或突然推回原位,或跷起二郎腿摇摆颤动,都会引起他人的反感。

在飞机上使用盥洗室和卫生间的规则与其他交通工具上的相同。要注意按次序等候,注意保持其清洁。同时不要在供应饮食时到厕所去,因为有餐车放在通道中,其他人无法穿过。如果晕机,可想办法分散注意力。如若呕吐,要吐在清洁袋内。如有问题,可打开头顶上放的呼唤信号,求得乘务员的帮助。

(3) 停机后的礼仪。停机后,乘客要带好随身携带的物品,按次序下飞机,不要抢先出门。

国际航班上下飞机要办理入境手续,通过海关便可凭行李卡认领托运行李。许多国际机场都有传送带设备,也有手推车以方便搬运行李。还有机场行李搬运员可协助乘客。在国外机场,有时除了要给机场行李搬运员小费外,不用给其他人小费。

下飞机后,如一时找不到自己的行李,可通过机场行李管理人员查寻,并可填写申报单交航空公司。如果行李确实丢失,航空公司会照章赔偿的。

6. 乘客轮礼仪

人们出差、旅行经过江河湖海需乘坐客轮,有时观光游览还可乘坐专门的游览船或游艇。乘坐客轮较飞机、火车活动空间大,因而更舒适、自由。然而乘客轮时只有人人都讲礼仪,才能使旅行更舒畅。

客轮的舱位是分等级的。我国的客轮舱位一般分特等舱、一等舱、二等舱、三等舱、四等舱、五等舱等几种。客轮实行提前售票,每人一个铺位,游船也实行对号入座。因船上的扶梯较陡,所以上下船大家应互相谦让,并照顾老年人、小孩和女士。

乘客轮时要注意安全,风浪大时要防止摔倒;到甲板上要小心;带孩子的乘客要看住自己的孩子;吸烟的乘客要避免火灾;不要在船头挥动丝巾或晚上拿手电乱晃,以免被其他船误认打旗语或灯光信号。船上的服务设施齐全,有餐厅、阅览室、娱乐室、歌舞厅和录像厅等可供就餐或消闲,也可以去甲板散步,享受浪漫的诗情画意。如邀请其他乘客一起娱乐,一定要两相情愿,不可强求。若房中其他乘客出门,也不要出于好奇去翻动同房乘客的物品。

乘船时要注意小节。如不要在船上四处追逐,忘乎所以;不要在甲板上将收录机放到很大声;不要在客房大吵大嚷;晕船呕吐去卫生间;遇上景点拍照不要挤抢等。另外,要注意船上的忌讳,如不要谈及翻船、撞船之类的话题,不要在吃鱼时说"翻过来"或说"翻了""沉了"之类的语言。

7. 乘电梯礼仪

在现代社会中,电梯是人们用来缩短距离与提高工作效率的工具。电梯虽然在日常生活中已经随处可见,但很少有人了解乘电梯的礼节。新加坡总统吴作栋在他发起的全民礼仪运动中强调,讲礼仪要从乘电梯这样的小事做起。乘电梯的礼仪如下。

等电梯时,要主动面带微笑向熟人打招呼,只需轻轻地触摸电梯按钮即可,不要反反复复地按下按钮。进电梯时不要争先恐后,要在出口处的右边等候,以方便其他乘客出电梯。等电梯里的乘客都出来后,才按顺序进电梯,千万不要拥挤。电梯能够承载多少乘客是有限的,当警铃响的时候,最后上电梯的人或在电梯门口的人应自动下电梯。上下电梯自然应该排队,要遵循"尊老爱幼""女士优先"的原则。图7-7为请客人下电梯,图7-8为请客人进电梯。

图 7-7　请客人下电梯

图 7-8　请客人进电梯

要尽量避免近靠他人和背对他人,在电梯内正确的站法是,先进电梯要靠墙而站,不要以自己的背对着别人。看到双手抱满东西的人,可帮其按下所去楼层按钮。与长辈、上司、女士同行,应礼让他们先进,替他们按下欲往的楼层。值得一提的是,如果你与女士同行,有人礼让,主要是礼让女士并不表示也礼让你,要避免大大咧咧地率先而行。如果要按着电梯开门钮对他人交代事情,偶尔为之可以理解,但一定要简单明了,事后记得向电梯内其他人道歉,如果一时说不清楚,不如搭下一班电梯,以免耽误他人时间。

电梯这个特殊空间使陌生的人都进入彼此的亲密区,这会令人在心理上、生理上都感觉到不适。如何减少这种不适呢? 应注意两点,一是保持身体平衡,尽量不做动作,很多人习惯伸长胳膊去按电钮,这实际上是不礼貌的。礼貌的做法是,请靠近楼层显示屏的乘客替你按:"劳驾,请您帮我按第8层,谢谢!"二是注意你的目光。一般来说眼睛看电梯门上的楼层显示屏,这比较合乎人的心理在这种特殊环境中的需求。千万不要盯着身边的人看,即使对方美若天仙,否则对方会感觉到你在侵犯她。女性乘客也可以用胳膊、书包等随身物品保护自己的敏感部位,以免在拥挤中遇到无意的"撞击"。

在大型商场、地铁、火车站、飞机场等公共场所乘滚动电梯时,有一个重要的礼仪规则是:乘客一律靠右站立,上下排成一列纵队,空出左边的小道给有急事的人上下跑动,如图7-9所示。这是国际惯例,请一定记牢。在商场,当你和朋友一起乘滚动电梯时,请上下站立在电梯上,不要并排站立,也许这样不太方便你们的交谈,但却给那些有急事的人提供了方便。所有的礼仪规则都是在要求我们每个人"设身处地为他人着想",从而求得美好和谐的大环境。

此外,在上述场所以及宾馆等进入旋转门时要注意:若门仍在旋转,由女士优先走入,若是处于静止状态,则男士先入门内以便为女士转动旋转门。

8. 住店礼仪

客房是客人临时之家,是为客人提供休息的场所。在我国,客人的入住一般须出示居民身份证等有效证件,然后办理住宿登记等手续。在一些发达国家,大都是先预订房间,到达后,只要说出自己的姓名,然后在登记册上签名即可。根据工作需要,旅行人员亦可在房间办公、举行小型会

图7-9 右侧站立

议、洽谈业务或会友。不论将客房作为休息场所还是临时办公地点,掌握入住基本规定,对自己、对工作都是十分有益的。要注意以下五个方面。

(1) 内外有别。因为旅店既是休息的地方,又是工作的地方,所以,室内着装可相对随便些。但是如果约好客人在下榻饭店的客厅或自己的房间洽谈业务,则要仪表端庄,注意自己的职业形象,同时亦应遵守前面提到的待客礼仪和日常礼仪,为客人准备好相关的茶水和饮料。

(2) 文明入住。住店要处处体现文明,关房门时注意用力轻一些。深夜回来,如需洗澡,注意动作要轻一些,避免打扰到隔壁邻居,如可能最好等第二天早晨再洗。如果与别人合住,应该注意出门时随手将门关上,不要在房间里喧哗,以免影响他人休息。休息的时候可以按上"请勿打扰"的标志灯,或在门外挂上"请勿打扰"牌子。到别的房间找人,应该敲门,经主人许可再进入,不要擅自闯入。

(3) 安全第一。入住宾馆,进入客房后应先阅读房间门后消防逃生路线图,熟悉所在房间的位置和逃生楼梯的方位。之后,要查看一下窗户和侧门是否锁好。如果饭店员工无法将侧门锁好,可以要求换一个房间。旅行期间,只要可能就要将你所带来的贵重物品随身携带。不要把钱或贵重物品留在房间里,要把珠宝、照相机、文件等都锁在饭店的保险箱里。进入饭店房间后,离开房间时,为了安全起见,如果条件允许,你可以让电视机开着。待在房间里的时候,把门关好并上好锁。除非你在等人,否则不要开着门;开门前要先问一声,或从窥孔查看一下来人是谁。如果对方宣称自己是饭店员工,或者你有其他考虑,可以给前台打电话进行核实。晚上睡觉前,应将防撬链扣好挂好。房门钥匙要随身携带,不

要当众展示你的钥匙，也不要把它放在饭馆的餐桌上、健身房里或者其他容易丢失的地方。门厅的灯可以亮着，可以开夜灯睡觉，或者开着洗手间的灯睡觉，以便让自己感到安全，或者遇到紧急的情况，可以照亮。

（4）爱护设施。宾馆客房内备有供旅客生活使用的各种物品，如桌、椅、灯具、电视、空调以及洗刷和卫生洁具、浴具等设施，使用时应予以爱护，不许用力拧、砸、敲。如不慎损坏应主动赔偿，故意破坏房内物品或损坏了物品不声不响，甚至把房内的不属于自己的东西随意拿走等都是违背社会公德的不文明行为。

（5）保持卫生。在客房内衣物和鞋袜不要乱扔乱放。废弃物应投入垃圾桶内，也可放到茶几上让服务员来收拾，千万不要扔进马桶里，以免堵塞影响使用。吸烟者不要乱弹烟灰、乱抛烟头，以免烧坏地毯或家具，甚至引起火灾。出门擦鞋应用擦鞋器，用枕巾、床单擦鞋是不道德的行为。

7.2 拓展阅读

7.2.1 公共场合举止的禁忌

有些人认为一个人的举止是"小节"。其实不然，它构成个人公德观念的内容，又是影响个人整体形象的因素。所以，我们要全面了解公共场合举止的一些禁忌。

（1）应力求避免从身体内发出的各种异常声音。咳嗽、打喷嚏、打嗝儿、打哈欠等均应侧身掩面，更不应在公共场合放屁。

（2）公共场合不得用手抓挠身体的任何部位。文雅起见，最好不当众抓耳挠腮、挖耳鼻、揉眼、搓泥垢，也不可随意剔牙、修剪指甲、梳理头发。若身体不适非做不可，则应去洗手间完成。不能当众化妆、补妆。

（3）公开露面前，必须把衣裤整理好。尤其是出洗手间时，必须整理好衣裤。边走边扣扣子、边拉拉链、擦手摔水都是失礼的。忘记拉拉链更是大忌。

（4）参加正式活动前，不宜吃带有强烈刺激性气味的食物（如葱、蒜、韭菜、洋葱等），以免因口腔异味而引起交往对象的不满甚至反感。

（5）在公共场所里高声谈笑、大呼小叫是一种极不文明的行为，应避免。在人群集中的地方要求交谈者加倍地低声细语，声音的大小以不引起别人注意为宜。开会、听课时一要守时（表现出很强的时间观念）；二要保持安静（这是一种既自重又尊重他人的修养）；三要自觉将手机停机或将铃声调为震动，不得已接电话要自觉离开会场（养成不影响别人的习惯）。

（6）对陌生人不要盯视或评头品足。路遇残疾人不要投以好奇的目光。当别人做私人谈话时，主动远离。别人需要自己帮助时，不要袖手旁观。见别人有不幸之事，不可嘲笑、起哄。

（7）在人来人往的公共场所最好不要吃东西，更不要过分热情地逼着在场的人非尝一尝你的东西不可；爱吃零食者，在公共场所为了维护自己的美好形象，一定要有所克制。

（8）杜绝"闯红灯"这种使自己和他人都处于危险境地的恶劣举动。

（9）对一切公共活动场所的规则都应无条件地遵守与服从，这是最起码的公德观念。不随地吐痰，不随手乱扔烟头及其他废物。非吐非扔不可，也一定要等找到垃圾桶后再行动。

（10）在大庭广众之下，不要趴在或坐在桌子上，也不要在别人面前躺在沙发里或将脚架在办公桌上。走路脚步要放轻，不要走得"咚咚"作响。

资料来源：彭红.交际口才与礼仪[M].上海：华东师范大学出版社，2007.

7.2.2 交际活动中的方位次序礼仪

方位次序是指对参加社交活动的个人、团体或国家按照一定的惯例进行排列的先后次序。它是日常接待工作中应遵守的规则，体现了接待方对宾客尊重的心理。方位次序礼仪是日常工作中经常遇到的问题。它看起来简单，但稍不注意出现了差错，就会使参与者处于尴尬的境地，甚至影响工作的顺利开展。因此，在交际活动中千万不可小视方位次序礼仪。

1．方位次序原则

凡两个人以上在一起行走、站立、坐⋯⋯都有一个方位次序的问题。谁在左边，谁在右边，谁在前面，谁在后面都有一定的规则。在商务活动中，我们通常遵循"以右为尊""前排为尊""中间为尊"的原则。"以右为尊"即是当两个人就座、行走时，右边的位置比左边的更尊贵。应当让职位高者、长者、客人、女性处于右侧，以表对他们的尊重。当几个条件同时存在时，应当视场合而定。在商务场合，应以职位高者为尊者，让其在右侧。若是社交场合，应先按年龄，再按性别的顺序进行安排。"前排为尊"即是在会议、合影、行走时，应以前排的位置为尊。"中间为尊"即在会议、合影、行走时，应以中间的位置为尊。

2．不同场合的位次礼节

1）主席台的座次

主席台上的座次顺序略有不同，它是按"中间为尊""以左为尊"的原则来确定位次的。"中间为尊"就是把职务最高者居中，然后再按"以左为尊"的顺序先左边后右边依次向两边递延，这是我国传统的"以左为尊"观念的体现。主席台上的人数若是双数，只要把最后一个位次暂时先去掉，使人数变成单数，再按照"中间为尊"原则确定第一号人物，之后按"以左为尊"原则依次向两边排序，再把最后一个位次依照刚才的排序方法加在最后即可。

2）会见的位次

会见、会谈、接待、拜访等许多场合都涉及座次问题，我们应按国际惯例"以右为尊"原则来安排。但由于会客室桌椅摆放各不相同，所以其体现方式也不尽相同。因为会客室大小不一，门所在的位置、方向也不相同，这些都影响了桌椅的摆放方位，上座、下座的确定也不尽相同。一般来说，主要有以下几种摆放方式。

① 并列式。并列式是指主、客双方并排面对门而坐，门通常在主、宾的正前方。会见时，第一主人应该请主宾坐在他的右侧（上座），主宾双方的其他人员则各自一方按其身份高低依次排列就座，翻译或记录人员可在其两边或后侧就座。

② 相对式。相对式是指主人与客人相对而坐。这要依据门的位置来布置会客室。确定位次的总原则是：离门远、面对门的一侧是上座；离门近、背对门的一侧是下座。应该让

客人坐在离门远、面对门的上座。具体还要根据门的方位与桌子的摆放来确定上座和下座：进门后，桌子横摆，那么离门远、面对门的是上座，应该让客人坐。进门后，桌子竖摆，即桌子的窄端面对门的时候，以进门后面对桌子窄端的右手一边为上座。如果在办公室接待来访者，那么离办公桌远、靠窗户近、比较安静的座位是上座。

③ 自由式。自由式即宾主自由选择座位，不事先安排座次。这种位次方式通常用于宾客比较多，不便于排座次时；或宾主双方关系比较密切，不需排座时。这种座次方式也能营造出一种轻松的谈话氛围。

3）会谈的座次

会谈是由主客双方或多方就共同关心的问题交换意见和看法，寻求解决办法的一种沟通形式。会谈的氛围一般比较严肃，座次安排要求更加规范。

① 相对式。相对式一般使用长形或椭圆形谈判桌，宾、主各自列于桌子两侧，主谈人员居中，其他人员按以右为尊原则，依职位高低由近而远分坐于主谈人员两侧。根据谈判桌的摆放和门的方位，通常有两种座次安排方法：一是谈判桌的窄端面向门，进门后右侧为上，是客方所坐；左侧为下，是主方所坐。二是谈判桌横放，面对正门的一方是上座，为客方所坐；背对门的一侧是下座，为主方所坐。

② 主席式。这种形式适合三方或三方以上的多边会谈。在会场里面设一个主席台，发言人轮流到主席台上发表意见、陈述观点。

③ 自由式。这种形式适合多方（三方或三方以上）会谈，可以不排列顺序，随意而坐。会场通常是圆桌式的会场布置，表明各方平等的关系。一般东道主坐于背靠门的下座，表明对客方的尊重。

④ 商务宴请的座次。商务宴请的座次，人们讲究以右为尊，即离主人近为尊，离门远为尊。中餐座次，习惯让男性和女性各坐一边。男主宾坐在男主人右边，女主宾坐在女主人右边，其他来宾按职务高低依次排列。如有翻译，翻译可坐在主宾的右侧。

另外，也可按"之"形排列法或对角线排列法排列座次。人数较多的正规宴请，应该事先在桌上摆放名牌，主人就可示意大家按名牌入席。如果未放置名牌，主人就要邀请客人坐上座。假设主宾身份甚高或主人十分敬重他，就可以请主宾坐在正中，自己向左移一位（按中国传统礼节，主宾此时应该推辞、谦让一番，在主人坚决请求下再入座。不过现代人已经不需要过多的客套，略略谦让一下即可，如果老是推辞，大家都不能入座）。这样的移动会影响到整个座次的安排，但是不论怎样坐，背靠门口的座位一定要让主人一方的人来坐，因为这是个下座。

4）乘车的座次

在接待工作中，我们常常为来宾安排乘坐轿车等事宜，乘车座次如何安排也是一项体现工作人员工作是否周密、对来宾的尊重程度如何的一个重要方面。由于各国交通规则不同，在不同的国家，轿车座次礼仪也不相同。英、美等国是靠左行驶，我国内地是靠右行驶。以我国内地为例，乘坐轿车的位次原则如下：右高左低，后高前低。另外，情况不同，也有不同的安排。我们既要按原则办事，又要尊重他人的选择。

① 驾驶者是专业司机时。双排五座轿车，除司机外其他人员的尊卑位次是：后排右座，后排左座，后排中座，前排副驾驶座。若非常讲究座次，则后排只安排两人。

② 驾驶者是主人时。当主人开车时,位次尊卑顺序不同。双排五座轿车,其他人员的尊卑位次是:副驾驶座,后排右座,后排左座,后排中座。主宾应该坐在前排副驾驶的座位,与身份相当的主人并排而坐,也表示了对主人的尊重。若非常讲究座次,则后排只坐两人即可。

3. 不同场合的次序礼节

1) 行走的次序礼节

行走次序是指人们在步行中的位次排列顺序。商务人员经常陪同领导、宾客时,要特别注意这个问题,不可违反,否则有不礼貌之嫌。行走原则一般有如下几条。

① 二人行。前后行:前为尊,后为次;左右行:右为上,左为下;沿路行:内侧为上,外侧为下。

② 三人并行:中为尊,右为次,左为下。

③ 男女同行:女在右,男在左;或女在内侧,男在外侧。

④ 主客同行:主人应让客人走在内侧,主人走在外侧;若路况不好或路灯不明时,主人应走在客人前面,照顾、提醒客人。

2) 乘坐电梯的次序礼节

有电梯工值守时,应让尊者、客人先进或先下。没有电梯工值守时,接待人员应先进电梯,按住电钮,请尊者、客人后进或先下,防止被门夹住。

3) 上下楼梯的次序礼节

上楼梯时,应让上司、客人、年长者、女士走在前面,秘书、随员走在后面。下楼梯时,男性、年轻人、主人应走在前面,上司、年长者、客人、女士走在后面。这种次序礼节是使尊者、需要照顾者总处在上方,万一他们不小心踏空摔倒,走在下面的人能很快将他们扶住。如果接待的是女士,而她又穿着短裙,这时上楼梯,接待人员就要走在前面。这是为防止女士所穿短裙高高在上,有"走光"的危险。

4) 进出门的次序礼节

在接待工作中,商务接待人员经常要引导客人进出房间。如果房间门朝内推,接待人员应走到前面,进门后把房门推开,扶持好,等尊者进门后,再把门关好;如果房间门朝外拉,接待人员也应走上前去把门拉开,扶持好,等尊者进门后,自己再跟进来,并把门关好。

资料来源:王芬.商务活动中的方位次序礼仪[J].商场现代化,2008(15).

7.3 实训练习

7.3.1 案例讨论

案例1

高雅音乐欣赏会

某学校在举办高雅音乐欣赏会。学生观众头脑中似乎还没有丝毫的"礼仪"意识,他们有的把会场当成休闲娱乐场所,时而乱走,时而使劲摇椅子;有的则带零食和饮料进场,演出进行中,还不时听到各种器物碰撞摩擦的声响,时而还有喧哗声和随意走动者。演出结束后,工作人员花了大量时间清理满地的易拉罐、果皮、包装纸等。一些演奏家说,因为秩序混乱,他们在台上很难进入角色,演出水准不免要大打折扣。

资料来源:http://www.worlduc.com/blog2012.aspx?bid=20084835.

讨论题

(1) 你参加过音乐会吗?你是怎样表现的?

(2) 欣赏高雅音乐会的礼仪有哪些?

案例2

经理对我生气

我们经理有午睡的习惯,平时我不敢进去打扰他午睡。这一段时间公司业务实在太忙,董事长经常亲自来电要材料,都是急件,必须立即到经理房间查找核对有关数据资料,经常在他午睡时我还要进出他的办公室取送文件,有时一天中午还不止一两次。为了不把经理吵醒,每次我都轻手轻脚进出,开关门也轻轻地,生怕弄出声响,可出门带门时总会出现"咔嚓"一声的门锁响。我怕这烦人的"咔嚓"声吵醒经理,有时出门时就有意将门虚掩上,不让他出现"咔嚓"声。后来我发现经理经常在午睡醒后流露出对我打扰他午睡的不满,而我为了工作又必须进出经理房间,我有什么地方失礼吗?

资料来源:http://www.docin.com/p-551972261.html.

讨论题

(1) 案例中的"我"什么地方失礼了?

(2) 正确的做法应该是什么?

案例3

中国公民出境旅游文明行为指南

以下是中央文明办、国家旅游局发布的《中国公民出境旅游文明行为指南》的内容:

中国公民,出境旅游,注重礼仪,保持尊严。

讲究卫生,爱护环境;衣着得体,请勿喧哗。

尊老爱幼,助人为乐;女士优先,礼貌谦让。

出行办事,遵守时间;排队有序,不越黄线。

文明住宿,不损物品;安静用餐,请勿浪费。

健康娱乐,有益身心;赌博色情,坚决拒绝。

参观游览,遵守规定;习俗禁忌,切勿冒犯。

遇有疑难,咨询领馆;文明出行,一路平安。

讨论题

谈谈你对中央文明办、国家旅游局发布的《中国公民出境旅游文明行为指南》具体内容的感受。

案例4

王先生乘车

某公司的王先生年轻肯干,点子又多,很快引起了总经理的注意并拟提拔为营销部经理。为了慎重起见,决定再进行一次考查,恰巧总经理要去省城参加一个商品交易会,需要带两名助手,总经理选择了公关部杜经理和王先生。王先生自然同样看重这次机会,也想借机好好表现一下。

出发前,由于司机小王乘火车先行到省城安排一些事务,尚未回来,所以,他们临时改为搭乘董事长驾驶的轿车一同前往。上车时,王先生很麻利地打开了前车门,坐在驾车的董事长旁边的位置上,董事长看了他一眼,但王先生并没有在意。

车上路后,董事长驾车很少说话,总经理好像也没有兴致,似在闭目养神。为活跃气氛,王先生寻了一个话题:"董事长驾车的技术不错,有机会也教教我们,如果都自己会开车,办事效率肯定会更高。"董事长专注地开车,不置可否,其他人均无应和,王先生感到没趣,便也不再说话。一路上,除董事长向总经理询问了几件事,总经理简单地回答后,车内再也无人说话。到达省城后,王先生悄悄问杜经理:董事长和总经理好像都有点不太高兴?杜经理告诉他原委,他才恍然大悟,"噢,原来如此。"

会后从省城返回,车子改由司机小王驾驶,杜经理由于还有些事要处理,需在省城多住一天,同车返回的还是四人。这次不能再犯类似的错误了,王先生想。于是,他打开前车门,请总经理上车,总理坚持要与董事长一起坐在后排,王先生诚恳地说:"总经理您如果不坐前面,就是不肯原谅来的时候我的失礼之处。"并坚持让总经理坐在前排才肯上车。

回到公司,同事们知道王先生这次是同董事长、总经理一道出差,猜测着肯定提拔他,都纷纷向他祝贺,然而,提拔之事却一直没有人提及。

资料来源:http://wap. xuexun.com/MobArticlelist.asp.

讨论题

请指出王先生的失礼之处。

案例 5

乘 火 车

某商贸公司经理武力为了与新亚公司洽谈一笔重要生意,即将前往新亚公司所在的 A 城。武力准备乘火车去 A 城,顺便给他在 A 城的朋友带些土特产。上了火车,武力找到自己座位后便急忙将行李和两袋子土特产平行摆了一排,然后又将放洗漱用品的袋子挂在了衣帽钩上。列车启动了,武力想喝水,可暖瓶中水不多,武力便不断地喊叫列车员。喝过水后,武力又拿出些水果来吃。吃了水果,他顺手将果皮扔到窗外。火车继续前行,武力感到有些疲乏,于是脱了鞋,把脚放在席位上,鞋与袜子立时散发出一股难闻的气味。周围的乘客厌恶地皱着眉头,捂着鼻。坐在他对面的中年男士目睹了这一切。到了 A 城,武力几经周折终于找到了新亚公司。进了经理室,武力发现端坐在老板席上的竟是火车上坐在他对面的那位男士。这时,中年男士也认出了他。接下来任武力把话说得天花乱坠,中年男士也不同意与他合作。

资料来源:http://www.docin.com/p-729292599.html http://www.docin.com/p-729292599.html.

讨论题

请运用旅行礼仪知识分析武力此次洽谈未取得成果的原因。

案例 6

国外"一米线"面面观

美国人讲究个人隐私,所以,他们也尊重"一米线"。无论那"一米线"画着还是没画着,后一个人永远离前一个人一米开外,仿佛那条线早就刻在了他们脑子里。买东西交款,你尽可以放心拿出你的钱包,不会有双好奇的眼睛在离你20厘米的地方虎视眈眈地看着你。就连上洗手间,人们排队也是在大门口,而不是在"小单间"门口。

保持适当距离是澳大利亚人社交场合、日常交谈和茶余饭后闲聊时非常注意的细节。在银行、飞机售票处和海关出入口等处排队时一定要站在"一米线"以外,否则会被他人认为缺少文明修养。一般来说,两个人站着谈话,相互之间要保持适当距离,否则双方都会感到不舒服。

丹麦的人口很少,除非在闹市区、大街上和公园里,几乎没有机会看到成群的人。在银行、邮局、面包店等地方,如果人多,彬彬有礼的丹麦人都自觉地排队,没有插队的人,排在第二位站在一米线外等候,充分尊重别人的隐私权。

在英国,买票排队、参观排队、上公共汽车排队,即使排队人比较多,英国人的脾气也很温和,耐性非常好。尤其是在旅游观光的时候,不管游人多少,大家都主动排队。看室内展览比较花时间,前面参观的人步履缓慢,后面的人也会耐心地等前面的人让出位置后,再跟进去参观。

资料来源:http://www.yxlady.com/convenance/2008-03-07/116956.shtml.

讨论题

(1)你的头脑中刻有"一米线"吗?

(2)国外"一米线"说明了什么?从中我们应该主要学习什么?

案例 7

我的成功从电梯口开始

两年前,我到一家国外的化妆品公司参加面试。刚刚走上社会的我,没有丰富的面试经验,也不具备较好的外在条件。面试在市中心的写字楼里,看着出入大厅的靓丽都市白领,再瞅瞅自己特地从室友那儿借来的略显肥大的套裙,唉!

下午2时30分面试,我是提早15分钟到达的,面试在大厦的12层。

电梯来了,大家鱼贯而入,满满当当地挤了十几个,刚要关门,一个西装笔挺的人跑了进来,电梯间里立刻响起了刺耳的警告声,超载了。

大家都把目光投向了那个最后进来的人身上,但他丝毫不为所动。顿时,电梯间陷入了刹那的尴尬之中,虽然还有时间等下一班电梯,但谁也不愿意冒这个险,毕竟大家都想给主考人员留个不错的印象。

我站在靠边的位置,自然地走了出去,转过身,在关门的瞬间,不自觉地冲电梯中的人微扬了一下嘴角。

考试进行得紧张而顺利,每个人都回家等通知。第三天,我被这家公司正式聘用了。

上班后,我见到了面试那天那个最后跑上电梯的男人。他是我的同事,进公司已经两年了。当我问他那天面试时的详情,他说,他也只是依照上级老板的意思,在电梯门口等待时机,公司除了要看应聘人与主考人员的交流,还会参考很多因素,比如:到会场的时间、与周围人的沟通等。

他说："许许多多的测试都是无形之中就完成了的——面试在你一迈进大楼时就已经开始了。"

资料来源：http://news.jjoobb.cn/news/2013/6/23618.html.

讨论题

(1) 为什么说"面试在你一迈进大楼时就已经开始了"？

(2) 从本案例中你学到了什么？

7.3.2 模拟训练

项目1：步行训练

实训目标：掌握步行的礼仪规范。

实训学时：1学时。

实训地点：实训室。

实训方法：

(1) 商务接待场合。4人一组，其中2人扮演客人(一人为经理，一人为秘书)，2人扮演主人(一人为经理，一人为秘书)，表演4人单行行走、4人并排行走。

(2) 非商务场合：3人一组，其中1人为女性，表演3人单行行走、3人并排行走。

注意行走的方位、姿态，可以边走边谈。

训练手记：通过训练，我的收获是＿＿＿＿＿＿＿＿＿＿＿＿＿＿＿＿＿＿＿。

项目2：乘坐轿车训练

实训目标：掌握轿车座位的安排。

实训学时：1学时。

实训地点：实训室。

实训准备：模拟轿车座位(可用椅子代替)。

实训方法：

若干人一组，并确定各自的角色(客人、女士、上级或主人、男士、下级等)，表演按着正确的座次乘车。

(1) 客方人1人，我方3人(主要接待1人、陪同1人、司机1人)，乘一辆车。

(2) 客方2人，我方2人(主要接待1人、司机1人)，乘一辆车。

(3) 客方3人，我方3～4人(重要接待1人、陪同兼司机2人)，分乘2辆车。

训练手记：通过训练，我的收获是＿＿＿＿＿＿＿＿＿＿＿＿＿＿＿＿＿＿＿。

📖 课后练习题

1. 判断题

(1) 在歌剧、芭蕾舞剧院，节目开演后迟到者要等到幕间休息时才能进场。　　（　　）

(2) 音乐会一旦演奏开始，听众就将被禁止入内。　　（　　）

(3) 体育场所中的衣着一般是非正式的，以穿着适时、舒适为主。　　（　　）

（4）观赏体育表演赛不能吹口哨、怪叫，甚至喊带侮辱性的话。　　　　（　　）

（5）在展览厅可以一边参观一边吃零食。　　　　（　　）

（6）参加学术报告会要端坐静听，不要交头接耳，窃窃私语。　　　　（　　）

（7）不论男女，在洗手间人满的情况，后来者必须排队等待。　　　　（　　）

（8）使用完卫生间后，一般习惯是先用擦手纸巾擦干手，把用完的纸扔入垃圾桶后，再用干手机把手吹干。　　　　（　　）

（9）专为度假休息的旅行装相对比较随意。　　　　（　　）

（10）旅行前应把头发修剪到方便梳洗的长度。　　　　（　　）

（11）行走时以中速为宜。　　　　（　　）

（12）乘公共汽车时，有老弱妇孺上车，第一个必须起立让座的是非老弱妇孺专座上的乘客。　　　　（　　）

（13）停机后，乘客要带好随身携带的物品，按次序下飞机，不要抢先出门。　　　　（　　）

（14）飞机上禁止使用移动电话、AM/FM收音机、游戏机，但可以使用便携式电脑。　　　　（　　）

（15）上下电梯自然应该排队，要遵循"尊老爱幼""女士优先"的原则。　　　　（　　）

（16）在大型商场、地铁、火车站、飞机场等公共场所乘滚动电梯时，乘客一律靠右站立，上下排成一列纵队，空出左边的小道给有急事的人上下跑动。　　　　（　　）

（17）乘有司机驾驶的小轿车，首座一般是后排右侧座位。　　　　（　　）

（18）通常汽车靠右行驶时，第二座次上的人上车时应从左门上车。　　　　（　　）

（19）乘主人自驾的小轿车，较尊的座位是前座。　　　　（　　）

（20）如果主人夫妇驾小轿车迎送友人，主人夫妇在前座。　　　　（　　）

（21）住饭店时可穿拖鞋出现在大厅外的地方。　　　　（　　）

（22）在电梯中不可聊天喧哗，但可以谈论私事。　　　　（　　）

（23）乘电梯时，最好亲自按电梯楼层，不麻烦他人。　　　　（　　）

（24）当女伴受人礼让先行时，男伴应紧随其后。　　　　（　　）

（25）坐火车时，发生重复位时，可请求对方亮票核对。　　　　（　　）

（26）参观博物馆可以拍照。　　　　（　　）

2. 简答题

（1）在歌剧、芭蕾舞剧院观赏演出应注意什么礼仪？

（2）参加音乐会的礼仪是什么？

（3）去电影院、歌舞厅应注意哪些礼仪？

（4）观看体育比赛、观赏体育表演赛的礼仪有哪些？

（5）参观博物馆和美术馆的礼仪是什么？

（6）参加学术报告会的礼仪是什么？

（7）利用图书馆的礼仪是什么？

（8）使用洗手间的礼仪是什么？

（9）步行的礼仪有哪些？

（10）乘轿车应注意哪些礼仪？

(11) 自驾车的礼仪包括什么?

(12) 乘飞机、轮船、火车应注意什么礼仪?

(13) 乘电梯的礼仪要求是什么?

(14) 入住酒店应讲究哪些礼仪?

(15) 出门旅行装备应注意什么?

3. 思考与操作

(1) 在公共场合,国人还有哪些类似"随地吐痰"的不文明行为,应采取哪些措施提高国人的文明素质呢?

(2) 领导派你下星期去1000公里以外的城市,如上海出差(如果你现在上海,就去北京),那么你应当准备哪些物品? 请列出清单。

(3) 你要乘坐明天早上10:30的飞机,你认为几点钟从你的住所出发比较合适? 请与你的同学或同事讨论一下。

(4) 如果下星期你打算到南方(如果你现在南方,那就去北方)出差,打开你的衣橱,谈谈携带哪些衣服比较合适。

(5) 预订宾馆房间应该如何操作?

(6) 在宾馆里与当地客户见面时,应注意哪些问题?

(7) 根据你的出行经验,举例说明各种典型的违反出行礼仪的行为。

(8) 情景表演:与客户同乘电梯。

(9) 情景表演:开私家车接顾客。

(10) 情景表演:与公司同事乘火车出差。

(11) 列举出十种以上行路时的不文明行为。

(12) 如何做一个文明的游客?

(13) 模拟问路、指路时的言语举止,并相互纠正不规范的地方。

任务8 职 场

莫愁前路无知己,天下谁人不识君。

——[唐]高适

普通员工要有责任心,中层员工要有上进心,高层骨干要有事业心。

——柳传志

任务目标

- 做好求职面试的各项准备。
- 根据自身的实际设计出引起用人单位关注的简历。
- 面试符合礼仪,拥有职业化的举止。
- 在面试中得体地与面试官进行交流,给人留下良好的印象。
- 遵循办公室的各项礼仪规范,使自身的职业生涯有一个良好的起点。

案例导入

汇 报

小周与经理约好了10点向他汇报关于一项新产品的开发工作。由于小周事先做了大量的准备工作,信心十足,于是9点钟就到了经理的办公室。门关着,小周兴冲冲地推门就进,嘴里还大声嚷嚷:"经理,我来了!"正巧经理正在接待一位重要的外商,被他一打扰,外商没多久就告辞了,生意也没谈成。经理憋了一肚子气,小周的汇报自然没有给他带来赞扬。

8.1 礼仪规范

8.1.1 面试礼仪

现代社会对每个人提出了种种挑战的同时,也提供了各种各样难得的机遇,如何在竞争激烈的人才市场中力挫群雄,一举应聘成功,在具备良好的专业素养的前提下,掌握必要的惯例与技巧也不容忽视,尤其是求职面试中的礼仪礼节往往起着举足轻重的作用。

1. 面试前的准备

1) 心理准备

无论是刚从学校毕业的新人,还是等待谋求新职的人,都必须面临求职面试这一关。每一个求职的人,都希望在面试时留给主考官一个好印象,从而增大录取的可能性。所以,事先了解面试时的一些必要的礼节是非常重要的。可以说,这是求职者迈向成功的第一步。中国有句古话:"知彼知己,百战不殆。"面试就如同一场试探性的战斗,战斗的双方就是面试单位的主考官和参加面试的你自己。

(1) 要研究主考官。应聘者"研究主考官",这里所说的"研究"是要试想一下主考官会从哪些方面来考察、评价面试者。综合起来,有以下几个方面:应聘者的衣着、外表、仪态和行为举止;对应聘者的专业知识、口才、谈话技巧做整体的考核;从面谈中来了解应聘者的性格和人际关系,并从谈话过程中了解应聘者的情绪状况以及人格成熟的程度;观察应聘者对工作的热情程度和责任心,了解应聘者的人生理想、抱负和上进心。

(2) 要研究自己。这包括以下几个方面:①认识自己,了解自己的长处、兴趣、人生目标、就业倾向等。许多学校都会为毕业生就业求职开设一些辅导,帮助毕业生分析个人的专业和志向。作为毕业生,你可以充分利用这个渠道,为求职预先做好准备。②听取家人和有社会经验的亲友的意见和建议,修正个人的志愿,也是很有必要的。③搜集招聘公司的相关资料,了解该公司目前的经营状况、企业文化、未来的发展等情况。这项工作可以使你更能把握现有情况,增强面试时的信心。④事前的演练可以帮你发现问题,放松紧张的精神。⑤参加面试一定要抱着谨慎的态度,不浪费每一次机会,并把每一次面试当作重要的经验积累起来,千万不要抱有随便或侥幸的心理。⑥了解并演练一下必要的面试礼仪。在平时,你可能是一个非常自由、无拘无束的人,对任何繁文缛节都不屑一顾,但在面试之前,你要了解一些面试的礼仪,它对你争取工作机会有很大帮助。在面试之前演练一下你并不熟悉的礼仪,会让你在面试中表现得轻松自如。⑦准备一套适合面试的服装。对于一个大学毕业生来说,毕业工作意味着社会角色的转变,求职是参加工作的第一步,你的穿着一定要符合你的新社会角色。对男士来讲,拥有一套合身、穿着舒服但不用很昂贵的西装是非常有必要的。对女士来讲,暂时把时装收起来,身着职业套装会平添几分成熟和风韵。

2) 撰写简历

简历主要是针对应聘的工作,将相关经验、业绩、能力、性格等简要地列举出来,以达到推荐自己的目的。由于毕业生就业推荐表栏目和篇幅限制,多数毕业生更希望有一份个性突出、设计精美、能给用人单位留下深刻印象的简历。

(1) 简历的设计原则。真实、简明、无错是简历设计的三个原则。真实原则就是指简历从内容上讲必须真实,比如选了什么课,就写什么课;如果没有选,就不要写。兼职工作更是如此,做了什么,就写什么,不要夸大其词。因为在面试时,面试官会就简历上的任何问题提出疑问。如果情况属实,你就能答上来,否则你和面试官都会很尴尬,你的信誉也就没有了,这是很不利的。讲真话,不要言过其实,相信自己的判断力是十分重要的。

如果没有参加任何兼职工作,你可以不写,因为主考官知道你是即将毕业的学生,而学生的本职工作就是学习。或许你就是重点地学了本专业,没有顾上其他;或许你在学习本专业同时选择了第二专业或辅修专业;或许你虽然没有在校外兼职,但在校内系里或班里做了大量社会工作。总之,你会有自己的选择,也会珍惜自己的选择,并为自己的选择骄傲。这样你就没有必要为没有兼职工作而苦恼或凭空捏造。请记住,主考官都是从学生过来的,他们会尊重你的选择。

简历最好简单明了。这是简历原则的又一重要原则。如果简历内容过多,又缺乏层次感,会给人以琐碎的感觉。必要信息如姓名、性别、出生年月、联系电话和地址等一定要写上。相比之下,身高、体重、血型、父母甚至兄弟姐妹做什么工作纯属辅助信息,可要可不要,至少不应占据重要位置。可以将自己认为重要的信息全部浓缩到第一页上,然后把认为次要的信息,诸如每学期成绩单、获奖证书复印件等信息都当作附件。这样的简历主考官只看一页就清楚了,主次分明,非常有效,主考官如果感兴趣,可以继续看附件里的文件。

无错原则是指简历应该没有错误,尽可能在寄出简历之前,一个字一个字地检查一遍,标点符号也不能落下。否则会被认为是一个粗心的人,在激烈的竞争中就可能被淘汰。

(2) 简历的内容。简历并没有固定格式,对于社会经历较少的大学毕业生,一般包括个人基本资料、学历、社会工作及课外活动、兴趣爱好等。其内容大体包括以下几方面。

① 个人基本材料。主要指姓名、性别、出生年月、家庭住址、政治面貌、身高、视力等,一般写在简历最前面。

② 学历。用人单位主要通过学历情况了解应聘者的智力及专业能力水平,一般应写在前面。习惯上书写学历的顺序是按时间的先后,但实际上用人单位更重视现在的学历,最好从现在开始往回写,写到中学即可。学习成绩优秀,获得奖学金或其他荣誉称号是学习生活中的闪光点,可一一列出,以加重分量。

③ 生产实习、科研成果和毕业论文及发表的文章。这些材料能够反映你的工作经验,展示你的专业能力和学术水平,将是简历中一个有力的参考内容。

④ 社会工作。近几年来,越来越多的用人单位渴望招聘到具有一定应变能力、能够从事各种不同性质工作的大学毕业生。学生干部和具备一定实际工作能力、管理能力的毕业生颇受青睐。社会工作对于仍在求学的毕业生来说,主要包括社会实践活动和课外活动,是应聘时相当重要的。

⑤ 勤工助学经历。即使勤工助学的经历与应聘职业无直接关系,但是勤工助学能够显示你的意志,并给人留下能吃苦、勤奋、负责、积极的好印象。

⑥ 特长、兴趣爱好与性格。是指你拥有的技能,特别是指中文写作、外语及计算机能力。兴趣爱好与性格特点能够展示你的品德、修养、社交能力及团队精神,它与工作性质关系密切,所以用词要贴切。

⑦ 联系方式。联系地址、电话、邮政编码千万不要忘记

图 8-1　简历封面

写,以免用人单位因联系不到你而失去择业机会。

在按要求完成上述简历的基础上,也可给自己的简历设计一个完美的封面,图 8-1 所示简历封面可供参考(选自 http://www.5snake.com)。

2. 面试时的礼仪

面试时首先遇到的就是究竟应何时到达面谈地点较为恰当。是准时抵达还是提前到达? 若是早到又应以几分钟为宜? 在等待的时间中应该注意什么? 由于目前的交通状况不甚良好,令人无法预计准确的车程时间,所以最好提早出门,比原定时间早 5~10 分钟到达面谈地点,所谓"赶早不赶晚"。早到可先熟悉这家公司附近环境并整理仪容。但如果早到 10 分钟以上,千万别在接待区走来走去,因为这样会打扰公司上班的职员,有损他人对自己的第一印象,对后面的面试一点好处也没有,所以此时可到盥洗室再一次检查自己的服装仪容。接下来轮到自己上场面试时,须掌握以下要点。

(1) 入座的礼仪。进入考官办公室时,必须先敲门再进入,之后应等主考官示意坐下才可就座。如果有指定座位,则坐在指定的位子;但如觉得座位不舒适或光线正好直射,可以对主考官说:"有较强光线直接照射我的眼睛,令我感觉不舒服,如果主考官不介意,我是否可换个位置?"若无指定位置时,可以选择主考官对面的位子坐定,如此方便与主考官面对面交谈。

(2) 自我介绍的分寸。当主考官要求你作自我介绍时,因为一般情况都已事先附在自传上,所以不要像背书似的发表长篇大论,那样会令主考官觉得冗长无趣。记住,将重点挑出稍加说明即可,如姓名、毕业学校名称、主修科目、专长等。如主考官想更深入了解家庭背景及成员,你再简单地加以介绍即可。"时间就是金钱",通常主考官都是公司的高级主管,时间安排相当紧凑,因此说明越简洁明了越好,若是说得过于繁杂会显不出重点所在,效果反倒不好。以下自我介绍礼仪的评分标准供大家自评时参考。

自我介绍礼仪评分标准(满分为 100 分)

第一,内容(50 分)

A. 详略得当,有针对性

B. 言之有物,评价客观

C. 层次清晰,合乎逻辑

D. 文理通顺,富有文采

E. 简单明了,清楚明白

第二,仪表(10 分)

A. 服饰整洁、得体,女子适度淡妆,男子适当修饰

B. 精神饱满,落落大方,面带微笑

第三,态势(10 分)

A. 站有站相,坐有坐相,走有走相,步履稳健,从容自如

B. 面部表情、手势与有声语言协调

第四,礼节(10 分)

A. 开头(见面)礼节

B. 告别(离去)礼节

第五,语言(15)

A. 脱离讲稿

B. 使用普通话或英语(其他外语),口齿清楚,声音洪亮

C. 有一定节奏,语言流畅,发音准确

第六,时间(5分)

介绍过程1～3分钟,过长或过短适当扣分。

(3) 交谈的礼节。交谈是求职面试的核心。面试是与面试官交谈和回答问题的过程,在这个过程中要根据自我介绍和交谈内容控制音量的大小、语速的快慢、语调的委婉或坚定、声音的和缓或急促,在抑扬顿挫之中表现出你的坚定和自信。如果装腔作势,会给人一种华而不实、在演戏的感觉。

交谈时要口齿清晰、发音正确,尽量使用普通话。讲话要言简意赅、通俗易懂。不要为了显示自己而只顾使用华丽、奇特的辞藻,这样会很难顾及语言的逻辑和通顺,反而使人感到你用词不当、逻辑思维能力差。此外,急于显示自己的妙语惊人,往往会忽略了自己的语言因过于锋利、锋芒太露而显得有些张狂。

交谈过程中要注意掌握和控制语速、语调。一般情况下,语速掌握在每分钟120个字左右为宜,要注意语句间的停顿,不要滔滔不绝而让人应接不暇。语调是表达人的真情实感的重要元素,要通过语调表现出你的坚定、自信和放松。

交谈中还要注意谈话礼貌,不要打断对方的讲话,要集中注意力认真"倾听"对方的讲话。听清和正确理解对方的一字一句,不但要听出其"话中话",而且要听出其"弦外之音",这样才能做出敏捷的反应。

回答问题是面试交谈的重要方面,得体地回答面试官提出的问题是面试取得成功的关键,面试者要对面试官可能提到的问题有充分的准备。

(4) 拥有职业化举止。一家医疗机构为了选拔护士长进行了一次面试。一位应试者在笔试中是佼佼者,但在面试过程中,她不但拍桌子,脚不断地敲打地板,身体还时不时地扭动。她认为自己很有希望,但结果却落选了。她为什么会落选呢? 原因就是她缺乏职业化的举止。

许多面试者往往只注重衣着和话语,而忽略了胜过有声语言的形体语言。职业化的举止,就是一种无声胜过有声的形体语言。形体语言是指人的动作和举止,包括姿态、体态、手势和表情。

在面试中,面试者应该特别注意自己的站姿、坐姿、走姿、握手和表情等。

站姿给人的印象非常重要。人们往往认为其简单而忽略它的重要性。站立应当身体挺直、舒展、收腹,眼睛平视前方,手臂自然下垂。这样的站姿给人一种端庄、稳定、朝气蓬勃的感觉。如果站立时歪头、扭腰、斜伸着腿,会给人留下轻浮、没有教养的印象。

面试时的坐姿,不要贪图舒服。许多人养成了瘫坐的习惯,在面试一下子就表现出来了。正确的坐姿从入座开始,入座的动作要轻而缓,不要随意拖拉椅子,身体不要前后左右晃动,背部要与椅背平行,沉着、安静地坐下。落座后,上身要保持直立状态,既不前倾,也不后仰。双手自然下垂,肩部放松,五指并拢。男女的坐姿还有一定的区别:男士可以微分双脚,这样给人以自信、豁达的感觉,双手可以随意放置;女士一般要并拢双膝,或者小

腿交叉端坐,这样会给人端庄、矜持的感觉,双手一般要放在膝盖上。

以下这些做法是应该避免的。

- 拖拉椅子,发出很大的声音。
- 一屁股坐在椅子上。
- 坐在椅子上,耷拉着肩膀,含胸驼背,给人萎靡不振的感觉。
- 半躺半坐,男的跷着二郎腿,女的双膝分开、叉开腿等,给人以放肆和缺乏教养的感觉。
- 坐在椅子上,脚或者腿不自觉地颤动或晃动。

面试时重要的是自信。这种自信可以通过你的走姿表现出来。现在,越来越多的公司强烈地意识到走姿的重要性。自信的走姿应该是,身体重心稍微前倾,挺胸收腹,上身保持正直,双手自然前后摆动,脚步要轻而稳,两眼平视前方。步伐要稳健,步履自然,有节奏感。需要注意的是,如果同行的有公司的职员或接待小姐,你不要走在他们前面,应该走在他们的斜后方,距离一米左右。

每个人都会有一些属于自己的习惯动作,比如说,挠头、揉眼睛、玩手指、双手交叉在胸前等,若是在平时,你尽可以去做,但在面试时要省略,它们会分散人的注意力,给面试考官留下不好的印象。

中国有句古话"此时无声胜有声"。要用你无声的、职业化的举止,向招聘者表明"我是最适合的人选"。

(5) 面试的其他细节

正在面试时,千万不要出现不礼貌的行为,因为一些小动作也会被主考官列作评判内容。以下举例说明需留意的小节。

- 不嚼口香糖、不抽烟,尤其现在提倡禁烟,更不要在面谈现场抽烟。与人谈话时,口中吃东西、叼着烟都会给人不庄重的感觉,也显得不尊重对方。
- 不可要求茶点,除非是咳嗽或需要一杯水来镇定自己。
- 不要随便乱动办公室的东西。
- 不要谈论个人故事而独占谈话时间。

自己随身带的物品,不可放在面试官的办公桌上。可将公文包、大型皮包放置于座位下右脚的旁边,小型皮包则放置在椅侧或背后,不可挂在椅背上。

离座时记住椅子要还原,并向主考官行礼以示谢意。

在一般面试者看来,主考官向你表示面谈结束,求职面试的全过程就结束了。其实不然,这只是面谈的结束,求职还没有结束。此时此刻,作为求职者的你,万万不可大意,认为大功告成或没有希望了。面谈结束后的礼仪同样对你很重要。也许可以扭转你的不利局面,在困境中重新获得生机。你一定要使求职过程结束得完美。

8.1.2 办公室礼仪

办公室礼仪最能体现一个人是否具备良好的素质和个人修养,因为办公室是日常工作的地方,同事们在这里朝夕相处,很多礼仪需要我们去注意,良好的礼仪不仅能树立个人和组织的良好形象,也会关系到一个人的个人前程和事业发展。

1. 办公室内的一般礼仪规范

（1）不要随便打电话。有些公司规定办公时间不要随便接听私人电话,一般在外国公司里用公司电话长时间地、经常性地打私人电话是不允许的。私人电话顾名思义只能私人听。但在办公室里打,难免会被人听到。即使公司允许用公用电话谈私事,也应该尽量收敛一些,不要在电话里与自己的家人、孩子、恋人等说个没完,这样让人感觉不舒服,有损于你的敬业形象。有的办公室里人很多,如果听到有人在打私人电话,最好是佯装没有听见。

（2）要守时。上班时间要按时报到,遵守午餐、上班、下班时间,不迟到早退,否则会给公司留下一个懒散、没有时间观念的印象。另外,要严格遵守上班时间,一般不能在上班时间随便出去办私事。国外一个著名企业老板,针对商务白领归纳出13条戒律,其中一条就是没有守时的习惯,经常迟到早退。

（3）不诿过。如果有些小的事情办错了,当上司询问起来时,如果这件事与自己有关,即使别的同事都有一些责任,你也可以直接替大家解释或道歉。如果是自己做错了事,更要勇于承担责任,绝不可以诿过于别人。

（4）主动帮助别人。当看到同事有需要帮忙的事情,一定要热心地帮助解决。在任何一个工作单位里,热心助人的人是有好人缘的。

（5）不要随便打扰别人。当你已经将手头的活儿干完时,一定不要打扰别人,不要与没有干完活的人交谈,这样做是不礼貌的。

（6）爱惜办公室的公共用品。办公室的公用物品是大家在办公室的时候用的,不要随便拿回家去,也不要浪费公用物品。

（7）中午午睡关好门。许多人有中午午睡的习惯,略休息一下,午睡要关好门。如果你有急事必须进出门时,记住每次进出门后必须带上门。不要怕有关门声而将门半开或虚掩着,这样不礼貌,因为关好门能给午睡者安全感,其心里更踏实。关门声的吵扰相对可以忍受。

2. 办公室环境礼仪

当人们走进办公区的情绪是积极的、稳定的,就会很快进入工作角色,不仅工作效率高,而且质量好;反之,情绪低落,则工作效率低,质量差。如果在办公区内,体现出整洁,明亮、舒适的工作环境,使员工产生积极的情绪就会充满活力,工作卓有成效。

随着现代化进程的加快,人们的办公"硬件"水平逐渐提高,办公环境也在不断改善,人们的工作效率也应该相应地提高。

（1）办公室桌面环境。办公室的桌椅及其他办公设施,都需要保持干净、整洁、井井有条。正如鲁迅先生所说,"几案精严见性情",心理状态的好坏,必然在几案或其他方面体现出来。

从办公桌的状态可以看到当事人的状态,会整理自己桌面的人,做起事来肯定也是干净爽快。他们为了更有效地完成工作,桌面上只摆放目前正在进行的工作文件;在休息前应做好下一项工作的准备;因为用餐或去洗手间暂时离开座位时,应将文件覆盖起来;下班后的桌面上只能摆放计算机,而文件或是资料应该收放在抽屉或文件柜中。

随着办公室改革的推进,有的公司已废弃了个人的专用办公桌,而是用共享的大型办公桌,为了下一个使用者,对共享的办公桌应更加爱惜。

(2)办公室心理环境。"硬件"环境的加强仅仅是提高工作效率的一个方面,而更为重要的往往是"软件"条件,即办公室工作人员的综合素质,心理素质。这个观点正在被越来越多的"白领"们所接受。

在日常工作中,人际关系是否融洽非常重要。互相之间报以微笑,体现友好、热情与温暖,就会和谐相处。工作人员在言谈举止、衣着打扮、表情动作的流露中,都可以体现是否拥有健康的心理素质。

总之,办公室内的软件建设是需要在心理卫生方面下一番功夫的。因为"精神污染"从某种意义上说要比大气、水质、噪声的污染更为严重。它会涣散人们工作的积极性,乃至影响工作效率、工作质量。为此,在办公室内需要不断提高心理卫生水平。应从以下几个方面努力:

学会选择适当的心理调节方式,使工作人员不被"精神污染"。领导应主动关心员工,了解员工的情绪周期变化规律,根据工作情况,采取放"情绪假"的办法。工作之余多组织一些文娱体育活动,既丰富文化生活,又运用这种方式宣泄了不良情绪。有条件的可以建立员工心理档案,并定期组织"心理检查",这样可以"防微杜渐",避免严重心理问题的产生。经常组织一些"健心活动"。使工作人员能够经常保持积极向上、稳定的情绪,掌握协调与控制情绪的技巧与方式。

3. 办公室里谈话注意事项

(1)一般不要谈薪金等问题。在美国、日本等国家一般最忌讳谈论薪金问题,不论是你问别人的薪水,还是别人问你,都会让人难以回答。因为在很多公司里,每一个人的工作不一样,得到的报酬也不一样。如果你说出你的薪水比别人高时,容易引起一些麻烦事。

(2)不要谈私人生活和反映你个人不愉快的消极话题。不要谈论你的私人问题,也不要在办公室讨论你遇到的不好的事情和现在的不好心情,因为这会影响别人的情绪,或者引起别人对你不好的看法,不要将自己的私人生活全部暴露在同事的面前,保留一点神秘感对你是有好处的,让人认为你是一个有魅力的人,一个能处理好自己生活的人,因为一个连自己的生活都处理不好的人是不可能将公司的重任担当起来的。如果不注意,不但会影响你的形象,也会影响你的前途。

(3)不要评论别人。在办公室里最忌讳的是谈论别人的是是非非,中国有句古话:当面少说好话,背后莫说人非。当有人在评论别人时,你不要插嘴,也不要充当谣言的传播者。

(4)在谈论自己和别人时注意别人的反应。在谈论自己和别人时不要滔滔不绝,而要观察别人的反应来决定谈话是不是继续进行。因为当别人对你所谈论的话题不感兴趣时,就应该转向别的话题。否则,这样的谈话就会成为大家的负担,而不是一种快乐。

4. 与上司相处的礼仪

(1)与上司单独相处时。大部分职员及年轻主管都害怕与上司单独相处,事实上,这既是一种挑战,也是一种机会,应好好把握住。利用这种机会与上司加深了解,增加信任。如果上司好像很心烦,一直专心深思的话,最好不要打扰他。假如对方答非所问,则表示他不想说话。有时上司会主动问一些问题,此时下属回答的语气应简洁而诚恳。选择谈话的主题时,下属应视上司之意决定谈私事还是谈公事,身为下属不但要诚恳有礼,并且要细心地了解上司的问题重点所在,双方谈话才能有礼而愉快。

(2)上司接听私人电话时。遇到上司接听私人电话时,尽量回避,可以替上司关上办公室的门。

(3)上司生病时。一般在上司生病时,除打电话慰问外,可以带水果、鲜花或营养品亲自到医院或家中拜访慰问,尽管有时上司会因为探望的人多影响休息而有点厌烦,但对上司健康的关心符合中国人的礼仪。在欧美国家强调个人隐私和私人生活空间的神圣不可侵犯,不可随便去医院或到家里探望生病的上司。

如你与上司相当熟悉,可以打电话,简短地表达希望他早日康复的慰问之意,相信只要一通电话他就会很高兴。而且,除非他问及公事,千万不要唠唠叨叨地对他诉说他住院以后公司所发生的一切事情。若是问及也只需简单地告诉他:"公司一切都很正常,只是我们都很想念您,大家都希望您早日康复。"打电话时应长话短说、简短扼要,由于病人很虚弱,如谈话太久会使病人感到不舒服。

(4)遇到棘手的问题时。遇到棘手的问题应首先去见你的顶头上司,不要越级去见别的上司。如果遇到上司无法处理的问题时,则可以去见相关的部门主管领导,要求帮助解决问题。

5.与下属相处的礼仪

对待每一位下属都应该和蔼可亲,这样就会得到别人同样的反馈。你的威信不是建立在你的蛮横态度上,而是建立在你对别人的友好与尊重上。你的权利是大家给予的,所以尊重你的下属就是尊重你的权利,就是你的职位合法性的理由。你可以适当地标榜你的下属,这是获得他们工作上的配合的重要方法。不要因为自己的过失而去责怪别人。要勇于承担责任。在批评别人时要注意就事论事,不要突显自己的优越地位。要培养自己的优良风度,不论是着装还是其他方面,都要体现以身作则的态度,不要让一些生活细节丑化了自己的形象。

6.与男女同事相处的礼仪

在办公室里最难把握的是男女之间相处的"度"。尤其是年轻的女毕业生,处理与男同事的关系,与男上司的关系更不容易:过分则会影响你的形象,打打闹闹会让人感觉不舒服;拒人于千里之外,又会使人产生独特清高、孤芳自赏的印象,给人一种瞧不起人的感觉;要注意保持空间距离,不要身体靠得太近;动作表示不要过于亲昵,不要打打闹闹;语言交流时要注意用语恰当,要随和,不要过于随便。

7.在别人办公室的礼仪

(1)提前预约,准时赴约。即使是在同一个办公楼里办公,在见面之前,也一定要提前预约,而且要准时赴约,如果见面的是比你的职位更高的同事,就更不能迟到。如果约好在某人的办公室会面,而那个人不在屋里,你就不应进去,如果没有等候室,可在门外等候。进入他人的办公室之前应先敲门,以便让对方知道你来了,即使门开着也要这样做,等他示意后,再进屋。如果对方正在打电话,可在门外等一会儿或过一会儿再来。

(2)尊重同事的办公室规则。我们所谈到的有关客人拜访的规则同样适用于同事之间,在别人的办公室里,要等人示意后才能入座。如果有电话打断了你们的谈话,应该通过手势示意是否回避。不要把文件、茶杯等随意放在桌子上,因为那是他人的领地,应先征得对方的同意。比如说,"我把茶杯放这儿行吗?"同样,需主人同意后才能挪动椅子,并在离开前放回原处。

如果确实需要使用某人的办公室或设备,应事先征得同意。如果主人同意了,给了你这项特权,也不可滥用。不要乱翻动文件,不要偷看桌上的文件。如果需用什么东西,应及时完璧归赵,并向主人致谢。如果用坏别人的办公工具,应该向人家说明,并征求是否需代为修理或买一个新的。

(3)及时撤离。到别人办公室拜访时,无论是否达到拜访的目的,都不要停留过久,应该适时离开,因为停留过久会影响他人的工作。

8.2 拓展阅读

8.2.1 世界 500 强企业怎样面试候选人

在企业面试中,世界 500 强以其个性的提问方式和考试方法,在得到各公司人力资源招聘人士关注的同时,也得到了广大应聘者的关注。这里总结了一些经典问题的问答,以期有助于广大应聘者。

问题 1:你为什么觉得自己能够在这个职位上取得成就?

错误回答:我不知道。我擅长做很多事情。如果我能得到并且决定接受这份工作,我确信自己可以把它做得相当好,因为我过去一直都很成功。

评论:尽管表面上听起来这种回答可以接受,但是它在几个方面都有欠缺。首先,这种语言很无力。像"擅长做很多事情"以及"相当好"之类的话,都无法反映你的进取心,而如果不能表现出足够的进取心,你就很难进入最好的企业。另外,将过去做过的所有事情同这个职位联系起来,这意味着求职者对这一特定职位没有足够的成就欲望和真正的热情。

正确回答:从我的经历来看,这是我的职业生涯中最适合我的一份工作。几年来,我一直在研究这个领域并且关注贵公司,一直希望能有这样的面试机会。我拥有必备的技能(简单讲述一个故事来加以说明),我非常适合这一职位,也确实能做好这份工作。

评论:这是一个很有说服力的回答,因为它可以告诉面试人,这个求职者拥有足够的技能和知识来完成这项工作。他所讲的故事表明了他的技能,也验证了他最初的陈述。最后,求职者表示了"做好这份工作"的愿望,证明了他具备对这份工作的热情和进取心。

问题 2:你最大的长处和弱点分别是什么?这些长处和弱点对你在企业的业绩会有什么样的影响?

错误回答:从长处来说,我实在找不出什么突出的方面,我认为我的技能是非常广泛的。至于弱点,我想,如果某个项目时间拖得太久,我可能会感到厌倦。

评论:这种回答的最大问题在于,求职者实际上是拒绝回答问题的第一部分。对第二部分的回答暗示了求职者可能缺乏热情。另外,基于对这一问题两个部分的回答,求职者对后面的问题很难再做出令人满意的回答。

正确回答:从长处来说,我相信我最大的优点是我有一个高度理性的头脑,能够从混乱中整理出头绪来。我最大的弱点是,对那些没有秩序感的人,可能缺乏足够的耐心。我相信我的组织才能可以帮助企业更快地实现目标,而且有时候,我处理复杂问题的能力也能影响我的同事。

评论:这个回答做到了"一箭三雕"。首先,它确实表明了求职者的最大长处。其次,它所表达的弱点实际上很容易被理解为长处。最后,它指出了这个求职者的长处和弱点对企业和其他员工的好处。

问题3:是否有教授或者咨询师曾经让你处于尴尬境地,还让你感到不自信?在这种情况下,你是怎样回应的?

错误回答:我相信质疑权威是很重要的,但我不可能在学校里学到一切知识。很多人以为自己知道所有问题的答案,可实际上他们并不了解真实世界里发生的一切。你知道,那些都是象牙塔里的东西。

评论:这种回答的最大问题在于,求职者把问题的焦点从自己身上转移了。严肃的面试人并不关心你对高等教育的观点。他们想知道的是,当出现问题中给出的情况时,你将怎样处理。这种回答的另一个弊端是,它会使面试人对你是否愿意服从领导产生怀疑。

正确回答:在我当学生的这几年中,我尽自己所能多学习知识,经常选择一些不熟悉的课程,因此往往会受到教授的质疑。不管什么时候,当我觉得自己对这个科目知之甚少时,我就尝试预见一些问题,为回答问题做些准备。当我被难住时,我尽可能做出科学合理的猜测,承认我不知道的东西,并且从不懂的地方开始学习。(如果可能,你可以举出一个例子加以说明。)

评论:这种回答的最大好处在于,它清楚地表明了求职者会积极面对艰难处境。它也显示了求职者有雄心和明确的态度,知道怎样处理离奇和模糊的问题。

问题4:你是否曾经得到过低于自己预期的成绩?如果得到过,你是怎样处理这件事情的?

错误回答:有一次,我觉得应该得B,但却得了C,我去找辅导员,他给我看了我在每个项目上的得分情况——我处在C级的边缘,但很明显是C。我很高兴能核实一下而不是接受既定的分数值。

评论:这个问题开始时回答得很好,但最后却不尽如人意。从最初的情况看,求职者似乎愿意追查到底。但是后来很显然,他(她)没有试图做出改变。

正确回答:我曾经和一个研究地球科学的教授有过一段令人记忆犹新的经历。这个人一向以偏袒理科生而出名,而我偏偏又不是理科生。在我们班上,所有的非理科生都感到,他对我们的知识基础有着非常不切实际的期望。由于他的偏见,这些非理科生大多都表现不好。尽管我表现还算不错,但我还是和其他学生一道向系领导发出了一份声明,建议校方审查一下他的教学方式。

评论:这种回答能够表明,这名求职者有能力克服困难处境,而且能够脱颖而出并居于领先地位。这样的回答还可以表明,这名求职者高度重视公平感。同时也表明了求职者十分关心集体利益。

问题5：出于工作晋升的考虑，你打算继续深造吗？

错误回答：我不知道。我已获得了管理学学士学位，我认为自己已经受到了很好的教育。我觉得实际工作经验比在学校里学到的东西更有价值。

评论：尽管求职者试图通过这种回答反映其积极的一面，而且这样回答从某种程度上也可以间接地讨好面试人(面试人就是"实际工作"的一部分)。但是，它没有反映出求职者追求上进的意愿。因此，根据求职者所表达的信息，如果碰上一个乐观的面试者，他(她)会认为你缺乏雄心，如果碰上一个悲观的面试者，他(她)可能会认为你很自负。

正确回答：作为一名大学生，我学到了很多知识。如果有合适的机会，我当然会考虑继续深造。但是，我会认真考虑这件事情，我觉得很多人回学校学习是很盲目的。如果我发现自己所做的工作确实有价值，而且也需要获得更多的教育才能在这一领域做得出色，我当然会毫不犹豫地去学习。

评论：这种回答显示了求职者的雄心、热情和动力。同时也表明，求职者具有与众不同的头脑，而且对重大职业决策非常认真。

问题6：你曾经参加过哪些竞争活动？这些活动值得吗？

错误回答：从本质上说，我是一个竞争感很强的人。我认为，在所有我做过的事情中，我实际上都采取了一种竞争的态度。毕竟，只有这样你才能在竞争激烈的企业界生存，对吧？

评论：这样的求职者阅读了太多关于鲨鱼和汉斯之类的故事，他这样回答让人感觉在企业界不是你死就是我活。尽管企业界是高度竞争的，但是企业中的人憎恨别人把自己看成是凶猛的梭子鱼。

正确回答：我喜欢小组运动，我一直都尽我所能参加这些活动。我过去经常打篮球，现在有时候也打。同小组一起工作、为实现共同目标而努力、在竞争中争取胜利……这些事情确实非常令人兴奋。

评论：这种回答表明，求职者能够正确看待竞争。这意味着他(她)能够利用竞争力量在竞争中取胜，而不会毁掉同事的工作成果。

问题7：你怎样影响其他人接受你的看法？

错误回答：一般情况下，这取决于这种想法的价值。如果这是一个好想法而且我所交往的人是通情达理的，那么，一般情况下，让别人接受我的想法不会太难。

评论：这种回答的问题在于，它并没有解决实际问题。这个问题实质上问的是你怎样对待那些不赞同你的看法的人。这个回答表明，你愿意在一种和谐的工作环境中工作，不喜欢不和谐的工作氛围。

正确回答：这是多年来我一直非常努力探索的一个领域。对于好的想法，甚至是伟大的想法，人们有时并不接受。我现在认识到这样一个事实，那就是你表达想法的方式同想法本身一样重要。当我试图影响别人时，我一般会假设自己处在他们的位置上，让自己从他们的角度来看待问题。然后我就能够以一种更可能成功的方式向他们陈述我的想法。

评论：这个回答表明，首先，你理解人际沟通的复杂性，知道使别人改变看法具有一定的难度。其次,你知道影响别人时运用策略很重要,而且也能够采用合理的方式说服别人。最后,你知道在沟通困难的情况下,沟通方式和沟通内容一样重要。

问题8:在做口头表达方面你有哪些经验?你怎样评价自己的口头表达能力?

错误回答:我认为每个人都会在做演讲时感到紧张,我可以做口头表达,但是说实话,人们并不总是愿意倾听。我认为,有时候,给人们发放纸面信息再回答他们的问题,这样做会更好一些。

评论:这种回答清楚地表明,你这方面的能力很欠缺,它不仅说明你不喜欢口头表达,同时也意味着你不愿提高自己的口头表达技能。

正确回答:我曾经看到一篇文章,说公共演讲是人们最害怕的事情。我认识到,如果大多数人都害怕做公共演讲,那么在克服自己的恐惧并掌握口头陈述技能之后,我就能够在竞争中更胜一筹。因此,我抓住所有的机会做演讲,而且我发现,做的演讲越多,就越对演讲感到轻松自如,当然也做得更好。

评论:这是一个很好的回答。因为它具体说明了你在这方面的能力,而且它也表明你正在继续努力提高自己的演讲技能。通过承认口头陈述是很复杂的,求职者也表明了自己的诚实和正直。

问题9:你怎样比较自己的口头技能和写作技能?

错误回答:任何表明自己的某一技能比另一技能好的回答。

评论:你中圈套了。

正确回答:从现在的情形看,企业越来越重视职员的能力,希望他们在口头表达和书面表达方面都能够做到清晰、明确。我总是利用机会提高自己的口头沟通和书面表达技能。我认为,这两种技能都是极为重要的,任何想要在企业界取得成功的人,这两种技能都应该具备。

评论:这种回答避开了陷阱,避免被别人认为自己在某一方面薄弱。同时,也可以表明,你理解高效沟通技能的重要性。更重要的是,它可以使面试人确信,在一般技能方面你拥有坚实的基础,而这些技能是无论什么企业都需要的。

问题10:在写专业论文时你最不喜欢哪些方面?

错误回答:我最担心的就是进行一个自己不感兴趣的研究课题。如果我对研究课题感兴趣,我不介意开展研究工作。但很多时候,研究所得的成果并不能在实际中得到应用。

评论:尽管很多读者可能会同意这种回答,但它却不能让面试人感到满意。很多工作任务都是单调和烦琐的,听到求职者表示不喜欢枯燥的事情,这会让人感到很不舒服。

正确回答:如果我认真工作,我会发现某一题目有无穷多的信息。我认为最难的工作就是判定什么时候才能获得足够的信息可以开始动笔写论文。

评论:这种回答表明,求职者理解研究的意义并愿意从事研究工作。它还表明求职者能够深入调查,也能够胜任书面论文的写作。这种回答显示了求职者的雄心、热情以及动力。同时也表明,求职者具有与众不同的头脑,而且对重大职业决策非常认真。

资料来源:舞文.世界500强怎样面试候选人[J].劳动保障世界,2009(6).

8.2.2　白领职场 13 条办公室戒律

国外一位著名企业老板,针对白领阶层归纳出 13 条戒律,分别以一种动物或者物体做比喻。对比一下,你会是其中一种吗?

1. 没有创意的鹦鹉

只会做机械性的工作,不停地模仿他人,不会追求自我创新,自我突破,认为多做多错,少做少错。

2. 无法与人合作的荒野之狼

丝毫没有团队精神,不愿与别人配合,分享自己的劳动,也无视他人的意见,我行我素地工作,离群索居。

3. 缺乏适应力的恐龙

对环境无法适应,对市场变动经常无所适从或不知所措,只知请教领导,也不能接受职位调动或轮调等工作变动。

4. 浪费金钱的流水

成本意识很差,经常报销应酬费、交通费等,不注重工作效率。

5. 不愿沟通的贝类

有了问题不愿意直接沟通或羞于讲出来,总是自我封闭,任由事情坏下去,没有诚意。

6. 不注重资讯汇集的白纸

对外界信息反应不敏锐,不肯思考、判断、分析,也不愿搜集、整理有关信息,懒得理会"知彼知己,百战百胜"这句名言。

7. 没有礼貌的海盗

不守时,常常迟到早退,服装不整,讲话带刺,不尊重他人,做事或散漫或刚愎自用,根本不在乎他人。

8. 缺少人缘的孤猿

嫉妒他人,只对别人的成就飞短流长而不愿意向他人学习,以致在需要帮助时没人伸手援助。

9. 没有知识的小孩

事事仍然需要别人的照顾,生活能力极差,对工作也需一点一滴交代得十分清楚,否则干不好。对社会问题及趋势从不关心,不肯充实专业知识,很少阅读专业书籍及参加各种活动。

10. 不重视健康的幽灵

不注重休闲活动,只知道一天到晚地工作,常常闷闷不乐,工作情绪低落,自觉压力太大,并将这种压力影响别人。

11. 过于慎重、消极的岩石

不会主动工作,因此很难掌握机会,对事情没做前先发出悲观论调,列出一大堆不可能,同时对周围事物也不关心。

12. 摇摆不定的墙头草

从没有自己的观点,永远只是附和别人的意见。更重要的是一遇到公司纷争,哪边势力大就倒向哪一边,并煽风点火,一旦这方失势,又马上倒向另一方。

13. 自我设限的家畜

不肯追求成长、突破自己,不肯主动挑起力所能及的担子,抱着"努力也没用,薪水够用就好"的心态,人家给什么接受什么。

资料来源:http://xl.39.net/zcxl/081/11/226079.html.

8.3 实 训 练 习

8.3.1 案例讨论

案例1

招聘者与应聘者谈话实录

这是某著名中国高等学府学生的一个应聘过程。此同学应聘企业管理岗位,招聘者不小心把应聘者的简历放在了市场营销类别里,下面是招聘者与应聘者的一段对话。

应聘者:杨先生,我应聘企业管理岗位,但怎么被安排到市场营销部门这里面试?

招聘者:啊,真对不起,是我的疏忽,把你的简历放错了。那么,我想问你,你应聘企业管理的哪个岗位?

应聘者:办公室管理或者行政管理,你看怎么样?

招聘者:请问你了解办公室工作或行政工作吗?

应聘者:行政工作就是进行企业管理工作,请问咱们公司的办公室的工作都有哪些方面的内容?

招聘者:办公室工作细密琐碎,主要是为各部门和员工服务的一个部门,很辛苦,当然还不一定显成绩,你觉得你愿意从事这样的工作吗?

应聘者:那么,你们公司的市场营销的工作怎么样? 我可以试一试吗?

招聘者:你觉得你从事市场营销工作有什么优势吗?

应聘者:我善于交往,善于处理各种人际关系。我的演讲才能也不错,你也许能从我的交谈中感觉出来。再者,我的学习能力十分强,这是知识经济时代中人才竞争的本质。

招聘者:那么,你告诉我什么叫市场营销?

应聘者:市场营销比销售大一些,市场营销还要管到研究、开发、生产、销售等方面。

招聘者:还有吗?

应聘者:市场比销售高级一些。

招聘者:你能告诉我市场营销的"4P战略"是什么? 并告诉我4P的英文。

应聘者:产品(Products)、渠道(Place)、价格(Price)、促销(Promotion)……

招聘者：你能告诉我市场营销与推销的出发点有什么不同吗？

应聘者：推销是往外卖产品，而市场营销是有组织有计划地销售自己的产品。

招聘者：No，很抱歉，我不能给你机会，因为你出错的地方太多了。

应聘者：您能不能再问一些问题，跟我再谈一谈？

招聘者：No！

资料来源：http://www.worlduc.com/blog2012.aspx?bid=3943466.

讨论题

（1）应聘的时候应注意哪些问题？

（2）上例中应聘者的失误在哪些方面？

案例2

糟糕的应聘者

以下是某企业人力资源经理对求职者的忠告：

面试从你接到电话通知的那一刻就已经开始了。也许是等待就业的心情比较迫切吧，我在通知有资格参加下一轮面试的面试者时，一般从电话另一头听到的都是一些浮躁的声音，这里摘了一点我们的对话，供大家参考。

"喂？"

"喂，您好，请问是×××先生吗？"

"你是谁啊？"（当时，我的心里已经不高兴了，但是不会表露出来）"我是××公司的，请问您参加了我们公司的招聘吗？"

"哪个公司？"（肯定是撒大网了）"我们把您的面试时间安排在了明天的×××，地点在×××。"

"我记一下，你们是什么公司？"（Oh，my god！）……

这样我就会把我的看法写在他（她）的简历上，供明天面试的时候参考，影响可想而知！

资料来源：李扬.http://tieba.baidu.com/f?kz=564626502.

讨论题

（1）应该怎样接通知你参加面试的电话？

（2）你认为面试是从什么时候开始的？为什么？

案例3

职场跋涉

1996年的夏天，我的手心攥着打工4年的积累加上从数家亲戚朋友那里东拼西借的8万元钱，开了一家小小的快递公司。千万别以为是特快专递，那得有强大得多的资金实力和不一般的邮政背景。我的公司，不过是替人送牛奶、送报纸、送广告、送水、换煤气罐一类而已。

公司的规模很小，总共才十五六个人，每个人都不同程度地承担了送货的任务，包括我自己在内，每天晚上下班回家和早晨上班，都会顺路送一部分货品。销售商往往把我们的利润压得最低，因为工作简单、可替代性强，这也是没有办法的事。所以，我不得不普遍采用二手单车，不得不拼命压低工人的工资。

即便如此，公司开业半年多，也仅仅是勉强持平而已。好在业务总算慢慢增长着，我也打算再招几个人，更年轻力壮些的，可以多做些活，效率也高得多。

1997年春节过后不久，一个叫唐明的中专生前来面试，长得白白净净，还戴着一副书生气十足的眼镜，怎么看也不像个踩单车送货的。

"我们这里最好的工人，每天也只能跑300多个客户，一个月也才600多块钱，而且无论多么恶劣的天气，你都得把定额部分完成。你可要想清楚了，不要硬着头皮上了，到时落下一身病，我可承担不起。"我不无怀疑地看着眼前的这个年轻人，想着赶紧把他打发走。

"我可以不要底薪，全部按件计酬。即使做得不好，您也不会有任何损失。给我一个机会吧，一个月就行！如果一个月下来业绩太差，我马上就走。"唐明态度非常诚恳地说。

也许是他恳请的眼神打动了我，我破例留下了他，就像他说的一样，反正也没什么损失。

第一个月，唐明的业绩比我想象的略好一些，平均一天可以跑200个左右的客户。他被留下了。

第二个月，他的业绩已经是全公司最好的，平均每天可以跑500个客户，当然收入也是全公司最高，我简直不敢相信。看他细细的胳膊细细的腿，一副手无缚鸡之力的书生样，凭着一辆破旧不堪的单车，他是如何跑下如此骄人的业绩的？

"告诉我，你究竟是怎么做的？"我把唐明叫到办公室。

"其实很简单。我把所有属于我的客户按居住地划成好几个片区，然后对路线运用运筹学理论进行规划，就可以大大提高效率。然后，我每天抽出一定的时间拜访客户，他们中的许多人都和我成了朋友，当然也就会向他们的邻居推销我们公司的产品，于是，我的客户一天比一天多，而且越来越集中，当然业绩也就成倍地上升了。"

我再一次看看面前的这个中专生，还是一副书生气十足的样子，但他眼神中的有些东西却是我不熟悉的。

"你是学什么的？"我突然想起了这个问题，因为只是送货，之前我从来没有考虑过工人的学历。

"会计。"

"会计？"我一愣，他是学会计的？那怎么会找一份送货的工作？

大约他也看出了我的疑惑，于是微笑着解释道："现在学会计的越来越多，连大专生找一份工作都艰难，更何况我们中专生呢？我找了两个月的工作，也没有哪家公司愿意让一个中专生做会计，还是要感谢你收留了我。其实有一碗饭吃已是幸运，也无所谓专业对口啦！"

后来，唐明成了公司的会计，并且给了我很多有效的建议，公司规模越来越大，渐渐地有了第一家加盟店，然后是第二家、第三家……

在开了第十家加盟店之后，唐明通过自考拿到了本科毕业证书，离开公司去了一家更大的民营企业。我没有阻拦他，因为不想让私人的感情阻碍了他美好的前程。

资料来源：黄大庆.尊重一个人的含义[J].读者，2002(19).

讨论题

(1) 求职的心态是非常重要的，本案例对你有何启示？

(2) 在职场中应当怎样拼搏？唐明的成功得益于哪些方面？

案例 4

面试之后记得说谢谢

一家公司的公关部招聘一位职员,许多人参加了他公司的面试和笔试都十分烦琐,一轮轮淘汰下来,最后只剩下五个人。这五个人都很优秀,都有较好的外表条件和学识,都毕业于名牌大学。公司通知五个人先回家,等待公司最后的决定。

几天后,其中一位应聘者的电子邮箱里收到一封信,信是公司人事部发来的,内容是"经过公司研究决定,你未被录用。但是我们欣赏你的学识、气质,因为名额有限,实是割爱之举。公司以后若有招聘,必会优先通知你。你所提交的资料录入计算机存档后,将邮寄返还给你。另外,为感谢你对本公司的信任,将寄去本公司产品的优惠券一份。祝你开心。"

这个女孩在收到电子邮件的那一刻,十分伤心,但又为外资公司的诚意所感动。两天后,她收到了寄给她的材料和一份优惠券。她十分感动,顺手花了三分钟时间,给那家公司发了一封简短的感谢信。

两个星期后,女孩收到那家公司的电话,说经过经理层会议讨论,她已被正式录用为该公司职员。她这才明白,这是公司最后的一道考题。公司给其他四个人也发了同样的电子邮件,也送了优惠券,但是因信感谢的只有她一个。她能胜出,只不过因为多花了三分钟时间去感谢。

资料来源:付桂萍.做派:在商务活动中合乎情境地展示自己[M].长沙:湖南人民出版社,2013.

讨论题

(1) 面试后应注意哪些礼仪?

(2) 本案例对你有哪些启示?

案例 5

面试得来的经验

用人单位在招聘人员时,除了对学历、年龄、性别有专门规定外,还对应聘者的工作经验做了相应的要求。我在刚刚毕业时对此很不屑,工作经验不就是工作中获得的实践知识吗?课本上枯燥、烦琐、复杂的理论知识都难不倒我,那些所谓的实践知识又会有多难掌握呢?但一次普通的面试却改变了我的看法。

这年 5 月,我前往一家有名的咨询公司应聘,从招聘信息上我们得知,该公司的主要业务是为本市和外埠企业联系代理商和经销商,并提供办公场所搜寻、公司注册、办公事务代理和会务组织等服务。这家合资公司面向社会招收业务人员时,对应聘者的实际工作经验没作专门规定。我在大学学的是企业管理,条件与公司的各项要求相符,就顺利通过了初试,对接下来的面试我也很有信心。

按照面试单上的地址,我提前来到了公司所在的富华大厦。大厦门口,两名精干的保安站在那里,立在他们前面的不锈钢牌上写着醒目大字:来客请登记。我问其中的一位保安:"1616 房间怎么走?"保安抓起了电话,过了一会儿告诉我:"对不起,1616 房间没人。"不可能吧,我赶忙解释:"今天是 A 咨询公司面试的日子,我这儿有他们的面试通知。"

那位保安看后又拨了几次电话,然后告诉我:"对不起,1616 没人,我不能让你上去,这是大厦内部的规定。""我真的是来面试的,公司面试单上写的就是今天。"

"那我再帮你试试看。"时间一秒一秒地过去,我心里虽然着急,却也只有耐心等待,同时祈祷那该死的电话能够接通。

9点10分,已经超过约定时间10分钟了,保安又一次礼貌地告诉我电话没通。不可能,难道是我记错了?我再次翻开面试单,用磁卡电话拨通了那个印的不起眼的电话号码……电话那头终于传来了久违的声音,对方请我速上16楼1616房间,因为内线电话有误,他们还应我的要求告知了保安。

等我忐忑不安地推开经理室,已远远超过了面试的时间。"年轻人,你迟到了15分钟。"

"但我真的很想加入您的公司,我相信我能够胜任相应的工作。"

"很好,我公司就需要有韧劲的业务人员,为达到目的,百折不挠。刚才保安接不通电话,实际上就是我们面试的一部分,以考验你的应变能力,你完成得不错。不过面试还没有结束,我公司准备购置一批计算机,请你到大厦旁边的计算机市场了解一下最新的计算机行情。"

15分钟后,我把从计算机市场要来的几份价目表交给了经理。"这是零售价,如果批发15台,价格是多少呢?"又过了15分钟,等我把从销售商那里问到的计算机批发价格告诉经理后,他又问我:"计算机的UPS电源怎么卖?另外,打印机、电脑桌有没有优惠?"

"那我再去电脑城了解一下。"看到我疲于应付的样子,经理叫住了我,并让秘书递给我一杯茶。"你在面试的第一阶段做得不错,有闯劲,能够突破常规,遇事多想一步。但从后面完成市场调查的任务来看,还显稚嫩。"

"我们做业务必须有良好的观察和思考能力,想法要多、要深,能够快人一步。业务人员不仅要善于动手,还要善于动脑,如果不能做到这一点,就不可能为客房提供有效的信息与咨询服务,为采购商提供质优、价廉、物美的产品,反而会造成人力、物力、财力的浪费。"求职以失败告终,但我将那次宝贵的经验记在日记本上:工作中要注意锻炼自己领悟力和洞察力,独立思考、多谋善断,凡事比别人多想几步,才能真正取得成功。

在以后的工作中,我及时调整了自己的思维方式,努力提高自己的应变能力和处理问题的水平。我告诫自己:不要一味地苦干蛮干,只埋头拉车而不抬头看路,否则就是原地踏步,明天会重复昨天和今天的错误。最近一次同学聚会上,我把同样的话告诉了大家。这时的我,已是一家国际知名品牌的地区代理商了。

资料来源:雪火.面试得来的经验[J].公关世界,2004(11).

讨论题

(1)请仔细阅读这一案例,然后谈谈你的感受。

(2)你认为企业招聘时最看中求职者的什么素质?

8.3.2 模拟训练

项目1:撰写求职简历

实训目标:能够针对岗位,结合自身实际撰写打动用人单位的简历。

实训学时:2学时。

实训地点：教室。

实训准备：两个不同单位的招聘广告。

实训方法：每位学生根据两个不同单位的招聘广告,给自己编写两份侧重点不同的简历。

项目2：举行模拟招聘会

实训目标：锻炼学生自我推销能力,积累应聘经验,掌握应聘礼仪,增强自信心,全面认识自我。

实训学时：4学时。

实训地点：实训室。

实训准备：模拟招聘企业情况、需求岗位、面试问题、面试桌椅等。

实训方法：

(1) 选3或4名学生担任某企业面试考官,其他同学担任求职者。

(2) 面试考官先介绍单位及岗位需求情况,然后求职者依次进行一分钟自我介绍,面试考官提问,求职者回答问题。

(3) 最后教师总结、点评。

训练手记：通过训练,我的收获是 _____。

项目3：自我测试

请你完成下面的选择题,看看自己在办公室是否受欢迎：

(1) 是否经常早到10分钟？（　　　）

    A. 经常　　　　B. 很多次　　　　C. 偶尔　　　　D. 从不

(2) 是否经常打水、扫地？（　　　）

    A. 经常　　　　B. 很多次　　　　C. 偶尔　　　　D. 从不

(3) 是否经常翻人家的东西？（　　　）

    A. 经常　　　　B. 很多次　　　　C. 偶尔　　　　D. 从不

(4) 是否传小道消息？（　　　）

    A. 经常　　　　B. 很多次　　　　C. 偶尔　　　　D. 从不

(5) 是否经常打断别人的谈话而自己浑然不知？（　　　）

    A. 经常　　　　B. 很多次　　　　C. 偶尔　　　　D. 从不

(6) 是否经常向人得意扬扬地夸耀在哪儿进餐、在哪儿购物？（　　　）

    A. 经常　　　　B. 很多次　　　　C. 偶尔　　　　D. 从不

(7) 是不是经常"一杯茶,一根烟,一张报纸看半天"？（　　　）

    A. 经常　　　　B. 很多次　　　　C. 偶尔　　　　D. 从不

(8) 有没有借同事的钱没有还的事情发生,即使数额不多？（　　　）

    A. 经常　　　　B. 很多次　　　　C. 偶尔　　　　D. 从不

【参考答案】

如果回答A项居多,就要好好反省了,因为测试表明你很可能在同事中不怎么受欢迎。如果回答D项居多,那说明你很懂得办公室里的礼仪,应该是很受大家欢迎的人物。

📖 **课后练习题**

1. 判断题

（1）面试从面试者接到面试通知的那一刻就已经开始了。　　　　（　　）

（2）面试前应收集招聘公司的相关材料。　　　　　　　　　　（　　）

（3）可以将自己认为重要的信息浓缩到简历的前两页上。　　　（　　）

（4）面试交谈时可以使用方言。　　　　　　　　　　　　　　（　　）

（5）网上应聘,准备求职信时还要注意控制篇幅,要让人事经理无须使用屏幕的滑动条就能读完。　　　　　　　　　　　　　　　　　　　　　　　　　　（　　）

（6）求职信的核心部分要从专业知识、社会实践能力、专业技能、性格特长等方面使用人单位确信,他们所需要的正是你所能胜任的。　　　　　　　　　　（　　）

（7）求职信不宜过长,300 字左右较为合适。　　　　　　　　（　　）

（8）政治和宗教话题,在求职面试时是可以涉及的。　　　　　（　　）

（9）面试交谈,一般情况下,语速掌握在每分钟 120 个字左右为宜。　（　　）

（10）就座面试时,男士可以微分双脚,这样给人以自信、豁达的感觉,双手可以随意放置；女士一般要并拢双膝,或者小腿交叉端坐,这样,给人端庄、矜持的感觉,双手一般要放在膝盖上。　　　　　　　　　　　　　　　　　　　　　　　　　（　　）

（11）简历的设计原则是详细。　　　　　　　　　　　　　　　（　　）

（12）面试时应避免的习惯性动作有挠头、玩弄手指、双手交叉在胸前和揉眼睛等。　　　　　　　　　　　　　　　　　　　　　　　　　　　　　　　（　　）

（13）办公时间不要随便接听私人电话。　　　　　　　　　　　（　　）

（14）一般不能在上班时间随便出去办私事。　　　　　　　　　（　　）

（15）办公室里一般不要谈薪金等问题。　　　　　　　　　　　（　　）

（16）遇到上司接听私人电话时,应尽量回避,可以替上司关上办公室的门。（　　）

2. 简答题

（1）求职面试前应做好哪些心理准备？

（2）如果用人单位通知你明天去面试,你需要做哪些准备？

（3）简历撰写应把握哪些原则？

（4）求职面试的基本方法有哪些？

（5）面试时应注意哪些礼仪？

（6）面试后就业上岗应注意哪些礼仪？

（7）办公室的一般礼仪规范是什么？

3. 思考与操作

（1）如果用人单位通知你明天去面试,你需要做哪些准备？

（2）针对两个不同单位的招聘广告,给自己写两份侧重点不同的简历。

（3）关于面试的基本程序你都清楚了吗？找个机会,将面试过程中的这些礼仪悉数演习一遍吧。

（4）办公室的天地虽小,可是方寸之间皆讲礼仪,你知道办公室礼仪都包括哪些方面吗？假如你要去一个办公室实习,你该做哪些准备？

(5)在职场你认为哪些礼仪是需要我们特别关注的？

(6)为什么在求职应聘中要诚实守信？

(7)据报道,现在有一些大学毕业生为提高求职的成功率而去整容。你如何看待这种现象？

项目三

语言沟通礼仪

任务9 交 谈

与人进行有效的交谈,并且赢得他们的合作,这是那些奋发向上的人应该培养的一种能力。

——【美国】戴尔·卡耐基

任务目标

- 恰当得体地与人进行交谈。
- 能够自觉地使用礼貌用语与人交谈。
- 会选择交谈的合适话题。
- 在交谈中注意倾听。

案例导入

不会说话的主人

有这样一个笑话:

某人请五人吃饭,还有一个左等右等也没到。见此情景,主人说道:"该来的怎么还不来?"

客人甲听了,心想:这不是说我们不该来的倒来了吗?真气人!于是说:"对不起,我有点事,得先走了!"

主人见他走了,很着急,就说道:"不该走的怎么走了呢?"

客人乙心想:这分明是暗示我该走却赖着不走。于是说:"我有点事,失陪了。"

主人更着急了,脱口而出:"唉,他俩真多心,我说的又不是他们!"

客人丙、丁大怒,想:那你说的肯定是我们俩了!于是他们铁青着脸一言不发,拂袖而去。一场宴席就这样还没有开始就不欢而散了。

资料来源:http://www.docin.com/p-602630164.html.

9.1 礼 仪 规 范

美国前哈佛大学校长伊立特曾说:"在造就一个有修养的人的教育中,有一种训练必不可少,那就是优美、高雅的谈吐。"交谈是交流思想和表达感情最直接、最快捷的途径。在人际交往中,因为不注意交谈的礼仪规范,或用错了一个词,或多说了一句话,或不注意词语的色彩,或选错话题等而导致交往失败或影响人际关系的事,时有发生。因此,在交谈中必须遵从一定的礼仪规范,才能达到双方交流信息、沟通思想的目的。交谈如图 9-1 所示(选自 http://www.phototime.cn)。

9.1.1 交谈的语言要求

语言作为人类的主要交际工具,是沟通不同个体心理的桥梁。交谈的语言要符合以下要求。

1. 准确流畅

在交谈时如果词不达意、前言不搭后语,很容易被人误解,达不到交际的目的。因此,在表达思想感情时,应做到口音标准、吐字清晰,说出的语句应符合规范,避免使用似是而非的语言。应去掉过多的口头语,以免语句割断;语句停顿要准确,思路要清晰,谈话要缓急有度,从而使交流活动畅通无阻。语言准确流畅还表现在让人听懂,因此言谈时尽量不用书面语或专业术语,因为这样的谈吐让人感到太正规,受拘束或是理解困难。古时有一笑话说的是,有

图 9-1 交谈

一书生,突然被蝎子蜇了,便对其妻子喊道:"贤妻,速燃银烛,你夫为虫所袭!"他的妻子没有听明白,书生更着急了:"身如琵琶,尾似钢锥,叫声贤妻,打个亮来,看看是什么东西!"其妻仍然没有领会她的意思,书生疼痛难熬,不得不大声吼道:"快点灯,我被蝎子蜇了!"真乃自作自受。

2. 委婉表达

交谈是一种复杂的心理交往,人的微妙心理、自尊心往往在里面起重要的控制作用。因此,对一些只可意会不可言传的事情、人们回避忌讳的事情、可能引起对方不愉快的事情,不能直接陈述,只能委婉、含蓄地说。常见的委婉说话方式有:避免使用主观武断的词语,如,"只有""一定""唯一""就要"等不带余地的词语,要尽量采用与人商量的口气;先肯定后否定,学会使用"是的……但是……"这个句式。把批评的话语放在表扬之后,就显得委婉一些;间接地提醒他人的错误或拒绝他人。

3. 掌握分寸

谈话要有放有抑有收,不过头,不嘲弄,把握"度";谈话时不要唱"独角戏",夸夸其谈,忘乎所以,不让别人有说话的机会;说话要察言观色,注意对方情绪,对方不爱听的话少讲,一时接受不了的话不急于讲。开玩笑要看对象、性格、心情、场合,一般来讲,不随便开女性、长辈、领导的玩笑;一般不与性格内向、多疑、敏感的人开玩笑;当对方情绪低落、心情不快时不开玩笑;在严肃的场合、用餐时不开玩笑。

4. 幽默风趣

交谈本身就是一个寻求一致的过程,在这个过程中常常会出现不和谐的地方而产生争

论或分歧。这就需要交谈者随机应变,凭借机智抛开或消除障碍;幽默还可以化解尴尬局面或增强语言的感染力。它建立在说话者高尚情趣、较深的涵养、丰富的想象、乐观的心境、对自我智慧和能力自信的基础上,它不是要小聪明或"卖嘴皮子",它应使语言表达既诙谐,又入情入理,应体现一定的修养和素质。有一次,梁实秋的幼女文蔷自美返台探望父亲,他们便邀请了几位亲友,又到"鱼家庄"饭店欢宴。酒菜齐全,唯独白米饭久等不来。经一催二催之后,仍不见白米饭踪影。梁实秋无奈,待服务小姐入室上菜之际,戏问曰:"怎么饭还不来,是不是稻子还没收割?"服务小姐眼都没眨一下,答称:"还没插秧呢!"本是一个不愉快的场面,经服务小姐这一妙答,举座大乐。

9.1.2　交谈中的礼仪

1. 多用礼貌用语

交谈中使用礼貌用语,是人类文明的标志,也是全世界共同的心声。使用礼貌用语不仅会得到人们的尊重,提高自身的信誉和形象,而且还会对自己的事业起到良好的辅助作用。在我国,政府有关部门向市民普及文明礼貌用语,基本内容为十个字:"请""谢谢""你好""对不起""再见"。在实际的社会交往中,日常礼貌用语远不止这十个字。归结起来,主要可划分为如下几个大类。

(1) 问候语。人们在交际中,根据交际对象、时间等的不同,常采用不同的问候语。比如在中国实行计划经济的年代,由于经济发展水平不高,人们面临的首要问题是温饱问题,因而人们见面的问候语是:"你吃了吗?"今天,在中国的不发达的农村,这句问候语仍然比较普遍,而经济比较发达的农村和城市,这句问候语已经很少听到了。人们见面时的问候语是"您好""您早"等。在英国、美国等说英语的国家,人们见面的问候语根据见面的时间、场合、次数等不同而有所区别。如双方是第一次见面,可以说"How do you do"(您好);如果双方第二次见面,可以说:"How are you"(您好)。如在早上见面可以说:"Good morning"(早上好),中午可以说:"Good noon"(中午好、午安),下午可以说:"Good afternoon"(下午好),晚上可以说:"Good evening"(晚上好)或"Good night"(晚安)等。在美国非正式场合人们见面时,常用"Hi""Hello"等表示问候。在信仰伊斯兰教的国家,人们见面时常用的问候语是"真主保佑"。在信奉佛教的国家,人们见面时常用的问候语是"菩萨保佑"或"阿弥陀佛"。

(2) 欢迎语。交际双方一般在问候之后常用欢迎语。世界各国的欢迎语大都相同。如"欢迎您"(Welcome you)!"见到您很高兴"(Nice to meet you)!"再次见到您很愉快"(It is nice to see you again)!

(3) 回敬语。在社会交往中,人们常常在接受对方的问候、欢迎或鼓励、祝贺之后,使用回敬语以表示感谢。由此,回敬语又可称为致谢语。回敬语的使用频率较高,使用范围较广。俗话说"礼多人不怪",通常情况下,只要你受到了对方的热情帮助、鼓励、尊重、赏识、关心、服务等,都可使用回敬语。在我国使用频率最高的回敬语是"谢谢""多谢""非常感谢""麻烦您了""让你费心了"等。在西方国家回敬语的使用要比中国更为广泛而频繁。在公共交往中,凡是得到别人提供的服务,在中国人认为没有必要或是不值得向人道谢的情况下,也要说声谢谢,否则是失礼的行为。

（4）致歉语。在社会交往过程中，常常会出现由于组织的原因或是个人的失误，给交际对象带来了麻烦、损失，或是未能满足对方的要求和需求，此时应使用致歉语。常用的致歉语有："抱歉"或"对不起"（Sorry），"很抱歉"（Very sorry，so sorry），"请原谅"（Pardon），"打扰您了，先生"（Sorry to have bothered you，sir），"真抱歉，让您久等了"（So sorry to keep you waiting so long）等。

真诚的道歉犹如和平的使者，不仅能使交际双方彼此谅解、信任，有时还能化干戈为玉帛。道歉也有艺术。在人际交往中，有些人有时放不下架子或碍于面子，不愿直接道歉，这也是人之常情。其实，道歉的方式很多，道歉时可采用委婉的手法。比如：今天的交际对象是你以前曾经冒犯过的人，那么你可以说："真是不打不相识啊，俗话说得好，不是冤家不聚头，来，让我们从头开始！"道歉并非降低你的人格，及时得体的道歉也充分反映出你的宽广胸襟、真诚情感和敢于承担责任的勇气。

有些时候，如果由于组织的原因或个人原因给交际对象造成一定的物质上、精神上的损失或增加了心理上的负担，在道歉的同时还可赠送一些纪念品、慰问品以示诚心道歉。

（5）祝贺语。在交际过程中，如果你想与交际对象建立并保持友好的关系，你应该时刻关注着交际对象，并与他们保持经常性联系。比如：当你的交际对象过生日、加薪、晋升或结婚、生子、寿诞，或是你的客户开业庆典、周年纪念、有新产品问世或获得大奖等，你可以以各种方式表示祝贺，共同分享快乐。

祝贺用语很多，可根据实际情况需要进行选择。如节日祝贺语："祝您节日愉快"（Happy the festival），"祝您圣诞快乐"（Merry christmas to you）；生日祝贺语："祝您生日快乐"（Happy birthday）；当得知交际对象取得事业成功或晋升、加薪等，可向他表示祝贺："祝贺你"（Congratulation）。常用的祝贺语还有："恭喜恭喜""祝您成功""祝您福如东海，寿比南山""祝您新婚幸福、白头偕老""祝您好运""祝您健康"。

此外还可通过贺信，在新闻媒介刊登广告等形式祝贺。如："庆祝大连国际服装节隆重开幕！""××公司恭贺全国人民新春快乐！"等。总之，在当今社会，适时使用祝贺用语，对交际来说有百益而无一害。

（6）道别语。交际双方交谈过后，在分手时，人们常常使用道别语，最常用的道别语是"再见"（Goodbye），若是根据事先约好的时间可说"回头见"（See you later）、"明天见"（See you tomorrow）。中国人道别时的用语很多，如"走好""慢走""再来""保重"等。英美等国家的道别语有时比较委婉，常常有祝贺的性质，如"祝你做个好梦""晚安"等。

（7）请托语。在日常用语中，人们出于礼貌，常常用请托语，以示对交际对象的尊重。最常用的是"请"，其次，人们还常常使用"拜托""劳驾""借光"等，在英美等国家，人们在使用请托语时，大多带有征询的口气。如英语中最常用的"Will you please...?""Can I help you?"（你想买点什么?）"Could I be of service?"（能为您做点什么?）以及在打扰对方时常使用"Excuse me"，也有征求意见之意。日本常见的请托语是"请多关照"。

2. 慎重选择话题

所谓话题，是指人们在交谈中所涉及的题目范围和谈资内容。换言之，话题是一些由相对集中的同类知识、信息构成的谈话资料及其相应的语体方式、表述语汇和语气风格的总和。在人际交往中，学会选择话题，就能使谈话有个良好的开端。交谈中宜选的话题主要包括以下几点。

（1）既定的话题。即交谈双方业已约定，或者一方先期准备好的话题，如征求意见、传递信息、研究工作等。

（2）内容文明，格调高雅的话题，如文学、艺术、哲学、历史、地理、建筑等，这类话题适合各类交谈，但忌不懂装懂。

（3）轻松的话题。这类话题令人轻松愉快、身心放松，适用于非正式交谈，允许各抒己见，任意发挥。主要包括文艺演出、流行、时装、美容美发、体育比赛、电影电视、休闲娱乐、旅游观光、名胜古迹、风土人情，名人逸事、烹饪小吃、天气状况，等等。

（4）时尚的话题。即以此时此刻正在流行的事物作为谈论的中心，这类话题变化较快，不太好把握。

（5）自己擅长的话题，尤其是交谈对象有研究、有兴趣的话题。比如，青年人对于足球、通俗歌曲、电影电视的话题较多关注，而老年人对于健身运动、饮食文化之类的话题较为熟悉；公职人员关注的多是时事政治，国家大事，而普通市民则更关注家庭生活、个人收入等；男人多关心事业、个人的专业，而妇女对家庭、物价、孩子、化妆、衣料、编织等更容易津津乐道。

在交谈时要注意交谈的话题有所忌讳。在交谈中，若双方是初交，则有关对方年龄、收入、婚恋、家庭、健康、经历这一类涉及个人隐私的话题，切勿加以谈论。

由于人们的经历、职业、兴趣、学习状况不同，每个人所掌握的话题状况各不相同，都有一定的局限性，因此必须尽量扩大话题储备。为此，要有知识储备。对于掌握话题广度影响最大的是自身的学习状况和进取精神。一个人如果有理想、有追求，思想境界高，而且肯下功夫学习，爱读书看报，并关注社会现实生活，有较多的朋友，把看到、听到的东西，有意识地加以记忆和积累，就会变得学识渊博，时事政策、天文地理、政治外交、文艺体育、花鸟鱼虫、音乐美术几乎无所不知，由于视野开阔，谈资和知识面自然会比别人宽得多。

3. 善于耐心倾听

有一句老话："人长着一张嘴巴，两只耳朵，就是为了少说多听"，是很有道理的。与人交谈不但要善于表达自己的意思，还要善于聆听对方的说话，这在社会交往活动中是个不容忽视的问题。认真听取他人讲话可以获得更多的信息，抓住机会向别人学习；可以避免和减少说话的失误，使谈话简而精；同时也是对对方的尊重。

过去10年蝉联中国台湾奔驰车销售前3名的超级业务员邱次雪就是因为懂得听，10年卖出500辆奔驰车。"每个顾客都像一本书，你要用心听才能读得懂。"她说。

20年前，她是个蹩脚的业务员。客人上门，3句话后她就不离"车"，业绩总是挂零。直到有一次，一位顾客要她先闭嘴，对她来说犹如当头棒喝。"后来，我都要求自己先不要说话。"她说，让客人先说话，才听得到他的需求与考量点，而不是先径自营销。

不久前，一位阔太太下巴抬得高高的走进店里看车。同事亲切地上前问候："您要看车吗？"女客人不悦地回答道："来这里不看车，还能看什么？"这时，只见邱次雪静静地端上一杯水，不发一语。女客人开口："你们业务员服务态度很差，卖的车又贵。"邱次雪虚心请教："那我们应该如何改善呢？"她挽着对方的手到贵宾室坐下，门一关，30分钟后，一笔60万元的订单就到手了。

"在这个过程中我一直都没说什么,只是听她抱怨了20分钟。"原来,这位顾客早就锁定了一款车型,但逛了几间车行都没有碰到满意的业务员。邱次雪一边用心地听她抱怨,一边响应,同时也在整理自己的思绪。等客户气消后,她开始与对方聊起家庭生活的经验。不过30分钟,交易就完成了。

听和说是谈话交流的两个方面,倾听是语言表达的前提,善于耐心倾听主要表现为以下几方面。

(1)表示得当。眼睛是心灵的窗户,在倾听时应该与说话人交流目光,让你的眼神和表情表示出你在专心听,你的态度是认真的,一定要聚精会神地注视对方,传递出你"很欣赏、有同感"的信息。但注意,不要自始至终死盯着对方的眼神。

倾听时适当地发出"哦""嗯"等应答声,表示自己在很认真地倾听,也进一步激起了对方讲话的兴趣。否则,对方会产生"唱独角戏"的感觉。并怀疑你是否心不在焉,即使你感到有点不耐烦,也不要急于插话或打断对方的话。要等到对方讲话有了停顿,告一段落的时候,再表明自己的想法。

倾听时,认真专心的姿态并不等于一言不发,一声不响,更不是对他人的每一句话都随声附和,不说一个"不"字,人云亦云,从不表达自己的真实意见,会被视为毫无主见或者滑头的人。这样,对方是不会敞开心扉畅所欲言的,在专心倾听的同时,得体地向对方表示自己的观点和意见。不但不会得罪人,反而会受到对方的欢迎。

交谈中,有相当一部分内容是没有绝对是非标准的,诚恳地表达自己的意见,对方不但会通情达理地予以接受,而且会进一步激发思考、拓展思路,使谈话处于波峰状态。

(2)抓住要领。当对方讲到要点的时候,要表示赞同,点一点头实质是在发出一个信号,让对方知道你在赞许他。这时候他会有兴致勃勃地继续讲下去,有的人在听别人讲话的时候会轻微地摇头,尽管这个动作是无意的,但常常会引起对方的误解。让他认为你不以为然,或者认为他说得不对。

对谈话中的要点,你可以要求对方谈得再详细一些,这说明你对交谈的话题很重视。需要有进一步了解,引导他做更进一步的阐述,便于你获取更多的信息。

对谈话没有听清楚或没有听明白的时候,要等到对方讲完以后再询问,不要在中途随意打断对方的话头,否则对方会因为思路或兴致被中断而不悦。

对方的话我们听得越明白,就可能越理解对方。每个人都有一定的思想感情,让别人不好理解。如果被别人所理解,对自己来说就是莫大的喜悦和幸福。

(3)提问适时。通过提问,暗示你的确对他的谈话感兴趣,同时启发对方引出你感兴趣的话题。我们应当知道并不是人人都一见如故,都会向你畅所欲言,交谈也有冷场的时候。沉默和尴尬往往使谈话不顺利,这时你可以寻找话题,及时提问。再好的话题也有说完的时候。当交谈者的兴趣减弱的时候,只重复一些没有新意的问题是枯燥无味的,这时就应该提出一些新的话题。

对于众所周知的道理,一般定论是所见略同的问题不必老调重弹,你可以选择新角度,开发新层次和联系新事例,提出自己的观点和看法,引导对方乐于与你进行更多更广泛的交谈,这样有利于你主动掌握话题,更深入地倾听和了解对方。

认真地倾听,往往事半功倍。如果你通过倾听真正了解了对方,那么你就成了对方的知音,到一定的时候,人生与事业会有意想不到的惊喜。

据社会学家兰金研究,在人际交往中,一个人说的时间应占全部社交时间的 30%,而听的时间占 50%,因为,能静听别人意见的人,必是一个富于思想、有缜密见地、有谦虚性格的人。学会倾听吧,因为它是获取公众信息的关键!

4. 讲究提问技巧

交谈的基本形式是提问和回答,善于提问往往能更顺利地与对方接近、相识,加深了解,能解除疑点,获得信息,能启发对方思维,控制交谈言路的方向,打破交谈的僵局,使交谈活动得以顺畅地进行,因此提问在交谈中占主导地位,它往往是交际的起点。在交谈中要讲究提问技巧,问得其所,问到所需。

(1) 看清对象。在交谈提问时一定要看清对象,"到什么山上唱什么歌",见什么人发什么问。提问要因人而异,从对方的年龄、身份、职业、性格、知识水平以及不同的民族文化背景出发,选择不同的提问方式。如对几岁的小孩,用文言词语发问,无异于"对牛弹琴";反之,对高龄老人,就不宜问:"你几岁了?"而应问:"您高寿?""您高龄?"为公关人员熟知的"对男士不问薪水,对女士不问年龄"的提问禁忌都是这一原则的具体体现。

(2) 瞄准时机。在交谈中,要善于掌握对方的心理脉搏,瞄准发问的时机。有些问题时机掌握得好,发问效果才佳。例如:美国推销员帕特为了推销一套空调设备,与某公司已周旋好几个月,但对方仍迟迟不作决定,当时正值春夏之交,在董事会上,帕特面对着他的推销毫无兴趣的董事们心急如焚,全身冒汗。谁知他"热"中生智,向在场的董事们发出了一个祈使问句:"今天天气很热,请允许我脱去外衣好吗?"说罢,他边脱衣边用手帕不停地擦汗。这一言行神奇般地产生了"感应效应"——董事们一个个顿觉闷热难忍,纷纷脱去外衣,并一个接一个地掏出了手帕,自然而然地都认真考虑起购置空调机的问题来。帕特在此抓住时令与环境的特点巧妙设问,趁对方心理无防,击其要害,终于转被动为主动,做成了一笔交易。一般说来,当对方很忙或正处理急事时,不宜提琐碎无聊的问题;当对方伤心或失意时,不宜提太复杂、太生硬,会引起对方不愉快的问题;当对方遇到困难或麻烦,需要单独冷静思考时,最好不要提任何问题。

(3) 抓住关键。那些大而泛的问题,往往叫对方摸不着头脑,觉得回答起来无从下手,自然也就不可能回答好。相反,抓住关键,问题提得具体,反而可以引导对方的思路。例如,意大利著名女记者法拉奇采访邓小平时,提的第一个问题就是:"天安门上保留下来的毛主席像,是否要永远保留下去?"这个问题很具体,然而包含着丰富的内容,这不仅仅是毛主席照片是否保留在天安门上的问题,而是涉及我们党和全国人民对毛泽东和毛泽东思想的评价问题,具有相当的分量。只有抓住关键进行提问,才能问得明白。

(4) 精选类型。不是任何人一开始就愿意如实回答你所提出的问题,他往往借"无可奉告""我也不太清楚"等话来推托你的问题。所以,应准备多种提问方式,一种提问方式不行,要试着换另一种方式提问。提问大体可以分以下几种类型:①正面直问。开门见山,直接提出你想了解的问题。这是以求知和解疑为目的的。②两面提问。既问主要的,也问次要的;既问好的,也问坏的。这种提问是了解人的全貌和事物发展的全过程所必需的,可以帮助我们克服思想方法的主观片面性。公关人员在调查研究、寻求事件发生的原因时多用这种提问。③迂回侧问。若正面或反面都不好问,就从侧面或另一角度入手,迂回迂进，再回到正面主题上来。④假言设问。站在对方的立场上，提出一些假设，启发对方思考，诱使对方回答。⑤步步追问。随着对方的谈话，步步深入，打破砂锅问到底。

当然，想使对方愿意回答自己提出的问题，还要注意自身形象的塑造，着装得体，大方自然，称呼得当，给人以真诚感和可信任的印象，这样在"问者谦谦，言者谆谆"的心理氛围中极易沟通信息，创造和谐的关系。

9.2 拓展阅读

9.2.1 交谈的禁忌

人与人之间的交谈是一种双向性的沟通。交谈的内容，交谈的姿态、表情以及许许多多并不为人所察觉到的交谈因素，都有阻碍交谈的可能。而许多不正确的交谈方式，常常是使交谈无法维持的一个根本原因。

1. 忌居高临下

不管自己身份多高、背景多硬、资历多深，都应该放下架子，平等地与人交谈，切不可给人以"高高在上"之嫌。

2. 忌自我炫耀

交谈中，不要炫耀自己的长处、成绩，更不要或明或暗拐弯抹角地为自己吹嘘，以免使人反感。

3. 忌心不在焉

当你听到别人讲话时，思想要集中，不要左顾右盼，或面带倦容，或连声呵欠，或神情木然，或毫无表情，让人觉得扫兴。

4. 忌节外生枝

要紧扣话题，不要节外生枝。如当大家正在兴致勃勃地谈论音乐，你突然把足球赛的话题塞进来，显然不识"火候"。

5. 忌搔首弄姿

与人交谈时，姿态要自然得体，手势要恰如其分。切不可指指点点，挤眉弄眼，更不要挖鼻掏耳，给人以轻浮或缺乏教养的印象。

6. 忌打断对方

双方交谈时，上级可以打断下级；长辈可以打断晚辈；平等身份的人是没有权利打断对方谈话的。如果有紧急事件发生，或缺失有必要打断对方，要在对方说话的间歇，以婉转的口气，很自然得体地将自己的话简短说出，如"你讲得有道理，不过请允许我打断一下"，或"请让我提个问题好吗？"这样就不会让人感到你轻视他或不耐烦了。打断他人需征得对方同意，但对陌生人的谈话时绝对不允许打断或插话的。

7. 忌质疑对方

对别人说的话不随便表示怀疑。所谓防人之心不可无，质疑对方并非不行，但是不能写在脸上,这一点很重要,否则,就容易带来麻烦。质疑对方,实际是对其尊严的挑衅,是一种不理智的行为。交际中,这样的问题值得高度关注。

8. 忌纠正对方

"十里不同风,百里不同俗。"不同国家、不同地区、不同文化背景的人考虑同一问题,得出的结论未必一致。一个真正有教养的人,是懂得尊重别人的人。尊重别人的就是要尊重对方的选择。除了大是大非的问题必须旗帜鲜明地回答外,人际交往中的一般性问题不随便与对方争论是或不是,不要随便去判断,因为对或错是相对的,有些问题很难说清谁对谁错。

9. 忌补充对方

有些人好为人师,总想显示自己知道得比对方多,比对方技高一筹。出现这一问题,实际上是没有摆正位置,因为人们站在不同角度,对同一问题的看法会产生很大的差异。

资料来源:杨莊,王刚.礼仪培训教程[M].北京:人民交通出版社.2007.

9.2.2 与陌生人交谈的突破口

1. 察言观色,寻找共同点

一个人的心理状态、精神追求、生活爱好等,都或多或少地要在他们的表情、服饰、谈吐、举止等方面有所表现,只要你善于观察,就会发现你们的共同点。一位退伍军人乘车同一陌生人相遇,位置正好在驾驶员后面。汽车上路后不久就抛锚了,驾驶员车上车下忙了一通还没有修好。这位陌生人建议驾驶员把油路再查一遍,驾驶员将信将疑地去查了一遍果然找到了病因。这位退伍军人感到他的这绝活可能是从部队学来的。于是试探道:"你在部队待过吧?""嗯,待了六七年。""噢,算来咱俩还应算是战友呢。你当兵时部队在哪里?"……于是这一对陌生人就谈了起来,据说后来他们还成了朋友。而这就是在观察对方以后,发现都有当过兵的这个共同点的。当然,察言观色发现的东西,还要同自己的情趣爱好相结合,自己对此也有兴趣,打破沉寂的气氛才有可能。否则,即使发现了共同点,也还会无话可讲,或讲一两句就"卡壳"。

2. 以话试探险,侦察共同点

两陌生人面对面时,为了打破这沉默的局面,开口讲话是首要的,有人以招呼开场,询问对方籍贯、身份,从中获取信息;有人通过听说话口音、言辞,侦察对方情况;有的以动作开场,边帮对方做某些急需帮助的事,边以话试探;有的甚至借火吸烟,也可以发现对方特点,打开口语交际的局面。两个年轻人从某县城上车,坐在一条长椅上。其中一人问对方:"请问你在什么地方下车?""终点站,你呢?""我也是,你到南京什么地方?""我到南京山西路一个亲戚家有事,你就是此地人吧?""不是的,我是从南京来走亲戚的。"经过双方的"火力侦察",双方对县城熟悉,对南京了解,都是走亲戚的共同点就清楚了。两个人发现对方共同点后谈得很投机,下车后还互邀对方做客。这种融洽的效果看上去是偶然的,实际上也是有其必然性的:它是"火力侦察",发现共同点,向纵深处掘进而产生的效应。

3. 听人介绍,猜度共同点

你去朋友家串门,遇到有生人在座,作为对二者都很熟悉的主人,会马上出面为双方介绍,说明双方与主人的关系,各自的身份、工作单位,甚至个性特点、爱好等,细心人从介绍中马上就可发现对方与自己有什么共同之处。一位县物价局的股长和一位"县中"的教师,在一个朋友家见面了,主人把这对陌生人作了介绍,他们马上发现都是主人的同学这个共同点,马上就围绕"同学"这个突破口进行交谈,相互认识和了解,以至变得亲热起来。这当中重要的是在听介绍时要仔细地分析认识对方,发现共同点后再在交谈中延伸,不断地发现新的共同关心的话题。

4. 揣摩谈话,探索共同点

为了发现陌生人同自己的共同点,可以在需要交际的人同别人谈话时留心分析、揣摩,也可以在对方和自己交谈时揣摩对方的话语,从中发现共同点。在广州的某百货商店里,一位南海舰队的战士对服务员说:"请你把那个东西拿给我看看。"还把"我"说成常熟方言。边上的另一位战士也正是常熟人,听了前者这句话,也用手指着货架上的某一商品对营业员说了一句相同的话,两句字里行间都渗透常熟乡土气息的话,使两位陌生人相视一笑,买了各自要买的东西,出了店门就谈了起来,从老家问到部队,从眼下任务谈到几年来走过的路,介绍着将来的打算。身在异乡的一对老乡十分亲热,不知情的人怎么会想到这是一句家乡话的缘分。可见细心揣摩对方的谈话确实是可以通过找出双方的共同点,使陌生的路人变为熟人,再发展成为朋友的。

5. 步步深入,挖掘共同点

发现共同点是不太难的,但这只能是谈话的初级阶段所需要的。随着交谈内容的深入,共同点会越来越多。为了使交谈更有益于对方,必须一步步地挖掘深一层的共同点,才能如愿以偿。一名度假的大学生和一位在法院工作的人,在一个共同的朋友家聚餐,经主人介绍认识后,陌生人谈了起来,慢慢地二人都发现对社会上的不正之风的看法有共同点,不知不觉地展开了讨论,他们从令人发指的社会现象,谈到这些不良现象产生的土壤和根源;从民主与法制的作用,谈到对党和国家的期望。越谈越深入,越谈双方距离越缩短,越谈双方的共同点越多。事后双方都认为这次交谈使大学生认识了社会,使法院工作的同志了解了外面的信息和群众的要求,双方都增强了为纠正不正之风尽力的自觉性。

寻找共同点的方法还很多,譬如面临的共同的生活环境、共同的工作任务、共同的行路方向、共同的生活习惯等,只要仔细发现,陌生人无话可讲的局面是不难打破的。

资料来源:http://health.shangdu.com.

9.3 实训练习

9.3.1 案例讨论

案例1

老田鸡退二线

某局新任局长宴请退居二线的老局长。席间端上一盘油炸田鸡,老局长用筷子点点说:"喂,老弟,青蛙是益虫,不能吃。"新局长不假思索,脱口而出:"不要紧,都是老田鸡,已退居二线,不当事了。"老局长闻听此言顿时脸色大变,连问:"你说什么?你刚才说什么?"新局长本想开个玩笑,不料说漏了嘴,触犯了老局长的自尊,顿决尴尬万分。席上的友好气氛尽被破坏,幸亏秘书反应快,连忙接着说:"老局长,他说您已退居二线,吃田鸡不当什么事。"气氛才有点缓和。

资料来源:http://www.worlduc.com/blog2012.aspx?bid=3963603.

讨论题

(1)"莫对失意人谈得意事。"([清]治家格言),结合本案例谈谈你对这句话的理解。

(2)在交际中开玩笑应该注意什么?

案例2

"算错了52块"

有一次,一位40多岁的女顾客两手拎着刚买的东西,匆匆来到霞辉百货商店的收银台前,对收银员说:"姑娘,你刚才把这两件衣服的钱,算错了52块……"收银员不等这位女顾客说完,就抢着说道:"对不起,我们这里是结账时钱款当面点清,过后概不负责!"这位女顾客只好无奈地转身说道:"那就不能怪我了,是你多找我52块钱,本来想换给你的,既然你这么说,我只好收起来了!"

资料来源:http://jgxy.ncgxy.com/jingpinkecheng/xnews.asp?id=118.

讨论题

收银员存在什么礼仪问题?

案例3

巴顿一句随意话引出是非

第二次世界大战中,屡立奇功的一代名将巴顿,在战争的善后工作远未结束时,直性子的他在一次记者招待会上,对盟军拒绝前纳粹党员参加军管政府管理工作的决定大加非议。以追求轰动效应为目的的记者趁机问道:"将军,大多数普通德国人加入纳粹,难道不就是跟美国人加入共和党或民主党的情形差不多吗?"

"是的,差不多。"面对记者设计的"语言陷阱",巴顿不加任何思索地随口答道。

巴顿一语既出,随即令世界为之哗然,美国及许多国家的报纸上出现一个天怒人怨的标题:"一位美国将军说,纳粹党人跟共和党人与民主党人一样!"

谁都知道,当时美国执政的是民主党,说它跟纳粹一样,那还了得!

终于,巴顿的上司也是他的好友艾森豪威尔将军为了挽回影响,不得不撤了巴顿第3集团军司令和驻巴伐利亚军事长官职务,让他回国去了。艾森豪威尔为不使他的好友过分难堪,给了他一个有名无实的第15集团军司令的头衔。这是一个空架子的集团军和空头司令,任务只是带一些参谋和文职人员整理"二战"欧洲部分的军事史而已。从此,巴顿一蹶不振。

巴顿,一位功勋卓著的"二战"名将,就因为一句随意话,在和平到来之际,等来的竟是一个郁闷晚景,这是一幅多么令人悲哀的画面。

资料来源:侯爱兵.一句随意话引出是非[J].演讲与口才,2009(12).

讨论题

(1)怎样避免说"随意话"?

(2) 本案例对你有何启示？

9.3.2　模拟训练

项目1：礼貌用语

实训目标：掌握常用的礼貌用语及使用方法。

实训学时：2学时。

实训地点：大屏幕教室。

实训准备：数码照相机、摄像机等。

实训方法：将学生按每组4~6人分组。每组设计交际场景，演示下来，在交际过程中要使用礼貌用语，并注意使用礼貌用语时的正确身体姿态和面部表情。用摄像机、数码照相机记录学生的交际过程，回放这一过程，学生进行相互评价，教师最后总结点评学生存在的个性与共性问题。

训练手记：通过训练，我的收获是 _____。

项目2：设计开场白

实训目标：掌握交谈开场白的技巧。

实训学时：2课时。

实训地点：教室。

实训方法：假设在朋友的生日会上，你要认识一位陌生的朋友，请根据这一场景设计开场白。根据情况还可设计一些其他场景的开场白，在全班演示，最后师生点评。

训练手记：通过训练，我的收获是 _____。

项目3：交谈语言技巧自我测试

请回答以下问题以确定你与他人交流中的优缺点。1.从不这样，2.很少这样，3.有时这样，4.经常这样，5.每次都这样。选择符合的项即得相应的分数。

(1) 与人交谈时，我发言时间少于一半。

(2) 交谈一开始我就能看出对方是轻松还是紧张。

(3) 与人交谈时，我想办法让对方轻松下来。

(4) 我有意识提些简单问题，使对方明白我正在听，对他的话题感兴趣。

(5) 与人交谈时，我留意消除引起对方注意力分散的因素。

(6) 我有耐心，对方发言时不打断人家。

(7) 我的观点与对方不一样时，我努力理解他的观点。

(8) 我不挑起争论，也不卷入争论中。

(9) 即使我要纠正对方，我也不会批评他。

(10) 对方发问时，我简要回答，不做过多的解释。

(11) 我不会突然提出令对方难答的问题。

(12) 与人交谈时，开头的30秒钟我就把我的用意说清楚。

(13) 对方不明白时，我会把我的意思重复或换句话说一次，再不就总结一下。

(14) 我每隔若干时间问问对方有何反应，以确保他听懂我的意思。

(15) 我发现对方不同意我的观点时，就停下来，问清楚他的观点。等他说完之后，我才就他的反对意见,发表我的看法。

将以上各题的得分相加,得出总得分。

60～75 分,你与人交谈的技巧很好;

45～59 分,你的交谈技巧不错;

35～44 分,你与人交谈时表现一般;

35 分以下,你的交谈技巧较差。

通过以上测试找出自己语言交谈的薄弱环节,努力改进自己的谈话技巧,三个月后再进行测试,看有多大的提高。

课后练习题

1．判断题

(1) 初次见面可以谈健康问题。　　　　　　　　　　　　　　　　　　　　（　　）

(2) 与人交谈时要目不转睛地盯着对方看。　　　　　　　　　　　　　　　（　　）

(3) 交谈时避免使用主观武断的词语。　　　　　　　　　　　　　　　　　（　　）

(4) 与人见面时可以使用"你吃了吗""你上哪儿去"等问候语。　　　　　　（　　）

(5) "年龄"不属于隐私类话题,可以在交谈中使用。　　　　　　　　　　　（　　）

(6) 交谈时应该是等对方把话说完,再进行发言。　　　　　　　　　　　　（　　）

(7) 在闲谈的时候要注意选择安全性的话题。　　　　　　　　　　　　　　（　　）

(8) 与人交谈时要注意聆听。　　　　　　　　　　　　　　　　　　　　　（　　）

(9) 与人交谈时询问对方:"我刚才讲到哪里了?"　　　　　　　　　　　　（　　）

(10) 众人聚会时可以随时发问,反正有人会搭腔。　　　　　　　　　　　　（　　）

(11) 交谈的核心是语言。　　　　　　　　　　　　　　　　　　　　　　　（　　）

(12) 与女士谈话一般不要询问对方的年龄。　　　　　　　　　　　　　　　（　　）

(13) 拜托属于回敬语。　　　　　　　　　　　　　　　　　　　　　　　　（　　）

(14) 谈话中应使用尊敬的语言、礼貌的语言、商量的语气。　　　　　　　　（　　）

2．简答题

(1) 交谈中应注意的最重要的问题是什么?

(2) 如何才能做一个好的听者?

(3) 日常礼貌用语有哪些?

(4) 怎样与人进行闲谈?

(5) 交谈时应选择哪些话题? 应避免哪些话题?

(6) 如何使用礼貌用语"10 个字"?

3．思考与操作

(1) 请根据交谈礼仪的要求与同学模拟一次交谈。

(2) 回想你上一次与某人的谈话,你使用或有意操纵了多少种非语言暗示来传达你的信息? 挑出你记得的每一种:目光接触、面部表情、姿势、形体动作穿着装束、环境、空间(与他人的距离)、态度。

很可能你所有的暗示都做到了,但是这里仅需挑出你在那次谈话中有意使用的那些。你是否根据不同场合作不同的暗示?你运用非语言暗示是否比语言暗示更自如?你认为哪一种暗示更好地传递了你的信息?

(3) 以下交际用语请在与人交谈中注意使用,将会使你增色不少。

初次见面应说:幸会	看望别人应说:拜访
等候别人应说:恭候	请人勿送应用:留步
对方来信应称:惠书	麻烦别人应用:打扰
请人帮忙应说:烦请	求给方便应说:借光
托人办事应说:拜托	请人指教应用:请教
他人指点应称:赐教	请人解答应用:请问
赞人见解应用:高见	归还原物应用:奉还
求人原谅应说:包涵	欢迎顾客应叫:光顾
老人年龄应称:高寿	好久不见应说:久违
客人来到应用:光临	中途先走应说:失陪
与人分别应说:告辞	赠送作品应用:雅正

(4) 以下是交际语言"八戒":

一戒连篇累牍,语无伦次,无的放矢,文不对题的废话。

二戒颠三倒四,七拼八凑,文理不通,是非混淆的胡话。

三戒荒诞怪论,子虚乌有,装腔作势,故作高深的玄话。

四戒滥用辞藻,自鸣得意,吟风弄月,华而不实的俏话。

五戒牵强附会,大言不惭,含糊其词,模棱两可的混话。

六戒张冠李戴,不着边际,平淡乏味,冗词累赘的空话。

七戒言不及义,陈词滥调,千篇一律,人云亦云的套话。

八戒无中生有,低级趣味,风花雪月,斗鸡走狗的俗话。

请对照自己以往交际的实际,检查一下是否说了废话、胡话、玄话、俏话、混话、空话、套话、俗话。对不好的地方要在今后坚决杜绝。

(5) 在人际交往中,语言文明是处理好人际关系的基本要求,语言文明应以真诚自然为最高准则,避免烦琐,在"①宴请时客人到来;②舞会结束,舞伴要离开"两种常见的情景下,请说明应分别以怎样的文明用语应对。

任务 10　演　　讲

一言之辩,重于九鼎之宝;三寸之舌,强于百万之师。

——【南朝梁】刘勰

任务目标

- 即兴演讲语言特色鲜明。
- 即兴演讲快速构思。
- 即兴演讲开场就能抓住听众。
- 从容地发表即兴演讲。
- 注重演讲中的礼仪,体现出良好的气质风度。

案例导入

林肯的口才

在美国,最具演讲能力的总统要数林肯。林肯出身贫寒,靠勤奋自学,积累了渊博的知识,练就了杰出的演讲才能。林肯刚当选总统之初,一次到参议院演讲,等林肯站上演讲台,突然,一个人站起来说:"林肯先生,在你开始演讲之前,我希望你记住,你是一个鞋匠的儿子。"场内一片大笑,许多议员为自己不能打败林肯却能当众羞辱他而开怀不已。

林肯立即利用现场素材,作了一个开场白:

"我非常感谢你使我想起了我的父亲。他已经过世了,我一定永远记住你的忠告,我永远是鞋匠的儿子,我知道我做总统永远无法像我父亲做鞋匠那样做得那么好。(场内一片肃静。对着那个傲慢的提问者)就我所知,我父亲以前也为你的家人做鞋子,如果你的鞋子不合脚,我可以帮你改正它,虽然我不是伟大的鞋匠,但我从小就跟父亲学到了做鞋子的技术。(然后,又面对所有的议员)对参议院里的任何人都一样,如果你们穿的那双鞋是我父亲做的,而它们需要修理和改善,我一定尽可能地帮忙,但是有一事可以肯定的,我无法像他那样伟大,他的手艺是无人能比的。"(他流了眼泪)

资料来源:http://www.mofangge.com/html/qDetail/01/x5/201005/bp53x5017773.html.

10.1　礼仪规范

演讲又称演说、讲演,是人类社会一项非常重要的活动。演讲一词源于英文"Oration",日本学者福泽谕吉后来把它译成"演讲",逐渐沿用至今。在现代,随着人们交往范围的扩大,生活的丰富,人们把当众演讲看成是一种扩大的交流沟通。演讲一般分为命题演讲和即兴演讲,这里着重探讨一下有关即兴演讲的基本问题。

即兴演讲指的是演讲者被周围的情景和身边的事情所触发而产生发表意见的冲动,或在某种场合下因身份地位的需要被推举而临时发表讲话。即兴演讲因为没有多少时间准备,完全靠即兴发挥、灵活应变,"到什么山上唱什么歌",而且还是言简意赅的"短歌",比起一般有准备的命题演讲,灵活性更强,难度更大,也更能显示演讲者的才华和风采。

现代社会中,即兴演讲运用的场合越来越广泛:处理突发事件、迎送宾客、答记者问、会议座谈、宴会祝酒、婚事贺词等,具有临时性、突发性、简洁性等特点。由于时间短,对象不明确,材料需临时收集,这些不确定的因素给演讲者带来了难度,所以很多人遇到即兴演讲心里没有底,感到心慌意乱。其实,即兴演讲并不那么可怕,只要我们平时有意识在这方面锻炼自己,就能找到适合自己即兴演讲的"套路",在交际场合出口成章,侃侃而谈。

10.1.1　即兴演讲的语言特色

即兴演讲独特的时境状态和交际氛围,决定了它必然具有区别于备稿演讲的语言特色。这种语言特色主要应该有以下四种。

1. 符合情境

众所周知,即兴演讲是讲话者在特定场合有感而发的演讲。因此,激起兴致的情境,就成了产生即兴演讲的一个不可缺少的重要因素。这种客观情境,不仅能对讲话者的心理予以刺激,促使其"说欲"的发生和思维的进展,而且会对演讲者的语言产生影响,使其口头表达呈现出鲜明的情境特色。例如:"同学们,我们每天看到的都是白墙黑板灰泥地,我们应该去饱览一下那透着生命活力的绿色,去欣赏一下那蓝天下红花绿柳、赭石褐土、青山绿水,去领略一下大自然的风采,去谛听一下泠泠作响的激石泉水和嘤嘤成韵的百鸟争鸣!不然,高考的硝烟快要把我们烤焦了,单调的'作息时间表'快要把我们驯化成'机器人'了。明天就是清明,山明水秀、地清天明,让我们到水光潋滟的姥山去度过令人心醉的两天——出发!"这是一个教师在参加春游的学生整队待发时即兴演讲的一段话。演讲者置身校园这个令人感到枯燥单调的现实环境,面对充满期待的年轻人,心中禁不住涌出了一股激情。这激情拓开了广阔的精神世界,在想象的情境中,他生动地描述了春天的大自然那美丽迷人的风采。应当说,正是这一段极富情境色彩的形象化语言,一下子激发了同学们对大自然的热切向往和美好憧憬,产生了强烈的心灵感召力。

2. 口语表达

同备稿演讲相比,即兴演讲更具有鲜明的口语特色。实践经验表明,讲话者只有运用通俗明快、朴实自然的口语表情达意,才能在即兴演讲中创造一种观众喜闻乐见的现场气氛。例如:"对一个人,不同的人有不同的感觉。我的下属看见我就觉得可怕。他们想到的就不是魅力,而可能是恐惧。南方有句话叫'空谈误国,实干兴邦'。我每天工作到午夜,不是我勤快,是事情逼到这种程度上了。我对干部说,我一天工作十几个小时,你们干8小时能干好? 现在讲潇洒、讲休息,我就不信这话。我说不把干部们累死我不甘心,不过这两年先别累死,还得让他们干活呢。"这是一位市长听了记者称赞他给人"感觉非常好""很有魅力"之后的一段即兴演讲。由此可见,这位政府官员讲话既不带官腔,也不事雕琢。他善于运用浅显的词语、灵活的句式和变化的语气坦诚直言,给人以朴实亲切的感觉。正是这通俗易懂、切实感人的口语,体现了一个勤政为民的领导干部平易近人的作风和求真务实的精神。

3. 简洁鲜明

简洁鲜明,即兴演讲是在特定的场景中进行的。一个明智的演讲者,不会毫无顾忌地喋喋不休。因为这种饶舌,不仅会给人以啰唆之感,令人讨厌,而且由于准备不充分,说多了也难免出现口误。倒不如讲的少而精,讲的多些见解,表达效果反倒会好些。例如:

"你们好! 此时,面对大家,我真的有些紧张。我在想,你们能接受我吗?

我是一名医学硕士研究生。传统观念里,人们常常把研究生和书呆子联系在一起。在这里,我要用自己的实际行动告诉大家:研究生同样拥有美好的理想、自己的追求,同样热爱美的生活。

作为一名未来的医生,我从未后悔过对救死扶伤这一崇高职业的选择;作为一名现代女性,我更珍视拥有充实多彩的人生。

在此,我要用勇敢和积极参与的实际行动来证明:春城的小姐都不是花瓶,而我们女硕士研究生也都不是书呆子。"

这是一位女研究生在礼仪小姐决赛场上的即兴演讲。演讲者走上台来,并不奢谈本次竞赛活动的重要意义,也不畅叙本人求学成功的曲折经历。短短几句话,中心明确,层次清晰。不仅陈述了自己现场的真实心境、参赛的独特动机,而且表达了自己崇高的职业理想、远大的人生追求,给听众以强烈的感染和深刻的启发。如此精粹的即兴演讲,突出体现了语言简洁的鲜明特色。

4. 幽默风趣

幽默感,作为一种特定的审美态度,是演讲者人格魅力的生动体现。演讲心理学研究表明,在即兴演讲中,激发演讲者产生"说欲"的"兴",不仅可以成为幽默语言的心理"触媒",而且能够增强语言幽默的现场效果。因此,讲话者应当根据现场实际需要,善于运用多种艺术手段来表现出语言的幽默特色,使即兴演讲充满情趣性和感染力。例如:"唱爱情流行歌曲? 这我倒是没有精神准备。不过,假如我上场唱一段'这就是爱,稀里糊涂……'岂不是对我一辈子严肃认真、执着专一爱情的亵渎吗? 老伴听了,岂不要抗议吗?(掌声,笑声)假如我喊上一嗓子'悄悄蒙上我的眼睛,让我猜猜你是谁',不得把在座的少男少女们吓趴下吗?(掌声,笑声)假如我唱上一段'让我一次爱个够,给你我所有……'诸君岂不要将我送进疯人院吗……(掌声,笑声)对于这些爱情流行歌曲,我既无相适应的年轻与潇洒,也缺少那软绵绵甜丝丝的嗓音儿,是不能也,亦是不为也。为此,美好的爱情歌曲,还是留给风华正茂的年轻朋友们唱吧。"这是一位老同志在某市新闻界举办的新春联欢会上即兴演讲的一段话。面对观众"欢迎老汉唱段现代'爱情'流行歌曲"的热情呼喊,他不是用生硬粗俗的语调严词拒绝,而是以幽默风趣的话语婉言谢绝,既含蓄地表达了对某些"爱情"流行歌曲的批评意向,又巧妙地避免了自己顺应要求而勉为其难的尴尬。如此富有幽默的讲话,显然强化了联欢会的喜悦气氛,突出了即兴演讲语言幽默的特色。

毛泽东主席的演讲就具有鲜明的幽默风趣的特色,从图 10-1 中(选自 http://history. financeun. com ; http://www. eku. cc ; http://www. eku. ccmzdyanjiang)可以一睹毛泽东主席的演讲风采。

图 10-1　毛泽东演讲风采

10.1.2　即兴演讲的成功要素

即兴演讲是事先无准备、临场现发挥的演讲,它要求讲话人既能快速构思,又能流利表达。怎样才能达到这样的境界,取得即兴演讲的成功呢? 必须从以下三个方面入手。

1. 储备材料

作为即兴演讲,临时构思必须有素材,现场表达必须有内容。倘若脑袋空洞无物,即使嘴皮子再灵,也免不了犯"无米之炊"之难,受"思路枯竭"之苦。可见,储备材料是关键所在。材料不是天上掉下来的,而是从平时的学习(也包括向生活学习、向社会学习)中积累起来的。一个人的知识面越宽、阅历越广,他的素材就越丰富,思路也就越开阔。当然,"积累"必须以"观察","多思"为基础。如果看书走马观花、听广播看电视过而不留、生活现象熟视无睹、社会新闻充耳不闻,讲话构思还是免不了"搜索枯肠"。积累,就是把所察所思储存起来,积累的东西方方面面,但归结起来不外两大类:一是典型事例,二是理性思辨。前者使我们说话有"凭据",后者使我们分析有"道理"。需要时,可顺手拈来,使其为某一论题服务。当你用一根思想的红线把材料的珍珠穿起来时,一篇有理有据的"腹稿"就形成了。例如下列材料。

① 我国赴美进修、研究乙型肝炎疫苗取得重大突破的年轻女科学家何葆光,拒绝美国某研究机关每年十万美元高薪的聘请,毅然回国将知识奉献给祖国人民。

② 产品有规格,商品有价格,为人有"价格"。产品规格有优劣,商品价格有高低,为人之格也分高下。

以上的①中的社会新闻是关于"人格"这一论题的典型事例,②中是关于"人格"论题的理性思辨,它们都可以拿来为"为人应该有高格"这一中心(主题)服务。由此看来,我们平时就要经意观察人生百态,潜心分析社会经纬,将头脑这个"材料仓库"丰富充实起来。这样,即兴演讲就不会思路枯竭了。

2. 构筑框架

材料有了,怎样迅速构筑起讲话的框架呢? 请熟练掌握以下一些构架方式。

1）开头部分

"好的开头往往是成功的一半。"即兴演讲一般时间都不会太长,精彩而有力的开头就显得更为重要。以下两种基本开头方式入题快、吸引人,可供采用。

① 直入。即兴演讲开头直接进入论题,亮出观点。这样的开头干净利落,醒人耳目,而且无须费时费心去找寻其他的"引子",使用这种方法切忌含含糊糊,要求观点明确,态度明朗。例如,列宁同志于 1918 年 8 月 23 日在《阿列克谢也夫民众文化馆群众大会上的讲话》是这样开头的:"今天我们党召开群众大会来谈谈这样一个题目:我们共产党人为什么而奋斗。对于这个问题,可以作一个最简短的回答,为了停止帝国主义战争,为了社会主义。"

② 借境。这是指讲话者利用当时当地的环境特点来沉浸会议气氛、激发听众热情的一种演讲方法。这种方法灵活生动,富于情感。但描绘的环境特点必须与主题思想相吻合,切不可牵强附会,卖弄风骚。鲁迅先生曾在厦门中山中学作过一次演讲,他开头时说:"今天我能够到你们这学校来,实在很荣幸。你们的学校名叫中山中学,顾名思义,是为了纪念孙中山。中山先生致力国民革命 40 年,结果创造了"中华民国"。但是现在军阀跋扈,民生凋敝,只有'民国'的名目,没有'民国'的实际。"鲁迅先生从自然环境中的学校名称讲起,一针见血地指出了名与实之间的巨大反差,从而激发出中山学校的师生们为完成中山先生未竟事业而奋斗的革命热情。

2）主体部分

主体部分是用来展开演讲内容、充分阐释自己观点、见解的部分。它的构架方式多种多样,最基本的有如下几种。

① 并列式。把讲话的主体分为几个部分分别阐述,这几部分的关系是并列的。例如指导教师在"儿童口才培训班"结业汇报会上的讲话就采用了这种方式:(A)领导的支持坚定了我们搞儿童口才培训事业的决心——向领导致意;(B)家长的信赖与配合给予我们无穷的精神力量——向家长致谢;(C)小朋友们在培训班这个集体中刻苦练习、切磋琢磨,充分展示了自己的——向小朋友祝贺;(D)希望大家随时随地练口才,将来作一个口才棒棒的栋梁之材——喜候小朋友进步佳音。

② 连贯式。按事情发展经过和时空顺序来安排讲话的层次,各层次间的关系是连贯的。例如以"家乡变奏曲"为题作即兴演讲就可采用这种构架方式:(A)昨天,这里是一片荒凉;(B)今天,一片新绿在眼前;(C)明天,从这里走向辉煌。

③ 递进式。把讲话主体分为几个层次、层次与层次之间是层层深入的关系。例如对"三陪"问题发表意见就可以这样构架:(A)"三陪"的现状;(B)"三陪"的实质与危害;(C)"三陪"问题的根本治理。

④ 正反式。主体部分是由正、反两方面的内容构成的,即一方面围绕着下面阐说,另一方面围绕着反面论述。例如论证必须给企业"放权"的问题:(A)企业没有自主权时,举步维艰;(B)企业有了自主权时,效益可观。

以上介绍的是几种最基本的组合方式,实际运用时,可综合交错使用。

3）结尾部分

好的结尾犹如撞钟,响亮而有余音。以下几种方式可根据需要选择。

① 祈愿式。表达(可用借境、作比等方法)良好的祝愿。如,"祝中、尼(尼泊尔)两国人民的友谊像联结我们两国的喜马拉雅山那样巍峨永存。"

② 感召式。或抒发真挚、激越的情感,或展望光明美好的前景,或发出鼓动性的号召。如:"让我们用创造性的劳动去迎接新世纪的到来吧!"

③ 理喻式。用寓意深刻的道理(可引用哲言警句等)启发听众去深思、探索。如,"'世有伯乐,然后有千里马'。人才辈出的时代首先应该是'伯乐'辈出的时代。"

④ 总结式。用简洁的语句总结全篇、点明题意。例,"说一千道一万,归根结底还是这句话:扭转社会风气,要人人从'我'做起。"切忌"泄劲"式的结尾。如,"我讲得不好,耽误大家时间了,请原谅。"

3. 完美展说

对即兴演讲来说,选材料、立框架,这一切都是在瞬间完成的,因而只是以一些片断的、轮廓式的、提纲大意的内部语言形式储存在头脑里。要把这样的内部语言转化为连贯的、具体的、有血有肉的外部语言,演讲者还必须具备一种"展说"能力,即把提纲大意"展说"成一篇内容具体、前后连贯的演讲词的能力。怎样来"展说"呢?

首先,要把"框架"中的每一个层次都看作是一个"意核"或一个"中心句",心中把握住几个意核的顺序及内在联系。然后,不慌不忙先从第一个意核开始,围绕着它,或举例、引用,或回忆、联想,或比兴,引申,或补充、发挥……把意核这个"中心句"扩展为"句群"。待这个意核充分发挥后,再进入第二个意核,也把它扩展为句群。这样仿效"扩展"下去,一篇内容具体、逻辑严密的即兴演讲就顺理成章地完成了。如果某个意核的含量太大,还可以把它分解为几个"小意核",按顺序把它们逐个展开。这种"扩句成群"的"展说"能力是即兴演讲的必备能力。很多人在心中打好了"腹稿"的前提下,说出来却吭吭哧哧,前言搭不上后语,就是因为缺乏这种"展说"能力。没有或缺乏这种能力,内部语言就很难顺利、迅速地转化为外部语言。因而,我们平时就应有意培养这种"展说"能力。

以上三个方面,前两步立足于"快速构思",第三步着眼于"流利表达"。既能快速构思,又能流利表达,你就是一位成功的演讲家了。

10.1.3 即兴演讲的开场艺术

即兴演讲是一种最能反映人思维敏捷程度和语言组织能力的口头表达方式。而在极短的时间里构思出一次成功的演讲,开场白就显得尤为重要了。下面介绍的即兴演讲开场艺术对演讲者的快速构思是大有裨益的。

1. 自我介绍

这种方法适合于讲话者与听众初次相交,而后者对前者的身份、工作和生活经历不很熟悉的情况。讲话者介绍的情况应是听众想了解的或是与会议主题内容相关的。某乡党委书记,一到任就深入某村搞调研,正值村召开青年大会,进行形势教育,于是乡党委书记就作即兴演讲,他是这样开头的:"大家可能不很熟悉我,因为我到这里工作的时间不长。我姓余,当然我不希望我今天的讲话对大家是多余的。我参加工作五年,一直在农村度过,打交道的对象主要是像你们一样的农村青年。我的老家距这里只有几十华里之远,在座的大多数同志可能到过那里,因为驰名中外的屈子祠就坐落在我家的门前。"接着,他便从屈子祠讲起,转入了爱国主义教育的正题。

2. 综合归纳

这是指讲话者对其他人已经发言的内容进行综合,分析其特点,进而表明自己的观点或态度的一种演讲方法。一位领导者应邀去参加一个"领导干部与市场经济"的研讨会,在听取大多数同志的发言之后,他这样开始他的讲话:"以上很多同志做了发言,有的从宏观的角度谈了领导干部怎样去适应市场经济,有的结合工作实际从微观的角度论证了领导干部在市场经济中如何去搞好服务。前者具有较强的理论性,后者具有较强的针对性和操作性。我认为都讲得很好,至少可以说明,在'领导干部与市场经济'这个新的课题中,确实有很多新问题值得我们去思考去探讨。今天我要讲的是……"

3. 提出问题

讲话者根据活动的主题思想有针对性地提出一些问题,进而进行解答。使用这种方法关键在于所提出的问题是否与主题思想相关,是否带有倾向性或争议性,解答问题时有明确的立场观点和充分的理由。在一次对青年人进行就业观教育的会议上,一位演讲者是这样发言的:"为什么一些年轻人总想着进大城市、进大机关而不愿去企业工作?为什么一些年轻人不发挥自己的一技之长去创业而甘愿闲居家中眼睁睁地盯着父母那几个血汗钱?我认为,这主要是我们的年轻人,包括一些年轻人的父母们还没有破除旧的就业观念。"

4. 故事启发

即兴演讲时首先讲一个故事,然后从中启发性地提出问题,进而亮出自己的观点。使用这种方法应注意两个问题:一是讲的故事要短小精悍,并且具有趣味性或新闻性。二是这个故事的内容与会议主题相吻合,提出的问题应与会议的目的相吻合。在一次反腐倡廉的座谈会上,某与会者的发言是从一个古代故事讲起的。故事讲的是:"春秋时代,孙子带着兵书去晋见吴王,吴王看后要孙子演习他的带兵方法。于是孙子挑选若干宫女分为两队,并挑选两名吴王的宠妃为队长。演习中尽管孙子三令五申,宫女们仍不听指挥,结果孙子置吴王命令于不顾,认为'臣既已受命为将,将在外,君命有所不受',硬是将吴王的两名宠妃杀了。之后,宫女个个乖乖听话,无人抗命……"从这个故事,便引出了其发言的主题:要取得反腐的阶段性成果关键在于不畏权势,敢于碰硬。

5. 借物寓意

借物寓意,即在事物寓于象征的意义上借"兴"而发。有的即兴演讲者在开场白中采用以物证事的方法,借用某种具体事物,达到暗示事理的目的。

在上海市"钻石表杯"业余书评授奖会上,在众人的即兴演讲中,《书讯报》主编贾伟同志的演讲独具一格,他的开场白尤为精彩:"今天,我参加'钻石表杯'业余书评授奖会,我想说的一句话是,钻石代表坚韧,手表意味着时间,时间显示效率。坚韧与效率的结合,这是一个人读书的成功所在,一个人的希望所在。"贾伟同志的开场白超脱了恭维话的俗套,以"钻石"象征"坚韧","手表"象征"时间"的修辞手法,给人的是力量、启迪与深思。语义深刻、言简意赅地提示了读书求知、读书成才的道理,令人回味无穷。

6. 话题承转

话题转承,即在讲话主旨上借"兴"而发。即兴演讲者巧借会议司仪的某个话题,转入演讲的主旨,提出自己的观点。

抗日战争时期,陈毅率领抗日游击队打日寇。有一次,部队在浙江开化县华埠镇休整,有一抗日组织请陈毅讲话,司仪主持会议时说"今天请一位将军给大家讲话。"陈毅同志这样开场:"我姓陈,耳东陈的陈;名毅,毅力的毅。称我将军,我不敢当,现在我还不是将军。但称我将军也可以,我是受全国老百姓的委托去将日本鬼子的军。这一将,一直到把它们将死为止。"话音刚落,爆发出雷鸣般的掌声。陈毅同志这段十分精彩的开场白,在演讲主旨上作了发挥,洋洋洒洒,气势磅礴,为深化演讲主旨做了铺垫,有力地鼓舞了抗日群众的斗志。

7. 借题发挥

发表讲话时面对着特定的地点、特定的内容以及各不相同的气氛。即兴演讲的开头可以当场捕捉住这特殊的气氛,借题发挥,烘托气氛。

上海市新闻工作者协会主席,原《解放日报》总编辑王维同志,一次出席上海市企业报新闻工作者协会成立大会,这次会议是在上钢三厂新建的俱乐部会议厅召开的。他即兴演讲的开头说:"我来参加会议,没有想到有这么好的会场,这个会场不要说是市企业报记者协会成立大会,就是市记协成立大会也可以在这里召开。没想到有这么多的企业报的记者,编辑参加这个大会,它说明企业报的同仁是热爱自己的组织,支持这个组织的。没有想到今天摆在主席台上的杜鹃花这么美丽。鲜花盛开,这标志着企业报记者协会也会像杜鹃花一样兴旺、发达……"他的演讲激起阵阵掌声。王维同志的开场白在会场、工作人员和鲜花上做文章,把三者巧妙地联系起来,提示了企业报齐心协力雄厚的经济实力,表达了对齐心协力的美好祝愿。

10.1.4 即兴演讲的出错补救

即兴演讲中语言出错是一种常见现象。我认为,解决这个问题的途径是,一方面,通过长期的实践锻炼,不断提高自己即兴演讲的心理素质和表达水平,尽可能减少这种失误。另一方面,要掌握和运用一些必要的应变方法,以及时避免或消除因语言出错而可能造成的消极影响。

1. 将错就错

即兴演讲是在某种特定的现实场景中进行的,它的现场效果,要受演讲者和听众两个方面的制约。无论是主观因素还是客观条件,一旦发生干扰,就可能造成演讲者无法预料的语言差错,而使自己陷入尴尬的境地。倘若出现这种情况,演讲者不妨将错就错,来一番即兴发挥,就会消除窘困,获得意想不到的现场效果。例如,一位节目主持人参加海南省狮子楼京剧团建团庆典,当她用充满激情的语言介绍京剧、介绍剧团、介绍来宾的时候,由于事先不了解情况,错把原本是花白头发的老汉——海南师范学院党委书记南新燕介绍成"小姐",面对"全场哗然"的意外,她先向被介绍人真诚地道歉,然后侃侃而谈:您的名字实在是太有诗意了。我一见这三个字,立即想起了两句古诗:"旧时王谢堂前燕,飞入寻常百姓家。这是一幅多么美丽的图画。今天,这里出现了类似的情景,京剧一度是流行在北方的戏曲,而现在,京剧从南到北,跨过琼州海峡,飞到了海南,而且在这里安家落户,这又是一幅多么美好的图画啊!"这位主持人的应变能力实在让人叹服。她在表示"对不起,我是望文生义了"的歉意之后,语意一转,就即兴发挥起来,由自己的语言失误引出活动的话题,并进行了富有诗意的生动描述。这一将错就错的补救方式,赢得了全场观众异乎寻常的热烈喝彩,就是十分自然的了。

2. 巧妙辨析

实践表明,在即兴演讲中,讲话者有时会因为过于紧张或过于激动而造成一时的口误,在这种情况下,讲话者既不可能为了面子而置之不理,也不可能因为自尊而掩饰错误。"最好的办法是按正确的讲法再讲一遍"(邵守义语),也就是把错误改正过来。倘若能够根据现场的实际情况,有针对性地将正误对照起来巧作辨析,给听众的印象反而会更加深刻。例如,一位师范学校的班主任在新生入学后的第一次班会上即兴演讲,他说:"同学们,大家好!你们从四面八方来到这所师范学校,开始了新的学习生活,我相信同学们一定会刻苦学习,不断进步,将来希望每一位同学都能成为合格的小学教师。不,应当这样说——希望将来每一位同学都能成为合格的小学教师。因为这个希望是可以现实的,它表达的是我此刻的真实心情;而你们将来才会真正走上讲台,开始从事太阳底下最光辉的职业……"这位老师在即兴演讲中凭敏锐的语感发觉了一句话的语序错误,并在迅速改正过来之后,进行了巧妙的辨析。这样,既表明了语言的毛病,又解释了改正的原因。不仅没有造成语言失误的尴尬,反而强化了表达的效果,实在是一种高明的补救方法。

3. 自圆其说

在即席讲话中,即兴演讲者一旦察觉自己的语言错误,往往会因为心理紧张而产生思维障碍,以至无法讲下去。倘若出现这种情况,讲话者应立即针对自己的失误进行一番合乎情理的阐释,只要能够自圆其说,也不失为一种化错为正的补救方法。例如,在一次婚礼上,主持人热情地邀请来宾讲话,一位职业中学的教师上台即兴致辞,他说:"今天,是职业中学的夏明先生和经贸公司的叶红小姐喜结良缘的好日子……也许有人以为我说错了,夏先生和叶小姐不是同在一个公司上班吗?是的,夏明从商了,但一个月前,他还是职中的一名优秀青年教师。在我们心目中,他永远是我们的好同事。我愿借此机会,代表职中全体教职工,向一对新人表示最真挚的祝福!"显然,这位来宾由于一时激动,把新郎现在供职的单位介绍错了。也许他从听众一样的表情上察觉了自己的口误,于是,稍稍停顿之后,巧妙地进行了阐释。听了此番入情入理的言辞,谁还会责备他语言上的差错?讲话者这一化错为正的表白,不仅可以自圆其说,而起增强了抒情的真切感,产生了独特的现场表达效果。

4. 随机应变

进行即兴演讲,有时会出现这样的情况:讲话者自己不知为什么,竟说出一句错话,而且马上意识到了,怎么办呢?倘若遇上这种失误,演讲者不妨采用调整语意、改换语气等接续方式予以补救。只要反应敏捷,应变及时,就可以收到不露痕迹的纠错效果。例如,一位公司经理在开业庆典上发表即兴演讲,他这样强调纪律的重要性:"公司是统一的整体,它有严格的规章制度,这是铁的纪律,每一个员工都必须自觉遵守。上班迟到、早退、闲聊、乱逛、办事推诿、拖沓、消极、懈怠,都是违犯纪律的行为。我们允许这种现象的存在——就等于允许有人拆公司的台,我们能够这样做吗?"这位经理的反应力和应变力是很强的。当他意识到自己把本来想说的"我们决不允许这些现象的存在"一句话中的"决不"二字漏掉之后,马上循着语言表达的逻辑思路,续补了一句揭示其后果的话,同时用一个反问句结束,增强了演讲的启发性和警示作用。这样的续接补救,真可谓顺理成章,天衣无缝。

10.1.5 即兴演讲的成功要诀

1. 实例引导

即兴演讲的开始便先举例,有三个好处:第一,你可以从苦苦思索下一句需要讲什么中解脱出来。第二,可使开始的紧张飞逝无踪,使你有机会把自己的题材逐渐温热起来,渐渐进入演讲的情景。第三,可以立即获得听众的注意,因为,事件——实例是立刻摄取听众注意力万无一失的方法。

听众凝神谛听你所举出的富有人情趣味的实例,可使你在最迫切需要时——演讲开始后极短的时间里,对自己的能力重新获得肯定。肯定是一种双方面的过程,能捉住注意力的演讲者马上就会感知到这一点,当他注意到那种接纳的力量,并感受到那种期盼的目光,如电流般在听众头上交射时,他就感受到有种挑战,要他继续讲下去。讲演者与听众之间建立的和谐关系,是一切成功演说的关键所在,没有它,真正的沟通就不可能发生。这就是为什么要以实例开始演说的原因。尤其是在别人请你说上几句话时,举例最为管用。

2. 充满生机

演讲者若拿出力量和劲头来,外在的蓬勃生气便会对其内在的心理过程产生极有益的效果。身体的活动与心理的活动,关系极为密切,身心交流,即可使演讲产生最佳效果,慷慨激昂、侃侃而谈,很快便使演讲说得头头是道了,从而也会引起听众的注意。一旦使身体充起"电"来,充起蓬勃的生气来,正如威廉·詹姆士所说:我们就能很快地使心灵快速展开活动。

3. 联系现场

即兴演讲时,首先,向主持人致意,说上两句,可以有个喘息的机会,然后便应发表与听众有密切关系的言论了,因为听众只有对自己和自己正在做的事情感兴趣。有三个来源可供演讲者摘取意念,作为即席演讲之用。

一是听众本身。为使讲演变得轻松易行,千万要记住这一点:谈论自己的听众,说说他们是谁,正在做什么,特别是他们对社会和人类做出了什么贡献,可以使用一个明确的实例来证明。

二是场合。当然也可以讲讲造成这次聚会的情况缘由,是研讨会? 表彰大会? 年度聚会? 还是政治集会?

三是前面人的演讲。善于演讲者往往也善于倾听,在听的过程中受到提示和启发,以此激发自己的演讲灵感。对前面的演讲话题,后面的演讲者或者可以拾遗补漏,或者可以转换角度,甚至可以因某个词、某句话的启发,构思一篇精彩的演讲。例如,某大学中文系一次毕业生茶话会上,首先是系总支书记讲话,三分钟的即兴讲话主要是向毕业生们表示祝贺。然后是彭教授的讲话,他讲话的主题是希望同学们继续努力学习,还引用了列宁的名言。第三位讲话的潘教授朗诵了高尔基的《海燕》片断,以此勉励同学们学习海燕的精神。第四位讲话的系主任希望同学们永远记住母校和老师们。紧接着,毕业生们欢迎王教授讲话。王教授一字一顿地说:"我最喜欢说被人说过的话。(笑声)第一,我要祝同学们顺利毕业!(笑声)第二,我希望同学们'学习、学习、再学习'!(笑声)第三,我希望同学们像海燕一样勇敢地搏击生活的风浪!(笑声)第四,我希望同学们不要忘记母校,不要忘记辛勤培育你们的老师们!(大笑、热烈掌声)"王教授通过对前面四人演讲主题的简练概括,完成了一次机智、风趣且具有个性特点的演讲。

4. 围绕中心

即兴演讲不是即席乱说,手中无稿并非心中无谱,不着边际地胡扯瞎说,既不合逻辑,也不会成功。因此,必须围绕一个主题来把自己的思想合理归纳,而这个主题就是演讲者要说明的,演讲者所举的事例要与这个主题一致;同时再强调一次,若能抱着至诚心态来演讲,演讲者一定会发现自己所表现的主题的吸引力和无穷效力是有准备演讲所不能企及的。

5. 必要准备

著名的演讲大师卡耐基说过:无任何准备的演讲只是信口开河,根本不是真正的演讲。因此,即席演讲虽不像一般演讲那样需要有充足的时间来进行准备,但也应在尽可能的条件下进行准备。

(1)心理准备。在参加一个会议或活动之前,可以先设想一下:自己是否有可能需要讲话?如果讲,讲什么?怎么讲?先在心理上做好准备。有了这种心理准备,可避免突然被"点将"后的那种吃惊、慌乱、尴尬或恐惧心理,能够迅速实现角色转换:由配角转向主角,由听者转向讲者,快速进入演讲者姿态。

(2)材料准备。如果事先已经知道会议或活动的主题,可以简单地翻阅一下相关资料,临时扩大知识储备量以充实自己的大脑。这样,在被突然"点将"发言时,你就能对某一问题旁征博引,讲得头头是道,从而使得听众对你刮目相看。

(3)酝酿腹稿。如果时间和情况都允许的话,演讲者还可以酝酿一下腹稿,形成一个大体框架,如迅速概括演讲的主题,组织演讲会结构等,明白自己要讲什么,如何讲清楚,先讲什么,后讲什么,如何结尾,把要讲的核心内容有条理、有层次地罗列出来。值得注意的是,这个腹稿并不是一成不变的,随着演讲内容的逐步深入,可能在讲话过程中会随时改变或打乱原先的设计。

(4)临场准备。有时候,演讲者也可能在毫无思想准备、心理准备的情况下被突然"点将",这时就要尽量争取临场准备时间。临场性准备的时间虽短暂,却为演讲会者提供了宝贵的思考空闲。临场性准备是以拖延时间为目的的,主要有以下两种方式。

① 动作拖延。利用某种动作来拖延时间,在施展动作的同时,让大脑快速进行工作,

然后再开始讲话。比如：端起茶杯喝口茶水，拉拉椅子，向听众点头或招手致意等。这些动作延迟的时间虽然很短，却给了演讲者一个喘息的机会，让大脑进行紧张快速的思考，同时调整了自己的心理状态。

② 语言拖延。语言拖延就是先说些与主题关系不大的、无须深入思考、易于表达的题外话，以便大脑迅速组织材料，确立讲话的主旨、中心等，然后再慢慢切入主题。这样，就可避免演讲中冷场的尴尬。比如，在一次演讲当中，忽然有人向演讲会者问一个挺刁钻的问题，这位演讲者用语言拖延的方法解围："这位听众问了一个很好的问题，我想大家也一定像他一样，很想知道我对这个问题的看法。那我就给大家做一下解答……"这样，在说这段话的同时，演讲者就可以使自己的大脑迅速思考，等这段话说完了，他的答案也就组织得差不多了。

10.2　拓 展 阅 读

10.2.1　林肯在葛底斯堡国家烈士公墓落成典礼上的演说

87年前，我们的先辈们在这个大陆上创立了一个新的国家，它孕育于自由之中，奉行一切人生来平等的原则。现在我们正从事一场伟大的内战，以考验这个国家，或者任何一个孕育于自由和奉行上述原则的国家是否能够长久存在下去。我们在这场战争中的一个伟大战场上集会，烈士们为使这个国家能够生存下去而献出了自己的生命，我们来到这里，是要把这个战场的一部分奉献给他们作为最后安息之所。我们这样做是完全应该而且是非常恰当的。

但是从更广泛的意义上来说，这块土地我们不能够奉献，不能够圣化，不能够神化。那些曾在这里战斗过的勇士们，活着的和去世的，已经把这块土地神圣化了，这远不是我们微薄的力量所能增减的。我们今天在这里所说的话，全世界不大会注意，也不会长久地记住，但勇士们所做的事，全世界却永远不会忘记，毋宁说，倒是我们这些还活着的人，应该在这里把自己奉献于勇士们已经如此崇高地向前推进但尚未完成的事业；倒是我们应该在这里把自己奉献于仍然留在我们面前的伟大任务——我们要从这些光荣的死者身上汲取更多的献身精神，来完成他们已经完全彻底为之献身的事业；我们要在这里下定最后的决心，不让这些死者白白牺牲；我们要使国家在上帝福佑下得到自由的新生，要使这个民有、民治、民享的政府永世长存。

点评：美国总统林肯1863年11月19日发表的这段著名演讲是严谨型风格的代表。葛底斯堡战役是南北战争的转折点，为了纪念这次战役中的阵亡将士，举行了葛底斯堡公墓落成典礼，典礼上林肯不到3分钟的演讲，感情深厚真挚，语言朴实精练却又洋溢着不可抵御的力量。这篇演讲词是最著名的演说之一，被铸成金文保存在英国牛津大学。图10-2是美国华盛顿林肯纪念堂的林肯像以及在墙壁上镂刻的这篇著名演讲词（张岩松2011年10月18日摄）。

图 10-2　林肯像及其演讲词

10.2.2　记忆——华中科技大学校长李培根在 2010 届毕业典礼上的致辞

亲爱的同学们：

你们好！

首先，为你们完成学业并即将踏上新的征途送上最美好的祝愿。

同学们，在华中科技大学的这几年里，你们一定有很多珍贵的记忆！

你们真幸运，国家的盛世如此集中相伴在你们大学的记忆中。2008 年奥运留下的记忆，不仅是金牌数的第一，不仅是开幕式的华丽，更是中华文化的魅力和民族向心力的显示；六十年大庆留下的记忆，不仅是领袖的挥手，不仅是自主研制的先进武器，不仅是女兵的微笑，不仅是队伍的威武整齐，更是改革开放的历史和旗帜的威力；世博会留下的记忆，不仅是世博之夜水火相容的神奇，不仅是中国馆的宏伟，不仅是异国场馆的浪漫，更是中华的崛起，世界的惊异；你们一定记得某国总统的傲慢与无礼，你们也让他记忆了你们的不屑与蔑视；同学们，伴随着你们大学记忆的一定还有"什锦八宝饭"等新词，它将永远成为世界新的记忆。

近几年，国家频发的灾难一定给你们留下深刻的记忆。汶川的颤抖，没能抖落中国人民的坚强与刚毅；玉树的摇动，没能撼动汉藏人民的齐心与合力。留给你们记忆的不仅是大悲的哭泣，更是大爱的洗礼；西南的干旱或许使你们一样感受渴与饥，留给你们记忆的，不仅是大地的喘息，更是自然需要和谐、发展需要科学的道理。

在华中大的这几年，你们会留下一生中特殊的记忆。你一定记得刚进大学的那几分稚气，父母、亲人送你报到时的情景历历；你或许记得"考前突击而带着忐忑不安的心情走向考场时的悲壮"，你也会记得取得好成绩时的欣喜；你或许记得这所并无悠久历史的学校不断追求卓越的故事；你或许记得裘法祖院士所代表的同济传奇以及大师离去时同济校园中弥漫的悲痛与凝重气息；你或许记得人文素质讲堂的拥挤，也记得在社团中的奔放与随意；你一定记得骑车登上"绝望坡"的喘息与快意；你也许记得青年园中令你陶醉的发香和桂香，眼睛湖畔令你流连忘返的圣洁或妖娆；你或许"记得向喜欢的女孩表白被拒时内心的煎熬",也一定记得那初吻时的如醉如痴。可是,你是否还记得强磁场和光电国家实验室的建立?是否记得创新研究院和启明学院的耸起?是否记得为你们领航的党旗?是否记得人文讲坛上精神矍铄的先生"叔子"?是否记得倾听你们诉说的在线的"张妈妈"?是否记得告诉你们捡起路上树枝的刘玉老师?是否记得应立新老师为你们修改过的简历,但愿它能成为你们进入职场的最初记忆。同学们,华中大校园里,太多的人和事需要你们记忆。

请相信我,日后你们或许会改变今天的某些记忆。瑜园的梧桐,年年飞絮成"雨",今天或许让你觉得如淫雨霏霏,使你心情烦躁、郁闷。日后,你会觉得如果没有梧桐之"雨",瑜园将缺少滋润;若没有梧桐的遮盖,华中大似乎缺少前辈的庇荫,更少了历史的沉积。你们一定还记得,学校的排名下降使你们生气,未来或许你会觉得"不为排名所累"更体现华中大的自信与定力。

我知道,你们还有一些特别的记忆。你们一定记住了"俯卧撑""躲猫猫""喝开水",从热闹和愚蠢中,你们记忆了正义;你们记住了"打酱油"和"妈妈喊你回家吃饭",从麻木和好笑中,你们记忆了责任和良知;你们一定记住了姐的狂放,哥的犀利。未来有一天,或许当年的记忆会让你们问自己,曾经是姐的娱乐,还是哥的寂寞?

亲爱的同学们,你们在华中科技大学的几年给我留下了永恒的记忆。我记得你们为烈士寻亲千里,记得你们在公德长征路上的经历;我记得你们在各种社团的骄人成绩;我记得你们时而感到"无语"时而表现的焦虑,记得你们为中国的"常青藤"学校中无华中大一席而灰心丧气;我记得某些同学为"学位门"、为光谷同济医院的选址而愤激;我记得你们刚刚对我的呼喊:"根叔,你为我们做成了什么?"——是啊,我也得时时拷问自己的良心,到底为你们做了什么?还能为华中大学子做什么?

我记得,你们都是小青年。我记得"吉丫头",那么平凡,却格外美丽;我记得你们中间的胡政在国际权威期刊上发表多篇高水平论文,创造了本科生参与研究的奇迹;我记得"校歌男",记得"选修课王子",同样是可爱的孩子。我记得沉迷于网络游戏甚至濒临退学的学生与我聊天时目光中透出的茫然与无助,他们还是华中大的孩子,他们更成为我心中抹不去的记忆。

我记得你们的自行车和热水瓶常常被偷,记得你们为抢占座位而付出的艰辛;记得你们在寒冷的冬天手脚冰凉,记得你们在炎热的夏季彻夜难眠;记得食堂常常让你们生气,我当然更记得自己说过的话:"我们绝不赚学生一分钱",也记得你们对此言并不满意;但愿华中大尤其要有关于校园丑陋的记忆。只要我们共同记忆那些丑陋,总有一天,我们能将丑陋转化成美丽。

同学们,你们中的大多数人,即将背上你们的行李,甚至远离。请记住,最好不要再让你们的父母为你们送行。"面对岁月的侵蚀,你们的烦恼可能会越来越多,考虑的问题也可能会越来越现实,角色的转换可能会让你们感觉到有些措手不及。"也许你会选择"胶囊公寓",或者不得不蜗居,成为蚁族之一员。没关系,成功更容易光顾磨难和艰辛,正如只有经过泥泞的道路才会留下脚印。请记住,未来你们大概不再有批评上级的随意,同事之间大概也不会有如同学之间简单的关系;请记住,别太多地抱怨,成功永远不属于整天抱怨的人,抱怨也无济于事;请记住,别沉迷于世界的虚拟,还得回到社会的现实;请记住,"敢于竞争,善于转化",这是华中大的精神风貌,也许是你们未来成功的真谛;请记住,华中大,你的母校。"什么是母校？就是那个你一天骂他八遍却不许别人骂的地方"。多么朴实精辟！

亲爱的同学们，也许你们难以有那么多的记忆。如果问你们关于一个字的记忆，那一定是"被"。我知道，你们不喜欢"被就业""被坚强"，那就挺直你们的脊梁，挺起你们的胸膛，自己去就业，坚强而勇敢地到社会中去闯荡。

亲爱的同学们，也许你们难以有那么多的记忆，也许你们很快就会忘记根叔的唠叨与琐细。尽管你们不喜欢"被"，根叔还是想强加给你们一个"被"：你们的未来"被"华中大记忆！

资料来源：《李培根〈记忆〉演说，真情演绎魅力"根叔"》，中国青年报，2010-06-25；http://www.douban.com/group/topic/12170971/，2010-06-23。

点评

2010 年 6 月 23 日华中科技大学举办了 2010 届本科生毕业典礼，校长李培根院士做了题为《记忆》的演说，16 分钟演讲被掌声打断 30 次，全场 7700 余名学子起立高喊"根叔！根叔！"很多人泪洒现场，若干武汉媒体破例全文刊登了李校长的演说词，对一名大学校长而言，这称得上是一种殊荣。这篇"演讲词"在大学生心里留下穿透人心的分量，引起很多人思想与情感的共鸣，引起网上热转，那么，这篇演讲词的魅力何在呢？

它贴近大学生，让人觉得亲切。在 2000 余字的演讲词中，李培根校长把 4 年来的国家大事、学校大事、身边人物、网络热词等融合在一起。"俯卧撑""躲猫猫""打酱油""妈妈喊你回家吃饭""蜗居""蚁族""被就业""被坚强"……都出现在这篇被网络媒体称为的"毕业讲话串热词"中，所以毕业生们说："没想到校长会这么亲切。"

它讲真话，用真情，让人备受感动。李校长在日常就很贴近学生，有很好的学生缘，亲近感，影响力，被学生们自发地称之为"根叔"。他的这篇演讲稿是在回国的飞机上自己写的，没有套话、空话、假话、大话、不掩饰、不做作、不哗众取宠，完全见诸一位领导者对被领导者的真诚与热情。

10.2.3 马云卸任阿里巴巴 CEO 演讲

大家好，谢谢各位，谢谢大家，从全国各地，从美国、英国、印度来的同事，感谢大家来到杭州，感谢大家参加淘宝的十周年。今天是一个非常特别的日子，但是对我来讲，我期待这一天很多年了，最近一直在想，在这个会上跟所有的同事、朋友、网商，所有的合作伙伴，我应该说些什么。

但也很奇怪，就像姑娘盼着结婚，新娘子到了结婚这一天，除了会傻笑，不知道该干什么了。我们是非常幸运的人，十年前的今天是 SARS（非典）在中国最危险的时候，所有人都没有信心，大家不看好未来，但是阿里的年轻人相信十年以后的中国会更好，十年以后电子商务会在中国受更多人的关注，很多人会用，但我真没想到，十年以后我们变成了今天这个样子。

这十年无数的人付出巨大的代价，为了理想、为了坚持，走了十年，我一直在想，即使把现在阿里巴巴集团 99% 的东西拿掉，我们还是值得，今生无悔，更何况我们今天有了那么多朋友，那么多相信的人，那么多坚持的人。

是什么东西让我们有了今天,是什么让马云有了今天,我是没有理由成功的,阿里没有理由成功,淘宝更没有理由成功,但是我们今天居然走了这么多年,依然对未来充满理想,其实我在想是一种信任。

当所有人不相信这个世界,所有人不相信未来的时候,我们选择了相信,我们选择了信任,我们选择十年以后的中国会更好,我们选择相信,我同事会做得比我更好,我相信中国的年轻人会做得比我们更好。

二十年以前也好,十年以前也好,我从没想过,我连自己都不一定相信自己,我特别感谢我的同事信任我,当 CEO 很难,但是当 CEO 的员工更难。但现在,居然你会从一个你都没听见过的名字叫"闻香识女人"这里,付钱给她,买一个你从来没有见过的东西,经过上千上百公里,通过一个你不认识的人到了你手上。

今天的中国拥有信任,拥有相信,每天 2400 万笔淘宝的交易,意味着在中国有 2400 万个信任在流转着,在座所有的阿里人,淘宝、小微金服的人,我特别为大家骄傲,今生跟大家做同事,下辈子我们还是同事。因为你们,让这个时代看到了希望,在座的你们就像中国所有"80"后、"90"后那样,你们在建立着新的信任,这种信任就让世界更开放、更透明,更懂得分享、更承担责任,我为你们感到骄傲。

今天的世界是一个变化的世界,三十年以前我们谁都没想到今天会这样,谁都没想到中国会成为制造业大国,谁都没想到电脑会深入人心,谁都没想到互联网在中国发展得那么好,谁都没有想到淘宝会起来,谁都没想到 Netscape 会倒下,谁都没想到雅虎会有今天。

这是一个变化的世界,我们谁都没想到我们今天可以聚在这里,可以继续畅想未来,我跟大家都认为电脑够快,互联网还要快,很多人还没搞清楚什么是 PC 互联网,移动互联来了,我们还没搞清楚移动互联的时候,大数据时代又来了。

变化的时代是年轻人的时代,今天还有不少年轻人觉得无数的像百度、谷歌、腾讯、阿里这样的公司拿掉了所有的机会。

十年以前我们看到无数个伟大的公司,我们曾经也迷茫过,我们还有机会吗?但是十年坚持、执着,我们走到了今天,假如不是一个变化的时代,在座所有的年轻人轮不到你们,工业时代是论资排辈。

就是因为我们把握住了所有的变化,我们才看到了未来,未来三十年,这个世界、这个中国将会有更多的变化,这个变化对每一个人都是一个机会,抓住这次机会。我们很多人埋怨昨天,三十年以前的问题,中国发展到今天,谁都没有经验;世界发展到今天,谁都没有经验,我们没有办法改变昨天,但是三十年以后的今天是我们今天这帮人决定的,改变自己,从点滴做起,坚持十年,这是每个人的梦想。

我感谢这个变化的时代,我感谢无数人的抱怨,因为在别人抱怨的时候,才会有机会,只有变化的时代,才是每个人看清自己有什么、要什么,该放弃什么的时候。

参与阿里巴巴的建设十四年,我荣幸我是一个商人,今天人类已经进入了商业社会,但是很遗憾,在这个世界上商人没有得到他们应该得到的尊重,商人在这个时代已经不是唯利是图的一种时代。我想我们跟任何一个职业,任何一个艺术家、教育家、政治家一样,我们在尽自己最大的努力去完善这个社会。

十四年的从商,让我懂得了人生,让我懂得了什么是艰苦,什么是坚持,什么是责任,什么是别人成功了才是自己的成功。我们最期待的是员工的微笑。

从今天晚上十二点以后，我将不是CEO。从明天开始，商业就是我的票友，我为自己从商十四年深感骄傲，看到你们，看到中国的年轻人，我不希望有一天我们这些人再来一个"致我们失去的中年"，这世界谁也没有把握你能红五年，谁也没有可能说你会不败，你会不老，你会不糊涂，解决你不败、不老、不糊涂的唯一办法是相信年轻人，因为相信他们，就是相信未来。

所以我将不会再回到阿里巴巴做CEO，要我回我也不回来，因为我回来也没有用，你们会做得更好，做公司做到这个规模，小小的自尊，我很骄傲，但是对社会的贡献，我们这个公司才刚刚开始，所有的阿里人我们都很兴奋、很勤奋、很努力，但我们很平凡。认真生活、快乐工作，我们今天得到的远远超过了我们的付出，这个社会在这个世纪希望这家公司走远走久，那就是去解决社会的问题，今天社会上有那么多问题，这些问题就是在座各位的机会，如果没有问题，就不需要在座的各位。

阿里人坚持为小企业服务，因为小企业是中国梦想最多的地方，十四年前我们提出了"让天下没有难做的生意"，帮助小企业成长，今天这个使命落到了你们身上，我还想为小企业讲，有人说电子商务、互联网制造了不公平，但是我的理解，互联网真正制造了公平，请问全国各省、各市、各地区有哪个地方为小企业、初创企业提供税收优惠，互联网给了小企业这个机会，有些企业三五年内享受了五六亿的用户，他们呼唤跟小企业共同追求平等，小企业需要的就是500块钱的税收优惠，请所有阿里人支持他们，他们一定会成为中国将来最大的纳税者。

感谢各位，我将会从事一些自己感兴趣的事，教育、环保，刚才那首歌的歌名是 *Heal The World*，告诉我们世界上很多事我们做不了。这世界每个人做好自己那一份工作，做好自己感兴趣的那份工作已经很了不起，我们一起努力，除了工作以外，完善中国的环境，让水清澈，让天空湛蓝，让粮食安全，拜托大家。（马云单膝下跪）

我特别荣幸介绍阿里未来的团队，他们和我一起工作了很多年，他们比我更了解自己，陆兆禧工作了13年，在阿里巴巴内部，经历了很多岗位，经历了很多磨难，应该讲13年眼泪和欢笑是一样的多，接马云这个位置是非常难的，我能走到今天，是大家的信任，因为信任，所以简单！

我相信，我也恳请所有的人像支持我一样，支持新的团队，支持陆兆禧；像信任我一样信任新团队，信任陆兆禧，谢谢大家，明天开始，我将有我自己新的生活，我是幸运的，在我48岁，我就可以离开我的工作，在座每个人你们也会。48岁之前工作是我的生活，明天开始，生活将是我的工作，欢迎陆兆禧。

点评：

马云的演讲是怎样"炼成"的

马云辞退CEO，人们议论纷纷。毫无疑问，他的影响力与他的演讲口才有着直接的关系。会做的企业家不少，但能说会做的不多。他的演讲口才是怎样"炼成"的？

读书时代的学生会经历。马云曾担任杭州师范学院的学生会主席，也担任过杭州市学联的主席。那么早就做主席了，一定发表过多次的演讲，很大程度上锻炼了他的演讲基本功。

一是杭州师范学院的教书经历。教师是演讲比较多的职业,据马云说他非常受其他老师和学生的欢迎。可以看出,他的教书养成了他演讲和讲话的风格。那就是敢于说真话,同时也很幽默。马云认为,吸引人的不是你讲的语言多么华丽,而是讲的都是真话,而且还是以幽默的方式出现。

二是马云的文艺理想气息。虽是互联网业大佬,但马云不懂技术。他有着很强的文艺理想气息。马云酷爱金庸的小说,思维极度发散却又能收放自如。他演讲如同他的思维,不拘一格,却又句句经典。这是锻炼成他独特风格的很关键要素。不论是成功还是曾经落魄,他的演讲谈吐都透露着很强的理想主义,对未来充满信心。

三是马云的企业家智慧。这个是一般人学不了的,能够一眼看到问题的本质。在《赢在中国》节目中,马云是选手最喜欢的评委,不仅是他说的话很漂亮,更是他说到关键点了。这是多年创业磨炼出来的,你若有深深体会的原创的话,是可以演讲出来的。

总之,马云一生上台演讲无数,敢于做真实的自己,同时带有文艺气息和企业家智慧,是他演讲成功的关键。

资料来源:http://blog.sina.com.cn/s/blog_3fe7982c01018jol.html.

10.3 实训练习

10.3.1 案例讨论

案例1

一次失败的演讲

周丽来公司三个月了。在即将到来的公司十周年庆祝大会上,周丽被领导安排作为新员工代表发表演讲。为了准备演讲内容,周丽前后忙活了近半个月。

庆祝大会当天,周丽的演讲,与其说是"演讲",还不如说是念稿,台上不到 8 分钟的时间里,双手始终紧紧地抓着讲稿,低头念着,与听众没有任何眼神交流,上下场也几乎是一路小跑。台下的听众由开始的凝神关注,很快变成了窃窃私语、坐立不安。当她如释重负地回到座位上时,看到的却是部门领导一脸失望的神情。

资料来源:未来之舟.新员工入职礼仪培训手册[M].北京:中国经济出版社,2009.

讨论题

(1)周丽的演讲为何失败?

(2)周丽如何提高自身的演讲水平?

案例2

林语堂的即兴演讲

林语堂是我国现代著名的语言学家,也是著名的幽默大师。有一次,他到一所大学去参观。参观后校长请他到餐厅和学生们共进午餐。校长认为这是一次难得的机会。就临时请他和学生讲几句话。林语堂很为难,无奈之下,就讲了一个笑话。

林语堂说，罗马时代，皇帝残害人民，时常把人投到斗兽场中，让猛兽吃掉，这实在是一件惨不忍睹的事！可是，有一次皇帝又把一个人丢进斗兽场里，让狮子去吃。这个人胆子很大，看到狮子并不怎么害怕，径直走到狮子身旁，在狮子耳边讲了几句话，那狮子掉头就走，不吃他了。皇帝觉得很奇怪，狮子为什么不吃他呢？于是又让一个人放了一只老虎进去，那人还是毫无惧色，又走到老虎身旁，也和它耳语一番。说来也奇怪，老虎也悄悄地走了，同样没有吃他。皇帝诧异极了！怎么回事？便把那个人叫出来，盘问道：你究竟向狮子和老虎说了些什么，竟使它们不吃你呢？那人答道："陛下，很简单，我只是提醒它们，吃我很容易，可吃了以后，你们得演讲一番！"林语堂说罢就坐下了，"哗"，顿时全场雷动，林语堂的故事赢得了一个满堂彩，校长啼笑皆非。

资料来源：http://character.workercn.cn/c/2012/05/02/120502073845538593793.html.

讨论题

（1）林语堂的演讲为什么能使全场雷动？

（2）本案例对你有何启示？

案例 3

主持人的意外

有一位著名的节目主持人登台主持一台大型文艺演出，节目即将开始，紫红的丝绒帷幕前面亮起了聚光灯。这时，主持人手持话筒从舞台左侧登上了舞台。没想到，她还没走到舞台中央，就被脚底下缠绕的话筒线绊了个跟头，摔倒在舞台中央。台下立刻响起了一阵惊呼。

资料来源：http://www.docin.com/p-522835719.html.

讨论题

（1）你认为主持人面对这样不利的语境该怎么办？

（2）她开口的第一句话该怎么说？

10.3.2 模拟训练

项目 1：即兴演讲训练

戴尔·卡耐基在其著作中，介绍过两种训练方法，我们不妨一试。

（1）抽条演说游戏。卓别林曾经与另外两个朋友玩过一种训练即席演说的游戏。三人各取一张纸，每张纸上各写一个演说的题目，譬如"灯罩""梅花""大雨"等，把纸条混合着叠在一起，三人轮流抽取，抽到什么题目，立即就对这个题目发表一分钟的演说。

据当时参加过这种游戏的一位人士说："长期玩这种游戏的结果，使我们三个人的反应变得异常敏捷。学到了应付各种复杂题目的知识和技巧。更重要的是，面对任何场合，我们都能很快把自己心中的想法、知识整理起来，也就是说，我们已经学会了'站起来思考'的方法。"

（2）连锁技巧的游戏。这是一种具有刺激性的方法。要求第一个人以幻想的形式说出一段话。譬如，第一个人说："前几天，当我驾驶直升机时，发现了一群飞碟向我靠近。我正想降落时，一架最靠近我的飞碟对我开炮射击，当时我就……"铃声响了，时间已到，下一个接着这个话题往下说，如此循环下去。

这种在毫无心理准备的状态下训练即兴演讲能力的方法非常有效。经过这种训练,可以应付各种场合的即兴演讲,可以收到自己所期望的效果。

项目2:演讲态势语模仿训练

(1)单人训练

观摩演讲或观摩电影时,有目的地观察别人的手势、表情,仔细研究,博采众长,多积累经验,烂熟于心,形成自己的动作,并经常对镜练习、矫正,需用时就可信手拈来,左右逢源。模仿要有一定的标准和原则,要以自己所表达的感情为依据,符合演讲内容,同时要与语言相协调,符合自己的身份。如:先用快速、漫不经心的语调读"三万元"这几个字,然后再用吃惊的口吻和神态慢慢地读"三—万—元",反复多练几遍,试着仔细体会两种语调、神态、表情的关系,对镜反复练习,纠正眼神、表情,直到自己满意为止。

(2)小品示范训练

手势和表情在演讲中起着主要作用,初学者很容易因为紧张而神情呆滞、手势僵硬,模仿示范动作有助于态势语言准确完美地表达。

训练开始,先做准备活动,舒展筋骨,再轻揉脸颊,放松面部肌肉,也可以三三两两谈笑,或听一段轻松优美音乐,一方面稳定情绪,一方面促使受训者进入规定情景。

选一个小品题目,两人一组对练。进行这个训练时,主练者前面不能有任何遮挡物,如讲台、课桌等。手里也不能拿任何东西,如讲稿,使训练者无依无靠,全身心投入练习。练习前不需作任何准备,以即兴发挥为好,时间10分钟左右,也可根据需要缩短或延长。

训练开始,主练者不断向陪练者发出指令,如"立正,面带微笑","——双脚站××步","右手伸向前方——","坐端庄、挺起胸——脸微微抬起——笑——,皱眉头,做出愤怒表情——动作跟上——表情不错——"。随着指令,主练者不断地要求形象生动、逼真,根据陪练者实际情况增加训练内容。一轮训练结束后陪练者换位再进行第二轮训练。

如此训练,贴近自然,受练者放得开,既可避免矫揉造作,又妙趣横生,无单调枯燥之感,且能从仪表、风度、手势、眼神及面部表情等多方面综合训练。

在态势语言训练中要注意两点:

第一,得体的态势语言,不管借鉴吸收了什么艺术门类的营养,它都应该是经过演讲者认真取舍、消化,并具个性化而不是拼凑一块的动作、姿态的机械表演。

第二,演讲者不应在"忘我"的状态中期待得体的语言"自发"地涌出来,而应根据内容与事先的精心设计,刻苦学习、反复训练,才能学会用得体的态势语言来辅助有声语言去打动听众,感染听众。

"宝剑锋从磨砺出,梅花香自苦寒来。"只要坚持不懈地努力,一定会取得成功,成为一名出色的演讲者。

项目3:应变训练

对于演讲者来说,应变能力是演讲中必不可少的能力,而这种能力的提高需要在日常生活中不断地学习和锻炼。

(1)互问、互答训练

请自己的朋友设计一组尝试性问题,然后向你快速提问,你做快速流畅的回答,看看在100秒钟内能正确地回答出多少问题。

训练题：

快速回答下列各题，并计时。

- "雷鸣电闪"和"电闪雷鸣"哪种说法更合理？
- 什么动物代表澳洲？
- 处于困境又遇生路可用什么成语表达？
- 1斤铁重还是1斤棉花重？
- 我们看到的什么影子最大？
- 鸟都是会飞的，对吗？
- 1只猫5分钟抓1只耗子，100分钟内抓100只耗子，需要几只猫？
- 什么马不能跑？
- 话不投机、投机取巧，两个"投机"的意思相同吗？
- 10条金鱼在鱼缸，死了1条还有几条？
- 大人搀着小孩，小孩是大人的儿子，大人不是小孩的父亲，这人是谁？
- 什么话自己说了，自己却并不知道？
- 什么东西不能被放大镜放大？
- 什么东西能携带万吨原油却不能带去1斤糖？
- 两个爸爸和两个儿子上山打猎，每人打了一只野兔，一共却只有3只，什么原因？

（2）快答训练

请一位朋友向你提问，你做直接快速的回答，提出问句的时间不计在内，看答话用了多少时间。

- 你的优点是什么？
- 你的缺点是什么？
- 你的爱好是什么。
- 这个爱好是怎么形成的？
- 这个爱好给你带来了什么好处？
- 这个爱好为什么至今没有转移？
- 你的烦恼是什么？
- 你最珍惜的是什么？
- 你最讨厌的是什么？
- 你最崇尚什么？
- 你最喜欢的格言是什么？
- 你最大的乐趣是什么？
- 你平时经常想的是什么？
- 你做人的信条是什么？
- 你最大的愿望是什么？
- 你怎样评价自己？
- 听到闲言碎语你如何对待？
- 你是喜欢春天还是冬天？

- 你是不是开始注意金钱并非微不足道了？

- 你现在是不是打消了出国的念头了？

训练提示：

第一，问句的角度要求避免单调和程式化，要富有变化。答语的观点要求旗帜鲜明，坦率从容，也可以含蓄风趣一点，有一些哲理色彩。

第二，简单明了，多用短语，尽可能一两句话就把自己的意思说得明明白白。多用直言句式直截了当地应对，不要模棱两可、不痛不痒，也要力求避免运用简单的肯定、否定(如"是"或"不是")方式对答。

第三，少说空话、套话，内涵力求丰富充实，要敢于亮出自己的想法，不要遮遮掩掩，要显示出自己鲜明的个性。

第四，要留意复杂问句。所谓"复杂问句"是指隐含某种假定前提的问句。如"你还想着去北戴河旅游吗？"隐含前提是"曾经或一直想着去北戴河旅游。"其实你可能从来就没有"想"过，所以回答要针对"想没想"，而不是"去不去"。对这类问句要留心前提，做出有针对性的回答。训练题中有些是复杂问句，如后3个问题。

项目4：测测你的演讲能力。请回答以下10个问题。

(1) 演讲的前一天晚上你会：

    A. 特别激动，睡不好觉。

    B. 睡觉前把演讲稿认真地复习两遍。

    C. 与平时一样，照常休息。

(2) 走进演讲比赛的现场，你感觉：

    A. 气氛压抑，手心出汗。

    B. 刚开始时紧张，但过一会儿之后情绪平稳了很多。

    C. 完全不紧张。

(3) 如果前面的演讲者表现精彩，你：

    A. 觉得自己希望不大，想放弃比赛。

    B. 硬着头皮上，不管那么多。

    C. 心里告诉自己，我比他讲得更好。

(4) 马上轮到你上场时：

    A. 心跳加速，脑中一片空白。

    B. 掏出演讲稿再看一遍。

    C. 认真整理思路，准备从容上场。

(5) 当前面的选手演讲时：

    A. 完全不听，只顾看自己的演讲稿。

    B. 边听边看自己的演讲稿。

    C. 认真倾听，并据此补充自己演讲稿中的不足。

(6) 上场前，朋友的安慰：

    A. 只会使自己更紧张。

    B. 对自己没有什么帮助。

C. 让自己信心倍增。

(7) 走上演讲台时：

    A. 没有任何感觉地上台。

    B. 勉强上台。

    C. 充满自信地上台。

(8) 演讲时,你对演讲稿的内容：

    A. 照搬照背,有时甚至卡壳忘词。

    B. 顺畅地将其全部说出来。

    C. 根据现场的情况适当地增删。

(9) 演讲前精心设计的手势动作：

    A. 因为过于紧张,忘了用。

    B. 因为不好意思,最终没有做。

    C. 按预先的设想完成。

(10) 演讲结束后,你对自己的表现：

    A. 糟糕透了,认为完全失败。

    B. 觉得无所谓,讲完就行。

    C. 认真总结自己的经验教训。

评定标准如下。

8～10 个 C：

具备良好的心理素质,掌握了丰富的演讲经验。

你具有很强的心理素质,无论在心理上还是在演讲技巧的表达上,你都能做到游刃有余,自如地表达自己的思想、情感。而且条理清楚、轻松自然。你具有一定的现场感,知道如何根据听众的情况适当调整演讲方式,你现在要做的就是如何使自己的演讲技巧更上一层楼。

5～8 个 C：

心理素质一般,具备一定的演讲经验。

你总有些心理障碍无法克服,对自己不是很自信。你具备一些演讲素质,但还没有充分地发挥出来。演讲前的准备工作还没有做到最好,对演讲稿的把握也不是特别的有信心,你需要努力克服自己的紧张情绪,相信自己是优秀的,做好充分的准备迎接下一次的演讲实战。

1～5 个 C：

心理素质很差,演讲能力有待提高。

你的应变能力和心理承受能力都很弱,演讲对于你来说,是一座高不可攀的山。你要在平时注重积累、加强练习,这是一个长期的学习目标,你应从心理上克服对演讲的惧怕,把演讲看作是一件平常事,保持演讲的心理低调,这样你才能真正地克服怯场和紧张的毛病。

📖 **课后练习题**

1. 简答题

(1) 即兴演讲有何特色?

(2) 即兴演讲的基本要求是什么?

(3) 即兴演讲如何开场?

(4) 如何实施即兴演讲?

(5) 在即兴演讲中,如果出现语言错误应怎样补救?

2. 思考与操作

(1) 以下是演讲者应避免的不良习惯动作,请时时对照检查。

• 矫揉造作、装腔作势、粗野放肆,不根据实际需要去运用动作。

• 倾斜着身子、耸立肩膀、东摇西晃、抓耳挠腮、挖鼻子揉眼睛、频繁使用手帕。

• 惊慌不安、六神无主、莫名其妙地傻笑、眼睛望着天花板、死盯着讲稿或地下、不时偷眼看着窗外或是眼光不停地从一处扫到另一处。

• 从一只脚到另一只脚前后摇动、两腿交叉站立、脚离得太近或是太远、把脚踩到椅子上。

• 手臂交叉又分开、手放在背后或伸进衣袋里,让钱币和钥匙叮当作响。

• 拇指放到裤带上、当众抓痒、把手绞在一起。

• 揭开又扣上纽扣、揉搓伸展衣服、系领带、摸领针或是玩弄和卷起讲稿。

(2) 假如你的企业作为东道主组织以下活动,你作为企业代表做即兴讲话,你想讲些什么?

    A. 洽谈会

    B. 记者招待会

    C. 客户联欢会

    D. 开业典礼

    E. 宴会

(3) 根据下列主题迅速构思即兴演讲提纲,并当众试讲,大家互评。

    A. 我的责任

    B. 我赞美敢于当众"出丑"的人

    C. 青年人成熟的标志

    D. 我们单位的热门话题

(4) 假如你毕业后应聘到一家公司,在欢迎新职工的座谈会上,公司负责人请你说几句,你怎么说?

任务 11　谈　　判

　　每一个要求满足的愿望、每一项寻求满足的需要，至少都是诱发人们展开谈判过程的潜因。只要人们是为了改变相互关系而变换观点，只要人们是为了取得一致而磋商协议，他们就是在进行谈判。

——【美国】杰伦德·尼尔伦伯格

任务目标

- 做好谈判的各项准备工作。
- 谈判各阶段符合礼仪规范。
- 运用谈判的基本策略和技巧，取得良好的谈判效果。

案例导入

善于谈判的卡耐基

　　卡耐基每季度都要在纽约的某家大旅馆租用大礼堂 20 个晚上，用以讲授社交训练课程。有一季度，刚开始授课时，忽然接到通知，要他付比原来多 3 倍的租金。而这个消息到来以前，入场券已经印好，而且早已发出去了，其他准备开课的事宜也都已办妥。怎样才能交涉成功呢？两天以后，他去找经理。

　　"我接到你们的通知时，有点震惊。"他说："不过这不怪你。假如我处在你的地位，或许也会发出同样的通知。你是这家旅馆的经理，你的责任是让旅馆尽可能多地赢利。你不这么做的话，你的经理职位难以保住。假如你坚持要增加租金，那么让我们来合计一下，这样对你有利还是不利。"

　　"先讲有利的一面。"他说："大礼堂不出租给讲课的而是出租给办舞会、晚会的，那你可以获大利了。因为举行这类活动的时间不长，他们能一次付出很高的租金，比我这租金当然要多得多。租给我，显然你吃大亏了。"

　　"现在，来考虑一下'不利'的一面。首先，你增加我的租金，却是降低了收入。因为实际上等于你把我撵跑了。由于我付不起你所要的租金，我势必再找别的地方举办训练班。"

　　"还有一件对你不利的事实。这个训练班将吸引成百上千的有文化、受过教育的中上层管理人员到你的旅馆来听课，对你来说，这难道不是起了不花钱的广告作用吗？事实上，假如你花 5000 元钱在报纸上登广告，你也不可能邀请这么多人亲自到你的旅馆来参观，可我的训练班给你邀请来了。这难道不合算吗？"讲完后，他告辞，"请仔细考虑后再答复我。"

最后,经理让步了。

资料来源:http://book.eletters.cn/files/article/html/0/956/185359.html.

11.1 礼 仪 规 范

一个组织在与公众的交往过程中,不可避免地会发生各种各样的矛盾,此时必须运用谈判去协商解决,消除彼此间的纠纷、误解,实现互惠互利,建立良好的公众关系。这样谈判便成为组织公共关系人员的一项基本功。

11.1.1 谈判概述

我们生活的世界到处都充满着矛盾,没有矛盾就没有世界。不同国家之间、民族之间、地区之间、组织之间、个人之间都存在着各种各样的矛盾。有的涉及名誉与尊严,有的涉及利益分配。解决矛盾的方法只有两种:一种是通过武力解决。双方或多方大动干戈,你争我夺,你死我活,其结果是造成社会动荡、民不聊生、弱肉强食。另一种就是通过和平的方式解决。冲突的双方或多方坐在谈判桌前,通过讨论、协商,避免暴力和流血,解决相互间的矛盾。这是当今世界人们推崇的一种解决矛盾的方法。今天,只要我们打开电视机、收音机、翻开报纸、杂志时,各种各样的谈判信息便出现在我们的面前,国家间双边谈判、首脑会晤、科技文化交流、停战协议、斡旋活动……正是这样数不清的政治、经济、军事、科技、文化、外交、宗教等的谈判,使我们这个纷繁复杂的世界变得更加和谐,使我们这个小小的地球变得更加热闹非凡。

谈判作为一种人际沟通方式,应用非常广泛。从广义上讲,只要人们为某事进行交谈、协商,都可视为谈判。美国谈判学会会长尼尔伦格认为:"只要人们为了改变相互关系而交换观点,只要人们为了取得一致而磋商协议,这就是谈判。"谈判是一种协调人们行为的基本手段。严格说来,所谓谈判,就是指面临共同问题的双方或多方在谋求合作的基础上,通过讨论协商,为实现利益共享的目标而进行的信息沟通与交流活动。

从定义中,我们看出谈判的含义包括以下几点。

① 谈判是在两个或两个以上的组织或个人之间进行。

② 谈判是一项合作的事业,是一项合作的过程。

③ 谈判双方或多方面临着共同的利益需求。

④ 谈判是一种信息的沟通与交流活动。

谈与判是两个紧密相连的过程。谈,就是各方充分地阐述其追求的目标、利益需求,应承担的义务和权利、建议、意见等。判,则是对各方共同认可的事项的确认。谈是判的基础,判是谈的结果。

谈判是一门高深的科学,是一门复杂的技术,是一门语言艺术。谈判是谈判者知识、信息、修养、口才、风度的综合较量。任何社会组织都希望通过谈判满足自己的利益要求,又不损害与公众对象之间的关系,对一场成功的谈判来说,双方都应该是胜者。

1. 谈判的准备

古人说凡事"预则立,不预则废"。公共关系谈判获得成功的先决条件是事先做好充分准备。在谈判的准备阶段,主要是分析形势,弄清对手的需要和目标,估计谈判双方的实力,最后确定自己的谈判目标,并制定具体的战略方针。公共关系谈判的准备工作主要包括收集信息资料,制定谈判计划,组织、人员准备和环境物质准备等几个方面。

1) 资料准备

资料准备即收集、整理与谈判有关的信息、资料,具体包括以下几个方面的资料。

(1) 与谈判主题有关的背景材料。如在经贸谈判中,资料的内容包括己方和对方的财务计划、决策的优先顺序、成本分析、期限压力、组织结构、经营方向及宣传资料、报告书、公开声明等。

(2) 有关谈判对手的各种情况。包括对手的个人详细资料,如气质、性格、经历、家庭背景、生活习惯、兴趣爱好、甚至思维方式、行为特点和心理倾向等。

(3) 谈判所涉及的党和国家的有关政策法令及其他相关资料。资料的掌握有时对谈判的成功起决定作用,因而它是谈判前最重要的准备工作。谈判决策对资料、信息的基本要求是及时、准确、适用,即信息传递要迅速、及时、准确无误且具有针对性和适用性,便于谈判者掌握有关决策的主要情况,避免纠缠于繁杂无关的资料而贻误时机。

2) 计划准备

即根据己方的愿望和要求,结合信息资料分析,评估己方实力,了解对手情况,预定出具有现实可行性的谈判目标,然后制定出关于谈判的计划,并且演习和检查这一计划。

(1) 确定谈判目标。目标是谈判决策的基础,目标选择的正确与否,直接关系到谈判的成败。但是目标的确立不是随心所欲的,谈判目标是在预测基础上所期望的结果。富有经验的谈判人员将目标分为三个层次:在必要时可以放弃的最高目标;只有在万不得已的情况下才考虑放弃的具有现实可能性的目标;毫无讨价还价余地的必须达成的最低目标。对这些目标区分层次、权衡轻重,才能制定多种方案,力争好的结局。

(2) 评估己方实力。要本着实事求是的精神,公正、客观地评价自己的实力,既不要自卑,也不能轻敌。通过对有关信息的分析,弄清己方当前面临的形势是什么,打算通过谈判得到什么、得到多少,谈判成功会出现什么结果,不成功又会怎样。从而选择自己的谈判论据,在心理上做好充分调整,并制定出灵活的谈判策略。

(3) 了解对手情况。通过对手相关资料的分析,认清对手当前面临的形势,把握他们的需要和目标,谈判成功对他们意味着什么,失败又怎样,推测他们可能提出的方案等,并在此基础上,寻找谈判双方的共同利益。

(4) 撰写谈判计划。第一步是确定谈判主题或议题。主题是谈判目的的具体表现,应具体、简洁、明快。第二步是确定谈判的要点,包括谈判目的、程序等,其中谈判程序是最主要的环节。第三步是关于谈判策略的运用,如是说服还是强迫,是协作还是争论,是速战速决还是故意拖延等。

(5) 演习——检查计划。谈判计划制定出来以后,可以通过演习即模拟谈判来检查。利用不同特征的人扮演谈判对手,尽可能提出谈判时可能出现的种种问题,以检查谈判计划是否存在弊端和漏洞。德国商人常常事先演练重要的谈判,使他们对谈判中的每一个问题几乎都做到心中有数,其结果是增强了谈判的实力,取得了理想的效果。

3) 组织准备

即组织谈判小组,选择谈判人员,确定谈判领导人,准备后援人员;明确各自职责范围,加强相互配合,使之成为一个相互协调、步调一致的整体。在谈判的组织准备中,谈判人的挑选是最关键的环节。在挑选谈判人员时,主要考虑以下几个因素。

(1) 谈判人员的知识水平和知识结构。谈判人员应具备谈判可能涉及的各方面的知识,且要求结构合理。

(2) 谈判人员的个人素质,包括知识能力、道德、心理等素质。一般来说,谈判人员应具备的个人素质有:追求高目标,具有吸引人的风度、个性和幽默感,观察力敏锐,表达能力强,善于倾听,正直、冷静、自信、灵活机智等,谈判人员相互间最好能做到性格互补。

(3) 谈判人员的年龄。年龄在一定程度上代表着谈判人员的知识、精力和经验,这些对谈判的成功都有一定的影响。英国谈判专家斯科特认为,谈判人员的最佳年龄在 33～35 岁之间。因为,人们在就业早期热衷于竞争,具有理想主义色彩;在就业晚期,则具有容忍他人意见和社会责任感强烈的特点,竞争性已显不足。而在就业的早期与晚期之间的人,则既有一定的经验,又精力充沛、富于进取心。对大多数人来说,这个年龄是在 33～35 岁之间。

4) 物质准备

谈判的物质准备包括谈判环境的布置和谈判人员的住宿安排等方面,由于其体现了作为东道主一方的诚意,对谈判气氛乃至整个谈判的发展方向都有着直接的影响,因此,它也是谈判准备工作中的一项重要内容。

2. 谈判各阶段的礼仪

谈判是一场知识、信息、心理的较量,也是礼仪修养的竞赛。一场事关组织发展前途的谈判,谈判人员在谈判程序的任何阶段都需注意礼仪,以留给对方良好的印象。

1) 导入阶段。

谈判的导入阶段时间不多,主要是通过介绍,相互认识,自始至终保持轻松愉快的合作气氛。在介绍时,个人以自我介绍最为适宜;团体则可由团长或司仪介绍,把参加谈判的每一个成员的姓名、身份、职务简要介绍给对方。一般先由职务高的开始介绍,然后按程序介绍下去,介绍到谁时可起立,也可坐在原来的位置上,面带微笑点头示意。在一方介绍时,另一方要认真倾听,注意力集中,切不可东张西望,心不在焉。

2) 概说阶段

谈判概说阶段的目的是让对方了解自己的期望目标和谈判设想,同时隐藏不想让对方知道的其他资料、信息。这个阶段只需要单纯地说出基本想法、意图与目的,而不宜过早地把谈判意图全部提出。因此,概说阶段要注意以下要求。

(1) 保持愉快的气氛。发言的内容要简短,要能把握重点及表示情感。比如:"很高兴来这里开会,今天有关引进设备的讨论,希望能有圆满的结果,使双方都满意。"发言时要面带笑容,以示诚恳,在得到对方首肯以后,也要以目光和点头致意,表示彼此意见相投,成功的可能性很大。

(2) 倾听对方的发言。在谈判的概说阶段应留出时间让对方发表看法,待认真听完对方的意见后,进一步思考分析,找出双方目的的差别。

3）明示阶段

明示阶段,谈判双方不再隐瞒自己的真实意图,而把自己的谈判目的和盘托出,使对方明了自己的需求,为交锋阶段做好准备。但是在明示时要注意分寸,把握谈判内容的"度",绝不要流露自己迫切需要解决问题的心情,否则就会被对方利用为施加压力的砝码;同时,对自己的真实实力,包括谈判"底线"等,应予以保密,否则在交锋时会使自己处于被动地位。

4）交锋阶段

谈判的目的就是为了获得自己想得到的利益。谈判双方的对立状态是从交锋开始的。由于双方都想说服对方以获得更大的利益,因此,彼此都充满信心,运用计谋,斗智斗勇,使争论相当激烈,如图 11-1 所示(选自 http://www.caibn.org)。

图 11-1　谈判交锋

在交锋阶段要有应付各种困难的思想准备,随时准备回答对方的质询,并适当地表现出强硬态度。但是高明的谈判者,并不是有勇无谋的人,因为交锋并不是为了证明一方强于另一方,而只是寻求双方利益一致的妥协范围,否则谈判可能破裂。因此,谈判者的态度应"硬中有软",适时地"软硬兼施"。

5）妥协阶段

妥协是交锋的结果,在相互僵持过程中,总有一方主动做出让步,使另一方也相应退让,若双方都不让步,就无法达成妥协协议。让步要选择时间,把握让步的幅度,讲究让步的艺术。谈判中不恰当的让步会让己方难以实现最终愿望。正确的让步是使双方都得益,互为补偿,如果是单方面的让步,就不是成功的谈判。

（1）妥协不是目的,而是手段。妥协就其实质而言,是不得已而为之。因此,在谈判中要慎用妥协,一般在谈判前就应设想自己的妥协范围,并在谈判过程中依据双方情况的变化,寻找理想的妥协时机。妥协不是无限度地一味退让,而是有限度、有范围的,以不损害自己的根本利益为尺度,使对方能接受,从而达成互利互惠的协议。

（2）让步要讲究方式。在开始阶段,公共关系人员代表组织可做较大的让步,然后在长时间内再缓慢地一点一点地做小的让步。这样,一开始大的让步能取悦对方,建立好感再逐步做点小的让步，也就比较顺理成章，容易被对方所接受。当然，具体选择何种让步，还要视对方情况而定。

6）协议阶段

谈判双方认为已基本上达到自己的谈判目标，共同以签订协议宣告谈判的结束。签订协议是很重要的仪式，双方除了出席谈判的代表外，还可请组织和政府的领导人出席，以示重视。谈判的双方代表在协议上签字后，要交换协议书，并握手祝贺。协议书签订的会场、服务、接待等各项工作都要由专人负责。最后，双方还要发表简短的祝词，以及摄影留念。协议签订的仪式结束后，还可组织招待会、新闻发布会、宴会、舞会等庆祝活动。

11.1.2　谈判策略

谈判策略是指在谈判中，根据谈判的实际情况，所采取的方针、技巧、方式、方法。在长期的谈判实践中，人们积累了丰富的经验，总结出许多谈判的技巧、方法。谈判的策略可分为时机性策略和方位性策略。时机性策略指如何把握谈判时机，控制谈判的策略。其主要方法有：忍耐策略、出其不意策略、休会策略、死线策略、让步策略、适时发问策略。方位性策略是指根据不同的谈判场合、条件、局势而采用不同的手段的策略。其主要手段有：合伙、联系和排斥，以攻为守、运用代理人等。下面介绍几种常用的谈判策略。

1．让步策略

让步是公共关系谈判中最常用的策略之一。在妥协阶段，适时采用让步策略，能促使谈判朝着成功的方向发展。任何成功的谈判都必须建立在相互均衡让步的基础之上。采用让步策略应遵循以下几条原则。

（1）不要做无谓的让步。让步应体现对各方都有利的宗旨，只不过是利益分配多寡而已。力争每一次让步都能得到某种相应的回报，让步要恰到好处。让步要把握时机，缺乏通盘考虑的让步会得不偿失；对方的让步已经明朗化而己方坚持一步不让，有可能导致谈判失败。成功的让步能使己方以较小的让步而使对方有较大的满足。

（2）不要做同幅度、对等的让步，这是毫无意义的。

（3）重要的问题力求使对方先让步。

（4）让步要三思而后行。速度不宜过快，力争"步步为营"。

（5）避免追溯性让步。被对方逼迫让步不仅要付出代价，而且会使己方处于被动地位。

2．忍耐的策略

忍耐策略是交锋阶段经常采用的策略。当对方咄咄逼人，或情绪激动之时，采用忍耐策略，以缓制急，以静制动，使各方都保持冷静，避免直接冲突，直至时机成熟，再给对方以明确答复。无论是正式谈判或非正式谈判中，谈判者一定要控制住情绪，审时度势。俗话说："小不忍则乱大谋"。忍耐不是屈服，忍耐是为了掌握具体情况，寻找应对措施。

3．休会的策略

休会，即暂时中止谈判。休会是缓和矛盾和冲突，使谈判各方冷静思考，重新审视谈判方针、方案，有利于谈判继续进行下去的一种策略，休会策略是一种时机性策略。当谈判处于以下几种情况时,应采用休会策略。

(1)谈判时间过长而没有实质性的进展,谈判人员已精疲力竭,处于生理低潮。

(2)谈判进入交锋阶段,达到白热化程度,各方彼此唇枪舌剑,各不相让,谈判已进入"临界点",面临破裂的可能性,应提出休会。

(3)对方采用出其不意策略,在某一问题上突然提出一个新的方案,令己方措手不及,此时可提出休会。

(4)谈判各方意见分歧过大,一时难以磋商,可建议休会。

(5)谈判进行到正常就餐、入寝休息时间,可建议休会。

在休会期间,谈判各方应本着谈判的原则,高瞻远瞩总结,审视原来的方针、方案是否切实可行。如若不合适,应做相应调整,重新部署新的谈判方针、方案,采用新的谈判策略。

4. 出其不意的策略

"攻其不备,出其不意"是我国古代名著《孙子兵法》的一种军事策略。在谈判中,主要是指突然改变谈判方针方案,令对手措手不及。公共关系谈判尽管是合作型谈判,但并不排斥正常的合理的竞争手段。当谈判处于以下情形时,可采用出其不意策略。

(1)对手在某一问题上占绝对优势,而该问题又是己方基本利益需求,此时可考虑采用一个与原方案截然相反的提案,以另有所图。

(2)当对手迫于成交,而己方感到成交时机不成熟、条件不具备时,可采用出其不意的策略。

(3)对手轻易接受己方认为非常重要的谈判条件,己方难以揣测其真实意图,此时可采用出其不意策略,测试对手反应,积极把握谈判的主动权。采用出其不意策略应十分慎重。否则,盲目使用该策略,容易造成紧张局面,招致谈判破裂。但如果适时使用,会使对方感到措手不及,也会达到很好的效果。

5. 解剖"死线"策略

死线是指谈判对手势在必得,不可摆脱的关键问题。解剖死线策略是指在谈判中,掌握对方的利益需求,当对方在非重要问题或细枝末节上斤斤计较时,及时解剖死线阐明厉害,迫使对方让步,积极争取主动的一种策略。

死线往往是对方谈判的希望所在,属于对方的长远利益需求,是对方十分需要决不肯轻易放弃的关键问题。谈判者在谈判过程中,必须仔细分析,找出对方的死线,在关键时刻即时抛出,并给对方以思考的时间。这样,对方必然要权衡利弊,让步的可能性极大。

6. 以攻为守策略

以攻为守策略是指在对谈判做了充分准备的前提下,积极主动进攻,以提问为主,咄咄逼人。以细枝末节问题让步,换取较大利益需求的满足。

以攻为守策略的主要手段有两个:一是不断提问。在谈判中,寻找更多问题适时发问,是占据主动地位的一种方式。提问也是一种技巧。提出的问题越尖锐棘手、越多,从对方答复中获取的信息就越多。二是主动让步。如果对谈判的情况了如指掌,对对手可能做出的让步范围心中有数,知晓这一让步可能会得到更多的补偿,即可主动让步。这种让步,看似妥协退让,其实是一种更有利的进攻。

7. 运用代理人的策略

运用代理人策略是指选用非谈判利益的直接承受人,即"代理人"作己方的谈判代表,赋予其一定的权限与对方进行谈判。它属于间接谈判。代理人一般都是谈判的行家里手,具有丰富的知识和较高的应变能力、表达能力。利用代理人进行谈判,代理人可以向当事人提出任何问题或要求,而无须向对方做出任何承诺。代理人凭其专业水平和丰富的实践经验,容易在谈判中掌握主动,成功的机会相对较大。利用代理人谈判也可以在处于不利局面时,以问题了解不全面、不具体、代理有限等为理由,暂时休会。

运用代理人谈判时,应注意以下几个问题:代理人必须持有当事法人的委托代理书;代理人不能超越委托权限,越权代理;代理人必须全力以赴,实行真实代理;代理人应随时与当事人进行信息沟通,寻找解决问题的权力和途径。

11.1.3 谈判技巧

美国著名律师尼伦伯格在其著作《谈判的策略》一书中举了一个例子:"最近,我那两个儿子为分吃一块苹果馅饼而争了起来,两个人都坚持要切一块大的给自己,结果他们始终分不好。于是我建议他们:由一个人先切,由另一个先拿自己想要的那块。两个人似乎觉得这样公平,他们接受了,并感到自己得到了公平的待遇。"谈判应该是一种"赢—赢"式谈判,而非"赢—输"式谈判,这是谈判的最高境界。我们在谈判时,一定不要忽视这一基本点。谈判的技巧主要有如下方面。

1. 积极倾听,用心理解

在许多人看来,谈判中要多发言,这样才能把自己的意图说清楚,使另一方完全明白自己的观点、看法。其实,真正高明的谈判家并不这样做。他们采用的办法大多是"多听少说"。尽量少发表自己的看法,多听对方的陈述,这种听是主动的,并非只是简单地用耳朵就行了,还需要用心去理解,探求对方的动机,积极做出各种反应。这不仅是出于礼貌,而且是在调节谈话内容和谈判气氛。

(1) 要耐心倾听。谈判中一般的交谈内容,并非总是包含许多信息量的。有时,一些普通的话题,对你来说知道得已经够多了,可对方却谈兴很浓。这时,出于对谈判对方的尊重,应该保持耐心,不能表现出厌恶的神色,也不能表现出心不在焉的神情。越是耐心倾听他人意见的人,谈判成功的可能性越大。因为聆听是褒奖对方谈话的一种方式,能提高对方自尊心,加深彼此感情,为谈判成功创造和谐融洽的环境和气氛。

(2) 要虚心倾听。谈判的一个主要目的是沟通信息,联络感情,而不是智力测验或演讲比赛。所以,在听人谈话时,应该有虚心聆听的态度,不要中途打断对方的谈话,因为这也是不尊重对方的表现。正确的做法是听话者在谈判中应随时留心对方的"弦外之音",回味对方谈话的观点、要求,并把对方的要求与自己的愿望做比较,预想好自己要阐述的观点、依据的理由,使谈判走向成功。

(3) 要注意主动反馈。在对方说话时,听话者不时发出表示倾听或赞同的声音,或以面部表情及动作向对方示意,或有意识地重复某句你认为很重要、很有意思的话。若一时没有理解对方的话,不妨提出一些富有启发性和针对性的问题,这样对方会觉得你听得很专心,重视他的话。

2. 善于发问,控制局面

俗话说:"知彼知己,百战不殆"。了解谈判对手,是保证谈判获得成功必不可少的。要深入了解双方,除了仔细倾听对方发言,注意观察对方的举止、神情、仪态以捕捉对方的思想脉络、追踪对方的动机之外,还要通过适当的语言手段,巧妙发问,随时控制谈话的方向,并鼓励对方说出自己的意见,这是获取必要信息的更为直接的有效方式。

在一般的谈判场合,发问主要划分为封闭式问句和开放式问句两大类。

封闭式问句是指特定的领域带出特定答复的问句,一般用"是"或"否"作为提问的要求。例如:"贵公司给予我公司折扣是多少?""我们能否得到最优惠的价格?""你有勇气承担我公司这项任务吗?"这类问句,可以使发问者得到特定的资料或信息,而答复这类问题也不必花多少工夫思考。但这类问题会有一定程度的威胁性,往往易引起对方不舒服的感觉。

开放式问句是指在广泛的领域内带出广泛答复的问句,通常无法采用"是"或"否"等简单的措辞做出答复。例如:"你看我们的工作应当怎样开展更好?""贵公司对明年的销售有什么考虑?""明年的物价还要上涨,你有什么意见?"这类问句因为不限定答复的范围,所以能使谈判对方畅所欲言,获得更多的信息。

在谈判过程中,发问者要多听少说,多运用开放式问句,谨慎采用封闭式问句。发问者若谈判刚开始就发问,必须先取得对方的同意,这是一种礼节,且所提的问题应围绕谈判议题。提出敏感性问题时要解释一下发问的理由,要由广泛的问题逐渐缩小到特定的问题,避免使用讽刺性或威胁性、教训性的问题,也不要用审问式或盘问式的语气发问,也要避免提一些自我炫耀、显示己方优越性的问题。

3. 巧妙应答,避实就虚

谈判是以双方交谈的形式进行的,要求双方都应快速反应,并且对于对方的提问要做出恰如其分的回答。一般情况下,回答问题的态度也应真诚坦率,其中也有技巧问题,回答不好往往会使谈判失败,因此应注意以下几点。第一,对没有清楚了解真正含义的问题或难度较大的问题,可以模糊回答或顾左右谈其他问题;第二,对于确实不了解的问题应如实告诉对方,并表示弄清楚后再议;第三,对刁钻古怪的问题,不便作答,可反问对方,将问题踢给对方,争取由被动转为主动;第四,把握应答的范围,对只需作局部答复的问题决不"和盘托出"。

实际上,擅长应答的谈判高手,其应答技巧往往在于给对方提供一些回答了也等于没有答复的答复。下面用潘肖珏在其所著的《公关语言艺术》中列举的如下实例来进行说明。

例一:在答复您的问题之前,我想先听听对方的观点。

例二:很抱歉,对您所提及的问题,我并无第一手资料可作答复,但我所了解的粗略的印象是……

例三:我不太清楚您所说的含义是什么,能否请您把这个问题再说一下。

例四:我们的价格是高了点,但是我们的产品在关键部位使用了优质进口零件,增加了产品的使用寿命。

例一的应答技巧,在于用对方再次叙述的时间来争取自己的思考时间;例二属于模糊应答法,主要是为了避开实质性问题;例三是针对一些不值得回答的问题,让对方澄清他所提及的问题,或许当对方再说一次的时候,也就找到了答案;例四是用"是……,但是……"的逆转式语句,让对方先觉得是尊重他的意见,然后话锋一转,提出自己的看法,这叫"退一步而进两步"。我们应当很熟练地掌握和运用这些应答技巧。

4. 转移话题,寻求突破

善于运用转移话题的技巧,可使谈判收到"柳暗花明又一村"的新景象。因此,通常需要在以下场合转移话题。

(1)想避开于己方不利的话题。

(2)想避开争论的焦点。

(3)想拖延对某问题做出决定的时间。

(4)想把问题引向对己方有利的方面。

(5)想转换阐述问题的角度,以说服双方。

转移话题可谓是打破谈判僵局的最好办法,应恰当地使用。

5. 婉言拒绝,不伤情面

在谈判中,拒绝对方要讲策略,婉转地拒绝,使对方被拒绝后不产生反感。如果在谈判时,不同意对方的观点,不要直接选用"不"这个具有强烈对抗色彩的字眼。即使对方对你态度粗暴,你也要和颜悦色地用肯定的句型来表达否定的意思。如对方情绪激动、措辞逆耳时,不要指责说"你这样发火是没有道理的",而应以肯定句说"我完全理解你的感情"。这等于婉转地暗示说"但是我并不赞成你这么做",使对方听了十分悦耳,好感油然而生。

谈判对方提出许多无可辩驳的理由时,也不要发窘,更不要立即和对方争辩,而要鼓足勇气,坚决说"不"字。如果对方一定要你说明理由,可以告诉他:"是的,你的讲话很有道理。不过,你知道我也有我的苦衷,恕我不能奉告!"

最后,在拒绝时不要伤害对方自尊心,使对方难堪。为此可采用先肯定、宽慰,再委婉地否定,然后阐明自己难处的办法,做到既拒绝了对方,又使对方欣然接受。如"我完全懂你的意思,也完全赞成你的意见,但是……"这种貌似承诺,实则什么也没有接受的语言表达方式,体现了"将心比心"这一古老的心理战术。

6. 摆脱窘境,反败为胜

谈判中,有时会出现一些意想不到的场面,此时缺乏经验者往往会一时语塞,无言应答,窘态百出。遇到紧急情况要冷静、沉着,充分运用语言这根"魔棒"调节谈判气氛,尽快摆脱窘境。

(1)引申转移法。谈判时遇到紧急情况,应尽力以新话题、新内容引申转移,把尴尬的情况引开,千万别固执己见,执着不放,那会弄成僵持不下的局面,甚至使谈判失败。我国某贸易代表团到美洲一个国家洽谈贸易,由于会谈十分成功,参加谈判的成员十分高兴。这时,对方一位年长的谈判者为表达兴奋之情,竟热烈地拥抱了我方的一位女士,并亲吻了一下。该女士十分尴尬,不知所措。这时,我方代表团团长走上前来,用一句话打破了窘境。他说:"尊敬的××先生,您刚才吻的不是她本人,而是我们代表团,对吧?"那位年长者马上说:"对! 对! 我吻的是她,也是你们代表团,也就是你们中国!"尴尬的气氛顿时在笑声中烟消云散了。

(2)模糊应答法。模糊应答可以应付一些尴尬的乃至困难的场面,使一些难以回答、难以说清的问题变得容易起来。例如:在谈判中,对方提出了一个你既不好当即肯定,也不好当即否定的问题,怎么办?不妨这么回答:"这个问题很重要,我们将注意研究。"这就是一种特定语境中的模糊应答。

(3)反思求解法。有时面对一些很难从正面回答的问题,可以换个角度,从话题的反面去思考,这样常可找到新颖的答案,使人摆脱窘境。例如:我方与美方的一次商务谈判已进行到尾声阶段,双方只是就一些细节反复协商。这时,美方有人送来一封信,美方首席谈判者打开一看,信封内空空如也。原来送信人疏忽了,信没装入信封,美方送信人十分尴尬。这时我方代表为缓和气氛,使谈判顺利进行下去,微笑着说:"没有消息就是最好的消息。"一句话,使美国送信人解脱了尴尬,冲淡了紧张气氛。这句话是美国人常用的一句谚语,我方代表借此语"反思求解",使气氛恢复正常。

11.2 拓展阅读

11.2.1 美国人的谈判风格

美国人对自己的国家深感自豪,对自己的民族具有强烈的自尊感与荣誉感。这种心理在他们的谈判活动中充分表现出来。他们在谈判中,自信心和自尊感都比较强,加之他们所信奉的自我奋斗的信条,常使与他们打交道的外国谈判者感到美国人有自我优越感。美国人谈判中坚持公平合理的原则,他们认为双方进行交易,双方都要有利可图。在这一原则下,他们会提出一个"合理"方案,并认为是十分公平合理的。他们的谈判方式是喜欢在双方接触的初始就阐明自己的立场、观点,推出自己的方案,以争取主动。在双方的洽谈中充满自信,语言明确肯定,计算也科学准确。如果双方出现分歧,他们只会怀疑对方的分析、计算,而坚持自己的看法。

美国人喜欢批评别人,指责别人。当谈判不能按照他们的意愿进展时,他们常常直率地批评或抱怨。这是因为,他们往往认为自己做的一切都是合理的,缺少对别人的宽容与理解。美国人的谈判方式往往让人觉得他们傲慢自信。他们说话声音大、频率快,办事讲究效率,而且很少讲对不起。他们喜欢别人按他们的意愿行事,喜欢以自我为中心。美国人的自信让他们赢得了许多生意,但是也让东方人感到他们咄咄逼人、傲慢、自大甚至粗鲁。

美国人做交易,往往以获取经济利益作为最终目标。所以,他们有时对日本人、中国人在谈判中要考虑其他方面的因素,表现出不可理解。尽管他们注重实际利益,但一般不漫天要价,也不喜欢别人漫天要价。他们认为,做买卖要双方都获利,不管哪一方提出的方案都要公平合理。所以,美国人对于日本人、中国人习惯在注重友情和看在老朋友的面子上可以随意通融的做法很不适应。美国人注重实际利益,还表现在他们一旦签订了合同,非常重视合同的法律性,合同履约率较高。在他们看来,如果签订合同不能履约,那么就要严格按照合同的违约条款支付赔偿金和违约金,没有再协商的余地。所以,他们也十分注重违约条款的洽商与执行。

美国人属于性格外向的民族,他们的喜怒哀乐大多通过言行举止表现出来。在谈判中,他们精力充沛,感情洋溢,不论在陈述己方观点,还是表明对对方的立场态度上,都比较直接和坦率。如果对方提出的建议他们不能接受,也是毫不隐讳地直言相告,甚至唯恐对方误会了,所以他们对日本人和中国人的表达方式表示了明显的异议。美国人常对中国人在谈判中的迂回曲折、兜圈子感到莫名其妙。对于中国人在谈判中用微妙的暗示来提出实质性的要求,美国人感到十分不习惯。他们常常惋惜,不少美国厂商因不善于品味中国人的暗示,失去了不少极好的交易机会。谈判中的直率也好,暗示也好,看起来是谈判风格的不同,实际上是文化差异的问题。东方人认为直接地拒绝对方,表明自己的要求,会损害对方的面子,僵化关系,像美国人那样感情爆发,直率、激烈的言辞是缺乏修养的表现。同样,东方人所推崇的谦虚、有耐性、涵养,可能会被美国人认为是虚伪、客套、耍花招。

美国是一个高度发达的国家,生活节奏比较快。这使得美国人特别重视、珍惜时间,注重活动的效率。所以在商务谈判中,美国人常抱怨其他国家的谈判对手拖延时间,缺乏工作效率,而这些国家的人也埋怨美国人缺少耐心。在美国人的企业,各级部门职责明确,分工具体。因此,谈判的信息收集、决策都比较快速、高效率。加之他们个性外向、坦率,所以,他们一般谈判的特点是开门见山,报价及提出的具体条件也比较客观,水分较少。他们也喜欢对方这样做,几经磋商后,双方意见很快趋于一致。但如果对方的谈判特点与他们不一致或正相反,那么他们就会感到十分不适,而且常常把不满直接表示出来,就更显得他们缺乏耐心。人们也就常常利用美国人夸夸其谈、准备不够充分、缺乏必要的耐心的弱点,谋取最大利益。当然,美国人干脆利落,如果谈判对手也是这种风格,确实很有工作效率。美国人重视时间,还表现在做事要一切井然有序,有一定的计划性。不喜欢事先没安排妥当的不速之客来访。与美国人约会,早到或迟到都是不礼貌的。

11.2.2　日本人的谈判风格

日本文化所塑造的日本人的价值观念与精神取向都是集体主义的,以集体为核心。日本人认为压抑自己的个性是一种美德,人们要循众意而行。日本文化教育人们应将个人的意愿融于和服从于集体的意愿。所以,日本人认为,寻求人们之间的关系和谐是最为重要的。任何聚会和商务谈判,如果是在这样的感觉和气氛下进行的,那么它将存在一种平衡,一切也就进行得很顺利。正因为如此,日本人的谈判决策非常有特点,绝大部分美国人和欧洲人都认为日本人的决策时间很长,这就是群体意识的影响。日本人在提出建议之前,必须与公司的其他部门和成员商量决定,这个过程十分烦琐。日本人决策如果涉及制造产品的车间,那么决策的酝酿就从车间做起,一层一层向上反馈,直到公司决策层反复讨论协商,如果谈判过程协商的内容与他们原定的目标又有出入,那么很可能这一程序又要重复一番。

对于谈判人员来讲,重要的是了解日本人的谈判风格不是个人拍板决策,即使是授予谈判代表有签署协议的权力，那么合同书的条款也是集体商议的结果。谈判过程具体内容的洽商将反馈到日本公司的总部。所以，当成文的协议在公司里被传阅了一遍之后，它就已经是各部门都同意的集体决定了。需要指出的是，日本人做决策费时较长，但一旦决定下来，行动起来却十分迅速。

与欧美商人相比，日本人做生意更注重建立个人之间的人际关系。以至许多谈判专家都认为，要与日本人进行合作，朋友之间的友情、相互之间的信任是十分重要的。日本人不喜欢对合同讨价还价，他们特别强调同外国合伙者建立可以相互依赖的关系，如果能成功地建立了这种相互依赖的关系，几乎可以随便签订合同。因为对于日本人来讲，大的贸易谈判项目有时会延长时间，那常常是为了建立相互信任的关系，而不是为防止出现问题而制定细则。一旦这种关系得以建立，双方都十分注重长期保持这种关系。这种态度常常意味着放弃用另找买主或卖主获取眼前利益的做法。而在对方处于困境或暂时困难时，则乐意对合同条款采取宽容的态度。

在商务谈判中，如果与日本人建立了良好的个人友情，特别是赢得了日本人的信任，那么，合同条款的商议是次要的。欧美人愿意把合同条款写得尽可能具体详细，特别是双方责任、索赔内容，以防日后产生纠纷；而日本人却认为，双方既然已经十分信任了解，一定会通力合作，即使万一做不到合同所保证的，也可以再坐下来谈判，重新协商合同的条款。合同在日本一向就被认为是人际协议的一种外在形式。如果周围环境发生变化，使得情况有害于公司利益，那么合同的效力就会丧失。要是外商坚持合同中的惩罚条款，或是不愿意放宽业已签订了的合同条款，日本人就会感到极为不满。所以，专家建议，当外商在同从未打交道的日本企业洽商时，他们必须在谈判前就获得日方的信任。公认的最好办法是取得日方认为可靠的、另一个信誉甚佳的企业的支持，即找一个信誉较好的中间人，这对于谈判成功大有益处。在与日本人的合作中，中间人是十分重要的。在谈判的初始阶段，中间人告诉你是否有可能将洽谈推向成功。总之，中间人在沟通双方信息、加强联系、建立信任与友谊上都有着不可估量的作用。所以，在与日方洽商时需要千方百计地寻找中间人牵线搭桥。中间人既可以是企业、社团组织、皇族成员、知名人士，也可以是为银行或企业提供服务的咨询组织等。

日本是个讲究礼仪的社会。日本人所做的一切，都要受严格的礼仪的约束。许多礼节被西方人看起来有些可笑或做作，但日本人做起来却一丝不苟、认认真真。正因为如此，如果外国人不适应日本人的礼仪，或表示出不理解、轻视，那么他就不大可能在推销和采购业务中引起日本人的重视，不可能获得他们的信任与好感。

针对日本人的特点，在谈判中要注意以下几个方面。

一是日本人最重视人的身份地位。在日本社会中，人人都对身份地位有明确的概念。而且在公司中，即使在同一管理层次中，职位也是不同的。这些极其微妙的地位、身份的差异常令西方人摸不着头脑，但是，日本人每个人却非常清楚自己所处的地位、该行使的职权，知道如何谈话办事才是正确与恰当的，而在公关场合、商业场合更是如此。

二是充分发挥名片的作用。与日本人谈判，交换名片是一项绝不可少的仪式。所以，谈判之前，把名片准备充足是十分必要的。因为在一次谈判中要向对方的每一个人递送名片，绝不能遗漏任何人。如果日方首先向我方递上名片，切不要急急忙忙马上塞进兜里，或有其他不恭敬的表示。日本人十分看重面子,最好把名片拿在手中,反复仔细确认对方名字、公司名称、电话、地址,既显示了你对对方的尊重,又记住了主要内容,显得从容不迫。如果收到对方名片,又很快忘记了对方的姓名,这是十分不礼貌的,会令对方不快。同时,传递名片时,一般是职位高的、年长的先出示。另外,很随意地交换名片,日本人认为是一种失礼。

三是日本人有要面子的普遍心理。在谈判中表现最突出的一点就是,日本人从不直截了当地拒绝对方。许多西方谈判专家明确指出:西方人不愿意同日本人谈判,最重要的一点就是日本人说话总是转弯抹角、含糊其词。我国的谈判者也喜欢采用暗示或婉转的表达方法来提出我方的要求或拒绝对方。当对方提出要求,日本人回答"我们将研究考虑"时,不能认为此事已有商量的余地或对方有同意的表示,它只说明,他们知道了你的要求,他们不愿意当即表示反对,使提出者陷入难堪的境地。同样,日本人也不直截了当地提出建议,他们更多的是把你往他的方向引,特别是当他们的建议同你已经表达出来的愿望相矛盾时,更是如此。

对此,把保全面子作为与日本人谈判需要注意的首要问题,有以下四点需要注意。①千万不要直接指责日本人。否则肯定会有损于相互之间的合作关系。较好的方法是把己方的建议间接地表示出来,或采取某种方法让日本人自己谈起棘手的话题,或通过中间人去交涉令人不快的问题。②避免直截了当地拒绝日本人。如果你不得不否认某个建议,要尽量婉转地表达,或做出某种暗示,也可以陈述你不能接受的客观原因,绝对避免使用羞辱、威胁性的语言。③不要当众提出令日本人难堪或他们不愿回答的问题。有的谈判者喜欢运用令对方难堪的战术来打击对方,但这种策略对日本人最好不用。如果让他感到在集体中失了面子,那么完满的合作便不会存在。④要十分注意送礼方面的问题。赠送各种礼品是日本社会最常见的现象,日本的税法又鼓励人们在这方面的开支,因为送礼的习惯在日本是根深蒂固的。

四是耐心才能保证谈判成功。日本人在谈判中的耐心是举世闻名的。日本人的耐心不仅仅是缓慢,而是准备充分,考虑周全,洽商有条不紊,决策谨慎小心。为了一笔理想的交易,他们可以毫无怨言地等上两三个月,只要能达到他们预想的目标,或取得更好的结果,时间对于他们来讲不是第一位的。另外,日本人具有耐心还与他们交易中注重个人友谊、相互信任的特点有直接的关系。要建立友谊、信任就需要时间。像欧美人那样纯粹业务往来,商务交往只限于交易上的联系,日本人是不习惯的。欧美人认为交易是交易,友谊是友谊,是两码事。而在东方文化中,二者是密切相连的。所以一位美国专家谈道:"日本人在业务交往中,非常强调个人关系的重要性。他们愿意逐渐熟悉与他们做生意的人,并愿意同他们长期打交道。在这一点上,他们同中国人很相像。中国人在谈判中总是为'老朋友'保留特殊的位置。所谓'老朋友'就是那些以前同他们有交往的人,和那些受他们尊重或信任的人介绍来的人。"

11.2.3 德国人的谈判风格

德国人的谈判特点是准备工作做得完美无缺,德国谈判人员喜欢明确表示他希望做成的交易,准确地断定交易的形式,详细规定谈判中的议题,然后准备一份涉及所有议题的报价表。在谈判过程中,他的陈述和报价都非常清楚、明确、坚决和果断。

德国商人对本国产品极有信心,在商务谈判中,常常会用本国产品作为衡量的标准。他们办事认真,在签订协议前对各种细节的研究十分重视,一经签订,就会严格信守合同,履约率很高。

他们不太热衷于采取让步的形式,这种谈判方式同德国人的性格有着惊人的相同之处,他们考虑问题周到、系统,准备充分,但是缺乏灵活性和妥协。如果经验丰富的谈判人员运用这种谈判谋略的话,它的威力是很强大的,这在报价阶段尤其明显。一旦由德国人提出了报价,这个报价就显得不可更改,讨价还价的余地会大大缩小。

与德国人打交道的方法,从程序上看,最好在德国人报价之前就进行摸底,并做出自己的开场陈述。这样,可以阐明自己的立场。但所有这些,要做得快速,因为德国人在谈判以前已经做了充分的思想准备,他们会非常迅速地把谈判引入磋商阶段。德国人认为:"研究研究""考虑考虑""过段时间再说"等拖拖拉拉的作风,对一个谈判者和生意人来说简直是耻辱。他们的座右铭是"马上解决"。

在卓越的德国人的办公桌上,你看不到搁了很久又悬而未决的文件。他们认为一个谈判者是否有能力,只要看一看他经手的事情中是否快速有效地处理就知道了。如果他手头事情积了一大堆,大多是"待调查""待讨论""待考虑""待研究"而拖了又拖的事,那就可以断定他至少不是一个称职的谈判人。

德国人还有"契约之民"的雅称,他们崇尚合同,严守合同信用,要求谈判协议上的每个字每句话都十分准确。在德国商人中,不论发生任何问题也绝不毁约。他们之中很难找到哪一个背信弃约的人,如有的话,那是要严加追究责任,承担赔偿损失的。正因为如此,在谈判交往和贸易市场上,德国人才显得吃香,生意兴隆。其实,在谈判场合恪守合同,保守信用本身,正表明谈判者作风正派,信用可靠,人家才愿意与你交易来往,也使谈判协商容易成功。

11.3 实训练习

11.3.1 案例讨论

案例1

谈　判

李先生带领着自己的一行人马来到事前约定好的谈判地点,这时,谈判的另一方也迎面走了过来。

李先生出于地主之谊,身体略前倾,面带微笑地把自己的右手伸了出去,同时他的眼睛注视着谈判方的带头人,这时候,对方也快步走上前来,在走动的过程中,微笑着握住了李先生的右手,并说:"李先生,你好,我是某某公司的业务经理,张春生。"同时,他左手在上衣口袋里掏出了自己的名片,双手递了过去。

李先生在接名片的同时也客气地说:"张先生,你好。"他也把自己的名片递了过去。

然后,他们进入了谈判室,在就座完毕之后,李先生先说话了:"张先生真是年轻有为,年纪轻轻就坐上经理的位置。"

张春生应声说道:"李先生过奖了,早闻李先生大名,今日得见,真是幸会幸会啊。"

李先生微笑示意,接着开始介绍自己带来的人员,之后,张春生也一一把自己的人员介绍了一下,不过,在介绍到一名员工的时候,这位员工的手机突然响起,他拿起手机,转身走向门外去了,并没有征求李先生这方的许可。

张春生连声道歉,李先生不动声色,微笑着说,没关系的,没关系的。其实,他已经看出了对方对这次谈判在准备上不是很充足。

在接下来的谈判中,果然没有让李先生失望,张春生对于李先生提出的价格虽感觉有些高,但他并不详知如今市场上的价格究竟是多少。李先生则说,这已经是很低的价位了,张春生便信以为真。

谈判协议签订的时候,李先生心中狂喜,因为他以高于市场价很多的价位签下了这份商务协议。

如果张春生的人员在商务谈判之初的礼仪中没有接听手机的这种失礼举动,那么李先生也不会看出他们的准备不足,更不会在后来的价格问题上随意加价。

资料来源:夏志强.人一生要懂得的100个商务礼仪.北京:中古书店,2006.

讨论题

(1) 谈判应该做好哪些准备?

(2) 本案例对你有何启示?

案例2

谈 判 策 略

有一次,印度尼西亚在爪哇岛修建一座电站,要购买一台非常大的发电机。为此,政府举行了公开招标。世界上只有五六家公司能供应这样的电机。

印尼采购官员一开始就想从德国购买,可一直不把德国制造商列入名单,又一直不接见他,德国制造商觉得失去了这笔生意。在其他国家的制造商提出报价后,这位印尼采购官员却邀请了德国制造商,这位官员在要他发誓保密后,把竞争对手的报价单给他看,并补充说,如果他提出一个比最低价还少10%的报价,就可能得到订货。

这样,印尼官员就在德国制造商心中建立了一个打了折扣的期望。如果一开始也邀请德国制造商参加投标,德国人一定会报出最高的价格。这个报价一经提出,就很难改变它了。印尼官员不邀请他们从而使他报一个低价。德国制造商反复磋商,勉为其难地提出了一个符合印尼方面的报价表。

接着,印尼采购官员又什么也不做。既不见制造商本人,也不接他的电话。德国制造商又一次觉得要丢失这桩买卖。这时,印尼采购官员接见了他。这位采购官员首先对拖延了这么长的时间表示歉意,然后解释说,根据政府的政策,必须等到最后一个报价出来,这份报价刚刚到。很不巧,这个报价比德国的报价低2.5%。因此,你方若能把价格再降低3%,他们就能将合同交政府批准。当时国际市场上大型设备的销路不太好,德国人反复商量后,只好同意把价格继续降低3%。

那位采购官员非常高兴地向制造商表示祝贺,并提议第二天双方讨论支付条件。"什么支付条件?"德方惊讶地问道。这个官员解释说,在高通货膨胀和高利率的情况下,德国公司必须同意印尼采用通常的分期付款方式。经过许多争论,制造商在德国政府贷款的帮助下同意提供整整 18 个月的信贷,这是一个相当大的让步。

资料来源:http://www.docin.com/p-662012929.html.

讨论题

印度尼西亚官员在谈判中运用了什么谈判策略? 请加以分析。

案例 3

索 赔 谈 判

在《哈佛谈判技巧》一书中有这样一个著名的真实案例:杰克的汽车意外地被一部大卡车给整个撞毁了,幸亏他的汽车买了全保。为争取最大权益,于是他与保险公司调查员展开了以下谈判。

调查员:我们研究过当事人的案件,根据保单的条款,当事人可以得到 3300 元的赔偿。

杰克:我知道,但你是怎么算出这个数字的?

调查员:依据这部车的现有价值。

杰克:你是按照什么标准算的? 你知道我现在要花多少钱才能买到同样的车子吗?

调查员:多少钱?

杰克:我找一部类似的二手车价钱是 3350 元,加上营业与货物税后大概是 4000 元。

调查员:4000 元太多了吧!

杰克:我所要求的不是某个数目,而是公平的赔偿。你不认为我买了全保而得到足够的钱来换一部车是公平的吗?

调查员:好,我们赔你 3500 元,这是我们可以付的最高价。公司政策是这样规定的。

杰克:你的公司是怎么算出这个数字的?

调查员:你知道 3500 元是类似情况所能得到的最高数,如果你不想要,我就爱莫能助了!

杰克:我可以理解你受公司政策约束,但除非你能客观地说出我只能得到这个数目的理由,我想我们最好还是诉诸法律,然后再谈。

调查员:好吧。我今天在报上看到一部 1978 年的菲亚特汽车,出价是 3400 元。

杰克:喔,上面有没有提到行车里数?

调查员:49000 公里,那又怎样?

杰克:我的车只跑了 25000 公里,你认为我的车子可以多值多少钱?

调查员:让我想想……150 元。

杰克:假设 3400 元是合理的,那么就是 3550 元了。广告上提到收音机没有?

调查员:没有。

杰克:你认为一部收音机值多少钱?

调查员:125 元。

杰克:冷气呢?

2.5 小时以后,杰克拿到了 4012 元的支票。

讨论题

(1) 杰克是怎样展开与调查员的谈判的?

(2) 杰克的谈判为什么能够获胜?

案例 4

中日之间的一次谈判

因从日本三菱公司进口的 5800 辆三菱汽车不符合质量要求,中日双方曾在京就经济赔偿进行谈判。由于这场谈判涉及的金额巨大,因而谈判双方都派出了精明强干的谈判代表。

首先谈判的是汽车质量问题。日本谈判代表深知自己理亏,因而想大事化小,以"有的""偶尔"等语句避重就轻。中方谈判代表以详尽的检验数据和专家鉴定予以辩驳。在事实和科学面前,日方代表不得不同意付给中方汽车加工费 7.76 亿日元。

接下来谈判的是间接经济损失赔偿问题。这笔损失涉及数目最大,分歧也最大。日方在谈这项损失费时,也貌似事实地逐条报出,最后他们提出最多支付 30 亿日元。

中方代表一方面针对日方的每一笔报价揭穿其所做手脚和"大约""预计"等含混不清的字眼;另一方面,对每一笔赔偿额的来源,有根有据,提出赔偿间接经济损失费为 70 亿日元。日方代表听到这个数字后,惊奇地说:"差额太大!"并苦苦哀求着说:"贵国提出的索赔额过高,若不压减,我们会被解雇的。我们是有妻儿老小的,我们吃人家的饭,也有难言之隐呀……"

中方代表义正词严,并提出:"贵公司生产如此低劣的产品,给我们国家造成巨大的经济损失!"考虑到对方受雇于人家,也借机给他们一个台阶,中方代表安慰道:"我们不愿意为难诸位代表,如果你们做不了主,请贵方决策人员与中方谈判。"

由于双方分歧太大,又各不相让,双方都沉默不语,谈判陷入僵局。

这样一来对双方都不利。中方代表首先打破僵局:"中日贸易不是一天两天的事,以后的日子还很长。我们相信贵公司绝不愿意失去中国这个最大的贸易伙伴和广阔的汽车市场,我们也不希望失去你们这样的朋友。由于贵方有诚意维护自己的信誉,彼此均可做出适当的让步。"

中方代表的话起到了作用,日方代表有所松动:"我公司愿意付 40 亿日元,这是最高的数目了。"

"我们希望贵公司最低支付 60 亿日元。"中方代表不想做出太大的让步。

谈判又出现了新的转机,经过反复磋商,谈判最终以日方赔偿中方 50 亿日元并承担另外几项责任而告结束。

资料来源:刘宏,白桦.国际商务谈判[M].大连:东北财经大学出版社,2011.

讨论题

(1) 为什么双方对此谈判都比较满意?

(2) 这个案例给我们什么启示?

11.3.2 模拟训练

项目 1:模拟商务谈判

实训目标:掌握商务谈判的组织以及相关礼仪。

实训学时：2 学时。

实训地点：实训室。

实训准备：

(1) 分组，每组 4～6 人，设 1 人为组长。

(2) 教师提供模拟商务谈判资料，学生根据资料要求进行准备。

(3) 抽签决定谈判中的甲、乙双方和谈判顺序。按谈判厅要求布置谈判室。准备谈判桌、台布、花饰、水杯和欢迎标语等。双方谈判人员穿戴整齐，以渲染谈判气氛。

实训方法：

(1) 按谈判过程展开模拟谈判。

(2) 在谈判过程中，各成员要认真严肃，尽力扮演好自己的角色，言谈举止符合谈判气氛要求。模拟谈判结束后双方各选一名代表，解密己方的谈判方案，并谈模拟谈判的体会。

(3) 指导教师最后讲评。

训练手记：通过训练，我的收获是 _____。

项目 2：模拟实地谈判

实训目标：掌握谈判的基本技巧

实训学时：1 学时。

实训地点：教室。

实训方法：学生自设场景，分若干小组进行。每组内由同学分别扮演甲方和乙方就某一分歧问题进行谈判。本案例的模拟演示必须强调进入情景之中，注意接待礼节中的细节，讲究语言艺术，注意体态语，把握好表情，要充分发挥提问、应答、说服的语言技巧。

参考场景：

(1) 宿舍的同学就睡觉时是开窗还是关窗进行谈判。

(2) 员工向老板要求加薪的谈判。

(3) 为了给学校的"礼仪大赛"筹备资金，学生与学校超市老板进行争取赞助费的谈判。

……

训练手记：通过训练，我的收获是 _____。

项目 3：谈判能力测试

你的谈判能力如何？请回答下列问题，测试一下自己的谈判能力。

(1) 在买议价商品的时候，你是否觉得很为难？

    A. 一般不会

    B. 很难说

    C. 是

(2) 你觉得谈判就是让对方接受你的条件吗？

    A. 不是

    B. 很难说

    C. 是

(3) 在一次谈判没有取得预期效果的时候,你会尝试换一种方式再次努力吗?

  A. 会

  B. 有时会

  C. 还会

(4) 你觉得和别人谈判之前是否必须尽量全面了解对方的情况呢?

  A. 是

  B. 很难说

  C. 不必说

(5) 在谈判的时候,你是否觉得充分考虑对方的利益自己就会吃亏?

  A. 不是

  B. 难说

  C. 是

(6) 在谈判时,你是否觉得应该居高临下不给对方留足面子?

  A. 不是的

  B. 视情况而定

  C. 是的

(7) 你觉得对方坚持自己的立场是"冷漠无情"吗?

  A. 不是

  B. 难说

  C. 是

(8) 在谈判的时候,你喜欢用反问句式代替直接陈述吗?

  A. 非常喜欢

  B. 有时会用

  C. 几乎不用

(9) 你觉得为了赢得一场谈判而失去一个朋友值得吗?

  A. 不值得

  B. 难说

  C. 值得

(10) 你是否认为只有达成"双赢"的谈判才是成功的谈判?

  A. 是

  B. 难说

  C. 不是

得分指导:

(1) 每个问题选择①,得2分;选择②,得1分;选择③,得0分。

(2) 总分在0~12分,说明你的谈判能力较差,必须加强这方面的学习;总分在13~16分,说明你的谈判能力一般,仍需要继续学习和锻炼,不断提高自己;总分在17分以上,说明你的谈判能力很强。

(3) 这个评价并不是对你的谈判能力的一个准确衡量,而是一种定性的评估。你的得分表明你目前的水平,而不是表明你潜在的能力。只要不断学习,积极实践,你完全可以改善自己在这方面的能力。

课后练习题

1. 判断题

(1) 谈判概说阶段的目的是让对方了解自己的期望目标和谈判设想,同时隐藏不想让对方知道的其他资料、信息。　　　　　　　　　　　　　　　　　　　　　　（　　）

(2) 谈判双方阐述各自谈判目的的阶段是导入阶段。　　　　　　　　　　　　（　　）

(3) 谈判双方为基本达成的目标,而签订协议的阶段是明示阶段。　　　　　　（　　）

(4) 谈判提问应该等对方发言完毕再问。　　　　　　　　　　　　　　　　　（　　）

(5) 谈判不要为了表现自己而问。　　　　　　　　　　　　　　　　　　　　（　　）

2. 简答题

(1) 商务谈判应做好哪些准备?

(2) 谈判分几个阶段? 应注意哪些礼仪?

(3) 谈判的策略有哪些?

(4) 谈判的技巧有哪些?

3. 思考与操作

(1) 假如你与一位采购商进行价格谈判,他处于绝对优势地位,采取了轻视与傲慢的态度,那么你如何与他谈判,你将采用哪些策略?

(2) 举例说明哪些地方可以用作正式或非正式谈判场所?

(3) 注意观察市场上买卖双方讨价还价的技巧,并结合所学的谈判知识,写一篇观察报告。

(4) 不同国家和地区的谈判具有哪些特点和风格?

项目四

商务活动礼仪

任务 12 会 议

商务礼仪是企业及管理者在商务场合中的脸面,如果不注重礼仪,就会失去脸面。

——【日本】松下幸之助

有什么样的目的,就有什么样的礼仪。

——【古罗马】西赛罗

任务目标

- 组织发布会、展览会、赞助会等专题会议,在会议进程中注重讲究礼仪规范。
- 组织联欢会、电视电话会议等礼仪活动并有得体的表现。
- 舞会上做到礼貌邀舞或委婉拒绝。
- 成功地筹备、举办一次舞会。
- 签字仪式、开业仪式、剪彩仪式符合礼仪规范。
- 较好地进行各类仪式的准备工作,在仪式进行中注重礼仪规范。
- 成功地组织各类仪式活动。

案例导入

健美人生巡回展

美国加州商会为了在中国推广和销售加州杏仁,委托凯旋—先驱公共关系有限公司在中国策划一次宣传推广活动。经调查分析,凯旋—先驱公共关系公司决定策划一次"健美人生巡回展",希望在消费者心中树立杏仁有利健康的形象。

公司选择具影响力的大型商场进行专业健美操表演活动,并采用各种生动的形式来最大限度地加强加州杏仁的宣传和推广,如标贴各种吸引人的标牌、制作一个真人大小的杏仁吉祥物、举办一次庆祝会、展示杏仁营养宣传品、进行消费者调查等。

为了加大宣传加州杏仁的力度,加深其给人们的印象,公司要求表演者穿着统一的印有加州杏仁商会标记的服装。舞台的幕后背景以及舞台覆盖物均设计成一棵绿色的杏树生长在绿色的田野中的图景,突出了杏仁的健康形象。此外,免费给在场的小朋友发放印有加州杏仁商会宣传语"送给幸福的人"的彩色气球。主持人不停地在舞台上带领小朋友们做游戏,并指导在场的观众参加健美运动。另外,加州杏仁商会的吉祥物也出现在此次活动中,颇受现场观众的喜爱,并引得媒体记者争相拍照留念。

活动吸引了数十万观众参加,给消费者留下了深刻的印象,实现了产品信息的传递;

同时通过吸引众多媒体的关注和报道,成功地拓展了中国市场,达到了预期的目的。

资料来源:http://www.docin.com/p-837426167.html.

12.1 礼仪规范

12.1.1 专题会议礼仪

1. 发布会礼仪

发布会一般指新闻发布会,又称记者招待会。政府、企业、社会团体或个人都可公开举行,邀请各新闻媒介的记者参加。举行发布会主要是为了把组织较为重要的成就以及信息报告给所有新闻机构,所以,在发布会上发布的消息对于产品和产品形象、组织和组织形象、先进人物和重要人物当选,有较重要的价值。

1) 发布会的准备

筹备发布会要做的准备工作很多,其中最重要的是要做好时机的选择、人员的安排、记者的邀请、会场的布置和材料准备等。

(1) 时机的选择。在确定发布会的时机之前,应明确以下两点。一是确定新闻的价值,即对某一消息,要论证其是否具有专门召集记者前来予以报道的新闻价值,要选择恰当的新闻"由头"。二是应确认新闻发表紧迫性的最佳时机。以企业为例,新产品的开发、经营方针的改变或新举措、企业首脑或高级管理人员的更换、企业的合并、逢重大纪念日、发生重大伤亡事故等事件时,都可以举行发布会。如果基于以上两点,确认要召开新闻发布会,要选择恰当的召开时机。要避开节日与假日,避开本地的重大活动,避开其他单位的发布会,还要避开与新闻界的宣传报道重点相左或撞车。恰当的时机选择是发布会取得成功的保障。

(2) 人员的安排。发布会的人员安排关键是要选好主持人和发言人。发布会的主持人应由主办单位的公关部长、办公室主任或秘书长担任。其基本条件是仪表堂堂,年富力强,见多识广,反应灵活,语言流畅,幽默风趣,善于把握大局、引导提问和控制会场,具有丰富的主持会议的经验。

新闻发言人由本单位主要负责人担任,除了在社会上口碑较好、与新闻界关系较为融洽之外,对其基本要求是修养良好、学识渊博、思维敏捷、能言善辩、彬彬有礼。

发布会还要精选一批负责会议现场工作的礼仪接待人员,一般由相貌端正、工作认真负责、善于交际应酬的年轻女性担任。

值得注意的是,所有出席发布会的人员均需在会上佩戴事先统一制作的胸卡,胸卡上面要写清姓名、单位、部门与职务。

(3) 记者的邀请。对出席发布会的记者要事先确定其范围,具体应视问题设计范围或事件发生的地点而定,一般情况下,与会者应是与特定事件相关的新闻界人士和相关公众代表。组织为了提高单位的知名度、扩大组织的影响而宣布某一消息时,邀请的新闻单位通常多多益善;而在说明某一活动、解释某一事件,特别是本单位处于劣势而这样做时,邀请新闻单位的面则不宜过于宽泛。邀请时要尽可能地先邀请影响大、报道公正、口碑良好的新闻单位。如事件和消息只涉及某一城市,一般就只请当地的新闻记者参加即可。

另外,确定了邀请的记者后,请柬最好要提前一星期发出,会前还应用电话提醒。

(4) 会场的布置。发布会的地点除了可考虑在本单位或事件所在地举行外,还可考虑租用大宾馆、大饭店举行,如果希望造成全国性影响的,则可在首都或某一大城市举行。发布会现场应交通便利、条件舒适、大小合适。会议地点确定后,应进行实地考察,在会议召开前应认真进行会场布置,会议的桌子最好不用长方形的,要用圆形的,大家围成一个圆圈,显得气氛和谐、主宾平等,当然这只适用于小型会议。大型会议应设主席台席位、记者席位、来宾朋友席位等。

(5) 材料的准备。在举行发布会之前,主办单位要事先准备好如下材料:一是发言提纲。它是发言人在发布会上进行正式发言时的发言提要,它要紧扣主题,体现全面、准确、生动、真实的原则。二是问答提纲。为了使发言人在现场正式回答提问时表现自如,可在对被提问的主要问题进行预测的基础上,形成问答提纲及相应答案,供发言人参考。三是报道提纲。事先必须精心准备一份以有关数据、图片、资料为主的报道提纲,并认真打印出来,在发布会上提供给新闻记者。在报道提纲上应列出本单位的名称、联系方式等,便于日后联系。四是形象化视听材料。这些材料供与会者利用,可增强发布会的效果,包括图表、照片、实物、模型、录音、录像、影片、幻灯片、光碟等。

2) 发布会进行过程中的礼仪

(1) 搞好会议签到。要搞好发布会的签到工作,让记者和来宾在事先准备好的签到簿上签下自己的姓名、单位、联系方式等内容。记者及来宾签到后按事先的安排把与会者引到会场就座。

(2) 严格遵守程序。要严格遵守会议程序,主持人要充分发挥主持者和组织者的作用,宣布会议的主要内容、提问范围以及会议进行的时间,一般不要超过两小时。主持人、发言人讲话时间不宜过长,过长则影响记者提问,对记者所提的问题应逐一予以回答,不可与记者发生冲突。会议主持人要始终把握会议主题,维护好会场秩序,主持人和发言人会前不要单独会见记者或提供任何信息。

(3) 注意相互配合。在发布会上,主持人和发言人要相互配合。为此首先要明确分工,各司其职,不允许越俎代庖。在发布会进行期间,主持人和发言人通常要保持一致的口径,不允许公开顶牛、相互拆台。当新闻记者提出的某些问题过于尖锐而难以回答时,主持人要想方设法转移话题,不使发言者难堪。而当主持人邀请某位记者提问之后,发言人一般要给予对方适当的回答,不然,对那位新闻记者和主持人都是不礼貌的。

(4) 态度真诚主动。发布会自始至终都要注意对待记者的态度,因为接待记者的质量如何,直接关系到新闻媒介发布消息的成败。作为人,记者希望接待人员对其尊重热情,并了解其所在的新闻媒介及其作品等;作为专业人,希望提供工作之便,如一条有发表价值的消息,一个有利于拍到照片的角度等,记者的合理要求要尽量满足。对待记者千万不能趾高气扬、态度傲慢,一定要温文尔雅、彬彬有礼。

新闻发布会现场如图 12-1 所示(选自 http://www.bjd.com.cn;http://webcast.china.com.cn)。

图 12-1　新闻发布会现场

3) 发布会的善后事宜

发布会举行完毕后,主办单位需在一定的时间内,对其进行一次认真的评估善后工作,主要包括以下事项。

(1) 整理会议资料。整理会议资料有助于全面评估发布会会议效果,为今后举行类似会议提供借鉴。发布会后要尽快整理出会议记录材料,对发布会的组织、布置、主持和回答问题等方面的工作进行回顾和总结,从中吸取经验,找出不足。

(2) 收集各方反映。首先要收集与会者对会议的总体反映,检查在接待、安排、服务等方面的工作是否有欠妥之处,以便今后改进。其次要收集新闻界的反映,了解一下与会的新闻界人士有多少人为此次新闻发布会发表了稿件,并对其进行归类分析,找出舆论倾向,同时,对各种报道进行检查,若出现不利于本组织的报道,应做出良好的应对策略。若发现不正确或歪曲事实的报道,应立即采取行动,说明真相;如果是由于自己失误所造成的问题,应通过新闻机构表示虚心接受并致歉意,以挽回声誉。

2. 展览会礼仪

组织通过举办展览会,运用真实可见的产品和热情周到的服务,全面透彻的资料、图片介绍和技术人员的现场操作,吸引大量的参观者,使其留下深刻的印象。它是组织重要的公共关系活动之一,如图 12-2 所示(张岩松 2005 年 4 月 6 日摄)。

图 12-2　日本爱知世界博览会中国馆

1) 展览会的特点

(1) 形象的传播方式。展览会是一种非常直观、形象、生动的传播方式。展览会通常以展出实物为主,并进行现场示范表演,如在产品展览会上,有专人讲解和示范产品的使用方法。这种直观、形象的活动,容易给参观者留下深刻的印象。

(2)极好的沟通机会。展览活动给组织提供了与公众直接沟通的极好机会,通常展览会上都有专人解答参观者的问题,并就他们感兴趣的问题进行深入讨论。这样参展单位在让公众了解本组织的同时,还能及时了解公众对本组织传播内容的反映,参展单位可以根据公众反馈的信息进一步做好工作。

(3)多种传媒的运用。展览会是一种复合的传播方式,是同时使用多种媒介进行交叉混合传播的过程,它集多种传播媒介于一体,有声音媒介,如讲解、交谈和现场广播;又有文字媒介,如印刷的宣传手册、资料;同时还有图像媒介,如各种照片、录像、幻灯等。这种复合性的沟通效果是其他传播媒介无法比拟的。

2)展览会的组织

举办展览会要精心组织,做好以下细致全面的工作。

(1)明确展览会的主题。每一次、每种类型的展览会都应有明确的主题和目的。只有主题明确,才能提纲挈领,对所有展品进行有机的排列组合,充分展示展品的风采。否则主题不明,眉毛胡子一把抓,很难把展品、各类资料有机地结合起来,势必影响展览效果。

(2)搞好展览整体设计。任何一项展览都是一项系统工程,要求必须有一个详细的整体设计。包括:展览场地、标语口号、展览徽志、参展单位及项目、辅助设备、相关服务部门的设置和人员安排、信息的发布与新闻界的联络、对工作人员的培训等,都需要全面设计,周密安排。否则在某一个环节上安排不当都会影响整个展览的效果。

(3)成立对外新闻发布机构。成立对外新闻发布的专门机构,负责与新闻界进行密切的联系,展览过程中往往会发生许多有新闻价值的东西,这就需要有关人员以敏锐的观察力去挖掘、去分析并写成各种新闻稿件发表,以扩大影响,同时,要组成专门的机构,专门负责新闻发布的计划,如确定发布内容、发布时机、发布形式等,这样效果会更好些。

(4)进行展览的效果测定。展览的效果一般体现在观众对展品的反映、对组织形象的认识以及对整个展览会从内容到形式的总体看法等方面。为了检验展览会的大小,检验举办各类展览活动的目的是否达到,必须对展览效果进行检测。测定的方法很多,如:设立观众留言簿,召开座谈会听取反映,检验公众对展品的留意程度等。

3)展览会的礼仪

展览会的工作人员应当具备良好的素质,明确办展览的目的和主题,了解展览的知识和技能,具备与展览产品有关的专业素质,还要懂得礼仪,从各自不同的角度影响公众,使公众满意。

(1)主持人礼仪。主持人是一个展览会的操纵者,应该表现出决定性人物的权威性。在着装上,要穿西服套装、系领带,拿一个真皮公文包,显示出气派的样子,由此使公众也对其主持的展览会和产品产生信赖感。主持人的形象就是组织实力的一种体现。与宾客握手时,主持人应先伸出手去,等宾客先放手后再放手。

(2)讲解员礼仪。讲解员应热情礼貌地称呼公众,讲解流畅,不用冷僻字,让公众听懂。介绍的内容要实事求是,不弄虚作假,不愚弄听众。语调清晰流畅,声音响亮悦耳,语速适中。解说完毕,应对听众表示谢意。讲解员着装要整洁大方,打扮自然得体,不要因怪异和过于新奇而喧宾夺主。举止庄重,动作大方。

(3) 接待员礼仪。接待员站着迎接参观者时,双脚略开,与肩同宽,双手自然下垂或在身后交叉,这种站姿不仅大方而且有力。站立时切勿双脚不停地移动,表现出内心的不安稳、不耐烦;也不要一脚交叉于另一只脚前,因为这是不友善的表示。接待人员不可随心所欲地趴在展台上或跷着"二郎腿",嚼着口香糖,充当守摊者。随时与参观者保持目光距离,目光要坚定,不可游移不定,也不可眼看别处,要表示出你的坦然和自信。

3. 赞助会礼仪

赞助是指组织对某一社会事业、事件无偿地给予捐赠和资助,从而扩大组织的知名度与美誉度,树立美好形象的活动。赞助会是某项赞助举行时采用的具体形式。

1) 赞助的意义

(1) 提高组织知名度。赞助可以使组织的名字伴随所赞助的事件一起传播。如奥运会是举世瞩目的体坛盛会,收看的公众覆盖面非常广,遍布全世界,这样的赞助活动对组织知名度的提高是可想而知的。

(2) 提高组织的美誉度。由于赞助活动所赞助的往往是社会大众所关注的、想支持的事业,因此赞助可以树立一个组织关心公益事业的良好形象,改变赢利性组织"唯利是图"的商人形象。

(3) 履行组织的社会责任。救灾扶贫,支持公益事业,对社会每个成员来说人人有份,赞助活动正是体现了组织在建设精神文明、履行社会责任和义务方面的积极态度。

2) 赞助的类型

(1) 赞助体育事业。赞助体育事业主要包括为体育馆捐资和赞助大型体育比赛,其中以后者居多,因为体育比赛是当今的社会热点之一,对其进行赞助,往往可使本单位名利双收,一举两得。

(2) 赞助文化活动。主要指赞助电影、电视节目的制作,赞助广播节目、报刊开辟专栏,赞助文艺表演,赞助知识竞赛、艺术节、文化节等大型文化活动。这种赞助活动,不仅有助于社会主义文化事业的发展,有助于全民族文化素质的提高,也有助于培养组织和公众的良好情感,提高知名度。

(3) 赞助教育事业。教育的发展是关系到国家千秋大业的大事。赞助教育事业,既有利于教育事业的发展,也会使组织从中受益。赞助教育的方式,主要有赞助设立奖学金,赞助学校教学、科研经费、仪器设备、基本建设经费,赞助社会办学等。

(4) 赞助社会福利事业。主要指为贫困地区、残疾人、孤寡老人和荣誉军人等提供帮助活动。这类赞助体现了组织高尚的道德品质,也是组织向社会表明其承担社会义务和责任的手段。

不管赞助对象是谁,赞助单位向单位和个人提供的赞助物品主要有四类:一是金钱,赞助单位以现金或支票的形式,向受赞助者提供赞助;二是实物,赞助单位或个人以一种或数种具有实用性的物资的形式,向受赞助者提供赞助;三是义卖,赞助单位或个人将自己所拥有的某件物品进行拍卖,或是划定某段时间将本单位或个人的商品向社会出售,然后将全部所得,再向受赞助者提供赞助;四是义工,赞助单位或个人派出一定数量的员工,前往受赞助者所在单位或其他场所,进行义务劳动和有偿劳动,然后以劳务的形式或以劳动所得来提供赞助。

3）赞助会的礼仪

赞助活动实施之际，往往需要举行一次聚会，将有关的事宜公告于社会。这种以赞助为主题的赞助会，在赞助活动中，尤其是大型赞助中，大都必不可少。赞助会一般由受赞助者操办，也可由赞助者操办。

（1）场地的布置。赞助会的举行地点，一般可选择受赞助者所在单位的会议厅，也可租用社会上的会议厅。会议厅要大小适宜，干净整洁。会议厅内，灯光亮度适宜。在主席台的正上方，需悬挂一条大红横幅，在其上面，应以金色或黑色的楷书书写着"某某单位赞助某某项目大会"，或者"某某赞助仪式"的字样。赞助会会场的布置不可过度豪华张扬，略加装饰即可。

（2）人员的选择。参加赞助会的人员既要有充分的代表性，又不必在数量上过多。除了赞助单位、受赞助者双方的主要负责人及员工代表之外，赞助会应当重点邀请政府代表、社区代表、群众代表以及新闻界人士参加。所有参加赞助会的人士，与会时都要身着正装，注意仪表，个人动作举止规范，与赞助会庄严神圣的整体风格相协调。

（3）会议的议程。赞助会的具体会议议程应该周密、紧凑，其全部时间不应超过一小时。其议程如下。

第一，宣布会议开始。赞助会的主持人，一般应由受赞助单位的负责人或公关人员担任。在宣布正式开会之前，主持人应恭请全体与会者各就各位，保持肃静，并且邀请贵宾到主席台上就座。

第二，奏国歌。此前，全体与会者须一致起立。在奏国歌之后，还可奏本单位标志性歌曲。

第三，赞助单位正式实施赞助。赞助单位代表首先出场，口头上宣布其赞助的具体方式或具体数额。随后，受赞助单位的代表上场，双方热情握手。接下来，由赞助单位代表正式将标有一定金额的巨型支票或实物清单双手捧交给受赞助单位代表。必要时礼仪小姐要为双方提供帮助。在以上过程中，全体与会者应热烈鼓掌。

第四，双方代表分别发言。首先由赞助单位代表发言，其发言内容，重在阐述赞助的目的与动机。与此同时，还可将本单位的简况略做介绍。然后由受赞助单位代表发言，集中表达对赞助单位的感谢。

第五，来宾代表发言。根据惯例可以邀请政府有关部门的负责人讲话。其讲话主要肯定赞助单位的义举，呼吁全社会积极倡导这种互助友爱的美德。该项议程，有时也可略去。至此赞助会结束。

会后，双方主要代表及会议的主要来宾，应合影留念。此后，宾主双方稍事晤谈，来宾即应告辞。

4. 联欢会礼仪

联欢会是一个宽泛的概念，它包括各种组织举办的节日联欢会（如新年联欢会、春节联欢会），各种文艺晚会（如歌舞晚会、电影晚会、戏曲晚会、相声小品晚会），游艺晚会等。联欢会对于提高组织凝聚力、向心力，活跃员工的文化生活，加强与外部公众的文化沟通，提高组织形象都起着积极的作用。联欢会重在娱乐，但也不可忽视其礼仪，否则会事倍功半。

1)联欢会的准备

(1)确定主题。为了使联欢会起到"教人"和"娱人"的双重作用,要精心确定联欢会的主题,使其有明确的指导思想和预期的目标。在此基础上选择联欢会的形式,适宜的形式对联欢会的成功意义重大,联欢会的形式可以不拘一格,可以不断创新。

(2)确定时间、场地。联欢会的时间一般应选在晚上,有时也可根据情况选择在白天。其会议长度一般在两小时左右为宜。联合会的场地选择非常重要,最好选择宽敞、明亮,有舞台、灯光、音响的场地。场地应加以布置,给人以温馨、和谐、喜庆、热烈之感。联欢会的座次要事先安排好,一般应将领导安置在醒目位置,其他公众最好穿插安排,以便于交流沟通。

(3)选定节目。要从主题出发来选定节目,尤其是开场和结尾的节目一定要精彩、有吸引力。节目应多种多样,健康而生动,各种形式穿插安排,不可头重尾轻,更不可千篇一律。正式的联欢会上,要把选定的节目整理编印成节目单,开会时发给观众,为观众提供方便。

(4)确定主持人。主持人是联欢会的关键人物,应选择仪表端庄,表达能力强,有一定的组织能力、应变能力,熟悉各项事物的人担当主持人。一场联欢会的主持人最好不少于两人(通常为一男一女)。主持人也不可过多,以免给人以凌乱无序之感。

(5)彩排。正式的联欢会一定要事先进行彩排。这样有助于控制时间、堵塞漏洞,增强演职人员的信心。非正式的联欢会也要对具体事宜逐项落实,做到万无一失。

2)观众的礼仪规范

观众在参加联欢会,观看演出时应严守礼仪规范,这主要包括以下方面。

(1)提前入场。在一般情况下,在演出正式开始之前一刻钟左右,观众即应进入演出现场,注意不要迟到。入场后要对号入座,在自己的座位上就座时,要悄无声息,坐姿优雅,切勿将座椅弄得直响,或坐姿不端。

(2)专心观看。参加联欢会观看节目时要专心致志,全神贯注。不能交头接耳,窃窃私语;不能进行通信联络,要自觉关闭手机等移动通信设备,或处于"静音"状态;不要吃东西,不要吸烟,更不能随意走动或大声讲话、起哄等。总之要自觉维护全场的秩序,保持安静,使联欢会顺利进行。

(3)适时鼓掌。当主要领导、嘉宾入场或退场时,全场应有礼貌地鼓掌。演出至精彩处时也应即兴鼓掌,但时间不宜太长,演出结束时可鼓掌以示感谢。对可能表演不佳的演员,要予以谅解,不要鼓倒掌,更不能吹口哨、扔东西等,因为这些做法是非常没有修养的表现。演出结束全体演员登台谢幕时,观众应起立鼓掌,再次感谢演员的表演,不能熟视无睹,扬长而去。

5. 电视电话会议礼仪

目前最现代的会议是召开电视电话会议。电视电话会议通过摄像及电视图像传输和讲话的电话声音传输来沟通与会者,并使与会者实现异地同时互相交流。电视电话会议一般设有主会场和分会场,领导出席的会场或主要向外发布传输信息的会场等。居于支配地位的会场设为主会场,其他会场为分会场。

电视电话会议的好处是可以省去旅途奔波的时间、节省住宿与餐饮的会议费用开销,有时还可以避免会议中激烈的辩论和紧张的气氛,不足之处是它终究无法取代人们在同一空间内进行面对面的思想交流的临场感以及情绪影响的真实性。电视电话会议依赖现代通信系统中的电话和电话系统以及摄像技术,占用频道,具有共时性和跨越空间的特点。参加电视电话会议要注意下列礼仪。

(1)重视个人形象。通过摄像机所展现的自己与平常的样子有很大的不同,也就是通常所说的上镜不上镜,因此,要注意个人的衣着打扮等外在形象。一般来说,服装通过摄像会产生放大效果,如果男士穿着花格子的西装上衣,看起来就会显得十分刺眼。若不重视穿着打扮,一旦上了荧幕,就会显得十分不得体。对于那些不习惯上电视的人,常会显得姿态僵硬、神情不自然、说话声音忽大忽小,或者常常变换姿势,显出一副坐立不安的样子。

(2)注意说话声音。电视电话会议上的讲话和发言,不仅本会场在听,同时还通过话筒和通信网络传送到其他各个会场。由于话筒声音敏感,讲话人在讲话中与话筒的距离及角度发生细微变化,都会造成一定程度的声音失真,经过讯号放大,声音失真随之放大,使外地收听者听到的声音忽大忽小,这种现象尽管难以避免,但在讲话发言中要尽量克服。

(3)避免习惯动作。面对摄像镜头,参加会议者的任何表现,都会被一五一十地拍摄下来:有的人老是打断别人的发言,有的人不耐烦地在纸上乱画,有的人搔头发,有的人咬指甲,有的人交头接耳,有的人东张西望,这些个人习惯动作变成电视画面,显得很不雅、很失礼,应尽量控制自己,尽量避免。如果是在主会场,或是自己是会议主要角色,就更应该注意这些小节。

6. 舞会的礼仪

舞会是现代人们交往的重要形式之一,是一种无声的世界语言,是不同国度、不同民族、不同肤色的人进行交流沟通的一种有益的工具。

1)国际舞文化的来源与发展

国际标准交谊舞,原名为"社交舞"也叫"交谊舞",英文为"Ballroom Dancing",最早起源于欧洲,由古老的民间舞蹈发展演变而成,盛行于18世纪欧洲贵族在宫廷里举行的交谊舞会中。法国革命后,Ballroom Dancing成为欧洲各国一种普通的社交活动,故有"世界语言"之称。第二次世界大战后,美国人又将该舞蹈散播到全球各地,并形成一股跳舞热潮,至今不衰,所以又称它为"国际舞"。

经历一百多年的发展,"社交舞"从单一的舞蹈发展为摩登舞、拉丁舞两大系列十个舞种,并由1904年成立的"英国皇家舞蹈教师协会"组织制定了有关舞蹈理论、技巧、音乐、服装的统一标准,并公布为"国际标准交谊舞舞厅舞"(简称"国际舞"),为世界各国所遵循,英国的黑池甚至成为"国标舞"的圣地。

(1)拉丁舞。国际舞中的拉丁舞包括:桑巴、伦巴、斗牛、恰恰、牛仔。这五种舞在社交场合中都很盛行。拉丁舞是由来自拉美地区的三种舞蹈即欧洲、黑人、本土舞蹈融合而成,舞蹈中也体现了三种古老的文化,到17、18世纪又逐渐融入了新的文化,产生了克立奥耳语、切分音节奏等拉丁舞的特征。

拉丁舞除了斗牛舞外,都源于美国各地,它的音乐热情洋溢、奔放,特别具有节奏感,以淋漓尽致的脚法律动引导,自由流畅,展现了女性的优美线条,动人入情,气氛迷人,生动活泼,热情奔放,充分表达了青春欢乐的气息;男士则展现了刚强、气势轩昂、威武雄壮的个性美,如图12-3所示(选自 http://www.sportgd.com)。

(2) 摩登舞。1924年由英国发起的,欧美舞蹈界人士在广泛研究宫廷舞、交谊舞及拉美国家的各式土风舞的基础上,进行规范和美化加工,于1925年正式颁布了华尔兹、探戈、狐步、快步四种舞的步伐,总称摩登舞。同时摩登舞中还增加了"维也纳华尔兹",继而推广到世界各国,受到许多国家的欢迎和喜爱。

摩登舞除了探戈外,都源于欧洲大陆,它的音乐时而激情昂扬,时而缠绵性感;动作细腻严谨,穿着十分讲究,体现了欧洲国家男士的绅士风度和女人们的妩媚。男士需身着燕尾服、白领结;女士则以飘逸、艳丽的长裙表现她们的华贵、美丽、高雅、闺秀之美,如图12-4所示(选自 http://www.zggjbzwdw.com)。

图12-3 拉丁舞

图12-4 摩登舞

舞会自20世纪20年代传入中国后,经历了曲折发展的历史。20世纪30~40年代在东南沿海和长江沿岸城市掀起第一个高潮后,因地痞流氓、赌徒恶棍等利用舞会进行不正当的活动和利用舞场滋事,致使舞会蒙上了一层特殊的色彩。新中国成立后,舞会又在大陆特别是在校园里盛行,但是,随之而来的政治运动又把舞会视为"黄色""下流"之地,于是舞会几乎绝迹。从20世纪70年代末开始,舞会才又从无到有、从"地下"到公开,并很快在全国各大城市流行起来。

2) 舞会与交际的关系

高雅的舞会由于其优美的音乐、舒适典雅的布景、神秘变幻的灯光、清闲怡人的空气,而成为人们结交朋友、进行文化生活和休闲娱乐的好去处。人们可在舞会中听音乐、赏美景、踏舞步、谈友谊,获得听觉、视觉等方面的美感和轻松感,宣泄紧张的情绪,缓解疲乏的身体。健康的舞会,的确是培养性情、净化灵魂、提高修养、陶冶情操的好去处。

舞会除了休闲娱乐之外,还是培养感情、交流信息的极好场所。在舒适典雅的环境中,在轻松活泼的气氛中,人们往往最能以诚相见,最能理解和考虑对方的境遇和要求。因此,现在很多营销业务、商务谈判等并不一定都是在谈判桌上谈成的,不少是舞会中跳出来的。这是有道理的,因为谈判活动虽然严肃正式,但未免有些枯燥无味;舞会则轻松而令人兴味盎然,其中的奥妙在于舞会上人们愉快的心情、高昂的情绪是促使交际活动走向成功的重要条件。也正因为如此,中国人才及早把舞会当作交际舞或交谊舞。

舞会也是高雅文明的场所,能表现和体验一个人的风度,也是最能表现一个人的道德水准、礼仪修养的环境。因此,舞会吸引着国内外各社会阶层人士,任何一个出入舞会的国内、国外的公关人员、营销人员、公务人员以及商人等,都不应该等闲视之,必须懂得、了解并自觉遵守一定的舞会礼仪规范。

3) 筹办舞会的注意事项

(1) 确定舞会的时间、地点、规模、邀请对象的范围。组织舞会应尽早确定时间,尽早发出通知。舞会一般安排在晚餐后 7～11 点为宜,时间一般不要超过 3 个小时,否则会使客人感到疲劳以至会影响休息和工作。舞会的场地要宽敞、雅洁。舞场的选择应视舞会的规模来确定。舞会邀请的男女客人应大致相等。被邀请的对象一经确定,就应及时发出请帖。正式舞会的请帖至少要提前一个星期发出,以便于客人及早做出安排或回复。举办舞会,最好准备一些茶点、水果、饮料等,以备客人休息时取用。

(2) 邀请乐队,布置舞场。舞会的音乐伴奏十分重要。节奏明快、旋律优美的音乐,会使人心旷神怡、陶然自得。因此,舞会最好请一个乐队伴奏,有条件的也可以请两个乐队轮流伴奏。若请一个乐队,也可以准备一些唱片及音响设备,以便于乐师们休息时使用。如受条件限制,也可采用放音乐的形式,但应注意音响效果,这对舞会的成功与否有着直接的影响。舞场除了应有一个足够客人跳舞的舞池外,还应有衣帽间、饮料室以及场外停车场。舞场应宽敞雅洁,在场边应安放桌椅,供客人交谈、休息。舞场的灯光应柔和、暗淡,不宜明亮。

(3) 确定主持人和接待服务人员。大型的较正式的舞会或有特定内容的舞会需要确定一名主持人,一般舞会可不设主持人,但必须有接待服务人员,做好迎送、接待、引导、协调等方面的服务工作。

4) 舞会的一般礼节

交际舞会会场是高雅文明的场所,是较能充分表现一个人的风采和修养的地方,所以也应该注意自己的行为举止。

(1) 服装要整洁。参加舞会者,一定要注意着装。正式的较高级的舞会,若对方邀请时对着装有一定的要求,则一定按要求着装。即使没有特殊要求,也应注意服装整洁,颜色搭配协调。男士一般穿西装或中山装、皮鞋,女士穿长裙、西服或晚礼服。在舞会中,无论是天气热或是因跳舞过多而出汗,都不可随便脱去外衣。若是冬天,进入舞池前,应先到衣帽间脱去大衣、摘去帽子、手套、口罩等,然后再进入舞池。

(2) 言行举止要彬彬有礼。参加舞会者应注意仪表美,讲究清洁卫生。舞会之前不要吃葱、蒜等带有刺激气味的食物,也不应喝酒、抽烟等。若正患病最好辞谢邀请,以免将病菌传染给其他客人。进入舞场后,说话尽量轻声,不可高声大叫,更不可嬉戏打闹,满口脏话。走路脚步要轻,不可在舞池穿行。一首舞曲完毕后,应有礼貌地让女士先就座。在舞场上坐姿要端正,不可跷起"二郎腿"或"抖脚"。舞场上禁止吸烟。参加舞会一般是男女成对前往,如果没有异性舞伴,也可以单独前往。一般情况下,在舞池中是不可以男士与男士、女士与女士跳舞的。

(3) 邀舞的礼仪。在比较正式的舞会上,第一支舞曲响起时,往往是主人夫妇、主宾夫妇共舞。第二支舞曲响起时,往往是由主人邀请主宾夫人,主宾邀请主人夫人共舞。第三支舞曲响起时,参加舞会者可纷纷入场跳舞。在一般的交谊舞会上,则没有以上要求,音乐声响起男士主动走到女士面前,点头或鞠躬,右手前伸,以示邀请;男士也可轻声问候并征求女士"请您跳舞可以吗?"或"您喜欢这支舞曲吗?"女士同意后起身离座,与男士一起步入舞池。女士一般不要邀请男士跳舞。女士若想和某位男士跳舞,可以用目光或语言暗示。男士邀请女士跳舞时,如果女士的丈夫和亲人在一旁,应向他们招手致意,以示礼貌和尊重。一般情况下,女士不应拒绝男士的邀请。如若女士确实累了或其他原因决定拒绝,应站起身来,委婉地说明原因并致歉。无所表示,让对方难堪是失礼行为。女士拒绝和男士跳舞之后,一般不可再与别人跳舞,即使再想跳,也须等到下一支舞曲开始才能接受他人的邀请。舞场上切忌争风吃醋,在舞会上抢舞伴是极不礼貌的。

(4)舞姿力求优美。跳舞时应注意舞姿。交谊舞的步法以男方为主轴,因此,男士必须熟悉舞步,否则不可贸然邀请,以免踩对方脚或碰撞他人。跳舞时的姿势是:女士的左手轻轻地搭在男士的右肩上,右手轻轻地放在男士的左手掌心上,男士的左手应与女士的右手轻轻相握,右手应轻放于女士的腰部。起舞时动作要轻松、柔和、自如,女士应尽量适应男士的舞步,女士不可过于主动,否则会使男士感到吃力,动作难以协调。如果一方由于不慎无意间踩了对方的脚,应立即道歉。男女双方之间应保持一定的距离,通常间距在15～46厘米为宜。即使是夫妇、恋人也不可靠得太近,以免给人以轻浮之感。跳舞时,眼睛不应目不转睛地盯着对方,这样会使对方感到拘谨、不自在。在舞场上,不要一味地邀请同一舞伴跳舞,以避免另有所图之嫌。

(5)礼貌地交谈、致谢。跳舞时,男女双方可以边跳边自由地交谈双方共同感兴趣的话题,但不可询问对方的年龄、收入、婚姻等隐私问题。当音乐结束时,舞步立即停止。男士应陪伴女士坐好后,道谢,然后或交谈或离开。

舞会结束后,应邀者应主动向邀请者致谢,然后握手道别。

12.1.2 仪式活动礼仪

仪式是指在人际交往中,特别是在一些比较重大、比较庄严、比较隆重、比较热烈的正式场合里,为了激发起出席者的某种情感,或者为了引起其重视,而郑重其事地参照合乎规范与管理的程序,按部就班地举行的某种活动的具体形式。在现实生活里,我们可能接触到的仪式很多,诸如签字仪式、剪彩仪式、交接仪式、庆典仪式等。

从根本上讲,仪式是现代社会发展的产物。因为利益与仪式作为人们生活中的行为模式、行为规范,是属于社会的上层建筑,由社会经济基础决定的,并随着经济基础的变化而变化,随着社会实践的发展而不断地丰富发展,而社会生产力水平决定了一个社会的经济基础,所以礼仪及仪式的产生和发展最终是由社会生产力水平所制约和决定的,随着现代社会生产力水平提高而提高,人们物质文化水平的提高,社会所固有的仪式也在不断地发展和臻于完善。

当今社会,对组织而言仪式有着重要的作用,它有利于提高组织的知名度和美誉度,塑造组织形象;有利于鼓舞员工的士气,激发员工对本组织的热爱,培育组织员工的价值观念,增强组织的凝聚力;有利于传递组织的信息,使组织赢得更多的成功机会和合作伙伴;有利于沟通情感,传达意愿,增进友情。讲究仪式礼仪是现代交际的一项重要内容,也是组织成功的关键。

1. 签字仪式

签字仪式是组织与对方经过会谈、协商,形成了某项协议或协定,再互换正式文本的仪式。它是一种比较隆重的活动,礼仪规范也比较严格。

1) 签字仪式的准备

签字仪式是组织具有"里程碑"意义的大事,组织应予以充分准备,做到万无一失。

（1）准备待签文本。洽谈或谈判结束后,双方应指定专人按谈判达成的协议做好待签文本的定稿、翻译、校对、印刷、装订、盖印等工作。文本一旦签字就具有法律效力,因此,对待文本的准备应当郑重严肃。

在准备文本的过程中,除了要核对谈判协议条件与文本的一致性以外,还要核对各种批件,主要是项目批件、许可证、设备分交文件、用汇证明、订货卡等是否完备,合同内容与批件内容是否相符等。审核文本必须对照原稿件,做到一字不漏,对审核中发现的问题,要及时互相通报,通过再谈判达到谅解一致,并相应调整签约时间。在协议或合同上签字的有几个单位,就要为签字仪式提供几份样本。如有必要,还应为各方提供一份副本。与外商签订有关的协议、合同时,按照国际惯例,待签文本应同时使用宾主双方的母语。

待签文本通常应装订成册,并以仿皮或其他高档质料作为封面,以示郑重。其规格一般为大八开,所用的纸张务必高档,印刷务必精美。作为主办方应为文本的准备提供准确、周到、快速、精美的条件和服务。

（2）布置签字场地。签字场地有常设专用的,也有临时以会议厅、会客室来代替的。布置签字场地的总原则是要庄重、整洁、清净。

一间标准的签字厅应当室内铺满地毯,除了必要的签字用桌椅外,其他一切的陈设都不需要,正规的签字桌应为长桌,其上最好铺设深绿色的台呢布。

按照仪式礼仪的规范,签字桌应当横放。在其后,可摆放适量的座椅。签署双边性合同时,可放置两张座椅,供签字人就座。签署多边性合同时,可以仅放一张座椅,供各方签字人签字时轮流就座。也可为每位签字人都各自提供一张座椅。

在签字桌上,应事先安放好待签文本,以及签字笔、吸墨器等签字时所用的文具。

与外商签署涉外商务合同时,须在签字桌上插放有关各方的国旗。插放国旗时,在其位置与顺序上,必须依照礼宾序列而行。例如签署双边性文本时,有关各方的国旗须插放在该方签字人座椅的正前方。如签署多边性合同、协议时,各方的国旗应依一定的礼宾顺序插在各方签字人的身后。

（3）安排签字人员。在举行签字仪式之前,有关各方应预先确定好参加签字仪式的人员,并向其有关方面通报。客方尤其要将自己一方出席签字仪式的人数提前通报给主方,以便主方安排。签字人要视文件的性质来确定,可由最高负责人签,但双方签字人的身份应该对等。参加签字的有关各方事先还要安排一名熟悉签字仪式详细程序的助签人,并商定好签字的有关细节。其他出席签字仪式的陪同人员,基本上是双方参加谈判的全体人员,按一般礼貌做法,人数最好大体相等。为了表示重视,双方也可对等邀请更高一层的领导人出席签字仪式。

由于签字仪式的礼仪性极强,签字人员的穿着也有具体要求。按照规定,签字人、助签人以及随员在出席签字仪式时,应当穿着具有礼服性质的深色西装套装或西装套裙,并且配以白色衬衫与深色皮鞋。

在签字仪式上露面的礼仪、接待人员,可以穿自己的工作制服,或是旗袍一类的礼仪性服装。

签字人员应注意仪态、举止,要落落大方,得体自然,既不要严肃有余,也不要过分喜形于色。

2)签字仪式的程序

虽然签字仪式的时间不长,但它是合同、协议签署的高潮,其程序规范、庄重而热烈。主要有以下几项。

(1)签字仪式开始。有关各方人员进入签字厅,在既定的位次上坐好。签字者按照主居左、客居右的位置入座,对方其他陪同人员分主客两方各自职位、身份高低为序,自左向右(客方)或自右向左(主方)排列站于各签字人之后,或坐在己方签字者的对面。双方助签人分别站在己方签字者的外侧,协助翻揭文本,指明签字处,并为业已签署的文件吸墨防洇。

(2)签字人签署文本。签字人签署文本通常的做法是先签署己方保存的合同文本,再接着签署他方保存的合同文本,这一做法在礼仪上称为"轮换制"。它的含义,是在位次排列上,轮流使有关各方有机会居于首位一次,以显示机会均等,各方平等,如图12-5所示(选自http://www.fujian.gov.cn)。

图12-5 签字仪式

(3)交换合同文本。双方签字人,正式交换已经由有关各方正式签署的文本,交换后,各方签字人应热烈握手,互致祝贺,并相互交换各自方刚使用过的签字笔,以志纪念。这时全场人员应该鼓掌,表示祝贺。

(4)共同举杯庆贺。交换已签订的合同文本后,礼宾小姐会用托盘端上香槟酒,有关人员尤其是签字人当场干上一杯香槟酒,这是国际上通用的旨在增添喜庆色彩的做法。

(5)有秩序退场。接着请双方最高领导者及客方先退场,然后东道主再退场。整个签字仪式以半小时为宜。

2. 开业仪式

开业仪式,是指在单位创建、开业,项目完工、落成,某一建筑物正式启用,或是某工程正式开始之际,为了表示庆贺和纪念,而按照一定的程序所隆重举行的专门的仪式。筹备和举行开业仪式始终应按着"热烈、隆重、节约、缜密"的原则进行。

1）开业庆典的准备

（1）做好舆论宣传。举办开业仪式的主要目的是提高组织的知名度和美誉度，塑造良好的组织形象，吸引社会各界对组织的重视与关心，因此必须运用传播媒介，广泛刊登广告，以引起公众的注意。这种广告的内容一般应包括：开业仪式举行的日期、地点、企业的经营特色、开业时对顾客的优惠等。同时别忘了邀请新闻界的记者光临开业仪式，对组织的开业仪式进行采访、报道，进一步扩大组织的影响。

（2）拟订宾客名单。开业仪式成功与否，在很大程度上与参加典礼的主要宾客的身份、人数有直接关系。因此，在开业典礼前应邀请上级领导、知名人士、有关职能部门、社区负责人、社团代表及新闻媒介等方面的人士参加。对邀请出席的来宾，应将请柬送达，以示对客人的敬重。请柬要精美、大方，一般用红、白、蓝色，填写好的请柬应放入信封内，提前一周左右的时间邮寄或派人送到有关单位和个人。

（3）布置现场环境。举行仪式的现场可以是正门之外的广场，也可以是正门之内的大厅。在现场应悬挂开业仪式的会标、庆祝或欢迎词语等。由于开业仪式一般是站立举行的，所以要在来宾站立处铺设红色地毯，以示尊敬和庄重。会场两边可放置来宾赠送的花篮，四周悬挂彩带和宫灯。还要准备好音响、照明设备，使整个场地显得隆重、热烈。对于音响、照明设备，以及开业仪式举行之时所需使用的用具、设备，必须事先认真进行检查、调试，以防其在使用时出现差错。

（4）安排接待服务。对来宾的接待服务工作一定要指派专人负责，重要来宾的接待应由组织负责人亲自完成。要安排专门的接待室，接待室要求茶杯洁净，茶几上放置烟灰缸，如不允许吸烟，应用礼貌标语标牌放置在接待室中，提示来宾；要准备好来宾的签到处，准备贵宾留言簿，最好是红色或金色锦缎面高级留言册，同时准备好毛笔、砚、墨等留言用的文具。为了便于来宾了解组织的情况，可以印刷一些材料，如庆典活动的内容、意义，来宾名单和致辞，组织经营项目和政策等。

（5）拟订仪式程序。为了使开业仪式顺利进行，在筹备之时必须草拟具体程序，并选定好称职的主持人。开业仪式的程序包括：确定主持人，介绍重要来宾，组织负责人或重要来宾致辞、剪彩或参观、座谈、联欢等。

（6）准备馈赠礼品。开业仪式上向来宾赠送的礼品是一种宣传性传播媒介，只要准备得当，往往能产生很好的效果。礼品要突出纪念性，具有一定的纪念意义，让人珍惜，同时也要突出其宣传性，可以在礼品的包装上印上组织标志、庆典开业日期、产品图案、企业口号和服务承诺等。

2）开幕仪式礼仪

开幕仪式是开业仪式常见的形式之一，通常它是指公司、企业、宾馆、商店、银行等正式启用前，或各类商品的展示会、博览会、订货会正式开始之前，所正式举行的相关仪式。每当开幕仪式举行之后，公司、企业、宾馆、商店、银行等将正式营业，有关商品的展示会、博览会、订货会将正式接待顾客与观众。一般举行开幕式时要在比较宽敞的活动空间中进行，如门前广场、展厅门前、室内大厅等处，都是较为合适的地点。

开幕式的主要程序为：①宣布仪式开始，全体肃立，介绍来宾。②邀请专人揭幕或剪彩。揭幕时揭幕人行至彩幕前恭敬地站立,礼仪小姐双手将开启彩幕的彩索递交对方。揭幕人随之目视彩幕,双手拉起彩索,展开彩幕。全场目视彩幕,鼓掌并奏乐。③在主人的亲自引导下,全体到场者依次进入幕门。④主人致辞答谢。⑤来宾代表发言祝贺。⑥主人陪同来宾参观,开始正式接待顾客或观众,对外营业或对外展览宣告开始。

3) 奠基仪式礼仪

奠基仪式,是指一些重要的建筑物,如大厦、场馆、亭台、纪念碑等,在动工修建前,正式举行的庆贺性活动。其举行地点应选择在动工修建建筑物的施工现场,一般在建筑物的正门右侧,在奠基仪式的举行现场设有彩棚,安放该建筑物的模型、设计图、效果图,并使各种建筑机械就位待命。

用来奠基的奠基石应是一块完整无损、外观精美的长方形石料。在奠基石上文字应当竖写,在其右上款,写上建筑物的名称,正中央应有"奠基"两个大字,左下款刻有奠基单位的全称以及举行奠基仪式的具体年月日。奠基石上的字体,大都用楷体字刻写,并且最好用白底金字或黑字。在奠基石的下方或一侧,还应安放一只密闭完好的铁盒,内装该建筑物的有关资料以及奠基人的姓名。届时,它将同奠基石一道被奠基人等培土掩埋于地下,以志纪念,如图 12-6 所示(选自 www.yesky.com)。

图 12-6　奠基仪式

奠基仪式的程序为:①仪式正式开始,介绍来宾,全体起立。②奏国歌。③主人对建筑物的功能、规划设计等进行介绍。④来宾致辞道贺。⑤正式进行奠基,奠基人双手持握系有红绸的新锹为奠基石培土,再由主人与其他嘉宾依次为之培土,直至将其埋没为止。奠基时应演奏喜庆乐曲或敲锣打鼓,营造良好的气氛。

4) 落成仪式礼仪

也称竣工仪式,它是指本单位所属的某一建筑物或某项设施建设、安装工作完成之后,或是某一纪念性、标志性建筑物——诸如纪念碑、纪念塔、纪念堂等建成之后,以及某种意义特别大的产品生产成功之后,所专门举行的庆贺性活动。落成仪式一般应在现场举行,如新落成的建筑物之外,纪念碑、纪念塔的旁边等。参加落成仪式要注意情绪,在庆贺工厂大厦落成、重要产品生产等时应表现出欢乐和喜悦,在庆祝纪念碑、纪念塔等落成时应表现出庄严而肃穆。

落成仪式的程序是:①宣布仪式开始。全体起立,介绍各位来宾。②奏国歌。并演奏本单位标志性乐曲。③本单位负责人发言,以介绍、回顾、感谢为主要内容。④进行揭幕或剪彩。⑤全体人员向刚刚落成的建筑物行注目礼。⑥来宾致辞。⑦全体人员进行参观。如图 12-7 所示(选自 http://gtog.ningbo.gov.cn)。

图 12-7 落成仪式

3. 剪彩仪式

剪彩仪式是有关的组织为了庆贺其成立开业、大型建筑物落成、新造的车船和飞机出厂、道路桥梁落成首次通车、大型展销会、展览会的开幕而举行的一种庆祝活动。

剪彩作为一种庆典仪式,可以在开业典礼中举行,也可举行专门的剪彩仪式,以期引起社会各界的重视。

1) 剪彩仪式的由来

剪彩仪式起源于开张。据说美国人做生意保留着一种习俗,即一清早必须把店门打开,为了使人们知道这是一个新开张的店铺,还要特地在门前横系上一条布带。因为这样做既可以防止店铺未开张前闯入闲人,又起引人注目、标新立异的作用。等店铺正式开张时才将布带取走。

1912 年,美国的圣安东尼州的华狄密镇上有一家大百货公司将要开张,老板威尔斯严格地按照当地的风俗办事,在早早开着的店门前横系着一条布带,万事俱备,只等开张。这时,老板威尔斯十岁的女儿牵着一只哈巴狗从店里匆匆跑出来,无意中碰断了这条布带。这时在门外等候的顾客及行人以为正式开张营业了,蜂拥而入,争先恐后地购买货物,真是生意兴隆。不久,当老板的一个分公司又要开张时,想起第一次开张时的盛况,又如法炮制。这次是有意让女儿把布带碰断,果然财运又不错。于是,人们认为让女孩碰断布带的做法是一个极好的兆头，因而争相效法，广为推行。此后，凡是新开张的商店都要邀请年轻的姑娘来撕断布带。

后来，人们又用彩带取代色彩单调的布带，并用剪刀剪代替用手撕，有的讲究用金剪子。这样一来，人们就给这种正式做法起了个名字——"剪彩"。剪彩的人也逐步被一些德高望重的社会名流甚至是国家元首代替。

2）剪彩仪式的礼仪规则

（1）邀请参加者。参加剪彩仪式的人员主要分为：主办单位负责人和组织仪式的人员，上级领导、主管单位负责人、知名人士、记者等来宾；主办单位企业的员工；有关管理人员和技术人员。通过参加仪式，使参加者身临其境感受项目或展览的重要，从而形成深刻难忘的印象。对仪式的参加者应做好接待工作。当宾客到达时，接待人员要请宾客签到，然后引领他们到指定的位置上。

（2）准备工作。剪彩仪式的主席台要事先布置好，主席台要铺好台布，摆放茶水和就职人员的名牌。为了增添热烈而隆重的喜庆气氛，可以邀请礼仪小姐参加仪式。礼仪小姐可从本组织中挑选，也可到礼仪公司聘请。对礼仪小姐要求仪容、仪表、仪态文雅、大方、端庄。着装宜选择西式套装或红色旗袍，穿高跟鞋，配长筒丝袜，化淡妆，并以盘起发髻的发型为佳。人员确定后，要进行必要的分工和演练。剪彩仪式的用品如剪刀、白纱手套、托盘应按剪彩者人数配齐，系有花结的大红缎带约两米，馈赠的纪念性小礼品也应准备好。

（3）剪彩者形象。剪彩者是剪彩仪式的主角，其仪表举止直接关系到剪彩仪式的效果和组织形象。因此作为剪彩者，要有荣誉感和责任感，衣着要大方、整洁、挺括，容貌要适当修饰，剪彩过程中要保持稳重的姿态、洒脱的风度和优雅的举止。

（4）仪式开始。仪式主持人在宣布仪式开始时，声音要高亢响亮。然后，向到会者介绍参加剪彩仪式的领导人、负责人与知名人士，并对他们表示谢意，同时，也对在场的其他与会者表示感谢。感谢还要用掌声表示，主持人把两手高举起一些，以作为对在场各位鼓掌引导的暗示。仪式上可以安排简短发言，言简意赅，充满热情，两、三分钟即可，发言者一般为东道主的代表和向东道主表示祝贺的上级主管部门、地方政府及其他协作单位的代表。

（5）进行剪彩。主持人宣布正式剪彩之后，剪彩者应在礼仪小姐的引导下，步履稳健地走向剪彩位置，如有几位剪彩者时应让中间主剪者走在前面，其他剪彩者紧随其后走向自己的剪彩位置。主席台上的人员一般要尾随至剪彩者之后1～2米处站立。当礼仪小姐用托盘呈上白手套、新剪刀时，剪彩者可用微笑表示谢意并随即接过手套和剪刀。剪彩前要向手拉缎带的礼仪小姐点头示意，然后，全神贯注、表情庄重地将缎带一刀两断，如果几位剪彩者共同剪彩，要注意协调行动，处在外段的剪彩者应用眼睛余光注视处于中间位置的剪彩者的动作，力争同时剪断彩带。还应与礼仪小姐配合，让彩球落于托盘中，剪彩者在放下剪刀后，应转身向周围的人鼓掌致意，并与主人进行礼节性的谈话，然后在礼仪小姐引导下退场，如图12-8所示（选自 http://www.sz.chinanews.com.cn）。

（6）参观庆贺。剪彩后，一般要组织来宾参观工程、展览等。有时候要宴请宾客，共同举杯庆祝。

图 12-8　剪彩仪式

12.2　拓展阅读

12.2.1　会议中的个人礼仪

1. 仪表

每一位与会人员都应该注意自己的仪表举止,做到穿着得体、举止优雅。一般要求是:穿着打扮要端庄大方、美观得体,最好穿职业套装,以显成熟、精干;仪容要整洁,举止文雅大方、风度潇洒、气质高雅,不要缩手缩脚,扭扭捏捏,矫揉造作。

出席正式会议和宴请,要穿正装,男士是深色西服,女士穿中长裙和长裤均可。男士要贴身穿衬衣,打领带,穿深色袜子,并把衬裤脚包在袜子里。女士的衣服最好每天更换一套。除会议主持人和发言人须遵循这些基本要求外,其他与会人员相对可以自由一些,比如可以穿休闲装、运动鞋,可以不带资料,简单进场。

但需注意的是:不能太随便,禁忌穿拖鞋,衣衫不整;禁忌大声喧哗,遇到熟人热聊,旁若无人;无论在主席台还是在台下,坐姿都要端正,切忌抖腿或跷二郎腿。

2. 遵守会议纪律

正式的会议,一般都会提前宣布会议纪律,即使有些会议没有明文规定,事实上会议纪律已经在人们的意识中客观存在。一般情况下,参会人员应该准时到会、保持安静、不得逃会。一般而言,与会人员在出席会议时应当严格遵守的会议纪律。其内容主要有以下三项。

(1) 按时到会。严守会议时间,是保证会议顺利进行的基本条件之一。这一要求要落到实处,不但要靠主持人、组织者的积极努力和得力措施,也要靠全体与会人员的自觉和认真配合。接到会议通知后,应当按照通知上规定的具体时间准时出席会议。参加在本地举行的会议,应至少提前 5 分钟进入会场,以便有充足的时间做好会前准备,比如签到、寻位、领取材料等。参加在外地举行的集会,则最好提前一天报到,以便事先熟悉情况。如果迟到无法避免,应尽量提前通知会务组织者,且到达后悄然进入会场,不要扰乱会议秩序。

(2) 保持安静。全体与会者都应自觉维护会场秩序,保持会场安静,不影响发言人的讲话与听众的听讲。

在发言人或主持人讲话时,不允许起哄或是直接制造噪声。比如,不应在会场使用手机,不应当玩弄游戏机,不准吃东西等。与讲话者意见相左时,可以通过适当的渠道表达,不应当粗暴地打断对方的发言,或是大声予以斥责、议论,狂吹口哨,拍打桌椅,跺脚乱踢等。在会场上鼓掌,主要是对讲话者表示欢迎和支持,不允许"鼓倒掌"。

在开会之时,不应当随意走动,或者与周围的人交头接耳,更不应大声喧哗,或在会场里大声接听电话。一般情况下,最好不要带外人(与会议无关的)、家人(特别是小孩)参加会议。

(3) 不得逃会。参加会议,必须善始善终。万一有特殊原因需要中途离会,应当事先请假。必要时,还须向主持人说明原因,并表示歉意,不允许在会议中途不辞而别。在他人讲话期间当众退场,不仅自己失礼,也失敬于对方。

3. 认真倾听发言

对每一位听众而言,在会议进行期间认真倾听他人的发言,是尊重对方的具体表现,也是自己掌握会议精神的主要途径。要真正做好这一点,需要注意以下三点。

(1) 会前准备。参加会议前,应做好必要的准备工作。其一,要充分休息,养精蓄锐,否则在开会时疲劳困乏,大打瞌睡,必定影响听讲。其二,要处理好其他工作,免得在开会时神不守舍、三心二意。其三,要预备好必要的辅助工具,如纸、笔、录音机等。其四,要认真阅读会议材料,以便全面了解会议情况,掌握会议主旨。

(2) 聚精会神。在会议进行时,每位听众都要聚精会神地聆听他人的讲话、发言——唯有聚精会神、全神贯注,方能汲取他人发言的精华,抓住要点,发现问题。在聆听他人发言时,切勿心神不定,"魂游"于会场之外。自己在讲话、发言后,更要注意专心聆听别人的讲话、发言。

(3) 笔录要点。"好记性不如烂笔头。"参加会议时,要尽可能地对他人的讲话、发言择其要点,予以笔录,这对于深入领会和准确传达会议精神帮助很大。

4. 正确就座

会议座位安排主要有两种方法,一是按指定区域统一就座,二是自由就座。进入会场后,在没有会务工作人员引导的情况下,选择座位时应注意以下几点。

(1) 弄清楚哪个是上座,哪个是下座,按自己的身份、地位合理就座。一般情况下,面对正门的位置为上座,靠门边的、远离领导的座位为下座。不管是圆会议桌还是方会议桌,与上座领导面对面的位置属于次上座。有一定级别的领导,应坐到与自己级别相适应的座位上。

(2) 抢坐前排或退居后排,在会场中间留出空白,这是与会人员就座的大忌。

(3) 应勇于坐前排。座位的远近在心理学上反映了自信心的大小和地位权力的微妙差距。爱坐后排者,往往是缺乏自信心的表现。我们应善于表现自己,养成坐在会场前排的习惯。

（4）注意主客的区别。如果以客人的身份参加会议的，要注意主客的区别，做到客随主便。①不需要起身为领导添茶，不要主动分发会议材料；②不要评价会议准备工作的好坏，不要随意改变座位；③不需要接洽会议安排事宜，应尽可能服从安排（为本单位领导安排行程除外）。

5．参加会议应注意的事项

（1）是否要讲话。会议主持人会要求与会人员对近期工作或某件事、某个人发表意见和建议。在这种情况下，应注意以下几点：①发言应讲究顺序和秩序，注意级别，不能争抢发言，一般应让领导先讲。②有想法就讲，要勇于表现自己，不要扭扭捏捏。事前应认真思考，组织好语言；逻辑要清晰，发言要简短，观点要明确，不能讲套话、大话、废话；可以提出尖锐、敏感的问题，引起领导的注意。③评价某人或某项工作时，应以正面表扬为主，不可偏激、冲动、感情用事，切忌进行人身攻击。④一定要低姿态，谦虚诚恳，如"今天非常荣幸能够参加这个会议，主要是来向大家学习的，在此也提出个人的几点想法，请大家多批评"。在发言时，要少用"我"字，别提"本人"，切忌自我推销、自我宣传和自我肯定。发言结束时，要道一声"谢谢大家"。⑤与他人有分歧时，应以理服人，态度平和，听从主持人的安排，不能只顾自己。如果与会人员有提问，应礼貌作答，对不能回答的问题，应机智而礼貌地说明理由；对批评意见应认真听取，即使提问者批评是错误的，也不能失态。

（2）能否上洗手间。关于会议期间能否上洗手间的问题一般应注意三点：①一般建议不要上洗手间，特别是在会议室较大，人较多，座位很挤，离开要穿越整个会场的情况下。②最后主要领导作总结发言时，最好不要走动，以示尊重。③抓住发言间隙，轻声起座离开，切忌发出椅子搬动的声音和高跟鞋的响声，避免吸引大家的注意力，影响会议的秩序。有经验的与会人员入会前会先上洗手间，或提前半小时不喝水，或在会场中少喝水。当然一般会议对此没有严格要求，但与会者应尽可能保持自身的良好形象。

（3）能否吃东西。有些会议如座谈会会准备茶点和水果，以起到装饰和调节气氛的作用。在这种情况下能否吃东西呢？有时主持人也会招呼大家吃水果。一般来说，应注意以下三点：①注意形象，特别不能吃需要剥皮、会弄脏手、影响形象的水果，比如柑果、枇杷、西瓜类；②领导讲话时不能吃；③有时可以礼节性地吃点，但只可拿取个人面前的水果，且吃时不能发出声音，不能把手和文件弄脏。总之，在日常工作中，讲究个人礼仪应该成为每一位职场人员的一种素养，一种发自内心的习惯。

资料来源：胡红霞.浅谈会议中的个人礼仪[J].秘书之友，2010(1).

12.2.2 礼仪活动的执着、细致与艰辛

婚礼是一项重要的礼仪活动，大多数礼仪服务公司是以此为主业的。以下是大连一灯礼仪公司"婚礼督导师方案"，请从中体会成功举办一次礼仪活动的执着、细致与艰辛。

婚礼督导师方案

一、婚礼前准备工作

1．确定婚礼仪式，预订喜宴场所。

2．拍摄婚纱照。

3．选定伴郎、伴娘。

4. 确定婚礼当天工作人员名单,商议婚礼当天分工。

婚礼当天的工作人员电话:

头车司机电话;   摄像车司机电话;

车队司机电话;   新郎家人联系电话;

新娘家人联系电话;   摄像车领路人电话;

酒店工作人员电话;   督导师电话。

5. 确定婚礼宴请嘉宾名单,制定婚礼程序及座位。

6. 确定婚礼当天车队行驶路线。

7. 设计婚宴现场布置(室内布置、室外布置)。

8. 决定摄像、摄影、车队汇合地点。

9. 订购婚礼当天所需香烟、喜酒、饮料、糖果、瓜子,包好礼包。

10. 准备好婚礼当天的各种费用(红包,要分别包好)。

11. 与证婚人或司仪做最后确定。

12. 凡属婚礼当天使用物品要有专人负责看管(首饰、礼金、礼服、配件、丝袜)。

13. 礼包、白酒、啤酒、摆桌用的烟、瓜子、干果等头一天晚上送到酒店。

二、婚礼当天安排

1. _____新郎、伴郎到_____提头车,并领取手捧花、胸花、腕花、头花。摄像车到_____接摄像师、摄影师,与头车汇合一起去新娘家_____。

2. _____新郎、伴郎、摄影、摄像师到新娘家。

3. _____迎亲车队在新娘家楼下集合。

4. 8:00~8:40

(1) 伴郎下车给新郎开车门,陪伴在新郎的左边,进门后招呼新郎向父母问好,新郎改口叫爸妈,老人赏红包。

(2) 进门后,新郎过新娘的姐妹朋友关。

(3) 新郎向新娘献鲜花,给新娘戴胸花,同时伴郎给伴娘戴胸花。

(4) 新郎给新娘穿袜子、穿鞋,鞋里要压钱,给父母戴花。

(5) 新郎抱新娘到桌前吃饺子。

(6) 照全家福(1张父母,1张全家福)。

(7) 新娘下楼上车(新娘应带八宝盒、化妆盒、礼服)。

(8) 新郎、新娘上车,伴郎、伴娘上车(注意带好手绢)。

(9) 安排压床小孩和父母坐到第二辆车,注意别空车。

5. 8:45 从新娘家发车到新房_____。

6. 9:00~9:40 在新房。

(1) 伴郎下车给新郎开门,新郎扶新娘下车,2人在车前摄影,这时亲友向新人喷洒吉庆礼花。

(2) 进门后新娘改口叫爸妈(给红包)。给父母带花。

(3) 新娘上床坐福,压床小孩下床拿红包,兄弟订门帘。

(4) 伴娘把八宝盒里的物品放在家具上。

（5）带好结婚信物和结婚证。

7. 9:45 鸣放礼炮，从新房出发，途径 _____ → _____ → _____ → _____ 到酒店。

8. 10:58 到 _____ 酒店。

（1）到酒店前，摄像师、摄影师提前下车，准备好摄影摄像。

（2）伴郎下车给新郎、新娘、伴娘开车门。下车时新人脚踩爱情对对碰，放飞带着许愿卡的气球。

（3）新人在酒店门前合影，随后进入酒店。

（4）准备入场的亲人进入酒店。

（5）主持人 10:10 前进入场内安排准备。

（6）来宾在 11:00 前进入酒店。

9. 11:28,仪式正式开始。

（1）主持人宣布新婚典礼正式开始，双方父母上主席台。

（2）奏婚礼进行曲，新人手持鲜花行至主席台，正中央站好，伴郎、伴娘在新人后面两侧站好。

（3）介绍双方父母和主要嘉宾。

（4）嘉宾代表讲话。

（5）证婚人证婚。

（6）新人宣誓交换戒指。

（7）新人拜天地。

（8）父母讲话。

（9）主持人致贺词，结束词。

（10）新人入席，宴会开始。

资料来源：大连一灯礼仪公司。

12.3 实训练习

12.3.1 案例讨论

案例 1

签 字 仪 式

7月15日是国能电力公司与美国 PALID 公司在多次谈判后达成协议并准备正式签字的日期。国能电力公司负责签字仪式的现场准备工作，国能电力公司将公司总部十楼的大会议室作为签字现场，在会议室摆放了鲜花，长方形签字桌上临时铺设了深绿色的台呢布，摆放了中美两国的国旗，美国国旗放在签字桌左侧、中国国旗放在右侧，签字文本一式两份放在黑色塑料的文件夹内，签字笔、吸墨器文具分别置放在两边，会议室空调温度控制在 20℃,办公室陈主任检查了签字现场，觉得一切安排妥当，他让办公室张小姐通知国能电力公司董事长、总经理等我方签字人员在会议室等待,自己到楼下准备迎接客商。

上午九点,美方总经理一行乘坐一辆高级轿车,准时驶入国能电力公司总部办公楼,司机熟练地将车平稳地停在楼前,陈主任在门口迎候,他见副驾驶座上是一位女宾,陈主任以娴熟优雅的姿势先为前排女宾打开车门,并做好护顶姿势,同时礼貌地问候对方。紧接着,陈主任迅速走到右后门,准备以同样动作迎接后排客人,不料,前排女宾已经先于他打开了后门,迎候后排男宾,陈主任急忙上前问候,但明显感觉女宾和后排男宾有不悦之色。陈主任一边引导客人进入大厅,来到电梯口,一边告知客人,董事长在会议室等待,电梯到达十楼后,陈主任按住电梯控制开关,请客商先出,自己后出,然后引导客人到会议室,在会议室等待的国能电力公司的签字人员在客人进入会议室时,马上起立鼓掌欢迎,刘董事长急忙从座位上站起,主动向对方客人握手,不料,美方客人在扫视了会议室后,似乎非常不满,不肯就座,好像是临时改变了主意,不想签字了,问题出在哪里呢?

资料来源:http://www.doc88.com/p-012901388971.html.

讨论题

(1)国能电力公司安排的这次签字活动有不当之处吗?请对其进行评判。

(2)陈主任在迎接礼仪的安排和迎送过程中是否有不到之处?

(3)美方客人不悦和临时变卦的主要原因是什么?

案例 2

就　　座

某分公司要举办一次重要会议,请来了总公司总经理和董事会的部分董事,并邀请当地政府要员和同行业知名人士出席。由于出席的重要人物多,领导决定用 U 字形的桌子来布置会议桌。分公司领导坐在位于长 U 字横头处的下首,其他参加会议者坐在 U 字的两侧。在会议的当天开会时,贵宾们都进入了会场,按安排好的座签找到了自己的座位就座,当会议正式开始时,坐在横头桌子上的分公司领导宣布会议开始,这时发现会议气氛有些不对劲,有贵宾相互低语后借口有事站起来要走,分公司的领导人不知道发生了什么事或出了什么差错,非常尴尬。

资料来源:三峡职业技术学院"旅游服务礼仪"精品课程,http://jpk.tgc.edu.cn/coursefile/lvyoufuwuliyi20100120/index.php.

讨论题

请指出此案例中的失礼之处。

案例 3

会场的"明星"

小刘的公司应邀参加一个研讨会,该研讨会邀请了很多商界知名人士以及新闻界人士参加。老总特别安排小刘和他一道去参加,同时也让小刘见识一下大场面。

开会这天小刘早上睡过了头,等他赶到,会议已经进行了 20 分钟。他急急忙忙推开了会议室的门,"吱"的一声脆响,他一下子成了会场上的焦点。刚坐下不到 5 分钟,肃静的会场上响起了摇篮曲,是谁放的音乐?原来是小刘的手机响了!这下子,小刘可成了全会场的"明星"……

没多久,听说小刘已经离开了该公司。

资料来源:http://blog.sina.com.cn/iaiyou1314521.

讨论题

(1) 小刘失礼的地方表现在哪里?

(2) 参加各种会议应该注意哪些礼仪?

案例4

"请张市长下台剪彩!"

某公司举行新项目开工剪彩仪式,请来了张市长和当地各界名流嘉宾参加,请他们坐在主席台上。仪式开始时,主持人宣布:"请张市长下台剪彩!"却见张市长端坐没动;主持人很奇怪,重复了一遍:"请张市长下台剪彩!"张市长还是端坐没动,脸上还露出一丝恼怒。主持人又宣布了一遍:"请张市长剪彩!"张市长才很不情愿地勉强起来去剪彩。

资料来源:http://docbeta.com/doc/1080192/.

讨论题

请指出本案例中的失礼之处。

12.3.2 模拟训练

项目1:模拟洽谈会

实训目标:掌握洽谈会的相关礼仪规范。

实训学时:2学时。

实训地点:实训室。

实训准备:会议桌椅、学院简介、宣传画册、照相机、会议桌牌等。

实训方法:某职业技术学院拟为推荐毕业生就业,专门邀请了10家企业的领导进行会谈。请模拟演示这次洽谈会程序,最后安排企业领导与师生合影。要求如下。

(1) 实训可以分两组进行,学生分别担任相关角色。

(2) 实训时,会谈的具体内容可虚拟,最终必须达成一致意见。

(3) 学生谈参与训练的感受以及存在的问题,最后教师总结。

训练手记:通过训练,我的收获是＿＿＿＿＿＿＿＿＿＿＿＿＿＿＿＿＿＿＿＿。

项目2:模拟新闻发布会

实训目标:掌握新闻发布会的组织,锻炼提问能力和回答问题的能力。

实训学时:2学时。

实训地点:实训室。

实训准备:采访用话筒、桌牌、发言提纲、录像机等。

实训方法:某班刚刚组建班委会,准备一次"新闻发布会"活动,会上班委会将要发布"施政纲领",还将接受班级同学的提问,请进行现场演练。要求如下。

(1) 进行会场布置。

(2) 挑选主持人、发言人,其余同学扮演各"媒体"记者。

(3) 每位发言人都以相应身份、角色发言,每位记者都应提问。

(4) 新闻媒体的名称由学生自拟,采访用的话筒、身份牌由学生自行准备;发言材料及提问自行设计。

(5) 将新闻发布会录像,待实训结束后,在班里播放,进行评价。

训练手记：通过训练，我的收获是 _____。

项目3：举行舞会

实训目标：掌握舞会举办的礼仪，在舞会上表现得体，符合礼仪要求。

实训学时：1学时。

实训地点：活动中心。

实训准备：准备一篇致辞、一份舞曲目录单、音响等。

实训方法：模拟练习参加舞会的礼仪。要求如下。

(1) 举办舞会前，培训练习国标舞慢三、慢四、快三、快四、探戈和伦巴的舞步。

(2) 推选一位女主持人。

(3) 每个人为参加舞会做好精心准备。

训练手记：通过训练，我的收获是 _____。

项目4：举办企业标识展览会

实训目标：通过模拟训练让学生掌握展览会的组织和相关礼仪。

实训学时：1学时。

实训地点：实训室。

实训准备：企业标识、展板、实物、文字说明等。

实训方法：5～6人为一组，分组进行准备。经过一周的准备后，进行展示，每组一块展板，安排一名学生进行讲解。要求如下。

(1) 尽可能收集一些企业的标识。

(2) 设计布置展台。

(3) 设置签到席。

训练手记：通过训练，我的收获是 _____。

项目5：模拟开业庆典

实训目标：掌握开业庆典的组织和相关礼仪规范。

实训学时：2学时。

实训地点：实训室。

实训准备：布置会场、挂横幅、准备致辞等。

实训方法：模拟某企业开业庆典仪式，使仪式落实在某个商业组织上。要求如下。

(1) 编制一份庆典仪式程序，仪式按照程序进行。

(2) 重要领导和来宾名单的单位、职务可由学生自己拟订，分别扮演相关角色。

(3) 编制一份庆典仪式程序。

(4) 庆典结束后，学生评析，教师总结。

(5) 实训可分组进行，让学生轮流模拟演示各个角色。

训练手记：通过训练，我的收获是 _____。

项目6：模拟签字仪式

实训目标：掌握签字仪式的程序以及相关礼仪。

实训学时：2学时。

实训地点：实训室。

实训准备：准备有关签字仪式的道具，有文本、文件夹、旗帜、签字笔、签字单、吸水纸、酒杯、香槟酒、横幅、照相机、摄像机、会议桌子等。

实训背景：中国清泉饮品公司将迎来一批来自美国的摩尔集团商务考察团，清泉饮品公司准备向摩尔集团订购 2 条先进的罐装流水线设备。在这次考察活动中要进行谈判，将签订合同，举行签字仪式。

实训方法：草拟一份签字仪式的准备方案，布置签字厅并模拟演示签字仪式。要求如下。

(1) 实训分组进行，学生分别扮演相关角色。

(2) 参加实训的双方需简单演示见面礼仪，在着装上适当修饰。

训练手记：通过训练，我的收获是 _____。

课后练习题

1. 判断题

(1) 筹备新闻发布会时，确定邀请的记者后，请柬最好提前一星期发出，会前还应打电话提醒。　　　　　　　　　　　　　　　　　　　　　　　　　　　(　)

(2) 展览会是一种单一的传播方式。　　　　　　　　　　　　　　　　(　)

(3) 联欢会的时间一般应选在晚上。　　　　　　　　　　　　　　　　(　)

(4) 在舞会上，女士可以邀请男士跳舞。　　　　　　　　　　　　　　(　)

(5) 座谈会长度一般以两小时为宜。　　　　　　　　　　　　　　　　(　)

(6) 签字时，双方人员的身份应该对等。　　　　　　　　　　　　　　(　)

(7) 签字的时候，各方陪同人员分主客两方各自以职位、身份高低为序，自左向右（客方）或自右向左（主方）排列站于签字者之后。　　　　　　　　　　　　　(　)

(8) 剪彩时不许戴帽子、戴墨镜，可以穿便装。　　　　　　　　　　　(　)

(9) 迎送中，乘车时应请客人坐在主人的右侧，翻译人员坐在司机旁边。　(　)

(10) 开业典礼仪式上是由主办单位的负责人来致辞的。　　　　　　　(　)

(11) 签字仪式上助签人的主要工作是协助翻揭文本及指明签字处。　　(　)

(12) 开业庆典的接待工作一般开始于门口迎宾。　　　　　　　　　　(　)

(13) 签字仪式上双方助签人员分别位于各自签字人员的后边。　　　　(　)

(14) 当剪彩者拿剪刀准备剪彩时应向四周观礼者致意。　　　　　　　(　)

(15) 开业庆典上备用的留言册的封面一般为墨绿锦缎面。　　　　　　(　)

(16) 不宜向有男伴的女士邀舞。　　　　　　　　　　　　　　　　　(　)

2. 简答题

(1) 如何准备发布会？

(2) 发布会结束后还有哪些工作要做？

(3) 展览会的特点是什么？应注意哪些礼仪？

(4) 赞助会有哪些礼仪？

(5) 作为观众参加联欢会应注意哪些礼仪？

(6) 联欢会有哪些礼仪?

(7) 电视电话会议的礼仪有哪些?

(8) 座谈会上有哪些礼仪?

(9) 谈谈交际舞会应注意的礼仪。

(10) 如何布置签字场所?

(11) 开业仪式有哪几种,各自的程序是什么?

(12) 应如何准备交接仪式?

(13) 剪彩的正确做法是什么?

(14) 剪彩仪式的必备物品有哪些?

3. 思考与操作

(1) 作为会议或仪式的组织者,在会议或仪式之前应做好哪些准备?

(2) 作为会议或仪式的参加者应当遵循哪些礼仪原则?

(3) 假如半个月后你所在的公司要召开一次有关新产品的新闻发布会,经理让你负责这次会议的筹备工作。请制订一份详细的工作计划。

(4) 中国北京的兴盛公司与美国的 MALD 公司通过近一年的谈判,终于达成了正式合作的协议,双方将在北京某大饭店举行签字仪式。如果此次签字仪式由你准备,请列出要准备的具体内容和签字仪式现场要进行的布置工作。

(5) 如果你是一位舞会的参加者,你觉得应该遵循哪些礼仪规范? 根据你所在地区的习惯,逐条列出。

任务13 推 销

生活有一连串的推销,我们推销货物、推销一项计划,我们也推销自己。推销自己是一种才华,一种艺术。有了这种才华,你就不愁吃、不愁穿了,因为当你学会推销自己,你几乎也可以推销任何值得拥有的东西。

——【美国】戴尔·卡耐基

任务目标

- 加强修养,强化推销人员的基本素质,做好推销的准备工作。
- 熟练运用推销的语言技巧。
- 外出登门推销符合基本礼仪。
- 组织来客推销符合礼仪。

案例导入

推销的原则

美国有一位著名的女企业家,成名之前是个普通的女工,她一心盼望购买一辆福特牌小轿车,就省吃俭用,等积蓄到足够的钱之后,她选择了自己 24 岁生日那天,兴冲冲地走进了一家福特轿车经销点,询问轿车情况。销售人员见其衣着普通,以为她只是问问而已,就应付了几句后借口用午餐,便转身离开了。女工只得出门溜达,等待她用完午餐之后再登门。在闲逛时,她发现附近有另外一家轿车经销店,顺便入内询问。那位售货员非常热情,回答了她的所有询问,还和她拉家常。当他得知今天是女工 24 岁生日时,他客气地说一声:"小姐,请稍候片刻",便转身出门。不一会儿,就拿着一束玫瑰花回来了,他真诚地说:"小姐,您在生日之际光临本店,是本店的荣幸,我代表本店赠您一束玫瑰花,祝您生日愉快。"女工非常感动,于是就进一步询问该店经销的轿车的品种、性能,问明之后,她虽然觉得价格还是稍微高了一点,但最终还是购买了轿车。并且推荐给周围的好朋友,最终这家店内的 5 辆轿车因她而卖出去了。

资料来源:http://sngj.snjt.com/info/1028/1126.htm.

13.1 礼 仪 规 范

13.1.1 推销人员基本素质

组织在特定环境中寻求潜在顾客,主动采取各种方式进行销售的业务活动是不可或缺的,在这一过程中,推销礼仪运用是否得当,关系到组织推销结果的成败。推销人员要给顾客提供满意的服务,就必须注重提高自身素质,这是践行推销礼仪的重要基础。

1. 树立坚定的信念,拥有积极的心态

要相信自己所从事的工作是一项"贩卖幸福的工作",是一项对他人、对自己都有利的工作,而不是以往意义上的只为企业和个人赢取利润而不择手段的"奸商"。自己所从事的工作是为客户服务,可以为他们带来利益,因此,一定要充满自信和勇气,而不是自卑。热爱所从事的工作、热爱所在的企业,只有热爱自己的工作,才会做得出色,才有前进的动力。要相信自己一定能够成功,相信自己只要肯努力就会成为一名出色的推销员,并且具有百折不挠的进取精神,敢于面对挫折和失败。客户说"不"并不可怕,数据表明,2%的销售是在第一次接洽后完成,3%的销售是在第一次跟踪后完成,5%的销售是在第二次跟踪后完成,10%的销售是在第三次跟踪后完成,80%的销售是在第4~11次跟踪后完成!所以,遭到客户一两次的拒绝并不算什么,关键是从这些拒绝中分析出解决问题的办法,吸取经验和教训。东芝公司销售部门经理山田正吾是位令人肃然起敬的顶尖推销家,他说:"所谓经验,乃是克服困难的数量之累积。"日产汽车公司连续16年位居推销业绩宝座的奥诚良治,他提出奥城必胜十大法则,其中提到"顶尖的推销家是遭受最多数败仗与屈辱的人""顶尖的推销家是受过最严峻、尖酸拒绝的人",因此,优秀的推销员就是要"屡败屡战",只要能从"败"中找出解决问题的方法,就能够推销成功。

2. 不断学习增加知识储备

知识的力量是无穷的,这是永恒不变的真理。日本保险业著名推销家原一平每周六下午都坚持到图书馆学习,他说:"就我而言,学习的时间比推销的时间还要长,但结果却是工作效率不但不减反而上升。"相关的必备知识主要包括以下几个方面:关于所推销产品的知识,包括产品的构造、功能、用法、价格、维修、使用注意事项、与其他竞争对手相比的优势等;有关本企业的知识,要熟悉企业的经营方针、规章制度、销售政策、定价策略、交货方式、付款方式等,还要了解本企业在同行业中的地位等;有关市场销售的知识,如市场营销学的基本原则、方法,推销的手段、方式、洽谈技巧、签订合同的注意事项等;还要具备一定的心理学、社会学知识,推销员主要的任务是通过向对方介绍产品,使得客户认可产品并购买,因此要通过对方的神态举止透析其心理,"攻心为上",以便采取合适的对策说服对方;同时还要善于运用相关知识发现潜在的客户,了解客户的心理特征、习惯偏好,以便扩大影响力。作为一名优秀的推销员不仅要具备必备的专业知识,同时还要博学,肯学。某公司派出两位优秀的推销员去说服某顽固客户。第一次见面,两人与客户谈的一般,都没有什么进展。第二次,领导陪其中一位推销员去见客户,发现两者谈投飞镖很投机,客户不像以往一样冷淡,最后把订单搞定。出门后,领导问这位推销员:"从来没听说过你玩过飞镖哦?你还挺有研究的吗!""哪里啊,我是上次来,发现他家里挂着飞镖,昨晚查资料恶补的。"推销员要跟形形色色的人打交道,就要通过学习找到接近他们的途径。

3. 增加职业敏感性,善于发现准客户

推销员在工作和生活中要有职业敏感,随时发现准客户,随时发现成功的机会。哪些是准客户呢？就是那些能买而且会买，并有能力支付货款的人；对产品或服务有真正需求的人；想认识你、喜欢你，尊重你和你所从事行业的人。在平日里，要注意观察，那些具备这些特征的人随时都可能成为客户。比如，做保健品的推销员，坐出租车的时候可以跟司机聊聊，出差时可以跟身边的旅客聊聊，同学聚会时请同学介绍给他的亲朋好友，甚至经常去某个商店购物，也可以跟老板聊聊。如果某次跟顾客谈成功了，临走不妨多给对方几张名片，请他把自己介绍给他的亲朋好友或者同事。要善于运用自己的名片，每一个人都使用名片，但乔·吉拉德的做法与众不同。他到处递送名片，在餐馆就餐付账时，他要把名片夹在账单中；在运动场上，他把名片大把大把地抛向空中。名片漫天飞舞，就像雪花一样，飘散在运动场的每一个角落。据说他曾经有一次被邀请做培训演讲，他所做的就是让在座的所有人都有了他的名片，有的人他甚至要送七八张名片，有些人可能对这种做法感到奇怪。但乔·吉拉德认为，这种做法帮他做成了一笔笔生意。为了多一些准客户，乔·吉拉德还很注意不得罪任何一个客户。他认为，在每个客户的背后，都大约站着250个准客户，就是与他关系比较亲近的人：同事、邻居、亲戚、朋友。如果一个推销员在年初的一个星期里见到50个人，其中只要有两个客户对他的态度感到不愉快，到了年底，由于连锁影响就可能有5000个人不愿意和这个推销员打交道，他们知道一件事，就是不要跟这个推销员做生意。这就是乔·吉拉德的250定律。由此，他得出结论：在任何情况下，都不要得罪哪怕是一个客户，因为他的后面有250个准客户。日本著名推销家原一平在坟场也能够发现准客户，并且穷追不舍，最终成功。由此我们知道，只要愿意做，随时随地都能发现准客户，扩大影响力。

此外，推销人员还要具备灵活应变的能力，讲究策略。任何客户都有其一攻就垮的弱点，推销员要找好这根"软肋"，做到有的放矢。

13.1.2 推销的准备

当推销员具备了一定的素质后，进行推销还有一个准备的过程。俗话说得好，"有备无患"，推销的成败，与事前准备用的工夫成正比。因此，在见客户之前，推销员应该做好一系列的准备工作，包括以下几个方面。

1. 掌握客户的相关资料

客户的相关资料包括：姓名、性别、年龄、职业、身份、教育背景、生活水平、购买能力、社交范围、个人喜好、业余生活以及个人比较反感的事物等。因为客户是千差万别的，每个客户又都认为自己是最重要的，因此，推销员一定要尽可能地了解对方的信息。了解对方后，就要"投其所好"，采取恰当的方式接近对方，使对方觉得你很尊重他，很重视他。乔·吉拉德的做法是建立客户档案，他认为，要使顾客相信你关心他、重视他，那就必须了解顾客，搜集顾客的各种有关资料。

2. 与客户见面要先预约

这种预约一般以客户的时间为主，可以事先打电话给对方或者给对方的秘书："您什么时间方便？我想占用您10分钟左右的时间。"或者"早就听说过您，因此很想登门拜访，不知道您什么时候方便？"等，一般不要说"我某个时间有空，您方便吗？"如果对方答应，顺便约一下地点。推销员一定要提前几分钟到达约会的地点,这是对客户的尊重,同时可以整理一下服饰,稳定情绪,以免让客户等候,让局面变得被动。

3. 准备好产品的有关资料

这包括如产品说明书、价目表、公司的介绍等。这些资料在推销过程中是必不可少的,缺少其中的某一个资料都有可能使原本要成功的交易泡汤。有些推销员匆匆忙忙,粗心大意,经常会丢三落四,如价格表、合同、订货单、自己的名片等,就像一个忘带武器的士兵毫无准备地走向战场一样,连最基本的工作都做不好,客户一看就感觉"这人办事不可靠"。怎么能把自己的利益交于一个不可靠的人呢?因此建议推销员在拜访客户前,一定要仔细检查资料是否备齐。

4. 讲究自身形象

客户第一眼见到的是推销员的外在形象,他们绝对不会把自己的利益交付给一个衣衫不整、精神颓废的推销员。大方、自然、庄重的人才值得他们的信赖。

13.1.3　推销的方式

1. 外出登门推销礼仪

所谓外出登门推销是相对于组织来客推销而言的,是指组织派推销人员外出,主动上门寻找客户,亲自向顾客介绍商品、展示商品、促成顾客购买的一种推销方式。这里的"登门"意指走出组织、走向顾客,并非单指到顾客家中去,它还包括在公园里、道路旁、车厢中等公共场合。外出登门推销时,要注意的礼仪主要有以下几点。

(1)重视给顾客的第一印象。心理学调查表明,人们接触的最初两分钟,彼此印象最为深刻。因此,推销人员首先要特别注意自己的外貌,这是第一印象产生的最初原因,要热情开朗,诚恳自信,争取为顾客接纳而不产生排斥。其次要选择合适的服装。佛朗·贝德格认为,初次见面给人印象的90%产生于服装。当然,并不是说服装要多么高档和华丽,但干净整洁,职业化是应当做到的。国外流行的"TPO"服装术,值得推销人员借鉴。只有在顾客心目中留下并保持良好的第一印象,才能为推销工作的进一步开展打下基础,赢得先机。

(2)登门推销前,应尽量预约。生活中贸然出现的不速之客,尤其是陌生的推销人员,大多是不受欢迎的。这种情况下推销人员推销其产品,购买者大多不愿接待,更难得爽快购买。很少见到那种突如其来、一拍即合、相见恨晚的幸运推销。出于礼貌,如有可能,事先与对方预约一下,让双方都有所准备,再与顾客推荐洽谈,效果比贸然造访要好得多。预约时要注意:首先,约见的时间最好由顾客来定,这实际上已让顾客为主,见面不一定选择在顾客家中,也可安排在顾客认为安全和方便的场所,还可以请顾客代为召集社区邻里或亲朋好友,选择大家熟悉、干扰较少、接待条件良好的地点,开展集中推销。最后,预约的方式要得当,如电话预约、信函预约等,可多提供几种方案让顾客自己挑选,这既是对顾客意见的尊重,又可防止其简单回绝。如果选用信函,时间上应放宽松一些,以防信函在邮路上耽搁而失约。如在网上预约了,应留有顾客上网浏览的时间。不管如何约见,推销人员自己必须按时赴约。

（3）推销中的礼仪要求。商品推销是个过程，其中每个阶段既有业务技巧上的要求，又有礼貌礼仪方面的规范，二者缺一不可。首先是进门，如果是去顾客家中推销，一定要先轻声敲门，节奏应缓慢，经主人应允后方可进入。需特别注意的一点是，如果门原来就已开着或虚掩着，也必须先敲门，万万不可径直步入或推门就进。其次是自我谦和、准确而有吸引力，切忌冗长、卖弄和自吹，或是讲了半天词不达意。因此，事前应打好腹稿，根据不同对象灵活使用，以求明确简洁。再次是开始推销，主要是介绍商品和展示商品。介绍商品要实事求是，具体讲清商品的性能、特点、质量价格以及给顾客带来的实际利益，必要时出具相应的证书、质检证明、报刊评介等资料和图片，以增强顾客的信任。展示商品要体现自己对商品的细心爱护，让顾客感受到商品的价值和分量。展示中，如果顾客有意，应鼓励他们亲自动手操作以刺激顾客的购买欲望。最后要注意礼貌告别。特别要注意对那些最终没能成交的顾客，也要感谢他们的耐心倾听和对你的工作的支持，为今后可能再次登门推销留下良好的印象，打下稳固的基础。

2. 组织来客推销礼仪

如果说外出登门推销可能让顾客感到有点突然，那么到组织来的顾客则是目的明确、有备而来的，组织推销人员应尽力做好接待，营造良好的购物环境，礼貌地满足顾客需要。在组织接待顾客时，推销人员要注意做到以下几点。

（1）注意建立与来客的和谐关系。顾客来到组织，是对组织的信任，但是来到组织未必就一定能如愿购买成交，除去交易中的一系列的技术因素、价格因素等原因之外，推销人员与来客的关系是否和谐、投机、融洽也是重要的因素之一。顾客只有先接受了推销员，才有可能接受其推荐的商品。所以，公司业务员应发自内心地感谢顾客的光临，务必要求自己态度和蔼、举止得当、言辞讲究，尽力与来客建立起彼此信任的和谐关系。

（2）热情向来客推介商品。顾客一般不会买自己不认识、不了解的商品，推销人员有义务向来客推荐、介绍自己的商品。要懂得推介商品的过程，既是帮助顾客了解商品的过程，也是推销员借此了解顾客需求的过程。既尊重顾客又服务于顾客，才能使商品推介工作得心应手，真正让来客称心和放心。推介商品常用"FABE"说明术："F"指商品特征，"A"指商品优点，"B"代表顾客利益，"E"指证据。要根据不同类型的顾客及其不同的购买目的，来组合推介商品。万不可无论对谁推介时都像背书似的千篇一律，讲完了事。推介必须实事求是，不能为一时"奏效"而败坏组织和自己的信誉。

（3）成交时刻不忘记礼仪。接近成交时，推销人员当然是兴奋的，而此时推销员的礼仪做得如何，对促进成交至关重要。首先，认识上要清楚，即将到来的成功是顾客照顾了公司的生意，功劳归于顾客，不能以为是自己干得漂亮而沾沾自喜，更不能说什么"今天找到我算你走运"之类无礼的话。其次，行动上不要急躁，要多请顾客发表意见，使其有明确的参与决策感，否则在推销人员喋喋不休的推介声中购买，会令顾客产生"被劝购买"的被动感进而产生不快、厌烦的情绪，甚至打起退堂鼓。最后，神情上要保持平和常态。推销人员此刻应谨防因为盼快快成交而显得急不可待，也应防止因接近成交而喜形于色。这类不稳重的神情会让顾客疑虑顿生，失去对你的信任，打消购买的念头。因此，推销人员仍应一如既往，不折不扣，从容不迫地服务，恰到好处地促进成交。

（4）礼貌地送别来客。推销完成后，推销人员还应与顾客轻松地谈点别的话题，使来客感到与你做交易是件非常愉快的事,相反,此时对顾客变脸或者哪怕有半点冷淡怠慢,都会让顾客觉得刚才你的热情都是为赚钱而装扮的假象,有了上当感的顾客是不会成为组织回头客的。成交后适当地招待一下顾客,这不但有延续业务的需要,也有礼仪上的需要,在实践中常可见到,当然这要根据需要和可能来考虑。告别时,可以把顾客送出组织大门,多讲一些互敬互祝的话,表示愿意保持往来,增进友谊,加强合作,不要只说一句"走好""再见"。

13.1.4 推销的语言艺术

由于推销的根本目的在于说服推销对象接受推销客体,推销语言必须满足推销对象的需求,准确有效地传递推销信息,唤起其注意,激发其兴趣,促成交易的实现,实现推销的目的。

推销的语言艺术包括如下几个方面。

1. 引起注意的语言艺术

无数的事实证明:在面对面的推销中,能否真的吸引客户的注意力,第一句话是十分重要的,它的重要性并不亚于宣传广告。客户在听我们第一句话的时候比听第二句话乃至以下的话要认真得多。当听完我们第一句话时,很多客户,不论是有心还是无意,都会马上决定是尽快地把我们打发走,还是准备继续谈下去;如果第一句话不能有效地引起顾客的兴趣,那么之后即使谈下去,结果也不会太乐观。

(1) 急人所需。抓住对方的急需提出问题是引起注意的常用方法。美国一位食品搅拌器推销员,当一住户的男主人为其开门后,第一句话就发问道:"家里有高级搅拌器吗?"男主人被这突如其来的发问给难住了,他转过脸来与太太商量,太太有点窘迫又有点好奇地说:"搅拌器我家里倒有一个,但不是最高级的。"推销员马上说:"我这里有一个高级的。"说着,从提袋中拿出搅拌器,一边讲解,一边演示。

假如第一句话不是这样说,而是换一种方式,一开口就说:"我想来问一下,你们是否愿意购买一个新型的食品搅拌器?"或者"你需要一个高级食品搅拌器吗?"会有什么结果呢? 第一种问法,要对方回答的是"有"还是"没有"。当然差不多是明知故问,但推销员这个问题提得好,有两个好处:一是没有使客户立刻觉得你是向他们推销东西的。我们已经说过,人们讨厌别人卖给他们什么,而喜欢自己去买什么,二是只说我们有一台高级搅拌器,并没有问客户买不买,因此客户会产生兴趣,看看高级别的与家里的有什么不同,演示说明就成为顺理成章的事情了。至于最后的购买,不是乞求的结果,也不是高压的结果,而是客户的一种满意的选择。

(2) 设身处地。如果一开口便说出一句替客户设身处地着想的话,同样也能引起对方的注意。因为人们对与自己有关的事特别注意,而对那些与自己无关或关系不大的事,往往不太关心。有一个推销家庭用品的推销员,总能够成功地运用第一句话吸引顾客的注意。"我能向您介绍一下怎样才能减轻家务劳动吗?"这句话一下子抓住了对方的心理,顾客被烦琐家务劳动搞得筋疲力尽,而又无计可施,这时听说有方法可减轻家务劳动,当然感兴趣了。试想,如果这位推销员一开口就问人家:"我能向你们推销一台洗衣机吗?"或者"我能给你们介绍一下我厂的新产品吸尘器吗?"效果就不会有第一种的说法好,因为后面的说法没有把产品对客户的效用一下子明确地提出来,而且没有设身处地地为对方着想,强调的是"我",而不是"你"。

(3)正话反说。有的时候推销人员为了引起对方的注意,故意正话反说,这也是一种出其不意的妙法,一个高压锅厂的推销员找到一个批发部经理进行访问推销,他一开始就说了这么一句:"你愿意卖1000只高压锅吗?"推销员在推销的时候不说"买"而说"卖",这句话一说,经理感到这个人很有意思,便高兴地请他谈下去,推销员抓住机会向经理详细地介绍他们工厂正在准备通过宣传广告大量推销高压锅的计划,并说明这样做的目的是为了给零售商提高销售量,这个经理便愉快地向他订下一批货。说话这件事真奇怪,同样一个意思,不同的说法,效果相差甚远,真是值得我们研究一辈子。

(4)形象演示。关于产品的戏剧性形象演示,如效果明显,可以极好地引起公众的注意。一个纺织品推销员脸朝着太阳的方向,双手举起一块真丝产品,这时,从挂在墙上的玻璃镜中,可以看到这块真丝产品,他对顾客说:"你从来没有见过这样有光泽的图案,这样清晰的丝织品吧?"一个推销录音机的推销员,走进一个潜在客户的办公室,客户正在打电话,他马上将录音机打开,把对方的通话录了下来,等他打完电话后,马上放录音,同时对客户说:"你可能还没有听过自己的雄浑而悦耳的男低音吧?"这两个故事中的推销员,都善于因地制宜地利用自己所推销的商品,制造戏剧性的情节。实践表明,人们对于戏剧性的情节会产生很大的注意力和好奇心。假如不是这样,而是直截了当地问对方"你要录音机吗?""你要丝织品吗?",效果就肯定差得远。

(5)顺水推舟。"在上个月的展销会上,我看到你们生产的橱窗很漂亮,那是你们的产品吗?"这句话马上引起了对方的注意,并使对方十分高兴,然后推销员紧接着对这位客户说:"我想,如果在你们生产的橱窗上再配上我厂的这种新产品,那就是锦上添花了。"顺手递上了自己所要推销的产品,这个推销员顺着他人产品之水,推动自己产品之舟,可谓巧妙,这种借向客户提出新的构想来推销自己的产品的方法,也是一种吸引对方注意的有效途径。

(6)从众效应法。从众,这是一种有趣的社会心理现象,它指的是,人们往往不自觉地以周围人的行为动作为自己的行动指导,特别是当自己难以选择的时候,更会以他人的行动作为自己行动的借鉴,例如,如果你的亲朋好友、邻居同事购买"飞鸽牌"自行车,当你打算买车的时候,就很可能也买"飞鸽牌"。这个原理用于推销,就要求推销员在说明产品时,同时举出已购买本产品的公司或知名人士或顾客的熟人。

"这种国产车很受欢迎,深圳、广州、珠海几家旅游公司都各订了10部。"

"李先生,你是否注意到红光印刷厂王经理采用了我们的印刷机后,营业状况大为改善?"

"这种综合电疗器特别受知识分子的欢迎,工学院的老师一买就是几十只,你们师范学院的教师也买了不少,例如,你们都认识的中文系王天教授,数学系刘明教授,都使用这种电疗器,效果不错。喏,这是他们写来的信。"

当然,推销时所碰到的场面何止千种,所谓运用之妙,存乎一心。以上的几种方法,仅供借鉴,到底要怎样说,才能最有效地吸引对方的注意,引起对方的兴趣,还要我们在实践中不断探索。

2. 介绍商品的语言艺术

介绍商品,是推销过程的一个重要环节,推销就是通过对商品的介绍,达到满足顾客真正需求和销售商品的双重目的。介绍应注意以下四点。

(1) 因情制宜。就是指介绍商品时应根据商品的特点和推销对象的具体情况加以介绍,做到有的放矢,比如对高档商品要强调其质优物美的一面;对廉价商品则要偏重其价廉的特点;对试销商品要突出其"新颖独特"的一面,着力介绍其新功能、新结构、体现新的审美观和价值观;对畅销商品,因其功能、质量已广为人知,因此对商品本身不需详细介绍,而应着重说明其畅销的行情和原因,使顾客不但感到畅销合情合理,而且产生一种"如不从速购买,可能失去机会"的心理;而对滞销商品,则应强调其价格低廉、经济实惠的特点,同时适当地说明其滞销的某些原因和可取的优点。比如对老年人介绍说:"这种羽绒服是名牌产品,保暖性强,结实耐穿,式样大方,就是款式不够新颖,没有皮衣那么时髦,所以年轻人不太欣赏。"这正切合了老年人求经济实用,重内在质量的心理。

从推销对象来看,不同的顾客有不同的心理和需求,介绍商品时更应抓住不同顾客的心理特点,因人施语,获得顾客的认同,如年轻人喜欢新颖奇特,而老年人则注重价格;女士往往偏重款式,男士则更讲究品牌。向女士推销服装,应强调款式的新颖,风格的独特;而对男士,则应着重介绍品牌的知名、质料的考究。又如对老成持重的顾客,介绍时应力求周全,讲话可以慢一点,要留有余地;对自我意识很强的顾客,不妨先听其言,然后因势利导;对性情急躁的顾客,介绍商品时应保持平静,设身处地为之权衡利弊,促其当机立断;而对优柔寡断者,则应察言观色,晓之以利,促发其购买冲动。

(2) 充满热情。推销人员在推销中要充满信心和热诚,推销人员的热情往往会感染顾客,使顾客产生信任感,引起情感上的共鸣,进而引发顾客的购买欲。如有位妇女给小孩买马蹄衫上用的扣子,营业员见到她的小孩,说:"这是你的小孩吧,真漂亮。"妇女高兴地说:"你不知道,淘气着哪!"营业员说:"小子玩玩是好,女儿玩玩是巧,将来一定有出息!"又问:"你想看点什么?""我想买五颗扣子。"营业员说:"市面上卖的马蹄衫胸前钉的是五颗扣子,领子上还应钉两颗。小孩好动,常掉扣子,加上一颗备用。您买十颗吧。"这位顾客很高兴:"您比我想得还周到,听您的,买十颗。"推销人员以热情待人,可以使本来不想买的买了,本来想少买的多买了,而原来打算买的,会更满意、更高兴。总的来说,情能动人亦能感人,产生好的效果。

(3) 实事求是。实事求是即指介绍商品时应尊重事实,恰如其分,切忌虚假吹嘘,蒙骗顾客。应当看到,任何商品都有其长处和短处,顾客所关注的是商品的长处在多大程度上大于短处,在于商品的长处和价值要与其价格相称。所以,对商品的成功的介绍并不在于过分渲染和夸大商品的优点,这样做只能引起顾客怀疑和反感;而应当实事求是地介绍,以使顾客全面了解商品情况,消除疑虑和犹豫心理,增强对商品和企业的信任度,买得放心并且称心。推销人员应当铭记的是:商品介绍中最重要的不在于推销者说了些什么,而在于顾客相信什么;不在于告诉顾客商品如何完美无缺,而在于顾客了解此种商品有什么适应其需求的好处,所以实事求是地介绍商品是颇有说服力的。

(4) 突出重点。通常一种商品或服务,本身具有众多的优点和特征,如果我们不看对象,一股脑儿将这些特点和特征加以罗列,一一介绍,不但会白白浪费许多时间,顾客也会由于我们的"狂轰滥炸"而弄得头昏眼花,不得要领。在介绍时,我们应根据商品或服务的特点,转换成对顾客的益处,依客户之不同而进行重点不同的说明,这便是我们所说的合理地介绍最重要的一条。

以电冰箱为例,同样的一个电冰箱,也随时间、地点、人物的不同而具有不同的效用,我们介绍的时候,只要抓住这一条,就会事半功倍。

美国的一位推销员曾经向住在北极圈内冰天雪地中的因纽特人推销电冰箱,他是这样来介绍他所推销的产品的:"这个电冰箱最大效用是'保温',以免食物的结构被冻坏而丧失它的营养价值。"(注:电冰箱里的常温是零下5℃,而因纽特人居住环境的气温终年都零下三四十度)对因纽特人而言,这位聪明的推销员以温度的差距对食物的营养价值的影响作为说明的重点,是非常恰当的。试想,如果对因纽特人说明由于冰箱里的温度低,可使食物保鲜,对方听了可能认为你到这里来是为了开玩笑的,因为这里根本不存在食物腐坏的问题。

商品虽然成千上万,不胜枚举,但是说明的重点不外以下10个方面:①适合性——是否适合对方的需要;②通融性——是否也可用于其他的目的;③耐久性——是否能长期使用;④安全性——是否具有某种潜在的危险;⑤舒适性——是否具有给人们带来愉快的感觉;⑥简便性——是否很快可以掌握它的使用方法,不需要反复钻研说明书;⑦流行性——是否是新产品,而不是过时货;⑧身价性——是否能使顾客提高身价,自夸于人;⑨美观性——外观是否美观;⑩便宜性——价格是否合理,是否可以为对方所接受。这10个方面因人而异、因物而异、因时而异,要求我们在作说明的时候,能具体情况具体分析。

3. 诱导购买的语言艺术

一位美国推销员贺伊拉说:"如果您想勾起对方吃牛排的欲望,将牛排放在他的面前固然有效,但最令人无法抗拒的是,煎牛排的'吱吱'声,他会想到牛排正躺在黑色铁板上,吱吱作响,浑身冒油,香味四溢,不由得咽下口水。""吱吱"的响声使人们产生了联想,刺激了欲望。我们在推销说明中,就是凭借我们的口,针对顾客的欲望,利用商品的某种效用,为顾客描述商品,使之产生联想,甚至产生"梦幻般的感觉",以达到刺激欲望的目的。

1) 描绘购买后的美景

为了使顾客产生购买的欲望,只让顾客看商品或进行演示还是不够的,我们必须同时加以适当的引导,使顾客心理上呈现一副美景。首先要将有魅力的形象在我们的脑海中描绘出来,并将形象转换成丰富动人的言词,然后用我们的口才当"放像机"在对方脑海的屏幕上映现出来,借以唤起对方的购买欲。

一位推销室内空调机的能手,他总滔滔不绝地向顾客介绍空调机的优点如何,因为他明白,人并非完全因为东西好才想得到它,而是由于先有想要的需求,才感到东西好。如果不想要,东西再好,他也不会买。因此他在说明他的产品时并不说"这般闷热的天气,如果没有冷气,实在令人难受。"之类的刻板的教条。而是把有希望要买的顾客,当成刚从炎热的阳光下回到一间没有空调机的屋子里:"您在炎热的阳光下挥汗如雨地劳动后回家来了,一打开房门,迎接您的是一间更加闷热的蒸笼,您刚刚抹掉脸上的汗水,可是马上额头上又渗出了新的汗珠。您打开窗子,但一点风也没有;您打开风扇,却是热风扑面,使您本来疲劳的身体更加烦闷。可是,您想过没有,假如您一进家门,迎面吹来的是阵阵凉风,那是一种多么惬意的享受啊!"

凡是成功的推销员都明白,在进行商品说明的时候,不能仅以商品的各种物理性能为限,因为这样做,还难以使顾客动心。要使顾客产生购买的念头,还必须在此基础上勾画出一副梦幻般的图景,会使商品顿时增加吸引人的魅力。

使用这种描述说明方式有以下几点必须注意。

(1) 不要描述没有事实根据的虚幻形象。我们的描述目的是使我们的商品或服务锦上添花。要做到这一点,首先必须是"锦",而不是破布,如果我们所描述的是没有事实根据的虚幻形象,日后必招来顾客的怨恨。我国某城市的报纸上曾为该市新建的一座森林公园大做广告,称如何壮丽。开张的那天,不少人慕名而来,结果大呼上当,森林公园中根本见不到几棵树木,倒见到不少的建筑工地,顾客纷纷写信去报纸投诉,使该公园声誉扫地。

(2) 以具体的措辞描绘。如果我们只说"太爷鸡"(广州市一家著名的个体户的绝活),人们的脑海中仅会浮现一只鸡的形象,至于什么颜色、什么香味、软硬如何,人们就不得而知,很难产生美味的形象,光说"价廉物美"也不行,还应具体描述一下,价廉到什么程度,物美到何种地步。

(3) 以传达感觉的措辞来描述。如果我们只说"痛"便不能令人了解到底有多痛,是怎样的痛法,如果说是"隐隐作痛""针刺般的痛"或"火烧火燎一样地痛",人们的理解就会深刻许多,因为后者的描述中使用了传达感觉的措辞。

(4) 活用比较和对照的方法来描述。"空调机比电风扇好用多了。""电饭锅比烧煤烧柴省事多了,且没有污染。"这样进行比较,人们的印象就会特别深刻。

(5) 活用实例来描述。一位卖相机的小姐对欲购相机的另一位小姐说:"如果您出差、旅游,背上这么一部相机,不但使您更加富于现代青年的特色,而且会给您带来永久的回忆,请您想一想,如果因为没有相机而失去这些宝贵的一刹那,岂不是终生的憾事?"

如果把合理的说明与生动的描述结合起来,将起到画龙点睛的作用,更能激发顾客的购买欲望。

2) 提供有价值的情报

向顾客提供有价值的情报,也是刺激顾客购买欲望的一种说话方法,这也是很多不喜欢谈吐的推销员得以成功的秘诀。什么是有价值的情报呢? 顾客的利益及消费的时尚。顾客的需要及利益都是有价值的情报,这里重点讲述应该如何抓住人们消费价值取向的变化,去引导顾客适应新形势,从而激发其购买的欲望。由于技术的革新,市面上相继出现了经过新奇包装的商品。消费者的收入水准或教育水平都在提高,生活方式也随着改变,买方的欲求也高度化、大型化、多样化、个性化起来,购买态度、东西的买法、顾客的选择都一直在急速地改变,顾客对价值观的看法,也和以前完全不同,所以,只认为质量过硬或工厂设备精良,就自视商品佳,而自陷于千篇一律到处可见的推销法,注定要失败。

所谓推销,已演变成不单是推销东西了,而是推销情报。例如,小汽车,销售重点也已从便宜的经济性等因素,移向了外观、乘坐的感觉方面。纺织品,从耐久性方面,转移到色泽、花纹、设计、流行性等方面。住宅也同样,卖的不是孤立的建筑物,而是环绕建筑物的环境或有气氛的生活。即使是领带,卖的也不是单纯的领带,而是由西装、衬衫、手帕等组合成整体的有个性的自我表现。这些销售特点,加上商品本身的价值和附加价值,便容易使顾客产生购买动机。现代的推销人员已不仅是卖货、运货而已,而是提供决定商品买进有用的情报的情报员。要当好这个消费顾问,在关键时刻得会说话。即不但推销员本人要明了消费趋势的变化,而且要善于把这些变化传达给那些不知情的顾客。

4. 消除疑虑的语言艺术

推销的过程中,顾客会产生各种疑虑,如何消除这些疑虑是推销成功的关键。

(1)正面击退法。有时,顾客因为对我们公司的产品质量、信誉存在着疑虑,因此拒绝我们的产品或服务,有的顾客可能还说出一些刺耳的话来。面对这种情况,为了顺利地推销我们的产品或服务,为了维护我们企业或产品的形象,有必要正面击退顾客的批评,从而消除他内心的疑虑。我们这里所说的是正面击退顾客错误的指责或不合理的挑剔,并非意味着对顾客本人来个迎头痛击,让我们来看两个实例。

有一对正准备结婚的恋人,来到××电器集团公司的展销部购买电冰箱。这小两口,围着××牌电冰箱转了好久,男的正准备掏钱付款的时候,女方突然改变了主意。

"我看,我们还是去买日本东芝冰箱吧!"

"怎么你又变卦了,原来不是说好的吗?"

"我看这种国产的冰箱质量不保险,不如日本的好。不过是多花千八百块钱就是了。"

这时候,站在一旁接待他们的售货员,眼看到手的生意没了,悔恨自己方才那么耐心地给他们解说,都白搭了。心里一急、一气,便脱口而出:

"得了,得了,你早说不买,就别问这问那,日本的好,你们又有钱,去日本买好了,干嘛上这儿来?"

这两口子,给这么正面一激,转身就要走。这时候,门市部主任微笑着走了过来。

"两位请稍留步,我有几句话要对两位说。"两口子不由自主地又转过身来,气鼓鼓的样子。

"真对不起,方才我们的售货员说话没有礼貌,冲撞了二位,都怪我这个主任平时教育不严,我向二位赔礼道歉。"

这两口子听他这么说,才平息了怒火。

"至于买不买我们的冰箱都没问题,只是有一件事要讨教一下二位。"

听到"讨教"二字,小两口真的认真起来了。

"方才这位女士说,我们的冰箱质量有问题,是否可以具体说明一下,也便于我们改进工作。"

女士冷不防给主任这么一问,一时不知如何作答,迟疑了一会儿,才吞吞吐吐地说:"我也是听人说,东芝的冰箱好。"她指着冰箱背后的散热管,继续说:"这些弯弯曲曲的管子都露在外面,也不好看。"

主任听她这么说,心中明白了几分。

"这位女士,这完全是误会。当然,东芝电器历史长牌子老,有许多优点。但是,我们国产的冰箱近些年来也有很大进步,你们方才看到的这种冰箱,正走向国际市场。"

小两口将信将疑,主任接着说:"我们的冰箱,经过周密的计算,将散热管暴露在空气中,散热的速度可提高一倍,由于热量散得快,所以冰箱内部制冷的速度快,达到提高效率、节约电能的目的。实验结果表明,与同等容积的密封式相比,我们耗电量仅是它们的1/3。

如果一天省半度电，请你算一下，一年省多少电费？"

主任换了口气继续正面进攻："至于说到美观，这是不必要的顾虑。因为散热管在冰箱背后，紧靠墙壁或在墙角之间，对于正面观看毫无影响，请二位放心。"

这位女士竟无话可说。这时主任发动连攻："我看这样好了，你们若信得过我，下午我派车给你们送去。喏，这是单据，请到那边取发票和保修单。"

就这样，主任巧妙地挽回了败局，促成了生意。主任正面击退的不是顾客，而是顾客由于疑虑而产生的责难。但我们注意到，主任正面反击时，没有用"这是胡说""谣言""诬蔑"字眼，而是用了一句"这完全是误会"来反驳对方的错误意见。因此，当我们使用这种方法与顾客讨论时，一定要注意语气的柔和、用词的恰当，千万不能使用刺激性强的贬义词。否则易激怒顾客，造成难以扭转的局面。

(2) 间接讨论法。日本一个木屋推销员与顾客之间进行了这样的一场讨论。

"我们喜欢×××公司的产品。"

"您能详细地指点一下吗？"

"他们的广告似乎很有气魄……"

"先生，我们是应该以广告的大小来做出判断呢，还是应该以房屋的真正质量来判断？"

"你们房屋里的各种木制家具，不是很容易产生扭曲变形的现象吗？"

"您说得完全正确，如果比起钢铁制品、水泥构造来说，木制家具的确容易发生扭曲变形的现象。但是，请您注意，我们制作房屋及家具的木板，不是普通的木板，而是经过完全干燥处理的，扭曲、变形的系数降低到最小的程度，也就是说，降低到人们肉眼无法发现，而只有精密仪器才能够测定得出的地步。所以，在这点上您完全可以放心。"

这就是一则使用间接法与顾客进行讨论，从而达到消除顾客内心疑虑的例子。

间接法，又称为"是的……不过……"法。这个方法的最终目的虽也在于反驳对方的拒绝，消除对方的疑虑，但比起正面反击法要婉转得多，拐了一个弯来说明自己的观点，间接地驳斥了对方的观点。我们大可一试。

从上面的例子我们可以得到以下三点重要的启示。

其一，当对方明确告诉我们说"不喜欢你们的商品，而喜欢别的厂家的商品"的时候，应该冷静地加以分析，诚恳地加以讨教。因为，只有先弄清顾客心中的缘由，才能"对症下药"，并使之心服口服。

其二，当对方提出某家产品和我们相比较而扬他贬我的时候，我们不可盲目抨击对方所提出的厂家或产品，而应在笼统地与顾客同调的同时，在"但是"或"不过"后面做文章，正面阐明或介绍我方产品的优越之处，即使是前边已经进行过说明，在这里仍不妨耐心而巧妙地再来一遍。

其三，采用间接法时，说话的程序大致是这样的。

嗯！这很有道理，依您的看法是不是这样……我这个想法可能有错误，先生，我是这样想的……（同调）

曾经有人这么说……不过不知道可不可以这样说说……（讲出自己的观点）

喔！这倒很有趣，先生，您能给我讲讲您这样认识的原因吗？（询问）

我也是这么想的……但是……（间接法）

间接法如运用自如,效果颇佳。

(3) 问答讨论法。问答讨论法又称苏格拉底讨论法。苏格拉底是两千多年前的古希腊著名哲学家。可以毫不夸张地说,苏格拉底是在和形形色色的人们讨论各种各样的问题中度过了他的一生。他所创立的问答讨论法,至今仍被世人公认为是"最聪明的反驳法"。

苏格拉底讨论法的原则是:当与观点不同的对手讨论或辩论问题时,开始时不要讨论有分歧的问题,而是强调彼此相一致的共同点,当各有关观点都取得完全一致后,对方原来的主张便不攻自破,自然而然地转向我们的观点。苏格拉底讨论法的具体做法是,我们向对方提一连串的问题,而且对于这些问题,对方都只能点头称是。在对方回答了一连串的"是"之后,就只有忍痛割爱,放弃自己原有的主张转而无条件地拥护我们的主张了。

美国有一位电机推销员名叫哈里森,讲了这么一件他亲身经历的有趣的事:"哈里森,你又来推销你那些破烂了!你不要做梦了,我们再也不会买你那些玩意了!"总工程师昨天到车间去检查,用手摸了一下前不久哈里森推销给他们的电机,感到很烫手,便断定哈里森推销的电机质量太差。因而拒绝哈里森今日的拜访,推销更是无门啦!哈里森冷静地考虑了一下,认为如果硬碰硬地与对方辩论电机的质量,肯定于事无益,于是转而采用"苏格拉底讨论法"来攻克对方的堡垒。发生了以下的讨论对话。

"好吧,斯宾斯先生!就是已经买了的也得退货,你说是吗?"

"是的。"

"当然,任何电机工作时都会有一定程度的发热,只是发热不应超过全国电工协会所规定的标准,你说是吗?"

"是的。"

"按国家技术标准,电机的温度可比室内温度高出 72°F,是这样的吧!"

"是的!但是你们的电机温升比这高出许多,喏,昨天差点把我的手都烫伤了!"

"请稍等一下。请问你们车间里的温度是多少?"

"大约 75°F。"

"好极了!车间是 75°F,加上应有的 72°F 的升温,共计是 140°F 左右。请问,如果你把手放进 140°F 的水里会不会被烫伤呢?"

"那——是完全可能的。"

"那么,请你以后千万不要用手去摸电机了。不过,我们的产品质量你们完全可以放心,绝对没有问题。"结果,哈里森又做成了一笔买卖。

哈里森的成功,除了因为他的电机的质量的确不错以外,他还利用了人们心理上的微妙的变化。当一个人在说话时,如果一开始就说出一连串的"是"字来,就会使整个身心趋向肯定的一面。这时全身呈放松状态,容易造成一种和谐的谈话气氛,也容易放弃自己原来的偏见,转而同意对方的意见。

使用苏格拉底讨论法来说服对方,有几点要特别注意。

第一,一定要创造出对方说"是"的气氛,要千方百计地避免对方说"不"。因此,提的问题应精心考虑,不可信口开河。

例如,台湾地区的一位推销员与顾客之间发生了这么一场对话。

"今天还是和昨天一样热,是吗?"

"是的!"

"最近通货膨胀,治安混乱,是吗?"

"是的!"

"现在这么不景气,真叫人不知如何是好!"

这一类问题虽然很正常,不论推销人员如何说,对方都会回答"是的",好像已经创造出了肯定的气氛,可是他说话的内容,却制造出的是一种根本无心购买的否定悲观的气氛。也就是说,顾客在听到他的询问后,会变得心情沉闷,当然什么东西也不想购买了。

第二,要使对方回答"是",提问的方式是非常重要的。什么样的发问方式比较容易得到肯定的回答呢?最好的方式应是,暗示你所要想得到的答案。

所以在推销商品时,不应问顾客喜不喜欢,想不想买。因为你问他"你想不想买""喜不喜欢"时,他可能回答"不"。因此,应该问:"你一定很喜欢,是吧!"

第三,在你发问后对方还没回答之前,自己要先点头,你一边问一边点头,也可诱使对方做出肯定回答。

5. 积极应变的语言艺术

推销人员面对的推销对象是复杂的,它们的心理、性格、教养、行为方式是不相同的。推销中,推销人员与推销对象产生矛盾是经常的、难免的,这时,推销人员处理化解矛盾的语言艺术非常重要。总的来讲,推销人员既要给推销对象以充分的尊重,同时又要维护自己的形象及自己所代表的组织的声誉。处理矛盾,应对危机的语言艺术取决于推销对象的实际情况和具体语境,没有一成不变的方式。推销人员只有仔细观察、灵活应对,才能走出困境。

一位非洲客人到某友谊商场退货,站在针织品柜台前大声说:"你们不讲友谊。"原来,他买了6条三角裤,回去试了觉得比较紧,要求退货。售货员一再向他解释内衣是卫生品,试穿后一律不能退货。这位非洲客人则认为不退货是一种借口,是搞种族歧视。正当双方争执不下时,商场公关人员来到了。她耐心听取了双方的陈述,立即以客人为目标"转"起脑筋来。她拿起皮尺量了量裤头的尺寸,又征得客人的同意,替他量了量腰围,然后婉转地说:"看,您所选的内裤尺寸正合您的需要呀,您为什么觉得紧呢?是不是套在内裤外面试穿的?"这位非洲客人立即点了点头。公关人员用两手拉了拉裤头的松紧带,进一步解释说:"螺纹纱针织品的特点是洗了后不但不缩水变小,而且时间长了还会变松。您如果买更大一点的,很快就没法穿了。"几句热情中肯的劝告把客人说动了,客人感受到了对自己的充分的尊重,也意识到自己的行为的确失当,便连声道歉说:"谢谢,我不退换了。"所以说,高超的语言艺术对处理矛盾、化解危机具有重要的作用。

13.2 拓展阅读

13.2.1 营销人员第一次见面怎么说

营销人员与准顾客交谈之前,需要适当的开场白。开场白的好坏,几乎可以决定这一次访问的成败,换言之,好的开场就是推销员成功的一半。

1. 用金钱来敲门

几乎所有的人都对钱感兴趣,省钱和赚钱的方法很容易引起客户的兴趣。"王经理,我是来告诉你贵公司节省一半电费的方法。""李厂长,我们的机器比你目前的机器速度快、耗电少、更精确,能降低你的生产成本。""陈总,你愿意每年在毛巾生产上节约 5 万元吗?"

2. 发自内心真诚的赞美

每个人都喜欢听到好听的话,客户也不例外。因此,赞美就成为接近顾客的好方法。赞美准顾客必须要找出别人可能忽略的特点,而让准顾客知道你的话是真诚的。赞美的话若不真诚,就成为拍马屁了,这样效果当然不会好。赞美比拍马屁难,它要先经过思索,要有诚意。"王总,您的房子真漂亮。"这句话听起来像拍马屁。"王总,您这房子的大厅设计得真别致。"这就是赞美了。

下面是两个赞美客户的开场白实例。

"徐经理,我听××公司的张总说,跟您做生意最痛快不过了。他夸赞您是一位热心爽快的人。"

"恭喜您啊,杨总,我刚在报纸上看到您的特别报道,祝贺您当选十大杰出企业家。"

3. 利用好奇心

现代心理学表明,好奇是人类行为的基本动机之一。美国杰克逊州立大学刘安彦教授说"探索与好奇,似乎是一般人的天性,对于神秘奥妙的事物,往往是大家所熟悉关心的注目对象。"那些顾客不熟悉、不了解、不知道或与众不同的东西,往往会引起人们的好奇。推销员可以利用人人皆有的好奇心来引起顾客的注意。

一位推销员对顾客说:"老陈,您知道世界上最懒的东西是什么吗?"顾客感到迷惑,但也很好奇。这位推销员继续说,"就是您藏起来不用的钱。它们本来可以购买我们的空调,让您度过一个凉爽的夏天。"某地毯推销员对顾客说:"每天只花一毛六分钱就可以使您的卧室铺上地毯。"顾客对此感到惊奇,推销员接着讲道:"您卧室 12 平方米,我厂地毯价格每平方米为 24.8 元,这样需 297.6 元。我厂地毯可铺用 5 年,每年 365 天,这样平均每天的花费只有一角六分钱。"推销员先制造神秘气氛,引起对方的好奇,然后,在解答疑问时,很技巧地把产品介绍给了顾客。

4. 借第三人来引起注意

告诉顾客,是第三者(顾客的亲友)要你来找他的。这是一种迂回战术,因为每个人都有"不看僧面看佛面"的心理,所以大多数人对亲友介绍来的推销员都很客气。"马先生,您的好友×××先生要我来找您,他认为您可能对我们的印刷机械感兴趣,因为,这些产品为他的公司带来了很多好处与方便。"打着别人的旗号来推介自己的方法,虽然很管用,但要注意,一定要确有其人其事,绝不可能自己杜撰,要不然,顾客一旦查对起来,就要露出马脚了。为了取信顾客,若能出示引荐人的名片或介绍信,效果更佳。

5. 以著名的公司或名人为例

人们的购买行为常常受到其他人的影响,推销员若能把握顾客这层心理,好好地利用,一定会收到很好的效果。"李厂长,××公司的张总采纳我们的建议后,公司的营业状况大有起色。"以著名的公司或人为例,可以壮自己的声势,特别是如果你举的例子正好是顾客所景仰或性质相同的企业时,效果就会更显著。

6. 不断地提出问题

推销员直接向顾客提出问题,利用所提的问题来引起顾客的注意和兴趣。"王厂长,您认为影响贵厂产品质量的主要因素是什么?"产品质量自然是厂长最关心的问题之一,推销员这么一问,无疑将引导对方逐步进入面谈。在运用这一技巧时应注意,推销员所提的问题应是对方最关心的问题,提问必须明确具体,不可言语不清、模棱两可,否则很难引起顾客的注意。

7. 向客户提供有价值的信息

营销人员向客户提供一些对客户有帮助的信息,如市场行情、新技术、新产品知识等,会引起客户的注意。这就要求营销员站到客户的立场上,为客户着想,尽量阅读报刊,掌握市场动态,充实自己的知识,把自己训练成为本行业的专家。客户或许对营销员应付了事,对专家则是非常尊重的。如你对客户说:"我在某某刊物上看到一项新的技术发明,觉得对贵厂很有用。"营销员为客户提供了信息,关心了客户的利益,也就获得了客户的尊敬与好感。

8. 适时地进行产品展示

营销员利用各种戏剧性的动作来展示产品的特点,最能引起顾客的注意。一位消防用品营销员见到顾客后,并不急于开口说话,而是从提包里拿出一件防火衣,将其装入一个大纸袋,旋即用火点燃纸袋,等纸袋烧完后,里面的衣服仍完好无损。这一戏剧性的表演,使客户产生了极大的兴趣。卖高级领带的售货员只说:"这是××牌高级领带",这没什么效果,但是,如果把领带揉成一团,再轻易地拉平,说"这是××牌高级领带",就能给人留下深刻的印象。

9. 利用产品引发兴趣

营销员利用产品来引起客户的注意和兴趣。这种方法的最大特点就是让产品作自我介绍,用产品的魅力来吸引顾客。一乡镇企业厂长把该厂生产的设计新颖、做工考究的皮鞋放到王经理办公桌上时,经理不禁眼睛一亮,问:"哪产的?多少钱一双?"广州表壳厂的营销员到上海手表三厂去推销,他们准备了一个产品箱,里面放上制作精美、琳琅满目的新产品,进门后不说太多的话,把箱子打开,一下子就吸引住了客户。

10. 虚心向客户请教

营销员利用向客户请教问题的方法来引起客户注意。有些人好为人师,总喜欢指导、教育别人或显示自己。营销员有意找一些不懂或装作不懂的问题向客户请教。一般客户是不会拒绝虚心讨教的人。"程总,在计算机方面您可是专家。这是我公司研制的新型电脑,请您指导,在设计方面还存在什么问题?"受到这番抬举,对方就会接过电脑资料信手翻翻,一旦被电脑先进的技术性能所吸引,推销便大功告成。

11. 赠送小礼品

每个人都有贪小便宜的心理,赠品就是利用了人类的这种心理进行营销。很少有人会拒绝免费的东西,用赠品作敲门砖,既新鲜又实用。

13.2.2 不同性格客户的沟通技巧

人的思维模式不同造就了不同性格的人,不同性格的人在做事时会有不同的行为,具体表现在语言行为、肢体动作、语气语调语速、做事风格、观察力等方面。所以,不同的顾客,因为不同的性格特点,不同的需求,不同的审美观、价值观、生活观等,会产生不同的购买行为。

业务员(导购)在现场若能够通过顾客的行为表现,很快把握其性格,就会比较容易地了解到他在做购买决定时的思考过程以及步骤,把握营销的要领。

1. 理智型

特征:比较理智,他知道自己要的产品,知道能够承受的价格,只要今天你能够符合他的需求,能够有合适的价格,他就会购买。

优点:购买过程直接、干脆,不很在意他与你之间亲和力的建立。

缺点:比较固执,一旦做出决定,不容易改变、说服他,不喜欢被强迫推销。

判断技巧:在你与顾客接触的过程中要注意观察,这种类型的顾客说话比较干脆,并且有些傲气,他会主动问你一些问题,比较关注技术性问题,一般男士较多。

销售要领:以理来做诉求,耐心倾听,以商量的方式、站在客观的立场上向他介绍产品或服务。一般这种顾客喜欢别人称赞他有主见、有眼光和判断力。

2. 感性型

特征:做决定时犹豫不决,缺乏主见,容易受别人的影响。

优点:如果能够"同流",进入一个频道,方法得当,很容易说服他。

缺点:非常敏感,比较在意人与人相处的感觉,非常在乎你的服务态度,如果他看你不顺眼,就不会购买你的产品。

判断技巧:这种类型的顾客容易在几个品牌之间犹豫不定,无从选择,并且一般都伙同朋友或同事前来选购,让别人给他拿主意,比较关注促销活动,一般女士较多。

销售要领:需要提供给他许许多多客户的见证、媒体的报道、某些专家的意见。对此类型的顾客要更多地介绍产品的利益和优点以及带给她的好处,并且拿售货记录给她看,告诉她别人买了产品以后的使用感觉。

3. 实惠型

特征:非常在意购买的东西是否非常便宜,把砍价当成一种乐趣。

判断技巧:这种类型的顾客非常关心价格,在你给他介绍产品时他会迫不及待地询问价格,并且关注是否还有优惠活动、有什么礼品赠送,在购买时会不断地压价、要求加送赠品。

销售要领:一般此类型顾客的经济实力一般。所以在推荐时,应更多地推荐特价款,并且要强调物美价廉、实用、赠品相送、限量销售等。

4. 品质型

特征：比较在意产品的品质,始终相信便宜没好货。惯用价格来判定品质。

判断技巧：这种类型的顾客你给他介绍一般家具时,他会不屑地说"还有没有更好的"。

销售要领：一般此类型顾客的经济实力较强,很注重生活品质,产品介绍的重点需要不断强调产品品牌、质量、服务等。

5. 恋旧型

特征：在看事情的时候比较倾向于看相同点,喜欢同所熟悉的事物相类似或相关联的事情,不喜欢差异性。

判断技巧：可以问他以前用的是什么样的产品。

销售要领：在说服他的时候,要强调自己的产品与他所熟悉的产品或事物之间相类似的地方。

6. 求新型

特征：比较有个性,喜欢紧跟潮流,喜欢差异性大的产品。

判断技巧：同样可以问他以前用的是什么样的产品,求新型的顾客会说以前所用的产品有许多缺点。并且对新款式很感兴趣。

销售要领：介绍现在的产品与他以前所使用的产品之间的差异和优势,并强调现在的产品的工艺、技术和质量。

7. 谨慎型

特征：其主要注意力都放在所有细节问题上,一小步一小步地提问,他的观察力比较敏锐,常常会看到别人看不到的细节。

缺点：在做决定的时候比较小心谨慎,甚至比较挑剔,他可能会问你连他自己都没有办法回答的问题。

判断技巧：这种类型的顾客说话较慢,并且问得非常详细,在你给他介绍的过程中,他会不断地仔细观察产品,甚至会问你螺丝钉、铆钉是什么材料的。

销售要领：给他提供的关于产品的信息越详细,越能够让他放心。有时要给他一些参考数字或数据,这样对他说服力会更大。

8. 粗放型

特征：专注于掌握大方向、大原则、大的结构,一般不注重细节。

判断技巧：这种类型的顾客说话比较快,在你给他详细介绍产品时没等你说完这一点,他就会迫不及待地问下个问题。

销售要领：向他介绍产品时,切记不要太啰唆,不要讲得太详细,只要知道他在意哪些东西,你只要很清楚、很有条理、很分明地把大结构、大主体抓住,然后不断强调他的购买利益或购买用意就可以了。

资料来源：http://wenku.baidu.com/view/32f9bbc7bb4cf7ec4afed0cb.html,2011-08-04.

13.3 实训练习

13.3.1 案例讨论

案例1

失败的推销

一年夏天,推销员小刘浓妆艳抹、衣着时髦地来到顾客家上门推销商品。她敲开门后立即作自我介绍:"我是来推销××消毒液的。"当主人正在犹豫时,她已进入室内,拿出商品,说:"我厂的产品质量好,是×元一瓶。"顾客说:"我从来不用消毒液,请你介绍一下消毒液有何用途?"小刘随即往沙发上一坐,对顾客说:"天这么热,你先打开空调我再告诉你。"顾客不悦:"那算了,你走吧,我不要了。"小刘临走时说:"你真傻,这么好的东西都不要,你会后悔的!"

资料来源:http://www.docin.com/p-37237076.html。

讨论题

(1) 为什么顾客没有接受推销商品?小刘在推销商品时有哪些不足之处?

(2) 如果是你,你将会如何进行推销?

案例2

口才拔高了"推销之神"

在日本有个叫原一平的人,身高只有145厘米,是个标准的"矮冬瓜"。他的工作业绩却相当惊人,曾连续多年占据日本全国寿险销售业绩之冠,被人誉为"推销之神"。

原来,原一平的身材虽然低人一等,他的口才却高人一筹。在推销寿险产品时,他经常以独特的矮身材,配上刻意制造的表情和诙谐幽默的言辞,逗得客户哈哈大笑。他面见客户时通常是这样开始的。

"您好,我是明治保险的原一平。"

"噢!是明治保险公司。你们公司的推销员昨天才来过的,我最讨厌保险了,所以被我拒绝啦!"

"是吗?不过我比昨天那位同事英俊潇洒吧?"原一平一脸正经地说。

"什么?昨天那个仁兄啊!长得瘦瘦高高的,哈哈,比你好看多了。"

"可是矮个儿没坏人啊。再说辣椒是越小越辣哟!俗话不也说'人越矮俏姑娘越爱吗?'这句话可不是我发明的啊。"

"可也有人说'十个矮子九个怪'哩!矮子太狡猾。"

"我更愿意把它看成是一句表扬我们聪明机灵的话。因为我们的脑袋离大地近,营养充分嘛!"

"哈哈,你这个人真有意思。"

凭着出色的口才,原一平就是这样与客户坦诚面谈,在轻松愉快的气氛中不知不觉拉近了自己与客户之间的距离,很快一笔业务就搞定了。

看来,一个人身材矮小用不着怨天尤人,只要他能用后天的努力来弥补先天的不足甚至缺陷,并能吃苦耐劳、时刻进取、有所作为,在别人的眼里形象照样很高大。

资料来源:http://www.51edu.com/chuzhong/chuyi/zhengzhi/shiti/3043953.html.

讨论题

(1) 原一平的推销有什么特色?他为什么能够拉近自己与客户之间的距离?

(2) 从本案例中你还得到了哪些启发?

案例3

推销:逢人不落礼节,小事也定乾坤

肖萍下岗后,经熟人介绍,给一家啤酒厂搞直销。第一天,她把十来箱啤酒装在人力三轮车上,蹬着车子一个商店一个商店地推销,结果却被一一拒绝,因为这些商店都有自己的直销商,生人难以打进去。于是,肖萍又一家挨一家地上酒店、饭店去推销,结果还是令人失望,那些老板也一个个地把头摇得拨浪鼓似的。那天肖萍直到天黑才返回,但啤酒还是一箱也没销售掉。她停下车,伫立在一座大桥旁,看着远处万家灯火,想到自己的处境,潸然泪下。"天地这么大,难道就没有我的立足之地吗?"但是,肖萍很快就抹去满脸的泪水,她知道,自己不继续干下去就没有饭吃,就生存不下去。她倔强地想,城市里消费水平这么高,饭店多的是,每天得需要多少啤酒啊!难道别人能卖出去,我就卖不出去吗?就不信这个邪!

她通过认真调查,终于了解到,当地的"湖山大酒店"是月销啤酒量较大的一家星级酒店。她虽没去过,不过听人说,这家酒店的老板脾气挺冲,一般的酒类推销商根本不在他眼里,甚至有的推销商还没摸着他办公室的门便被撵了出去。遇上这样的老板,自己能把生意做进去吗?肖萍心里有些发怵,但又觉得这里充满着诱惑。她想,老板再可怕也是人,他能把你吃了不成?不管怎么说,是狼是虎,也得见上一面再说,没准儿还能成呢。

这天,肖萍穿上一套银灰色西服套裙,使她显得温文尔雅、纯朴大方。她蹬着拉了一车啤酒的三轮车来到了"湖山大酒店"的大门口,先是客气地向两位保安问好,尔后,又微笑着向吧台的小姐打招呼。吧台小姐也礼貌地迎接了肖萍,当问肖萍需要什么服务时,肖萍说明了来意。此时,肖萍自然得体的举止,甜甜的微笑,吸引了吧台边上一位中年男子的目光,他迎着肖萍走过来问:"你是哪家啤酒厂的?"

肖萍说:"天日啤酒厂的。"

"好,你推销的天日牌啤酒我要了,从今往后,我跟你签下每月500箱啤酒的合同。"原来,这位中年男子就是大酒店的老板。

肖萍简直不敢相信眼前的事实,当她望着面前的老板发愣时,他哈哈地笑了,说:"我这里来了一批又一批的啤酒营销商,但你是第一个跟门外的保安和吧台小姐热情地打招呼的,那些营销商没有一个能像你这样尊重我手下的每一个人。"他还说自己最恨那种眼皮往上抬的人。他也是下岗干部。当初,在台上时,好多人都围着他转。下岗了,有些平时"最好"的朋友翻脸就不认他了,所以他对势利小人最嫉恨。老板说,见肖萍为人纯朴热诚、人品很好,能够成为信得过的啤酒营销商。

去陌生的地方推销,要把所接触的顾客都当作好朋友,客气礼貌,应酬周全,说不定人群中就有一双眼睛在留意着你的一举一动,他就是说话算数的人。即使不算数,至少也算

交了一个朋友,替你说句好话也不错。

资料来源:卢仁江.推销:逢人不落礼节,小事也定乾坤.现代营销,2001.7.

讨论题

(1) 逢人不落礼节给肖萍带来了什么?

(2) 本案例对你有何启示?

案例4

25分钟等于25万美元

美国的"超级推销大王"法兰克·贝德佳,在三十多年的保险推销生涯中,赢得了"保险行销教父"的称号。有一次,贝德佳仅用了短短的25分钟,就谈成了一笔25万美元的保险。这笔交易在美国保险业界有口皆碑,堪称贝德佳的经典之作。

一天,贝德佳从朋友处获悉,纽约一位名叫布斯的制造业巨商为了拓展业务,向银行申请了25万美元的贷款。但银行开出一个条件,要求他必须同时投保同等数额的保险。

贝德佳迅速与布斯先生取得了联系,并电话约定次日上午10点45分在布斯先生的办公室见面。然后他又打了个电话给纽约最负盛名的健康咨询中心,替布斯先生预订好了次日上午11点30分的健康检查时间。

第二天,贝德佳准时到达布斯的办公室。

"您好,布斯先生。""您好,贝德佳先生,请坐。"布斯打过招呼后,摆出一副等他说话的样子。

但贝德佳没有说话,采取等客户先开口的策略。

"恐怕你会浪费时间。"布斯先生指着桌上的一叠其他保险公司的企划书和申请书说,"你看,我已经打算在纽约三大保险公司中选一家。你可以留下你的企划书,也许两三个星期后,我才决定。不过,坦白地说,我认为这是在浪费时间……"

"如果您是我的兄弟,我实在等不及想告诉您一些话。"贝德佳表情诚恳地说。

"哦——,是什么话?"布斯很惊讶地问道。

贝德佳继续道:"我对保险这一行颇为熟悉,所以,如果您是我的兄弟,我建议您将这些企划书都丢到纸篓中去。"

布斯先生听后,更觉得大为诧异:"此话怎讲?"

"我可否先问您几个问题?"贝德佳接着说。

"请说。"贝德佳的故弄玄虚,果然勾起了布斯的兴趣。"据我所知,贵公司正打算贷款25万美元拓展业务,但贷方希望您投保同额的保险,是吗?"

"没错。"布斯答道。

"换句话说,只要您健在,债权人便对您的公司信心十足,但万一您发生意外,他们就无法信任您的公司可以继续维持下去。是这样吗?"贝德佳继续问道。

"嗯,可以这么说。"布斯答道。

"所以,您要立刻投保,把债权人所担心的风险转移给保险公司承担。这是眼前刻不容缓的事情。因为,如果您的生命未附上保险,而人又有旦夕祸福,我想债权人很可能会因此而减少贷款金额,或者干脆拒绝贷款,您说呢?"贝德佳又问道。

"很有可能。"布斯答道。

"因此您要尽快取得保证自己健康的契约,这个契约对您而言就相当于25万美元的资金。"贝德佳说。

"你有何建议?"布斯看上去有些坐不住了,但他仍在控制着自己。

"现在我为了您,正要安排一项别人做不到的事。我已替您约好今天11点30分去看卡拉伊尔医生。他可是纽约声誉极高的医疗检验师,他的检验报告获得全国保险公司的信任。如果您想只做一次健康检查,就能签订25万美元的保险契约,他是唯一的人选。"

"其他的保险经纪人难道不能替我安排这件事吗?"布斯怀疑贝德佳是否"别有用心"。

"当然,谁都能办到。但他们没办法安排好您今早立刻去做检查。这些经纪人肯定是先跟一向合作的医疗检验师联络,这些人可能只是一般的检验师。因为事关25万美元的风险,保险公司必定会要求您到其他有完善设备的诊所做更精确的检验。如此一来,25万美元贷款便要拖延数日,您愿意浪费这些时间吗?"

"我一向身体硬朗。"布斯仍下不了最后的决心。

"可是,我们难保自己不会在某天早晨醒来时,忽然喉咙痛或者患了感冒。即使您在保险公司所能接受的程度内恢复了,也难保他们不会说:'布斯先生,您已留下头痛的记录,在未确定您的病因是暂时性或长期性之前,我们想请您暂停投保3~4个月。'这样,您又可能失去这笔贷款。"

"是有可能。"布斯开始动摇了。

贝德佳故意看了看表,说:"11点10分了,如果我们立刻出发,可以按时到达诊所。如果检查结果正常,您就可以在48小时内签订保险契约。布斯先生,您今天早上看起来精神非常好。"

"是呀,我感觉很好。"

"既然如此,您为何不现在就去做检查呢?"

布斯陷入沉思,但没过几秒钟,他便取下衣架上的帽子,说:"好,我们走吧。"

资料来源:http://www.zhlzw.com/cy/cf/415848.html.

讨论题

(1) 本案例中美国"超级推销大王"法兰克·贝德佳"25分钟谈成25万美元保险"都运用了哪些推销技巧?

(2) 贝德佳来到布斯的办公室没有说话,采取等客户先开口的策略,这样做有何好处?

(3) 在推销过程中,贝德佳是怎样消除布斯的异议的?

(4) 本案例对你有何启示?

13.3.2 模拟训练

项目1:手机销售

目的:通过同学间相互售卖手机的游戏,从中体会销售的技巧。

实训学时:2学时。

实训地点:教室。

实训准备:手机等。

实训方法:

（1）相邻座位的同学两人一组，分别扮演销售员和客户。销售员要将手机成功地销售给客户，在推销过程中，客户提出各种疑问和拒绝，直到被销售员说服主动购买。时间5分钟。

（2）邀请2～3组同学上台演练，请其余的同学仔细观察细节。

（3）表演结束后，请参与者谈谈角色感受。

（4）总结销售各环节的技巧。

训练手记：通过训练，我的收获是_____。

项目2：净化水器销售

目的：通过同学间相互售卖净化水器的游戏，从中体会销售的技巧。

实训学时：2学时。

实训地点：教室。

实训准备：净化水器等。

实训方法：

（1）学生分别扮演不同情况的客户，如可以设计氛围如下：①客户家装修精美，房屋面积大，家具很干净，还有一个保姆；②客户家装修普通，房屋又小，店面又不干净，几个子女与其住在一起；③客户房屋装饰得古香古色，有浓郁的传统特色……

（2）邀请3组同学上台演练，请其余的同学仔细观察细节，表演结束后，请参与者谈谈角色感受。最后教师总结。

训练手记：通过训练，我的收获是_____。

课后练习题

1. 判断题

（1）与客户见面要先预约。这种预约一般以客户的时间为主。　　　　　（　　）

（2）谈判人员的最佳年龄是33～35岁。　　　　　　　　　　　　　　　（　　）

（3）推销员接待顾客要多用肯定语言。　　　　　　　　　　　　　　　（　　）

（4）推销员要尽量避免用命令式的语句同顾客交谈。　　　　　　　　　（　　）

（5）在推销中，刺激的语句、过于客套的语句都是不恰当的。这些语句容易引起公众反感。　　　　　　　　　　　　　　　　　　　　　　　　　　　　　　　（　　）

2. 简答题

（1）推销人员应具备怎样的素质？

（2）推销人员在推销前应做好哪些准备？

（3）怎样组织外出登门推销？

（4）怎样组织来客推销？

（5）推销中语言的运用应注意什么？

3. 思考与操作

（1）你正在和一家百货商场的经理谈"速热"牌电暖器，他说："我的库房里已经有很多电暖器了。"对于这点"否定"，你怎样应对？

(2) 如果营业员对顾客说的第一句话是:

    A."你要什么? 大点声说!"

    B."你要什么? 快说!"

    C."你要买什么?"

    D."您要看什么?"

请结合推销的语言艺术对这四句话分别进行评论。

(3) 推销员小王去张先生家推销。张先生一看见他推销的产品,便对他说:"哦,是这种产品啊,上次也有一位先生来推销过了,我没有买。"

面对这种情况,你准备用什么办法来打动顾客呢?

(4) 推销时,遇到以下棘手的情况你分别采取什么办法来争取顾客。

① 顾客:"我们一直用××公司的产品,别的我们不放心,也不想要。"

② 顾客:"对不起,你们的产品我们领教过了,效果不好,算了吧!"

③ 顾客:"对不起,我们是××公司的长期客户,从不向别的公司订货!"

(5) 有的推销员见客人来了,马上说:"你买什么?"然后紧跟着顾客,顾客走到哪里,他(她)也跟到哪里。这样似乎很热情,效果却不佳。为什么? 假如你是推销员,你会怎么做?

任务14 服务

礼貌使有礼貌的人喜悦,也使那些受人以礼貌相待的人们喜悦。

——【法国】孟德斯鸠

客无亲疏,来者当敬。

——谚语

任务目标

- 根据酒店服务的不同岗位和对象,选择合适的礼貌语言服务方式。
- 能够熟练运用导游服务流程中的礼仪和常用的礼仪语言进行服务。
- 能够根据酒店服务礼仪和导游服务礼仪的特点,有针对性地选择参加宴会和导游活动。
- 养成习惯进行酒店礼仪或导游礼仪的自我训练和检验。

案例导入

问题迎刃而解了

在某酒店总台,一位服务员正在给客人办理离店手续。

这时,总台电话铃响,小姐拿起话筒,接到值班经理的电话,原来,915房的预订客人即将到达,而915房的客人还未走,其他同类房也已客满,如何通知在房的客人迅速离店,而又不使客人觉得我们在催促他,从而感到不快呢。

小姐一皱眉,继而一努嘴,拨通了915房间客人的电话。

"陈先生吗,我是总台的服务员,您能否告诉我打算什么时候离店,以便及时给您安排好行李员和出租车。"

915房间陈先生:"哈哈,我懂你的意思啦,安排一辆的士吧。"

就这样问题迎刃而解了。

资料来源:http://www.doc88.com/p-9953772934765.html.

14.1 礼仪规范

服务礼仪,通常指的是礼仪在服务行业之内的具体运用。而其实际内涵,则是指服务人员在自己的工作岗位上向服务对象提供服务时的标准的、正确的做法。它的基本内容主要包括服务人员的仪容规范、仪态规范、服饰规范、语言规范和岗位规范。

14.1.1　酒店服务礼仪

酒店是以建筑物为凭借,主要通过客房、餐饮,向旅客提供服务的场所。随着经济的发展和人民生活水平的提高,旅游者的需求也不断提高和增多,对酒店的要求也越来越高。"宾客至上"的服务意识与热情友好的服务态度,可以带给客人感官和精神上的享受。而其中的关键正是对服务礼仪的认识、运用。"讲究服务礼仪、践行服务礼仪",而践行服务礼仪,对于上岗实习的学生来说,更具有重要的现实意义。参加服务技能大赛的活动,能够促进学生服务意识和技能的提升。

1．酒店礼貌服务

礼貌服务是指服务人员出于对客人的尊重和友好,在服务中重礼仪、讲礼节,执行服务操作规范,它是服务人员主动、热情、周到服务的外在表现,是客人在精神上能感受到的服务形式。

著名的希尔顿饭店董事长唐纳·希尔顿所提倡的"微笑服务"就是一条管理酒店的法宝。泰国东方大酒店,曾两次被评为"世界十佳饭店"之首,其成功秘诀就在于把"笑容可掬"作为一项迎宾规范,从而给光临该店的游客留下美好的印象和回忆。由此可见,酒店员工的礼貌服务是酒店一个不可忽视的重要因素,酒店员工的礼貌礼仪是反映酒店管理水平和服务水平的重要组成部分。

酒店礼貌礼仪服务基本要求包括如下几个部分。

(1) 举止大方,站立服务。站立服务是酒店员工的基本功之一,要求员工站立端正、自然、亲切、稳重,切忌双手抱胸或叉腰,这些动作会给客人以懒散的感觉。

(2) 表情真切,微笑服务。在迎送客人或与客人交流时,要面带微笑,真诚礼貌,恰当地使用尊称和各种手势。

(3) 敬语服务,礼貌迎送。用语谦恭,语调亲切,言辞简洁,根据不同对象恰当使用语言。对内宾使用普通话,对外宾使用外语,尽量做到听懂方言。客到有请、客问必答、客走道别。

(4) 着装规范,干净整洁。酒店员工工作时必须穿统一的工作服。女员工上班要淡妆打扮,以保持皮肤的细润,显得年轻、有活力。男员工不化妆,应做到端庄大方,但要经常修面、剪鼻毛。男女员工都切忌奇装异服和出格打扮。

(5) 主随客便,尊重习俗。对需要特殊照顾,特别是有不同的宗教信仰和民族习惯的客人,要尽量满足他们的要求。接待客人预订事项主动热情、有条不紊。在办理入住、用餐等手续时,准确填写、认真核实,以符合客人要求。提供整理房间等服务时先敲门,得到客人同意后才能进入,如遇客房门口显示"请勿打扰",不得随意进入。

(6) 尊重私密、理性服务。不能对外泄露客人的任何信息;不能乱动、乱翻客人的物品;不私自使用专供客人使用的电话、电梯、洗手间等设施。

(7) 面对投诉,诚恳面对。面对客人的投诉,应态度诚恳,按规章热心帮客人解决问题,切忌急躁、争辩、怠慢,推卸责任。因故不能完成服务的,要耐心向客人解释并道歉。

(8) 面对突发事件时沉着冷静。当发生火警、电梯事故、客人突发疾病或受伤、恐怖爆炸等紧急事故时,应沉着冷静,按照应急预案及时、得当地进行处理。

（9）拾金不昧,诚实守信。拾到客人的遗忘物品,应及时还给客人或上缴,不能私自存留,也不能使用客人的遗弃物品。

2. 酒店各岗位服务礼仪

酒店员工接待客人,礼仪礼节贯穿于酒店服务的全过程。服务态度的好坏,职业道德水平的高低,首先要从酒店员工的礼仪礼节上体现出来。在酒店的各个部门不同岗位上的礼仪礼节服务技巧,必须要熟练掌握、落实到位,这样才能为客人提供优质服务。

（1）迎接人员的礼仪。迎接人员主要指的是门卫和行李员,担负着迎送宾客的重要任务,他们的礼仪礼节会给来宾留下饭店服务质量的第一印象。迎接人员在接待客人时应做到:①身着鲜亮的制服。大门迎接人员要穿迎宾服装上班,包括迎宾制服、迎宾帽、白手套、皮鞋等一套具有本酒店特色的鲜亮的制服,精神饱满地站在正门前,恭候宾客的光临。②主动上前问候。见到宾客光临,应主动上前彬彬有礼地亲切问候;宾客乘坐车辆抵达时,要热情相迎,应一手拉开车门,一手挡住车门框的上沿,以免客人碰头;（但要注意两种客人不能挡:一种是信仰伊斯兰教的,一种是信仰佛教的。因为他们认为这样做"佛光"被遮住了）并且要求自然、大方、真诚,笑容常在。③问候语言要亲切,多重复。问候客人时要面带微笑,热情友好地说:"您好,欢迎光临!"并鞠躬15°致礼;为使每位客人都能听到问候语,最好做到每人一问;接待团体客人时,应连续向宾客点头致意。④客人带有行李,应主动上前。为客人提行李,需要尊重客人的意愿。⑤陪同客人到总服务台办理手续时,应在宾客身后两三步处等候,以便随时接受客人吩咐。陪同客人乘电梯时,应让客人先入梯,不得自己先行。⑥离开房间前,应微笑着说:"先生请好好休息,再见!"面对客人,后退一步,再转身退出房间,将门轻轻关上。

（2）总台接待人员的礼仪。酒店的"窗口"是总台,也是酒店的管理核心区域。总台接待人员的礼仪礼节,在很大程度上关系到饭店的服务水平。总台人员在接待客人时要做到:①站立服务、笑脸相迎、主动招呼,热情问候每一位客人。②热情接待,百问不厌,有问必答,简洁明了。客人多的时候,要按先后顺序依次办理住宿手续,做到办理一个、接待一个、招呼后一个,务必使客人不受冷落。③接受来电查询时,应热情帮助解决,声音中体现亲切问候。④日常服务中,要把电报、邮件准确、迅速地交给住店客人,递送时要微笑招呼、敬语当先。⑤结账告别时,应向客人道谢告别,给人留下彬彬有礼的印象,以使客人产生亲切感,吸引客人下次再来。

（3）客房服务员的礼仪。酒店是客人的"家外之家",客房是住店客人的主要休息场所。要给客人提供舒适、温馨、安全、清洁的居所,必须要做到:①楼层接待员要站立在梯口旁,恭候客人到来,敬语问候。②引领客人要在客人左前方1.5米处,按客人的步幅前进,直到预订房间的门口,开门后侧身一旁,敬请客人进房。③待客人休息后,要根据不同客人的具体情况介绍房间设施的使用方法,帮助客人熟悉酒店各部门的位置环境。④客房服务员进房打扫房间,开门前必须轻轻敲门。当房门挂着"切勿打扰"的牌子时,绝对不要擅自闯入。被客人召唤进客房时,要让门半掩着。客人请你坐下,要婉言谢绝。⑤不得先伸手与客人握手,与客人交谈时要"请"字当先,"谢谢"结尾。

（4）餐厅服务人员的礼仪。餐厅是酒店客人用膳的主要场所,接待人员应掌握娴熟的服务技巧和具备良好的礼仪礼节,要做到:①在客人来到之前,要有一两名服务人员在餐厅门口迎接,要站姿优美、规范、精神饱满。②当客人走向餐厅1.5米处,应面带笑容,拉门迎宾,热情问候;如果是男女客人一起进来,要先问候女宾,再问候男宾。③客人走近餐桌时,服务员应动作轻捷,双手拉开座椅,招呼客人就座。④客人入座后,先送上毛巾,后送上茶水。然后把菜单递上,菜单要从宾客的左边递上,要耐心等候,让客人有充分的时间考虑决定。当客人不知道点什么菜好时,服务员应当好参谋,热情介绍本酒店的时令菜、特色菜、创新菜等。不可硬性推荐,要用敬语。⑤斟酒时要严格按照规格和操作程序进行。斟酒时,打开酒瓶盖要站在客人后侧,倒酒时要从右侧倒,注意不可站在同一位置为两位客人同时斟酒。先倒烈性酒,然后再倒果酒、啤酒、矿泉水。斟酒的浅满程度,要根据各类酒的要求来斟。中餐常要斟满杯,以示对客人的尊重;西餐则有所不同,斟白酒一般不超过酒杯的3/4,这样能让客人在喝一口之前有机会闻到杯内白酒的芬芳;红酒一般只斟2/3杯;斟香槟酒要分两次斟,第一次先斟2/3杯,待泡沫平息后,再斟至2/3或3/4杯即可。斟啤酒时,因其泡沫较多,斟的速度要慢。斟酒时,瓶口不要碰到酒杯。斟酒的顺序是先斟给主人右边的一位,再按照逆时针方向绕桌斟酒。⑥上菜要严格按照上菜规则进行。上菜要从客人的左边上;酒席中的头菜,其看面要对正主位,其他看面要朝向四周。⑦主人或客人祝酒或发表讲话时,应停止上菜,但要及时斟酒,以便干杯。服务员的眼睛要始终注意到餐厅的每一位客人,以便上前问候服务。⑧结账送客时,把账单正面朝下放在托盘上,从左边递给客人。一定等客人点完甜点或客人要求结账时方可呈上账单,当客人付款后,要表示感谢,用敬语。

图14-1所示为酒店餐厅服务人员正在摆台(新华社记者毛思情摄);如图14-2所示(选自http://www.eminhang.com)为酒店餐厅服务人员礼仪训练。

图14-1 摆台   图14-2 服务人员礼仪训练

3. 酒店员工问候语礼节

由于国度、地域场合和交际对象的不同,它的内容与形式也有所不同。作为酒店员工,必须了解人们交际活动中所应遵循的基本礼节礼仪。这既是员工个人素质的体现,又有助于提高服务质量,树立酒店良好企业形象。下面是几种常见的见面礼仪介绍。

(1)问候礼。问候礼是人与人见面时互相问候的一种礼节。问候礼是酒店服务人员对客人进店或外出归来时的一种接待礼节,以问候、祝贺语言为主,问候礼节在日常的使用中又分以下几种不同的问候：①客人刚刚入住酒店时的问候。与客人初次见面，服务员应说："先生您好(或欢迎光临)，我是酒店服务员，请问您有什么吩咐吗？"等。②时间性问候。客人住店后，在店内与客人见面时，要根据早、午、晚大概时间问候"早上好""您好""晚上好"。但在问候晚上好的时候，要注意与英语的晚安区别开来。英语中"晚上好""Good evening"是见面时互相打招呼，而"晚安""Good night"则是客人进客房休息或是今晚不再见面时的一种祝愿语。③对不同类型客人的问候。入住酒店的客人类型很多，服务人员要根据不同类型的客人进行问候。如：同体育代表团、文艺代表团见面时，除一般性问候外，还要说一些客人比较爱听的吉利语言，如"祝贺你们在比赛中获胜""祝你们演出成功""你们表演得很精彩"等。④节日性问候。节日性问候礼一般是在节日前或节日后的问候语言，如：圣诞节、新年、国庆节等，可问候："节日愉快""圣诞快乐""新年愉快"等。在我们日常服务工作中，当了解到某天是客人生日时，就要更加关心客人，见面时应表示祝贺，说："祝您生日快乐"或"生日愉快"。对于酒店的重要客人和知名人士，还应送鲜花或其他生日礼物，使客人有宾至如归之感。⑤其他问候：客人身体欠安时，服务员不但要在语言方面使客人满意，而且还应在日常生活中关心客人。如：客人患病了，在见面时就应说"您身体好些了吗？祝您早日恢复健康！"等。

(2) 应答礼。应答礼是指同客人交谈时的礼节。它包括：①解答客人问题时必须起立，站立姿势要好，背不能倚靠他物。讲话语气要温和耐心，双目注视对方，集中精神倾听，以示尊重客人。对宾客的问话或托办事项没听清楚时要同客人说："先生，对不起，请再讲一遍好吗？"或者"对不起，先生，我再把您的留言重复一遍好吗？"这样就可以避免在服务工作中出现差错。②服务员在为宾客处理服务上的问题时，语气要婉转，如果客人提出的要求及某些问题超越了自己的权限，就应及时请示上级及有关部门，禁止说一些否定语，如："不可以""不知道""没有办法"等。

(3) 操作礼。操作礼主要是指服务人员在日常工作中的礼节。它包括：①服务人员在日常工作中不准大声喧哗，不准开玩笑，不准哼小曲，保持工作地点或客房的环境安静。进宾客房间时，要敲门。敲门时，要注意既不能猛敲，也不能相隔很长时间再敲门，要有节奏地轻敲。轻敲一下后如没有人回答，稍隔片刻再缓敲两次，待客人同意后再轻轻开门进入，并用温柔的语调对客人说："对不起，打扰您了""我是楼层服务员，现在可以为您整理房间吗？"征得客人同意后，再整理、打扫房间。搞完卫生，退出客人房间时，要面对客人说"谢谢，再见。"②服务人员在打扫房间时，要既轻又快，搞完卫生后不可在房间停留。搞卫生时也不可以随意翻阅客人的书刊、信件等，更不可以动用客人的录音机、录像机、照相机等。

14.1.2 导游服务礼仪

导游服务是指为消费者提供的吃、住、行、游、购、娱服务。随着现代旅游业的发展，导游服务的内容和方式正不断发生变化，对旅行社从业人员的素质要求亦越来越高。面对激烈的市场竞争，无论是团队或散客，还是单项服务或综合服务，都需要旅行社认真对待，以取得市场的认可和信誉。因此，导游人员必须有良好的礼仪礼貌修养，必须学会礼貌待客，否则将难以胜任旅行社的工作。

1. 导游员的素质要求

导游员通常都是独立工作,需要有较强的组织、协调、沟通、控制、调动情绪、处理突发事情的能力。导游员的素质要求主要包括以下几点。

(1) 热情友好、爱岗敬业。导游员应该性格开朗、待人热情、活泼睿智、富于幽默感。导游员在接待过程中应该热情地关心每一位游客,提供富有人情味的服务,使游客有一种宾至如归的感觉。导游员应该具有强烈的敬业精神,热爱导游工作,真诚热情地为旅游者服务,精力充沛地投入旅游团的接待工作中。导游员应该积极发挥自己的聪明才智和主观能动性,不怕吃苦、任劳任怨,出色地完成旅游接待任务,让游客高兴而来,满意而归。

(2) 仪表端庄、仪容大方。整洁的衣着、端庄的仪表和潇洒大方的言谈举止,做到持证上岗、挂牌服务。这样在为游客提供服务时,会给导游员增添几分气度。而衣着不整、形象邋遢的导游员,则使人感到不可信任。因此,导游员的衣着必须整洁、得体;表情要自然、诚恳、稳重,让人看上去总是精神饱满、朝气蓬勃。做到微笑迎客、主动热情、端庄大方。

(3) 态度乐观、不惧困难。导游员在旅游接待过程时,经常会遇到各种意料不到的困难。例如飞机航班延误、旅游途中遇到车祸、旅游团内有人生病、旅游团内个别旅游者对旅行社的某些安排表示强烈不满等。在困难面前,导游员应该表现出乐观的态度,让游客觉得困难并不像原先想象的那么严重,增加克服的勇气。因此,导游员必须是一个乐观主义者,在任何困难面前都不应丧失信心。那种一遇困难就惊慌失措、怨天尤人的人,决不会成为一名合格的导游员。

(4) 意志坚定、处事果断。坚定的意志和处事果断的工作作风,是导游员成功地带领游客完成旅游活动的重要因素。无论担任领队、全程陪同还是地方陪同,导游员都必须在旅游者面前表现出充分的自信心和抗干扰能力。导游员应该坚定不移地维护游客和旅行社的正当权益,坚持要求有关方面不折不扣地执行事先达成的旅游合同或其他合作协议。在遇到比较棘手的问题时,导游员应能保持冷静,头脑清醒,善于透过纷乱复杂的表面现象,迅速找到问题的实质,果断地采取适当措施,尽快将问题解决好。

(5) 待人诚恳、讲求信誉。导游员必须具有待人诚恳的品质,无论对游客还是对旅行社,都必须讲求信誉,做到言必行、行必果,一切事情必须光明正大,不得背着旅行社同游客、旅游中间商或其他旅行社做私下交易。导游员不应做假账,虚报各种开支,也不能欺骗旅游者,损害旅游者的利益。导游员不得讲有关自己所服务的旅行社或旅游者的坏话。这样既不公平又不明智,最终会让人对导游员产生恶劣的印象。

(6) 顾全大局、团结协作。导游员在接待过程中,不可避免地要同许多部门、单位、企业和个人进行合作,在合作的过程中,有时会因各种原因同这些部门、单位、企业和个人发生误会甚至冲突。当这种情况发生时,导游员应以大局为重,在一些非原则的问题上委曲求全,尽量向对方解释,设法取得谅解,以消除误会、加强合作。另外,导游员在接待过程中要经常注意游客的情绪,发现不和谐的苗头时,应及时加以调解,使整个旅游团在团结和睦的气氛中顺利度过旅游全过程,留下对旅游活动的美好印象。

(7) 身体健康、性格开朗。导游员应该具有健康的身体和心理,精力旺盛、充满朝气。旅游接待工作既是一项十分繁重的脑力劳动,也是非常艰巨的体力劳动。导游员每天不仅要提供大量的导游讲解服务,还要从生活的各个方面照顾来自不同国家和地区,具有不同文化传统和生活习惯的游客。在旅游过程中,导游员经常是全团中第一个起床和最后一个就寝的人,而且要经常面对各种意料不到的困难,需要不断地解决问题、调解各种纠纷、协调各方面的关系,这些工作会消耗导游员的大量脑力和体力,有时会心力交瘁。

(8) 遵纪守法、依法办事。导游员应该成为遵纪守法的模范,尊重游客的宗教信仰、民族风俗和生活习惯,并主动运用他们的礼节、礼仪,表示对他们的友好和敬重。自觉维护国家的各种法律、法规,严格地按照旅行社的各项规章制度办事。导游员应该熟悉有关旅游行业和消费者权利的各项法规,能够运用法律保护旅行社和旅游者的正当权益,并勇于同各种违反国家法律和旅行社规章制度的行为做斗争。

(9) 勤奋好学、不断进取。导游员应该具有强烈的进取精神,勤奋好学,不断用各种知识充实自己的头脑。导游员不仅要学习书本知识,还要通过实践进行学习和锻炼,将书本知识同实践经验结合起来,提高自己的知识水平和业务能力。另外,导游员还应虚心地向他人学习,向同事学习,向旅游者学习。不仅学习他们的成功经验,还要了解他们的失败经验,避免重蹈他人的覆辙。

2. 导游员讲解礼仪

(1) 讲解应控制好声音、语速,选择好讲解的地点。在导游过程中,导游员要熟悉业务,知识面广。讲解内容健康、规范、热情介绍、答复游客的提问或咨询,耐心细致;对游客的提问,尽量做到有问必答、有问能答;对回答不了的问题,致以歉意,表示下次再来时给予满意回答;与游客进行沟通时,说话态度要诚恳谦逊,表达得体,例如:"请您随我参观""请您抓紧时间,闭馆时间到了""欢迎您下次再来"等。同时,导游讲解时声量过高会造成噪声,音量过大令人讨厌,说出外行话更让人瞧不起。音量过小,游客又听不清楚,"讲话的艺术在于适中"。导游在讲解时音量不可过高或过低,要以游客听清为准。因此,导游员讲解的时间、位置都要注意选择。一般来说,导游要站在游客围成的扇面中心,这样有利于声音传播,使游客都能听到导游的讲解,导游也能听清客人的议论和问题。导游员如果讲得过快,游客听不清楚,精神高度紧张,容易引起疲劳。如果讲得过慢,又会耽误时间,影响游客观赏景物,让人感到不舒服。一般来说,需要特别强调的事情、容易招致疑惑和误解的事情、重要的地名人名和数字等应放慢语速;众所周知的事情、不大重要的事情、故事进入高潮时要加快语速。当然,导游语言要讲究变化。要根据讲解内容,做到宜徐则徐,宜疾则疾,徐疾有致,快慢相宜。

(2) 导游语言表达应准确顺畅、生动自然、条理灵活。首先,准确流畅是导游语言礼仪的核心。根据语言学的研究,导游语言是一种线性语言,讲解一定要流畅。一旦中断,就会影响意思表达,游客无法领会你想要表达的意思和感情,会产生诸如你准备不充分等其他不好的想法,伴随而来的是对导游的怀疑、不信任心理。因此,语言表达是否准确流畅对导游人员来说至关重要。同一导游材料,不同导游去讲解,收到的效果会有所差别,甚至有天壤之别。在讲解之前,一定要把有关景点材料准备得滚瓜烂熟,并反复加以操练。同时,还要避免使用不良的习惯语,也就是我们平常所说的口头禅,诸如"这个……这个……这个……""嗯……嗯……嗯……"之类最影响讲解内容的连贯性。只有这样,才能达到"黄河之水天上来,奔流到海不复回"的境界,取得庐山瀑布"飞流直下三千尺"的效果。其次,生动自然是导游语言礼仪的特色。导游员在讲解内容准确的前提下,应以生动、有趣且具感染力的语言活跃气氛,增添游客的游兴,以趣逗人。如果讲解时过度使用书面语言,照本宣科、死板老套不可取,"黄色幽默"和低级趣味的笑话更应杜绝。例如,在介绍千佛山公园概况时有位导游是这样讲的:"千佛山山脉来自岱麓,它翠峰连绵,树木翁郁,松柏满谷,楼台高耸,殿宇错落,为济南天然屏障。"这段讲解由于玩弄美丽辞藻,过多使用书面语言而让人感到不自然,不能给游客以生动易懂、赏心悦目的感觉,无法实现导游讲解的目的。正确的办法是应将其修改为通俗、生动的口头语言。我们可以尝试着将上面一段文字修改如下:"千佛山属于泰山的余脉,海拔258米。你看它东西横列,翠峰连绵,盘亘于济南市区的南面,被人形象地称为泉城的南部屏风。清朝著名文学家刘鹗在他的小说《老残游记》中就有一段描述千佛山的话,他说从大明湖向南望千佛山,'仿佛宋人赵千里的一幅大画,做了一架数十里长的屏风',形容得是非常的贴切。"导游这样的讲解让游客如身临其境、回味无穷。最后,条理、灵活是导游语言礼仪的基本要求。条理清楚,是导游与游客沟通的根本。特别是对于内容丰富、复杂的景点,讲解必须有条理。先讲什么、后讲什么、中间穿插什么,都要事先组织好,否则会让人不知所云。导游要克服一些不良的口语习惯。有的导游用语暧昧、含混不清,有的解说反复啰唆、拖泥带水,这些不良习惯都会影响导游的表达能力,是应当想方设法克服的。导游言语运用要妥当、有分寸,以做到真正体现对游客的尊重为前提。灵活强调的是导游员的语言表达应做到因人、因地、因时而异,导游员在讲解时必须充分考虑游客的文化背景、认知水平、兴趣爱好及职业特点等异同,并据此有针对性地决定内容的取舍和表达方式的选择,以提高游客的接受和理解能力。

3. 导游迎送礼仪

旅游团队接送礼仪是导游人员的一项十分重要的工作,接团工作的礼仪是否周全,直接影响着旅行社和导游本人在客人心目中的第一印象;而送团则是带团的最后一项工作,如果前面的工作客人都非常满意,但送团工作出现了礼貌不周的问题,同样会破坏旅行社和导游人员在客人心目中的整体形象,并使陪团前期的努力前功尽弃。因此,搞好导游服务工作程序中,迎送礼仪是十分重要的。

(1) 导游迎接过程的规范礼仪。包括:①接站前导游人员到机场、车站、码头迎接游客,必须比预订的时间早到,等候客人,不能让游客等候接团导游员。②接团应事先准备好足够旅游团游客乘坐的旅游车,并督促司机将车身和车内清洗、清扫干净。③导游员的导游证、旅行社的徽章,应佩戴在左胸服装的正上方;制作好醒目的接团牌,要事先了解全陪的外貌特征、性别、装束等,当游客乘交通工具抵达后,举起接团的站牌,向到达游客挥手致意。④接到游客后,应说"各位辛苦了!"然后主动介绍自己的单位及姓名。尊重老人和妇女,爱护儿童,进出房门、上下车,要让老人、妇女先行,对老弱病残的人要上前搀扶,主动给予照顾。⑤介绍过后,迅速引导游客来到已安排妥当的交通车旁,指导游客有秩序地将行李放入行李箱后,再引导游客按次序上车;游客上车时,最好站在车门口,用手护住门顶以防游客碰头。⑥游客上车稍做歇息后,将旅游活动的日程表发到游客手上,以便让游客了解此行游程安排、活动项目及停留时间等。为帮助游客熟悉城市,可准备一些有关的出版物给游客阅读,如报纸、杂志、旅游指南等。⑦注意观察游客的精神状况,如游客精神状况较好,在前往酒店途中,可就沿途街景做一些介绍;如游客较为疲劳,则可让游客休息。⑧到达酒店后,协助游客登记入住,并借机熟悉游客情况,随后,将每个游客安排妥帖。⑨游客进房前先简单介绍游程安排,并宣布第二天日程细节。第二天活动如安排时间较早,应通知总台提供团队游客的叫早服务,并记住团员所住房号,再一次与领队进行细节问题的沟通协调。⑩不要忘记询问游客的健康状况,如团队中有人身体不适,首先应表示关心;若顾客需要,应想办法为游客提供必要的药物进行预防或治疗,以保证第二天游程计划的顺利实施。与游客告别时,应将自己的房间号码告知游客。

(2) 导游送站过程的规范礼仪。主要包括:①游客活动结束前,要提前为游客预订好下一站旅游或返回的机(车、船)票;游客乘坐的车厢、船舱尽量集中安排,以利于团队活动的统一协调。②为游客送行,应使对方感受到自己的热情、诚恳、有礼貌和有修养。临别之前应亲切询问游客有无来不及办理、需要自己代为解决的事情,应提醒游客是否有遗漏物品并及时帮助处理解决。③火车、轮船开动或飞机起飞以后,应向游客挥手致意,祝他们一路顺风,然后再离开。

4. 导游沟通协调礼仪

导游工作的性质与任务,不仅仅是景点介绍、讲解,还包括许多其他的工作,涵盖了旅游六大要素中吃、住、行、游、购、娱的方方面面。游客的兴趣、爱好、要求各不相同,素质参差不齐,要使每个团员满意确实相当不易。对于导游人员来说,要做好以下沟通协调工作。

(1) 善于回答疑难问题。回答疑难问题可以运用下列礼仪技巧:①原则问题是非分明。游客提出的某些问题涉及一定的原则立场,一定要给予明确的回答。这些问题有些涉及民族尊严,有些涉及中国的国际形象,如香港的"一国两制""台湾问题"等,要是非分明、毫不隐讳,并力求用正确的回答澄清对方的误解和模糊认识。例如:西方游客在游览河北承德时,有人问"承德以前是蒙古人住的地方,因为它在长城以外,对吗?"导游员答:"是的,现在有些村落还是蒙古名字。"又问:"那么,是不是可以说,现在汉人侵略了蒙古人的地盘呢?"导游答:"不应该这么说,应该叫民族融合。中国的北方有汉人,同样南方也有蒙古人。就像法国的阿拉伯人一样,是由于历史的原因形成的,并不是侵略。现在的中国不是哪一个民族的国家,而是一个统一的多民族国家。"客人听了都连连点头。②诱导否定。游客的性格各异,要求五花八门,有些合理要求作为导游人员应当尽量予以满足,而有些要求却不尽合理,按照礼貌服务的要求,导游不要轻易对客人说"不"。对方提出问题以后,不马上回答,而是讲一点理由,提出一些条件或反问一个问题,诱使对方自我否定、自我放弃原来提出的问题。③曲语回避。有些游客提出的问题很刁钻,使导游在回答问题时用肯定和否定都有漏洞,左右为难,还不如以静制动,或以曲折含蓄的语言予以回避。有一位美国人问一位导游员:"你认为是毛泽东好,还是邓小平好?"导游巧妙地避开其话锋,反问道:"您能先告诉我是华盛顿好还是林肯好吗?"客人哑然。④微笑不语。遭人拒绝是最令人尴尬难堪的事,为了避免遭遇这种难堪,一般人通常选择不轻易求人。所以不论是何种情况,导游人员都不应直截了当地拒绝游客的要求。但有时游客提出的一些要求,我们又不得不拒绝,此时,微笑不语可谓是最佳选择。满怀歉意地微笑不语,本身就向游客表达了一种"我真的想帮你,但是我无能为力"的信号。微笑不语有时含有不置可否的意味。⑤先是后非。在必须就某个问题向游客表示拒绝时,可采取先肯定对方的动机,或表明自己与对方主观一致的愿望,然后再以无可奈何的客观理由为借口予以回绝。例如,在故宫博物院,一批外国游客看到中国皇宫建筑的雄伟壮观,纷纷要求摄影拍照,而故宫的有些景点是不允许拍照的,此时导游员诚恳地对客人说:"以感情上讲,我真想帮助大家,但这里有规定不许拍照,所以我无能为力。"这种先"是"后"非"的拒绝法,可以缓解对方的紧张情绪,使对方感到你并没有从情感上拒绝他的愿望,而是出于无奈,这样他们比较容易接受。⑥婉言谢绝。婉言谢绝,是指以诚恳的态度、委婉的方式,回避他人所提出的要求或问题的技巧。即运用模糊语言暗示游客,或从侧面提示客人,其要求虽然可以理解,但却由于某些客观原因不便答复。为此只能表示遗憾和歉意,感谢大家的理解和支持。拒绝游客的方法还有不少,如顺水推舟法,即拒绝对方时,以对方言语中的某一点作为拒绝的理由,顺其逻辑性得出拒绝的结果。顺水推舟式的拒绝,显得极有涵养,既能达到断然拒绝的目的,又不致伤害对方的面子。

(2) 善于激发游客兴趣。游客游兴如何是导游工作成败的关键。游客的游兴可以激发导游的灵感,使导游在整个游程中和游客心灵相融,一路欢声笑语;相反,如果游客兴味索然,表情冷漠,尽管导游竭尽所能,也会毫无成效。激发游客游兴的礼仪包括两个方面:一是利用景观本身的吸引力;二是导游借助语言功能调动和引导的礼仪。

导游的景点介绍,一定要注意讲解的针对性、科学性和语言表达主动性的完美结合,应根据不同的景点(人文景观如故宫、颐和园;自然景观如桂林山水)进行详略不同介绍的礼仪;有的具体详尽,有的活泼流畅,有的构思严谨,有的通俗易懂。总之,景点介绍的风格特点和内容取舍,始终应以游客的兴趣为前提。

另外,在游览过程中,要善于变换游客感兴趣的话题,可根据不同游客的心理特点,选择以下话题:满足求知欲的话题、刺激好奇心理的话题、决定行动的话题、满足优越感的话题、娱乐性话题。

(3) 善于调节游客情绪。情绪是人对于客观事物是否符合本身需要而产生的一种态度和体验。旅游活动中,由于有相当多的不确定因素和不可控制因素,随时都会导致计划的改变。例如有时由于客观原因,游览景点要减少,游客感兴趣的景点停留时间要缩短;预订好的中餐因为某些不可控制的因素,临时改变吃西餐;订好的机票因大风、大雾停飞,只得临时改乘火车,类似事件在接团和陪团时会经常发生。这些都会直接或间地接影响到游客的情绪。例如,一个旅游团因订不到火车卧铺票而改乘轮船,游客十分不满,在情绪上与导游形成了强烈的对立。导游面带微笑,一方面向游客道歉,请大家谅解,说明是由于旅游旺季火车的紧张状况而导致了计划的临时改变;另一方面,耐心开导游客,乘轮船虽然速度慢一些,但提前一天上船,并未影响整个的游程,并且在船上能够欣赏到两岸的风光,相当于增加了一个旅游项目。导游成功地运用不同的分析方法,以诚恳、冷静的态度,幽默、风趣的语言,很快化解了游客的不满情绪。调节游客情绪要注意以下几点:①避免以自我为话题中心。调解游客情绪时,最忌讳一方自以为是、夸夸其谈、炫耀自己,完全忽视他人。如果听者始终找不到机会参与谈话,心理上就会产生抵触情绪。为了促进双方情绪的沟通,在谈话中应尽量使对方多开口,借以了解对方,挖掘双方的共同点,找出双方共同的话题,不能一个人垄断话题,也不要放弃调节情绪的机会。②谈论游客感兴趣的内容。在交谈中,应随时注意游客的反应,观察游客的表情、体姿,判断其对谈话的关注程度,并经常征询游客的意见,给予对方谈话的机会。如果一旦发现游客对话题不感兴趣,应立即停住并转移话题,调整谈话的内容和方式。交谈中不要涉及个人隐私、敏感问题,否则谈话会陷入难堪的局面。③谈话内容应以友好为原则。在调节游客的情绪中,双方可能会因对问题的不同看法而发生争论。有时争论是有益的,但争论也容易导致友谊破裂、关系中断。因此,应防止或避免无意义的争论,尤其是不冷静的争论。一旦争执起来,如果对方无礼,不要以牙还牙、出言不逊、恶语伤人,也不要旁敲侧击、冷嘲热讽;应宽容克制,尽可能地好言相劝,再寻找新的话题。

5. 处理突发事件的礼仪

由于旅游活动有较多的不确定因素,加之涉及需要协调、衔接的部门、环节较多,很难预料在组织游览过程中,会发生怎样的突发事件。只有在服务的全过程中,具有预测和分析突发事件的能力,充分做好防患的准备,才能减少和杜绝那些影响服务正常运作的突发事件。那么导游员如何对突发事件做到防患未然呢? 常见的突发事件及其处置原则如下。

第一,尽量在带团出游前对游览计划、线路设计、搭乘交通工具、景点停留时间、沿途用餐地点等做出周密细致的安排,并根据以往的带团经验充分考虑容易出现问题的环节,准备好万一出现问题时所采取的对策及应急措施。

第二,应准备一些常用的药品、针线及日常必需品,将应付突发事件需要联系的电话号码(如急救、报警、交通票务服务、旅行社负责人、车队调度等)随时带在身上。

第三,出发前应亲切询问团队客人的身体健康状况,对老年团队成员尤其要细心。

第四,游览有危险因素的景点或进行有危险的活动,如爬山、攀岩、游泳等,一定要特别强调安全问题,并备有应急措施。

第五,事件发生以后要沉着冷静,既要安抚客人、稳定客人情绪,又要快速做出周密的处理方案和步骤,尽量减少事件带来的负面影响。

在具备了上述的基本条件后,可针对突发事件的性质和种类采取补救、协调、缓和、赔偿、行政手段、法律手段等相应的措施。一旦突发事件发生,导游应该如何面对呢?

(1)路线与日程变更。其处理程序是:①如果遇到特殊情况需要改变旅游路线,包括增减或变更参观景点,增减旅行的天数或改变交通工具等,必须由领队提出,经与接团社研究认为有可能变更,并提出意见请示组团社后,导游才可实施新的旅游计划。②如个别游客要求中途离团或全团旅行结束后延长在旅游地时间,必须请示接团社、组团社后,可同意延长。③如遇上接团社没有订上规定的航班、车次的机票、车票、船票,而更改了航班车次或日期,应向游客做好解释,并提醒接团社,及时通知下一站做好准备。④如因雨雪天气或其他不可抗拒的原因临时取消航班并不能离开所在城市时,应注意争取领队、全陪的合作,稳定游客情绪,并立即与内勤联系,配合民航安排好游客当天的食宿。

(2)行李丢失和损坏。其处理程序是:①在机场发生行李丢失,应凭机票及行李牌在机场行李查询处挂失,并保存好挂失单和行李单,与机场密切联系追查。②抵达饭店时才发现行李丢失,应按行李交接手续从最近环节查起。③行李损坏,应坚持谁损坏谁赔偿的原则。一旦查不清责任,应答应给受损失者赔偿,费用控制在规定的标准内,请客人留下书面说明,发票由地陪签字,以便向保险公司办理索赔。

(3)游客病危或死亡。其处理程序是:①游客发生病危时,全陪要及时向接团社汇报,积极组织抢救。如遇游客在乘火车途中发生急症,应及时与乘务员联系,进行抢救或通知前方站准备抢救。②如遇游客死亡,应立即报告接团社、组团社和保险公司,按照程序规定进行处理。

(4) 游客财物损失被盗。其处理程序是:①游客丢失护照,领队应首先详细了解丢失情况,找出有关线索,努力寻找。如确实找不到,应尽快报告当地旅行社开具证明,陪同协助游客速照快相,拿着照片去其护照国使领馆办理临时护照。没有使领馆的地区,到当地公安机关开具出境证明。②导游员迅速了解物品丢失前后经过,做出正确判断:是失主不慎丢失,还是被盗?并迅速报告公安部门,协助查找。

(5) 交通事故。如果在旅途中发生交通事故,导游员不要惊慌,应稳定游客情绪。并在第一时间通知旅行社和当地交通部门。导游员要采取下列措施:①要立即将伤员送往距出事地点最近的医院抢救。全陪应立即向组团社和接团社汇报,并请示事后处理意见。②保护现场,并尽快报告交通警察和治安部门。③做好全团人员的安全工作,事故发生后,除有关人员留在医院外,应尽可能使其他团员按原定日程继续活动。④做好事故善后工作。交通事故处理就绪或该团接待工作结束后,导游应立即写出事故发生及处理的书面报告。

14.2 拓展阅读

14.2.1 何为"优质服务"

在现代社会里,消费者不为单纯的告知性广告所动,而要求企业提供真正的优质服务。优质服务一般要体现如下几个方面。

1. 无差错

完成本行业(或本单位)所规定的服务项目,向顾客提供无差错的服务是形象塑造的基本要求,客观地说,企业员工在工作中出点差错是难免的。但是,这差错哪怕只占企业全部工作的 1%,对于接受它的公众来说,企业的服务也不能算是 100% 优质。要创优质服务,服务者就必须认真对待服务工作的每个环节,在服务中不出差错。当然,金无足赤,人无完人。当企业在服务中一旦出差错时,服务者的态度就成了决定服务优劣的关键。对能知错就改的态度,公众通常是能够谅解和接受的。优质服务最忌讳的就是不正视和纠正服务中的差错。杭州太子楼酒家的一名员工曾为了证明顾客投诉的包子是干净的,当众吃下了带鸡毛的包子。此事在全国引发了一场讨论。事实上,该员工要维护企业声誉的出发点是好的,但最大的失误就在于其不能正视企业服务中出现的差错。因为出售了不卫生的包子是事实,企业是推卸不掉责任的。不正视错误和承担责任,就不能积极地纠正错误,确保今后的服务质量。因此,创优质服务,塑造形象,除在力争服务中不出差错外,更重要的就是有一个知错就改的态度。

2. 热情高

清朝著名画家郑板桥一天到一座寺院游玩,负责接待的和尚看来客是个其貌不扬的小老头,便随便说了一句"坐",又对司茶叫了一声"茶",就了事。当郑板桥仔细欣赏几方碑刻的时候,和尚估计这老头准是个读书人,于是就改口对郑板桥说"请坐",回头对司茶说"泡茶"。后来,寺里来了一伙达官贵人,其中有人认识郑板桥,尊敬地喊"郑先生"时,和尚这才知道小老头就是大名鼎鼎的郑板桥,马上跑上前去打躬作揖,口里说"请上座,请上座",回头又大声对司茶喊"泡好茶"。当郑板桥要走时,和尚拿出纸笔,请郑板桥留下墨宝。郑板桥挥笔写下"坐,请坐,请上座;茶,泡茶,泡好茶",活灵活现地勾画出这个和尚对"卑贱者"鄙视、对"高贵者"讨好的嘴脸。在现代企业经营中,应热情友好、办事热心,急顾客之所急,想顾客之所想,对每一位顾客和每一笔生意都表现出极大的热忱,一视同仁,决不能像那位和尚一样把人分为三六九等。

就服务而言,热情包括情感上的热烈,如用微笑表达欢迎顾客的愿望等,也包括行为上的主动,如乘务员遇到行动不便的旅客上下车时主动搀扶一把等。前者毋庸赘言,后者则应提醒服务者重视。宾馆服务台的工作人员告知一位老者要找的人住在6楼时,看着老人吃力地爬上了楼梯,有人问服务员为什么不告诉老人在拐弯处可乘电梯上楼,服务员一脸疑惑地答:"他又没有问我电梯的事"。像这种等着顾客张嘴要的服务,绝不算热情。

3. 善突破

善突破是指突破规定的服务项目。作为服务,不一定是写在服务公约上的,而是由顾客随时产生的需求决定的。有位先生曾光顾美国著名的花旗银行,向一个营业窗口的职员提出将一张旧的百元钞票换成一张崭新的,像这种不在服务公约之内的服务项目,即使拒绝提供也无可非议。但是,那位接待他的职员欣然接受了他的需求,并接连打了好几个电话,才在其他营业窗口内找到了一张同面值的新钞。最后,一个小纸盒被递到这位先生面前,里面除了一张钞票外,还附了张字条,上面写着:"谢谢您想到了我们。"这种把本是额外的服务也当作分内的工作并尽心尽力做好的服务,就是优质的服务。

4. 技艺好

服务的特点之一是具有颇高的手工技艺性。以烹饪业来说,绵延上千年的中国烹饪,为中华子孙留下了丰富的饮食文化。中国的八大菜系技艺超群,各领千秋,名闻遐迩,久盛不衰,使中国烹饪技艺居世界之巅。

技艺是服务的技术基础。不只烹饪业具有颇高的手工技艺性,商店售货也有很高的技艺性。当好一个营业员,为顾客提供优质服务,也并非轻而易举,需要掌握一定的技巧;不掌握一定的技巧,仅凭热情是不能搞好服务的。北京市百货大楼的张秉贵在生前50年的柜台生涯中,练就了"一口清""一抓准"的娴熟技艺,博得了广大顾客的称赞。一位年逾古稀的老人送来一张诗笺,上面用毛笔恭敬地写着赞美的诗句:"首都春浓任春游,柜台送暖遍神州,燕京八景添一景,秉贵技艺领风流。"张秉贵的"一团火"精神和超群技艺如同一团圣火,越烧越旺。北京市百货大楼的模范售货员杜学昌以张秉贵为榜样,刻苦钻研,顾客走近柜台,不用询问,杜师傅凭他的经验就能准确判断出适合这位顾客穿着的服装型号、款式来。如果顾客为别人代购,只需说出身高、体重、脸形、年龄、职业等特征,就能为顾客选出合适的服装,使顾客高兴而来,满意而归。正是这种娴熟技艺,塑造了良好的服务形象。

5. 举止雅

行为美是服务美的表现形式之一,是由服务者的形象美、举止美构成的。抽象的服务美通过服务者的形象美、举止美而具体地表现出来。微笑服务就是行为美的具体内容之一。一个面带"发自内心而不是勉强装出"的微笑的营业员,会使服务对象产生亲切感和信赖感;一个面容冷淡的营业员,则会使顾客望而生畏,避而远之。外国一些服务行业把"微笑"作为工作的座右铭,认为"微笑是打动人的心弦的最美好的语言。""微笑是通往世界的护照。笑脸相迎使你的工作生辉。"在旅店业最萧条的时候,希尔顿号召全体职员把微笑献给顾客,把周到的服务洒向顾客,微笑使希尔顿走出困境。在顺境期,希尔顿又对员工说,第一流服务员的微笑比第一流设备更重要,微笑好比花园里春天的风和阳光,微笑使希尔顿长盛不衰。

高雅、得体、大方,衣冠整洁,很有精神,就能给顾客以美好的印象,体现出一种礼貌,体现出高度的文明美;反之,不修边幅,没精打采,就会显得对顾客不礼貌、不尊重,既没有美的形象,也无法创造出美好服务形象来。

6. 语言美

语言是人们交流思想感情的工具。服务者与服务对象之间的思想感情交流主要通过语言来进行。服务者的语言美,可以立即吸引顾客,缩短二者的距离,给人以美好的印象。服务者的语言不美,就会增加二者的矛盾,给人留下不良的印象。

服务人员说话和气、善言待客,是塑造服务形象的基本要求,常言说得好:"善言待客三九暖,恶语伤人六月寒。"对此,北京某菜市场的营业员小唐有着深刻的体会。一次,一位顾客买了一只肥母鸡。小唐热情地问:"您要装进口袋吗!"这位顾客一听,很不高兴地说:"什么,把我装进口袋?你说话可得注意点,多不文明!"说得小唐很难受,但她并不生气,仔细一琢磨,发现自己的话的确有毛病。她认识到,光对顾客热心还不够,必须注意语法修辞,研究客户心理,把话说得恰当、科学。比如以前卖母鸡时问:"您是买肥的还是买瘦的?"后来她变成:"您喜欢油多的还是肉多的?"这种问法满足了不同顾客的心理,顾客满意了,买卖做活了。

总之,服务中的语言由招呼顾客礼貌用语和介绍的业务用语组成。服务人员要有丰富的商品知识和对顾客认真负责的求实精神,只有这样才能真正做到语言美。

7. 全方位

向顾客提供周到、全方位的服务,是塑造服务形象的重要方面。企业应该将服务视为义务,随时为公众排忧解难、提供方便,使公众得到尽可能周到的服务。甚至公众自己都没有想到的,也要替他们想到。

广州的"中国大酒店"曾接待一个由145人组成的会议团体。一天,这批客人去郊区参观,正遇大雨。酒店客户部得知他们傍晚返回后,紧接着要参加另一个活动。考虑到穿脏鞋参加这种活动很不合适,酒店的员工就为他们准备好了145个标着房间号的塑料袋和145双干净的鞋在门口迎候。客人一下车,员工们就递上干净的鞋,并将又湿又脏的鞋对号装入袋中,而当客人结束晚上的活动返回房间时,他们的那些脏鞋已一尘不染地、整齐地摆在了面前。这种处处替公众着想且无论是分内分外、是否有报酬,只要公众需要就尽可能提供的服务,就是优质服务,就是良好的服务形象的最动人之处。

8. 多训练

现在很多企业在训练方面总是纯技术性的,而对服务方面的训练就很忽视。其实这种服务训练需要落到实处,需要做得很细才行,否则服务形象是很难真正树立起来的。

比如,酒店拉门看起来很简单,但照顾得客人很舒服并不是那么简单,拉门的强度、角度、速度,怎么点头,怎么微笑都是要训练的。平安保险总部的工作人员说,他们导入国外的做法,寿险推销员必须练鞠躬三千下,这三千下练下来后,肯定是和一般人不一样的。日本有一位著名的寿险推销人,在挨家挨户敲门时发现,首先进入对方视线的是脸部的面容,它比说话重要。所以他就琢磨怎么笑得最好,他后来发现婴儿的笑最好看,所以他就观察、练习婴儿般的纯真笑脸。后来人家一打开门,看见这个笑脸就不讨厌他,这时候他就有说话的机会了。

再如家电行业现在竞争很激烈,一个商场同时摆着很多种品牌的冰箱,这种情况并不少见。消费者最终会买谁的呢?冰箱本身都差不多,能否销售出去,完全取决于终端的竞争力,如这个终端导购员怎么说话、怎么微笑,而这些东西都要训练。这种训练要在实践中进行,并不断总结提高。

资料来源:张岩松.企业优质服务形象塑造"八招"[J].公关世界,2005(4).

14.2.2 公众投诉接待礼仪

接待来电、来信、来访,正确处理公众的投诉,是服务人员的重要工作之一,而且也涉及很多的礼仪问题。

1. 公众来电

公众来电投诉,一般是发现问题、反映疾苦或进行举报,所以组织的电话应有专人接听,不能只听铃声响,未见接话人。

(1) 学会使用文明礼貌语言。公众用电话投诉时,由于利益受到侵犯,容易情绪激动,所用语言和口气都很不客气,甚至是粗暴的,有时会把接待人员作为"出气筒"。这时,接待人员一定要体谅投诉公众的心情,意识到自己是代表组织接待,公众的电话斥责不是针对自己的,所以接电话时,一定要耐着性子听完意见,并代表组织表示诚恳的道歉,说明一定会及时把有关意见转给有关部门,一有结果,立即告知。同时,接待人员使用的语言和证据要有礼貌,要诚恳、友善、亲切,使公众对象能够体会到接待人员对他需求的关注,从而使自己的情绪能尽快平静下来。

(2) 接听电话要认真负责。凡是能当场说清的问题,要现场回答解决。不能解决的问题要做好详细记录,同时告诉投诉的公众,今后可采用何种方式进行联系,以便告知解决问题的结果。

(3) 听完电话,要对公众进行安慰、鼓励,并要代表组织表示感谢。

(4) 接完电话,接待人员要及时反映,协助有关职能部门处理公众存在的问题。

(5) 要及时告知投诉公众对问题处理的意见结果。对一时不能解决的问题也应有所交代,不能查无结果,大事化小,小事化了,而应认真对待,有所说法。

(6) 公众投诉的问题要注意保密,这是职业道德的要求,一定不能扩散,更不能极不严肃地当成谈笑资料。

(7) 监督电话要"取信于民",广泛进行宣传,使公众了解监督电话号码,便于有针对性地反映问题。

2. 公众来信

在接待工作中,公众往往通过来信反映自身的疾苦或各种问题。处理好公众来信,是社会组织坚持为公众服务的一条重要纽带。处理来信的一般礼仪,主要有以下几点。

(1) 及时处理公众来信。对公众来信要登记造册,来信人的姓名、地址、职业,以及所反映的问题和意见,都要一一记录在案,便于保存和查找。

(2) 做好调查核实工作。对来信中所反映的问题和意见,根据权限规定,或送有关职能部门来处理,或自己进行调查核实,不论采取哪一种形式,都得把调查和处理的结果告知来信反映的公众。

(3) 对公众反映的意见,要迅速回信。复信的文字不宜过长,要简洁、明确,针对公众投诉的主要问题,提出处理的具体意见和建议。不要过分详尽地解释事情的前因后果,这容易给投诉公众留下企图开脱责任的错觉,要让公众感到接待人员是在代表组织真诚地道歉。

(4) 对公众的来信投诉不拖。如有必要,可先复函告知公众,说明来信已收到,请耐心等待回音。有的公众如若来信中流露出一些不正常情绪,应与有关部门研究稳定情绪的对策,以防发生不测。

(5) 严守组织纪律,注意为来信公众保密。特别是来信揭发问题时,来信人的姓名绝对不能随意公开,更不能让被揭发的当事人知道,否则便是严重的失密行为,可能会造成打击报复等后果。

3. 公众来访

接待来访,虚心听取公众的意见和建议,帮助公众解决问题和困难,对密切组织与公众的关系有重大的意义。对来访的公众,接待人员必须待之有礼。

(1) 设置来访接待室。来访接待室一般应设置在本部门或本单位内,使公众易于找到的地方。应为来访公众提供整洁、安静的环境,而且在墙上可张贴有关规章制度,保持严肃认真的气氛。但是,接待室一般不宜设置在太显眼或人员来往频繁的地方,这会增加来访公众的顾虑,也不宜深入交换意见、听取问题的反映。

(2) 要有礼貌地接待来访公众。要态度热情,主动招呼来访公众入座,问清姓名、地址、职业、证件等,然后再询问其反映的问题。接待来访公众,不论熟悉、不熟悉以及公众对方身份的高低,都要热情接待,不能采取冷落的态度。

(3) 要耐心地听取情况。在听取公众的情况反映时,顺耳的意见要听,逆耳的意见也要听。不要当场与公众发生争论,也不能漠然置之,流露出似听非听的神情,这会给来访公众一种受到冷淡的感觉,不利于问题的解决。

(4) 要审慎地回答问题,不要武断地轻易下结论。该问的问题要问清,对于来访投诉,可以说一些安慰性语言,告诉来访公众要相信社会组织,相信事实真相总会大白于天下,会弄清楚的。但情况不明时不要信口开河随意回答问题,更不能武断地做事实判断和评价。

(5) 给公众满意的答复。一般在接待来访公众时,应尽量满足公众的要求,让其在解决问题后满意而去。即使一时不能解决问题,也应告诉公众何时能听取回复,以解除其顾虑,免得他因问题无明确答复,一而再、再而三地到处向人诉说不是,造成对组织不好的影响。

（6）劝说应讲究方式。对态度蛮横的来访公众，接待人员要有宽广的胸怀，切勿针锋相对，火上添油，引起公众的情绪激动，不利于解决问题；而是应当用委婉的语言尽力"降温"，采用商量态度消除对方的对立情绪，造成利于解决问题的人际氛围。

（7）设置来访机构，配备必要的专职人员。在接待中，为了更好地处理公众的投诉问题，应在组织内部设置由专人负责的专门机构。这样，能使公众的投诉得到迅速的处理，而不至因工作忙而被搁浅。如果在投诉中公众坚持要领导出面，就应及时请领导接待，不能擅自主张代替领导做主。当然，如果遇到领导不便接待时，接待人员应以婉转的口气进行解释和劝说，不要把事情闹僵。

资料来源：张岩松. 现代公关礼仪［M］. 北京：经济管理出版社，2006.

14.3 实训练习

14.3.1 案例讨论

案例1

预 订 餐

刘小姐是北京某四星级饭店粤菜餐厅的预订员，星期一她接到某旅行社的电话预订，要求安排120位美国客人的晚餐，每人餐费标准40元，酒水5元；其中有5人吃素。时间定在星期五晚6时，付账方式是由导游员签账单（某些饭店与一些旅行社有合同，可收取旅行社的餐饮结算单，定期结账）。刘小姐将预订人姓名、联系电话、客人人数、旅游团代号、导游员姓名、宾客的特殊要求等一一记录在预订簿上。

星期五晚6时，该旅游团没有到达。此前刘小姐曾与旅行社联系，进行过确认，但都没有更改预订的迹象，因此，刘小姐对其他预订均已谢绝。6时30分，该团仍无踪影。刚巧，这天餐厅的上座率非常高，望着那一桌桌已上完凉菜的餐桌，大家都着急了。餐厅经理急忙做出决定，一方面让刘小姐继续与旅行社联系，一方面允许已经上门没有预订的散客使用部分该团预订的餐桌。并与其他餐厅联系，准备万一旅游团来了使用其他撤台的餐桌。经联系，旅行社值班人员讲，预订没有改变，可能是由于交通堵塞问题造成团队不能准时到达饭店。7时30分，旅游团才风风火火地来到饭店。导游员告诉餐厅，有30人因其他事由不能来用餐。还有90人用餐，其中有3人吃素。经理急忙让服务员安排，并回复导游员，按规定要扣除这30人的预订超时和备餐成本等费用，比例是餐费的50%。

由于团队到达时间晚，有些预订餐桌没有动，餐厅内散客的撤台率较快，加上旅游团少来了30人，所以90个美国客人到达后马上得到了安排。望着这些饥餐渴饮的旅游者，大家终于松了一口气。

资料来源：http://www.shouji670.com/jiudian/fuwu/33768.html.

讨论题

请就该案例分析一下餐厅接受团队预订时应注意的事项。

案例2

<h3 style="text-align:center">当客人被车门夹伤后</h3>

某市一流的 5A 级饭店门前豪华轿车川流不息,好不风光。饭店贵客黄太太乘上一辆奔驰车,当门卫推上车门时,只听黄太太"啊哟"一声,门卫忙把门打开,可已经来不及了,黄太太的手指被门夹了一下,而且伤得很厉害。"你是怎么关的门?"黄太太怒气冲冲地责问门卫。"对不起,夫人! 可我是看你落座后才关的门。"门卫解释说。"你还强辩!"黄太太更是怒不可遏。于是双方发生了一场争执……

第二天,黄太太向饭店投诉,并提出了赔偿 1000 美元治疗费及精神损失的要求。黄太太陈述:这一事件是由门卫明显的失职造成的。作为客人,对于饭店专职服务人员的过失行为所造成的损害要求给予赔偿,是理所当然的。

饭店方面对黄太太的投诉做了反驳:根据门卫的陈述,当时黄太太已进了车内,两手也放在了里面。门卫是看清情况、确认不会发生事故之后才把门推上的。黄太太是在门卫关门时不小心把手伸到了关门的地方。这一本不该发生的事故是因客人的无意行为而造成的。如果归咎于饭店是不公平的。确切地说,这一事故与其说是由于门卫的过错造成的,还不如说是因黄太太不当心造成的结果。

资料来源:http://www.xue163.com/14/2403/141811.html.

讨论题

本案例中对于双方的矛盾,采取的正确态度和方法有哪些?

案例3

<h3 style="text-align:center">结　账</h3>

一个深秋的晚上,三位客人在南方某城市一家饭店的中餐厅用餐。他们在此已坐了两个多小时,仍没有去意。服务员心里很着急,到他们身边站了好几次,想催他们赶快结账,但一直没有说出口。最后,她终于忍不住对客人说:"先生,能不能赶快结账,如想继续聊天请到酒吧或咖啡厅。""什么? 你想赶我们走,我们现在还不想结账呢。"一位客人听了她的话非常生气,表示不愿离开。另一位客人看了看表,连忙劝同伴马上结账。那位生气的客人没好气地让服务员把账单拿过来。看过账单,他指出有一道菜没点过,但却算进了账单,请服务员去更正。这位服务员忙回答客人,账单肯定没错,菜已经上过了。几位客人却辩解说,没有要这道菜。服务员又仔细回忆了一下,觉得可能是自己错了,忙到收银员那里去改账。

当她把改过的账单交给客人时,客人对她讲:"餐费我可以付,但你服务的态度却让我们不能接受。请你马上把餐厅经理叫过来。"这位服务员听了客人的话感到非常委屈。其实,她在客人点菜和进餐的服务过程中并没有什么过错,只是想催客人早一些结账。

"先生,我在服务中有什么过错的话,我向你们道歉了,还是不要找我们经理了。"服务员用恳求的口气说道。"不行,我们就是要找你们经理。"客人并不妥协。

服务员见事情无可挽回,只好将餐厅经理找来。客人告诉经理,他们对服务员催促他们结账的做法很生气。另外,服务员把账多算了,这些都说明服务员的态度有问题。

"这些确实是我们工作上的失误,我向大家表示歉意。几位先生愿意什么时候结账都行,结完账也欢迎你们继续在这里休息。"经理边说边让那位服务员赶快给客人倒茶。在经理和服务员的一再道歉下,客人们终于不再说什么了,他们付了钱,仍面含余怒地离去了。

资料来源:http://www.canyin168.com/glyy/qtgl/qtal/200705/6538.html.

讨论题

本案例中的服务员在结账这个环节上犯了哪些错误?

14.3.2 模拟训练

项目1:地接生活服务中的礼仪活动

实训目标:通过接站服务中的程序、礼仪训练,让学生熟练操作接站服务程序。

实训学时:2学时。

实训地点:多功能餐厅、教室或者流动教室——校园汽车大巴上。

实训准备:接站旗、接站牌、游客资料、数码摄像机或照相机等。

实训方法:角色扮演。将全班学生分为3个组,12人为一个合作单位,团体分工合作。接站程序和接站礼仪训练。确认团队—核对人数—集中清点行李—集合登车—致欢迎辞—入住酒店。

训练活动程序:

(1)手拿接站牌和旅行社旗,模拟一个团队,如北京第三中学师生20人团队。

(2)地接与全陪相互介绍确认。

(3)核对人数,确认与接待计划有没有变化。

(4)行李物品清点。

(5)引导游客上车,地陪站在车门,微笑提示:晕车的游客请靠前坐。

(6)车上致欢迎辞。

(7)教师注意提示学生训练程序、礼仪要点。

然后,用数码摄像机(或数码照相机)记录整个过程,再用大屏幕回放,学生自我评价,授课教师总结点评学生存在的个性和共性问题。最后评选"最佳设计团队"。

训练手记:通过训练,我的收获是_____。

项目2:模拟导游讲解服务中的礼仪活动训练

实训目标:通过定点导游讲解的训练,学生在接老年团和学生团后,能灵活且有针对性地进行礼仪服务。

讲解景点:大连星海广场。

情景模拟:

一是模拟一个老年旅游团队,让学生练习讲解针对老年团的关于星海广场的导游词。注意提醒学生训练时,第一,在语速、语调上注意适合老年人的特点;第二,在内容的选取上,要以历史沿革为主要线索,能够引起老年人的回忆、共鸣。

二是模拟一个学生团队,让学生结合自身的特点,讲解关于星海广场的导游词。注意提醒学生,讲解时注意时尚、超前,可重点讲解各种刺激性的游乐项目内容,要引起学生的广泛兴趣。

实训学时:2学时。

实训地点:多媒体教室。

实训方法：播放星海广场的影像资料，让学生对照影像进行讲解训练。

内容与时间：包括星海广场景点内容、特色、周边的交通环境。每位学生3~5分钟。

然后，用数码摄像机(或数码照相机)记录整个过程，再用大屏幕回放，学生自我评价，授课教师总结点评学生存在的个性和共性问题。最后评选"最佳讲解员"。

训练手记：通过训练，我的收获是＿＿＿＿＿＿＿＿＿＿＿＿＿＿＿＿＿＿＿＿＿。

课后练习题

1. 判断题

(1) 酒店员工的穿着打扮是酒店礼仪重要的组成部分，所以员工着装的要求就是"时髦时尚"，否则会破坏酒店的形象。 （ ）

(2) 酒店的"窗口"是客房，这也是酒店的管理核心区域。 （ ）

(3) 酒店员工在服务中要做到三轻："走路轻，说话轻，动作轻"。 （ ）

(4) 前厅所有打来的电话，务必在三响之内接听，只有这样才能充分体现酒楼的工作效率。 （ ）

(5) 上菜要从客人的左边上；酒席中的头菜，其看面要对正主位，其他看面要朝向四周。 （ ）

(6) 酒店服务员在服务工作完成之后，可以在客房内看电视、听音乐，陶冶情操。

（ ）

(7) 酒店服务员要主动与客人握手，以表示热烈欢迎。 （ ）

(8) 客人在进餐中，把账单正面朝下放在小托盘上，从左边给客人结账。 （ ）

(9) 在旅游过程中，游客物品丢失后，导游员要停止旅游活动，发动全团的游客帮助寻找。 （ ）

(10) 导游活动中，游客提出的某些问题如果涉及一定的原则立场，一定要给予明确的回答。 （ ）

2. 简答题

(1) 酒店服务流程中的礼貌礼仪要注意哪些方面？

(2) 导游员的基本素质礼仪有哪些？

(3) 导游员的讲解礼仪有哪些要求？

(4) 导游员沟通协调礼仪有哪些内容？

3. 思考与操作

(1) 以下是酒店楼面服务基本的礼貌用语，请模拟进行分组练习。

迎客——"您好，欢迎光临！"

拉椅请坐——"先生/小姐，请坐！"

开位问茶——"请问先生/小姐喜欢喝什么茶呢？"

送餐巾——"先生/小姐，请用毛巾。"

斟茶——"先生/小姐，请用茶。"

问酒水——"先生/小姐，请问喜欢喝些什么酒水呢？"

斟酒水——"先生/小姐,帮你斟上××酒水好吗?"

收茶杯——"先生/小姐,帮您把茶杯收走好吗?"

上汤——"这是××汤,请慢用。"

上菜——"这是××菜,请各位慢用。"

更换骨碟——"先生/小姐,帮您换骨碟。"

撤换茶碟——"请问,这个茶碟可以收走吗?"

上水果——"这盘水果是我们酒楼××经理送的,是本酒楼的小小心意,请慢用。"

饭后茶——"请用热茶。"

结账——"请问哪位买单?"

送客——"多谢光临,欢迎下次再来,拜拜!"

(2)酒店服务礼仪操作中需打"请"的手势有如下方面,请组织学生进行分组训练。

带位手势——拉椅手势——开位手势——斟茶手势——斟酒水手势——收茶杯手势——撤换骨碟手势——换烟灰缸手势——上汤手势——分汤手势——加汤手势——上菜手势——撤换菜碟手势——上茶手势——上水果手势——送客手势

(3)请根据以下情境,组织学生分组训练规范礼貌用语及操作程序。

A. 当客人进入餐厅时,咨客应主动上前,热情地征询客人:"先生/小姐,您好!欢迎光临,请问您几位?"当客人回答后,便问:"请问先生/小姐贵姓?"

B. 把客人带到座位后,拉椅请坐(并做请的手势)。双手把菜谱递给客人并说道:"××先生,这是我们的菜牌。"然后询问客人:"您好,请问喝什么茶? 我们这里有普洱、香片、铁观音等茶"。客人选定茶叶后,应把客人所点的茶告知看台的服务员。

要求:语言亲切,保持微笑,使客人有特别受尊重的感觉。迅速把客人的尊姓告知上前拉椅问茶的服务员,以及该区域的领班、部长,并把姓名写在菜卡上。

C. 服务员在分管的岗位上站岗,笑脸迎接客人,协助咨客安排客人入座,稍鞠躬讲:"先生/小姐,您好,欢迎光临!"

D. 拉椅请坐,先将女性坐的椅子拉出,在她坐下时,徐徐将椅子靠近餐桌,说:"小姐,请坐。"并做请的手势,向咨客了解客人尊姓。

项目五

涉外民俗礼仪

任务 15 涉   外

海内存知己,天涯若比邻。

——【唐】王勃

外事无小事,事事是大事。

——佚名

任务目标

- 具备涉外的礼仪修养,并能够在涉外交往中贯彻实施。
- 涉外迎送、会见会谈、参观游览、国旗悬挂等符合礼仪规范要求。
- 出国旅行讲究基本礼仪规范。

案例导入

1983 年 6 月,时任美国总统里根出访欧洲回国时,由于他在庄重严肃的正式外交场合没有穿黑色礼服,而穿了一套花格西装,引起了西方舆论一片哗然。有的新闻媒体批评里根生性极不严肃,缺乏责任感,与其演艺生涯有关;有的新闻媒介评论里根自恃大国首脑,狂妄傲慢,没有给予欧洲伙伴应有的尊重和重视。

资料来源:http://www.worlduc.com/blog2012.aspx?bid=16656841.

15.1 礼 仪 规 范

15.1.1 涉外礼仪修养

与外国人交往,必须了解和掌握涉外交往的基本原则,它既是对国际交往惯例的基本概括,又对参与涉外交际的中国人具有普遍的指导意义。了解这些基础礼仪是涉外交往礼仪修养的集中体现。

1. 信守约定

某年,国内的一家企业前往日本寻找合作伙伴。到了日本之后,通过多方的努力,这家企业终于寻觅到了自己的“意中人”———家具有国际声望的日本大公司。经过长时间的讨价还价,双方商定,首先草签一个有关双边实行合作的协议。当时,在中方人士看来,基本上可以算是大功告成了。

到了正式草签中日双方合作协议的那一天,由于种种原因,中方人员阴差阳错,抵达签字地点的时间比双方预先的约定晚了一刻钟。当他们气喘吁吁地跑进签字厅时,见日方人员早已衣冠楚楚地排列成一行,正在恭候他们的到来。不过在中方人员跑进来之后,还没容他们做出任何有关自己迟到的解释,日方人员便整整齐齐、规规矩矩地向他们鞠了一个大躬,随后便集体退出了签字厅。也就是说,因为中方人员在签字仪式举行时所迟到的一刻钟,双方的合作竟然搁浅了。事过之后,日方为此所做的解释是:"我们绝不会为自己寻找一个没有时间观念的合作伙伴。不遵守约定的人,永远都是不值得信赖的。"

假如对这一个案进行认真的剖析,就一定会得出公正的结论:在这一事件之中,错在中方,日方是没有任何错误的。中方的最大错误,就在于涉外交往中没有认真地做到"信守约定",违背了这一国际惯例。

在人际交往中,必须认真严格地遵守自己的所有承诺,说话务必要算数,许诺一定要兑现,约会必须要如约而至,尤其要恪守时间方面的约定。信守约定,讲求信用,从一点一滴做起,它事关信誉与形象,失礼行为往往是使自己所做的工作走向失败的开端。

为此要做到以下三点。

(1)必须谨慎许诺。一切从自己的实际能力以及客观可能性出发,切勿草率从事,轻易承诺,凡承诺和约定必须慎之又慎,一定要字斟句酌,考虑周全。

(2)必须如约而行。承诺一旦做出,就必须要兑现,要如约而行,应尽可能地避免对已有的约定任意进行修正变动,随心所欲地乱做解释。做到"言必信,行必果",只有这样才能赢得交往对象的好感与信任。

(3)必须失约致歉。如果由于遭受不可抗力,致使自己单方面失约,或是有约难行,应尽早向有关各方通报,如实地解释,并且还要郑重其事地向对方致以歉意,并主动负担给对方造成的损失。

2. 不必过谦

中国人在待人接物时,讲究的是含蓄和委婉,奉行"满招损,谦受益"的古训,在对自己的所作所为进行评价时,中国人大都主张自谦、自贬,不提倡多作自我肯定,尤其是反对自我张扬。在这方面若不好自为之,就会被视之为妄自尊大,嚣张放肆,不够谦逊,不会做人。实际上,在对外交往时,过于自谦并非益事,它常常会引起他人的疑惑和不满,不利于涉外交际的顺利进行。

遵守不必过谦的原则,会使人感到自己为人诚实,充满自信,因为过分的自谦、客套,只能给人以虚伪、做作的感觉。在涉外交往中,特别是在面临如下情况时,更要敢于、善于充分地从正面肯定自己。

(1)当面对赞美时。当外国友人赞美自己的相貌、衣着、手艺、工作、技术等时,一定要落落大方高兴地道一声"谢谢!"而不应加以否认和自我贬低,说什么"哪里,哪里!"接受外国人的赞美是对其本人的接纳和承认,是自己自信和见过世面的表现。曾有这样一个笑话:一个法国朋友在称赞一位中国姑娘漂亮时,那位中国姑娘表现得十分谦虚,连忙说:"哪里,哪里!"没想到这一说却出了洋相。因为那位法国朋友误以为对方是在问他自己"哪里漂亮?"便立即答道:"你的眼睛很漂亮"。可对方依然谦虚如故:"哪里,哪里!"法国朋友又答道"你的鼻子也漂亮"……结果南辕北辙了。

(2) 当赴宴、馈赠时。宴请外国人出席宴会时，不必说："今天没什么好菜，随便吃一点"，当送礼给外国人时，也不要说："礼品很不像样子，真不好意思拿出手来"之类的话，而应得体大方地说："这是本地最有特色的菜""这是这家饭店烧的最拿手的菜""这是我特意为您挑选的礼物"等；反过来，在接受外国人的赴宴邀请或接受外国人送的礼物时，也不应过于谦虚地没完没了地说："真不敢当""受之有愧"之类的话，它会使人产生不愉快的感觉，使宴请和送礼者感到难堪，及时表示谢意是这时得体的做法。

(3) 当做客、拜访时。到外国人家做客、拜访时，对主人准备的小饮不要推辞不用。如果主人问："喝点什么？茶还是咖啡？"你可以任选一种；若桌上备有小吃，可随意取用，但不可失态。若主人问是否加糖或加牛奶，则可按自己的喜好谢绝或选择其中一种。

(4) 当交往应酬时。当自己同外国友人交往应酬时，一旦涉及自己正在忙什么、干什么的时候，无论如何都不要脱口而出，说什么自己是"瞎忙""混日子""什么正经事都没有干"，否则会被对方认为自己是不务正业之人。

3. 讲究次序

涉外交际中，对出席活动的国家、团体、人士的位次应按某些规则和惯例进行排列，这种排列的先后次序被称为礼宾次序。为使国际交往顺利进行，必须讲究礼宾次序。

(1) 礼宾次序的依据。在国际交往中，其礼宾次序主要按宾客的身份与职务高低依次排列。在多边活动中，有时可按姓氏的顺序排列；有时可按参加国的字母顺序（一般以英文字母为准）排列；有时则可按代表团组成日期的先后排列；有时则可按代表团抵达活动地点的时间先后排列等。

(2) 礼宾次序的具体要求。在各类涉外交际中，大到政治磋商、商务往来、文化交流，小到私人接触、社交应酬，凡确定礼宾次序必须从其总的原则出发，这一总的原则就是"以右为尊"，即一般以右为大、为长、为尊；以左为小、为次、为卑。

按照惯例，在并排站立、行走或者就座的时候，为了表示礼貌，主人理应主动居左，而请客人居右。男士应当主动居左，而请女士居右。晚辈应当主动居左，而请长辈居右。未婚者应当主动居左，而请已婚者居右。职位身份较低者应当主动居左，而请职位、身份较高者居右。

在不同场合也有特殊要求。

两人同行，以前者、右者为尊。

三人行，并行以中者为尊；前后行，以前者为尊。

上楼时，尊者、妇女在前；下楼时则相反。

迎宾引路时，主人在前；送客时，则主人在后。

宴请排位，主人的右边是第一贵客，左边次之。

进门上车时，应让尊者先行。上车时，位低者应让尊者从右边车门上车，然后再从车后绕道左边上车；坐车（指轿车）时，以后排中间为大位，右边次之，左边又次之，前排最小。

4. 尊重隐私

所谓隐私，就是指一个人出于个人尊严和其他某些方面的考虑，因而不愿意公开，不希望外人了解或是打听的个人秘密、私人事宜。在涉外交际中,人们普遍讲究尊重个人隐私,并且将尊重个人隐私与否,视作一个人在待人接物方面有没有教养,能不能尊重和体谅交际对象的重要标志之一。

在涉外交际中,首先要避免与对方交谈时涉及个人隐私,要做到"八不问"。

(1) 年龄不问。在国外,人们普遍将自己的实际年龄当作"核心机密",不会轻易告之于人。这主要是因为外国人,尤其是英美人对年龄都十分敏感,希望自己永远年轻,对"老"字则讳莫如深,对年龄守口如瓶。因而与外国人交往,打听对方的年龄,说对方相貌,都属于不礼貌的行为。我国的传统向来对年龄比较随意,不仅如此,社会交往中还习惯拔高对方的辈分,以示尊重。比如年轻男子相聚,彼此之间总喜欢以"老李""老张""老赵"相称,为了表示对对方的尊敬,人们会使用"老人家""老先生""老夫人"等一类尊称,实际上,这一类尊称在外国人听起来却似诅咒谩骂一般。在交往中,照套我国的传统,会使对方十分难堪。

有位从事外事工作的小姐曾经接待过一位 82 岁高龄的美国加州老太太,她是来华旅游并参加短期汉语学习班的,见面时这位小姐对老太太说:"您这么大年纪了,还到外国旅游、学习,可真不容易呀!"这话要换了同样高龄的中国老太太听了,准会眉开眼笑,高兴一番。可是那位美国老太太一听,脸色即刻晴转多云,冷冷地应了一句:"噢,是吗?你认为老人出国旅游是奇怪的事情吗?"弄得中国姑娘十分尴尬。姑娘的本意是表示礼貌尊重,效果却事与愿违,原因在于西方人对年龄、对"老"的忌讳。

在外国,人们最不希望他人了解自己的年龄,所以有这样一种说法,一位真正的绅士,应当永远"记住女士的生日,忘却女士的年龄"。

(2) 收入不问。在国际社会里,人们普遍认为:任何一个人的实际收入,均与其个人能力和实际地位有直接的因果关系。所以,个人收入的多寡,一向被外国人看作自己的脸面,十分忌讳他人进行直接、间接的打听。如果一位中国人问一位外国人:"您一个月挣多少钱?"那位外国人会觉得:"这个中国人真没有教养,干嘛问我的工资呀!"

除去工资收入以外,那些可以反映个人经济状况的问题,例如,纳税数额、银行存款、股票收益、私宅面积、汽车型号、服饰品牌、娱乐方式、度假地点等,因与个人收入相关,所以在与外国人交谈时也不宜提及。

(3) 婚姻不问。中国人的习惯,是对亲友、晚辈的恋爱、婚姻、家庭生活时时牵挂在心,但是绝大多数外国人对此不以为然。西方人将此视为纯粹的个人隐私,向他人询问是不礼貌的。

在一些国家,跟异性谈论此类问题,会被对方视为无聊之举,甚至还会因此被对方控告为"性骚扰",从而吃官司。

(4) 工作不问。在我国人们相见,会询问对方:"您正在忙些什么?""到哪里去?""怎么好久不见你了?"等问题,其实这只是些问题,回答不回答并不重要。但你若拿这些问题问外国人,他们会觉得不是好奇心过盛,不懂得尊重别人,就是别有用心,因为这些问题在外国人看来都属个人隐私,"不足为外人道哉!"

(5) 住址不问。对于家庭住址、私宅电话,中国人在人际交往中,都是愿意告之于人的,是不保密的。但在外国,恰恰相反,外国人大都视自己的私人居所为私生活领地,非常忌讳别人无端干扰其宁静。西方人认为，留给他人自己的住址，就该邀请其上门做客，在一般情况下，他们不大可能邀请外人前往其居所做客。为此他们都不喜欢轻易地将个人住址、住宅电话号码等纯私人信息"泄密"。在他们常用的名片上，也没有此项内容。

（6）学历不问。初次见面，中国人之间往往喜欢打听一下交往对象"是哪里人？""哪一所学校毕业的？""以前干过什么？"。总之是想了解一下对方的"出处"，打探一下对方的"背景"，然而外国人大都将此项内容视为自己的"底牌"，不愿意轻易让人摸去。外国人甚至认为一个人动辄对初次交往的对象"忆往昔峥嵘岁月稠"，并不见得是坦诚相见，相反却大有可能是别有用心。

（7）信仰不问。在国际交往中，由于人们所处的社会制度、政治体系和意识形态多有不同，所以要真正实现交往的顺利、合作的成功，就必须不以社会制度画线，而以友谊为重，以信仰为重。不要动辄对交往对象的宗教信仰、政治见解评头论足，更不要将自己的政治观点、见解强加于人，这样做对交往对象来说，都是不友好、不礼貌、不尊重的表现。所以对宗教信仰、政治见解，这些在外国人看来非常严肃的话题，还是避而不谈为好。

（8）健康不问。中国人彼此相见，人们会问候："身体好吗？"，如果已知对方的健康出现了问题还会问："病好了没有？"如果彼此双方关系密切，还会询问："吃了些什么药？""怎么治疗的？"，还会向对方推荐名医或偏方。

可是在外国，人们在闲聊时一般都是"讳疾忌医"，非常反感其他人对自己的健康状况关注过多，对他人的这种过分关心，外国人会觉得不自在。

此外，与个人隐私相联系，私人住宅有的国家受到法律保护，擅自闯入要受到制裁。到外国人住宅做客，不经主人允许和邀请，不能要求参观主人的住房。即使双方很熟悉，也不能去触动书籍、花草以外的个人物品以及室内陈设的其他物品。

与外国人交往时，不仅不要涉及在场人的个人隐私，对不在场人的个人隐私也应尊重。在背后议论同事的好坏、上级的能力、女人的胖瘦、路人的服饰等，都会被外国人视为喜好窥探隐私，纯属无聊之举。

5. 女士优先

我们在听演说时，演讲者总是首先这样称呼："女士们，先生们"，从来没有人称呼："先生们，女士们"，为什么这样呢？原来这与国际社会公认的一条重要礼仪原则——"女士优先"有直接的关系。

"女士优先"主要是指成年异性间进行社交活动时的一个礼仪规范和礼仪原则。其含义是：在一切社交场合，每一位成年男子，都有义务主动自觉地去尊重、照顾、体谅、关心、保护女性，并且想方设法为女士排忧解难，只有这样才能体现出绅士风度。外国人强调"女士优先"，并非因为妇女被视为弱者，值得同情、怜悯，最重要的原因是，他们将妇女视为"人类的母亲"，处处对妇女给予礼遇，是对"人类母亲"的感恩之意。

在交往中，讲究"女士优先"时，作为男士要注意对所有的女士一视同仁，而不分种族、容貌、地位等，具体地要从以下方面做起。

（1）行走。在室外行走时，如果是男女并排走，则男士应当自觉地"把墙让给女士"，即请女士走在人行道的内侧，而自己主动行走在外侧，这样做既可以防止女士因疾驶的车辆而感到不安全,担惊受怕,还可避免汽车飞驶而溅起的污泥浊水弄脏女士的衣裙。

当具体条件不允许男女并行时,男士通常应该请女士先行,而自己随行其后,并与之保持大约一步左右的距离。当男士与女士"狭路相逢"时,前者不论与后者相识与否,均应礼让,闪到路边,请女士率先通过。男士在路上遇到认识的女士时,应点头致意,并把手抽出衣袋,也不要嘴里叼着烟。

当男士与女士走到门边时,男士应赶紧上前几步,打开屋门,让女士先进,自己随后。

(2)乘车。陪伴女士或同乘火车、电车时,男士应设法给女士找一个较为舒适、安全的座位,然后再给自己找一个尽可能靠近她的座位;如果找不到,应站在她面前,尽可能离其近一些。

乘出租车时,男士应首先走近汽车,把右侧的车门打开,让女人先坐进去,男士再绕到车左边,坐到左边的座位上。有时,为了在马路上上下车安全起见,出租车左侧车门用安全装置封闭了,那么男士只好随女士其后从右侧上车,坐在本应由女士坐的尊贵的右边座位上,这种情况也不算失礼。

当男士自己驾驶汽车时,他应先协助女士坐到汽车驾驶座旁的前排座位上,而后绕到另一侧坐到驾驶座上。抵达目的地后,男士要先下车,然后绕到汽车的另一侧,打开车门,协助女士下车。

(3)见面。参加社交聚会时,男宾在见到男、女主人后,应当先行向女主人问好,然后方可问候男主人。男宾进入室内后,须主动向先行抵达的女士问候。女士们如果已经就座,则此时不必起身回礼。

而在女宾进入室内时,先到的男士均应率先起身向其致以问候,已入座的男士也应起身相迎。不允许男士坐着同站立的女士交谈,而女士坐着同站立的男士交谈则是允许的。

当女士在场时,男士不得吸烟。在女士吸烟时,则不准男士对其加以阻止,如果有必要,男士还要给女士点烟。

主人为不相识的来宾进行介绍时,通常应当首先把男士介绍给女士,以示对女士的尊重。当男女双方进行握手时,只有当女士伸过手来之后,男士才能与之相握,否则如果男士抢先出手,是违背"女士优先"原则的。为了表示对女士的尊重,男士还必须与女士握手时摘下帽子,脱下手套,而女士在一般情况下则没有必要这样做。

(4)上下楼。在上下楼梯时,男士要跟随在女士的后面,相隔一、两级台阶的距离;下楼梯时,男士应该先下。如果是乘电梯上下楼,进电梯时,男士应请女士先进去,然后自己再进入电梯。在电梯里,男士负责按电钮,礼貌地询问女士所上的楼层。

(5)进餐馆。如果男士预先选择预订了餐桌,则应走在前面为女士引路,如果不是这样,行进的顺序应该是:侍者—女士—男士。在餐桌旁,男士应协助女士就座,把椅子从桌边拉开,等女士即将坐下时再把椅子移近桌子。坐定后,男士应把菜单递给女士,把选择菜单的权利先交给女性。一般餐毕也总是由男士付账。

若出席宴会,女主人是宴会上"法定"的第一顺序。也就是说,其他人在用餐时的一切举动,均应跟随女主人而行,不得贸然先行。按惯例女主人打开餐巾,意味着宣布宴会开始,女主人将餐巾放在桌上,则表示宴会到此结束。

（6）看影剧。进影剧院或是听音乐会时，应由男士拿着入场券给检票员检票。在存衣室，男士应先协助女士脱下大衣、披风，然后再自己脱去外套。如果没有专人引导入座，男士就应走前几步为女士引路。从两排之间穿行，走向自己的座位时，应面向就座的观众，并且女士要走在男士的前面。如果是几个男士和几个女士一起去观看影剧或听音乐会，那么最先和最后穿过就座观众的应是男士，女士夹在中间进去，这样，可以使女士不与陌生人坐在一起。散场人挤时，男士应走在女士前面；不挤时，女士稍前或并排与男士同行。

（7）助臂。男士应该帮助他所陪伴的女士携带属于她的较重的或拿着不方便的物品，如购物袋、旅行包、伞等。

女士携带的东西掉在了地上，男士不论相识与否，都应帮她拾起。

在女士可能失足、滑倒的时候，男士应该以臂相助。

值得说明的是，以上"女士优先"的具体做法，主要使用于社交场合。在商务场合，人们强调的是"男女平等"或是"忽略性别"，因而是不太讲究"女士优先"的。

15.1.2 涉外基本礼仪

涉外交往中必须重视交际对象的特殊性，努力掌握如下涉外基本礼仪。

1. 涉外迎送

迎送是国际公共关系中常见的社交礼节。迎送不仅是整个社交活动的开始，也是对不同身份外宾表示相应尊重的重要仪式。对给外宾留下良好的第一印象，加深双方的友谊与合作，都发挥着重要作用。

（1）迎送的安排。迎送活动的安排主要有两种不同档次：一是举行隆重的欢迎仪式，这主要适用于对外国国家元首、政府首脑、军方高级领导人的访问，以示对他们访问的欢迎与重视。二是一般迎送，适用于一般来访者。无论是官方人士、专业代表团的来访，还是长期在我国工作的外交使节，常驻我国的外国人士、记者和专家等，当他们到任或离任时，都可安排相应的人员前往迎送，以示尊重和友谊。

（2）迎送规格的确定。关于迎送规格，各国的规定不尽相同。在确定迎送规格时，主要是依据来访者的身份、访问的性质和目的，并且适当考虑两国之间的关系，同时还要注意国际惯例，综合平衡。一般按照国际惯例的"对等原则"，主要迎送人员应与来宾的身份相当。如果由于各种原因而不能完全对等时，可灵活变通，由职位相当的人士或副职出面，并向对方做出解释。

（3）成立接待班子。为了接待重要的贵宾和代表团、队，东道主一般组成一个接待班子来履行接待任务。接待班子的工作人员由外事、翻译、安全警卫、后勤、医疗、交通、通信等方面的工作人员组成。

（4）收集信息、资料。接待班子要注意收集来访者的有关信息和资料，了解其本次访问的目的，对会谈、参观访问、签订合同等事项的具体要求，前来的路线、交通工具，抵、离时间，来访者的宗教信仰、生活习惯、饮食爱好与禁忌等。据报道：一位英国商人应邀前来我国与某地区洽谈投资项目。该地领导为了图个吉利，准备了一辆车号为"666"（六六大顺）的轿车前去机场迎接。谁知这位英国商人下了飞机，一看轿车后，直皱眉头，随即又乘机离去。后来我方人员才知道这位英国商人信教,十分崇拜《圣经》,在《圣经》中"666"表示"魔鬼"。在英国,司机、乘客对带有这种号码的车辆退避三舍,英国警察部门已做出决定,逐步取消这个号码。由此可见多了解来访者的情况是十分重要的。

(5) 拟订接待方案。接待方案包括各项活动的项目、日程及详细时间表,项目负责人和接待规格、安全保卫措施等。日程确定后,应翻译成客方使用的文字,并打印好,发给客方,以便随时与客方进行沟通。

拟订接待方案重点要落实好食、宿、行,并制定合理的费用预算,保证接待隆重得体又不铺张浪费。

(6) 掌握抵离时间。必须准确掌握外宾乘坐的飞机(火车、船舶)抵达及离开的时间,迎送人员应在来宾抵达之前到机场(车站、码头),送行人员应在外宾离行前抵达送行地点,切勿迟到、早退。

(7) 献花。献花是常见的迎送外宾时用来表达敬意的礼仪之一。一般在参加迎送的主要领导人与客人握手之后,由青年女子或儿童将花献上,也有的由女主人向女宾献花,献花者献花后要向来宾行礼。献花须用鲜花,并注意保持花束整洁、鲜艳,一般忌用菊花、杜鹃花、石竹花以及黄色花卉(黄色具有断交之意)等。有的国家习惯送花环,或者送一、二枝名贵兰花、玫瑰花等。在接待信仰伊斯兰教人士时,不宜由女子献花。

(8) 介绍。主宾见面应互相介绍其随从人员。主要的迎送人员在与来宾见面致意(如握手等)后,还可以担负起介绍其他迎送人员的任务。一般是在客人的内侧引领客人与各位迎送人员见面,并把他们介绍给来宾。然后再由主宾将客人按一定身份一一介绍给主人。若主宾早已相识,则不必介绍,双方直接行见面礼即可。

(9) 陪车。来宾抵达后,在前往住地,或临行时由住地前往机场、码头、车站,一般都安排迎送人员陪同乘车。陪车时应请宾客坐在主人右侧。两排座轿车,译员坐在司机旁;三排座轿车,译员坐在主人前面的加座上。当代表团9人以上乘大轿车时,原则上低位者先上车,下车顺序相反。但前座者可先下车开门,大轿车以前排为最尊位置,自右向左,按序排列。上车时应当请客人首先上车,客人从右侧门上;如果外宾先上车坐到了左侧座位上,则不要再请外宾移动位置。陪同人员在替客人关门时,应先看车内人是否坐好,既要注意不要夹伤客人的手,又要确保将门关好,注意安全。

(10) 具体事项。迎送中一些具体事项要引起我们的注意,它主要包括以下几点。

在客人到达之前最好将客房号、乘车号码等通知客人,如果做不到,可印好住房、乘车表,在客人刚到达时,及时发到客人手里。

指派专人协助客人办理入出境手续及机票(车、船票)和行李提取或托运手续等事宜。客人到达后,应尽快进行清点并将行李取出后运送到住处,以便客人更衣。

客人到达后,一般不要立刻安排活动,应让客人稍事休息,倒换时差。可在房间中适当放些新鲜水果或鲜花等。

迎送的整个活动安排要热情、周到、无微不至、有条不紊,使宾客有宾至如归的感觉。接待人员要始终面带微笑,彬彬有礼,不能表现得冷漠、粗心、怠慢或使客人感到紧张、不便。

陪同人员应尽力安排好客人的食、住、行,对客人的要求要做出反应,给予答复。翻译应如实翻译,不能掺进自己的意见和看法,不能打断双方的谈话或在一方一句话还没说完时就翻译,就餐时不可因餐饮影响翻译工作。

司机在行车时,应集中精力驾驶,不能边驾驶边说话。如果司机主动与客人甚至陪同人员或翻译人员说话聊天,只会使客人感到不安全和被冷落。

在为外宾送行时,送行人员应在外宾临上飞机(火车、轮船)之前,按一定顺序同外宾一一握手话别。飞机起飞(火车、轮船开动)之后,送行人员应向外宾挥手致意,直至各交通工具在视野中消失方可离去。否则,外宾一登上飞机(火车、轮船),送行人员就立即离去,是很失礼的。尽管只是几分钟的小事情,却可能因小失大。

2. 会见会谈

会见和会谈都是国际公共关系交往的重要方式。会见在国际上通称为接见或拜会。凡身份高的人士会见身份低的人士,主人会见客人,人们通常称其为接见或召见;凡身份低的人士会见身份高的人士,客人会见主人,人们通常称其为拜会或拜见。接见和拜会后回访,通常称为回拜。我国通常对此不做细分,统称会见。

会谈是指双方或多方就某些重大的政治、经济、科技、文化、军事、宗教以及其他共同关心的问题交换意见,洽谈协商。会谈一般专业性、政策性较强,形式比较正规。会见多是礼节性的,而会谈多为解决实质性问题。有时会见、会谈也难以区分。因为会见时双方也常谈专业性或政治性问题,以上区分只是相对而言。

1) 会见的礼仪

会见就其内容来说,多为礼节性的,也有政治性、事务性的会见,或兼而有之。礼节性会见一般时间短,话题也较为广泛。政治性会见一般涉及国与国之间的双边关系、国际局势及一些重大国际问题的看法或意见等。事务性会见一般涉及贸易争端、业务交流与合作等。会见的礼仪主要有以下内容。

(1) 确定参加会见的人员。会见来访者,一般情况下应遵循"对等"的原则,但有时由于某些政治或业务的需要,上级领导或下级人士也可会见来访者。参加会见的人员不宜过多。

(2) 确定会见的时间、地点。会见的时间一般安排在来访者抵达的第二天或举行欢迎宴会之前。会见的具体时间不宜过长,一般以半小时为宜。会见的地点多安排在客人住地的会客室、会议室或办公室,也可在国宾馆等正式的会客场所。

(3) 做好会见的座位安排。会见时座位的安排必须依据参加会见人数的多少、房间的大小、形状、房门的位置等情况来确定。会见的座位安排有多种形式,宾主可以穿插坐,也可分开坐,通常的安排是将主宾席、主人席安排在面对正门位置,客人坐在主人的右边。其他客人按照礼宾顺序在主人、主宾两侧就座。译员、记录员通常安排在主宾和主人的后面。座位不够时可在后排加座。

(4) 掌握会见的一般礼节。会客时间到来之时,主人应在门口迎候客人,问候并同客人一一握手,宾主互相介绍双方参加会见的人员,然后引宾入座。主人应主动发言,创造一种良好的气氛。双方可自由交谈,就共同感兴趣的话题发表自己的看法。交谈时应注意坐姿,不要跷二郎腿,不可左顾右盼,漫不经心。主人与主宾交谈时,旁人不可随意插话,外人也不可随意进出。会见时可备饮料招待客人。主人应控制会见时间,最好以合影留念为由头结束会见。合影后,主人将客人送至门口,目送客人离去。

（5）注意合影的礼宾次序。合影时，一般主人居中，男主宾在主人右边；主宾夫人在主人左边，主人夫人在男主宾右边，其他人员穿插排列。但应注意，最好不要把客人安排在靠边位置，应让主人陪同人员在边上。

2）会谈的礼仪

会谈的形式多种多样，常见的有领导人之间单独会谈，有少数领导人及其助手与来访者进行的不公开发表内容的秘密会谈，有的是就有关重要而又复杂的问题，同有关官员进行正式会谈，也可称为谈判。

会谈的礼仪主要包括以下内容。

（1）确定会谈的时间、地点、人员。会谈的时间、地点由双方协商确定。会谈的人员应慎重选择，会谈的专业性较强，一方面要求有专业特长，另一方面还要考虑专业互补和群体智慧。会谈人员既要懂得政策法律，又要能言善辩，善于交际，应变能力强，并确定主谈人和首席代表。

（2）会谈的座位安排。涉外双边会谈通常采用长方形或椭圆形会谈桌。多边会谈或小型会谈也可采用圆形或正方形会谈桌。

不管什么形式，均以面对正门为上座，宾主相对而坐，主人背向门落座，而让客人面向大门。其中主要会谈人员居中，其他人按着礼宾次序左右排列。

这里需要说明的是，许多国家把译员和记录员安排在主要会谈人员的后面就座。我国习惯上把译员安排在主要谈判人座位的右侧就座，这主要取决于主人的安排，说到这个习惯上的小差别，还有一段历史背景。当初，我国也是按国际上通用的做法把译员安排在后面就座的，但新中国建立不久，中国总理兼外交部部长周恩来认为这个惯例不符合中国的国情，因为西方的译员大多是临时雇佣的，不属于参加会谈的人员，而我国的译员却是参加会谈的重要人员之一，理应受到尊重，所以周总理在出访时坚决要求对方允许我方译员坐在主要会谈人员的右侧。从那时起，我国就有了这个做法并一直采用至今。

如果长方桌的一端向着正门，则以入门的方向为准，右为客，左为主。

如果是多边会谈，可将座位摆成圆形或正方形。

此外，小范围的会谈，也可像会见一样，只设沙发，不摆长桌，按礼宾顺序安排。

3. 涉外参观游览

涉外参观游览，是指外国客人在访问或旅游期间对一些风景名胜、单位设施等进行实地游览、观看和欣赏。来访的外国人以及我出访人员，为了了解出访国家情况，达到出访目的，都应组织一些参观游览活动。参观游览应注意以下礼仪。

（1）选定项目。选择参观游览项目，应根据访问目的、性质和客人的意愿、兴趣、特点以及我方当地实际条件来确定。对于外国政府官员、大财团、大企业家，一般应安排参观反映我国经济发展情况的部门单位和经济开发区，以及重点招商项目。对于一般企业家、商人和有关专业人员，可安排参观与其有关的部门、单位，同时安排一些地方特色的游览项目。年老体弱者不宜安排长时间步行的项目，心脏病患者不宜登高。一般来说，对身份高的代表团，事前可了解其要求；对一般代表团，可在其到达后，提出方案。如果确有困难，可如实告知，并做适当解释。

（2）安排日程。当参观游览项目确定后，应制订详细的活动计划和日程，包括参观线路、座谈内容、交通工具等,并及时通知有关接待单位和人员,以便各方密切配合。

(3)陪同参观。按国际惯例,外宾前往参观时,一般都安排相应身份的人员陪同。如有身份高的主人陪同,宜提前通知对方。接待单位要配备精干人员出面接待,并安排解说或介绍人员,切忌前呼后拥。参观现场的在岗人员,不要围观客人。遇客人问话,可有礼貌地回答。

(4)解说介绍。参观游览的重头戏是解说介绍。有条件的可先播放一段有关情况的纪录片,这样既可节省时间,又可事先让客人对情况有所知,再经过实地参观,效果会更好。我方陪同人员应对有关情况有所准备,介绍情况要实事求是,运用材料、数据要确切,不可一问三不知,也不可含糊其辞。确实回答不了的,可表示自己不清楚,待咨询有关人员后再答复。遇较大团组,宜用扩音话筒。另外,遇有保密部位的,则不能介绍,如客人提出要求,应予婉拒。

(5)乘车、用餐和摄影。在出发之前,要及时检查车况,分析行车路线,预先安排好用餐。路远的还要预先安排好中途休息室,要把出发、集合和用餐的时间地点及时通知客人和全体工作人员。一般地方均允许客人摄影。如有不能摄影处,应事先说明,现场要竖立中英文"禁止摄影"标志牌。

(6)在国外参观游览的礼节。出访人员、团组要求参观,可通过书面、电话或面谈方式向接待单位提出,经允许后方能成行。参观内容要符合访问目的和实际,要注意客随主便,不要强人所难。在商定之后,要核实时间、地点和路线。参观过程中应专心听取介绍,不可因介绍枯燥或不对口味而显露出不耐烦或漫不经心状,这是极不礼貌的。同时应广泛接触、交谈,以增进了解、加深友谊。注意尊重对方的风俗和宗教习俗。如要摄影,事先要向接待人员了解有无禁止摄影的规定。参观游览对服装要求不严格,不必穿礼服,穿西装可以不打领带,但应注意整洁整齐,仪容也应修整。参观完毕,应向主人表示感谢,上车离开时,应在车上向主人挥手道别。

4. 国旗悬挂

国旗是国家的一种标志,是国家的象征。悬挂国旗是一种外交礼遇与外交特权。人们往往通过悬挂国旗,表示对本国的热爱或对他国的尊重。在国际交往中,悬挂国旗要遵循以下惯例。

(1)悬挂国旗的场合。按国际关系准则,国家元首、政府首脑在他国领土上访问,在其住所和交通工具上悬挂国旗(有的是元首旗)是一种外交礼仪。

东道国接待来访的外国元首、政府首脑的隆重场合,在贵宾下榻的宾馆,乘坐的汽车上悬挂对方(或双方)的国旗(或元首旗)是一种礼遇。

在国际会议上,除会场悬挂与会国国旗外,各国政府代表团团长亦按会议组织者的有关规定,在一些场所或在车辆上悬挂本国国旗(也有不挂国旗的)。

有些展览会、体育比赛等国际活动,也往往悬挂有关国家的国旗。在大型国际比赛中,还往往为获前三名的运动员升起代表其国家的国旗。

伴随着我国加入WTO,双边、多边的经贸往来必将日趋频繁,在谈判、签字仪式上亦应悬挂代表国家的国旗。

(2)悬挂国旗的要求。在建筑物上或室外悬挂国旗,一般应在日出升旗、日落降旗。

升降国旗时,服装要整齐,要立正脱帽行注目礼。不能使用污损的国旗。升国旗一定要升至杆顶。

悬挂双方国旗,按照国际惯例,以右为上,左为下。但这是以旗面本身为准的,不注意会弄错。所以还应记住以挂旗人为准:"面对墙壁左为上,右为下。"挂旗时,挂旗人必然面对墙壁,这时左为上,悬挂客方国旗;右为下,挂主方国旗。乘车时应记住"面对车头左为上",左边挂客方国旗,右边挂主方国旗(有时以汽车行进方向为准,驾驶员右手为上)。所谓主客标准,不以在哪国举行活动为依据,而以举办活动的主方为依据。如外国代表团来访,东道国举办欢迎宴会,东道国是主人;外国代表团答谢宴会,来访国是主人。由于国旗是一个国家的标志与象征,代表一个国家的尊严,所以挂国旗时,一定不能将国旗挂倒。

这里值得一提的是"下半旗"。2008年5月12日四川汶川等地发生地震灾害,为了表达全国各族人民对四川汶川大地震遇难同胞的深切哀悼,国务院发布公告,决定2008年5月19日至21日为全国哀悼日,规定在此期间,全国和各驻外机构下半旗志哀。如图15-1所示为北京新华门下半旗,哀悼"5·12汶川"大地震中遇难同胞(中新社发张宇摄)。"下半旗"也称"降半旗",是一个国家行为,一般是在某些重要人士逝世或重大不幸事件、严重自然灾害发生时来表达全国人民的哀思和悼念的重要礼节,是当今世界上通行的一种致哀方式,全国各公开场合的国旗,驻国外的使、领馆的国旗均应下半旗志哀。它并不是将国旗下降至旗杆的一半处,也不是直接把国旗升至旗杆的一半处,而是先将国旗升至杆顶,然后下降到离杆顶约占全杆1/3处。降旗时,也应先将旗升至杆顶,然后再下降。这种做法最早见于1612年。一天,英国船"哈兹·伊斯"号在探索北美北部通向太平洋的水道时,船长不幸逝世。船员们为了表示对已故船长的敬意,将桅杆旗帜下降到离旗杆的顶端有一段距离的地方。当船只驶进泰晤士河时,人们见它的桅杆上下着半旗,不知何意。一打听,原来是以此悼念死去的船长。到17世纪下半叶,这种致哀方式流传到大陆上,遂为各国所采用。从中不难看出,下半旗这一致哀方式自古有之,至今已有近400年的历史。

图15-1 下半旗

5. 出国旅行礼仪

1) 乘国际航班应注意的问题

乘坐国际航班,乘客应在飞机预定时间前1~1.5个小时到达飞机场,因为在这段时间里,需要核查机票及订座,办理海关申报、行李过磅和装运等手续。

(1) 办理海关申报及登机手续。抵达机场,首先是向海关申请办理有关物品的出关手续,如携带外币、金银制品、照相机、录音机、摄像机、文物、动植物等应如实填报,并办理相关手续,之后再办理乘机手续。

(2) 登机时的礼仪。上、下飞机时,旅客应向站在机舱门口迎送乘客的航空小姐点头致意。机舱内分头等舱和二等舱(或称为商务舱和普通舱),头等舱(商务舱)较为宽敞、饮食较丰富,服务周到。购头等舱机票的乘客,不论是否对号入座,都不要抢占座位。其他乘客,不能坐到头等舱的座位上去。

(3) 乘机时的礼仪。国际航班上免费供应饮料、茶点、食品、早餐和正餐。用餐后,所有餐具和残留物要收拾好,由服务员收回,不要随意将餐具收起来带走;不能带走供乘客阅读的报纸杂志;乘客在飞机上不要大声说话和喧哗,以免影响他人;要注意飞机上的坐卧姿势,既不要影响他人坐卧,也不要有失雅观。

(4) 下机后的礼仪。旅客到达目的地后,办理完入境手续,即可凭行李卡认领托运的行李,不要将自己的行李放在过道或路口影响他人行走。旅客可以用机场为乘客准备的手推车靠右(或靠左)行走,将行李推出机场。如请行李搬运员协助搬运行李,必须付小费。万一发现行李丢失,也不要慌张,可通过机场行李管理人员或有关航空公司寻找。如一时找不到,可填写申请报告单交航空公司。如行李确实遗失,航空公司会照章赔偿,千万不要在机场吵闹。

2) 国外住店礼仪

(1) 饮用房间内饮料的礼节。国外旅店一般都不供应开水,往往会提供一瓶免费的矿泉水。有的旅店,酒或饮料一拿出冰箱即自动记账;也有的旅店,房间设有自动出售各种饮料或小食品的装置,只要挥动开关,食品、饮料便自动出来,同时自动记账,结算时统一付款;旅客如要喝热饮料,可向服务员索取,但要付现金及小费。找服务员可在室内按电铃或打电话呼叫,服务员一旦上门服务,一定要致谢,并付小费。

(2) 正确使用房间内的设备。房间和卫生间里的某些设备,如自己不会使用,应先请教他人,特别是外国旅店房间内的电气设备和洗澡用的开关,形式多种多样,应注意其不同的使用方法。使用旅店卫生间内的用品只要打开封条即可。旅店房间内提供的用品仅供在旅店内使用,除交费物品外,都不能带出旅店。

3) 拜访单位或会见亲友时的礼仪

(1) 遵守时间。参加各种活动要按约定的时间到达。过早抵达会使主人因准备未毕而感到难堪,迟迟不到又会让主人和其他客人因等待过久而不安。因故迟到,要向主人和其他客人表示歉意;因故不能赴约,要尽早礼貌地通知主人,并以适当的方式表示歉意。

(2) 尊重老人和妇女。在社交场合,如上下楼梯、坐车或进出电梯,应让老人和妇女先行,主动对他们予以照顾。进出大门时,要主动帮助老人和妇女开门、关门。国外有按主人指定的座位入座的习惯,因此,当进入主人家里时,如没有刻意指定,可以选一个自己认为合适的座位,但在女客人还站着的时候,男客人不要先坐下。在后来的客人到达时,男客人应该起立致意,并等候主人介绍,而女客人可不必起立。如果后来的客人是年龄较大的妇女,或是特殊重要人物,女客人也应起立致意。

（3）在外国朋友家做客时的礼仪。在外国朋友家里做客时，若由于自己不慎而发生了异常情况，例如，因用力过猛使刀叉撞击盘子发出响声，不小心打翻了酒水等，不要大呼小叫，应保持沉着，轻轻向主人说一声"对不起"。如将酒水打翻洒到邻座身上，可表示歉意后协助擦干；如对方是妇女，只要把干净的餐巾或手帕递上，由她自己擦干即可。用餐完毕，至少应该待半小时后再告辞。告辞时，千万别忘了向女主人表示谢意，可以说："谢谢您的招待""很高兴在您家里度过周末，我非常愉快"等感谢的话。回到自己家中，应立即给主人写信或打电话，以表感谢等。

4）付小费的礼仪

客人付小费，表达的含义颇为丰富。它既能代表客人对服务人员付出劳动的尊重，也可以表达客人对服务工作的一种肯定和感谢之情。从另一层面来说，也体现了客人的文化修养。相传，"付小费"之风源于18世纪的伦敦。当时，在有些饭店的餐桌上，摆着写有"保证服务迅速"的小碗。顾客一旦将零钱投入其中，便会得到服务员迅速而周到的服务。久而久之，就形成"小费"之风。这种做法渐渐扩展到其他服务行业，并逐渐演变成一种固定的用来感谢服务人员的报酬形式，成为今天世界上许多国家约定俗成的一种常规礼仪形式。

（1）小费要付给谁。按照惯例，入住饭店，要给为你打扫房间的服务生小费，也要给为你送早点的服务员小费。饭店的行李员如果帮你将行李提到了房间，那么，你理所应当付小费给他。出租车的司机把你送到目的地，你要在计价器显示数字的基础上增加一点车费当作小费。在国外参加团队旅游，你要付给导游员和在旅途中掌握方向的驾驶员小费，这一直是惯例。

（2）怎样付小费。付小费有一些技巧和惯例。付小费通常用美金支付，不应张扬，在私下进行即可。所付小费有时放在菜盘、餐盘下；有时放在杯底下；有时放在房间床头，忌放在枕头底下，那样的话会被服务生误认为是客人自己的东西；有时放在写字台上，若能同时留一张"Thank you"的字条，会倍受服务生的欢迎和尊重；有时以不收找零的钱作为小费付给服务员；付小费给行李员，最好是在与他握手表示感谢的同时将小费悄悄给他；给导游、司机的小费，则要由团员一起交齐后放到信封里，由一位代表当众给他们。付小费时最忌讳给硬币，曾有过客人将一把硬币当面给行李员作为小费，使行李员十分恼怒而拒收的例子。因此随身携带一些小额现钞，是非常必要的。

（3）小费付多少合适。向服务人员给付小费的具体金额颇有讲究，既不能不给、少给，也不必多给。国际上通用的计算小费的方法之一就是：小费通常由消费者按照本人的消费总额的一定比例来支付。在餐馆就餐、在酒吧娱乐时，消费者需要付给服务员的小费为消费总额的10％左右；在搭乘出租车时，一般应当按照车费的15％付给司机作为小费。

在国外住宿酒店时，通常会将你需要支付的小费明码实价地列在正式的账单中，收取总消费额的10％～15％作为小费，不用额外支付。此外，还有一些约定俗成的规矩，付给门童的小费约为1美元；付给客房服务员的小费为1～2美元；给行李员小费，一般要按照自己的行李具体件数来计算，通常一件行李应付0.5～1美元；而付给保洁员的小费，一般为0.5美元左右。

到不同的国家去旅行，除了天气、景观、风俗等事情外，小费也是必须事先弄明白的一件事情。因为每个国家的具体情况略有不同，所以各项服务要付多少小费，还是在到达这个国家时向当地的导游咨询较为妥当。

6. 涉外礼宾次序

礼宾次序是指多边外事活动中对出席活动的国家、团体、各国人士的位次按某些规则和惯例进行排列的先后次序。一般地说，礼宾次序体现东道主对各国宾客给予的礼遇；在一些国际性的集会上，则表示各国主权平等的地位。这一原则几乎渗透到一切外事交往中，迎来送往、衣食住行、会见、升旗、谁先谁后，都要符合礼仪规范，稍有差错会被认为是对一个国家的不尊重。礼宾次序安排不当或不合国际惯例，则会引起不必要的争执与交涉，甚至影响国家关系。因此在组织涉外活动时，对礼宾次序应给予足够的重视。

对于礼宾次序的排列，国际上已有一些惯例，各国也有各国的具体做法。为此，有些排列顺序和做法已由国际法或国内法肯定下来，例如，外交代表位次的排列，在《维也纳外交关系公约》中就有专门的规定。很多国家对本国各级官员的排列也用法律形式固定下来，明确规定中央与地方的官方机构、团体和个人参加公共活动的排列顺序。所有从事涉外工作的人员都应掌握这些原则。常见的礼宾次序排列方法有以下几种。

1) 按身份与职位的高低排列

这是礼宾次序的主要根据。一般的官方活动，经常是按这一次序排列的，如国家元首、副元首、政府总理（首相）、副总理（副首相）、部长、副部长等。

在通常的外事交往中，各国提供的正式名单或正式通知是确定职务高低的依据。由于世界各国的国家体制不同，所设的部门及部门之间的职务高低也不尽一致，排列时可根据各国的规定，按相当的级别和官衔进行安排。

在多边活动中，有时会按其他方法排列，但无论如何，不管按什么方法排列，都应考虑身份与职务。

2) 按字母顺序排列

这是指在多边活动中，按照参加国国名字母顺序来排列礼宾次序。外事交往中一般以英文字母排列居多，但少数情况也有按其他语种的字母顺序排列的。

这种排列方法最常见于国际会议、体育比赛活动。

在联合国召开联合国大会时，为了避免一些国家的国名总是居前排席位，因此每年抽签一次，决定本年度大会席位从哪一个字母打头排起，从而让各国在运用这一排列原则时都有机会排列在前列。

在国际体育比赛中，体育代表队名称的排列和开幕式出场顺序一般也按国名字母顺序排列（东道国一般排在最后），代表团观礼或召开理事会、委员会等则按出席代表团的团长身份高低排列。

3) 按通知代表团组成的日期先后排列

这是国际交往中经常采用的礼宾次序排列方法之一。具体做法通常分为三种情况：东道国对同等身份的外国代表团，按派遣国通知东道国该国代表团组成的日期排列；按各国代表团抵达活动地点的时间先后排列；按派遣国决定应邀派遣代表团参加该活动的答复时间先后排列。

4) 变通方法与排列中应注意的问题

(1) 以上任何一种排列方法都可以酌情采用,但需注意的是,东道国在致各国的邀请书中,都应加以说明。如注明"在级别相同的情况下,代表团团长的礼宾次序将按照通知代表团组成的日期先后确定。如果同时接到两个或两个以上代表团的组成通知,将按照其字母顺序确定先后"。

(2) 在实际工作中,情况往往十分复杂,多种因素纠缠在一起,如有的国家不管以上种种惯例,把关系密切的代表团排在最前列。所以礼宾次序的排列常常不能按一种排列方法,而是几种方法交叉,并考虑其他因素。比较客观公正的做法是:如在一次多边国际活动中,礼宾次序的排列首先按正式代表团的规格,即按代表团团长身份的高低来确定,这是最基本的。然后在同级代表团中则按派遣国通知代表团组成日期先后确定,对同级同时收到通知的代表团则按国名的英文字母顺序排列。在安排确定礼宾次序时所应考虑的其他因素包括国家之间的关系,地区所在,活动的性质、内容和对于活动的贡献大小,以及参加活动人的威望、资历等。通常的做法是把同一国家集团的、同一地区的、同一宗教信仰的或关系特殊的国家代表团排在前面或排在一起;对同一级别的人员,常把威望高、资历深、年龄大者排在前面。有时还要考虑业务性质、相互关系、语言交流等因素。将业务对口、语言相同、宗教信仰一致、风俗习惯相近的安排在一起,尤其是观看演出与出席宴会时更应考虑这些因素。

总之,涉外人员应将礼宾次序的原则与具体情况有机地结合起来,耐心细致,反复研究,设想多种方案,以避免因礼宾次序方面的问题而引起的不快。

15.2 拓展阅读

15.2.1 中西礼仪差异的文化根源

一般来说,人际交往,本质上就是文化。人在社会化的过程中形成了自己的价值观念体系,这是民族社会在长期的特定历史条件下形成的,是各种地理气候、政治生态、经济等因素的无形凝聚,已成传统,相对坚固。它是一种思维习惯,也是一种生活方式和行为模式,在与作为异己文化的载体——外国人的交往中,又不可避免地会发生价值取向上的比较、碰撞或融合。价值观念体系虽然看不见摸不着,处于无形,但是却无处不在,无时不在,对文化群体具有规定性和指导性的作用,是这个文化群体无意识的民族性格的基础。每一种传统礼仪原则都反映了他所代表的文化,反映了一个民族的思维方式和价值观念,因此,可以说不同民族的思维方式和价值观念差异是中西礼仪差异的文化根源。

1. "天人合一"和"天人两分"思想体系的影响

儒家思想在中国长期以来占统治地位,它提倡"以类和之,天人合一"(董仲舒)的思想。中国人传统上把"天"看作自然,主张"天人合一",亦即主张人应顺从自然规律,追求与自然的和谐统一。中国哲学一直把"天人合一"视做一切思想体系的出发点和归宿。人们认为自然之中有一种神秘的力量在主宰整个宇宙万物,人们不思征服自然,而是努力顺其自然,通过改变自身去适应自然,顺从自然规律,追求与自然的和谐统一。由于对自然规律的顺从和对自然的迷信、惧怕和崇拜,使人们不得不力求形成一个和谐稳定的群体去适应自然,认为人只有回归自然,将自我融入群体和自然中,生命才有意义,人与自然才能达成"和谐"。"天人合一"思想必然会导致集体主义的价值取向。西方人则不同,他们受基督教"原罪说"的影响,一生为赎罪而奋斗,致力于改造自然,将人与自然相分、对立,认为人处在支配、征服自然的位置,解决人生问题强调个人作用。人们应该不断地去应付自然的挑战,努力支配和改造自然,人只有在战胜自然的艰苦斗争中才能求得生存发展。在人与自然的斗争中,西方人充分相信个人的能力,认为个人不必依赖群体也能战胜自然,这种"天人两分"的思想势必导致个人主义的价值取向。

2. 群体主义与个体主义价值取向的影响

中国文化认为每个人不是孤立的独立个体,而是群体网络上的一分子。为了保持和谐的群体不致分解离散,为了维护及巩固良好的人际关系,群体之间形成了一些道德准则和价值观念来约束人们的行为。例如:重义轻利,内省、自制、等级尊卑,集体主义和对群体依赖等价值观念。在以群体主义为取向的中国社会,人们的一言一行必须符合社会和群体的期望,谦卑或其衍生物"卑己尊人"的礼貌行为是人人所崇尚的。"礼"文化教导人们要尊敬长者和有地位者、懂得礼让,维护上下尊卑的社会秩序。比如见了老人打招呼时应称"老先生""老师傅""老大娘""老大爷"等,见了有职位的人打招呼要称其职位以示尊敬。

以群体观念为特性的中国文化重视处理人际关系,以自谦尊人、相互关切、互相体谅和以诚待人为其特征,在交际时喜欢问人私事,或毫无保留地披露自己的私事,中国人喜欢标榜"君子坦荡荡,小人长戚戚""事无不可与人言"。因为按中国的礼貌传统,了解私事是接近对方、关心对方的友好表示,因此在问候语中常常使用涉及个人私事的问题。这些交际语在西方人看来是涉及隐私的话题,而在中国人的眼中则是和谐人际关系的体现。根深蒂固的群体意识使每个人习惯透明生活,同样也形成了要求别人也透明的习惯。这样个人的行为和意志常常要受到周围无数有关无关、有形无形事物的制约,根本无所谓"隐私权"可言,个人的独立意识只是一个空虚的概念。

西方人最为推崇的却是个人独立自主的个人主义。他们把自由、平等、民主、权利作为人生存的前提,这种价值观念培养了他们的平等意识、民主意识和权利意识。西方人尊重个人权力,向往自由(Freedom),崇尚平等(Equality),这一"平等"观念体现在打招呼、称谓行为模式中,还表现为对陌生人甚至是家人的过分客气和礼貌,对待家庭成员甚至是晚辈也是"谢谢"挂在嘴边。以个人为中心的个体文化是个体自主、利益均衡、互不侵犯、避免冲突,而且将交际规则视为处理人际关系的一种策略。对以个人主义为取向的西方社会来说,个人自由被当作神圣不可侵犯的,人们必须遵守。隐私受到人们的重视,因为它可以保护个人自主,免受他人的控制与支配。西方人的隐私意识很强,例如与人交谈中人们忌谈个人的年龄或疾病,这样做是为了在社会群体中保持一种健康、年轻、完美的形象。作为一种隐私,人们回避个人的财产或收入这类话题,这样做是为了保护自己,有利于个人的生存和竞争。

3. 宗教信仰的影响

中国历经两千多年的封建专制统治,皇权胜于神权,没有一种宗教占统治地位,我国就总体而言,是一个非宗教的国家,因此中国礼仪没有宗教色彩。然而在西方,基督教一直是占统治地位的宗教,如今,在欧美等西方国家中多数人都信奉基督教,仅美国基督教堂就多达四万多所。在西方历史上还曾多次爆发过影响深远的宗教战争,因此西方礼仪具有浓厚的宗教色彩。西方女士优先礼仪受基督教文明以仰慕女性、崇拜女性为高尚情操的影响。对基督教徒(天主教与东正教)来说,圣母玛丽亚树立了尊贵贞洁的形象,受到了普遍的尊敬。基督教文明尊崇玛丽亚为圣母,对心爱的女性像上帝一样顶礼膜拜,即使西方国家处在封建专制社会的中世纪时期,骑士的传统也是以保护女性为己任。骑士都要选择一位贵妇人作为尊敬、爱慕、服从的偶像,学会一套讨好、效忠、保护女人的本领,不惜为她遭受苦难,献出生命,这种"骑士风度"对社会风尚产生了深远影响。

总之,正视差异,求同存异,保持积极的沟通心态,实现文化认同。在努力继承和发扬中华文化的优良传统的同时,注意吸收西方优秀的文化成果,丰富更新自己的传统文化,正确对人,正确待己,相互尊重,平等交往,只有这样,才能成功地进行跨文化交际。

资料来源:吴爱宁.中西礼仪文化的差异[J].理论导刊,2007(8).

15.2.2 涉外交际礼仪中的权变

涉外礼仪大部分的规范是作为约定俗成的国际惯例而存在的,也有些国际礼仪已经被写进国际公约,已具有国际法的效力。例如《维也纳外交关系公约》所涉及的关于国旗、位序等有关条款。较之一个国家内部的礼仪规范,国际礼仪更具有普遍性和国际性,其基本原则和主要规范已为世界各国所承认和采纳。因而其规范性更加严格,轻易违背规范,不仅严重影响自身的形象,而且有可能引起国际关系的紧张,产生严重的误会和冲突。涉外礼仪必须严格遵循规范。然而,在特殊的条件下,灵活变通又是非常重要的。在特定交际意图、交际语境限定下,交际主体必须对礼仪规范加以适当的、暂时性的变通处理,以体现礼仪的本质或追求良好的交际效果。我们把这种变通称为礼仪的权变。阐述这个概念的外延时,这里所说的权变一般是暂时性的,而不是历史性的。也就是说,礼仪规范的时代性渐变不在此列。纵向的时代变迁,表现在见面礼节上,从古代的跪拜、作揖,到现今的握手与点头微笑示意,不属于权变的范畴。理解这个概念的内涵时,上文中"主体必须对礼仪规范加以适当的处理"的"处理",从程度上讲,是指交际主体对礼仪规范的优选、调整、放弃,甚至是反叛。

1. 情景性权变

礼仪行为肯定是在某种场合中发生的,交际现场的互动态势、时空环境、现场氛围等因素往往并行发生,互相交织。一个成熟稳健的交际主体往往能结合这些现场情景,微妙地调整交际行为,更加生动地演绎礼仪宽容、自尊、敬人的真谛。对此,我们结合以下案例来做一些分析。

1992年夏天,中国青岛双星鞋业公司的总经理汪海在纽约举行了新闻发布会。会上,纽约《美东时报》资深记者威廉·查理早已注意到汪海脚上那双漂亮的皮鞋,以他的眼光,那应该是欧美货。他就是想看汪海的笑话，挫一下汪海的锐气。于是提问："汪先生，你是大名鼎鼎的中国鞋王，都说'双星'鞋品质一流、超凡脱俗，那么，我冒昧地问一句，阁下脚上穿的可是'双星'鞋?"汪海笑了："我十分感谢刚才这位记者的提问，是他给我提供了一个宣传'双星'的好机会。我知道在公众场合脱鞋是很不文明的行为，但是……"他开始弯腰脱鞋。汪海举起皮鞋，高声说道："看到了吗？这就是 chinaese doublestar，地地道道的中国'双星'鞋。我们就是要脚踏'双星'，潇洒走世界。"现场顿时响起一片热烈的掌声。第二天，汪海高举皮鞋的照片刊登在美国许多重要的报纸上。

从以上案例我们可以看出，如果没有威廉·查理带有挑衅性的发问，汪海就当众脱鞋，一定会给人粗鲁无礼的印象。在新闻发布中，汪海敏捷地把握住记者的提问，把挑衅的发难转化为一种稍纵即逝的机遇，此时脱鞋，不再显得唐突，高举皮鞋也并非对人粗鲁无礼，而是用一种态势语言，坚定地做出了对双星鞋品质的承诺。在当时现场的氛围，没有任何一种温文尔雅的常规仪态，能比得上这反叛性的"脱鞋态势语"——它是如此坚定、豪迈地表达了对在场美国人的尊重，因为品质是企业对消费者最本质的尊重。这一切在极短的时间内发生，戏剧性的场景中，急变地提问，权变地回答，闪烁着一种尊重、自信和勇气的人格光彩。从而赢得了美国人的热烈掌声，获得了美国人民的礼敬。

具体场景中的互动状态带来礼仪权变的机遇，而交际中的某些特殊的环境条件，也要求我们必须权变。仪态是现代礼仪的重要内容，著名的礼仪学教授彭林，就把仪态作为礼仪的六大构成要素。他指出行礼者的体态、容色、声音、气息都必须与礼仪活动相适应。对于走的仪态，许多礼仪著作都要求"挺胸抬头，身正颈直，双目前视，双膝伸直，下颌微收"。我们的周恩来总理一般严格遵循这些规范，在许多公务场合，他常常站如青松，走如清风，给外宾留下了端庄、优雅的美好印象。

1954 年 4 月 24 日，周恩来总理率领代表团参加第二次世界大战后国际性的重大会议——日内瓦会议。当时的中国正处于贫穷落后状态，正受到许多西方国家的敌视。从新闻图片中可以看出，在日内瓦会场前，周总理身着黑色的呢大衣，两肩端平，挺胸收腹，神情严峻，用有力沉稳的步伐，大踏步走过。值得注意的是，如果他阔步时，又上扬下巴，就很容易给人飞扬跋扈的感觉。而周总理下巴内收，目光平视。这个姿势蕴涵着谦虚和沉稳，这不仅体现了他不卑不亢的美学修养，体现了他坚毅自尊的个人气质，更重要的是在全世界面前，用自己的勃发英姿演绎了中华民族的自信自强和意气风发。这赢得了大道周围的人们包括一些国外人士赞赏的目光。

但是我们同样可以看到周总理在公众场合的另一些仪态：1973 年亚非拉乒乓球锦标赛举行的时候，据日本乒乓球冠军松崎君代回忆"总理公务缠身，在观看球赛的过程中，秘书向他悄悄耳语，他便离席而去了。总理敏捷地走了出去，怎么也看不出他已经 75 岁高龄。不久，他又以同样矫健的步伐走了回来。来去时，周总理总是低着头，弓着腰，尽量地不引人注目。"

按照礼仪规范，周总理低着头，弓着腰，小步紧走的样子似乎是不正确、不规范、不雅观的。实际上总理是灵敏察觉到了当时球赛正在进行的时空环境特殊性，灵活地调整了自己的步态，体现了尽量关注他人、不遮挡他人的视线、不干扰运动员的注意力的用意。对比在日内瓦会议时的步态，我们不难发现周总理变化了一种仪态规范，似乎放弃了一种风度,而实实在在地确立了一种风范,值得世人学习,也给外国运动员留下了历久弥新的美好回忆。

2. 历史性权变

如果说情景性语境侧重在交往当时的状态,那么历史性语境导致的权变是因为交际双方过去的特殊经历和互相关系等因素。资深外交官、中国外交部原礼宾司司长鲁培新先生在他的《外交礼仪背后的交锋》一文中做了如下介绍。

1972年2月,时任美国总统尼克松对中国进行"破冰之旅"访问。2月21日中午,尼克松的专机抵达北京,周恩来总理等人到机场迎接。当尼克松夫妇出现在飞机舱门时,周总理并没有鼓掌,而是等他们走到舷梯一半位置时才开始鼓掌。等尼克松夫妇下完舷梯最后一级,周总理也不是主动迎上去握手,而是站在原地。这时尼克松主动走上前去,身体微向前倾,先伸出手握住周总理的手说"我非常高兴来到中华人民共和国的首都北京。"

接下来的欢迎仪式上,按照惯例悬挂两国国旗,奏两国国歌和检阅仪仗队等。不过,还是与当时我们接待其他国家贵宾的仪式有所区别,最明显的就是没有群众欢迎场面。

欢迎宴会上,在周总理的安排下,中国乐队演奏了美国民歌和尼克松家乡的歌曲,这让尼克松夫妇感到非常亲切。接下来的祝酒碰杯,一般情况下,周总理在和其他国家领导人碰杯时,总是让自己酒杯的上沿去碰对方杯子的中间部分。但这次在向尼克松敬酒时,周总理却特意将杯沿和尼克松的酒杯杯沿持平后再碰杯。这一细微的举动,既不失礼,也不过分。

在这个外交迎宾接待活动中,我们发现中方对礼仪规范做了权变处理。根据权变程度递增,陈述如下。

第一,遵循。也就是没有权变。表现在机场迎接、交通工具悬挂两国国旗、美国国旗挂在轿车右侧的尊贵位置、奏两国国歌和检阅仪仗队、设国宴招待等。总体上是遵循涉外礼仪规范,但在局部细节上有变通之处。

第二,优选。表现在外交活动中,祝酒碰杯的时候既可以客为尊,也可以友好平等。所以,周总理选择向尼克松敬酒时,特意将杯沿和尼克松的酒杯杯沿持平后再碰杯。

第三,调整。首先表现在当尼克松夫妇出现在飞机舱门时,周总理并没有鼓掌,而是等他们走到舷梯一半位置时才开始鼓掌。

第四,放弃。尼克松夫妇下完飞机舷梯最后一级,周总理也不是主动迎上去握手,而是站在原地。根据国际礼仪,主人迎接客人时,应该先伸手相握,表示欢迎;客人道别时应先向主人伸手相握,表示感谢。

从以上分析中我们可以归纳出这样一些规律:中方接待中,遵循的部分是程序性和静态的礼节。到机场迎接、检阅仪仗队等属于程序性礼节,交通工具上悬挂国旗的位置属于静态礼节。如果变化这些有明确国际惯例规定的礼节,会导致严重失礼,受到国际舆论的谴责。中方接待中做权变的主要是动态的礼节。主人持平碰杯,本身无可非议,主人没有主动握手和立即鼓掌,这些行为几乎都是发生在数秒钟之内的动态情景,微妙而转瞬即逝,不致给客人造成严重的尴尬和宾主僵持不下的局面。这很好地体现了"不冷不热,不卑不亢,待之有礼,不强加于人"的接待方针。在当时中美复杂关系的历史背景下,这种权变意味深长,为中美两国的利益谈判做好铺垫,非常微妙地体现了礼仪主体的交际意图。

3. 文化性权变

文化性语境和历史性语境有着很大的差异。1871年英国文化学家泰勒在《原始文化》一书中提出,文化"乃是包括知识、信仰、艺术、道德、法律、习俗和任何人作为一名社会成员而获得的能力和习惯在内的复杂整体",群体性被认为是文化的重要特征。因此,本文中所说的文化语境,是指不同国家、民族、区域各自历史惯有的、群体性的价值观念、思维方式、风俗习惯等,而历史语境是指礼仪交际主体与客体各自不同的、特殊的经历或互相关系。美国总统克林顿来到中国的幼儿园视察,小朋友们都说"欢迎克林顿爷爷"。克林顿不习惯,觉得自己有那么老吗。结果有一个孩子说"你好,比尔。"克林顿很高兴,把他抱起来照相。在这个案例中,我们发现,中美礼仪的某些准则有矛盾。在中国文化中特别讲究称谓,身份不一样就要有不同的称呼。在称呼中标示出辈分差异是一种礼节。我们也特别尊老,称呼对方为爷爷就是尊对方为老的一种礼敬方式,"老"在中国社会意味着资历、权威等。而西方人常理解"老"为衰老、不中用,所以西方人尽力回避被他人称老。同时西方人平等的意识比较强,直呼其名字并不觉得冒犯,反而感到亲切。因此,上述例子中绝大多数的孩子以称呼爷爷的方式示敬,交际效果很差。而个别孩子优选了西方礼仪准则,称其小名,获得了美国总统的赞许。

礼仪规则的优选意味着对其中另一种规则的合理放弃。放弃规则是必要的,否则,常常会产生令人尴尬的结局。1974年6月,美国总统尼克松访问叙利亚。叙外交礼宾规定,客机在叙领空航行,必须由叙战机作为仪仗队护航。叙此举令美方惊恐不已。美设法婉谢,叙一再坚持,最后演出了一场美"空军一号"百般甩掉叙利亚飞机,而叙方却紧追不舍的一幕喜剧。

放弃礼仪规则并不一定是一种主动的行为,而有可能是一种被动适应的智慧。根据2003年6月27日中国日报网的报道,6月24日,俄罗斯总统普京开始对英国进行历史性访问,英女王以盛大礼仪隆重欢迎。普京在出访前曾接受礼仪训练,希望在这次访英行程中表现得体。不过他在第一天就犯了规。当女王抵达白金汉宫步下马车时,普京似乎很有绅士风度地走上前,轻扶英女王手臂。而根据英国文化传统,作为宾客的他是不可以随便触碰女王的。但英国女王并没有拘礼拒绝,而是微笑着接受了普京善意的错误,避免了尴尬氛围的出现。女王的应变智慧,体现了她对礼仪的理解——宽容、真诚才是礼仪的本质,而具体礼节,只是形式而已。

在中国古代礼仪理论中,有着丰富的权变思想。《礼记·礼器》云"礼,时为大,顺次之,体次之,宜次之,称次之。"这些话的意思是制定礼仪规范,适应时代最重要,其次是顺乎人伦,再其次是要适合对象,又其次要适合事宜,再其次是必须相称。可见,时代、人伦、对象、事宜与物质条件的变化都需我们灵活变通地对待。礼节只是一种表达的形式,为了适应特殊的语境,为了避免礼仪准则的矛盾,为了追求特殊的交际效果,变化甚至背叛形式是有必要的。规范必然与权变同行,只有在变通中遵循规范,才能体现运用之妙,尤其是在国际关系错综复杂、国际语境风云变幻、中外文化交流日趋频繁的今天。

资料来源:郭炎武,罗小娟.论涉外交际礼仪中的权变[J].韩山师范学院学报,2010(2).

15.3 实 训 练 习

15.3.1 案例讨论

案例1

接 待

泰国某机构为泰国一项庞大的建筑工程向美国公司招标。经过筛选,最后剩下4家候选公司。泰国派遣代表团到美国亲自去各家公司商谈。代表团到达芝加哥时,那家工程公司由于忙乱中出了差错,又没仔细复核飞机到达时间,未去机场迎接泰国客人。但是泰国代表尽管初来乍到不熟悉芝加哥,还是自己找到了芝加哥商业中心的一家旅馆。他们打电话给那位急促不安的美国经理,在听了他们的道歉后,泰国人同意在第二天11时在经理办公室会面。第二天美国经理按时到达办公室等候,直到下午三四点钟才接到客人的电话说:"我们一直在旅馆等候,始终没有人前来接我们。我们对这样的接待实在不习惯。我们已订了下午的飞机,赴下一个目的地。再见吧!"

资料来源:http://www.worlduc.com/blog2012.aspx?bid=3681231.

讨论题

请结合本章所学内容对此案例进行分析。

案例2

表 扬

一位英国老妇到中国旅游观光,对接待她的导游小姐评价颇好,认为她服务态度好,语言水平也很高,便夸奖该导游小姐说:"你的英语讲得好极了!"导游小姐按照中国人的习惯,于是谦虚地回应说:"我的英语说得不好。"英国老妇一听生气了,心想:"英语是我的母语,难道我都不知道英语该怎么讲?"她越想越气,第二天坚决要求旅行社给她换导游。这件事在旅游行业乃至所有的窗口行业引起极大反应。

资料来源:http://jgxy.ncgxy.com/jingpinkecheng/xnews.asp?id=120.

讨论题

(1) 造成案例中的现象的原因是什么?

(2) 面对外宾的表扬,应怎样得体地回答?

案例3

尊 严

20世纪90年代中期,国内的一名中学生应邀前往一个拉美国家参加民间外交活动。有一天,当他前去出席在那个国家所举行的一次国际性会议时,发现在会场周围所悬挂的各与会国国旗之中竟然缺少中华人民共和国国旗,便当即向会议的组织者指出了这一问题,并且严正地表示:"不悬挂我国国旗,就是缺乏对我国的尊重,假如不马上改正,我将拒绝出席这次会议,并且立即回国。"

经过据理力争,中国国旗终于飘扬在会场的上空。在会议的组织者再三地表示了歉意之后,那位中学生才终于步入会场,出席会议。在他入场时,有不少与会者主动起立,向他热烈地鼓掌表示欢迎。当地的报纸事后为此发表评论说:"连一名中学生都具有那么强烈的民族自尊心,中国人的确是值得尊重的。"那位中学生之所以受到人们的尊重,主要是因为他能够在涉外交往中表现得不卑不亢。

资料来源:http://www.nbhkdz.com/read/d45ad08385f111f13cc77cce.html.

讨论题

(1) 对本案例的中学生你有何评价?

(2) 悬挂国旗有哪些礼仪要求?

案例 4

老周的尴尬

公司和德国某公司有一个合作项目,双方技术人员要并肩合作一个月。公司安排老周任中方组长。

刚开始的几天,双方交流得很愉快。第三天的时候,发生了一件令老周尴尬的事情。

那天正是中午十二点的时候,老周刚吃过午饭。德方技术人员 Tony 有事来找老周,老周热情地出来迎接,客气地寒暄:"你吃了吗?"Tony 竟然一脸兴奋地反问道:"我正饿着呢。老周,那就吃炸酱面好吗?"说着,就拉着一脸尴尬的老周进了面馆。

资料来源:未来之舟.职场礼仪.北京:中国经济出版社,2009.

讨论题

(1) 老周的尴尬是什么原因造成的?

(2) 在交际中标准的问候语是什么?

15.3.2 模拟训练

项目 1:模拟涉外迎送

实训目标:掌握涉外迎送的礼仪规范。

实训学时:2学时。

实训地点:实训室。

实训方法:8~10人一组,分别扮演相关角色,模拟迎送外国贸易代表团(具体哪一个国家由学生自拟),模拟见面、接站、送行、乘车的具体礼仪。

训练手记:通过训练,我的收获是＿＿＿＿＿＿＿＿＿＿＿＿＿＿＿＿＿＿＿＿＿。

项目 2:到外国朋友家做客

实训目标:掌握涉外拜访的礼仪。

实训学时:2学时。

实训地点:实训室。

实训准备:道具、小礼物。

实训方法:学生分组扮演角色,可以表演到日本、法国、美国等不同国家外国朋友家做客的情况,中方代表1~2人,外国友人为一对夫妇(他们对中国的了解程度各小组自定)。

教师可以和推选出的4名学生担当裁判,根据各组表演情况,从语言表达、个人仪容仪表和举止、台词设计、表演技巧和风格、小组配合等方面综合评价,评出最佳礼仪先生、礼仪小姐和最佳礼仪团队。

训练手记:通过训练,我的收获是 _____。

课后练习题

1. 判断题

(1) 在涉外交往中首先要坚持相互尊重的原则。 （ ）

(2) 西方人喜欢直率的谈吐,忌讳言不由衷的客套。 （ ）

(3) 两人同行,以前者、右者为尊。 （ ）

(4) 上楼时,尊者、妇女在前,下楼时也应这样。 （ ）

(5) 迎客引路时,主人在前,送客时,则主人在后。 （ ）

(6) 在交往中,礼宾次序的总原则是"以右为尊"。 （ ）

(7) 与外国人初次见面交谈时,可以唠家常。 （ ）

(8) 与外国人打招呼可以说:"您吃了吗?" （ ）

(9) 按国际惯例,外宾前往参观时,一般都安排相应身份的人员陪同。 （ ）

(10) 悬挂双方国旗,以右为上,左为下。 （ ）

(11) 两国国旗并挂,以旗正面为准,左边的是本国国旗,右边的是客方国旗。 （ ）

(12) 升旗时也可以随着国歌的乐曲默唱歌词。 （ ）

(13) 不得升挂破损、污损、褪色或者不合规格的国旗。 （ ）

(14) 西方的一项体现教养水平的重要标志是女士优先原则。 （ ）

(15) 男女见面,尊者一般有时为男方,有时为女方。 （ ）

(16) 两男一女同行,女士一般走在最左边。 （ ）

(17) 降半旗的做法是先将旗升起来至杆顶,再下降至距杆顶相当于杆长1/4的地方。 （ ）

(18) 男士与女士同行,当路窄只能容纳一人走时男士走前面。 （ ）

(19) 经过危险处时,男士应主动挽女伴的手臂。 （ ）

2. 简答题

(1) 与外国人交往应坚持哪些礼仪基本通则?

(2) 礼宾次序的具体要求是什么?

(3) 与外国人交往应做到哪"八不问"?

(4) 女士优先有哪些具体要求?

(5) 涉外交往中应如何称呼?

(6) 与一般迎送礼节相比,涉外迎送有哪些特殊要求?

(7) 涉外会见、会谈有哪些具体的礼仪要求?

(8) 涉外参观游览应注意哪些礼仪?

(9) 涉外交往中何时需要悬挂国旗?

（10）悬挂国旗有哪些礼仪要求？

（11）出国旅行应注意哪些礼仪？

3. 思考与操作

（1）对"女士优先"的交际原则你是怎样理解的？

（2）中西方文化差异对礼仪有哪些影响？

（3）与同学模拟跟外宾聊天的情景，评议其中有没有不礼貌之处？

（4）接待外宾为什么要热情有度？

（5）留意观察电视上接待外宾的系列情景，并对照教材有关内容加深理解。

（6）模拟涉外交往中交换礼物的情景。

（7）在涉外旅游活动中，展示中国人的文明礼仪素养有何重要意义？

（8）为什么中央文明办、国家旅游局要颁布《中国公民国内旅游文明行为公约》和《中国公民出境旅游文明行为指南》？

任务 16 民 俗

民俗是人类文化中的说话文化。

——董晓萍

"十里不同风,百里不同俗。"

——中国谚语

任务目标

- 理解各国礼俗风情,并在交往中予以尊重。
- 了解中国汉族的节日习俗。
- 理解我国少数民族的习俗与礼仪,并在交往中予以尊重。
- 了解国外主要节日习俗。

案例导入

牛 皮 相 框

云南省的一家外贸公司与印度某商贸公司新近做成一笔生意,为表示合作愉快,加强两公司今后的联系,努力成为密切的商业伙伴,中方决定向印方赠送一批具有地方特色的工艺品——皮质相框。中方向当地的一家工艺品厂定制了这批货,这家工艺品厂也如期保质保量地完成了。当赠送的日子快要临近时,这家外贸公司的一位曾经去过印度的职员突然发现这批皮质相框是用牛皮做的,这在奉牛为神明的印度是绝对不允许的,很难想象如果将这批礼品赠送给印方会产生什么样的后果。幸好及时发现,才使中国的这家外贸公司没有犯下错误,造成损失。他们又让工艺品厂赶制了一批新的相框,这次在原材料的选择上还特地考察了一番。最后在将礼品赠送给对方时,对方相当满意。

资料来源:http://jgxy.ncgxy.com/jingpinkecheng/xnews.asp?id=120.

16.1 礼 仪 规 范

民俗礼仪是指人们在社会生活中靠口头传播和行为方式传承的风俗习惯、爱好等富有特色的文化礼仪的总和。民俗礼仪是一种复杂的由历史传承下来的文化现象。生活在全球各个角落的两千多个民族,五十多亿人民,用自己勤劳的双手和聪明才智,在创造了物质财富的同时,也形成了各自独特的生活方式和绚丽多彩的民族文化礼仪。但是随着社会的发展,政治、经济、文化、科技、宗教等各方面交流的逐步增多,各民族的文化礼仪也在相互冲突中交融。尊重各国家、各民族的风俗习惯,已成为国际交往的基本原则。

16.1.1　中国民俗礼仪概况

1. 汉族传统节日与习俗

传统节日是按照历法时序排列而形成的周期性的、约定俗成的社会民俗活动日。节日民俗是民俗的一种独特的表现形式,并渗入到人们生活方式的细枝末节中,带有强烈的人文因素和浓厚的民间礼仪色彩。

中国是一个多民族的国家,在几千年的发展过程中,各民族虽然形成了各具特色的丰富多彩的民族传统节日与习俗,但从历史悠久、流传面广,具有的普及性和群众性来看,汉族的传统节日与习俗占据着主导地位。

现按时序先后,介绍影响比较大、至今仍广泛流传的主要节日如下。

1) 春节习俗

春节俗称"年节",是我国一个古老的节日,是中华民族最隆重的传统佳节。传统的春节是从腊月二十四的扫尘开始的。

相传,在古时候有个名叫万年的青年,看到当时节令混乱,就有了想把节令定准的打算。一天,他上山砍柴累了,坐在树下休息,树影的移动启发了他,便设计了一个测日影计天时的晷仪,测定一天的时间。后来,山崖上的滴泉又启发了他的灵感,就又动手做了一个五层漏壶来计算时间。天长日久,他发现每隔三百六十多天,四季就轮回一次,天时的长短就重复一遍。当时的国君叫祖乙,也常为天气风云的不测感到苦恼。万年知道后,就带着日晷和漏壶去拜见国君,对祖乙讲清了日月运行的道理。祖乙听后龙颜大悦,于是把万年留下,希望能创建历法,为天下的黎民百姓造福。过了一段时间,祖乙知道万年创建历法已成,亲自去看望万年。万年指着天象对祖乙说:"现在正是十二个月满,旧岁已完,新春复始,祈请国君定个节吧。"祖乙说:"春为岁首,就叫春节吧。"据说这就是春节的来历。

(1) 扫尘。"腊月二十四,掸尘扫房子",据《吕氏春秋》记载,我国在尧舜时代就有春节扫尘的风俗。按民间的说法,因"尘"与"陈"谐音,新春扫尘有"除陈布新"的含义,其用意是要把一切穷运、晦气统统扫出门。这一习俗寄托着人们破旧立新的愿望和辞旧迎新的祈求。

(2) 贴春联。春联也叫门对、春贴、对联、对子、桃符等,它以工整、对偶、简洁、精巧的文字描绘时代背景,抒发美好愿望,是我国特有的文学形式。每逢春节,无论城市还是农村,家家户户都要精选一幅大红春联贴于门上,为节日增添喜庆气氛。

(3) 贴窗花和倒贴"福"字。在民间人们还喜欢在窗户上贴上各种剪纸——窗花,如图 16-1 所示(选自 http://news. xinhuanet.com;http://www. zjam. org. cn)。窗花不仅烘托了喜庆的节日气氛,还以其特有的概括和夸张的手法将吉事祥物、美好愿望表现得淋漓尽致,将节日装点得红火富丽。

在贴春联的同时,一些人家还要在屋门上、墙壁上、门楣上贴上大大小小的"福"字。春节贴"福"字，是我国民间由来已久的风俗。"福"字指福气、福运，寄托了人们对幸福生活的向往，对美好未来的祝愿。为了更充分地体现这种向往和祝愿，有的人干脆将"福"字倒过来贴，表示"幸福已到""福气已到"。

鱼跃龙门　　　　　迎春纳福

图 16-1　窗花

（4）年画。春节挂贴年画在城乡也很普遍，浓墨重彩的年画给千家万户平添了许多兴旺欢乐的喜庆气氛。年画是我国的一种古老的民间艺术，反映了人民朴素的风俗和信仰，寄托着人们对未来的希望，如图 16-2 所示（选自 http://www.hi.baidu.com；http://www.niulv.com）。

图 16-2　年画

（5）包饺子。新年的前一夜叫团圆夜，离家在外的游子都要不远千里万里赶回家来，全家人要围坐在一起包饺子过年。因为和面的"和"就是"合"的意思；饺子的"饺"和"交"谐音，"合"和"交"又有相聚之意，所以用饺子象征团聚合欢；又取更岁交子之意，非常吉利；此外，饺子因为形似元宝，过年时吃饺子，也带有"招财进宝"的吉祥含义。一家大人聚在一起包饺子、话新春，其乐融融。春节过年包饺子是我国北方最普遍的习俗。

（6）守岁。除夕守岁是最重要的年俗活动之一，守岁之俗由来已久。"一夜连双岁，五更分二天"，除夕之夜，全家团聚在一起，吃过年夜饭，点起蜡烛或油灯，围坐炉旁闲聊，等着辞旧迎新的时刻，通宵守夜象征着把一切邪瘟病疫照跑驱走，期待着新的一年吉祥如意。

古时守岁有两种含义：年长者守岁为"辞旧岁"，有珍爱光阴的意思；年轻人守岁，是为延长父母寿命。自汉代以来，新旧年交替的时刻一般为夜半时分。

（7）燃放爆竹。中国民间有"开门爆竹"一说。即在新的一年到来之际，家家户户开门的第一件事就是燃放爆竹，以噼噼啪啪的爆竹声除旧迎新。放爆竹可以创造出喜庆热闹的气氛，是节日的一种娱乐活动，可以给人们带来欢愉和吉利。

(8) 拜年。新年的初一,人们都早早起来,穿上最漂亮的衣服,打扮得整整齐齐,出门去走亲访友,相互拜年,恭祝来年大吉大利。拜年次序是:首拜天地神祇,次拜祖先真影,再拜高堂尊长,最后全家依次序互拜。拜亲朋的次序是:初一拜本家,初二、初三拜母舅、姑丈、岳父等,直至初五,有的一直延续到正月十六。

春节拜年时,晚辈要先给长辈拜年,祝长辈长寿安康,长辈可将事先准备好的压岁钱分给晚辈。据说压岁钱可以压住邪祟,因为"岁"与"祟"谐音,晚辈得到压岁钱就可以平平安安度过一岁。

(9) 蒸年糕。年糕因为谐音"年高",再加上有着变化多端的口味,几乎成了家家必备的应景食品。年糕的式样有方块状的黄、白年糕,象征着黄金、白银,寄寓新年发财的意思。

2) 元宵节习俗

元宵节是我国主要的传统节日,也叫元夕、元夜,又称上元节,因为这是新年的第一个月圆夜。因历代这一节日有观灯习俗,故又称灯节。

汉高祖刘邦死后,吕后之子刘盈登基为汉惠帝。惠帝生性懦弱,优柔寡断,大权渐渐落在吕后手中。吕后病死后,诸吕惶惶不安,害怕遭到伤害和排挤。于是,在上将军吕禄家中秘密集合,共谋作乱之事,以便彻底夺取刘氏江山。此事传到刘氏宗室齐王刘囊耳中,刘囊为保刘氏江山,在众臣的帮助下,设计解除了吕禄的兵权,"诸吕之乱"终于被彻底平定。平乱之后,众臣拥立刘邦的第二个儿子刘恒登基,称汉文帝。文帝深感太平盛世来之不易,便把平息"诸吕之乱"的正月十五定为与民同乐日,京城里家家张灯结彩,以示庆祝。从此,正月十五便成了一个普天同庆的民间节日——"元宵节"。这就是元宵节的由来。

(1) 吃元宵。正月十五吃元宵。"元宵"作为食品,最早叫"浮元子",后称"元宵""汤圆"。生意人还美其名曰"元宝",有团圆美满之意,如图 16-3 所示。

(2) 观灯。汉明帝永平年间(公元 58—75 年),适逢蔡谙从印度求得佛法归来,汉明帝为了弘扬佛法,下令正月十五夜在宫中和寺院"燃灯表佛"。此后,元宵放灯的习俗就由原来只在宫廷中举行而流传到民间。即每到正月十五,无论士族还是庶民都要挂灯,城乡通宵灯火辉煌,如图 16-4 所示(选自:www.people.com.cn)。

图 16-3　吃汤圆

图 16-4　元宵节观灯

元宵放灯的习俗,在唐代发展成为盛况空前的灯市。中唐以后,已发展成为全民性的狂欢节。唐玄宗(公元 685—762 年)时的开元盛世,长安(今陕西西安)的灯市规模盛大。燃灯五万盏,花灯花样繁多,唐玄宗命人做巨型的灯楼,多达 20 间,高 150 尺,金光璀璨,极为壮观。到了宋代,元宵灯会无论在规模还是灯饰的奇幻精美方面,都胜过唐代,而且活动更为民间化,民族特色更强。以后历代的元宵灯会继续不断发展,许多地方还举行玩龙灯、舞狮子、猜灯谜、踩高跷(如图 16-5 所示,选自:http://www.sun0769.com)、划旱船、扭秧歌、打太平鼓等群众性的娱乐活动。

图 16-5　踩高跷

(3) 中国的情人节。元宵节也是一个浪漫的节日,元宵灯会在封建的传统社会中,也给未婚男女的相识提供了一个机会。传统社会的年轻女孩不允许出外自由活动,但是过节却可以结伴出来游玩,元宵节赏花灯正好是一个交谊的机会,未婚男女借着赏花灯也顺便可以为自己物色对象。元宵灯节期间,便是男女青年与情人相会的时机。

3) 清明节习俗

清明节是中国历法中的二十四节气之一,标志着春耕时节的到来,节期在公历每年4 月 5 日左右。

据历史记载,在两千多年以前的春秋时代,晋国公子重耳逃亡在外,生活艰苦,跟随他的介子推不惜从自己的腿上割下一块肉来让他充饥。后来,重耳回到晋国,做了国君(即晋文公,春秋五霸之一),封赏所有跟随他流亡在外的随从,唯独介子推拒绝接受封赏,带了母亲隐居绵山,不肯出来。晋文公无计可施,只好放火烧山,他想,介子推孝顺母亲,一定会带着老母出来。谁知这场大火却把介子推母子烧死了。为了纪念介子推,晋文公下令每年的这一天,禁止生火,家家户户只能吃生冷的食物,这就是寒食节的由来。寒食节是在清明节的前一天,古人常把寒食节的活动延续到清明,久而久之,人们便将寒食与清明合二为一。现在,清明节取代了寒食节,拜介子推的习俗也变成清明扫墓的习俗了。

(1) 扫墓。清明节是一个纪念祖先的节日,主要的纪念仪式是扫墓。扫墓是思宗追远、敦亲睦族及行孝的具体表现,基于上述意义,清明节因此成为华人的重要节日。扫墓是清明节最早的一种习俗,这种习俗延续到今天,已随着社会的进步而逐渐简化。扫墓当天,子孙们把先人的坟墓及周围的杂草修整和清理干净,然后供上食品、鲜花等。如今由于火化遗体越来越普遍,因此,前往骨灰置放地拜祭先人的方式正在逐渐取代扫墓的习俗。

(2) 踏青。踏青又叫春游,古时叫探春、寻春等。三月清明,春回大地,自然界到处呈现出一派生机勃勃的景象,正是郊游的大好时光。我国民间长期保持着清明踏青的习惯。

(3) 植树。清明前后,春阳照临,春雨飞洒,种植树苗成活率高,成长快。因此,自古以来，我国就有清明植树的习惯。有人还把清明节叫作"植树节"，植树风俗一直流传至今。1979 年，全国人民代表大会常务委员会做出决定，把每年的 3 月 12 日定为我国的植树节。这对动员全国各族人民积极开展绿化祖国活动，有着十分重要的意义。

我国宋代画家张择端的《清明上河图》对清明时节的风俗进行了完整的描述，如图 16-6 所示（选自 http://www.zgshj.com）。

图 16-6　《清明上河图（部分）》（〔宋〕张择端）

4）端午节习俗

农历五月初五，是我国传统的端午节，又称端阳节、重午节、端午节。这是中国民间夏季最重要的传统节日。

据《史记》"屈原贾生列传"记载，屈原是春秋时期楚怀王的大臣，他倡导举贤授能，富国强兵，力主联齐抗秦，遭到贵族子兰等人的强烈反对。屈原遭谗去职，被赶出都城，流放到沅、湘流域。公元前 278 年，秦军攻破楚国京都。屈原眼看自己的祖国被侵略，心如刀割，但是始终不忍舍弃自己的祖国，于五月五日，在写下了绝笔作《怀沙》之后，抱石投汨罗江身亡，以自己的生命谱写了一曲壮丽的爱国主义乐章。传说屈原死后，楚国百姓哀痛异常，纷纷涌到汨罗江边去凭吊屈原。渔夫们划着船只，在江上来回打捞他的真身。有位渔夫拿出为屈原准备的饭团、鸡蛋等食物，"扑通、扑通"地丢进江里，说是让鱼龙虾蟹吃饱了，就不会去咬屈大夫的身体了。人们见后纷纷仿效。一位老医师则拿来一坛雄黄酒倒进江里，说是要药晕蛟龙水兽，以免伤害屈大夫。后来因为怕饭团为蛟龙所食，人们想出用糠树叶包饭，外缠彩丝，从而发展成粽子。以后，在每年的五月初五，就有了赛龙舟、吃粽子、喝雄黄酒的风俗，以此来纪念爱国诗人屈原。

（1）赛龙舟。赛龙舟是端午节的主要习俗。相传起源于古时楚国人因舍不得贤臣屈原投江死去，许多人借划龙舟驱散江中之鱼，以免鱼吃掉屈原的身体。之后每年五月五日划龙舟以纪念之。后来，赛龙舟除纪念屈原之外，在各地人们还赋予了不同的寓意。江浙地区划龙舟，兼有纪念当地出生的近代女民主革命家秋瑾的意义。夜龙船上，张灯结彩，来往穿梭，水上水下，情景动人，别具情趣。贵州苗族人民在农历五月二十五日至二十八日举行"龙船节"，以庆祝插秧顺利和预祝五谷丰登。云南傣族同胞则在泼水节赛龙舟，纪念古代英雄岩红窝。不同民族、不同地区划龙舟的传说有所不同。直到今天在南方的不少临江、河、湖、海的地区,每年端午节都要举行富有地方特色的龙舟竞赛活动,如图 16-7 所示(选自：www.southcn.com)。

图 16-7　赛龙舟

(2) 吃粽子。端午节吃粽子,这是中国人民的又一传统习俗。粽子,又叫"角黍""筒粽",其由来已久,花样繁多,如图 16-8 所示(选自：www.23mt.com)。

(3) 佩香囊。端午节小孩佩香囊,传说有避邪驱瘟之意,实际是用于襟头点缀的装饰。香囊内有朱砂、雄黄、香药,外包以丝布,清香四溢,再以五色丝线弦扣成索,做成各种不同形状,结成一串,形形色色,玲珑可爱,如图 16-9 所示(选自 http://www.forum.cnool.net)。

图 16-8　粽子

图 16-9　端午节香囊

(4) 悬艾叶、菖蒲。民谚说："清明插柳,端午插艾。"在端午节,人们把插艾叶、菖蒲作为重要内容之一。家家都洒扫庭除,以菖蒲、艾条插于门楣,悬于堂中。并用菖蒲、艾叶、榴花、蒜头、龙船花制成人形或虎形,称为艾人、艾虎;制成花环、佩饰,美丽芬芳,妇人争相佩戴,用以驱瘴。

5) 中秋节习俗

每年的农历八月十五日,在中国人的心目中,是一个象征团圆的传统佳节,历来有"花好月圆人团聚"的说法。

相传,远古时候,射日的后羿从王母娘娘处求得一包长生不老药。据说服下此药,能即刻升天成仙。然而,后羿舍不得扔下妻子,便将长生不老药交给妻子嫦娥珍藏。不料,此事被后羿的门客蓬蒙看见,蓬蒙等后羿外出后便威逼嫦娥交出长生不老药。嫦娥知道不是蓬蒙的对手,危急之时当机立断,取出长生不老药一口吞了下去。嫦娥吞下药后,身体立刻飞离地面,向天上飞去。由于嫦娥牵挂丈夫,便飞落到离人间最近的月亮上成了仙。后羿回来后,侍女们哭诉了一切。悲痛欲绝的后羿仰望夜空呼唤爱妻的名字,这时,他惊奇地发现,当天晚上的月亮特别圆,特别皎洁明亮,而且有个晃动的身影酷似嫦娥。后羿忙命人摆上香案,放上嫦娥最爱吃的蜜食鲜果,遥祭在月宫里的嫦娥。百姓们闻知嫦娥奔月成仙的消息后,纷纷在月下摆上香案,向善良的嫦娥祈求吉祥平安。从此,中秋节拜月的风俗便在民间传开了。

图 16-10　苏轼赏月

(1) 赏月。在中秋节,我国自古就有赏月的习俗,《礼记》中就记载有"秋暮夕月",即祭拜月神。到了周代,每逢中秋夜都要举行迎寒和祭月,设大香案,摆上月饼、西瓜、苹果、李子、葡萄等时令水果,其中月饼和西瓜是绝对不能少的,西瓜还要切成莲花状。全家团圆,共同赏月叙谈,如图 16-10 所示(选自 http://www.club.fjii.fj.vnet.cn)。

(2) 吃月饼。我国城乡群众过中秋都有吃月饼的习俗,俗话中有:"八月十五月正圆,中秋月饼香又甜。"月饼最初是用来祭奉月神的祭品,后来人们逐渐把中秋赏月与品尝月饼结合在一起,寓意家人团圆的象征。

6) 重阳节习俗

每年农历九月初九,为两个最大的阳数相重,故称重阳节,也叫重九节、登高节,现又称敬老节。

东汉时期,汝河有个瘟魔,只要它一出现,家家就有人病倒,天天有人丧命,这一带的百姓受尽了瘟魔的蹂躏。一场瘟疫夺走了恒景的父母,他自己也差点丧了命。恒景病愈后辞别了妻子和乡亲,决心拜仙学艺,为民除掉瘟魔。恒景访遍名山高土,求师学艺。一位仙长送给恒景一包茱萸叶,一盅菊花酒,并且密授避邪用法。恒景回到家乡,初九的早晨,他按仙长的叮嘱把乡亲们领到了附近的一座山上,然后发给每人一片茱萸叶,一盅菊花酒。中午时分,随着几声怪叫,瘟魔冲出汝河,刚扑到山下,突然吹来阵阵茱萸奇香和菊花酒气。瘟魔蓦然止步,脸色突变,恒景手持降妖剑追下山来,几个回合就把瘟魔刺死剑下,从此,九月初九登高避疫的风俗年复一年地传了下来。

(1) 登高。在古代,民间在重阳有登高的风俗,故重阳节又叫"登高节"。重阳节秋高气爽,登高一望,草木山川,尽收眼底。这实际上是一种野游,为我国人民传统的体育活动,如图 16-11 所示(选自 http://www.fgtt.bokee.com)。

(2) 吃重阳糕。据史料记载,重阳糕又称花糕、菊糕、

图 16-11　重阳节登高

五色糕,制无定法,较为随意。古时,九月九日天明时,以片糕搭儿女头额,口中念念有词,祝愿子女百事俱高,是古人九月做糕的本意。讲究的重阳糕要做成九层,像座宝塔,上面还做成两只小羊,以符合重阳(羊)之义。

(3)赏菊并饮菊花酒。重阳节正是一年的金秋时节,菊花盛开,民间还把农历九月称为"菊月",在菊花傲霜怒放的重阳节里,观赏菊花成了节日的一项重要内容。清代以后,赏菊的习俗尤为昌盛,且不限于九月九日,但仍然是以重阳节前后最为繁盛。菊花酒由菊花加糯米、酒曲酿制而成,古称"长寿酒",其味清凉甜美,有养肝、明目、健脑、延缓衰老等功效,如图 16-12 所示(选自 http://www.jk120.js.cnbjys)。

图 16-12 重阳节饮菊花酒

(4)插茱萸和簪菊花。重阳节插茱萸和簪菊花的风俗,在唐代就已经很普遍。古人认为在重阳节这一天插茱萸可以避难消灾,或佩戴于臂,或做香袋把茱萸放在里面佩戴,还有插在头上的,如图 16-13 所示(选自 http://www.bbs.fdc.com.cn)。

图 16-13 插茱萸和簪菊花

2. 我国少数民族习俗与礼仪

1)壮族习俗与礼仪

壮族是中国人口最多的少数民族之一,现有人口 1600 多万,其中绝大多数分布在广西壮族自治区,另有少部分生活在云南、广东、贵州和湖南等省境内。

壮族以大米、玉米、糯米为主食,喜欢吃清淡食物和粽子,其风味食品有色、香、味俱全的五色饭、沙糕,鲜美可口、略带甜味的白斩鸡,以及色泽金黄、脆嫩香酥的烤乳猪等。

壮族婚姻一般是一夫一妻制。男女青年可以自由参加社交活动,谈情说爱,结婚则需要事先征得父母的同意。壮族盛行入赘的习俗,即男子上女家门。婚礼在女家举行。在婚礼上有一项特别的仪式,就是女家请本族德高望重的长者,为新女婿改姓换名。姓从妻,名只保留后一个字,中间的字表示辈分,参加女方家的排行。入赘后的男子,在家庭中与社会上与其他男子享有同等的地位,不受歧视。不过,少数地方认为上门不光彩。

壮族人素有尊老敬老的传统美德,平时尊敬老人,细心赡养老人,为老人祝寿时唱的《祝寿歌》简朴、动人:祝贺啊祝贺,祝你老人家,寿如清溪白鹤鸟,坚似高山香樟心。祝你七十好高龄,祝你八十好诞辰,祝你九十好高寿,祝你百岁抱玄孙。

壮族是一个善于歌唱的民族。农历三月初三,是壮族富有特色的歌节,如图 16-14 所示(选自 http://www.bj24h.cn)。相传三月三是壮族歌仙刘三姐去世的日子,人们为了纪念她,便在她

图 16-14 壮族"三月三"歌会

的忌日唱歌怀念她。每逢三月三歌节,人们做五色饭和彩蛋,姑娘们精心赶制绣球。该日,小伙子们打扮得英俊潇洒,姑娘们穿戴得如花似锦。人们先抬歌仙刘三姐的神像游行,然后汇集在风景秀丽的河边、山谷,进行交流和对歌。小伙子和他中意的姑娘对歌,姑娘把绣球抛向意中人,小伙子若中意抛绣球的姑娘,就把礼品绑在绣球上,抛还女方。歌节里歌声动人,笑声朗朗,充满了诗情画意。

2) 回族习俗与礼仪

回族是回回民族的简称。回族是中国少数民族中人口较多、分布地区最广的一个民族。据 1990 年统计,全国共有回族居民 860 万人。根据 2000 年第五次全国人口普查统计,回族人口数为 9816802。全国两千多个县、市中,几乎都有回族居民。回族相对集中在宁夏回族自治区,以及甘肃、河南、新疆、青海、云南、河北、山东、安徽、辽宁、陕西、天津、北京等地。

回族因长期和汉族杂居,基本使用汉语言,但在宗教生活中会使用一些阿拉伯语词汇。回族人一般都用汉名汉姓,再另起一个阿拉伯语名字,称"经名"。例如,现代著名回族学者马坚,其经名为穆罕默德。

回族的衣着与汉族差别不大,其主要不同之处是,回族男士头戴白色平顶圆帽,妇女戴头巾(盖头)较普遍。通常老年妇女戴白色盖头,已婚妇女戴黑色盖头,未婚女子戴绿色盖头,图 16-15 为回族女子的服饰(选自:http://www.chinfun.com)。

回族信奉伊斯兰教。依据伊斯兰教义,回族在肉食上以牛、羊肉为主,禁食猪、狗、猫、骡、驴和狮、虎、狼、豹等猛兽的肉,禁食自死动物,禁食血液和禁止饮酒。回族的风味食品有油香、馓子等。

回族一般是族内通婚,也有少量回族人与外族人结婚。回族青年男女成亲,需要具备下列条件:一是双方必须情愿;二是需要得到双方父母的允许;三是要有证婚人;四是男方赠送女方一件礼品信物或一个钱包,钱包中一般只有几枚硬

图 16-15　回族服饰

币。婚礼通常在男方家举行。教长先问女方同意嫁给男方吗? 再问男方同意娶女方为妻吗? 当教长写完婚书并当众宣读后,女方家长和男方家长相继对这门亲事发表意见,众人鼓掌祝贺。

回族的民族节日主要有开斋节(伊斯兰教教历 10 月 1 日)、宰牲节(伊斯兰教教历 12 月 10 日)和圣纪(伊斯兰教教历 3 月 12 日)三大节。每逢这三大节,回族和其他信奉伊斯兰教的中国少数民族特放假一天,以便欢度伊斯兰教节。

3) 维吾尔族习俗与礼仪

维吾尔族是中国古老的少数民族之一,人口 800 多万,主要聚居于新疆维吾尔自治区,其中 88% 住在天山以南的新疆南部地区。另有少数维吾尔族人居住在湖南省的桃源、常德等县。

维吾尔族有本民族的语言和文字。

维吾尔族的服饰丰富多彩。维吾尔族人戴的四楞绣花帽图案精美、鲜艳夺目,富有特色。维吾尔族妇女喜欢穿用鲜艳绸缎制作的连衣裙。

维吾尔族人喜欢吃面食、牛羊肉及酸奶。其特色食品有烤全羊、香脆的圆形烤饼和色香味俱全的"抓饭"等。在节日或喜庆日子里,或者贵客光临,维吾尔族人要吃抓饭或以抓饭招待客人。汉族是先上酒菜后上饭,而维吾尔族是先上饭菜,后上酒,饭菜分几道上。维吾尔族在居家进餐时,讲究长辈坐上席,长辈先动筷。年轻人在长辈面前不得吸烟、喝酒。汉族人喜欢纯清茶,回族人喜欢盖碗茶,哈萨克人喜欢奶茶,而维吾尔族人则喜欢喝药茶。维吾尔族素有"歌舞民族"之称。男女老少几乎人人能歌善舞,如图 16-16 所示(选自http://www.21700.com)。

维吾尔族信奉伊斯兰教,禁食猪肉等。

维吾尔族最盛大的民族节日是古尔邦节(即宰牲节,伊斯兰教教历 12 月 10 日)。节日期间,维吾尔族人穿新衣,宰牛羊,唱歌跳舞,喜气洋洋。

4) 蒙古族习俗与礼仪

蒙古族是中国人口较多的少数民族之一,现有人口 580 万,大多数聚居在内蒙古自治区,其余分布在辽宁、吉林、黑龙江、甘肃、青海等省以及新疆维吾尔自治区境内。

蒙古族有自己的语言和文字。

蒙古族男女老幼都喜欢穿长袍,束腰带,穿马靴。

蒙古族以肉食、奶食为主。爱吃羊肉、炒米,爱喝奶酒、奶茶(砖茶熬好后加牛奶和盐)。饮茶可以提神,解除疲劳,又可消化油腻食物,补充维生素。

挡风御寒、易于搬迁的蒙古包,是生活在大草原上的蒙古族人民喜爱的居所,如图 16-17 所示(选自:刘长凤编著的《实用服务礼仪培训教程》,化学工业出版社,2007 年)。

图 16-16　维吾尔族舞蹈

图 16-17　蒙古包

蒙古族热情好客,讲究礼貌。蒙古族有句谚语:"没有羽毛,有多大的翅膀也不能飞翔;没有礼貌,再好看的容颜也被人耻笑。"蒙古族人民对来客,不论熟人还是生人,总是热情问候,殷勤待客。他们把客人请进蒙古包,先煮奶茶招待,再请客人吃酥脆的油炸果子以及独具草原风味的"手扒羊肉"等。

蒙古族同辈相遇要互相问好,遇到长辈则首先要请安。走路、上车、进门、落座、喝茶、吃饭、喝酒,一定要让老人或长辈领先。

一年一度的"那达慕"大会是蒙古族传统的节日盛会。"那达慕"系蒙古语音译,意为

"娱乐""欢聚"或"游戏"。那达慕大会上除了"好汉的三种竞赛"——摔跤、射箭、赛马外,还有各种歌舞游艺和物资交流活动,热闹非凡。

5) 藏族习俗与礼仪

藏族是中国历史悠久的少数民族之一,现有人口500多万,主要分布在西藏自治区以及与之相邻的四川、青海、甘肃和云南等省的部分地区。

藏族有自己的语言和文字。

藏族的服饰美观大方。男子普遍头戴镶边皮帽或毡帽,身穿长袍,束腰带,穿长靴,腰佩藏刀。女子头梳小辫,再戴帽或包布帕,穿藏袍。

藏族人爱吃糌粑、肉食、奶制品,爱喝酥油茶。

藏族青年的恋爱方式颇具特色,抢帽子就是其中之一。当小伙子看中了一位姑娘,他不是先向姑娘表白,而是设法抢走她的帽子,过几天再奉还。倘若姑娘喜欢这个小伙子,就会高兴地收回帽子;如果不喜欢,就不要这顶帽子了。藏族姑娘向小伙子表达爱情的方式则是赠送自己随身佩戴的耳环或者项珠之类的饰物。倘若正合小伙子的心意,他就会乐意接受,否则就不得收取姑娘的信物。

藏族人民有尊老爱幼的优良习俗。每年藏历新年(藏历正月初一,与汉族的春节相近)的黎明,家里的女儿或儿媳,要出去背回当年的第一罐水,即"吉祥水",煮好酥油茶敬献给老人。

献"哈达"是藏族最常见的一种礼节。藏族人民在迎送宾客或与亲朋交往中,把哈达赠送给对方,表示敬意和祝福,如图16-18所示(选自 http://www.163tour.com)。

藏族是一个能歌善舞的民族,歌声悠扬、嘹亮。男性的舞蹈动作粗犷、奔放,女性的动作优美、轻柔。

图 16-18　献哈达

16.1.2　国外主要民俗风情

礼俗风情是某一国家、民族长期形成的,具有相对稳定性的礼节、人情、风尚、行为习惯、心理倾向等的总和,是一个民族区别于另一个民族的重要特征。

礼俗风情是一个历史范畴,随着社会的变迁、经济和文化的发展,还会出现新的内容与形式。各国、各民族和各地区由于不同的文化背景、礼仪传统和行为习惯,形成的礼俗风情存在很大的差异,因此我们在交往中,尤其是国际公共关系交往中必须了解和掌握,以此作为入国问俗、入国随俗的依据,从而成功地与交际对象建立良好的关系。

1. 韩国民俗风情

韩国也称大韩民国,古称高丽,具有璀璨的文化遗产和美丽的风光。这里夏季多雨,气候湿润,经济发达。韩国的主要宗教是佛教,除此之外,一些韩国人也信奉儒教、天主教或天道教。

韩国国旗旗中央是太极图案,四周配以八卦图形。据韩国官方解释,太极图中的红色代表阳,蓝色代表阴,阴阳合一代表宇宙的平衡与和谐。火与水、昼与夜、黑暗与光明、建设与破坏、男与女、主动与被动、热与冷、正与负等,作为宇宙中两种伟大的力量,通过相互对立而达到和谐与平衡。以太极为中心,四角的卦分别象征阴阳互相调和,乾卦代表天空,坤卦代表大地,坎卦是月亮和水,离卦为太阳和火,各个卦还象征着正义、富饶、生命力和智慧。国旗底色为白色,象征韩国人民的纯洁和对和平的热爱。也有的说是象征单一民族。而整个国旗则代表韩国人民永远与宇宙协调发展的理想。韩国国旗的太极和八卦思想来自中国的《周易》。和谐、对称、平衡、循环、稳定等原理代表着中华民族对宇宙、对人生的深刻思考。从整体上看,韩国国旗外方而内圆,外刚而内柔,阴阳相生,动静相宜,体现了韩国古代文化的包容精神和朴素的辩证法思想。外儒而内道,外儒而取其对事业的执着追求,对管理秩序的有条不紊;内道而取其对个体生命的身心双修,体现了利人利己的辩证原则。它的底色为白色,则象征着韩国人民永远与宇宙协调发展的理想。世界上有两个国家的国旗图案留有中国文化的痕迹,一个是韩国的太极旗,一个是不丹国的龙旗。木槿花是韩国的国花。花开时节,木槿树枝会生出许多花苞,一朵花凋落后,其他的花苞会连续不断地开,开得春意盎然,春光灿烂。因此,韩国人也叫它"无穷花",象征世代生生不息以及坚韧不拔的民族精神。在设计国徽时以五瓣木槿花为主体,在花蕊处配以传统的阴阳太极图案,体现了独具特色的韩国民族风格,如图16-19所示。

图 16-19　韩国的国旗与国徽

(1) 交际习俗。男子见面时习惯微微鞠躬后握手,并彼此问候。当晚辈、下属与长辈、上级握手时,后者伸出手来后,前者须以右手握手,随后再将自己的左手轻置于后者的右手之上。韩国人的这种做法,是为了表示自己对对方的特殊尊重。韩国妇女一般情况下不与男子握手。女士之间习惯鞠躬问候,社交时则握手。韩国人与外国人交往时,可能会问及一些私人的问题,对此不必介意。韩国人有敬老的习惯,任何场合都应先向长者问候。

在一般情况下,韩国人在称呼他人时爱用尊称和敬语,但很少会直接叫出对方的名字。要是交往对象拥有能够反映其社会地位的头衔,那么韩国人在称呼时一定会屡用不止。

在社交场合,韩国人,特别是年轻一代的韩国人,大部分都会讲英语,并且将此视为有教养、受过良好教育的标志之一。由于迄今为止仍对日本昔日的侵略占领耿耿于怀,所以韩国人对讲日语的人普遍没有好感。

(2) 主要禁忌。韩国人大都珍爱白色,对熊和虎十分崇拜。在韩国,人们以木槿花为国花,以松树为国树,以喜鹊为国鸟,以老虎为国兽,对此,不要妄加评论。

由于发音与"死"相同的缘故，韩国人对数目"4"十分反感。受西方习俗的影响，不少韩国人也不喜欢"13"。韩国人忌将"李"姓解释为"十八子李"。在对其国家进行称呼时，不要将其称为"南朝鲜""南韩"或"朝鲜人"，而宜称"韩国""韩国人"。

韩国人的民族自尊心很强，反对崇洋媚外，提倡使用国货。在韩国穿一身外国名牌服装的人，往往会被人看不起。

在韩国，忌谈的话题有：政治腐败、经济危机、意识形态、南北分裂、韩美关系、韩日关系及日本之长等。

（3）饮食特点

韩国人的饮食，在一般情况下以辣和酸为主要特点。韩国人以大米为主食，主要是米饭和冷面。他们喜欢中国的川菜，爱吃牛肉、瘦猪肉、海味、狗肉和卷心菜等。"韩国烧烤"很有特色。

韩国人的饮料很多。韩国男子通常酒量都不错，对烧酒、清酒、啤酒往往来者不拒。韩国妇女多不饮酒。韩国人喜欢喝茶和咖啡。但是韩国人不喜欢喝稀粥和清汤，他们认为只有穷人才会如此。

在用餐时韩国人用筷子。近年来，出于环保的考虑，韩国的餐馆里往往只向用餐者提供铁筷子。关于筷子，韩国人的讲究是，与长辈同桌就餐时不许先动筷子，不可用筷子对别人指指点点，在用餐完毕后要将筷子整齐地放在餐桌的桌面上。

在宴会上，韩国人一般不把菜夹到客人盘里，而由女服务员替客人夹菜，各道菜陆续端上桌，每道菜都须尝一尝才会使主人高兴。

2. 日本民情风俗

日本古称大和，后来正式定名为日本国。日本人酷爱樱花，以其象征民族精神，因为樱花看起来平凡，可是汇集起来却很有气势。每年三月末、四月初，当春风从赤道纬线北上，樱花便由南向北顺势铺开，成林成片，如火如荼，日本人像过节一样聚集在樱花树下，饮酒赏花，摄影留念，日本在世界上享有"樱花之国"的美称。日本人多信仰神道教和佛教。

日本国旗也称太阳旗，呈长方形，长与宽之比为 3∶2。旗面为白色，正中有一轮红日。白色象征正直和纯洁，红色象征真诚和热忱。"日本国"一词意为"日出之国"，传说日本是太阳神所创造，天皇是太阳神的儿子，太阳旗来源于此。其国徽是一枚皇家徽记，在日本天皇及皇室使用的器具上经常出现这个徽记。由 16 瓣匀称花瓣组成的金黄色菊花，质朴典雅，庄重大方，蕴蓄着东方传统文化精神，如图 16-20 所示。

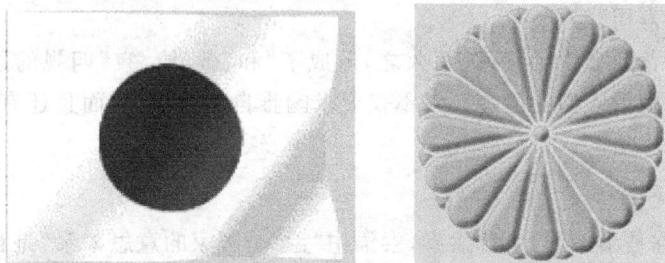

图 16-20　日本的国旗与国徽

(1) 交际习俗。日本是以注重礼节而闻名的国家,讲究言谈举止的礼貌。日本人见面时,要互相问候致意,鞠躬礼是日本最普遍的施礼致意方式,一般初次见面时的鞠躬礼是30°,告别时是45°,而遇到长辈和重要交际对象时是90°,以示尊敬。妻子送丈夫,晚辈送长辈外出时,弯腰行礼至看不见其背影后才直起身。在较正式的场合,递物和接物都用双手。在国际交往时,一般行握手礼。

日本人在谈话时,常使用自谦语,贬己抬人。与人交谈时总是面带微笑,尤其是妇女。

日本人与他人初次见面时,通常会互换名片,否则即被理解为不愿与对方交往。在一般情况下,日本人外出时身上往往会带上自己的好几种印有不同头衔的名片,以便在交换名片时因人而异。

称呼日本人时,可称之为"先生""小姐""夫人"。也可在其姓氏之后加上一个"君"字,将其尊称为"某某君"。

日本人见面时除了行问候礼之外,还要问好致意,见面时多用"您早""您好""请多关照",分手时则以"再见""请休息""晚安""对不起"等话语。

日本经济发达与日本人努力勤奋的工作精神分不开,日本的工作节奏非常快,而且讲究礼节。他们工作时严格按日程执行计划,麻利地处理一切事务;对公众对象"唯命是从",开展微笑服务;公私分明;对待上司与同事十分谦虚,并善于克制忍耐;下班后对公司的事不乱加评论。

(2) 主要禁忌。日本人的忌讳礼俗很多。日本人忌紫色和绿色,认为是悲伤和不祥之色。日本人忌讳"4"和"9",因为他们分别与"死"和"苦"发音相似。日本人喜欢奇数,不喜欢偶数,对"3""5""7"数字特别喜欢。日本人有三人不合影的习俗,因为他们认为在中间被左右两人夹着是不幸的预兆,很不吉利。

他们对狐狸和獾的图案很反感,认为这两种动物图案是晦气、狡猾、贪婪的象征。菊花和菊花图案是皇族的象征,送人的礼品上不能使用这一图案。

日本人喜欢仙鹤和乌龟,认为它们是长寿的象征。使用筷子有许多禁忌,如忌将筷子直插饭中,不能用一双筷子依次给每个人夹、拨菜肴。

(3) 衣食特点。在商务、政务活动中,日本人要穿西式服装;在民间交往中,有时也会穿自己的国服——和服。与日本人交往时,穿着不宜过分随便,因为他们认为衣着不整是没有教养的表现。

"日本料理"的特点是以鱼、虾、贝等海鲜为烹调原料,可热吃、冷吃、生吃或熟吃。主食为大米,逢年节和生日喜欢吃红豆饭,喜欢吃酱和酱汤。餐前餐后一杯清茶。方便食品有"便当"(盒饭)和"寿司"等。

在日本,人们普遍喜欢喝茶,久而久之,形成了"和、敬、清、寂"四规的茶道。茶道具有参禅的意味,重在陶冶人们的情趣。它不仅要求幽雅自然的环境,而且还有一整套的泡茶、献茶、饮茶的具体方法。

3. 泰国民俗风情

泰国正式名称是泰王国,自称孟泰,泰语中"孟"是国家的意思,"泰"是自由的意思,"泰国"即自由之国。泰国国旗原本是清一色的红色,1899 年时曾在中间画上一个象征泰国的白象。后因白象绘制不易,又受外国三色旗的影响,才于 1917 年改为目前的国旗。蓝色是泰国王的颜色,红色表示国家,白色则是由白象演变而来,也具有佛教的意义。泰国的国徽图案是一只大鹏鸟,鸟背上蹲坐着那莱王。传说中大鹏鸟是一种带有双翼的神灵,那莱王是传说中的守护神,如图 16-21 所示。

图 16-21　泰国的国旗与国徽

(1) 宗教信仰。佛教是泰国的国教,全国人口的 90% 以上信奉国教。在社会各方面,佛教都对泰国人发挥着重要作用和影响。泰国的历法采用的是佛历。泰国男子年满 20 岁后,都要出家一次,当 3 个月的僧侣,即使国王也不例外,否则会被人看不起。几乎所有泰国人的脖子上都佩有佛饰,用来趋吉辟邪。

(2) 交际习俗。由于信奉佛教,泰国人一般在交际应酬时不喜欢握手,而是行带有佛门色彩的合十礼。行合十礼时,需站好立正,低眉欠身,双手十指相互并拢,并且同时问候对方"您好!"合十的双手举得越高表示越尊重对方。行合十礼时,晚辈要先向长辈行礼,身份、地位低的先向身份、地位高的行礼,对方随后还之以合十礼,否则是失礼的。

泰国人很有涵养,总喜欢面带微笑,所以泰国也有"微笑之国"的美称。在交谈时,泰国人总是细声低语。在其看来,跟旁人打交道时面无表情、愁眉苦脸,或是高声喧哗、大喊大叫,都是不礼貌的。与泰国人交往不要信口开河非议佛教,或是对佛门弟子有失敬意,特别是不要对佛祖释迦牟尼表示不恭。

(3) 主要禁忌。泰国人认为头是智慧所在,是神圣不可侵犯的,不能用手去触摸佛像的头部,否则将被视为极大的侮辱;若打了小孩的头部,则认为触犯了藏在小孩头中的精灵,孩子会生病的。别人坐着的时候,切勿让物品超越其头顶。见面时,若有长者在座,晚辈应坐下或蹲跪以免高于长者的头部,否则就是对长者的不恭。所以,在泰国,当人们走过或坐或站着的人面前时,都得躬身而行,表示不得已而为之。人们认为用左手拿东西给别人是鄙视对方的行为,所以给人递东西都用右手,切忌用左手。

在泰国民间,狗的图案是被禁止的。泰国人的家里大都不种茉莉花,因为在泰语里,它与"伤心"发音相似。

在泰国,睡莲是国花,桂树是国树,白象是国兽,对于这些东西,千万不要表示轻蔑,或是予以非议。

泰国宪法规定,国王是神圣不可侵犯的,对泰国国王和王室成员,绝不允许任意评说。

(4) 饮食特点。泰国人不爱吃过甜或过咸的食物,也不吃红烧的菜肴。喜食辛辣、新鲜之食物,最爱吃的是具有其民族特色的"咖喱饭"。

泰国人是不喝热茶的,他们的做法是,在茶里加上冰块,令其成为冻茶。他们绝不喝开水,而习惯直接饮用冷水。在喝果汁时要加少许盐末。

4. 新加坡民俗风情

新加坡的全称是新加坡共和国。新加坡在马来语中是"狮子城"的意思,因此新加坡被称为"狮城"。由于新加坡是一个岛国,面积极小,华侨普遍称其为"星洲""星岛"。新加坡气候宜人,环境优美,是一个城市国家,故又有"花园城市"的美誉。新加坡是世界第二大港口。

新加坡国旗由上红下白两个相等的横长方形组成,长与宽之比为 3∶2。左上角有一弯白色新月和五颗白色五角星。红色代表人类的平等,白色象征纯洁和美德;新月象征国家,五颗星代表国家建立民主、和平、进步、正义和平等的思想。新月和五颗星的组合紧密而有序,象征着新加坡人民的团结和互助的精神。其国徽由盾徽、狮子、老虎等图案组成。红色的盾面上镶有白色的新月和五角星,其寓意与国旗相同。红盾左侧是一头狮子,这是新加坡的象征;右侧是一只老虎,象征新加坡与马来西亚之间历史上的联系。红盾下方为金色的棕榈枝叶,底部的蓝色饰带上用马来文写着"前进吧,新加坡!",如图 16-22 所示。

图 16-22　新加坡的国旗与国徽

(1) 交际习俗。在社交场合,新加坡人与他人见面的礼节多为握手。其礼仪习俗呈现多元化的特点,如在社交活动中,华人往往习惯于拱手作揖,或行鞠躬礼;马来人则大多数采用本民族的"摸手礼"。所以与新加坡人打交道时要遇人问俗。

新加坡特别强调笑脸迎客,彬彬有礼。人际交往中讲究礼貌、以礼待人,不但是每个人应具备的基本素养,而且也已成为国家和社会对每一个人所提出的一项基本行为规则。

新加坡十分注重"礼治",政府专门制定了《礼貌手册》,对于人们的各种不同场合的所作所为是否符合礼仪都做出了严格的规定。在新加坡不讲礼貌会寸步难行。

新加坡人崇尚清爽卫生,对于蓬头垢面、衣冠不整、胡子拉碴的人都会侧目而视。

(2) 主要禁忌。新加坡人喜欢红色,认为红色是庄严、热烈、喜庆、吉祥的象征,会激励人们奋发向上。在一般情况下如过多地采用紫色、黑色会不受人们欢迎,因为他们认为紫色、黑色是不吉利的。

新加坡人不喜欢"4"和"7"这两个数字,因为华语中"4"发音与"死"相仿,而"7"被认为是消极的数字。在新加坡人看来"3"是"升","6"是"顺","8"表示"发","9"则表示"久",都是吉祥的数字。

在新加坡是不能说"恭喜发财"的。因为他们看来,"发财"有"横财"之意,祝愿对方发财无疑是鼓动他去发"不义之财",是一种损人利己的行为。

在新加坡乱扔果皮、废纸、吐痰、在公共场所吸烟、嚼口香糖、过马路闯红灯都会被罚款,罚款额之高相当于一个普通工人一个月的工资,搞不好还会吃官司,甚至被鞭打。

（3）饮食特点。中餐是新加坡人的最佳选择,粤菜、闽菜等十分受欢迎。口味喜欢清淡,偏好甜食,讲究营养,平日爱吃米饭和各种生猛海鲜,不太喜欢面食。

新加坡人大都喜欢喝茶,他们经常在清茶中放橄榄之后饮用,称之为"元宝茶",认为喝这种茶可以令人财运亨通。新加坡人还喜欢喝鹿茸酒、人参酒等补酒。

5. 美国民俗风情

美国全称为美利坚合众国,地处北美洲中部,国民主要信奉基督教、天主教。美国的绰号是"山姆大叔",也有"世界霸主""超级大国""国际警察""金元帝国""车轮上的国家"等代称。

美国的国旗是星条旗,红白相间的 13 条横条,原意是代表美国当年的 13 个州。后来固定了下来,用国旗上的星代表各个州。现在旗上共有 50 颗星,代表美国的 50 个州,白色代表廉洁公正;红色代表勇敢无畏;蓝色代表警惕、坚韧和正义。美国国徽是一个国家的主要象征之一。只有特定的国家重要文件才能盖上国徽大印,正式生效。美国国徽的图案是:外围为两个同心圆,内有一只美国秃鹰雄踞中央,双翼展开,右爪握一束橄榄枝,左爪握 13 支利箭,尖嘴中叼着一条飘带,上书"合众为一"。秃鹰的胸前是一枚盾形纹章,纹章上部是蓝色横纹,下部是红白相间的竖纹,象征美国国旗。秃鹰的上方是蓝色的天空中镶嵌着 13 颗星,四周光芒万道,环绕着云朵组成的图案。国徽上的每个图案均有其象征意义。美国秃鹰象征着至高无上的统治权;橄榄枝和箭象征决定和平与战争的权力;秃鹰上方的群星图案象征着拥有主权的新生共和国,如图 12-23 所示。美国国徽上的中心图像就是美国秃鹰,它的正式名称是白头海雕,是美国的国鸟。今天,美国秃鹰已成了美国的象征,它不仅出现在国徽上,也出现在美国其他旗帜及硬币上。秃鹰是产于美国及加拿大的一种巨鹰。外貌美丽,性情凶猛,有"百鸟之王"之称。其实秃鹰头部有丰满的羽毛,并非光秃。秃鹰幼时全身披黑色羽毛,长成后头颈部羽毛变白色,老时尾部也相继变白。秃鹰虽是美国的象征,但在美国大部分地区却已濒临绝种。近年来经竭力抢救,才稳步恢复繁殖。1970 年美国本土 48 个州只有秃鹰约 1000 只,现已达 5000 只左右,而且数量还在增长。另外两个州中的阿拉斯加州的秃鹰一直较多,约有 3 万只;夏威夷州则根本没有秃鹰。目前,国徽保存在美国国会中。美国宪法对于国徽在何时使用、用在何种文件上均有明确的规定。

图 16-23　美国的国旗与国徽

（1）交际习俗。美国人是"自来熟",他们为人诚挚,乐观大方,天性浪漫,性格开朗,善于攀谈,喜欢社交,似乎与任何人都能交上朋友。与人交往时讲究礼仪,但没有过多的客套。朋友见面,说声"Hello"就算打招呼。每个人都热情开朗,不拘小节,讲究效率,不搞形式主义。

社交场合一般行握手礼,熟人则施亲吻礼。较熟的朋友常直呼其名,以示亲热,不喜欢称官衔,对于能反映对方成就与地位的学衔、职称,如"博士""教授""律师""法官""医生"等却乐于称呼。经常说"请原谅"等礼貌用语。

交谈时,经常以手势助兴,与对方保持半米左右距离。不愿被问其年龄、收入以及所购物品的价钱,不喜欢被恭维其"胖"。对妇女不能赠送香水、衣物和化妆品。交往时必须遵循"女士优先"的原则。

(2)主要禁忌。美国人忌"13"和"星期五"。他们不喜欢黑色,偏爱白色和黄色,喜欢蓝色和红色。崇尚白头鹰,将其敬为国鸟。在动物中,美国人最爱狗,认为狗是人类的忠实朋友。对于那些自称爱吃狗肉的人,美国人是非常厌恶的。在美国人眼里。驴代表坚强,象代表稳重,它们分别是共和党和民主党的标志。

在美国,成年同性共居于一室之中,在公共场合携手而行或是勾肩搭背,在舞厅里相邀共舞,都有同性恋之嫌。

美国人认为个人空间不可侵犯,所以与美国人相处要保持适当的距离,碰了别人要及时道歉,坐在他人身边应先征得对方认可,谈话时不要距离对方过近。

美国人大都喜欢用体态语表达情感,但忌讳盯视别人、冲别人伸舌头、用食指指点交往对象等体态语。

(3)饮食特点。美国人喜欢咸中带甜的菜肴,口味清淡。他们重视营养,爱吃海味和蔬菜。美国人早、午餐比较简单,晚餐较丰富,偏爱蛙肉和火鸡,饭后喜欢喝咖啡或茶。

6. 加拿大民俗风情

加拿大作为国名,出自当地土著居民的语言,本意是"棚屋"。也有人讲它来自葡萄牙语,意思是"荒凉"。它位于北美洲北部,除极少数印第安人和因纽特人外,国民多是英、法移民的后裔,多数信奉天主教。加拿大境内多枫树,素有"枫叶之国"的美誉。长期以来加拿大人民对枫叶有着深厚的感情,加拿大国旗正中绘有三片红色枫叶,国歌也是《枫叶,万岁》。加拿大有"移民之国""粮仓""万湖之国"等美称。

加拿大国旗长与宽之比为2:1,从左至右由红—白—红两色组成,两条红边表示太平洋和大西洋,中间的白色表示加拿大辽阔的国土,红枫叶表示居住在这片富饶土地上的全体加拿大人民。枫树是加拿大的国树,枫叶是加拿大民族的象征。加拿大国徽为1921年制定,其图案中间为盾形,盾面下部为一枝三片枫叶;加拿大国徽上部的四组图案分别为:三头金色的狮子,一头直立的红狮,一把竖琴和三朵百合花,分别象征加拿大在历史上与英格兰、苏格兰、爱尔兰和法国之间的联系。盾徽之上有一头狮子举着一片红枫叶,既是加拿大民族的象征,也表示对第一次世界大战期间加拿大的牺牲者的悼念。狮子之上为一顶金色的王冠,象征着英女王是加拿大的国家元首。盾形左侧的狮子举着一面联合王国的国旗,右侧的独角兽举着一面原法国的百合花旗。底端的绶带上用拉丁文写着"从海洋到海洋",表示加拿大的地理位置——西濒太平洋,东临大西洋,如图16-24所示。

(1)交际习俗。加拿大人讲究礼貌,但又喜欢无拘无束,不爱搞繁文缛节。加拿大人性格开朗热情,对人朴实友好,容易接近。人们相遇时,都会主动打招呼、问好,握手是行见

图 16-24　加拿大的国旗与国徽

面礼,拥抱、接吻等见面礼仅用于亲友、熟人、恋人和夫妻之间。

加拿大人在人际交往中的自由与随和是举世知名的。他们对于交往对象的头衔、学位、职务只在官方活动中才使用;在中国社交活动里普遍必备的名片,普通加拿大人不大常用,只有公司高层在商务活动中才使用名片。

(2)主要禁忌。枫叶是加拿大的象征,是加拿大国旗、国徽上的主题图案。因此枫叶被加拿大人视为国花,枫树定为加拿大的国树,对此要充分尊重。在加拿大白色的百合花主要用来悼念死者,因其与死亡有关,所以绝对不可以作为礼物送给加拿大人。白雪在加拿大人心目中有着崇高的地位,并被视为吉祥的象征与辟邪之物。在不少地方人们甚至忌讳铲除积雪。加拿大人很喜欢红色与白色,因为那是加拿大国旗的颜色。

与加拿大人交谈时,不要插嘴打断对方的话,或是与对方强词夺理。议论性与宗教、评说英裔加拿大人与法裔加拿大人的矛盾,处处将加拿大与美国联系起来进行比较,将加拿大视为美国的"小兄弟"或是大讲美国的种种优点和长处,都是应当避免的。

(3)衣食特点。在日常生活里,加拿大人的着装以欧式为主。在参加社交应酬时,加拿大人循例都要认真进行自我修饰,或是为此专门上一次美容店。在加拿大,参加社交活动时男子必须提前理发修面,妇女们则无一例外地进行适当的化妆并佩戴首饰。不这样做会被视为对交往对象的不尊重。

加拿大的饮食习惯与英美比较接近,口味比较清淡,爱吃酸、甜之物和烤制食品,忌吃肥肉、动物内脏、腐乳、虾酱以及其他带腥味、怪味的食物。在一日三餐中,加拿大人最重视晚餐,他们喜欢邀请朋友到家中共进晚餐。

7. 英国民俗风情

英国的正式名称是大不列颠及北爱尔兰联合王国,有时它也被人们称为"联合王国""不列颠帝国""英伦三岛"等。"英国"是中国人对其的称呼,出自"英格兰"一词,其本意是"盎格鲁人的土地",而"盎格鲁"的含义则为"角落"。英国的主要宗教是基督教。圣公会是英国国教会,教徒占全国近一半的人口。

英国国旗呈横长方形,长与宽之比为2∶1。为"米"字旗,由深蓝底色和红、白色"米"字组成。旗中带白边的红色正十字代表英格兰守护神圣乔治,白色交叉十字代表苏格兰守护神圣安德鲁,红色交叉十字代表爱尔兰守护神圣帕特里克。此旗产生于1801年,是由原英格兰的白地红色正十旗、苏格兰的蓝地白色交叉十字旗和爱尔兰的白地红色交叉十字旗重叠而成。英国国徽即是英国皇室的徽章,左上、右下两部分图案相同,即红底上绘有3头金色雄狮,它们代表着英格兰;右上方点缀着鸢尾花的方框中有一头跃立的红狮,是苏格兰的标志,左下方镶嵌在蓝色背景中的金色银弦竖琴象征爱尔兰。一条嘉得勋章的蓝色绶带环绕盾徽,上面铭刻着英国上层社会的一句格言:"恶有恶报"。盾徽两侧分别侍立着一头英国王狮和银色的苏格兰独角兽,上方有一顶金银相嵌的头盔,其上供奉着华丽富贵的帝国冠冕。盾徽底部的白色丝带上英王的座右铭熠熠闪光:"神赐予我权利",如图16-25所示。

图16-25 英国的国旗与国徽

(1)交际习俗。不喜欢被统称为"英国人",而喜欢被称为"不列颠人"。习惯握手礼,女子一般施屈膝礼。男子如戴礼帽,遇见朋友时微微揭起以示礼貌。英国人注重实际,不喜欢空谈,他们社交场合衣着整洁,彬彬有礼,体现"绅士风度"。妇女穿着较正式的服装时,通常需要配一顶帽子。

在社交场合,英国人极其强调所谓的绅士风度,坚持"女士第一"的原则,对女士处处给予尊重和照顾。他们十分重视个人教养,认为教养体现出细节,礼节展现出教养。他们待人十分客气,"请""谢谢""对不起""你好""再见"一类礼貌用语,天天不离口。即使是家人、夫妻、至交之间,英国人也常常会使用这些礼貌用语。

在交际活动中,握手礼是英国人使用最多的见面礼节。在一般情况下,与他人见面时,英国人既不会像美国人那样随随便便地"嗨"上一声作罢,也不会像法国人那样非要跟对方热烈地拥抱、亲吻不可。英国人认为那样做都有失风度。

(2)主要禁忌。英国人忌4人交叉握手,忌"13"和"星期五",忌用一次火点3支烟。不喜欢大象及其图案,讨厌墨绿色,忌黑猫和百合花,忌碰撒食盐和打碎玻璃。认为星期三是黄道吉日。喜欢养狗,认为白马象征好运,马蹄铁是吉祥物会带来好运。

在英国人看来,夸夸其谈、自吹自擂或者说话时指手画脚都是缺乏教养的表现,所以与英国人刚刚认识就与他们滔滔不绝地交谈,会被认为很失态。和英国人交谈时要小心选择话题,不要以政治或宗教倾向作为话题。另外不要去打听英国人不愿讲的事情,千万不要说某个英国人缺乏幽默感,这很伤他们的自尊心,他会感到受侮辱。因为英国人历来以谈吐幽默、高雅脱俗为荣。

(3)饮食特点。通常一日四餐,即早餐、午餐、午茶点和晚餐,晚餐为正餐。不喜欢上餐馆,喜欢亲自烹调。平时以英法菜为主。"烤牛肉加约克郡布丁"被誉为国菜。进餐前习惯先喝啤酒或威士忌。讲究喝早茶与下午茶。

8. 法国民俗风情

法国的正式名称是法兰西共和国。"法兰西"源于古代法兰克王国的国名。在日耳曼语里,"法兰克"一词的本义是"自由"或是"自由人"。"艺术之邦""时装王国""葡萄之国"

"名酒之国""美食之国"等都是世人给予法国的美称。法国首都巴黎更是鼎鼎大名的"艺术宫殿""浪漫之都""时装之都"和"花都",法国的主要宗教是天主教,近80%的人是天主教教徒,其余的人信奉基督教、犹太教或伊斯兰教。

法国的国旗以三色旗著称,最早出现在1789年的法国资产阶级革命时期(法国大革命时期),巴黎国民自卫队就以蓝、白、红三色旗为队旗。白色居中,代表国王,象征国王的神圣地位;红、蓝两色分列两边,代表巴黎市民;同时这三色又象征着法国王室和巴黎资产阶级联盟,三色旗也曾是法国大革命的象征。1794年被确定为法兰西第一共和国的国旗。法国没有正式国徽,但传统上采用大革命时期的纹章作为国家的标志。纹章为椭圆形,上绘有大革命时期流行的标志之一——束棒,这是古罗马高级执法官用的权标,是权威的象征。束棒两侧饰有橄榄枝和橡树枝叶,其间缠绕的饰带上用法文写着"自由、平等、博爱"。整个图案由带有古罗马军团勋章的绶带环饰,如图16-26所示。

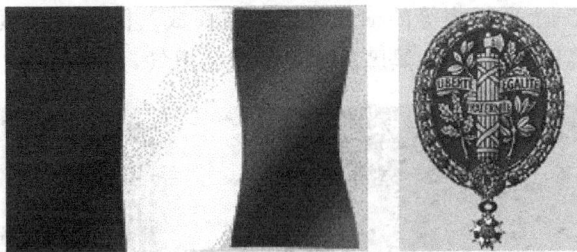

图16-26 法国的国旗与国徽

(1) 交际习俗。法国人非常善于交际,即使是萍水相逢,他们也会主动与之交往,而且表现得亲切友善,一见如故。

法国人天性浪漫,在人际交往中,他们爽朗热情,善于雄辩,高谈阔论,爱开玩笑,幽默风趣,讨厌不爱讲话的人,对愁眉苦脸者难以接受。

他们崇尚自由,纪律性较差,不大喜欢集体行动,约会也可能姗姗来迟。法国人有极强的民族自尊心和民族自豪感,在他们看来,世间的一切都是法国最棒。例如,法国人懂英语的很多,但通常不会直接用英语与外国人交谈。因为他们认定,法语是世间最美的语言,与法国人交谈时若能讲几句法语,一定会使对方热情有加。懂法语而又不同法国人讲法语,则会令其大为恼火。

法国人注重服饰的华丽和式样的更新。妇女视化妆和美容为生活之必需。在社会交往中奉行"女士第一"的原则。法国人习惯行握手礼,有一定社会身份的人施吻手礼。少女常施屈膝礼。男女之间、女子之间及男子之间,还有亲吻面颊的习惯。社交中,法国人不愿他人过问个人私事。

(2) 主要禁忌。法国人忌"13"和"星期五"。他们大都喜爱蓝色、白色与红色,不喜欢金黄色和墨绿色。法国人视仙鹤为淫妇的化身,孔雀被看作祸鸟,大象象征笨汉。他们都是法国人反感的动物。视菊花、杜鹃花与核桃等为不祥之物。

向法国人赠送礼品时,宜选具有艺术品位和纪念意义的物品,不宜送刀、剑、剪、餐具,或是带有明显的广告标志的物品作为礼品。男士如向一般关系的女士赠送香水,也会被法国人看作是不合适的。

与别人交谈时,法国人往往喜欢选择一些足以显示其身份、品位的话题,如历史、艺术等。对于那些恭维英国、德国,却贬低法国的国际地位和历史贡献,或者议论其国内经济滑坡、种族纠纷等问题,他们不愿意予以呼应。

(3) 饮食特点。法国人会吃,也讲究吃。法国菜风靡世界,被称为"法国大餐"。法国人喜欢吃蜗牛和青蛙腿,最名贵的菜是鹅肝。法国人喜欢喝酒,几乎餐餐必饮,白兰地、香槟和红白葡萄酒都是他们喜欢喝的。法国菜的特点是鲜嫩。法国人也非常喜欢中国菜。

9. 德国民情风俗

德国的正式名称是德意志联邦共和国。"德意志"在古代高德语里,其含义为"人民的国家"或"人民的土地"。在世界上德国有"经济巨人""欧洲的心脏""出口大国""啤酒之国""香肠之国"等美称。德国的主要宗教是基督教和天主教。目前在德国全国总人口中,信奉基督教的约占 47%,信奉天主教的约占 36%。德国国旗呈横长方形,长与宽之比为 5∶3,自上而下由黑、红、黄三个平行相等的横长方形相连而成。国徽为金黄色的盾徽。盾面上是一头红爪红嘴、双翼展开的黑鹰,黑鹰象征着力量和勇气,如图 16-27 所示。

图 16-27　德国的国旗与国徽

(1) 交际礼仪

德国人之间初次见面,如果需要第三者的介绍,作为介绍人要注意:不能不论男女长幼、地位高低而随便把一人介绍给另一人,一般的习惯是从老者和女士开始。需向老年人引见年轻人,向女士引见男士,向地位高的人引见地位低的人。

双方握手时,要友好地注视对方,以表示尊重对方,如果这时把眼光移向别处,东张西望,是很不礼貌的行为。初次相识的双方在自报姓名时,要注意听清和记住对方的姓名,以免发生忘记和叫错名字的尴尬局面。在许多人相互介绍时,要做到尽量简洁,避免拖泥带水。

由于德语语言自身的特点,在与德国人交往中还会遇到一个是用尊称还是用友称的问题。一般与陌生人、长者以及关系一般的人交往,通常用尊称"您";而对私交较深、关系密切者,如同窗好友、共事多年关系不错的同事,往往用友称"你"来称呼对方。交换称谓的主动权通常在女士和长者手中。称谓的变换,标志着两者之间关系的远近亲疏。对此必须熟练掌握和运用,这样才能得心应手地与德国人交往。

德国人十分遵约守时。德语中有一句话为"准时就是帝王的礼貌"。德国人邀请客人,往往提前一周发邀请信或打电话通知被邀请者。如果是打电话,被邀请者可以马上口头做出答复;如果是书面邀请,也可通过电话口头答复。但不管接受与否,回复应尽可能早一点儿,以便主人做准备,迟迟不回复会使主人不知所措。如果不能赴约,应客气地说明理由。既不赴约，又不说明理由，是很不礼貌的。在德国，官方或半官方的邀请信往往还会注明衣着要求。接受邀请之后如中途有变不能如约前往，应早日通知主人，以便主人另做安排。如因临时的原因，迟到 10 分钟以上，也应提前打电话通知一声，因为在德国私人宴请的场合，等候迟到客人的时间一般不超过 15 分钟。客人迟到，要向主人和其他客人表示歉意。

电影院中的迟到，人们可以习以为常，但对于音乐会的迟到，则是令人讨厌的。这时迟到者最好等到一幕或一个乐章结束后再入座。如等不及，需慢慢走到座位上，千万别走错排数，并且要对站起来让路的人轻轻说"谢谢"。

赴约赴宴，如遇交通高峰期，一定要提早出门，以免迟到。迟到固不礼貌，但早到也欠考虑。德国人如遇正式邀请，往往提前出门，如果到达时间早，便在附近等一等，到时再进主人家。

德国人不习惯送重礼，所送礼物多为价钱不贵、但有纪念意义的物品，以此来表示慰问、致贺或感谢之情，去友人家赴宴，客人带上点儿小礼物，俗话说礼轻情意重，一束鲜花、一盒巧克力糖果或一瓶酒足已。当然，去德国朋友家做客的中国人如能送给女主人一件富有民族风格的小纪念品，定会受到主人由衷的赞赏。如果只是顺便看望，就不必带什么礼物了，最多给小孩带一些小玩意儿。如果是业务的聚会，双方往来都是公事，只需按时应邀出席，不必另有表示。

在德国，如遇朋友乔迁或新婚，你可以事先同受礼者开诚布公地谈谈送些什么礼物好。有的德国新婚夫妇会把自己所需的日常用品列一份清单，送礼的朋友可在此单上划上自己送的东西，这样既可使新婚夫妇得到实惠，又令馈赠者高兴。

(2) 主要禁忌

德国人对黑色、灰色比较喜欢，对于红色以及掺有红色或红黑相间的颜色，则不感兴趣。

对于"13"与"星期五"，德国人十分讨厌。他们对于四个人交叉握手，或是在交际场合进行交叉谈话，也比较反感，因为他们认为这是不礼貌的。

德国人对纳粹党徽的图案"卐"十分忌讳。它与我国民间表示吉祥的"卍"颇为近似。只不过前者的开口是呈顺时针方向，而后者的开口是呈逆时针方向，切不可将二者混淆乱用。另外在德国跟别人打招呼时，切勿身体立正，右手向上方伸直，掌心向外。这一姿势过去是纳粹行礼的方式，因此也应避免。

与德国人交谈时，不宜涉及纳粹、宗教与党派之争。在公共场合窃窃私语或是大声讲话，德国人认为都是十分无礼的。

(3) 衣食特点

德国人在穿着打扮上的总体风格，是庄重、朴素、整洁。他们不大容易接受过分前卫的服装，不喜欢穿着过分鲜艳花哨的服装，并且对衣冠不整、服装不洁者表示难于忍受。德国人在正式场合露面时，必须穿戴整齐，衣着一般多为深色。在商务交往中，讲究男士穿三件套西装，女士穿裙式服装。德国人对于发型较为重视。在德国男士不宜剃光头，免得被人当作"新纳粹"分子。德国少女的发式多为短发或披肩发，烫发的妇女多为已婚者。

德国人讲究饮食，最爱吃猪肉，其次才是牛肉。以猪肉做成的各种香肠，德国人是百吃不厌。德国人一般胃口较好,喜食油腻之物。在口味方面,德国人爱吃冷菜和偏甜、偏酸的菜肴,对于辣或过咸的菜肴则不太欣赏。德国人最喜欢饮啤酒,人人都是海量,当然他们对于咖啡、红茶、矿泉水也很喜欢。

10. 俄罗斯民情风俗

俄罗斯联邦简称"俄罗斯"。俄罗斯是从其民族名称"罗斯人"演化而来的。汉译名"俄罗斯",是通过蒙古语转译过来的。"俄罗斯苏维埃联邦社会主义共和国"于1917年11月7日宣布成立;1922年12月30日加入苏联,1991年12月8日宣布建立独立国家联合体,并宣布1922年的苏联联盟条约对他们不再适用,国名改为"俄罗斯联邦"。俄罗斯联邦全国面积1707.54万平方公里,是世界上国土面积最大的国家。俄罗斯联邦包括16个自治共和国,5个自治州、10个自治区、6个边疆区、49个州,首都是莫斯科,货币为"卢布",官方语言是俄语。

俄罗斯国旗采用传统的泛斯拉夫颜色,旗面由三个平行且相等的横长方形组成,由上到下依次是白、蓝、红三色。旗帜中的白色代表寒带一年四季的白雪茫茫,蓝色代表亚寒带,又象征俄罗斯丰富的地下矿藏和森林、水力等自然资源,红色是温带的标志,也象征俄罗斯历史的悠久和对人类文明的贡献。三色的排列显示了俄罗斯幅员的辽阔。但另一方面,白色又是真理的象征,蓝色代表了纯洁与忠诚,红色则是美好和勇敢的标志。1699年彼得大帝到荷兰学习造船术时,他意识到需要为俄国的海军设计一面军旗。他因此效仿荷兰的三色国旗设计,但颜色是另选的(当时的荷兰国旗是橙—白—蓝三色)。彼得大帝当时选择的颜色是红、白、蓝三色,也就是后来的泛斯拉夫颜色。1883年5月7日,这面旗帜正式成为俄国国旗,1917年十月革命后三色旗被取消。1991年8月21日,这面旗帜再次被采用,成为独立的俄罗斯联邦的国旗。1993年11月30日,俄决定采用十月革命前伊凡雷帝时代的、以双头鹰为图案的国徽:红色盾面上有一只金色的双头鹰,鹰头上是彼得大帝的三顶皇冠,鹰爪抓着象征皇权的权杖和金球。鹰胸前是一个小盾形,上面是一名骑士和一匹白马,如图16-28所示。

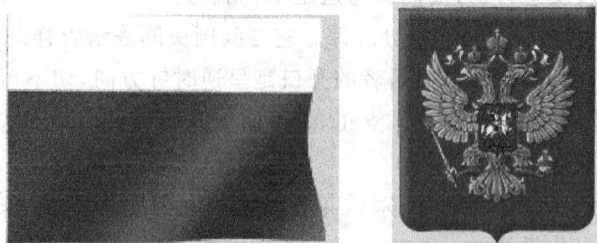

图16-28　俄罗斯的国旗与国徽

1) 交际习俗

俄罗斯人养成了注重礼貌的良好习惯。与客人相见,总要相互问好并道"早安""日安"或"晚安"。言谈中"对不起""请""谢谢"时常挂在嘴边。他们在待客中,常以"您"字表示尊敬和客气;而对亲友往往则用"你"字相称,认为这样显得随便,同时还表示出对亲友的亲热和友好。外出时,总习惯衣冠楚楚。衣扣扣得完整,从不把外衣搭在肩上或系在身上。

俄罗斯人对妇女颇为尊敬。"女士优先"在他们的国家里很盛行。凡在公共场所,无论是行走让路,还是乘车让位,他们总要对女士有特殊的优先。他们时间观念很强,对约会总习惯准时赴约。他们对马怀有特殊的感情。认为马能驱邪,会给人带来好的运气,故有不少农民非常喜欢把马头形的木雕钉在屋脊上,以示吉祥求得四季平安。他们一般都偏爱"7"。认为"7"预兆会办事成功,"7"还可以给人们带来美满和幸福。他们普通喜爱红色,人们都把红色视为美丽和吉祥的象征。他们很讲究餐桌陈设的艺术性,认为美好的餐台设计会给人带来心情喜悦,并有增进人们食欲的作用。他们由于受地理环境的影响,一般都怕热不怕冷,夏天尤其喜欢餐厅内带有空调设备。俄罗斯的女主人,对来访客人带给她的单数鲜花是很欢迎的;男主人则喜欢高茎、艳丽的大花。

俄罗斯人在社交场合与客人见面时,一般惯施握手礼。拥抱礼也为他们常施的一种礼节。他们还有施吻礼的习惯,但对不同人员、在不同场合所施的吻礼也有一定的区别:一般对朋友之间,或长辈对晚辈之间,以吻面颊者为多,不过长辈对晚辈以吻额为更亲切和慈爱;男子对特别尊敬的已婚女子,一般多施吻手礼,以示谦恭和崇敬之意。吻唇礼一般只是在夫妇或情侣间流行。

2) 主要禁忌

来访者若私带艺术品出境或与市民私下交换货币,是严重的犯罪行为。

绝不能在街上丢弃任何东西,连一张过期的电影票也不行,这种行为有损俄罗斯的整洁,而且是违规的。

约会必须准时到达。

应邀去俄罗斯人家里作客时,可带上鲜花或烈性酒,送艺术品或图书做礼品是受欢迎的。

俄罗斯联邦主要宗教有俄罗斯正教、伊斯兰教、天主教、新教、犹太教和佛教。他们对盐十分崇拜,并视盐为珍宝和祭祀用的供品。认为盐具有驱邪除灾的力量。如果有人不慎打翻了盐罐,或是将盐撒在地上,便认为是家庭不和的预兆。为了摆脱凶兆,他们总习惯将打翻在地的盐拾起来撒在自己的头上。他们有"左主凶右主吉"的传统思想观念。认为左手握手或左手传递东西及食物等,都属于一种失礼的行为。他们忌讳"13"这个数字,认为"13"是个凶险和预示灾难的数字。他们对兔子的印象很坏,认为兔子是一种怯弱的动物,若从自己眼前跑过,便是一种不祥的兆头。他们忌讳黑色,认为黑色是丧葬的代表色。因此,他们对黑猫更为厌恶,并视黑猫从自己面前跑掉为不幸的象征。

3) 饮食特点

俄罗斯人在饮食上一般都不吃乌贼、海蜇、海参和木耳等食品,还有些人对虾和鸡蛋不感兴趣,个别人也不吃这两种食品。境内的鞑靼人忌吃猪肉、驴肉和骡子肉。境内的犹太人不吃猪肉,不吃无鳞鱼。伊斯兰教徒禁食猪肉和使用猪制品。

俄罗斯人总的饮食特点是菜汤加稀粥,餐餐上饭桌,菜肴、小吃、饮料丰富多彩。主食普遍爱吃面食;肉类偏爱牛肉;蔬菜最爱白菜、蘑菇;饮料最爱格瓦斯;酒类最爱伏特加;水果最爱吃苹果;干果最爱葡萄干。

俄罗斯各民族的饮食嗜好各不相同。俄罗斯人爱吃黑麦面包、黄油、酸牛奶、酸黄瓜、咸鱼等食品;喜欢用盐来招待客人,常用面包夹盐待客,以示热情和礼貌。俄罗斯联邦境内的鞑靼人以烤面饼、抓饭、面条、馅饼等为主食,以牛奶、羊奶、马奶为饮料。俄罗斯联邦境内的巴什基尔人主要吃奶、肉和面粉制品,也吃土豆、蔬菜;爱吃酸面包、无盐面包、面片抓肉丝、马肉香肠等;喜欢酸乳、马奶酒和茶,茶中乐于加些奶。俄罗斯境内的莫尔多瓦人爱吃油煎薄饼、奶渣饼、馅饼、麦粥、豌豆和白菜,喜欢喝蜜制啤酒。俄罗斯境内的犹太人只吃反刍的、有分趾蹄的动物,如牛、羊等肉。

俄罗斯人一般对晚餐要求较为简单,对早、午餐较为重视。他们的用餐时间都习惯拖得很长。他们一般以吃俄式西餐为主,大多都使用刀叉用餐,也有个别人习惯用手抓饭吃。他们对中餐极为欣赏。一般都乐于品尝不同风味的菜肴,菜肴乐于熟透和酥烂。

由于受地理环境的影响,特别爱喝烈性酒,而且酒量都偏大,一般人爱饮伏特加,也愿意喝啤酒,也喜欢喝中国的珍珠水酒;对饮料中的柠檬汁、红茶、可可、咖啡、汽水、橘子汁、酸牛奶和矿泉水也很爱喝。

11. 澳大利亚民俗风情

澳大利亚正式名称为澳大利亚联邦。澳大利亚作为国家的名称,来自于拉丁文。在拉丁文里其含义是"南方之地"。"牧羊之国""骑在羊背上的国家""坐在矿车上的国家""淘金圣地"等都是对澳大利亚的美称。澳大利亚的主要宗教是基督教,全国居民之中约98%的人都是基督徒。

澳大利亚国旗为长方形,旗面为蓝色,靠旗杆侧上角有英国米字旗,靠旗杆侧下部有一颗白色的七角星;其余部分有四颗较大的白色七角星与一颗较小的白色五角星,代表的是太平洋上空的南十字星座。国旗的左上角为英国国旗图案,表明澳大利亚与英国的传统关系。最大的一颗七角星代表的是澳大利亚的六个州与一个区,蓝色象征着大海环抱着澳大利亚领土。其国徽图案中的袋鼠和鸸鹋是澳大利亚特有动物,为国家的标志、民族的象征。盾面上有六组图案:红色圣乔治十字形象征新南威尔士州;王冠下的南十字形星座代表维多利亚州,蓝色的马耳他十字形代表昆士兰州;伯劳鸟代表南澳大利亚州,黑天鹅象征西澳大利亚州,红色狮子象征塔斯马尼亚州。盾形上方为一枚象征英联邦国家的七角星。背景为澳国花金合欢。绶带上用英文写着"澳大利亚",如图16-29所示。

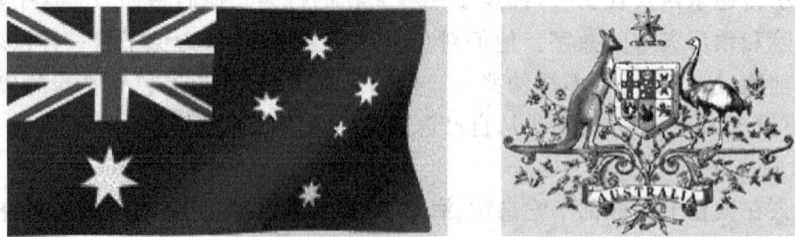

图 16-29 澳大利亚的国旗与国徽

(1)服饰礼仪。男子多穿西服,打领带,在正式场合打黑色领结,达尔文服是流行于达尔文市的一种简便服装。妇女一年中大部分时间都穿裙子,在社交场合则套上西装上衣。无论男女都喜欢穿牛仔裤,他们认为穿牛仔裤方便、自如。土著居民往往赤身裸体,或在腰间扎一条围巾,有些地方的土著人讲究些,披在身上。他们的装饰品丰富多彩。

(2)交际礼仪。澳大利亚人情味很浓,乐于同他人进行交往,并且表现得质朴、开朗、热情。过分地客套或做作，均令其不快。他们爱交朋友，爱同陌生人打招呼、聊天，爱请别人到自己家里做客。

和澳大利亚的男士们相处时，感情不能过于外露，大多数男人不喜欢紧紧拥抱或握住双肩之类的动作。在社交场合，忌讳打哈欠、伸懒腰等小动作。

澳大利亚是一个讲求平等的社会，不喜欢以命令的口气指使别人。

澳大利亚人见面习惯于握手，不过有些女子之间不握手，女友相逢时常亲吻对方的脸。

澳大利亚人大都名在前，姓在后。称呼别人先说姓，接上先生、小姐或太太之类。熟人之间可称小名。

（3）主要禁忌。澳大利亚人对兔子特别忌讳，认为兔子是一种不吉利的动物，人们看到它都会感到倒霉。与他们交谈时，多谈旅行、体育运动及澳大利亚的见闻，如果议论种族、宗教、工会和个人私生活以及等级地位问题，最令澳大利亚人不满。

在数目方面，受基督徒的影响，澳大利亚人对于"13"与"星期五"普遍感到反感。

澳大利亚人不喜欢将本国与英国处处联系在一起。

澳大利亚人对于公共场合的噪声极其厌恶。在公共场所大声喧哗者，尤其是门外高声喊人的人，他们是最看不起的。

（4）饮食特点。澳大利亚人在饮食上以吃英式西菜为主，其口味清淡，不喜油腻。澳大利亚的食品素以丰盛和量大而著称，尤其对动物蛋白质的需要量更大。他们爱喝牛奶，喜食牛肉、猪肉等。他们喜喝啤酒，对咖啡很感兴趣。

16.2 拓展阅读

16.2.1 十二生肖的民俗观念

十二生肖，又叫十二兽、十二属，包括鼠、牛、虎、兔、龙、蛇、马、羊、猴、鸡、狗、猪12种动物，是我国古代用以记忆和推算年份、时辰的方式。十二生肖动物自古就是人们心目中的神奇动物，是各地年画、剪纸、皮影、雕塑、玩具、饰品等民间艺术表现的重要内容，在长期的流传过程中凝聚了丰富的文化内涵，也染上了几分神秘色彩，如图 16-30 所示（选自 http://www.bbs.redocn.com）。

图 16-30 十二生肖组图

1. 吉祥寓意

吉者福善之事,祥者嘉庆之征。先民们以生肖动物为题材,通过借喻、比拟、双关、谐音、象征等手法,创造出许多寓意吉祥的图案,广泛应用于生活的各个方面,如染织、地毯、陶瓷、雕刻、建筑、服装、首饰等工艺美术用品,以及一些喜庆场合,"图必有意,意必吉祥"。

龙,是十二生肖中最神奇的动物,也是最虚幻的神物。龙的形象集飞禽走兽的特点于一身:牛头(或马头、扬子鳄头、蛇头、鱼象混合头、鳄虎混合头)、象鼻、牛耳、马鬣、蛇躯、鳄棘、鱼尾、鹰爪、鼍足,它们的灵性也集于龙一身。《说文解字》:"龙,鳞虫之长,能幽能明,能大能小,能短能长,春分而登天,秋分而入川。"《淮南子》和《山海经》都说龙能腾云驾雾、呼风唤雨,因而龙很早就是神圣、吉祥、吉庆之物,是英勇、尊贵、威武的象征。《礼记·礼运》中说:"麟凤龟龙,谓之四灵。"《礼记·曲礼记》载,龙与貔貅、凤凰、龟、麒麟并称古代五大瑞兽。龙的形象广泛应用于礼器、建筑、服饰、日常器皿、生活用具上,形成许多相对固定的艺术造型,表达吉祥、富贵的意境。如"龙凤呈祥",其图案造型一般是龙、凤各据一半,龙为升龙,张口旋身,回首望凤;凤为翔凤,展翅翘尾,举目眺龙,周围环绕着朵朵祥云,展示出一派祥和富贵的气氛。"龙戏珠",有单龙戏珠、二龙戏珠、三龙戏珠、多龙戏珠等不同造型。在民间传说中,龙珠是有求必应的神物,它与神秘莫测的龙组合,自然是祥瑞的象征;"鲤鱼跳龙门"纹饰,常以跃动的鲤鱼、龙门、水纹等组成,比喻时转运来,古时常作为平民通过科举而金榜题名的写照。还有"团龙""群龙"等造型。古老的祥瑞之物神龙,如今已成为中华民族团结、向上、奋斗的象征。

羊,自古以来也是吉祥的象征。古汉语"羊"和"祥"通假。《说文解字》曰:"羊,祥也。"古代铭文"吉祥"也多为"吉羊"。董仲舒云:"羊,祥也,故吉礼用之。"汉代以来,羊成为重要的墓葬之一,在帝王将相墓前多置神羊。羊的形象还艺术化地造成各种礼器和日常用品,如商代的双羊青铜尊,四羊青铜方尊;周代青铜羊鼎、羊觥;晋至唐代又有许多陶瓷羊用具出现。宋代以来羊成为重要的绘画题材。另外,"羊"和"阳"谐音,民间艺术中常用羊来表现"三阳开泰"之意。"三阳开泰"最早出自《易经》,指"冬去春来之意"。《汉语成语词典》解释:"《易经》以十一月为复卦,一阳生于下;十二月为临卦,二阳生于下;正月为泰卦,三阳生于下。指冬去春来,阴消阳长,是吉利的象征。"在民间艺术中就有"三阳开泰""五羊开泰"等造型。因为谐音和双关,生肖猴也成为吉祥的象征。《礼记·王制》记载:"王者之制禄爵,公、侯、伯、子、男。"其中"侯"为第二等。"猴"与"侯"谐音双关,于是猴就被赋予了富贵、吉祥的含义,成了加官晋爵的象征,人们在它身上寄托对仕途的期望。民间艺术中的猴造型,有单独以猴成图的,如"单猴",寓意是"祖师封侯";一猴在枫树上摘取枝上所挂的一印,寓意"封侯挂印";母猴背上驮一小猴,象征"辈辈封侯"。猴与其他事物组合,如与鹊、鹿、蜂、猴组合,寓意"爵禄封侯"。猴捧仙桃或与仙桃一起,有祝福长寿之意。这种造型中的猴,最初是白猿,因为古代曾视白毛动物为祥瑞。《太平御览》引《抱朴子·玉策篇》云:"鹿寿千岁,满五百岁则其色白。"所以古称白鹿为瑞兽,白猿亦是。桃本为一种水果,然而在传说的仙境中生长的桃树,三千年一结实,便成了仙桃。民间艺术中将"白猿"与"仙桃"组合在一起,象征福寿。这种造型中,也有以猴代猿的。还有猴与松树组合的"九猴攀松",寓长年长寿。

兔,性情温和,玲珑柔顺,很早就被赋予祥瑞色彩而被崇拜。《春秋·斗枢》云:"玉衡星散而为兔。"《宋书·符瑞志》云："白兔，王者敬耆老则见。"《瑞应图》云："赤兔者瑞兽，王者盛德则至。"古书上记载了许多在太平盛世以白兔为瑞祥物昭示众人之事。《典略》云："兔者，明月之精。"玉兔又成为月的别称，传说月宫中有玉兔捣药。民间艺术中兔的造型多寓吉祥、善良、和顺和幸福。在民间还演化出供兔儿爷的风俗，兔儿爷造型也成为民间最受欢迎的艺术形象。兔儿爷是泥做的，兔首人身，披甲胄，插护背旗，脸贴金泥，身施彩绘，或坐或立，或捣杵或骑兽，竖着两只大耳朵，亦庄亦谐。

2. 生殖崇拜

繁衍生殖是人类的本能。原始时代，生产力水平低下，人们将生殖繁衍视为神秘现象，因为希望能够人丁兴旺，于是对与其有关的现象顶礼膜拜，这就是生殖崇拜。生殖崇拜是自然崇拜的一种特殊形态，是积淀着人类本质力量外显或内隐的一种社会民俗现象，也是民间艺术表现的重要内容。

在民间剪纸艺术中，以生肖鼠为原型的"鼠闹葡萄""鼠拽地瓜""鼠拉鸡子"等，一般作为婚礼中的礼花，寄托着希望新人早生贵子、多子多福的美好心愿。这是因为鼠是一种生殖能力强、繁殖迅速的动物。在哺乳类动物中，鼠的孕期最短，只有 15 天。一只雌鼠每年至少产 12 只幼鼠，最多 64 只。鼠的这种强大生殖力使怀有生殖崇拜的先民无比震惊，认为鼠具有某种超自然的神力，在民间艺术中鼠便成了多子多福的象征。

生肖猴也被赋予多子多孙的寓意，在许多地方成为结婚、生子等人生礼仪中的重要角色。在陕西宝鸡一带，每逢姑娘出嫁，其嫂都要做一个布猴放在陪嫁的衣箱中，秘不示人。陕西地区的贺生礼物中还有一种"双猴吃桃"的布玩具，是公猴母猴并坐吃桃的造型。

最典型的是在河南淮阳地区，每年二月初二至三月初三的太昊陵庙会（又称人祖会）上的热销玩具——"泥泥狗"。"泥泥狗"又称"灵狗"或"陵狗"，是太昊陵"人祖会"上泥玩具的总称。它题材广泛，造型古朴、粗犷、怪诞，飞禽走兽大多通体黑色，以红、白为主的花纹点缀主要部位，具有强烈的视觉冲击力。其中猴的形象最丰富，它们或坐或立或骑，四肢都极其省略，孕育生命的腹部特别突出，并以彩线绘之，释放出一种原始图腾艺术的魅力，如"猫拉猴""双头狗""人面猴"等。有学者认为，这种艺术造型是上古时代生殖崇拜观念的传承与遗留，是"真图腾、活化石"。

生肖兔也被赋予子孙后代绵延不断的象征，成为生命繁衍之神。民间绘画、剪纸中常有"兔衔草"造型。原因有以下两个：一是"兔"谐音"吐"，"兔子"意通"吐子"。东汉王充的《论衡》记载："兔舔雄豪而孕，及其生子，从口中吐出。"张华的《博物志》云："（兔）望月而孕，口中吐子。"二是因为在兔的生长过程中，如果母兔衔草并拔下自己腹部的毛来做窝，表明这只母兔很快就要产子了，因此衔草兔就成为繁育后代的生命之神的象征。

3. 避祸禳灾

避祸禳灾就是避除、威慑、驱逐一切被认为可能危害人类的恶物、邪秽。人类作为一种生物，最基础的本能是保存和发展自己，避免或消灭敌害。趋利避害，是各民族的普遍心理，也是物竞天择、适者生存的重要内容。生肖虎，体形健壮威武，性情凶猛强悍，向来被誉为"百兽之王"。古人曰："虎者，阳物，百兽之长也，能执搏挫锐，噬食鬼魅。"所以民间一直以为虎是力量、威力的象征，能驱除火灾、失窃、病痛、邪恶等各种灾害。据《山海经》载，在度朔山上设有众鬼出没的鬼门,一旦恶鬼出现,门监就把他投给老虎吃掉。这个传说后来演变为画神虎贴门上的习俗。据《周礼》记载,周代已经开始在大门上画猛虎守门。老虎镇邪驱恶的形象也就深入民间,广泛用于镇宅、镇墓,至今,春节期间贴的门神和窗花还多有虎的形象。在虎拥有的无限神秘威力中,人们尤其迷信它对儿童的保护性。在民间艺术中,虎通常和儿童用具有关。在有些地方,孩子一生下来就被置身于"虎的世界",睡觉枕的是"虎枕",脖子上带的是"虎头护身符",过节时胸前围的是"脚踩五毒的虎牌",脚踩"虎头鞋",头戴"虎帽",手套"虎头暖袖"……这些围绕在孩子身边的"老虎",一反素有的凶猛彪悍,而变得憨气可爱,凝聚着民间艺人对虎的特殊感情,传递着他们对下一代的爱与祝福、希望和眷恋。

另一个避祸禳灾的生肖动物是鸡。鸡在古代是西方之神,西方在古人心目中有阴曹地府的含义。鸡谐音"吉"。在有些地方,人们认为鸡是上天派往人间的吉鸟。先秦时期就有用鸡或鸡血驱鬼避邪的风俗。《山海经》中有十余处提到用鸡祭祀山神,尤其是雄鸡。《神异志》载:"东方有人长七丈,头戴鸡,朝吞恶鬼三千,暮吞三百。名黄父,又名食邪,以鬼为饭,以雾为浆也。"鸡与专捉恶鬼的神人相伴,鸡也就成为镇服鬼魅的神物。陶弘景《真诰》:"学道山中,宜养白鸡白犬,可以避邪。"王嘉《拾遗记》:"今人(晋)每岁元旦或刻铸金,或图画为鸡于镐上,盖重睛之遗物也。"这说明晋代就已经有新年在门户张贴画鸡或悬挂刻铸鸡形避邪的风俗。近年在出土文物中发现,汉以来墓葬中有随葬木鸡和陪葬鸡形枕头。在民间艺术中鸡也颇受欢迎,在剪纸和装饰画中有众多鸡造型,寄托着避祸就吉、大吉大利等心愿。

生肖狗也曾经是避祸禳灾的灵兽。吕振羽先生在《史前期中国社会研究》中说:"有几种动物在中国民族的意识中,直到现在还寄予不少神秘性。第一是龟,第二是犬,第三是鸽,第四便是蛙。""犬是地狱的守护神,人若是杀戮它,从狗身上流出血来,便要触犯地狱。"据《史记·封禅书》记载,秦德公时,"磔狗邑四门,以御蛊"。《本草纲目》记载:"术家认为狗能禳避一切邪魅妖术。"在民俗艺术中,生肖狗是守门镇宅、驱邪保平安的象征。

还有寓团圆的盘蛇;寓扎实勤恳、敦厚善良、坚韧无私的牛;寓招财进宝、富贵美满的猪等。每一种生肖造型的寓意也不是单一的,如蛇除了寓团圆,还有多子多福的寓意;生肖狗更以它的忠诚有信而得到人们的喜爱。在民间艺术中,千姿百态、丰富多彩的十二生肖造型艺术,除了烘托喜庆、欢乐氛围,还含蓄地表达着广大老百姓内心潜在的喜乐欢忧、祈福求祉、安康长寿等民俗愿望。

资料来源:陆理原,李建.重庆科技学院学报[J].社会科学版,2007(3).

16.2.2 西方主要节日习俗

节日,是指某一国家或地区为庆贺、纪念、缅怀某一事件或某一人物而约定俗成的时日。各国、各民族都有自己传统的节日庆典,有些节日还逐渐变成世界性的传统节日。

1. 圣诞节

圣诞节本是基督教用以纪念耶稣基督诞辰的一个宗教节日,但是随着基督教势力的扩展和西方文化传播的影响,它已经成为一个世界的民间节日。它的时间延续很长,通常为12月24日至次年1月6日。在许多国家和地区,包括中国的港澳地区,圣诞节都是例行假日。

西方人以红、绿、白为圣诞色,每逢圣诞节来临,家家户户都要用圣诞色来装饰。红色的有圣诞花和圣诞蜡烛。圣诞花即一品红,它被西方人用来象征圣诞节令。圣诞蜡烛不同于普通蜡烛,它五色俱全,精致小巧。过圣诞节时,家家都要点燃它。绿色的是圣诞树。它是圣诞节的主要装饰品,用砍伐来的杉、柏一类呈塔形的常青树装饰而成,如图 16-31 所示(选自 http://www.ezd.cn)。上面悬挂着五颜六色的彩灯、礼物和纸花,还点燃着圣诞蜡烛。圣诞花环是由圣诞树演变而成的室内装饰物,它用松、杉、柏一类常青树的枝条扎成圆形,放上几颗松果,再配上红缎带就做成了。

图 16-31　圣诞树

红色与白色是圣诞老人的颜色,他是圣诞节活动中最受欢迎的人物。圣诞老人名叫圣克劳斯,传说他白须红袍,每到圣诞夜,便从北方驾鹿橇而来。他身背大红包袱,脚蹬大皮靴,通过每家的烟囱进入室内发送礼物。因此西方儿童在圣诞夜临睡之前,要在壁炉前或枕头旁边放上一只袜子,等候圣诞老人在他们入睡后把礼物放在袜子内。在西方,扮演圣诞老人也是一种习俗,如图 16-32 所示(选自 http://www.ezd.cn)。

图 16-32　圣诞老人

圣诞节前后,大多数西方国家正值严冬,洁白美丽的雪花使圣诞节富有诗意。然而地处南半球的澳大利亚和新西兰此刻恰恰是烈日当空。由于天热,他们的节日活动极少狂欢,而是走亲访友,融洽感情。他们的圣诞食品品味以清凉为主,各种冷盘、沙拉和水果最受欢迎。

传说耶稣是午夜时诞生的,因此 12 月 24 日之夜被称作圣诞夜。圣诞节庆祝活动自此夜开始,而以半夜为高潮。这一夜,天主教教堂里灯火通明,举行纪念耶稣出生的半夜弥撒。在圣诞夜里,人们会唱起圣诞歌。圣诞歌很多,以《平安夜》最为著名。

西方人在圣诞夜全家要聚餐一次,餐桌上将出现火鸡、羊羔肉、葡萄干布丁和水果饼。其中火鸡被称为圣诞鸡,是圣诞大餐中必不可少的。英美人讲究圣诞之夜吃火鸡,德国人则习惯吃烤鹅。

西方人在圣诞节相见时,要互道"圣诞快乐"!英国人在这天一大早,就要通过窗户向邻人或朋友们高呼这一句话。

2. 复活节

复活节是仅次于圣诞节的基督教第二大节日,是基督教用以纪念耶稣复活的一个宗教节日,但已经被世俗化了。复活节的日期是每年春分(3月21日或22日)月圆后的第一个星期日。每逢复活节来临,教会都要举行隆重的纪念礼拜。信徒们相见,第一句话就是"主复活了!"复活节期间,人们经常相互赠送复活节彩蛋,它由鸡蛋涂上各种颜色而成,如图16-33所示(选自:www.glulu.com)。在古代,鸡蛋象征着生命,并被视为复活的坟墓。西方还有复活节小兔一说。兔子是繁殖力最强的动物,所以被人们选作生命的象征。时至今日,孩子们过复活节依然少不了吃兔子糖和讲述各种有关兔子的故事。

现在,西方各国在复活节时,大都举行游行活动。美国的游行队伍是化了妆的,其中最受人们喜爱的是卡通人物米老鼠和唐老鸭。其他国家的游行队伍也都各具民族特色。复活节晚上,各家都要举行复活晚宴。晚宴上的传统主菜是羊肉和熏火腿。用羊祭祀是基督教信徒千百年来的传统,而猪则一直象征着幸运。

图16-33 复活节彩蛋

3. 狂欢节

狂欢节起源于古罗马的农神节,发展于中世纪,盛行于当代,是欧美各国的传统节日。狂欢节主要是以辞旧迎新、憧憬未来为基本主题。在欧美诸国中保存最为完整的是德国科隆城,每年慕名从国内外赶来欢度狂欢节的人不计其数。节日里,科隆城里到处是热闹的人群,各大小酒家、舞厅及娱乐场所被挤得水泄不通,人们相互致以节日的祝贺,穿上节日的盛装,尽情地打扮自己。街上有大规模的化装游行,有彩车队、乐曲队、舞蹈队等,彩车上不时有礼物抛向人群,男女老少互相争抢,热闹非凡。

巴西的狂欢节是堪称世界之最的群众性集会庆祝活动。狂欢节前,巴西人都要耗资购买节日服装、面具及食品、饮料等,即使借钱负债也在所不惜。里约热内卢是狂欢节的中心,狂欢节期间商店关门、工厂停工,人们不分肤色、种族、年龄、贫富、贵贱都是狂欢节的参与者,巴西的圆舞、桑巴舞表演是狂欢节最精彩的节目。

在现代,狂欢节已成为许多国家人们抒发渴望幸福之情的节日。由于各国的习俗不同,狂欢节的日期不统一,甚至在同一国中也因地制宜。多数国家定在气候适宜的2、3月份举行。世界著名的狂欢节还有法国的春季狂欢节、加拿大的冰上狂欢节、德国狂欢节、欧洲狂欢节等。

4. 愚人节

愚人节是每年4月1日,在欧美的一些国家及地区都以开玩笑使人上当度过这一有趣节日。

此节的起因,一说是古罗马谷物神色列斯的女儿普丽芬丝在天堂玩耍时,被冥王普路托掠走,还欺骗其父色列斯到天堂去寻找,使其白跑一趟,由此沿袭成"愚人节",成为提醒人们谨防上当的节日活动。

另一说起源于法国。1564年,法国采用阴历1月1日为一年之始的新纪元法,却遭到国内保守派的反对,他们依然按照旧历4月1日为新年,互赠礼品。为了蒙蔽保守派,改革新历法的团体继续在这天请保守派参加招待会,赠送给他们礼品。后来人们把这些上当受骗的保守分子称为"4月傻瓜"或"上钩的鱼"。从此,人们在4月1日便互相愚弄,成为法国流行的习俗,后来传到其他国家和地区。

但是不论哪一种传说,愚人节的内容与日期都是相同的。在这一天,人们可以尽情地相互开玩笑,甚至连报纸、电台、电视台也会故意制造出一些有趣的"新闻"来戏弄人们。当然开玩笑也要掌握适当的分寸,不能损害国家的整体利益,更不能触犯国家的法律、政策,否则,不仅会受到道德舆论的谴责,而且会受到法律的惩处。

5. 情人节

情人节又称瓦伦丁节,是每年的2月14日,许多欧美国家都把这一天作为表白爱情的甜蜜日子,是青年男女喜爱的节日。

节日这天,情侣们相互交换"情侣卡",表示自己忠贞不渝的爱情,在欢乐愉快的情人舞会中,还向情人送上自己的玫瑰花以表示自己的爱心,也有的赠送巧克力或带有"心"形的装饰物、附有祝词的小卡片等。

不过,情人节并非情侣们的"专利"。在这一天,任何年龄的人也可以向自己的父母、尊重的长者及相熟的朋友表达自己的一份情意。

6. 感恩节

感恩节又称火鸡节,为每年11月的第四个星期日。该节日起源于1820年,一些英国的新教徒为了摆脱宗教和政治上的迫害,远涉重洋前往美国马萨诸塞洲的普利茅斯避难,后来在当地印第安人的帮助下,他们学会狩猎、捕鱼、种植玉米和荞麦,才得以生存。第三年的11月中的最后一个星期的星期日,他们准备了大批水禽和火烤野火鸡,做南瓜馅饼招待印第安客人,并用赛跑、射箭、歌舞等活动来感谢上帝的恩赐,以报答印第安人,如图16-34所示(张岩松摄)。

美国独立后,林肯在1863年宣布感恩节为全国性节日,1941年又获美国国会法定通过。从此,每年这一天,美国总统和各州长都要发表献词,人们举行花车游行,并到教堂对上帝的慷慨恩赐表示感谢。然后一家老少团聚,围坐在火炉旁,品尝着包括火鸡和南瓜馅饼在内的丰盛晚餐,做着各种有趣的游戏,尽情欢畅。

图16-34 感恩节食品

7. 母亲节

母亲节又称省亲星期日,起源于18世纪的英国,原是出嫁女儿回家探望母亲的日子。1921年美国国会将每年5月的第二个星期日定为母亲节。

母亲节这天,人们向母亲献上康乃馨,或在胸前佩戴一朵花,以示对母亲的敬意。此外,每个家庭和教堂都要举行各种仪式的纪念活动。现在世界上的每个国家都有纪念活动。

8. 父亲节

父亲节是美国索诺拉多德夫人于 1920 年创立的,因其母亲早亡,父亲把两个子女在极端困难的情况下抚养成人,为了感谢父亲的培育之恩而创立了这个节日。1971 年,美国国会把每年 6 月的第三个星期日定为父亲节。届时子女们都亲手制作有意义的贺卡和小礼物送给父亲,以表示崇敬的心情。如今,世界上很多国家和地区都有父亲节纪念活动,我国台湾省定在 8 月 8 日,这一天,儿女们都要回家向父亲祝福。

16.3 实训练习

16.3.1 案例讨论

案例 1

美国总统约翰逊令人遗憾

美国总统约翰逊 20 世纪 60 年代曾访问泰国,在受到泰国国王接见时,跷起了二郎腿,脚尖向着泰王,而这种姿势,在泰国是被视为具有侮辱性的。更糟糕的是在告别时,约翰逊竟然用美国得克萨斯的礼节紧紧拥抱了泰国王后。在泰国,除了国王外,任何人均不得触及王后。就因为不注意泰国的风俗、礼仪,想当然地依照本国、本民族的风俗、礼仪去我行我素,约翰逊的此次出访产生了不少遗憾。

资料来源:http://www.tubaobei.com/show-e54371-976716-837a93.html.

讨论题

阅读本案例后你有何感想?

案例 2

拒 绝 购 买

一位美国出口商想向一位沙特阿拉伯的官员推销货物,这个美国人舒服地靠在椅子上,跷着二郎腿,用穆斯林认为不洁净的左手把文件递给阿拉伯人。他拒绝喝咖啡,这是对主人好客的不领情。这个美国人对于文化差异的忽视付出的代价是,沙特阿拉伯的官员拒绝了他的推销,反倒与另一位了解并尊重阿拉伯习俗的韩国人签订了一份价值 1000 万美元的合同。

资料来源:http://jgxy.ncgxy.com/jingpinkecheng/xnews.asp?id=120.

讨论题

(1) 沙特阿拉伯有哪些礼仪禁忌?

(2) 如何避免出现案例中的问题?

案例 3

入 乡 随 俗

焦雪梅是一名白领丽人,她机敏漂亮,待人热情,工作出色,因而颇受重用。有一次,焦小姐所在的单位派她和几名同事一道,前往东南亚某国洽谈业务。可是,平时向来处事稳重、举止大方的焦小姐,在访问该国期间,竟然由于行为不慎而招惹了一场不大不小的麻烦。

　　事情的大致经过是这样的：焦小姐和她的同事一抵达目的地，就受到了东道主的热烈欢迎。在为他们举办的欢迎宴会上，主人亲自为每一位来自中国的嘉宾——递上一杯当地特产的饮料，以示敬意。轮到主人向焦小姐递送饮料时，一贯是"左撇子"的焦小姐不假思索，自然而然地抬起自己的左手去接饮料。面对此情景，主人骤然变色，没有把那杯饮料递到焦小姐伸过去的左手里，而是非常不高兴地将它重重地放在餐桌上，随即理都不理焦小姐就扬长而去了，大家觉得非常纳闷和不解。

　　资料来源：http://jgxy.ncgxy.com/jingpinkecheng/xnews.asp?id＝120.

　　讨论题

　　(1) 焦小姐的"行为不慎"指的是什么？

　　(2) 焦小姐为什么会由此而招惹了一场不大不小的麻烦呢？

16.3.2　模拟训练

项目 1：涉外民俗礼仪模拟训练

实训目标：熟悉各主要国家的民俗。

实训学时：2 学时。

实训地点：实训室。

实训方法：参考世界主要国家的民情风俗，创设涉外交际场景，进行礼仪趣味表演。要求如下。

　　(1) 4～6 人为一组进行表演，不要重复。

　　(2) 要求自编、自导、自演。

　　(3) 表演要体现某个国家的基本习俗、禁忌、文化、礼仪个性和风格等。

　　(4) 学生挑错，老师最后点评。

　　训练手记：通过训练，我的收获是＿＿＿＿＿＿＿＿＿＿＿＿＿＿＿＿＿＿＿＿＿。

项目 2：宗教场所实地考察

实训目标：掌握世界三大宗教礼俗。

实训学时：6 学时。

实训地点：佛教寺院、基督教教堂、伊斯兰教清真寺。

实训准备：熟悉各宗教礼仪、禁忌，准备笔记本、笔、数码相机、摄像机等。

实训方法：将全班同学分三组，每组指定一名负责人，每组学生在负责人的带领下用半天的时间，分别选择本地区就近的佛教寺院、基督教教堂、伊斯兰教清真寺进行实地考察。

　　考察中可参观宗教建筑的建筑风格，关注其宗教文化标识，如果允许可用随身携带的数码相机、摄像机进行影像记录，可以礼貌地与寺院工作人员或教徒交谈，了解更多的宗教知识。

　　考察结束后，教师在课堂上用 2 学时开展课堂交流，每组学生分别谈心得体会并展示所获得的资料，最后教师总结。

　　注意事项：严格遵守宗教礼仪，尊重宗教信仰，不得影响、干扰宗教活动。参观过程中，未经许可，不得照相或摄像；非经过同意，更不得进入寺院内教徒私人场所。注意言谈举止、服饰仪表要得体，不得大声喧哗、嬉笑打闹。

　　训练手记：通过训练，我的收获是＿＿＿＿＿＿＿＿＿＿＿＿＿＿＿＿＿＿。

课后练习题

1. 判断题

（1）传统的春节是从腊月二十四的扫尘开始的。　　　　　　　　　　　（　　）

（2）元宵放灯的习俗，在唐代发展成为盛况空前的灯市。　　　　　　　（　　）

（3）元宵灯节期间，便是男女青年与情人相会的时机。　　　　　　　　（　　）

（4）我国民间长期保持着清明踏青的习惯。　　　　　　　　　　　　　（　　）

（5）端午节小孩佩香囊。　　　　　　　　　　　　　　　　　　　　　（　　）

（6）月饼最初是用来祭奉月神的祭品，后来人们逐渐把中秋赏月与品尝月饼结合在一起，寓意家人团圆。　　　　　　　　　　　　　　　　　　　　　　　　　　（　　）

（7）民间在重阳有登高的风俗，故重阳节又叫"登高节"。　　　　　　　（　　）

（8）韩国男子见面时习惯于微微鞠躬后握手。　　　　　　　　　　　　（　　）

（9）鞠躬礼是日本最普遍的施礼方式，一般初次见面时的鞠躬礼是30°。　（　　）

（10）日本人喜欢双数，不喜欢单数。　　　　　　　　　　　　　　　（　　）

（11）泰国人在一般交际应酬时喜欢握手。　　　　　　　　　　　　　（　　）

（12）美国人是"自来熟"，与任何人都能交上朋友。　　　　　　　　　（　　）

（13）英国妇女穿着较正式的服装时，通常配一顶帽子。　　　　　　　（　　）

（14）向法国人赠送礼品，不宜送刀、剑、剪、餐具等。　　　　　　　　（　　）

（15）在公共场合大声讲话，法国人认为是十分无礼的。　　　　　　　（　　）

（16）大多数澳大利亚男士不喜欢紧紧拥抱或握住双肩之类的动作。　　（　　）

（17）感恩节在每年11月的第四个星期日。　　　　　　　　　　　　　（　　）

（18）泰国人认为神圣不可侵犯的部位是头。　　　　　　　　　　　　（　　）

2. 简答题

（1）汉族传统节日有哪些习俗？

（2）我国少数民族有哪些习俗？

（3）韩国有哪些习俗？

（4）与日本人交际应注意其哪些习俗？

（5）沙特阿拉伯有哪些禁忌？

（6）泰国的宗教信仰怎样，有哪些习俗？

（7）新加坡的主要禁忌是什么？

（8）中美习俗上有哪些差别？

（9）加拿大的习俗有何特点？

（10）法国、英国的交际习俗各是怎样的？

（11）德国人有何特点？

（12）澳大利亚的服饰礼仪是怎样的？

（13）国外有哪些主要节日？各有何节日习俗？

3. 思考与操作

（1）如果你是某单位的外事办主任，请分别为宴请来访的法国客商、阿拉伯客商和日本客商，安排设计一个宴请方案。

（2）国家将清明节、端午节等定为公共休息日，你对此有何看法？

（3）跟你身边的少数民族同学交流一下其民族的主要习俗。

（4）情景演示春节期间给长辈拜年的仪式。

（5）观察体验清明节、端午节等传统节日期间的民俗活动与人际交往。

（6）你如何看待现实生活中人们对传统节日与"洋节"的冷热状态？

参考文献

[1] 魏丽平.学生现代文明礼仪实用教程[M].成都：西南财经大学出版社,2014.

[2] 高慕婵.礼仪教程[M].西安：西安电子科技大学出版社,2014.

[3] 王炎,杨晶.商务礼仪——情境·项目·训练[M].北京：电子工业出版社,2014.

[4] 于丽新.礼仪文化教程[M].南京：南京大学出版社,2013.

[5] 王莲华."礼"所应当——大学生文明礼仪读本[M].上海：上海学林出版社,2012.

[6] 毕文杰.你的职场礼仪价值百万[M].北京：中国画报出版社,2012.

[7] 孔洁,张葵葵.大学生职业礼仪与社交礼仪[M].北京：中国电力出版社,2012.

[8] 李国辉.生客卖礼貌,熟客卖热情：一本书学会销售礼仪[M].北京：机械工业出版社,2012.

[9] 王玉霞,佟怡.实用职业礼仪[M].北京：清华大学出版社,2011.

[10] 聂敏.现代实用礼仪[M].大连：大连理工大学出版社,2011.

[11] 梁兆民,张永华.现代实用礼仪教程[M].西安：西北工业大学出版社,2010.

[12] 汪彤彤.职场礼仪[M].大连：大连理工大学出版社,2010.

[13] 刘克芹.社交礼仪[M].北京：经济科学出版社,2010.

[14] 王振林.现代礼仪[M].上海：立信会计出版社,2009.

[15] 吴良勤.营销礼仪[M].北京：清华大学出版社,2009.

[16] 未来之舟.销售礼仪[M].北京：中国经济出版社,2009.

[17] 吴运慧,徐静.现代礼仪实务[M].上海：上海交通大学出版社,2008.

[18] 张晓梅.晓梅说礼仪[M].北京：中国青年出版社,2008.

[19] 范爱明,王智.与顾客交往的69个禁忌[M].北京：机械工业出版社,2008.

[20] 杨秋平.成功社交培训教程[M].北京：机械工业出版社,2007.

[21] 谢迅.商务礼仪[M].北京：对外经济贸易大学出版社,2007.

[22] 刘长凤.实用服务礼仪培训教程[M].北京：化学工业出版社,2007.

[23] 吕维霞,刘彦波.商务礼仪[M].北京：清华大学出版社,2007.

[24] 徐克茹.商务礼仪标准培训[M].北京：中国纺织出版社,2007.

[25] 牟红,杨梅.旅游礼仪实务[M].北京：清华大学出版社,2007.

[26] 彭红.交际口才与礼仪[M].上海：华东师范大学出版社,2007.

[27] 李嘉珊.国际商务礼仪[M].北京：电子工业出版社,2007.

[28] 周庆.商务礼仪实训教程[M].武汉：华中科技大学出版社,2007.

[29] 徐卫卫.大学生交际口语[M].杭州：浙江大学出版社,2007.

[30] 林成益,帅学华.现代礼仪修养教程[M].杭州：浙江大学出版社,2007.

[31] 张金霞.导游接待礼仪[M].北京：旅游教育出版社,2007.

[32] 陈秀泉.实用情景口才——口才与沟通训练[M].北京：科学出版社,2007.

[33] 李莉.实用礼仪教程[M].北京：中国人民大学出版社,2006.

[34] 唐树伶等.服务礼仪[M].北京：北京交通大学出版社,2006.

[35] 杨海清.现代商务礼仪[M].北京：科学出版社,2006.

[36] 冯玉珠.商务宴请攻略[M].北京：中国轻工业出版社,2006.

[37] 李嘉珊,刘俊伟.旅游接待礼仪[M].北京：中国人民大学出版社,2006.

[38] 马志强.语言交际艺术[M].北京：中国社会科学出版社,2006.

[39] 韦克俭.现代礼仪教程[M].北京：清华大学出版社,2006.

［40］沈杰,方四平.公共关系与礼仪［M］.北京：清华大学出版社,2006.

［41］田长军.有礼任走天下［M］.广州：中山大学出版社,2006.

［42］胡晓涓.商务礼仪［M］.北京：中国人民大学出版社,2005.

［43］孙乐中.导游实用礼仪［M］.北京：中国旅游出版社,2005.

［44］黄琳.商务礼仪［M］.北京：机械工业出版社,2005.

［45］辽宁省教育厅.高职生就业与创业指导［M］.沈阳：辽宁大学出版社,2005.

［46］徐飙.文秘实习实训教程［M］.北京：高等教育出版社,2005.

［47］国英.现代礼仪［M］.北京：机械工业出版社,2005.

［48］王伟伟.礼仪形象学［M］.北京：人民出版社,2005.

［49］祝艳萍,张洁梅.公关礼仪［M］.北京：光明日报出版社,2005.

［50］鲍日新.社交礼仪让你的形象更美好：献给大学生朋友［M］.上海：上海教育出版社,2005.

［51］李鸿军,石慧.交际礼仪学［M］.武汉：华中科技大学出版社,2004.

［52］陈柳.职业人形象设计与修炼［M］.上海：上海远东出版社,2004 年.

［53］国英.公共关系与现代交际礼仪案例［M］.北京：机械工业出版社,2004.

［54］吕维霞、刘彦波.现代商务礼仪［M］.北京：对外经济贸易大学出版社,2003.

［55］丁立新、江泽瀛.国际商务礼仪实训［M］.北京：对外经济贸易大学出版社,2003.

［56］北京康世经济发展研究所.白领礼仪［M］.北京：中华工商联合出版社,2001.

［57］何浩然.中外礼仪［M］.大连：东北财经大学出版社,2002.

［58］邱伟光.公共关系礼仪文化［M］.北京：高等教育出版社,2000.

［59］杨眉.现代商务礼仪［M］.大连：东北财经大学出版社,2000.

［60］张怡.涉外礼仪与技巧［M］.上海：中国纺织大学出版社,1999.

［61］郭文臣.交际与公关礼仪［M］.大连：大连理工大学出版社,1998.

［62］李兴国.现代商务礼仪［M］.哈尔滨：黑龙江科学技术出版社,1998.

［63］（美）莱蒂茨亚·鲍尔德里奇.企业人礼仪手册［M］.陈芬兰,等,译.海口：海南出版社,1997.